Début d'une série de documents en couleur

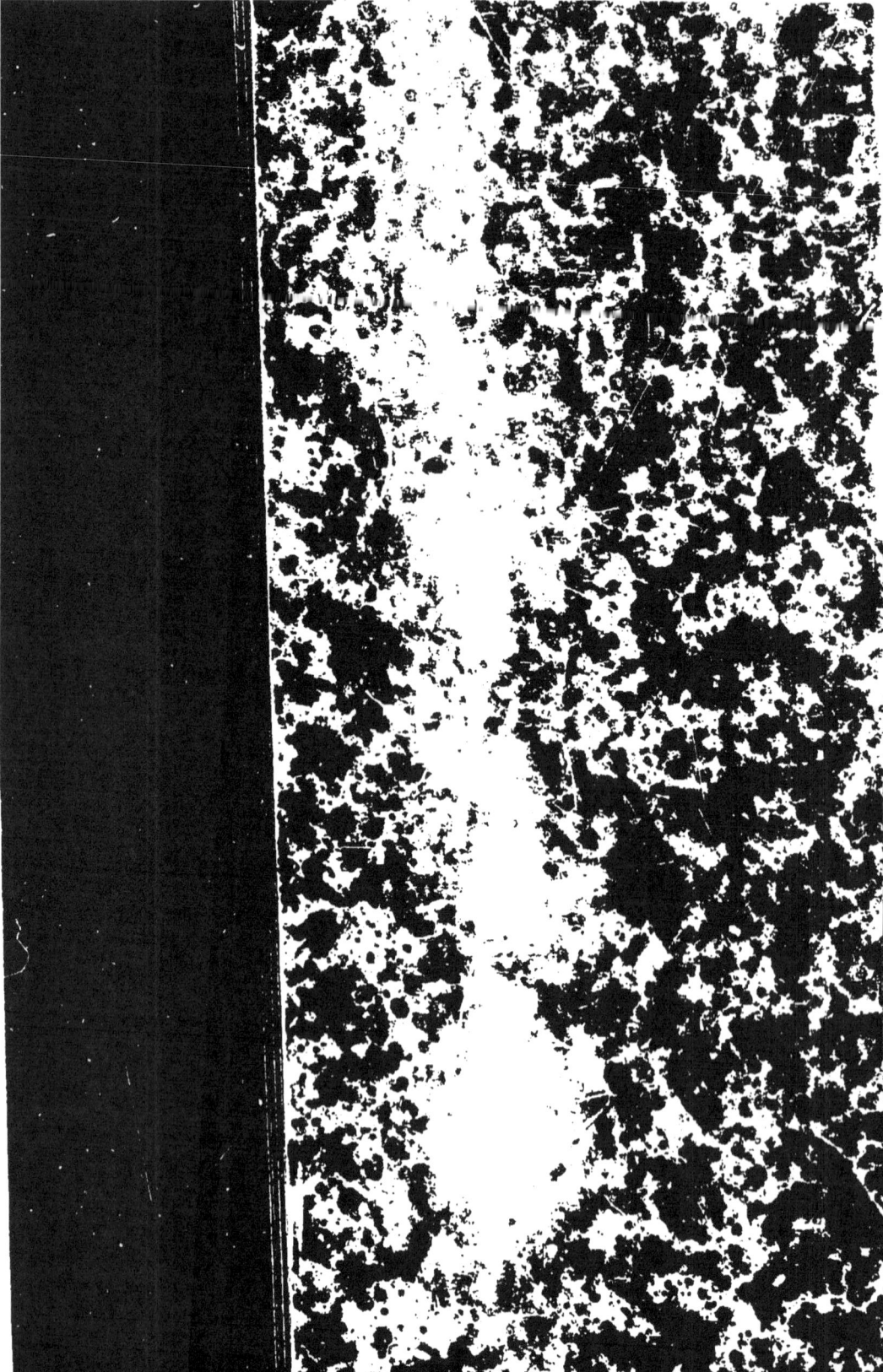

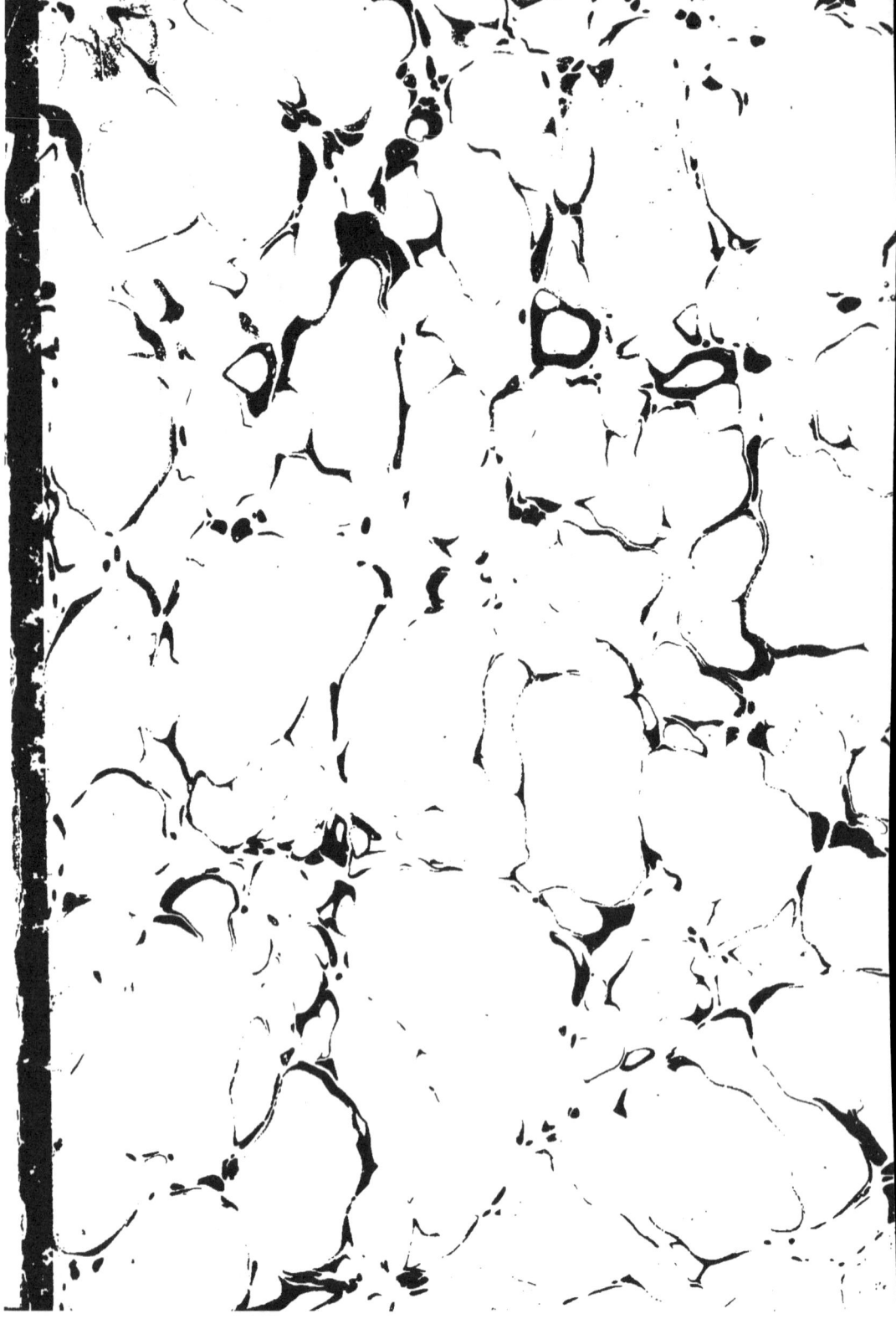

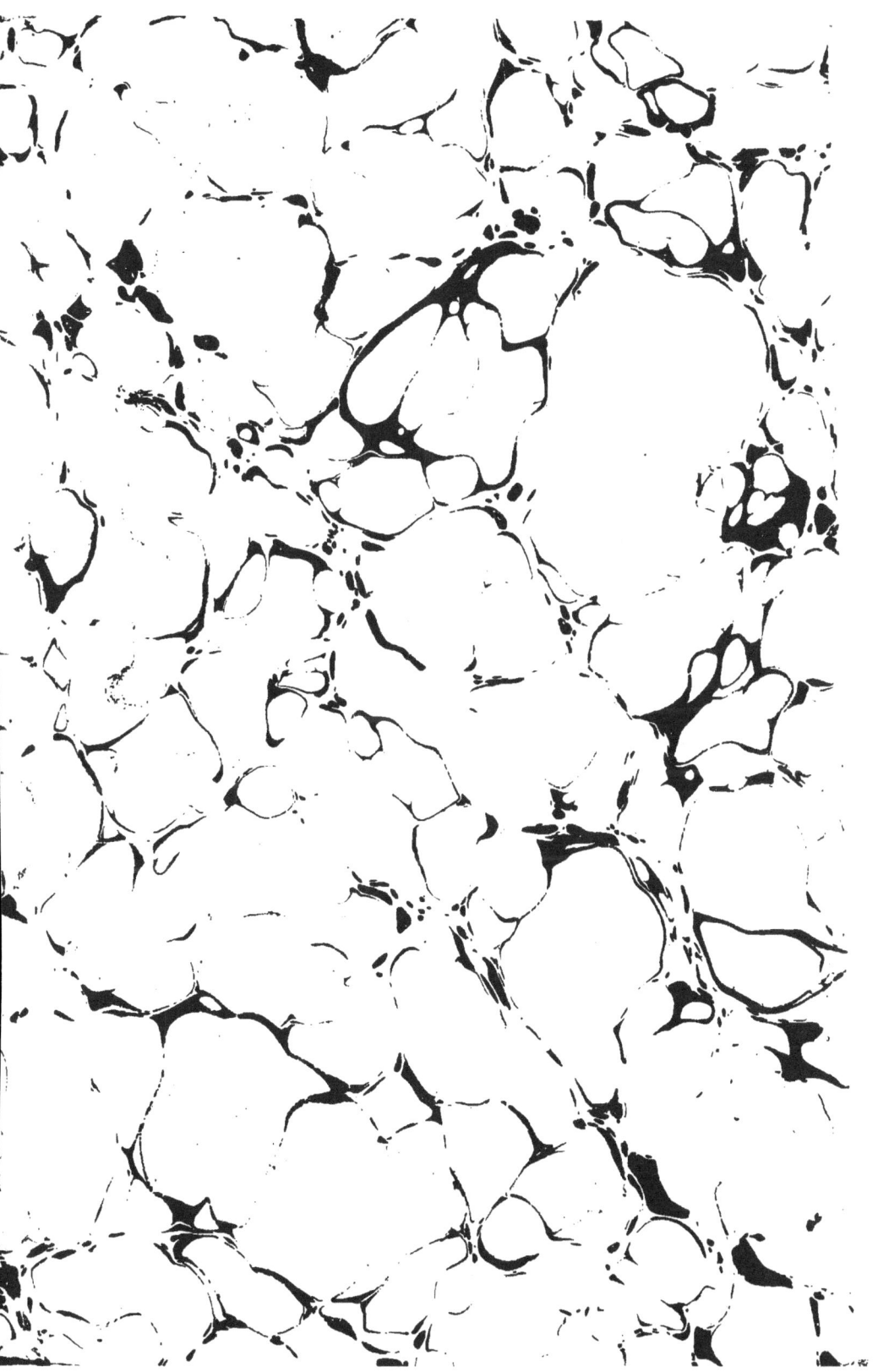

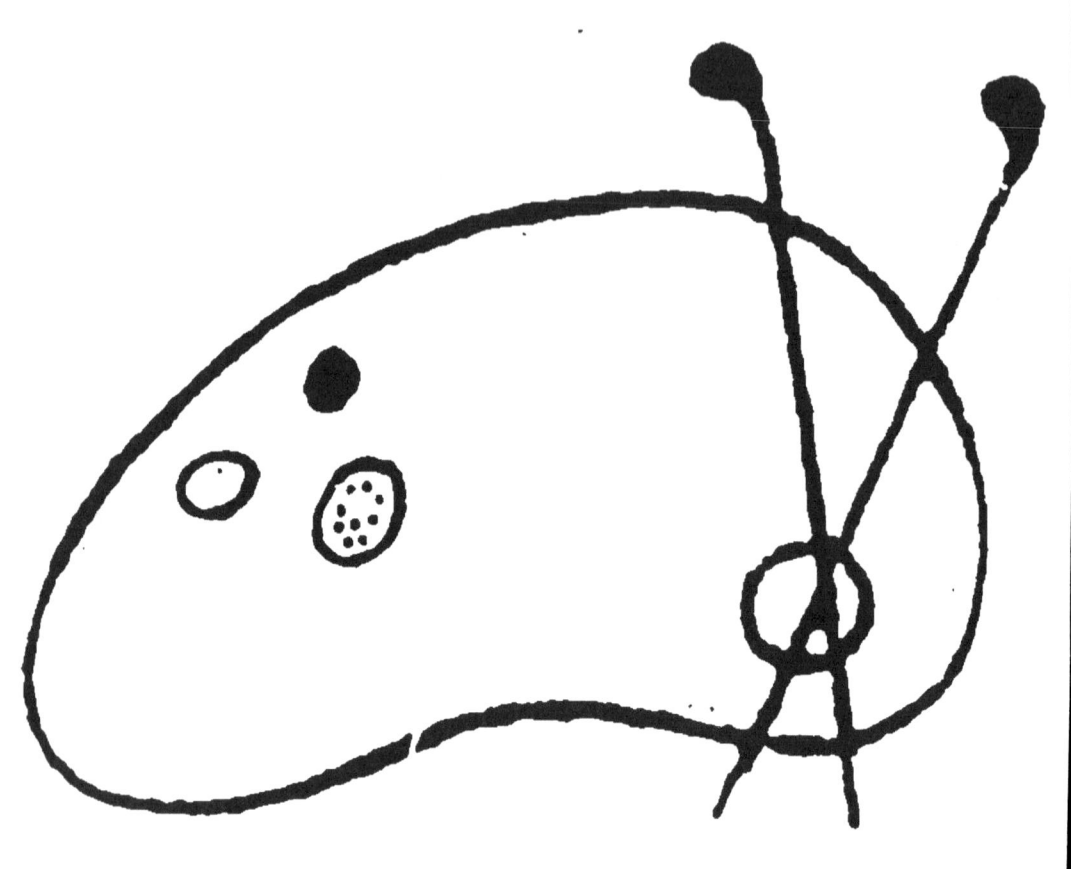

Fin d'une série de documents en couleur

986

CORRESPONDANCE

DES

RÉFORMATEURS

DANS LES PAYS DE LANGUE FRANÇAISE

GENÈVE. — IMPRIMERIE W. KÜNDIG & FILS.

CORRESPONDANCE

DES

RÉFORMATEURS

DANS LES PAYS DE LANGUE FRANÇAISE

RECUEILLIE ET PUBLIÉE

AVEC

D'AUTRES LETTRES RELATIVES A LA RÉFORME

ET DES NOTES HISTORIQUES ET BIOGRAPHIQUES

PAR

A.-L. HERMINJARD

TOME NEUVIÈME

1543—1544

GENÈVE, BALE, LYON
GEORG & Cie, LIBRAIRES-ÉDITEURS

PARIS

G. FISCHBACHER, 33, RUE DE SEINE

1897

Tous droits réservés.

A MONSIEUR LE PRÉSIDENT

ET

A MESSIEURS LES MEMBRES

DE

LA SOCIÉTÉ AUXILIAIRE
DES SCIENCES ET DES ARTS
A GENÈVE

HOMMAGE RECONNAISSANT

CORRESPONDANCE

DES

RÉFORMATEURS

SUITE DE LA QUATRIÈME PÉRIODE

Depuis l'acceptation des Ordonnances ecclésiastiques à Genève
jusqu'à la ruine du parti des Libertins.

1541—1555

1272

JACQUES REYNAUD [1] au Conseil de Bâle.

De Brisach, 18 août (1543).

Inédite. Autographe. Archives de Bâle.

Magnificques Seigneurs, *Nous rendons grâces à Dieu quant luy a pleust user de vous, ses fidèles serviteurs, pour procureux* (sic) *la délivrance de nous, pouvres prisoniers, et semblablement serviteurs d'icelluy,* vous remercyant très humblement du bien et faveur qu'il vous plaist nous faire à la nécessité extrême où nous sumes. Que si, Messieurs, j'eusse heu plus tôt liberté et pouvoir, plus tôt me fusse adressé à Voz Seigneuries, pour vous informer bien au plain de nostre faict, et nous

---

[1] *Jacques Regnauld* ou *Reynaud* était seigneur d'*Alleins,* bourg situé en Provence, à 10 l. E. de la ville d'*Arles,* et dans le voisinage des *Vaudois de Mérindol* (Cf. notre t. VII, p. 17; VIII, 4). La présente lettre montre qu'il partageait leurs convictions religieuses. Son intervention les préserva de l'exécution immédiate du barbare décret lancé contre eux, le 18 novembre 1540, par le parlement d'Aix. Nous renvoyons le lecteur à ce passage classique de Jacques-Auguste de Thou :

« Erat Aquis Sextiis N. *Alenius* ex Arelatensi nobilitate, vir probus et litteris non mediocriter tinctus, *Cassanæo* perfamiliaris, qui cum judicii iniquitatem ægrè ferret,... in colloquium privatum admissus, tali nutantem *Præsidem* oratione aggreditur... Hoc sermone *Alenius* apud *Cassanæum* pervicit, ut res differretur, copiæque, quæ jam magno numero convenerant,

plaindre du grand tort que nous est faict, à l'aveu d'un qui ce dict estre gentilhomme de *l'Empereur :* lequel toutesfoys est incogneu ici, et a usé plustôt d'acte de brigant et guetteur de pas, que d'homme de bien.

Et pour vous donner entendre la cause de mon voyaige, *je suis venu de par deça, au nom des lettres et [de] la religion, pour veoir les gens de bien et sçavans, et me consoler avec eulx, pour veoir aussi les meurs et façon de vivre aux lieus où Jésuchrist règne,* avec intention d'eslire un de ses dits lieux, lequel me seroit plus commode, pour y faire mener et conduyre ma femme et mes enfans et y faire résidence, tant qu'il eust pleu à Dieu, lais[s]ant instruire mes susdits enfans à la religion et aux bonnes lettres : en laquelle délibération je suis encore, s'il plaist au Seigneur me faire tant de grâce. Et, pour ce faire plus commodément, j'ay apourté l'instrument d'une pièce que j'ay en *Provence,* espérant de changer ou acheter quelque pièce en la terre de *Messieurs de Strasbourg* ou en la vostre, ou bien de *Messieurs de Berne,* là où mieulx j'eusse trouvé mon party. A ceste cause et de la liberté que j'entendoye estre par deça, telle qu'on y pouvoit aller partout avec l'argent en la main, je n'ay faict difficulté d'y venir, attendu mesmement que je n'ay jamais heu charge pour *le roy de France,* et n'ay à présent, et n'ay jamais faict profession d'homme de guerre, mais tant seulement me suis meslé des affaires de ma maison et des estudes, comme je fais encore à présent et délibère de faire toute ma vie.

Quant à *nostre partie adverse,* s'il vous plaist d'entendre sa procédure, vous cognoistrés, Messieurs, qu'il ne nous a faictz

---

dimitterentur, donec *Regis* sententia exquiri posset. » (Thuani Historiarum sui temporis Pars I. Parisiis, 1604, 8°, t. I, p. 461—463. Traduction franç. Basle, 1742, t. I, p. 536. — Voyez aussi notre t. VII, p. 469, et Crespin. Hist. des Martyrs, éd. de Toulouse, I, 385, 392.)

Résolu à s'expatrier, afin de pouvoir servir Dieu selon sa conscience, *Reynaud,* accompagné d'un jeune homme très instruit, nommé *Philibert,* d'un valet et d'une autre personne, se rendit en Suisse pour y consulter nos Réformateurs. Ne trouvant pas *Calvin* à Genève, il conféra d'abord à Lausanne avec *Pierre Viret* et *Béat Comte,* qui lui conseillèrent, sans doute, d'aller jusqu'à Strasbourg, où il recevrait les conseils de *Farel* et de *Calvin*. Il arriva dans cette ville le 1er ou le 2 août 1543, après avoir passé quelques jours à Bâle.

prisonniers pour faulte qu'il aye peu trouver en nous, ne pour zèle qu'il aye à *l'Empereur,* mais pour une avarice et cupidité dannable d'avoir mon argent. Samedi xi° de ce mois², luy et trois aultres, desquelz l'un avoit le visage velé [l. voilé] et ne se monstroit pas, nous prirent auprès d'un boys, sur le chemin³, jaçoyt qu'il nous pouvoit prendre au logis, car deux souldars des siens estoient entrés ainsi que nous estions à disné, qui sortirent incontinent pour l'advertir. Nous passâmes aussi, desjà estant pris, aux murailles et portes d'une bonne ville⁴, où il pouvoit prendre ce que j'avoye et faire la visite en présence de gens et nous mectre en justice. Or pour mieulx venir à ses fins, [il] nous mena loing, et, à l'entrée de la nuit, entrasmes en un villaige où estoient d'aultres gentilzhommes, ses amis, auquel lieu n'y avoit espérance d'avoir ou demander justice. La nuict, il me fit dire par mon serviteur, combien je luy vouldroye bailler? et il me délivreroit. Nous fusmes d'accord en la somme de cent et vingt et cincq escus, lesquelz il receut, estant seul avec moy et deux de mes gens. Lors il promist que, le lendemain de bon matin, il me feroit conduyre en vostre ville de *Basle.* Non obstant toute promesse, quant nous fusmes à la disnée, il et ses gens nous enfermarent en une chambre, et là nous visitarent sans arbitre ne tesmoings, et trouvarent et prindrent une aultre bourse que mon serviteur avoit gectée par la fenestre, en laquelle estoient deux centz et un escu. Et, avoir payé là et tousjours auparavant à son compte pour tous, nous donnant entendre qu'il nous menoit à *Basle,* et que ce chemin estoit le plus seur, [il] nous amena en ceste ville⁵. Et, avoir entendu, au pont, que quelques gens des siens n'estoient près, comme il entendoit, il délibéra y coucher. Deux des siens s'en retournera (*sic*) de l'entrée du pont, et lors il nous dict, comme il avoit faict desjà auparavant, que ne nous dissions *Françoys,* mais que nous dissions *Bourguignons* allans avec luy à *Milan.*

²⁻³ *Reynaud* et ses trois compagnons étaient partis de Strasbourg le 9 ou le 10 août, pour retourner à *Bâle,* en suivant la rive gauche du Rhin.

⁴ On peut supposer que c'était Benfeld ou Schelestadt, ou bien encore le bourg de Markolsheim.

⁵ La ville de *Brisach,* appelée plus tard *Vieux-Brisach.* Elle est située dans le Grand-Duché de Bade, sur la rive droite du Rhin, à 12 l. Sud de Strasbourg, et à 10 l. Nord de Bâle.

Craignans lors, que s'il nous menoit plus oultre, il ne nous fît tuer par les chemins, nous volûmes nous aller pleindre et demander justice à Messieurs de ceste ville de *Brisac :* Ce que nostre dict adversaire entendit, et se voyant descouvert, il se mict devant, et se plaignant de nous, nous fit emprisonner. Et jaçoye qu'il cherche toutes les calumnies qu'il peult, toutesfoys il ne se trouve contre nous, ny ne se trouvera aultre chose, ormis que nous sumes *Françoys,* à peinne de la vie. Et, pource que les villes de *France* les meillues (*sic*) ont plusieurs *Allemans,* nous trouvons merveilleusement estrange que si rudement l'on nous traicte pour estre seulement *François.*

Pour ce, Messieurs, je vous supplie en l'honneur de Dieu, qu'il vous plaise, ainsi qu'avés commencé, nous ayder et bailler faveur en nostre bon droict, vous asseurant, Messieurs, que j'ay encor xx mile[6] escus vaillant, et me mectray voulontiers entre voz mains pour procéder en cest affaire, tout ainsi qu'il vous plaira me commander et porsuyvre ma dite partie à tant que raison me soit faicte de luy.

Messeigneurs, après m'estre recommendé très humblement à voz bonnes grâces, je prieray le Créateur qu'il vous doint en perfaicte santé très bonne et longue vie. De Brisac, ce xviiie d'Aoust (1543).

Il vous plaira me pardonner, Messieurs, la faulte de papier[7] et grosse mode d'escripre, pour la nécessité et servitude en laquelle je suys à présent.

Vostre bien humble serviteur
ALLEIN[8].

[6] Le mot *dix* a été biffé et suivi de « xxmille. » Reynaud avait hérité de son père une assez grande fortune, selon le témoignage d'un contemporain (N° 1284, n. 2).

[7] Sa lettre est écrite, en effet, sur un très mauvais papier.

[8] Crespin, l. c., Louis Frossard (Les Vaudois de Provence) et Gordon de Genouillac (Dictionnaire des Fiefs), ont adopté, pour la seigneurie de Jacques Reynaud, la forme *Alenc,* qui ne nous semble pas exacte. Calvin et Viret appellent toujours ce gentilhomme *Alenius* ou *Alignus* ou *M. d'Allein.* Plusieurs des lettres que Claude Baduel lui écrivait de Nîmes sont adressées : « *Jacobo Alenio.* » (C. Baduelli Epistolæ et Orationes. Manuscrit de la Bibliothèque d'Avignon.)

1273

MATTHIAS ZELL[1] aux pasteurs de Bâle.
De Strasbourg, 20 août 1543.

Autogr. Bibl. de Zurich. Calvini Opera. Brunsvigæ, XI, 605.

Gratia vobis et pax sit per Jesum Christum!
Venit huc ante dies aliquot, dilectissimi fratres, *Gallus quidam Avenionensis*[2], vir pietate et genere nobilis, cujus nomen nos fugit, *ut de quibusdam religionis articulis cum Calvino et Farello conferret*[3]. Tandem hinc abiens incidit in prædones, qui eum, ablatis trecentis viginti quinque coronatis, pro redemptione totidem petentes, *Brisacum* duxerunt, ubi adhuc in vinculis detinetur. Jam *Farellus,* qua est erga pios omnes sollicitudine, eam rem nobis indicavit ac diligenter rogavit, ut pro nostra virili tentaremus si qua possemus ratione tam pium virum liberare[4]. Quum autem fortassis etiam vobis sit notus, tam ex *Calvini* commendatione quàm ex aliquot dierum conversatione (audimus enim eum aliquamdiu apud vos vitam degisse), non potuimus nunc meliorem rationem redimendi illius invenire, quàm ut vobis fratribus nostris scriberemus. Petimus igitur à vobis, ut propter Jesum Christum apud *vestrum senatum* qua potestis diligentia agatis, quò illius boni viri nomine dignetur *Brisacensibus* scribere, ut eum liberum, restituta omni pecunia, dimittant aut juri sistant. Nullam enim in eum causam habent

---

[1] Voyez, sur *Matthias Zell,* pasteur à Strasbourg, le t. I, p. 455.
[2] *Jacques Reynaud* n'était pas natif d'Avignon, mais de la ville d'*Arles*.
[3] Il avait eu l'occasion de conférer souvent avec eux, entre le 2 et le 9 août.
[4] *Farel,* retenu à Strasbourg par le vœu des réfugiés messins, n'en était parti que le 17 ou le 18 août, peut-être même plus tard (VIII, 476). Il avait donc pu, grâce aux relations qu'il avait formées, dès 1525, dans plusieurs lieux de l'Alsace, être instruit assez vite de l'arrestation de *Reynaud* et faire immédiatement, à Strasbourg, à Bâle et à Soleure d'actives démarches en sa faveur (N° 1277, n. 35).

justam, cur eum bonis suis exutum diutius in vinculis detineant, nisi velint hoc allegare quòd est *Gallus :* quanquam prorsùs sit immunis à causa *Cæsaris* et *Regis Galliæ* de qua nunc litigant. Facietis in eo rem nobis longè gratissimam. Impetratum quoque est à nostris senatoribus ut hodie *Brisacensibus* in eandem sententiam seriò scripserint. Oramus vos iterum atque iterum ut ita agere velitis quemadmodum cuperetis nos pro vobis et vestris agere, quorum nomine nihil non et laboris et periculi parati sumus subire. Nos et ecclesiam nostram vobis et ecclesiæ vestræ quàm diligentissimè commendamus. Vos enim nobis estis commendatissimi. Bene valete. Raptim ex Argentorato, 20. Augusti, anno Domini 1543.

Vester Matthæus Zellius
cæterique symmystæ fratres.

(Inscriptio :) Piis ac doctis viris D. Osvaldo Myconio cæterisque fratribus evangelion Christi Basileæ annunciantibus, dominis ac fratribus suis summè observandis.

1274

JACQUES REYNAUD au Conseil de Bâle.
De Brisach, 20 août (1543).

Inédite. Autographe. Arch. de Bâle.

Messeigneurs, depuis mes lettres escriptes, *nostre adverse partie m'a dict, qu'il s'en va trouver l'Empereur, là où il fera tous ses effors pour nous perdre et du tout mettre à ruine,* jaçoy qu'il ne soit ignorant de nostre innocence : je le puis dire et penser ainsi, Messieurs. Car se voyant descouvert et ne pouvoir mener à fin le maléfice qu'il avoit premièrement en délibération, il a procuré de nous faire morir, calumniant et nous accusant contre la vérité et sa conscience, comme aussi auparavant, — si le vouloir de Dieu n'eust esté que ses compaignons n'estoient encore prest[s] au lieu assigné, à cause de quoy il deslibéra de coucher en ceste ville, en attendant, — soubz couleur de nous mener à *Basle,* il nous conduisoit à la boucherie.

Je ne vouldroye, Messieurs, juger ne dire mal. Mais par la procédure qu'il a tenu, nous visitant et prenant mon argent par deux foys, en secret et sans arbitres ne tesmoins aulcuns, ormis ses compaignons, par les deffenses et commandemens qu'il nous [a] faict plusieurs foys de ne nous dire *Françoys,* ains nous feindre *Bourguignons*[1]*,* y adjoustant que nous allions avec luy à *Milan,* — par ce qu'un sien compaignon estoit velé et ne se monstroit quant nous fusmes prins, — par ce que deux aultres s'en retournarent de l'entrée du pont, et que, entrans en ceste ville, ils n'estoient que luy et son serviteur (nous estions *quatre,* mieulx montés et équippés), — par ces raisons, Messieurs, et aultres indices, je prévoyoie qu'il vouloit retenir mon argent, sans que jamais il en fust bruict ny parole. Vous pouvés, Messieurs, penser le demeurant.

Messieurs, le dangier est grand, ains requiert grand diligence. Je vous supplie, pour l'honneur de Dieu et charité chrestienne, qu'il vous plaise envoyer par devers *l'Empereur,* et procurer nostre délivrance, ainsi que sçaurés bien faire sans y rien espargner. Et, de ma part, je ne bougeray jamais d'entre voz mains que je n'aye amplement satisfaict, quant je y debvroye consumer tout mon bien, lequel vault, grâces à Dieu, de vingt à vingt et cincq mille escus. Aussi *ma délibération est me venir habiter par deça, comme de ce tesmoigneront Messieurs maistre Jehan Calvin et Pharel,* semblablement maistre *Pierre Viret et maistre Comes*[2]*, ausquelz j'en ay certainement déclairé mon vouloir.*

Messieurs, nostre adverse partie nous veult rendre suspectz pour ce que nous avons demeuré à *Strasbourg* l'espace de huyt jours. Je vouloye leur[3] en escripre et leur prié me vouloir ayder et favorizer à mon innocence; mais je n'ay ny l'oportu-

---

[1] C'est-à-dire, natifs de « la comté de Bourgogne, » par conséquent sujets de l'Empereur, alors en guerre avec la France. Si nos voyageurs suivaient le perfide conseil de leur adversaire, celui-ci pouvait aisément les faire passer pour des émissaires de François I.

[2] *Beatus Comes,* collègue de Pierre Viret à Lausanne.

[3] C'est-à-dire à MM. de Strasbourg (Cf. N° 1277, n. 35).

nité ny liberté de ce faire. Si bon vous semble, je vous supplie, Messieurs, leur vouloir faire entendre le tout et qu'il[s] se vuillent amployer de leur part pour nostre délivrance et salut, remectant cest affaire et ma vie à vostre diligence, bonté et prudence.

Messieurs, après nous estre recommendés très humblement à voz bonnes grâces, prierons le Créateur vous donner en santé très bonne et longue vie. De Brisac, ce xx° d'Aoust (1543).

Vostre humble serviteur JACQUES DE REGNAULD, SEIGNEUR D'ALLEIN en Prouvence.

(Suscription :) A Messeigneurs Messieurs de Basle [1].

1275

EYNARD PICHON à Rodolphe Gualther [1], à Zurich.
De Cortaillod, 3 septembre 1543.

Inédite. Autogr. Bibl. de Zurich. Copie communiquée
par M. le pasteur Aug. Bernus.

La grâce de nostre seigneur Jésus-Christ soit avec vous!

Frère, l'amitié qui a esté entre nous autrefois [2] et qui est encaures de présent, comme je croy, et la multitude des raisons que j'avoye, m'a poulsé et contraint à vous escrire. Touchant à l'amitié, je cuyde que vous en soyez tant asseuré de mon cousté, qu'il n'est aulcunement besoing que je vous en escrive : du vostre, encaures mieux. Pourtant, il reste seulement les raisons. La première, c'est pour vous faire sçavoir de nos nouvelles et où nous sommes arrestés, et, la principale, pour sçavoir des vostres et singulièrement vostre bon pourtemant et de toute vostre maison. Secondement, pour vous inciter à nous escrire et à vous exerciter en la langue françoyse, qu'il n'advienne une

---

[1] Note du secrétaire bâlois : « 25 Augusti præsentatæ et perlectæ. »

[1] Voyez sur ces deux pasteurs les Indices des t. V-VIII.

[2] *Pichon* s'était lié avec *Gualther,* en novembre 1541, lorsqu'il fut envoyé à Zurich par les ministres de Neuchâtel (VII, 332, n. 3).

fois que ayant oblié à parler françois, vous vous respantiés d'avoir esté en *France*³ et avoir prins tant de peyne pour néant. Tiercemant, la fidélité que je cognois en *nostre bon frère en Nostre Seigneur qui alloit par devers vous*⁴ : lequel, combien qu'il n'aye point mestier⁵ de mes recommandations envers vous, veu que je cuyde qu'il vous seroit assés pour recommandé, attendu l'honnesteté et le sçavoir d'iceluy, n'antmoins je n'ay peu, pour l'amitié que je luy pourte et la confiance que j'ay de vous, que je ne vous aye escript et prié de luy donner à cognoistre que, oultre le vouloir que vous avés envers luy, l'amitié qui est entre nous deux et mes lettres luy ont pourté quelque profit : ce que vous ferés, si vous communiqués familièrement avec luy et luy monstrés *les choses qui sont dignes d'estre cognues et d'antiquité en vostre ville*. Quartemant, les prières que m'advés autrefois faites par vous lètres, et, cinquiesmement, pour sçavoir si avés recepu [l. reçu] *vostre comentaire sus Osée*⁶. Et combien que je n'aye aulcun doubte du bon frère à qui je l'ay baillé, toutesfois si ay-je aulcunement raison de vous prier de me mander si l'avés recepu ou non, tant pour le devoir que j'ay qu'il vous soye rendu, attendu le plaisir que m'en avés faict, coment [l. que] pour maintenir nostre crédit envers vous. Cela m'a faict penser quelquefois que, ne le vous ayant point envoyés si toust comme eussiés désiré, que estiés offensé à l'encontre de moy.

³ C'est à *Lausanne* que R. Gualther avait appris la langue française (N° 808, t. V, p. 365). Le nom de *France* donné ici par l'écrivain au Pays de Vaud, s'explique par le fait que, dans les lettres latines, on appelait volontiers *Gallia* tout le Pays romand, c'est-à-dire cette partie de la Suisse où le français est la langue usuelle. Nous avons vu Calvin (IV, 187) et Farel (VIII, 391) appeler les églises romandes *ecclesiæ gallicæ*. Cf. aussi le t. V, p. 64, n. 20 ; 335, n. 8.

⁴ Ce n'était pas *Thomas Barbarin*. Il revenait de Zurich, et assista le mardi 4 septembre au synode neuchâtelois (N° 1275, renvoi de n. 11).

⁵ C'est-à-dire, *besoin*.

⁶ Cf. t. VIII, p. 113. *Gualther* ne semble pas avoir publié des commentaires sur *Osée*. Il mit au jour en divers temps des *Homélies* sur l'évangile selon S. Jean et sur les XII petits Prophètes. Ses commentaires sur Osée se composaient, sans doute, de notes pareilles à celles qu'il avait recueillies sur *Ésaïe* et qui sont conservées à Zurich. Celles-ci n'ont pas été publiées. (Cf. J.-J. Hottinger. Schola Tigurinorum Carolina, p. 116, 117).

Je vous prie de m'advertir du tout, et non seulement maintenant, mais pour l'advenir, et quant ne [l. me] vouldrés escrire, pourrés adresser vous lettres à *Neufchâtel* chieu maistre *Guillaume Farel. Lequel est retourné de Strasbourg*[7] *en bonne santé,* la grâce Nostre Seigneur : *et vous asseure que son voyage n'a point esté sans grand profit,* comme le pourteur de ces présentes vous pourra advertir plus amplement : lequel n'est pas destitué de facondité pour le vous mieux dire que je ne vous scaurés escrire. Je vous ay prié d'adresser mes lettres *chieu maistre Guillaume Farel,* pour autant que *je demeure près de Neufchâtel, ministre de la dicte classe, en ung village appellé Courtaillod*[8]. Je desireroye bien que vous eussiés à faire quelque bon voyage de par desça, pour nous venir visiter et vous consoler avec nous.

Il vet[9] *ung jeune fils avec le frère présent pourteur de par dellà, lequel nous semble estre de bonne espérance pour une fois servir à l'église du Seigneur :* lequel est de parans qui ne sont pas des plus riches et auroient n'antmoins grand desir qui profitast pour une fois servir au ministère, s'il plaisoit à Nostre Seigneur de luy en faire la grâce. S'il y a moyen pour luy accister, vous feriés bien de vous y employer, et en ce faisant, je croy que feriés service et plaisir à Nostre Seigneur. Non autre, fors que je desire et prie à Nostre Seigneur qui vous veuille aulmenter les dons et grâces qu'il vous a donnés, pour plus amplement servir à son honneur et gloire. De Courtaillod, ce 3 de septembre 1543.

Vostre frère et antier amy Énard Pichon.

Je vous prie fère mes recommandations à maistre *Bullinger* et à maistre *Conrad*[10] et à sa femme, auquels je desireroys de pouvoir faire quelque bon service de par desça. Et dirés à *Conrad* que *Hector* est de retour[11], més que je n'ay point parlé

---

[7] Cf. le N° 1273, note 4.

[8] Aujourd'hui *Cortaillod,* village situé sur la rive occidentale du lac de Neuchâtel, près de Boudri.

[9] Forme archaïque, au lieu de *il va* (vadit).

[10] Le naturaliste *Conrad Gesner,* professeur à Zurich.

[11] Peut-être *Hector* (ou *Eustorg*) *de Beaulieu,* qui avait dû quitter sa paroisse de *Thierrens* (N°⁸ 886, 1241 ; t. VI, p. 286; VIII, 400). Nous supposons qu'il cherchait, dans le voisinage de Neuchâtel, une place de chantre et de maître de musique.

à luy. Je n'oblie point *vostre femme*[12], à laquelle vous me recommanderés.

(*Suscription :*) Rodolpho Galthero, pietate et eruditione prædito. Tiguri[13].

1276

GUILLAUME FAREL à Bullinger et à Bibliander, à Zurich.

De Neuchâtel, 5 septembre 1543.

Autographe. Arch. de Zurich. Calv. Opp. XI, 607.

Gratiam et pacem a Deo. *Quàm me charum habeat uterque vestrûm, abundè vestræ ostendunt literæ quas ad me nuper dedistis*[1], viri clarissimi. Sanè non vulgaris est iste affectus quo adigimini, inter tot occupationes et graviora in quibus estis toti, ut ad me scribatis. Ego rubore suffundi deberem, quòd ausim meis ineptiis aliquid interrumpere vestri cursus tam utilis omnibus. Sed quid faciam ubi tam amicas accipio literas? Possumne continere incendium quo dudum meum in vos pectus ardet, ubi semper nova adduntur fomenta? *Me amatis in Domino, et salvum rediisse*[2] *gratulamini, et sanctè petitis ut, quod plus quàm vivere opto, apud Mediomatrices*[3] *Verbum conservetur, crescat et multum fructum ferat :* quod meritò omnes magnis precibus flagitare debent, cum innumeri incum-

---

[12] *Régula*, fille du réformateur *Ulric Zwingli*. Gualther l'avait épousée en juillet 1541. Le portrait de Régula est gravé en tête de l'ouvrage de Salomon Hess, intitulé : Anna Reinhard, Gattinn und Wittwe von Ulrich Zwingli. Zürich, 1820.

[13] La lettre porte l'empreinte du sceau de *Mathurin Cordier*.

[1] Les grandes qualités de *Farel* lui avaient conquis la haute estime et l'amitié des théologiens de Zurich. Ils le témoignèrent de tout leur cœur en écrivant aux Neuchâtelois, le 15 novembre 1541, la lettre qui dut notablement contribuer à lui ramener la faveur populaire (VII, 336).

[2] Allusion à son évasion de *Gorze* (VIII, 320-30) et à son retour récent de *Strasbourg*.

[3] Nom antique des habitants du pays messin (VIII, 57, n. 5).

bant profligando prorsùs Verbo, et, si vera narrant, *Cæsar* inprimis, et non tantùm *illic*[4], verùm etiam *in ditione episcopi Coloniensis*[5]. Licet pius senex immanissimè à plurimis infestatus, tamen et principatum et vitam insuper potiùs statuit amittere quàm desistere à cœpto tam pio, quod ægrè fert tam serò cœpisse, et quicquid dicatur vel fiat, pergit semper cum iis quos reliquit *Bucerus* idoneis concionatoribus in sex oppidis et aliis aliquot locis[6]. *Monasteriensi episcopo*[7] insuper dicuntur missæ literæ ut desistat a Verbo. Laniena piorum fit et edicta diriora passim ab iis qui bestiam et adorant et potestatem quam habent ei tradunt. Quæ omnia, cum iis quæ videmus maximis bellis et sævitia qua fertur *pontifex* et *hostis turcicus*, maximè nos movere debent ad preces ardentiores. Sed quò feror? Ego

---

[4] Par son rescrit du mois d'octobre 1542 (VIII, 154, 160), *l'Empereur* avait livré aux magistrats de *Metz* une arme qui leur semblait suffisante pour combattre les progrès de « l'hérésie. » Huit mois plus tard, ils furent très encouragés par sa venue en Allemagne (VIII, 437, 440, 442).

[5-6] Dans l'électorat de *Cologne*, *l'Empereur* aurait pu agir en maître absolu. Il était entré le 17 août à *Bonn*, où il se voyait entouré d'une puissante armée. Néanmoins, il fut relativement modéré envers l'archevêque *Hermann de Wied :* il se contenta de lui demander, à trois reprises, de suspendre ses projets de réforme jusqu'à la réunion du Concile ou de la prochaine diète impériale, et de renvoyer *Mélanchthon, Bucer* et *Hédion.* L'archevêque lui répondit chaque fois : « Se nihil novi, sed talem moliri reformationem quæ cum Scriptura Dei et verè Catholicæ Ecclesiæ institutis consentiat... De nobis fecit responderi [écrivait *Bucer*, le 25 août], se ea audivisse de nobis et deinde comperisse, ut non dubitarit, nos Majestati ejus non displicere, quorum ipse opera usus esset.* Tamen *te* abiisse, *me* quoque pridem abire debuisse, sed nec *Hedionem* hîc hærere posse : ne igitur quod ad nostras personas attineat, facile morem gerere *Imperatori* posse : tamen *conscientia sua et religione muneris sui urgeri, ut aliis idoneis Doctoribus utatur.* Ita discessum est, spe aliqua placationis animi Imperatorii in Nostrum. » (Lettre adressée de Bonn à Mélanchthon, l'une des plus intéressantes de Bucer. Cf. Bindseil, Phil. Melanchthonis Epistolæ, etc., quæ in Corpore Reformatorum desiderantur. 1874, p. 180-184. — Lettre de Mélanchthon du même jour. Ibid., p. 178. — Notre t. VIII, p. 458, 459, 461. — Sleidan, o. c. éd. Am Ende, II, 318, 322. — Seckendorf, III, 441-43. — C. Warrentrapp, o. c., p. 210-213.)

[7] *Frantz de Waldeck*, évêque de Munster en Westphalie (VIII, 157, 292. — Bindseil, o. c. p. 184).

* En 1541, à la diète de Ratisbonne. Voyez notre t. VII, p. 96, ligne 9 ; 97, l. 6-9 ; 178, note 12.

optarim mihi aliquando dari occasionem testificandi meum in vos amorem. Servator ille, qui per vos domi agentes efficit, ut qui procul sunt vos audiant piè et sanctè quæ salutis sunt tractantes, idem faxit ut semper puriùs et majori fructu perficiatis, ut ipse cum aliis particeps sim fructus, et vobiscum gestiens de Christi gloria et regno propagato latiùs gratulari possim magis et magis!

Quam vobis referent gratiam parentes eorum qui istic agunt apud vos juvenum[8], *imò pastores qui hîc magis se patres declararunt, vi tantùm non extorquentes ut istic instituerentur, quò possent tandem Evangelio servire?* Nam pervidemus miram barbariem futuram, nisi occurratur. Negligentes sunt parentes, et sunt scelerati qui sponte cessantes à tam pio opere avocant. Sed quamvis hac via et aliis ecclesiis obesse contendant (vix enim credat aliquis quid tentent ii qui sunt soliti semper in cellulis aliquid excogitare mali), tamen *ecclesiæ incipiunt hîc meliùs formari et ad preces videtur propensio major*[9]. Gaudemus plurimùm secundo cursu omnia istic ad perfectionem progredi. Is qui in vobis cœpit suum absolvat opus et vos servet diu in omnium ædificationem. Valete, et quem cœpistis pridem tueri tam amicè amplexi pergite, quod et facitis. Symmystæ vobis et omnibus salutem dicunt, quam et *Megandro, Pellicano, Gualthero* et omnibus reliquis ex animo optamus. Vos plurimùm salutat *Corderius*[10].

Heri nos omnes magno gaudio perfudit symmysta noster Thomas[11], *qui à vobis rediit, referens quæ istic vidit et audivit de sancto ordine ac progressu in vestris sanctis cœtibus.* Cupimus omnes et perseverantiam et augmentum in omni bono, et vestram lucem ita faciat coram omnibus lucere, ut non tantùm celebrent nomen Domini, verùm etiam imitentur et ad meliora provocentur. Salutati fratres iterum atque iterum vos resalutant

---

[8] C'étaient les écoliers que pensionnaient les magistrats de la ville de Neuchâtel (VIII, 412, 415).

[9] Dans l'édition de Brunswick, cette phrase est coupée par un point après *contendant* et par un autre point après *mali*.

[10] *Mathurin Cordier*, principal de l'École de Neuchâtel.

[11] *Thomas Barbarin*, pasteur à *Boudri*. Il possédait la langue allemande, ayant fait ses études à *Tubingue*. C'est du moins la tradition neuchâteloise (Cf. t. V, p. 74, n. 7).

et id quàm officiosissimè. Valete quàm optimè. Neocomi 5. Septembris 1543.

Vester totus FARELLUS.

(Inscriptio :) Præstantissimis viris summa et pietate et eruditione Heinricho Bullingero et Theodoro Bibliandro, claris ecclesiæ Tigurinæ luminibus. Tiguri.

1277

GUILLAUME FAREL à Jean Calvin, à Genève.

De Neuchâtel, 8 septembre 1543.

Autogr. Bibl. Publ. de Genève. Vol. n° 115. Calv. Opp. XI, 609.

S. Postquam abieras[1], veniebant *Cortesius* et *Virotus*[2]. Contuli cum Cortesio rogans « *quid causæ esset, quòd absentem hæreseos damnaret,* quem coràm pro fratre et Christi servo agnovisset, me, inquam, de se bene meritum? » Respondit, accepta à fratribus injuria se permotum, quia omnia contigissent propter meas literas[3], quibus fratres admonebam ut desertores ecclesiarum vitarent, seque dicebat ecclesiam non

---

[1] Il est assez probable que *Farel* et *Calvin* étaient arrivés ensemble à Neuchâtel, vers le 25 août. Le jeudi 30, *Calvin* assistait à Genève à la séance du Consistoire, et, le lendemain, accompagné du syndic Antoine Chicand, il présidait, dans le temple de la Madelaine, à la réconciliation « d'Ypolite Rebit, orfèvre, d'une part, et noble Bartholomie, relaissée de Richardet, femme de N. Jehan Achard, de l'aultre part » (Reg. du Consistoire).

[2] *Jean Courtois,* pasteur congédié du comté de Montbéliard en 1542, et *Guillaume Virot,* précédemment évangéliste à Metz (VIII, 334). Au lieu de *Virotus,* écrit distinctement par Farel, on lit *Viretus* dans l'édition de Brunswick. L'erreur était facile avec deux noms si ressemblants. Toutefois on aurait pu remarquer que, dans tout le reste de la lettre, il n'y a pas un mot impliquant la présence de *Viret* au Synode de Neuchâtel, tandis qu'elle renferme une phrase qui autorise à croire que ce réformateur n'y assista point (Renvois de note 11 et 13).

[3] Allusion à la lettre de Farel du 31 mai 1543 (N° 1240, VIII, 392).

deseruisse, sed ea privatum esse, perque iniquum occupatorem eam administrari jam [4]. Ego : « si ecclesiam non deserueris, nihil de te scripsi, nec potes meas damnare literas : quæ si tibi causa fuissent aliquid in me designandi, quid opus erat *Calvinum* notare et *Metis* traducere [5], cum is nihil unquam de te scripserit, ut ex suis ad te literis intellexi? » — « Imò, inquit, ille damnavit me furti et latrocinii ob libros *Aneti,* scribens ad fratres [6]. » Et cum magis urgeretur, addidit « se ita malè divexatum fuisse, et propter id quod in Confessione habetur Christum esse י׳י [7] qui à se ipso habeat *esse,* quod non putat orthodoxum esse. » Rogabam, putaretne Christi essentiam et divinitatem à se esse? Nam si fateatur essentiam et divinitatem Filii esse ab alio, et non à se, Patris quoque essentiam aliunde quàm à se esse fateri [necesse [8]] habeat, cum eadem sit Patris et Filii divinitas et essentia, quamvis alia sit Patris, et alia Filii persona, et aliud sit de essentia et aliud de personis loqui [9].

Ille afferebat hanc propositionem : « Christus, in quantùm Deus, habet *esse* à se ipso, » reduplicativam esse, per quatuor quoque exponendam esse, quarum hæc : « Christus est à se ipso » est falsa, et cum Joannis testimonio constet : « Sicut Pater habet vitam in se ipso, sic dedit Filio habere vitam, » dicebat [10] non satis capere quid velimus, dum dicimus Christum

---

[4] Édition de Brunswick : *Iam ego,* etc.

[5] La lettre de Calvin à *Cortesius* étant perdue, on ignore à quel moment celui-ci l'avait accusé auprès des Évangéliques de Metz.

[6] *Agnet* ou *Annet Bussier,* pasteur à *Satigni,* près Genève, en 1541 (N° 1024, VII, 221), avait été remplacé par *Jacques Pernard* dans cette paroisse. Son installation, qui eut lieu le 30 juillet 1542 (VIII, 79), dut suivre d'assez près la mort de *Bussier.* Celui-ci avait légué à *Jean Chaponneau* (Capunculus) son petit avoir, qui se composait surtout de livres; et il paraît que *Cortesius,* gendre de Chaponneau, se serait prévalu du testament de *Bussier* pour s'emparer des livres en question (Cf. la lettre de Calvin du 28 mai (1544) aux ministres neuchâtelois).

[7] Les rabbins employaient ces trois caractères, disposés en forme de pyramide, pour représenter le nom de *Jéhova* ou *Jahvéh* (l'Éternel).

[8] Ce mot, qui complète le sens de la phrase, n'existe pas dans l'original.

[9] La discussion qui suit devenant obscure sous la plume de Farel, nous renvoyons le lecteur aux p. 381, 382 du t. VIII, où le même sujet est traité par Calvin dans un style plus compréhensible.

[10] Le manuscrit porte *dicebam,* qui doit être une erreur de plume, car il est en contradiction avec *non satis capere quid velimus.*

esse ,', qui sit à se ipso. [Ego :] nos essentiam et substantiam absolutè considerare, et non ut ad Patrem refertur. Aliquid addebam de predicamentis, quòd aliud sit considerare Filium ut refertur ad Patrem, ut ad aliud dicitur, et aliud in se, ut substantia est absoluta. Tunc is petiit ut liceret deliberare. « Quàm vellem, dixi, te et omnes deliberare diu, qui fratres in opere D.[omini] laborantes damnant, priusquam definiant : Hæretici sunt, absurda tenent. »

Demum post multa petiit quid censerem sibi faciendum esse? Ego respondi : primùm ad Dominum confugiendum, et hunc precibus invocandum, ut quod optimum est inspiret sequique faciat. Agendum demum, ut cum omnibus fratribus in gratiam redeat : quod fieri non possit, nisi in doctrina sit consensus, et in studio gloriæ Christi illustrandæ. Primùm igitur cum *Tussano* et aliis fratribus suæ Classis agendum, rursus cum *Neocomensibus* et tecum, et cum *Vireto*[11], ut plena concordia et firma stabiliatur, et ita sese committendo D.[eo], peractaque sancta reconciliatione, expectaret quid bonitas Patris statueret, cujus vocationem sanctam sequeretur, non anteverteret. *Argentorato* ad *Tussanum* concessit[12], à quo huic Classi fuit commendatus, ut saluti fratris prospiceretur. In qua re omnes *Cortesio* consultum rectè cupientes, *Tussano* assenserunt. Sed *visum fuit ut te adiret ac Viretum quoque*[13], et cum rem totam constabit compositam, incumbemus omnes aspirante D.[eo] reduci fratri adesse : in quo plenè lucrifaciendo operam pro Domino impendes.

Capunculus non nihil ratiocinabatur, et cum id quod est substantiæ colligeret ad id quod ad aliud dicitur, paucis (nam

---

[11 et 13] Farel et, bientôt après, les pasteurs réunis pour le synode exhortent *Cortesius* à se réconcilier avec *Calvin* et *Viret*. Si ce dernier eût été présent, ne l'aurait-on pas sollicité, séance tenante, de consentir à cette réconciliation ? Au lieu de cela, on engage *Cortesius* à se rendre auprès de lui. *Ut adiret* implique l'idée d'un voyage, d'un changement de lieu. Et, en effet, *Cortesius* le visita quelques jours plus tard à *Lausanne* (Cf. N° 1281).

[12] On ne voit pas si Farel veut parler de la première venue de *Cortesius* chez *Pierre Toussain* ou d'un voyage que *Cortesius* aurait fait à Montbéliard, en 1543, après avoir en vain cherché une place dans le comté de Neuchâtel et à Strasbourg. La seconde éventualité nous paraît la plus vraisemblable.

jam fatigati eramus longa mora consessus [14]) dicebam falli accidente, quod in ignoratione contingit elenchi. Sed is : accidens nullum in Deo esse. Fateor, neque ea ratione dicere, sed quia quod essentiæ esset, quæ prædicamento est substantiæ, ad personam, quæ ad aliquid dicitur, vertat, et contra. Nam nectebat multa ille, neque Deum, neque Patrem aut Filium in prædicamento esse, quòd oporteat finitum esse quod in prædicamento substantiæ sit : quod nusquam dixi apud Aristo.[telem] extare. Dixit se collecturum quæ ad te mittat [15], modò boni consulas : quod scio te facturum ut decet. Pluribus non egimus, nam tardior erat hora.

Malingrius [16], etsi hîc esset, cœtui non interfuit, fortè gravioribus occupatus. Hodie referebat *Capunculus* tragicè, quosdam divexare eos qui ducunt filium hominis nescire diem illum [17], et alios rursus qui dicerent scire, sed odii plena pectora et malis affectibus Scripturam torquentia, cum quid agant nesciant. Faciet Christus ut sciant et experiantur verissimè cruciatus jam instantes. Addebat et quosdam sacrilega voce dixisse, dum rogarent [18] quid concionati essent, an de Trinitate ? horrenda subsannatione vocasse *la treyne gueyne,* et multos esse hujus rei testes. Sed instanti ut scirem qui essent, respondit *Veronum* [19] aliquid scire. Mirum si qui sint qui tam impiè loquantur, et si verum non sit, quàm est sacrilega mens quæ talia confingit.

Carquinus [20] hîc fuit, ut puto te ex *Nicolao* audivisse [21]. Suus

---

[14] De la lettre de Farel du 5 septembre (renvoi de note 11), on peut inférer que *le synode* dont il parle ici avait eu lieu le mardi 4 septembre.
La *congrégation* hebdomadaire des pasteurs se tenait le jeudi, jour du marché à Neuchâtel.

[15] *Chaponneau* envoya ce mémoire à Calvin vers la fin de novembre 1544.

[16] *Thomas Malingre,* pasteur à Yverdon.

[17] Allusion à l'évangile selon saint Matthieu, XXIV, 36, et à l'évangile selon saint Marc, XIII, 32. Voyez aussi le t. VI, p. 240, notes 39-41.

[18] Édition de Brunswick: *rogaret.*

[19] Ibidem : *Veconum.* Il s'agit ici de *Claude Véron,* pasteur à *Bossey,* dans le territoire genevois.

[20] *Jean Carquien* ou *Carquin,* ou encore *Kairchien,* membre de l'église évangélique de Metz (VIII, 149, 153, 155, 316, 317). Il fut plus d'une fois envoyé en ambassade par ses coreligionnaires.

[21] Probablement *Nicolas de Fer,* beau-père d'Antoine Calvin. Il était souvent en voyage pour ses affaires commerciales.

adventus fuit valdè utilis et omnibus gratus. Bene affecta est hæc in *Metensem ecclesiam*, quam servet Dominus. *Epistolam tuam cura prodire in lucem*[22], in omnium ædificationem : nam video in grave offendiculum multos, et per suos quos emittunt ad Pontificios[23], et per alios, approbare idololatriam. Ne differas eam, et si quid habes quod sit è re ecclesiarum, pro quibus te servet Dominus ita laborantem, ut juxta verbum Domini tui rationem habeas. Is qui jubebat modico uti vino, vetita aqua, propter stomachum[24], satis indicat valetudinis rationem habendam tibi esse. Cura igitur ut bene valeas, quò possis pluribus et diutiùs prodesse. Saluta omnes symmystas pios, non præterito *Bernardino*[25], Consules et sanctum senatum, et quicquid est piorum, uxorem tuam cum pio *Davide*[26]. Nostri omnes te tuosque salvos cupiunt. *Frater*[27] nondum rediit *Argentorato*. *Nicolaum* et *fratrem* saluta Neocomi 8. Septembris 1543.

FARELLUS tuus.

Heri *frater* rediit *Argentorato*. Mira narrat de piorum affectu. *Metis* quàm ardeant omnes[28]! Intellexisti *legationem Pontificio-*

[22] Farel, parlant d'un ouvrage de Calvin qui était encore inédit et dont il connaissait seulement le sujet, ne pouvait guère en indiquer exactement le titre. Nous croyons qu'il s'agit ici de l'opuscule qui parut en 1543, et qui est intitulé comme il suit : PETIT TRAI | CTE, MONSTRANT | QVE C'EST QVE DOIT | faire vn homme fidele cognois- | sant la verité de l'euangile : quand | il est entre les papistes, Auec vne | Epistre du mesme argument. | Composé par M. I. Calvin. | 3. Roys 18. | Iusques à quand clocherez vous à | deux costez? Si le Seigneur est Dieu, | suyuez le: ou si c'est Baal, suyuez le. | (Genève, Jehan Girard) 1543. | Petit in-8° de 125 pp.

A la fin du traité, p. 103, on lit : « Fin de la premiere Epistre, » et, à la p. 105 : « S'ensvit l'avtre Epistre. » Elle est datée : De Strasbourg, ce 12. de Septembre 1540. Nous l'avons reproduite dans le t. VI, N° 888.

[23] Allusion aux familles qui faisaient confirmer leurs enfants par des prêtres de la Franche-Comté, et qui envoyaient leurs fils aux universités catholiques.

[24] Ire Épitre de saint Paul à Timothée, ch. V, v. 23.

[25] *Bernardino Ochino* (Cf. l'Index du t. VIII).

[26] *David de Busanton*, seigneur de Hénault, réfugié à Genève depuis peu de temps, paraît-il, était natif de Gemeaux, bourg situé en Bourgogne, à 3 3/4 l. de Dijon.

[27] *Claude* ou *Gauchier Farel?*

[28] Malgré cette bonne nouvelle, *Guillaume Farel* dut bientôt reconnaître que ses craintes au sujet de *l'église de Metz* (N° 1276, renv. de n. 4) étaient réellement fondées (Voyez la lettre de Bucer du 25 octobre).

rum non bene exceptam ab *Imperatore*[29]. Tristes redierunt duo : tertius adhuc in aula hæsit, cum sanguine sit junctus *a Bures*[30]. Sperat per hunc aliquid se obtenturum ab *Imperatore*. Consul[31] nondum rediit. *Ensimenses*[32] quæ *captivus*[33] respondit ad *Imperatorem* miserunt, et *Argentoratenses* quoque scripserunt ad *Cæsarem*. *Scherus*[34] non solùm ad *Ensimenses* ivit pro captivo cum literis Senatus, sed voluit quoque fide jubere pro eo, et multa imò omnia egit summa fide, ut bonum virum liberatum curaret. Verùm *Cæsaris* responsum expectatur. Diligentissimè et *Argentorati* et *Basileæ* causam vincti commendavi[35]. Vix puto aliquid tanta curatum diligentia.

[29] Deux magistrats catholiques de *Metz* étaient allés secrètement visiter *l'Empereur* à *Bonn*. Ils lui avaient rapporté de bouche et par écrit « que leur cité était en danger de se livrer du tout aux malheureuses nouvelles sectes, *voire à la pire de toutes*, et qu'il serait impossible de l'éviter sans y envoyer bon personnage exprès procédant de lui » (Lettre de l'Empereur au conseiller Charles Boisot, datée du camp de Bréforth, le 29 août 1543. Voyez Ch. Rahlenbeck. Metz et Thionville sous Charles-Quint. Bruxelles, 1881, p. 67-68).

[30] Maximilien d'Egmond, comte *de Buren*, lieutenant-général de l'Empereur. Son nom était particulièrement néfaste en France, parce qu'ayant repris sur les Français (15 juin 1537) la ville de *St.-Pol* dans l'Artois, il en avait fait massacrer presque toute la garnison, qui se composait de quatre mille hommes. Pendant le siège périrent deux amis d'enfance de Calvin : *Joachim* et *Yves de Hangest*, fils de Louis de Hangest, seigneur de Montmor (II, 412. — Le P. Anselme. Hist. de la maison de France, t. VI. — H. Martin, o. c., VIII, 247. — Abel Lefranc. La jeunesse de Calvin, 1888, p. 186-188).

[31] *Richard de Raigecourt*, élu maitre-échevin de *Metz*, en février ou mars 1543.

[32] A *Ensisheim*, petite ville située à 4 l. S.-O. de Brisach, résidaient les officiers qui gouvernaient, au nom du roi *Ferdinand*, le territoire de Brisach et certaines localités du Brisgau et de la Haute-Alsace. Ils étaient, ainsi que leur chef Guillaume de Rappoltstein, d'une implacable sévérité envers les hérétiques (Cf. Röhrich. Geschichte der Reformation im Elsass, I, 404, 412).

[33] *Jacques Reynaud*, seigneur d'Alleins (Nos 1272-1274, 1284).

[34] *Pierre Scherr*, conseiller strasbourgeois (Voyez la correspondance de Jean Sleidan, publiée par M. le prof. Hermann Baumgarten. Strasburg, 1881, pp. 2, 75, 78).

[35] L'arrestation de *Jacques Reynaud* avait eu lieu le 11 août. Déjà le 21 au matin, l'ambassadeur français *Morelet* en écrivait, de Soleure, aux magistrats bâlois ; et, le 28 août, *François I*, sur le rapport de Morelet,

Has eram daturus *Cortesio.* Sed cum bona fide omnia agenti [l. agens], multa jam perfidè in me fieri expertus [sim], et cum ingratitudinem maximam in eo senserim, admonitus ab aliquo fratrum, alteras [36] dedi. *Non est quòd te admoneam, quem te debeas præstare misero, qui bene meritos pessimè,* ut audio, *divexare non erubuit* [37]. Si qua sit spes salutis, reliqua videbis. Fac ut de iis quæ judicas certiores simus. Vale rursus. 10. Octobris [38].

---

remerciait ceux-ci « du bon devoir qu'ils avaient fait » en travaillant à la libération du gentilhomme qui, de *Strasbourg*, où il avait « visité gens de lettres, » se rendait à *Bâle,* « où il avait même intention. » Cette lettre du Roi fut lue en Conseil le 5 septembre.

Les XIII de Strasbourg ne montrèrent pas moins de zèle : plusieurs de leurs lettres relatives à *Reynaud d'Alleins,* ainsi que celles du conseiller strasbourgeois *Peter Scheren* à Oswald Myconius et aux magistrats bâlois, sont conservées aux Archives de Bâle. La dernière porte cette note du secrétaire : « Écrit de Peter Scheren le vieux, au sujet des prisonniers. Datée de Brisach (ze Prysach). XIII Octobris 1543. præsentatæ et perlectæ. »

Nous avons lieu de croire que les susdits prisonniers recouvrèrent la liberté dans le courant du même mois (N° 1284, n. 6).

[36] Cette seconde lettre de *Farel* à Calvin était, sans doute, écrite sommairement, de façon à frustrer la curiosité de *Cortesius,* s'il se permettait de la décacheter.

[37] Calvin ignorait, nous n'en doutons pas, cette mauvaise action de *Cortesius,* lorsqu'il reçut sa visite, dans la seconde moitié de septembre.

[38] *Farel* a écrit très posément la présente lettre. Il en a été fait, vers la fin du XVIIe siècle, une copie qui se termine par cette note du professeur Samuel Turrettini, relative à la date *10 octobris* : « Corrigenda hæc diei adscriptio, ut ponatur *Septembris,* prout est ad calcem ipsius Epistolæ, vel ad calcem Epistolæ, ut et ad calcem hujus additamenti, ponendum *Octobris;* neque enim per mensem integrum has litteras *Farellus* servasse videtur, antequam ad *Calvinum* mitteret. Errore ergo alterutro in loco, unum mensem pro alio notavit. »

Nous sommes d'un autre avis. *Calvin* étant très intéressé à savoir ce qui s'était passé dans le synode de Neuchâtel du 4 septembre, *Farel* ne pouvait se dispenser de lui écrire, peu de jours après, une lettre circonstanciée. S'il en différa l'expédition jusqu'au 10 octobre, ce fut, vraisemblablement, parce qu'il ne trouvait point de messager sûr, ou parce qu'il attendait le retour de son frère, qui ne manquerait pas de lui apporter des nouvelles de *Metz* et des prisonniers de *Brisach.* En outre, quelque temps dut s'écouler, dès le 8 septembre, avant que Farel pût être informé que *Cortesius* disait beaucoup de mal des ministres neuchâtelois, qui venaient de lui faire un si bon accueil (Cf. le P.-S. du N° 1292).

1278

LE DUC D'ORLÉANS[1] aux Princes Protestants.
De Reims, 8 septembre 1543.

Arch. Nationales, K. 1485, n° 60. Michel Le Vassor[2]. Lettres et Mém. de François de Vargas. Amst., 1700, p. 24. Bayle. Dict. hist. 1738, II, 505, note Y. Le baron de Ruble. Jeanne d'Albret, 1877, p. 192.

Instruction à Antoine Maillet.

[Il] leur déclarera *le grant desir que par la grâce de Dieu nous avons, que le sainct Évangile soit presché par tout le royaume de France, là où nous voudrions bien veoir desjà quelque commencement*[3]. Et, pour ce que la crainte et la révérence filiale et l'honneur fraternel que pourtons au Roy très Chrestien, nostre très honoré seigneur et père, et à Monsieur le Dauphin nostre frère aisné, nous gardent de le faire prescher

---

[1] Après la mort du Dauphin (*François*, fils ainé de François I), l'an 1536, *Henri*, duc d'Orléans, prit le titre de Dauphin, et *Charles*, son puiné, la qualité de *Duc d'Orléans*, qui lui fut confirmée par appanage au mois d'août 1540, et de plus, en février 1543, le Roy lui donna les duchés de Bourbonnois, Angoumois, etc. Bien qu'il fut Grand-Chambrier (dignité qui avoit été celle du connétable Charles de Bourbon, tué devant Rome en 1527), *Charles* s'appelait seulement « Charles, fils du Roy de France, duc d'Orléans et d'Angoulesme » (Le Maire. Hist. d'Orléans, I, 108).

[2] D'après Bayle (l. c., n. 88), Le Vassor a trouvé cette pièce « parmi les papiers du Cardinal de Granvelle. »

[3] On sait que *Marguerite*, sœur de François I, était marraine de Charles, duc d'Orléans, et que ce jeune prince avait eu pour premier précepteur *Jacques le Fèvre d'Étaples* (Cf. notre t. II, p. 17, 195, 196, n. 6, 7. — Journal d'un bourgeois de Paris sous François I, p. 119). Est-ce à leur influence qu'il faut attribuer le désir de *Charles* « de voir le saint Évangile prêché par tout le royaume de France, » ou bien sa proposition aux Princes protestants couvrait-elle un artifice destiné à lui procurer leur alliance ? (Voyez les notes 5, 7.)

librement en nostre Duché d'Orléans, — pour estre soubz l'obéissance et main de nostre dit Seigneur et père ; davantage que *le Pape, l'Empereur* et autres Princes nous pourroient estre à ce contraires ; et autres causes raisonnables que nous nous réservons pour les dire en temps plus opportun, — [nous] nous sommes fidèlement retirez par devers très illustres et excellens Princes *Messieurs les Duc de Saxe, Landgraff de Hessen et autres Seigneurs Protestans,* pour les advertir que nous sommes délibérez et leur promettons, nommément et sans aucun respect, de le faire prescher au *Duché de Luxembourg,* dont nous espérons le dit Seigneur Roy nous laissera jouir paisiblement et d'autres terres qui nous appartiennent de droit de guerre[1]. Mais nous vouldrions qu'il pleust aux dits Seigneurs Protestans nous recevoir en alliance et confédération offensive et deffensive avec eux : lesquels nous requérons très instamment ne nous vouloir refuser ceste tant juste et raisonable requeste[5] : *non pour nous aider de leur support, forces et aide contre aucun Prince particulier, ains seulement en ce qui concerne le faict de la Religion Chrestienne, dont nous desirons grandement et avant toutes choses l'augmentation :* laquelle par ce moyen pourra facilement venir en lumière en nos aultres terres et au dit Royaume, quant icelluy Seigneur Roy nostre père nous verra estre ainsi allié avec mes dits Seigneurs : qui seront cause de luy faire déclarer le bon zèle qu'il a en cest endroit ; et si[6] [nous] nous pourrons toujours excuser envers luy et deffendre à l'encontre de nos adversaires. A ceste cause, il plaira aux dits Seigneurs que dès lors que ferons commencer de prescher le dit

[1] Au début de la guerre, en 1542, le duc d'Orléans avait conquis la plus grande partie du duché de Luxembourg ; mais, l'année suivante, il ne lui restait de ses conquêtes que les places de Montmédy et d'Yvoi.

[5] La raison en était visible. On venait d'apprendre, à *Reims,* que la terreur régnait dans les duchés de Clèves et de Juliers. *L'Empereur* avait pris d'assaut, le 26 août, la ville de Düren, la plus forte de ce pays-là ; Juliers et Ruremonde s'étaient rendues sans résistance. Le 7 septembre, le duc *Guillaume de Clèves,* qui n'avait pas été secouru à temps par *François I* (t. VIII, p. 459), se jetait aux pieds de Charles-Quint, à Venloo, et n'obtenait sa grâce qu'aux plus dures conditions. Ainsi, dès ce moment, la France avait un allié de moins et un ennemi de plus (Cf. H. Martin, o. c. VIII, 289, 290. — Sleidan, II, 323, 324).

[6] Et *cependant.*

Évangile au dit Duché de Luxembourg, à l'heure mesme commence nostre alliance et confédération avec eux⁷.

1279

ROBERT LE LOUVAT¹ au Conseil de Bienne.
De Dombresson, 9 septembre 1543.
Inédite. Autographe. Archives de Bienne.

Salut par Jésuchrist!

Très honorez Seigneurs, En l'affaire du *dixme de Savagnier*², empesché par *Monsieur de Coulombiers*³, il a semblé aux bons frères et amys que, considéré que le dit seigneur est de présent par deça, et aussy *Monsieur Bellegarde*⁴, lieutenant de *Vallangin*, et aussy que la saison de semer les terres de l'église de Dombresson presse⁵, puis qu'il fault que cest affaire soit une

---

⁷ C'était trop compter sur la bonhomie des Princes protestants. *François I*, qui avait fait semblant (1535) de vouloir consulter *Mélanchthon* et *Bucer* (III, 341, 344, 345), était bien capable d'essayer, en 1543, un jeu analogue. « Il y a grande apparence, dit Le Vassor (o. c. p. 27), que le duc d'Orléans ne fit point cette démarche à l'insçu de son père. »

¹ *Robert Le Louvat*, ancien chanoine, natif de Sézanne en Brie, était depuis trois ans pasteur à *Dombresson* et *Savagnier*, dans la seigneurie de Valangin (VII, 30, 31). Les magistrats de Bienne avaient la collature de cette paroisse (II, 261).

²-³ *La dîme de Savagnier*, rapportant plus de 22 muids de céréales, formait l'un des principaux revenus du curé de Dombresson. Mais le pasteur qui avait succédé au curé ne pouvait la recueillir, parce que le seigneur de *Colombier* (J.-J. de Watteville) la revendiquait, au nom de sa femme, Rose de Chauvirey, devant la *Justice légataire* de Valangin. On appelait de ce nom un tribunal institué en 1532, et qui était chargé de remettre les biens provenant de dons pieux et de fondations à ceux qui prouvaient leur descendance des donateurs jusqu'au quatrième degré (Cf. les Annales de Boyve, II, 461. — G. de Pury. Les biens de l'Église réformée neuchâteloise, p. 66).

⁴ *Claude de Bellegarde*, maître-d'hôtel de René de Challant, seigneur de Valangin (Cf. l'Indice du t. III).

⁵ Les paroissiens de Dombresson devaient labourer les terres de la cure, ce qui était le droit commun au Val-de-Ruz (G. de Pury, o. c. p. 67).

foys terminé avec le dit seigneur de Coulombiers par vous[6], mes dits Seigneurs, — que le temps présent, pour les causes dessus-dites, est oportun pour ce faire, plus (possible) qu'il ne sera pas cy-après pour les vendanges[7]. Et partant, par leur conseil et advis, je vous envoye ce porteur.

Très honorez Seigneurs, je feray tousjours mon debvoir de m'enployer au service auquel il vous a pleu me commettre, procurant l'honneur et gloire de Dieu et le salut du peuple à moy commis. Suppliant icelluy nostre bon Dieu vous donner augmentation de sa grâce.

C'est de vostre maison de Dombresson, ce dimmenche ix° jour de septembre 1543.

Vostre très humble et obéissant serviteur,
R. Le Louvat, ministre de Dombresson.

(Suscription :) A mes très honorez seigneurs Messeigneurs les Maire et Conseil de Bienne.

1280

LES CONSEILS DE BERNE au Bailli de Vevey[1].

De Berne, 13 septembre 1543.

Copie ancienne. Arch. d'Yverdon. Grenus, op. cit. p. 216.

L'Avoyer, petit et grand Conseils de la ville de Berne, nostre amiable salutation prémise, nostre bien-aimé bailli de Vevey et capitaine de Chillon.

---

[6] L'affaire fut terminée deux ans et demi plus tard, et au détriment du pasteur *Le Louvat*. Il aurait pu s'opposer à la prétention de *Rose de Chauvirey*, parce que cette dame « se trouvait au delà du quatrième degré direct, auquel était borné le droit de réclamation des biens d'Église. » Mais il n'osa se présenter devant la Justice, sachant que *René de Challant* ne lui serait pas favorable. Ainsi de Watteville et sa femme « obtinrent passement par défaut, » le 20 mars 1546, par lequel leur demande fut accordée.

[7] C'est-à-dire, à cause des vendanges.

[1] Il avait sa résidence au château de *Chillon*.

Nous avons présumé sur les occurrens de présent, lesquels sont très dangereux, lesquels le Seigneur nous envoie à cause de nos péchés, mesmement comme les principaux chefs de la Chrestienté sont animés les uns contre les autres, à cause de quoi le puissant ennemi du nom de la foi chrestienne, *le Turc*, en plusieurs lieux de la Chrestienté fait guerre, et que à telle verge de Dieu n'est possible de remédier, sinon par le glaive de la foi, prières et amendemens de nostre vie : pourquoi avons considéré que nous et les nostres par tout estant sous la puissance de Dieu nous devons humilier. Ordonnons aussi que toutes danses, tant de noces que autres, dès ceste heure en avant doivent cesser, ensemble toutes chansons frivoles, tant sur les charrières que autre part, et tout mauvais train, criemens et hurlemens et toutes autres manières illicites, lesquelles ont accoustumé de faire tant de jour que de nuit ès tavernes, places et charrières publiques et autres lieux, doivent totalement dès ceste heure en avant cesser, afin que nous ayons quelque bonne démonstrance de la piété chrestienne et compassion de nos frères chrestiens lesquels sont tourmentés et guerroyés du *Turc*[2], — et cestes nos présentes monstrer à *nos prédicans,* afin qu'ils doivent exhorter le peuple à prières dévotes envers Dieu, à ceste fin que l'ire d'icelui soit révoquée. Et à tant prions le Seigneur qu'ainsi soit-il. Donné à Berne, le 13 septembre 1543.

1281

PIERRE VIRET à Jean Calvin, à Genève.

De Lausanne, 14 septembre 1543.

Autogr. Bibl. Publ. de Genève. Vol. n° 111a. Cal. Opp. XI, 612.

S. Arbitror te literas[1] accepisse quas *Nicolao* ad te dedi. Tuum responsum expecto. *Venit ad me Cortesius cum literis*

---

[2] Voyez, sur les succès militaires des *Turcs* en Hongrie, le t. V de Hammer. Histoire de l'Empire ottoman.

[1] Cette lettre de Viret à Calvin est perdue.

Farelli[2]. *Is tibi narrabit quid cum fratribus*[3] *egerit.* Hominem audies, et excipies ut tuam decet humanitatem et christianam modestiam, dabisque operam ut in officio contineatur. *Video hominem anxium admodum quò se vertat, et qui egeat solatio. Arbitror penitùs pecuniis exhaustum :* quid consilii sequatur planè nescit. Vide igitur qua ratione ei consuli possit et quid res ipsa postulet. Multis verbis nihil opus est. Non deeris, opinor, tuo muneri. Hominem audies et cum eo conferes exactiùs[4]. *Diaconus noster* hodie obdormivit in Domino, post diuturnum morbum[5]. Audio isthuc profectum *Zebedæum*[6], quo cum conferes de ea re quam nuper ad te scripsi. Habebam alia quæ ad te scriberem, sed non satis vacat. Saluta fratres. Vale. Lausannæ. 14. Septemb. 1543.

Tuus P. Viretus.

(Inscriptio :) Suo Joanni Calvino fratri quàm chariss. Genevæ.

[2] A comparer avec le N° 1277, notes 11 et 13, 36.

[3] Les pasteurs neuchâtelois.

[4] Rassuré par l'accueil amical de Viret, *Cortesius* ne devait pas répugner à se rendre à Genève pour se réconcilier avec *Calvin*. Tout l'y engageait, au contraire, et spécialement son indigence. C'est dans la seconde moitié de septembre, croyons-nous, qu'il eut avec Calvin l'entrevue dont celui-ci rend compte aux pasteurs neuchâtelois par la lettre commençant ainsi : *Venit ad me Cortesius* (N° 1287). Calvin y parle de cet ancien contradicteur avec une réelle bienveillance. Elle aurait fait place à un sentiment bien différent, s'il avait déjà reçu la lettre de Farel terminée par le post-scriptum du 10 octobre (N° 1277).

[5] Cf. le t. VIII, p. 385, renvois de note 9-10.

[6] Voyez, sur *André Zébédée*, pasteur à *Orbe*, le tome VIII, p. 42. Le séjour qu'il fit à *Genève* en septembre 1543 donna lieu à un quiproquo, lequel nous est révélé par le procès-verbal du Consistoire du 18 décembre suivant. Un certain *Thivent Matthés*, étant cité pour avoir joué et dit que les prédicants jouaient aussi, déclare « qu'il dit alors qu'il [y] avoyt *ung prédicant d'Orbaz* que avoyt joyé cinq solz pour ung pâtez avec Mons' *Saint-Victeur*, et qu'il n'a pas dit qu'il fust des prédicans de ceste ville : az ditz que le prédicant demandoyt les quartes,... et qu'il ne cognoyssoyt pas celluy prédicant que joua le dit pâté aux dés. *Il y porroyt avoir troys moys* que la femme de Domp Hugoneri disoyt que c'estoyt ung prédicant, et estoyt vestus d'une robe longue et portoyt son baston [l. son espée] en son flanc... »

Le jeudi 20 décembre, « Noble *Françoys Bonivard*, seigneur de Saint-Victeur... dit vray qu'il az joyé aux dames, comme les aultres font publi-

1281 bis

PIERRE TOUSSAIN à Guillaume Farel, à Neuchâtel.
De Montbéliard, 14 septembre (1543).

Inédite. Autogr. Coll. Lutteroth. Bibl. de la Soc. de l'Hist. du Protestantisme franç. Communiquée par M. N. Weiss.

S. Quanquam nunc sim occupatissimus, tamen cum intellexi hos fratres velle invisere vestram ecclesiam, continere me non potui quin per eos ad te scriberem, tametsi fuerim offensus quòd me familiariter uti non digneris, et quod miseram remiseris[1]. *De tua ad Metenses profectione, te suscepti laboris haudquaquam pœnitere debet, quum hoc certè anno res per te majores effecerit Dominus quàm unquam antea,* nimirum, ut non solùm per totam *Lothoringiam* resonuerit verbum Dei[2], sed etiam purè et liberè *Metis* et prædicetur et audiatur. Et ut vehementer placuit te *istuc* reductum esse per *Carquinum*[3], ita non parùm

quement, ny a pas entendus qu'on aye deffendu le jeu des dez... Et qu'il respondra, s'on veult escripre contre luy, et qu'il ne joya jamais avec ung prescheur de la parolle de Dieu. Et az respondu pour ce qu'il joye, c'est ung peu de passer le temps, cause de sa vielliesse.
Messire *Jehan Hugoneri*... respond estre ignorant de cela qu'il y a quelque temps que mayatre *Clément Marot* il joya deux ou troys foys, et non pour joyé [à autre jeu] que au trinquetract ; et touchant du pâté, il ne scet rien. Et qu'il n'az point vehu joyer de prédicant, ni de la ville ni de dehors. »

[1] Toussain fait probablement allusion à un mémoire sur les cérémonies wurtembergeoises qu'il aurait envoyé à Neuchâtel, et que Farel se serait contenté de lui renvoyer sans observations.

[2] Renseignement précieux et que l'on ne trouve pas ailleurs. Il est permis de croire que *l'Épître de Farel au duc Antoine de Lorraine* datée de Gorze le 11 février 1543, avait été lue avec une grande curiosité dans toute la Lorraine (Voyez t. VIII, p. 268-280, les extraits que nous avons donnés de cette épître).

[3] *Jean Carquin* avait peut-être escorté Farel jusqu'à Bâle, mais il ne paraît pas l'avoir accompagné jusqu'à Neuchâtel (Voyez le N° 1277, renvois de note 20-21).

doluit, quum ille narraret *pietatis studiosos, bonam causam iniqui Judicis, Cæsaris videlicet, judicio et cognitioni commisisse*⁴. Quod quid aliud est, quàm non solùm tentare Dominum, sed etiam Evangelium Christi prodere, *Protestantes* irridere, sese ante oppugnationem dedere, ac impiis pios velut de industria tradere? Et ad me scripsit his diebus *Robertus* Secretarius⁵, *Cæsarem* jam jussisse, ut et *Valtrinus* concionari cesset, et abrogata sint omnia quæ per *Protestantes* illic hactenus agitata sunt⁶. Sic enim inter cœtera scribit : « Le Ministre qui est icy faict son debvoir non sans fascheries, contradictions et troubles. Et a ordonné *l'Empereur* qu'il soit desmis et tout ce aboly que par cy devant a esté traicté par *les Protestans* avec Messieurs de ceste ville. A cause de quoy tous cerchent et courent au remède, tant vers l'Empereur que ailleurs où ilz espèrent [le⁷] trouver, etc. »

Et alius quispiam sic scribit : « Les [Seigneurs] de Metz et de l'esglise ont esté auprès de la [Maj]esté Impérialle, et doibt içy venir ung Commissaire [de l'E]mpereur pour mectre tout à point, principallement [en mati]ère de foy, car le d. Empereur ne veult souffrir [l'esglise transig]er avec *les Protestans,* mais veult qu'elle [soit remise] à son entier sans rien changer, etc. De [Metz.....]ᵐᵉ de Septembre. »

Quæ ad te scribo non ut contristeris, sed ut ardentibus votis preceris Dominum certè de brevi liberatione illius urbis, impiorumque confusione, ut semper, rebus desperatis, suis adesse solet D. Deus, et faciens maledictos eos qui carnem ponunt bra-

---

⁴ Nous sommes persuadé que cette affirmation de Carquin est erronée. Dans un moment où les deux factions qui divisaient la ville de Metz envoyaient des ambassadeurs, l'une à Charles-Quint, l'autre, aux princes protestants, il était facile de se tromper sur les noms et la destination de ces ambassadeurs.

⁵ Secrétaire du Conseil de Metz. Son nom de famille nous est inconnu.

⁶ Allusion à la convention du 16 mars 1543 et à son complément du 21 mai suivant (VIII, 305, 312, 403, 404, 506).

Les premiers ordres de l'Empereur à ce sujet se trouvent dans la lettre qu'il écrivit au commissaire *Charles Boisot* le 29 août 1543 (Cf. Rahlenbeck, o. c., p. 65, 66).

⁷ Ici commence une déchirure. Nous essayons de suppléer les mots qui manquent.

chium suum⁸. Non te possum pluribus obtundere quòd fratres hi ad iter sint accincti, scribam ad te brevi diffusiùs⁹, volente Domino Deo, qui te et cæteros fratres ecclesiæ suæ sanctæ semper servet incolumes. Monbelgardi 14 Septembris. (1543.¹⁰)

Tuus P. TOSSANUS.

(Inscriptio :) Fidelissimo Christi servo Guilielmo Farello, fratri suo in Domino venerando. Neocomi.

1282

LE COLLOQUE DE LAUSANNE aux Pasteurs de Genève.

De Lausanne, 16 septembre 1543.

Mscrit orig. Bibl. Publ. de Genève. Vol. n° 111a. Calv. Opp. XI, 613.

Gratia et pax! *Antonium Franchesium*¹ vobis omnibus notissimum existimamus, ut qui isthic apud vos multos menses cum uxore versatus sit. *Is ad vos proficiscitur fratrum consilio, ut diluat sinistrum quendam rumorem, qui isthinc ad nos sparsus est, et crimina quorum insimulatur,* utque literas à vobis impetret testes suæ innocentiæ, quò et nos certius ac verius aliquod de ejus doctrina et moribus testimonium apud *Principes* ferre

---

⁸ Jérémie, chap. XVII, v. 5.
⁹ Voyez la lettre de Toussain du 27 septembre.
¹⁰ On aperçoit après *Septembris* le millésime 1543, écrit en petits chiffres par Farel. Paul Ferry a noté en tête et à la marge de l'original : « 14 Sept. 1543. »
¹ *Frachet, Franchet* et *de Franchet* étaient des noms de famille de la Franche-Comté et de la Bourgogne. Mais *Antoine Franchet* se disait natif de Nevers. En 1536, il était principal du Collège de Dijon. Nous l'apprenons par Hubert Sussaneau, qui s'exprime ainsi, dans la dédicace de son *Dictionarium Ciceronianum,* adressée à l'évêque de Coutances, Philippe de Cossé : « Ab Italia decedens, per Burgundiam iter feci.... Sententiam fluctuantem confirmavit *Antonius Frachetius* optimis literis eruditus, dum reditum conficerem, Divionensis juventutis moderator. » (Maittaire, o. c. II, 847.)

pessimus, quorum sumptibus hîc cum uxore vixit tres menses [2]. Itaque causam ipsius vobis optamus esse quàm commendatissimam. Queritur se apud quosdam summo laborare odio et invidia. At nihil opus esse putavimus ut multis vos admoneremus, ne hominem sineretis calumniis malevolorum opprimi. Scitis ipsi quid debeatis ecclesiæ, et quid denique fratribus singulis. Sicut non est leve piaculum ecclesiam prodere ac dissimulare quæ ei nocitura cognoscuntur, ita non caret gravissimo crimine famam cujusquam immeritò lacessere et impetere. Dabitis igitur operam ut ecclesiæ et fratri, quoad ejus fieri poterit, consulatis. Non ignoratis quales esse oporteat testes quos fide dignos judicetis, et quàm non sit temerè cuivis homini et rumori fides adhibenda : quod vos minimè facturos confidimus. Valete, charissimi fratres, et eam nobis hîc operam præstate quam in pari negocio à nobis exigeretis. Lausannæ. 16. Septemb. 1543.

Vester P. Viretus,
nomine Colloquii Lausannensis.

(*Inscriptio :*) Doctiss. ac fideliss. ecclesiæ Genevensis ministris, fratribus et symmystis quàm chariss. Genevæ.

1283

Jean Calvin à Pierre Viret, à Lausanne.

De Genève (entre le 16 et le 20 septembre 1543).

Autogr. Bibl. Publ. de Genève. Vol. n° 106. Calv. Opp. XI, 614.

S. Literis tuis impetratum fuisse quod petebas, ut *Rodolphus* ex cœno illo extraheretur [1], jam intellexisti. Mihi, antequam

---

[2] *Franchet* avait pris ses inscriptions à *Bâle*, à la fin de mars 1543. On lit, en effet, dans le registre des immatriculations de cette université : « 24 Martii (1543). Magister *Antonius Frachetius* Nivernas. [Solvit] 6 s. » Or, dès le milieu de juin suivant, il fut entretenu à *Lausanne* aux frais des Bernois. Son séjour à *Genève* ne pouvait donc avoir été de longue durée, à moins qu'il n'y fût arrivé déjà en 1542.

[1] *Rodolphe Monet,* fils d'un ancien fermier des étuves de Genève, était décrié pour ses propos impies et ses mauvaises mœurs. On lit dans les

discederet, valedixit, egitque gratias de sua liberatione : quia sciebat me tibi causam commendasse². Si perrexerit in hoc cursu, sicuti spero et cupio, non absque fructu laboravimus³.

*De sententia Basiliensium*⁴ jactari et multos et sinistros rumores, nihil est mirum. Nam et multi sunt qui fingant rem malè habere, quia sic cuperent : nec desunt qui libenter recipiant quod confictum est. Ut autem paucis dicam, *superiori*⁵ *est non multùm absimilis : quinetiam eadem ferè, nisi quòd in exulum causa gratificatur nonnihil Bernensibus*⁶, sed eousque tantùm, ut illis extra urbem cautum sit⁷ : in urbe omnia integra relinquit : deinde quòd supremum in duas præfecturas

---

procès-verbaux du Consistoire, au 25 mai 1542 : « *Roud Monet* az esté amonété (comme N. *Jehan Goulaz*), s'il az propos de recepvoir la sainte Cène et de vivre selon la Religion et Réformation. Luy ont estés faytes les remonstrances, et daventage, qu'ilz az blâmé le saintz sacrement de la Sainte Cène que dernièrement receup. Et qu'il se garde de scandallisé l'esglise. Respond, qu'il ne c'est jamays trouvé en lieu qu'on dictz mal du Consistoyre, et qu'il n'est poinctz traytre, car il az ung trouble en son cueur, et qu'il ne recepvra poinctz la Cène pour ceste foys, car il est troublé en son cueur. »

² Le 24 avril 1543, « *Rouz Monet*..., à sa humble requeste, a esté admys secrétayre du droyct avecque le secrétayre *de Archa*, pour l'espace accoustumé de troys ans, *dum bene fecerit* » (Reg. du Conseil). Mais bientôt après, il subit (nous ignorons pour quel méfait) une longue détention. On peut l'inférer de ce passage du même Registre, au 30 novembre 1543 : « P. Jo. Jesse, souldan [l. geôlier]... a prier fère entière résclucion des *dubies* de ses comptes, à cause de la dispense (dépense) des criminaulx... Et de cinquante florin des gardes du temps de la détencion de *Roz Monet*. »

³ Cette espérance ne se réalisa point.

⁴⁻⁵ La première sentence des *arbitres bâlois* sur les différends existants entre Berne et Genève, était parvenue aux conseillers genevois le 13 janvier 1542 (VII, 453, n. 7-9 ; VIII, 89, n. 6). La seconde, traduite de l'allemand par François Bonivard, leur fut présentée le 4 septembre 1543.

⁶⁻⁷ Berne ne voulait pas conclure la paix avec Genève, sans faire gracier par elle les trois députés genevois condamnés à mort le 5 juin 1540, et ceux de leurs adhérents qui étaient fugitifs. C'est pourquoi la seconde sentence arbitrale permettait aux trois condamnés de 1540 de rentrer dans le territoire de Genève, mais non dans la ville. Berne ne se découragea point ; elle insista de telle sorte, qu'elle obtint, en mars 1544, la réintégration complète des fugitifs, et même la grâce de ceux qui avaient été condamnés à la peine capitale. (Cf. notre t. VI, p. 199, 238, 239, 323. — A. Roget, o. c. II, 86, 100, 111-115. — F. Turrettini et A.-C. Grivel. Les Archives de Genève, 1878, p. 214 et suiv., 248-278.)

dominium nostris abjudicat[8]. Ego in consilium adhibitus, partim quia sic utile reip.[ublicæ] esse judicabam, partim quia contrà tendendo nihil me profecturum cernebam, censui non simpliciter acquiescendum esse. Ut autem obiter hoc quoque dicam, dum venditare se quisque studet, certatim plausibilem sententiam singuli dicunt[9] : nemo salutarem, nisi fortè unus aut alter. Quanquam, etiamsi nemo restitisset, hoc tamen eram ultro suasurus, ut explicationem alicubi adjicerent. Scis cum quibus nobis sit negocium. Cæterùm responsio talis, spero, futura est, quæ si non satisfaciat per omnia, ostendat tamen satis æquam moderationem. Si quando nos invises, meliùs et pleniùs intelliges omnia.

Cum hæc scripsissem, supervenit commodùm nuncius, a Bernatibus receptam sententiam[10]. *Ego accitus in Senatum longa et vehementi cohortatione impetravi, ut ad novam consultationem redirent. Factum est senatusconsultum, ut septem mecum dispicerent de conficienda formula*[11]. Nisi alicunde Sathan obturbaverit, bene spero. Certè multum mihi egisse videor, quòd saltem ad concordiæ studium animi sunt revocati, atque ita compositi, ut ad cedendum inclinent.

Non est cur *Ludovicus* de liberis in præsentia sit solicitus[12]. *Filium* Dominus ad se recepit. *Filia* bene valet, sed non est extra periculum. De illis ablegandis nulla, quod sciam, mentio

---

[8] La seconde sentence arbitrale dispensait Berne de prêter aux Genevois, pour les territoires de *Gex* et de *Ternier,* l'hommage que les ducs de Savoie devaient jadis à l'évêque de Genève (Cf. Michel Roset. Les Chroniques de Genève, publ. par Henri Fazy, 1894, p. 301-304. — Ruchat, o. c. V, 240-241).

[9] Il avait d'abord écrit : *dicere student.*

[10] Nouvelle prématurée. Les Bernois ne déclarèrent que dans la première moitié de décembre qu'ils acceptaient « le départ » (c.-à-d. la sentence) de Bâle (Voyez A. Roget, o. c. II, 106).

[11] Cette commission de huit membres fut élue en partie le 10, en partie le 15 septembre, et son projet de réponse fut approuvé le 18 du même mois par le Petit-Conseil et le Conseil des Deux-Cents (Cf. Roget, II, 102). Mais de la phrase suivante, nous inférons que la présente lettre fut commencée avant le 18 septembre.

[12] Il s'agit ici de *Louis Le Tondeur,* qui fut magister à l'hôpital de Genève, et que nous retrouverons plus tard à Lausanne. Sa fille *Françoise* lui fut conservée, mais son fils *Bastian* mourut de la peste.

fuerat. Audisti autem, opinor, *ptochotrophæum nostrum*[13] *peste tactum esse.* Sed quia omnes in agrum emissi sunt, jam non erit locus contagioni ut fuit. Priusquam adhiberetur remedium, sedecim aut circiter mortui sunt. A biduo nihil novi mali emersit.

De *Fraschesio*[14] hoc erat meum consilium, ut duos huc legaretis ex cœtu vestro, qui coràm de ejus vita inquirerent. Nescio autem quid in mentem vobis venerit, ut *illi* potiùs committeretis istas partes[15]. Nondum ad me venit. Audiemus quid petat : et tunc quod à vobis omissum est, duobus non suspectis mandabimus negocium, ut in vicinia inquirant[16]. Saltem hanc rationem apud me constitui, quam aliis quoque probatum iri confido.

Quanquam *Zebedæus* tibi quid mecum egerit referre ipse potest[17], tamen paucis indicabo. Quoniam *Philippum* satis idoneum judicabat, quem in locum suum sufficeret[18], tentavimus ejus animum, num ad commutationem adduci posset. Respondit breviter, se quidem, si ita juberemus, fore in nostra potestate : sed sponte nunquam facturum. Ita spem abstulit, privatim quidquam abs se impetrandi. Verùm censebat *Zebedæus* alia via rem aggrediendam : nempe ut huc concederes, atque in consessu nostro proponeres quàm justis et necessariis causis cupiat ab *Orbana ecclesia* liberari[19] : deinde adjiceres, te pro patria[20] meritò esse solicitum, ne bono et fideli ministro desti-

---

[13] L'hôpital de Ste-Claire, situé dans la ville. Celui des pestiférés était à Plainpalais, hors de l'enceinte.

[14] Voyez, sur *Antoine Franchet*, la lettre de Viret du 16 septembre. Calvin put la recevoir le mardi 18.

[15] Dans leur lettre du 16, les ministres de Lausanne ne disaient point que *Franchetius* allait à Genève pour y faire une enquête, mais qu'il s'y rendait afin de se justifier.

[16] Le résultat de ces recherches est exposé dans la lettre de Calvin du 1er octobre.

[17] Cette phrase annonce assez clairement que *Zébédée* fut le porteur de la présente lettre. Elle était entre les mains de Viret le jeudi 20 septembre (N° 1285, renv. de n. 2).

[18-19] *Zébédée* voulant quitter *Orbe*, à cause des nombreux différends qu'il avait eus avec les catholiques de cette ville et avec les seigneurs de Fribourg, il désirait échanger sa paroisse contre celle de *Philippe de Ecclesia*, pasteur à Genève.

[20] *Orbe* était la ville natale de *Pierre Viret*.

tueretur : ad extremum peteres ut dispiceremus inter nos, num posset fieri commoda permutatio : parsque huic consultationi interesses. Ego quidem, quoad conjectura assequi licet, magis vereor, ne primo statim verbo resiliant *omnes mei collegæ,* quàm aliquid extorqueri ab illis posse sperem. Nam simul ac mutationis facta erit mentio, sibi quisque eorum timebit : et nemo est qui libenter hinc moveat. Et tamen ejusmodi res est quæ ipsorum arbitrio permitti debeat. Cæterùm, sive ut consilium inter nos capiamus, sive ut agamus aliquid, nihil melius foret quàm te huc semel commeare. Poteris autem absque invidia aut suspicione ulla circiter quindecim ab hinc dies[21]. Id ut facias, etiam atque etiam abs te peto. Citiùs si poteris, eò meliùs. Vale, mi frater. Saluta omnes amicos diligenter, *Celium* præsertim, *Imbertum* et *Ribittum*[22]*, uxorem et materteram.* De sublevandis pauperibus, ubi veneris, colloquemur[23].

JOANNES CALVINUS tuus.

(Inscriptio :) Petro Vireto, fratri et amico mihi chariss., Lausannensis ecclesiæ pastori fideliss.

1284

JACQUES REYNAUD D'ALLEINS à Bonif. Amerbach[1], à Bâle.

De la prison de Brisach, 19 septembre (1543).

Inédite. Autogr. Bibl. de Bâle.
Communiquée par MM. les D[rs] Ch. Bernoulli et Binz.

JACOB. REGINALD. ALENIUS D. Bonifacio Amorbachio[1] s.[uo][2] d. s. p.

Nisi mihi humanitas fidesque tua satis perspecta esset, frustra rebus dubiis auxilium tuum implorarem. Sed *Francfordiam*

---

[21] *Viret* n'attendit pas, avant de partir, que ces « quinze jours » fussent écoulés (N° 1285, n. 7).

[22] *Celio Secundo Curione,* principal du Collège de Lausanne et directeur des douze écoliers pensionnaires de LL. EE. ; *Imbert Paccolet,* professeur d'hébreu, et *Jean Ribit,* professeur de grec.

[23] Pour la détermination de la date, voyez les notes 11, 14, 17.

[1] *Boniface Amerbach,* fils de *Jean,* le célèbre imprimeur bâlois, naquit

proficiscens *Conradus bibliopola*³ ante dies plus minùs xv id mihi nunciavit de quo nihil alioqui dubitabam, afflicta fortuna mea te commotum vehementer fuisse, et velle, quantùm in tua potestate situm est, et opem et auxilium ferre. Quod ego studium in me tuum ita amplector ut etiam præsidium expectem : jam quo statu res nobis sit accipe. *Res nobis est cum eo latrone qui sanguinem ita sitiat, ut nec jura nec Deum nec se ipsum respiciat.* quanquam habemus quod est *reo* maximè optandum : accusatorem confitentem planè se nihil habere jure quod intendere queat, et sanè, gratia Deo, cujus nomine immerentes insectari possit. nihil omnino est nisi ei *Gallorum* nomen invisum est, non sibi modò, verùm etiam et vobis, quorum gratia huc venimus, et reliquæ *Germaniæ* universè. *Coram illis disceptatur qui mihi hactenus inimicorum potiùs quàm judicum animos*

---

en 1495. Après de très bonnes études, faites dans la maison paternelle avec un savant humaniste, et continuées dans les universités de Bâle, de Fribourg et d'Avignon, il fut appelé, vers 1525, à enseigner le droit civil dans sa ville natale. Il en devint l'ornement par sa grande culture et son renom de jurisconsulte consommé.

Élevé sous l'influence d'*Érasme*, qui lui témoignait beaucoup d'amitié, *Boniface Amerbach* fut d'abord hostile aux nouvelles doctrines. Mais à mesure qu'il les connut mieux, il les jugea plus équitablement ; et, comme les magistrats bâlois usèrent de patience envers lui, il finit par se rallier franchement à la Réforme. Cela n'empêcha point *Érasme* de le déclarer son légataire universel (12 février 1536). Voyez les Indices des t. III-VIII. — Amerbachiorum Epistolæ mutuæ. Bibl. du Muséum à Bâle. — Erasmi Epp. familiares ad Bon. Amerb. Basiliæ, 1779. — Athenæ Rauricæ. — De Burigni. Vie d'Érasme, II, 417-20. — J.-J. Herzog. Das Leben Johannes Oekolampads, 1843, II, 209-14. Trad. franç. par A. de Mestral, p. 313-16. — Th. Burckhardt-Biedermann. Bon. Amerbach und die Reformation. Basel, 1894.

² *Jacques Reynaud*, seigneur d'*Alleins*, et *Boniface Amerbach* se connaissaient l'un l'autre depuis longtemps: ils s'étaient rencontrés plus d'une fois à l'époque où celui-ci étudiait à Avignon. *Jean Montaigne*, l'un de ses anciens professeurs avignonnais, lui écrivait d'Aix en Provence, le 28 avril 1527 : « Sesquimensem *Aquis Sextiis* jam peregi apud D. *Jacobum Garini* aliàs *Tossantii*, J. U. Doctorem practicum, virum optimum, unà cum Dᵒ *de Aligno*, id est *d'Allein*, Arelatensi, *tibi à facie notissimo*, qui te ex animo plurimùm salvere jubet. Huic nuper quadraginta millia ducatorum ex paterna successione obvenerunt » (Epp. ad Amerbachios).

³ *Conrad Resch*, imprimeur et libraire bâlois, s'était rendu à Francfort pour la foire de septembre.

*preferre visi sunt*⁴. Sed unum est quod animos nostros maximè et reficere et recreare debet. Nullius (ut antè dixi) criminis vel conscii vel convicti sumus : hoc solum calumniantur quòd *Galli simus*, quasi nihil intersit inter *Gallum et Germaniæ hostem, proditorem* et si quid his gravius est ; et *in nos vel calumnie vel accusationi opponimus et Germaniæ sanctam tum Gallis amicitiam et nostri ordinis*, hoc est literatorum hominum presertim innoxiorum, *ubique libertatem*. Que quanquam ita sunt, *tamen quod sæpiùs jam interminati sunt, id malè metuimus, ne videlicet subeunda questio sit*⁵. Quare cum et gratia et authoritate plurimùm apud judices polleas, illud abs te peto contendoque ut in causa longè gravissima nunc jam nobis adesse et efficere velis ut presentiss.[imum] tuum civiumque tuorum D. *Basiliensium* presidium sentiamus. Nihil majus peto quàm ut velitis (Nam quorum spiritus unus est communis, idem velle illis et nolle est : que res demum firma amicitia est), nec amplius quàm ut possitis. Nam cum vestro omnium testimonio à judicibus tribui plurimum certò sciam, eos nobis facilè ita adjungetis, ut si non amicos at inimicos illoc non habeamus. Expecto igitur te tuumque et *Dominorum Basiliensium* auxilium et præsidium⁶. Vale. Brissaci ex vinculis 13 cal. octob. (1543.)

(*Inscriptio :*) Magnifico viro divinique atque humani juris consultissimo D. Bonifacio Amorbachio. Basilee.

1285

PIERRE VIRET à Jean Calvin, à Genève.

De Lausanne, 20 septembre 1543.

Autogr. Collect. Rehdiger. Bibl. de Breslau. Calv. Opp. XI, 617.

S. Misi ad te literas die Saturni¹ per viduam quandam mihi notissimam. Optarim ex te discere, acceperis nec ne. Quamvis

---

⁴ C'était le même esprit qui animait leurs chefs d'*Ensisheim* (N° 1277, n. 32).

⁵ Ils craignaient ce qu'un poète a si énergiquement exprimé :

« La torture interroge et la douleur répond. »

⁶ Le jeune *Philibert* (N° 1272, n. 1) était en Suisse au commencement de novembre (Cf. la lettre de Viret du 11). Nous sommes donc autorisé à croire qu'il fut libéré à *Brisach* en octobre, avec ses trois compagnons de captivité.

¹ Cette lettre, expédiée par Viret à Calvin le samedi 15 septembre, est perdue.

ex tuis literis quas mihi *Zebedæus* reddidit², suspicor tibi fuisse redditas. Scribe tamen an acceperis, ut certior fiam, ne mihi fortè contigerit quod in literis meis ad *Farellum* quas *Tolosano*³ dederam. *Farello* dixit se in via amisisse, sed vereor ne retinuerit, ne ei accideret quod *Cortesio*⁴. Scribebam enim idem de literarum apertione quod ad te, si modò literas meas acceperis. Suspicor hominem meas resignasse nec ausum reddere, veritum ne idem deprehenderet *Farellus* quod ego. Nam me orarat ut de se ad *Farellum* scriberem. Quum autem satis frigidè à me exceptus esset et me scripsisse assererem, suspicor eum voluisse experiri quales ferret literas, quòd mihi parùm fideret homo malè fidus. Rem omnino ita habere conjicio, et quidem probabiliter satis : cujus te volui admonitum, ut tu quoque diligentissimè semper attendas quibus tuas literas committas.

De *Franchesio* aliter facere non potui⁵. Vereor ne vobis sit molestus et valdè importunus. Miror *Cortesium* nondum abs te visum, per quem ad te scripseram in ejus gratiam⁶. In literis quas se amisisse *Tolosanus* ait, nihil erat quod me valdè angat, nisi quod de apertione literarum addideram statim in frontispicio. De *Zebedæi* negocio et rebus reliquis brevi, ut spero, præsentes latiùs colloquemur, quamvis diem tibi præfigere non possim⁷. Valdè laboro in equis inveniendis. Saluta amicos. Gaudeo rem non tam deploratam *de sententia Basiliensium* quàm audiveram⁸. Gaudeo etiam *Principes nostros* publico edicto hortatos populum ad preces ob imminentem Dei vindic-

---

² Allusion à la lettre de Calvin écrite entre le 16 et le 20 septembre, et apportée à Lausanne par André Zébédée.

³ *Tolosanus* est probablement un nom de famille. Si Viret avait voulu indiquer que le messager était natif de Toulouse, il aurait dit : *cuidam Tolosano*.

⁴ Allusion à une indélicatesse de *Cortesius* sur laquelle on n'a pas de renseignements.

⁵ C'est une réponse au reproche formulé dans la récente lettre de Calvin (N° 1283, renv. de n. 15).

⁶ N° 1281. Calvin, dans sa récente lettre, ne disait rien de *Cortesius*. Mais *Zébédée*, en retournant à Orbe par *Lausanne*, avait pu apprendre à *Viret* que cet ancien pasteur du Montbéliard n'avait pas encore fait sa visite à Calvin.

⁷ Cf. N° 1289, note 1.

⁸ Encore une allusion évidente à la lettre N° 1283, renv. de n. 4-11.

tam, et choreis ac carminibus lascivis penitùs interdixisse[9].
Vale. Lausannæ, 20. Septemb. 1543.

Tuus P. Viretus.

(Inscriptio :) Suo Joanni Calvino, pastori vigilantissimo. Genevæ.

1286

Pierre Toussain à Guillaume Farel, à Neuchâtel.

De Montbéliard, 27 septembre 1543.

Inédite. Autogr. Communiquée par M. Henri Lutteroth.

S. Recepi literas tuas per hunc nuntium, quem ante Calendas Octobris istuc rediturum non putabam, per quemque statueram copiosiùs ad te scribere. Cæterùm, quoniam nunc significavit hodie se abiturum, scribam quod possum in præsentia. *Nec est ut te affligas quòd res Metensium aliter habeant quàm velles, quandoquidem fecisti quod per Dominum potuisti*[1], et dabit Dominus incrementum, nec peribit unus, imò ne capillus quidem unius ex his qui illic Domini sunt. Quod cum sciamus, est ut nos nostro diligenter fungentes munere, solemur in Domino ejusque voluntatem boni consulamus.

Quod autem dicis te non posse non gravissimè dolere, quum apud te repetis quæ illic omissa sunt[2], hoc te contrà adversùs hujusmodi cogitationes consolari debet, quòd nihil per te sit omissum, et ex animo studueris totam illam urbem ad Christi cognitionem perducere. *Sed si putas hoc potissimùm omissum esse, quòd res alia via, hoc est, vi et per plebem tentata non sit*[3], *non est ut hoc doleas, quandoquidem vulgi inconstantiam non ignoras,* ut ego illum scic facilè jam huc jam illuc impelli posse :

---

[9] Voyez le mandement bernois du 13 septembre (N° 1280).

[1-2] Ce sont les mêmes regrets que *Farel* exprimait dans sa lettre à Myconius du 20 avril 1543 (VIII, 320).

[3] Claude Fathon écrivait le 26 janvier 1543 : « Souvent desjà Maistre *Guillaume* a eu le peuple [de Metz] tout en la main *pour tout abatre,* mais la sagesse... des principaux a tousjours retardé l'œuvre » (VIII, 253).

et tu, ut ego aliàs sæpe, familiæ illius instabilitatem expertus es, per quam initio spes erat Dominum illic aliquid effecturum[4]*, sed cujus alia pars statim defecit ab Evangelio*[5] *:* alia palàm declaravit, ut si quid vi sineque Magistratus auctoritate ageretur, se nobis haudquaquam fore propiciam[6] : alia, variis consiliis agitata, non parùm sæpe fluctuaret[7]. *Nec unus erat inter eos omnes qui in ista causa præcipui videbantur, præter unum*

[4] Ces paroles font évidemment allusion à la famille des *de Heu*, l'une des plus riches et des plus puissantes de *Metz*. Elle comptait alors cinq représentants, dont quatre ont marqué, à divers titres, dans l'histoire de cette ville impériale. Ils étaient fils de l'ancien maitre-échevin Nicolas de Heu et de Marguerite de Brandebourg, dame luxembourgeoise (Voyez les notes 5, 6, 7, et Rahlenbeck, o. c. *passim*).

[5] Il doit être ici question de *Jean de Heu*, seigneur de *Blétange*, né en 1503, le seul des cinq frères qui n'ait pas persisté dans sa première sympathie pour la Réforme. Brillant officier de cavalerie dans les troupes de Charles-Quint, il fut plus tard gouverneur de Thionville.

[6] Toussain veut parler de *Gaspard de Heu*, seigneur de *Buy*, maitre-échevin en 1542, et de son frère *Robert*, seigneur de *Malroy* et de *Montoy*, sénéchal héréditaire de l'évêché de Metz, et maitre-échevin en 1533 (VIII, 127, 150, 151, 506).

« *Robert de Heu* naquit à Metz le 22 mai 1497. Son frère ainé *Nicolas* veilla à son éducation, qui fut supérieure à celle que recevaient les gentilshommes de son temps... *Robert* était protestant comme ses frères, tout en observant extérieurement les prescriptions de l'Église catholique et assistant à ses cérémonies... Il appartenait à la ligue de *Smalkalde*... C'est en 1533 qu'il entre dans la maison de *l'électeur de Saxe*, en qualité d'agent diplomatique ; et c'est à raison de cent florins par an qu'il s'engage à servir ce prince, en tout temps et en tout lieu, à la seule réserve de ne devoir rien faire de contraire aux intérêts de l'Empereur, dont il est le sujet fidèle, et du duc de Lorraine, dont il est le vassal.

« Ce seul renseignement [dit M. Rahlenbeck, o. c. p. 128] nous suffirait pour déterminer l'attitude prise et conservée par *Robert* pendant les vingt années qui précèdent la conquête de *Metz* par la *France*, et pouvoir répondre aux accusations dont on l'accable. Lui et ses frères ne pouvaient, en effet, concevoir le salut de l'autonomie et de la neutralité messines et le triomphe de leurs idées religieuses que par une union de plus en plus étroite avec *l'Allemagne*, qui leur avait donné tout cela et voulait leur en garantir la conservation. »

[7] Ce jugement pourrait concerner *Nicolas de Heu* (l'aîné des cinq frères, le savant de la famille, lequel se retira en 1535 dans son château d'*Ennery*, dont il prit le nom), ou *Martin de Heu*, seigneur de *Crépy*, personnage qui ne compte guère et qui fut le lieutenant de son frère *Gaspard*.

Gasparem, hospitem tuum[8], *qui in ea esset sententia, ut quicquam vi, sineque Magistratus, aut saltem Protestantium*[9] *consilio ageretur :* adeò sanè ut statim in initio causæ, *mihi seriò ac sæpe ab illis*[10] scriptum sit, ut te ad patientiam literis diligenter hortarer, et ne quid temerè inciperetur, nisi vellemus illic bonos omnes et Evangelium non solùm periclitari, sed etiam in totum perditum iri : in familiaque illa aut populo nihil esse spei collocandum : fratribus autem omnibus videri rem per *Protestantes,* ut pote principes ac Magistratus pios, tractandam esse. Quorum tamen consilium non potui magnopere improbare, cum propter ea quæ suprà memoravi, tum quòd videbam fore, ut si res aliter tentata malè successisset, tu et optimi quique illic de vita periclitati fuissetis, et Evangelii cursus non parùm fuisset impeditus, et ministerium tuum malè passim audivisset. Ut multa alia (si vacaret) scribere possem, ex quibus facilè videres, nihil esse ut nunc doleas et te affligas quòd res aliter illic tentata non sit.

Sed quid, obsecro, in necessitate et periculo præstitissent, qui nemine cogente, imò ne postulante quidem aut cogitante, *ultro et sine ulla necessitate aut persecutione, sanctissimam causam, piis antea per ipsos creditam, iniquissimo Judici commiserunt*[11] *? Adhæc vidisti quòd ne unus quidem illic te palàm domi fovere ausus sit*[12], *et ob id Satanæ consilio consultum ut in arcem illam*[13] *ires, quam postea hominum perfidia relinquere coactus es, et, Metim reversus*[14], *Magistratui ab eo certè proditus qui te vel*

---

[8] *Gaspard Gamaut,* qui donna l'hospitalité à *Farel,* lorsque celui-ci arriva à Metz en 1542 (Cf. l'Indice du t. VIII).

[9] Les Princes protestants d'Allemagne.

[10] Les notables de Metz que Toussain a mentionnés plus haut.

[11] Ce n'est point une allusion aux procès intentés aux Évangéliques par les magistrats de Metz, en octobre 1542. Mais Toussain est encore sous l'impression du récit erroné de *Jean Carquin* (p. 30, lig. 1-2), lequel se trouve contredit par trois autres narrateurs de Metz (Cf. la fin du N° 1298).

[12] C'est donc bien *Gaspard Gamaut,* et non *Gaspard de Heu* qui est visé plus haut (renv. de n. 8).

[13] Le château de l'évêque, à *Montigny,* et non celui de *Gorze,* puisqu'il est avéré que *Farel* dut se retirer de *Gorze* à *Strasbourg* sans passer par *Metz.*

[14] Vers le 15 novembre 1542. Cf. le t. VIII, p. 154, n. 4, 6, 10 ; p. 200, n. 12 ; p. 252, n. 9-10 ; 504, lig. 21-23.

solus[15] *conservare debebat, — ne dicam quòd res Gorzensis aliter sanè habeat quàm multi intelligant*[16]. *Quæ ad te non scribo ut vel spergantur* [l. spargantur], *vel ab illis alieneris quos tuis et fratrum precibus semper commendo, sed hæc scribo ne te mœrore ullo conficias et doleas rem aliter illic tentatam non fuisse : quæ, ut optimè cœpta erat, et optimum habebat successum, sic finem habuisset optimum, si per eos ipsos palàm impedita, ne dicam prodita,* [non] *fuisset*[17]. *Sed nobis ardentibus vobis* [l. votis] *invocandus est Dominus Deus, qui suis* (ut nuper scribebam[18]) *rebus omnibus desperatis semper adesse solet.*

Heri intellexi Ducem Clivensem jugum submisisse Cæsari[19], *huncque nunc duobus magnis exercitibus irruere in Galliam, altero per Picardiam, Angliæ regis copiis adjutum*[20], *altero per Ducatum Lutzemburgensem, — ut magnas ob nostram ingratitudinem et impœnitentiam visuri simus calamitates, nuncque, si unquam aliàs, ad orandum Deum toti excitari debeamus, si nos fortè audiat et misereatur nostrî. Vale in Domino Jesu, frater amicissime, mihique fratres omnes diligenter saluta. Monbelgardi 27 Septemb. 1543.*

Tuus ex animo P. Tossanus.

Cum narravit Carquinus quæ scripsi[21], *per imprudentiam potiùs fecit quàm de industria, et quæ certè, cum me graviter*

---

[15] Allusion directe à *G. de Heu*. Il est tout à fait vraisemblable qu'on l'avait consulté, au mois de juillet 1542, avant d'appeler *Farel* à Metz.

[16] A comparer avec le t. VIII, pp. 498-99, n. 12.

[17] Au commencement de sa lettre, Toussain reproche aux chefs des Évangéliques messins d'avoir tout gâté par leur excessive prudence ; ici il les accuse d'avoir trahi la cause. Les documents mis au jour ne nous semblent pas autoriser cette accusation.

[18] Allusion à sa lettre du 14 septembre (p. 30 au bas).

[19] Voyez le N° 1278, note 5.

[20] En 1543, le roi d'Angleterre envoya à l'Empereur huit à dix mille hommes, qui se joignirent aux troupes impériales pour assiéger Landrecies en Hainaut (Cf. t. VIII, p. 459, n. 5-6). Mais ils ne réussirent pas à reprendre cette ville. Ce fut en juillet 1544 que Henri VIII débarqua en personne en Picardie. Il entreprit alors le siège de Montreuil et de Boulogne, au lieu d'opérer sa jonction avec l'Empereur (Cf. Martin, o. c. VIII, 290, 300).

[21] *Jean Carquin* était venu à Neuchâtel vers la fin du mois d'août. (N° 1277, renv. de n. 20).

offensum videret, voluisset non dicta : sed quæ te cælare non potui, quanquam non expedit ut spargantur. Si verum est quod heri mihi affirmatum est de *Cæsare,* mirum est si jam non senserunt quid fecerint[22]. Si quid habuero, faciam ut scias. Iterum vale.

(Inscriptio :) Guilielmo Farello, fratri suo observando. Neocomi[23].

1287

JEAN CALVIN aux Pasteurs du comté de Neuchâtel.

De Genève (dans la seconde moitié de septembre 1543[1]).

Copie contempor. Bibl. des pasteurs de Neuchâtel[2].
Calv. Opp. XI, 652.

Venit ad me Cortesius, sicut à vobis admonitus fuerat[3]. *Contulimus inter nos* περὶ αὐτουσίας Christi, *et paulo plus fuit negocii quàm putaveram : non quia ad contentionem aliquam descenderit* (fuit enim tota disputatione semper ad audiendum satis compositus et in respondendo placidus ac modestus), *verùm quia in re admodum perspicua hesitabat.* In eo igitur falsus sum, quòd nihil fore difficultatis speraveram, ubi veritas mihi clara erat et expedita. Multa ultro citroque dicta sunt. Quum mihi vulgarem illam regulam quam dialectici in scholis tradunt de reduplicativis propositionibus objiceret, respondi id quod est: secundam, quam vocant exponentem, debere non simpliciter sed secundùm quid intelligi : alioqui fallaciam accidentis fore, si quis ab expo-

---

[22] A notre avis, il faut, après ce verbe, sous-entendre *Gaspard de Heu* et autres membres de sa famille. Toussain nous paraît vouloir insinuer que leur manque de décision et de courage frayera le chemin aux mesures de rigueur de Charles-Quint.

[23] Note d'Olivier Perrot: « Toussain. De Metz. » En tête, note de la main de Paul Ferry : « 27 sept. 1543. »

[1] Voyez, pour la détermination de la date, le N° 1281, note 4.

[2] On conserve à Neuchâtel deux copies contemporaines, mais peu exactes, de cette lettre.

[3] Voyez le N° 1277, notes 11 et 13.

nibili ad illam ratiocinetur. Protuli multa exempla, quæ tollendæ controversiæ sufficerent. Cujus generis sunt hæc :

Deus, quatenus in Christo nos justificat, non exercet judicium adversùs impios. Si quis hanc exagitare velit : « Deus non exercet judicium adversùs impios, » erit speciosus prætextus. Sed nemo est sanæ mentis qui verum hîc non cernat. Recitabo duas adhuc aut tres similes : Christus, quatenus est mediator, non debet eo modo invocari quo Pater. — Christus, quatenus Deus est, nunquam fuit mortalis. — Fidelis, quatenus regeneratus, non peccat. — Homo, quatenus est creatura Dei, bonus est ac rectus.

In his omnibus simplex etsi nuda veritas[4], in exponentibus erit controversia, si quis rixari velit. Verùm semper solutio plana est, quòd sufficit aliquo modo vel secundùm aliquem intellectum veras esse.

Tum ad illum nodum ventum est quòd non putabat posse nos loqui *de Christi essentia*, præterita personæ mentione. Opposui primùm *Augustini* authoritatem, qui testatur nos bifariam loqui de Christo posse : quatenus Deus est secundùm relationem scilicet et simpliciter. Et ne longior esset disceptatio, protuli quosdam *Cyrilli* locos, ubi disertis verbis id ipsum de quo ambigebatur pronunciat[5] : In 14° in Joannem c. 18. Quòd à se ipso vitam non habet, quo modo corruptibile non erit? Argumentatur ab absurdo, ut Christum à se ipso esse extorqueat. Locus est clarus. Similiter, dialogo de Trinitate, 3 : Quod vitam et immortalitatem possidet et à se ipso hoc non habet, omnino mortale erit. Loquitur autem in sua persona, non adversarii, libro 10, Thesauri cap. 2°. « Accipit a Patre atque etiam à se ipso quæcunque naturaliter habet ut Deus. » Dixerat autem statim ab initio Libri : « Nam si nihil habet Filius à se ipso, neque etiam habebit Pater à se ipso. »

Ad illud Joannis : « Sicut Pater habet vitam in semetipso, ita et Filio dedit vitam habere in se ipso, » Respondi : Primùm neque in divinam neque in humanam Christi naturam simpli-

---

[4] Les nouveaux éditeurs de Calvin proposent cette variante: *etsi simplex et nuda veritas*. L'une des copies porte : « In his omnibus, etsi simplex sit et nuda, veritas in exponentibus erit, controversia, si quis rixari velit. »

[5] On lit dans l'autre copie: *præjudicat*.

citer competere, sed in totam personam, *quatenus Deus est et homo simul mediator* Dei et hominum, sicut multa similia quæ eo capite continentur, quale est officium et jus judicandi illi datum esse a Patre : Neque enim judex mundi est simpliciter ut homo, neque simpliciter ut Deus, sed ut Deus manifestatus in carne. Deinde addidi : Christum illic minimè de arcana sua essentia disserere aut qualis intus in se ipso sit, sed de officio concionari : quod est vivificandi efficaciam habere ac virtutem. Nihil opus est aut ordine enumerare omnia aut ad verbum singula recitare : præcipua tantùm capita obiter notare volui. Quòd si tumultuariè nimis factum est, festinationi, queso, ignoscite[6].

Ad extremum de integro testatus est, se non ideo vocasse in dubium hanc questionem, quò vellet sensum semel conceptum pertinaciter tueri, neque alio animo huc venisse quàm ut disceret, seque paratum esse acquiescere responsioni. Hoc transacto ad alia transivimus. *Admonui quanta potui lenitate, ut jam experimento doctus quàm perniciosa res sit tumultuari in ecclesia Dei, ad pacis studium animum adduceret.* Usus sum oratione quæ ad eam rem apta videbatur. Multa disserui de temporum nostrorum miserrima conditione. Imprimis hortatus sum ut bona fide rediret in gratiam. Hoc tum[7] fore demum[8], si intelligeret non aliter se Christo servire posse, nisi concordiam et unitatem cum ejus servis coleret. De vera scientia vel doctrina etiam admonui qualis esset atque in quem finem et usum conferenda. *Promittit se in officio ita futurum, ne quam occasionem de se conquerendi præbeat. Petit autem interea haberi sui rationem, ut, si non videatur inutilis, destinetur ad aliquam functionem ubi oblata fuerit commoditas. Suam inopiam allegat*[9]. In summa, obsecrat nos omnes per Dominum, ne præcisa hîc[10] sibi spe cogatur aliò se conferre, ubi Deus purè non invocatur. Nisi mihi à vobis ultro commendatus [esset], agerem de eo pluribus

---

[6] Ibid., *ignoscito*.

[7] Dans l'édition de Brunswick, *tamen*.

[8] Dans l'autre copie, *donum*.

[9] Depuis assez longtemps, *Cortesius* ne devait plus avoir de fonctions régulières et rétribuées.

[10] Éd. de Brunswick: *hac sibi spe*.

verbis vobiscum. *Hoc tantùm à vobis peto, ut de ratione dispiciatis qua possit ejus saluti consuli. Dominus illum nonnullis dotibus ornavit,* quas si ad Ecclesiæ edificationem conferre in animum induxerit, quod facturum confido, non est negligendus. Eum ergo pro vestra charitate suscipite et amplectimini, abolitis offensis omnibus. Valete, fratres dilectissimi. Dominus vos conservet semper unanimes ac spiritu suo dirigat. Genevæ.

Jo. CALVINUS vester.

(Inscriptio :) Fidelibus Christi servis ministris Comitatus Neocomensis, fratribus charissimis[11].

1288

JEAN CALVIN au Curé de Cernex[1].

De Genève, (septembre 1543).

Minute autographe. Bibl. Publ. de Genève. Vol. n° 107 a.
J. Bonnet. Lettres franç. de Calvin, I, 68. Calv. Opp. XI, 483.

Monsieur le Curé,

Nous recongnoissons ce poinct de voz lettres estre bien vray, que la peste que nous avons en nostre ville est une verge de Dieu : et confessons que c'est justement qu'il nous punit et chastie pour noz faultes et démérites. Nous ne doubtons pas aussi que par ce moien il ne nous admoneste d'examiner noz consciences, pour nous induire et attirer à repentance. Par quoy nous acceptons bien ce que vous dictes, qu'il est temps de nous retourner à Dieu, pour demander et obtenir pardon de luy et miséricorde. Nous voions semblablement[2] qu'en toute la

---

[11] Note écrite par *Farel*, à la fin de la lettre : « *post mensem Augustum* 1543. » — Note d'Olivier Perrot : « Calvinus Farello, Christophoro Fabritio. » Ce dernier nom est de trop. *C. Fabri* vivait à Thonon.

[1] Voyez la lettre de *François de Mandallaz*, curé de Cernex, datée du 9 août 1543 et adressée aux habitants de Genève (N° 1266, t. VIII, pp. 466-69). La réponse de Calvin a été écrite d'un trait.

[2] Il avait d'abord écrit : « Nous voions aussi bien. »

Chrestienté à grant peine y a-il un seul anglet qui ne soit affligé à son endroict : Dont il nous fault conclurre que l'ire de Dieu est fort emflambée sur le paovre monde. Et n'est pas de merveille. Car les causes sont évidentes, et ne les fault pas chercher loing, veu qu'on voit quelle corruption il y a partout, et comme les vices règnent en extrémité. Nous ne disons point cecy pour nous excuser, en nous mectant du nombre des aultres, mais d'aultant que l'ire de Dieu nous doibt estre plus espouvantable, quant elle est ainsi espandue sur toute la terre, comme une espèce de déluge.

Or, quant nous avons bien tout pensé, *nous ne pouvons aultrement juger, sinon qu'oultre les vices qui règnent communément par tout, il y a deux choses entre les Chrestiens qui provocquent l'ire de Dieu : C'est que les uns le déshonorent par idolâtrie et superstitions, et au lieu de recevoir sa saincte parole, pour estre réduictz au droict chemin, non-seulement la mesprisent et s'en mocquent, mais l'ont en haine et en horreur, et la persécutent. Nous, au contraire, qui congnoissons par son évangile comment il le fault servir et honorer, ne tenons compte d'en faire nostre debvoir*[3] *: tellement que la parole de vie est quasi oisifve et inutile entre nous.* Nous ne voulons point nous justifier en condamnant les aultres. Car en tant qu'il a pleu à Dieu de nous retirer des horribles ténèbres où nous estions, et nous illuminer pour nous faire congnoistre le droict chemin de salut, d'aultant sommes-nous plus coulpables, si nous sommes négligens à faire nostre devoir, selon qu'il est escrit : « Le serviteur congnoissant la volunté de son maistre, et ne la faisant pas, sera plus asprement puny[4]. » (Luc. 12.) Ainsi nous ne debvons pas estre esbahis, si nostre Seigneur nous visite au double, veu l'ingratitude qui est en nous, quant nous ne cheminons pas comme enfans de lumière, et ne faisons pas les fruictz de la saincte vocation à laquelle il nous a appellez. D'advantaige, il dénonce qu'il commencera son jugement par sa maison : c'est-à-dire, qu'il corrigera ses domesticques les premiers. (1 Petr. 4.) Mais ce pendant si fault-il estimer d'aultre part,

---

[3] Première rédaction, qui a été biffée : « Nous qui congnoissons sa vérité, ne la faisons pas profiter comme il fauldroit : mais en abusons. »

[4] Nous insérons dans le texte les renvois qui sont notés à la marge.

que puisqu'il a sur tout sa gloire en recommandation, qu'il hait et a principallement en horreur les idolâtries et superstitions par lesquelles il est déshonoré : et en est plus griefvement offensé que de nulle aultre chose. *Pensez un petit à ce qui se faict entre vous.* On y adore les pierres et le bois : on y invocque les mortz : on se fie en choses vaines : on y veult servir Dieu par cérémonies follement controuvées sans sa parole. La doctrine de verité y est ensepvelie, et si quelqu'un la veult remectre en avant, il est cruellement persécuté. Estimez-vous que Dieu puisse porter telles pollutions et blasphèmes contre son honeur? Sainct Paul testifie que Dieu avoit envoié la peste en Corinthe à cause que la saincte cène n'y estoit pas traictée si révéremment qu'elle devoit. (1. Corinth. 11.) Que faut-il doncq attendre puis qu'elle a esté desjà de si long temps convertie en un sacrilège exécrable, comme est vostre messe? Ce que nous disons n'a pas mestier de longue preuve. Regardez l'institution de nostre Seigneur Jésus, et faictes comparaison entre icelle et vostre messe. Vous y trouverez plus de distance qu'entre le ciel et la terre.

Ainsi, à la verité, nostre office seroit de donner gloire à Dieu tous ensemble d'un accord, en confessant noz offenses, chascun en son endroict. (Daniel 9.) C'est que de nostre part nous sentions, combien c'est un grief péché à nous, de ne recevoir sa grâce comme il appartient, quant il nous la présente, et que nous ne vivons en aultre perfection, veu la congnoissance qu'il nous a donnée de son évangile, et les exhortations qui nous sont journellement faictes par son commandement. Que ceux qui au lieu de la parole de Dieu suivent leurs propres phantasies ou les traditions humaines, considèrent que c'est une abomination fort desplaisante à Dieu que de corrompre son service, comme ilz l'ont faict : d'adhérer à faulses doctrines, de mectre la fiance de son salut aux créatures, de renverser le droict usaige des sacremens, d'abuser de son nom, et avec tout cela de persécuter les tesmoings de Jésuschrist, qui osent ouvrir la bouche[5] contre leurs abus. Et si aulcuns d'eux sont à présent en prospérité, qu'ilz ne se confient pas pourtant en cela. Car c'est tousjours la

---

[5] Première rédaction : qui osent *murmurer ou* ouvrir la bouche contre leurs abus.

façon des hypocrites, et nommément des idolâtres, de se glorifier, quant la main de Dieu ne les presse point, que c'est à cause qu'ilz ont bien servy Dieu en le déshonorant par leurs idolâtries, et par cela s'endurcissent en leur impiété, se flattant eux-mesmes, et condamnant les aultres. Mais que dict nostre Seigneur? Je leur ay, dict-il, faict tous les biens qu'il estoit possible, et ilz ont pensé que ce fust le loyer d'avoir paillardé avec leurs idoles. Pour tant je leur osteray tout ce que je leur avoys donné, pour descouvrir leur turpitude et les contraindre de retourner à moy. (Osee. 2.[6])

Or maintenant, *quant il est question de chercher pour quelz meffaictz Dieu nous punit, et en quoy nous l'avons offensé, vous nous alléguez que nous avons changé le service divin et l'ordre de l'Esglise, qui estoit tant bien institué et observé en nostre ville.* Ceste reproche n'est pas nouvelle, car on la faisoit à Jérémie de son temps, comme il récite au 44ᵉ chapitre : C'est que les hypocrites se plaignoient, depuis qu'on avoit laissé d'adorer la royne du ciel, qu'il n'y avoit eu que famine, guerre et toute paovreté. Lactance aussi, ancien docteur de l'Église, et sainct Augustin démonstrent, que de leur temps toutes les afflictions qui estoient advenues au monde, on les imputoit à l'Évangile, pource qu'il avoit esté cause de faire abolir les superstitions des païens, qu'on réputoit estre le service de Dieu. Vous réplicquerez que ce n'est pas tout un. Nous tenons que si. Qu'est-il doncq de faire? *Il fauldroit enquérir du faict à la verité, pour en bien et droictement prononcer.* Or, oultre ce que nous avons noz consciences paisibles devant Dieu touchant cela, la chose en peult clairement respondre pour nous devant les hommes. *Car nul ne nous a encor remonstré, que nous eussions rien changé qui fust commandé de Dieu, ne que nous eussions introduict aulcune nouvelleté contre sa parole, ne que nous soions décliné de la verité pour prendre quelque maulvaise doctrine.* Au contraire, c'est chose notoire, que nous avons réformé nostre esglise selon la pure doctrine de Dieu : qui est la rigle de la mectre et entretenir en bon estat. Il est vray, que c'est chose odieuse de changer ce qui estoit receu. Mais l'ordre que nostre Seigneur nous a une fois

---

[6] Calvin cite de mémoire le sens général des versets 5-14 de ce chapitre d'Osée.

baillé, doibt estre à jammais inviolable. Ainsi quant il a esté délaissé pour un temps, il le fault remectre au dessus, et le ciel se deubt-il mesler avec la terre. Il n'y a nulle ancienneté, nulle coustume qui puisse préjudicier à cela : que le gouvernement de l'Esglise estably de l'auctorité de Dieu, ne soit perpétuel jusqu'en la fin du monde, puis qu'il l'a ainsi voulu et déterminé.

Les raisons qui nous ont faict changer sont trop urgentes. Le premier poinct de la Chrestienté est d'adorer Dieu droictement. Or nous avons congneu que la forme d'adoration dont nous usions, estoit faulse et perverse, d'aultant qu'elle n'estoit pas en esperit et verité (Ioan. 4.), mais en cérémonies externes, et mesme en façons de faire superstitieuses. Combien qu'encor nous n'adorions pas Dieu seul, mais en son lieu les pierres et le bois, les peinctures, les reliquaires des mortz, et choses semblables. A l'adoration de Dieu est conjoincte la rigle de le bien invocquer. Et comment est-ce qu'on l'invocque en toute la papaulté, sinon avec doubte et défiance : d'aultant qu'on ne congnoit point l'office de Jésuschrist, qui est de nous estre advocat et intercesseur, pour nous faire obtenir noz requestes? (Rom. 8. 1 Timoth. 2. 1 Ioan. 2. Hebr. 4.[7]) Avec cela, quelles sont les prières publiques[8], sinon murmures ou ulemens[9] sans intelligence? Tiercement, combien y a-il de blasphèmes, en ce qu'on attribue la vertu du seul médiateur à sainctz et sainctes, pour obtenir grâce en leurs noms et par leurs mérites? Après l'invocation s'ensuit le service. Or nous estions instruictz de servir Dieu par vaines traditions des hommes. Au contraire, il veult et requiert que nous aions sa seule volunté pour toute rigle. (Deuter. 12. 1. Reg. 15.) Quant est de la fiance de nostre salut, qui est comme le fondement de tout, au lieu de la mectre en sa pure miséricorde, affin d'avoir noz consciences à repos, et luy donner la gloire qui luy appartient, nous estions apris, comme le reste du monde, de la mectre partie en nous-mesmes, partie en aultres créatures. Il n'est jà mestier de racompter tout

---

[7] Ces renvois ont été écrits à la marge par Charles de Jonvilliers, et probablement à l'époque où Théodore de Bèze préparait la publication des *Calvini Epistolæ et Responsa*.

[8] *Publiques* est une correction faite par Jonvilliers. Calvin avait écrit *publices*.

[9] *Huler, hulement* sont les formes archaïques de *hurler, hurlement*.

le reste, veu qu'il n'y auroit nulle fin. Tant y a que la grâce de Jésus-Christ nous estoit quasi ensepvelie. Quant nous avons congneu, et qu'il nous a esté clèrement approuvé, que tout cela estoit abomination devant Dieu, qu'eussions-nous faict? Estoit-ce à nous de résister à Dieu, et à sa verité? Quant est de l'ordre de l'Esglise, s'il eust esté aulcunement tolérable, nous eussions esté bien contens de le continuer : mais c'estoit une Babylonne si confuse, qu'il ne restoit aultre remède que de le renouveller.

Que dirons-nous des sacremens, dont l'usaige avoit esté renversé tout aultrement que Jésuschrist nostre Seigneur ne les a ordonné? Combien y avoit-il de folles cérémonies au *baptesme*, controuvées par les hommes sans auctorité de Dieu? Et qui pis est, la vraye et pure institution de nostre Seigneur estoit quasi abolie par telz fatras. Qu'ainsi soit, on estimoit plus le chresme que l'eaue. Et aujourd'huy il vous semble quasi advis que nostre baptesme est nul, pource que nous n'avons retenu que ce que le Seigneur a commandé, et que les apostres ont tenu et observé. *De la saincte cène, elle estoit encor beaucoup plus profanée. Nostre Seigneur nous l'a laissée pour un gaige, affin que estans* [l. soyons] *certains que noz âmes sont nourries de son corps et de son sang,* pour nous faire participans de tous ses biens, et singulièrement de sa mort et passion. Pour ce faire on la devoit distribuer, comme son commandement le porte, voire en déclarant la vertu et le fruit du mystère. Au contraire, on l'avoit convertie en sacrifice, pour faire nouvelle réconciliation avec Dieu par l'œvre d'un homme, et non-seulement pour les vivans, mais aussi pour les mortz. Le prestre, pour user du sacrement, se séparoit de l'Esglise. Le tout se faisoit et disoit en langue incongneue, comme les enchanteurs font leurs charmes. Quant ce venoit à Pasques, encor ne bailloit-on au peuple que la moitié du sacrement, le privant du calice contre le commandement exprès du Maistre. De consentir à ces sacrilèges-là, il n'y avoit nul propos. Et maintenant toutefois on nous reproche que nous avons abbatu ce sainct sacrement. Mais la chose monstre que nous l'avons restitué et mis en son entier, là où il estoit corrompu et pollué en tant de sortes. Sainct Paul voulant corriger un abus qui estoit survenu entre les Corinthiens en ce sacrement, les renvoie à la première ordonnance du Seigneur, comme à un statut inviolable. (1. Corinth. 11.) Que pouvions-nous doncq faire pour corriger les abus infinis dont il avoit esté contaminé, sinon suivre ceste mesme rigle? *Qu'on nous remonstre,* si on peult, *si nous avons rien en la façon que nous tenons, qui ne soit conforme à l'institution de nostre Seigneur, à l'usance des apostres : et nous sommes prestz d'amender la faulte.* Mais si on nous accuse sans propos et raison, cela ne nous esmouvera pas, pour nous faire renoncer la verité certaine. Pourtant ce que vous nous imputez à faulte, nous le prenons pour une œuvre de Dieu, la meilleure que nous eussions peu faire. Ce pendant nous ne nions pas que nous n'aions grandement failly en beaucoup de sortes : dont nostre Seigneur nous punit à bon droict, mais c'est d'aultant que nostre vie ne respond pas à sa saincte doctrine, de laquelle nous faisons profession.

Semblablement, en nous exhortant de nous réduire à Dieu pour appaiser son ire, vous nous ramenez à des moiens qui sont plustôt pour la provocquer et enflamber d'advantaige. Premièrement, *vous vouldriez que nous fissions oblation du précieux corps et sang de nostre Seigneur Jésus.* Nous sçavons bien que c'est une chose acoustumée entre vous. Mais pour sçavoir si c'est œuvre plaisante à Dieu, il fault enquérir si elle est selon sa volunté. *Or il ne nous dict pas que nous offrions son corps, mais que nous le recevions.* (Matth. 26. Marc. Luc. Paul.) *Prenez, dict-il, mangez.* Au lieu de recepvoir le corps de Jésuschrist, si nous voulons faire acroire à Dieu que c'est un sacrifice que nous luy offrons, où trouverons-nous approbation de nostre phantasie? Nous vous prions de bien considérer ceste raison. Vous nous conseilliez de faire offrir le corps de Jésuschrist par un prestre, affin d'obtenir grâce. Nous respondons qu'il ne nous a pas donné son sacrement à telle fin, mais que c'est pour le recevoir, affin d'estre participans du sacrifice unic[10] et éternel que luy seul a offert, comme c'est son office. (Heb. 7. 8. 9. 10.) Nous disons plus oultre, que cela est déroguer à sa dignité : d'aultant qu'il a esté consacré sacrificateur sans successeur ne compaignon, pour s'offrir soy-mesme : pource que nul aultre n'estoit digne de faire un acte tant excellent. Car l'office de sacrifier est

---

[10] Jonvilliers a noté en marge l'orthographe récente : *unique.*

d'estre médiateur, pour faire appoinctement entre Dieu et les hommes. Auquel adjouxterons-nous foy? à Jésuschrist, ou à vous? puisqu'il y a telle contrariété.

Vous nous alléguez puis après les belles processions générales. Mais qu'est-ce qui se faisoit là, sinon qu'avec grant pompe et cérémonies on vouloit appaiser Dieu? Vous nous direz que vostre intention est qu'on les fît avec dévotion. Mais quelle dévotion est-ce de mectre sa fiance en chandèles et torches, en acoustremens braves et sumptueux, en images, en reliquiaires des mortz? Ça bien esté tousjours la façon des païens, comme il appert par les histoires. Mais que telle façon convienne à la Chrestienté, il fauldroit sçavoir comment. Nous ne disputons pas si on se doit assembler pour faire prières solennelles à Dieu. Mais nous demandons que c'est qu'il y a ez processions générales oultre la pompe, les acoustremens, luminaires, reliques et aultres choses semblables? Or tout cela sent sa Juifverie, ou convient plustôt à païens qu'à Chrestiens. On y crie et chante bien. Mais quoy? c'est en langue incongneue, et par ainsi contre le commandement exprès du sainct-esperit (1 Corinth. 14), qui veult que les prières communes se facent en langue commune, affin que les rudes et idiotz y puissent participer, et dire amen en la fin.

Vous nous exhortez puis après à invocquer la vierge Marie et les sainctz, entre lesquelz vous nommez sainct Pierre spécialement, comme nostre patron. Mais Dieu nous appelle à luy seul, nous défendant d'avoir ailliers nostre recours. (Psal. 49.) Et ce à bon droict, car la principalle partie de sa gloire gist en cela, que nous l'invocquions luy seul au nom de Jésuschrist. Mais encor que ceste raison-là n'y fust point, il y a tant d'exhortations en l'Escriture de se retourner à Dieu avec prières et oraisons en temps de peste, de guerre et famine. (Iesa. 44, 45. Ierem. 3. Osee 2.[1]) Jammais il n'y a un seul mot dict d'invocquer les sainctz. Ce seroit doncq trop inconsidérément faict à nous de suivre ce que vous nous dictes, en nous destournant de toute la doctrine de Dieu. Touchant de ce que vous appellez sainct Pierre nostre patron, n'est aultre chose que ce que dict le prophète : « Israël, tes dieux sont selon le nombre de tes

---

[1] Ces renvois sont encore de la main de Jonvilliers.

villes. » (Ierem. 2.) Car de ce temps-là l'intention du peuple d'Israël n'estoit pas de forger plusieurs Dieux pour abolir le vray Dieu, créateur du monde. Mais en tant que chascune ville eslisoit un patron pour y mectre sa fiance, il leur est reprosché par le prophète, que chascune ville a eu son Dieu propre. Aultant nous en voulez-vous faire à présent. Mais jà Dieu ne plaise que nous prenions aultre patron que Jésuschrist, lequel nous a prins en sa charge, pour nous recommander à Dieu son père. *Si nous avons esté autrefois en cest aveuglement, les ténèbres sont passées.* (Ioan. 10.) Le temps n'est plus d'errer ainsi, quant nous avons la clarté luisante devant noz yeux.

Mais vous avez congneu par expérience, dictes-vous, *combien cela profitoit.* Ce n'est pas chose nouvelle, comme nous avons dict, d'attribuer les bénéfices de Dieu à noz folles œ[u]vres et perverses, comme si par idolâtrie nous avions mérité les biens qu'il nous envoye. Aultant en disent les sorciers, enchanteurs, divins, et aultres semblables. Mais nous avons nostre rigle certaine, c'est que la raison précède, et que l'expérience suive puis après. Si nous faisons ainsi, nous n'extravaguerons point, et ne déclinerons ne çà ne là de ce que Dieu nous commande : et nous trouverons à la verité et sans tromperie que jamais son ayde ne défault à ceux qui se fient pleinement en luy. Au contraire, en che[r]chant d'aultres secours, nous penserons bien quelque fois y avoir profict, mais en la fin nous y serons abusez.

Or nostre Seigneur Jésus vous vueille ouvrir les yeulx, pour veoir que c'est qu'il veult dire, quant il se nomme le seul salut, la seule vie, la seule sanctification, la seule sagesse, la seule fiance des hommes : affin que nous tous ensemble le congnoissant tel, d'un bon accord le glorifions, tant de cueur que de bouche, et pareillement en toutes nos œuvres, affin que comme nous avons tous receu un baptesme en son nom, nous aions une mesme confession de nostre Chrestienté![12]

---

[12] Au dos, cette note de la main de Charles de Jonvilliers : « Response à un certain Curé, qui avoit escrit durant que la peste estoit à Genève : là où il y a plusieurs instructions singulières, etc. »

La présente épître de Calvin a été traduite en latin par Bèze et publiée dans les *Calvini Epistolæ et Responsa.* Genevæ, 1575, pp. 386-89, sous le titre suivant : *Responsio Io. Calvini ad quendam Curatum.*

1289

LES PASTEURS DE GENÈVE aux Pasteurs de Lausanne.
De Genève, 1ᵉʳ octobre 1543.
Manuscrit orig., de la main de Calvin. Bibl. Publ. de Genève.
Vol. n° 106. Cal. Opp. XI, 618.

Gratia vobis et pax a Deo patre nostro, et Domino Jesu Christo, fratres dilectissimi.

Biduo antequam huc adveniret frater noster Viretus[1], *tandem literas vestras*[2] *reddiderat Antonius Frachetus :* hoc est, apud *Calvinum* deposuerat, ut illi redderentur. Neminem tamen nostrûm allocutus erat, et statuerat, quemadmodum confessus est, discedere nobis insalutatis, nisi fortè *Vireto,* cum transiret per pontem *Rhodani,* obviasset : cui se ad nos venturum condixit. Loco excusationis ab expostulatione exorsus est, quòd hîc à nonnullis fuisset immeritò vexatus, deinde post suum discessum traduceretur. Porrò, ad innocentiam suam asserendam, protulit quorundam testimonia, quibus nihil putabat opponi posse. Quòd si quis illi crimen aliquod vellet intendere, illum in forum provocabat.

Eo audito consultavimus breviter inter nos, et quid illi respondendum in præsentia, et quid postea in ejus negocio agendum foret. Nam *quia petieratis ut vobis bona fide perscriberemus, de ejus vita, quod pro certo apud Principes vestros testari vobis tutum esset, censuimus morem in ea re vobis gerendum :* utcunque ipse minimè curaret. Cæterùm, quid responsi à nobis habuerit, quoniam meliùs coràm referet *Viretus*[3], et fideliter

---

[1] Selon toutes les vraisemblances, *Viret* dut arriver à *Genève* dans les premiers jours de la semaine qui s'écoula entre le dimanche 23 et le dimanche 30 septembre.

[2] Lettre du 16 septembre, N° 1282.

[3] Ce détail donne à penser que *Viret* avait assisté, le vendredi 28 septembre, à la congrégation où les pasteurs genevois entendirent le rapport sur *Antoine Franchet.*

id facturum scimus, supervacuum foret scribere. Quod ad vestrum postulatum spectabat, *duobus ex conventu nostro negocium dedimus, ut in vicinia de ejus moribus inquirerent.* Simul tamen duo hæc illis injunximus mandata : ne promiscuè quemlibet rogarent, sed deligerent suo judicio graves et idoneos testes : alterum, ne dubios rumores et absque certo authore ortos colligerent : sed afferrent tantùm comperta. Hæc igitur ex eorum relatu accipite.

De usuris. Notarius quo familiariter in scribendis pactionibus semper usus est, conveniri à nobis non potuit : partim quia anterverterat [l. anteverterat] *Antonius,* ne ab eo læderetur : partim quòd statim post testimonium pro *Antonio* dictum, ad vindemias profectus est. Alter verò, homo locuples, qui domum illi suam locaverat, publicas literas conscripserat, quibus rusticus pro centum florenis mutuò acceptis pollicebatur in singulos annos cuppas sex tritici [4]. Addebat, per se tantùm stetisse, quominus plus apponeretur.

De juramentis. Fuisse hoc illi perquam usitatum vitium, non tantùm ut juraret, sed etiam ut contumeliosè dejeraret per corpus, per sanguinem, per mortem Domini, complures testantur. Ex quibus duo sunt ex nostro cœtu, *Genistonius* et *Ludovicus* [5], qui eum ita dejerantem ob res nihili et extra omnem contentionem, audierunt.

De inconstantia. Quicunque eum noverunt et versati sunt cum eo, pronunciant hominem esse levem et qui subinde mutet consilia. Atque hanc famam in tota vicinia, etiam apud ignotos sibi comparavit.

De jurgiis domesticis. Qui aliquid habuerunt consuetudinis cum eo, nobis dixerunt supra modum et nimis sæpe rixatum esse cum uxore : et fama est, verberare eam solitum non maritali more.

De maledictis et obtrectationibus. Alia levia præterimus. Unum

---

[4] D'après le taux légal de l'intérêt, le débiteur de *Franchet* n'aurait dû payer que cinq florins. Mais « six coupes de froment, » c'était la moitié d'un muid. Or le muid de froment, en 1543, valait bien près de vingt-quatre florins. *Franchet* se faisait donc payer un intérêt supérieur au 10 pour 100.

[5] *Louis Treppereau.*

est quod minimè præteriri decet. *Conquestus est* apud pium quendam virum, *esse in ordine nostro sectas pestilentissimas. Multos enim ex concionatoribus Christi divinitatem negare*⁶. Et *Neocomum nomine exprimebat.* Quanquam nec vobis parcebat : siquidem postquam jactaverat, solicitari se ut *philosophiam istic* profiteretur⁷, negabat se id facturum : quia temperare sibi non posset, quin errores illos liberè reprehenderet. Idque etiamnum vir ille cui dixit, ut est simplex et facilis, persuasum habet : neque leviter offensus est, quòd audiat in ordine nostro tolerari qui papistas errorum pravitate superent.

Hæc non malevolentia nec cupiditate ulla impulsi ad vos scribimus : sed tantùm ut, veritate ante oculos simpliciter posita, vos præmuniamus, ne quid statuatis cujus vos paulopost pœniteat. Scimus hominem esse non indoctum, nec obtusi ingenii. Satis etiam expendimus, quantùm et vultus gravitate et ætatis maturitate profuturus esset ecclesiæ Christi, si reliquis dotibus perinde instructus foret quæ in ministro requiruntur. Quanquam minimè instituti nostri est, præjudicio aliquo vos occupare, ut in hanc vel illam partem judicetis. Vobis integrum judicium relinquimus : tantùm quod postulastis præstitimus, ut vos diligentia fideque nostra in hac causa adjuvaremus.

Valete, fratres nobis in Domino charissimi, nosque in precibus vestris habete commendatos. Dominus Christus, qui vos ad culturam vineæ suæ conduxit, vobis et animum et vires la[r]giatur, ut animis indefessis usque in finem in opere perseveretis. Genevæ, calend. Octobr. Anno 1543.

Joannes Calvinus, fratrum mandato.
Philippus ab Ecclesia.
Matheus Genestonus.
Abelus Pouppinus.
L. Treppreau⁸.

(*Inscriptio :*) Fidelibus Christi ministris, pastoribus et doctoribus Lausannensis ecclesiæ et agri vicini, fratribus chariss⁹.

⁶ On reconnaît là un écho des accusations semées contre Farel et Calvin à *Neuchâtel*, par *Jean Chaponneau* et par son gendre *Cortesius*.

⁷ En 1537, le professeur *Guillavme Bigot* s'était présenté à Berne, en offrant d'enseigner la philosophie dans l'École de *Lausanne;* mais il avait

1290

VALÉRAND POULLAIN [1] à Guillaume Farel, à Neuchâtel.
(De Strasbourg) 6 octobre 1543.
Autogr. Bibl. des pasteurs de Neuchâtel. Cal. Opp. XI, 621.

✝

S. P. Vir ornatissime. Etsi antea non defuit voluntas ad te scribendi, attamen quum deesset argumentum, vel tuis occupationibus atque authoritate dignum, vel meis studiis aptum, ideo hactenus abstinui, ne temerè de rebus nihili, aut de quibus inter nos solemus juniores ludere, tuas aureis obtunderem. Atque equidem cupiam argumento plausibiliore licuisse. Verùm eò magis impulsus sum ut neampliùs vel temerè esse tibi

été éconduit par les Bernois (VI, 145). L'interprétation de quelques auteurs grecs, confiée alors à *Conrad Gesner,* dans la même école (V, 334), ne pouvait constituer ce qu'on appelle un enseignement de la philosophie.

[8] Les cinq pasteurs de la ville de Genève signent la présente lettre pour attester ce qui s'était passé, le 28 septembre, dans la séance de la Compagnie — de même que Viret, après le colloque du vendredi 14 septembre, avait signé la lettre du 16, au nom des pasteurs et professeurs de Lausanne.

[9] La lettre a été cachetée avec le sceau de Calvin.

[1] *Valérand Poullain* était originaire de Lille, en Flandre, où son père, Jacques Poullain, natif de la Bourgogne, fut reçu bourgeois en 1527, avec cinq enfants, dont Valérand était l'aîné. Celui-ci, gradué ès-arts de l'université de *Louvain* et pourvu de la prêtrise, fut recommandé pour un bénéfice à l'évêque de Namur par l'empereur Charles-Quint (Lettre datée d'Ypres, 12 novembre 1540. Cf. F. de Schickler. Les églises du Refuge en Angleterre. Paris, 1892, I, 59). Des circonstances que nous ignorons déterminèrent V. Poullain à embrasser la doctrine évangélique, et il se réfugia à *Strasbourg.* Il y résidait depuis quelques mois lorsqu'il écrivit la présente lettre (Voyez le Bulletin de la Soc. de l'Hist. du Prot. franç., VII, 228, 370; VIII, 23, 131; XIII, 280. — Lettres de Calvin à Jaque de Bourgogne. Amst. 1744, pp. 104, 105, 107-109, 111, 148, 149, 155. — Troisième jubilé centenaire de la fondat. de l'égl. réf. franç. de Francfort '/M. Discours de M. le pasteur Charles Schröder, 1854. — Langeraad. Guido de Bray, 1884, p. 109-111. — Pijper. Jan Utenhove, 1883, *passim*).

molestus metuerem, vel meam inscitiam prodere vererer. Certè enim justus dolor me ad scribendum nunc incitavit : quem scilicet ex tuis ad D. *Cyprianum*[2] literis cepi. Etenim non primùm nunc experior, quàm nil usquam tutum sit à vitilitigatorum[3] telis venenatissimis. *Id verò non parùm mihi dolet, etiam inter eos qui se filiorum Dei nomine censeri volunt, ea vicia regnare quibus nil est quod magis nostræ adversetur professioni. Invidiam intelligo, atque hujus comitem individuam, maledicentiam.* De quibus nil opus multis apud te : qui nimis multa semper ab istiusmodi passus es antea : ac nuper etiam eadem apud tuos expertus[4], ob illam V.[5] cum D. *Calvino* huc ad *Metensium* negotium profectionem.

Certè optabile erat, ut ecclesia Dei esset ab omni scelere vacua. Quod quia in præsenti vita vix datur, attamen id curandum est, ne hîc regnent illa quibus res quævis maximæ[6] lacerari ac distrahi solent. Ac non tantùm hodie propter ambitionem atque invidiam ecclesia Dei miserè laceratur, verùm etiam destruitur, dum propter nimis corruptos nostrorum mores, non tantùm nos apud veritatis hostes et Antichristi angelos audimus malè, verùm etiam sacrosanctissimum Dei Verbum, non solùm contemnitur, sed vituperatur etiam. Maximè autem id fit, quoties ea vitia in illis etiam conspiciuntur per quos videtur Dominus Jesus suam doctrinam orbi restitutam voluisse. Quos ideo dare operam est necesse ut, si non vita omnino doctrinæ respondeat propter hanc infirmitatem, at saltem tecta habeant vitia, vel ne indulgere illis videantur, quò ne facilè ulla adversùm ipsos sinistra exoriatur suspicio, ac proinde contemni ministerium incipiat.

Cui *contemptui tantam nunc apertam rimam contra nostrum concionatorem Petrum*[7] *non mediocriter doleo. Utinam ille (quis-*

---

[2] Ce personnage nous est inconnu.

[3] Dans l'édition de Brunswick, *vitiligatorum*.

[4] C'est la seule et unique mention du mécontentement qu'aurait provoqué, à *Neuchâtel*, l'absence de *Farel* (août 1542—août 1543.)

[5] Inutile d'expliquer ce *V* par un nom propre : c'est l'abréviation de *Vestram*.

[6] Édition de Brunswick : *maxime*.

[7 et 9] *Pierre Brulli*, mentionné plusieurs fois dans les t. VII, VIII, comme successeur de *Calvin* dans la chaire de l'église française de Strasbourg.

quis is est) vel siluisset, vel tu non usque adeò facilè calumnie aurem utramque dedisses. Certè enim calumnia est, quidquid de illo est ad te vel scriptum vel delatum. Turpe est velle ex alterius vituperio laudem aucupari, aut cum alterius exitio [8] crescere. Video enim *huic nostro* [9] ambitionis aut nescio cujus alterius criminis notam inuri. Certè animum ego suo judici Deo relinquo. Verùm *hoc factum quo te video contra illum utcunque animatum esse, audacter tuebor. Quid enim si insperatò vel potiùs inopinatò illi evenit, ut ob privata negocia* [10] *fuerit aliquò, vel etiam illuc* [11] *proficiscendum, num ideo peccavit quòd sibi tantillum temporis sumpserit?* At non debuit injussu ecclesiæ? Fateor : in causa publica, uti religionis vel alia hujusmodi. Quod neque facturum ipsum credo. Tametsi fortasse aliquando causæ incidant quur id liceat : cujus rei non *illi* sunt defutura exempla. At neque etiam si privatas tantùm causas habuisset, debuit inscia ecclesia proficisci. Si ita est, certè multi, ferè omnes peccant, qui toties ad sua negotia sæpe ad non paucos dies secedunt [12]. Sed quid ego excuso, quasi idem ille fecerit? *Nemo fuit nostrûm qui ignoraret, vel etiam profectionis causas : tantùm propter malevolorum insidias noluit invulgari. Quid quod ante discessum Concionatores etiam admonuit ut si quid vellent ecclesiam Metensem scire, scriberent* [13]. Istæc ita esse testor : qui ubique interfuerim, etiam apud Concionatores. Nam quod ad condit[ionem] aut stipendiorum splendorem (non valdè invidendum) attinet, Dominus est qui ejus cor novit. Tu etiam familiariùs eum nosti. Num in victus frugalitate ullam hujus animi suspicionem det? Ac de cætero ejus ministerio, aut moribus, frustra id ego apud te, virum acutissimi ac severissimi judicii : ad quod accedit satis diuturna et familiaris cum illo consuetudo [14]. Verùm (quod nos omnes ad exemplum Regis et

---

[8] Édition de Brunswick : *aut alterius exitio.*

[10] Selon une ancienne tradition, *P. Brulli*, après être sorti du couvent des Dominicains de Metz, aurait été avocat dans cette ville.

[11] C'est-à-dire, à *Marsil-le-Haut*, lieu natal de Brulli (à six l. de Luxembourg et de Metz), ou peut-être à *Metz* même. Cf. Charles Paillard. Le procès de Pierre Brully, 1544-1545. Paris, La Haye, 1878, p. 5.

[12] On pouvait le dire de Farel, de Calvin, de Viret, etc.

[13] On sait que les rapports d'amitié étaient fréquents entre l'église de Strasbourg et les Évangéliques de Metz.

capitis nostri Christi decere arbitror) ego illi facto de quo eum accusari intellexi, volui et veritati testim[onium] ferre. Idem facturum D. *Cyprianus* est policitus [15]. Non facturus hoc modo in cujusvis causa. Sed magni referre putabam ab ipso omnem sinistram suspicionem procul abesse. Cui equidem ego in Domino omne obsequium, uti debere me semper existimavi, ita hac occasione non præstare non potui, nisi mecum ipse pugnare vellem, atque omni officio renunciare.

Oro itaque atque obtestor fidem et charitatem tuam in Christo, ut si quam de illo sinistram opinionem ex hoc facto concepisti maturè deponas, nec temerè cuivis calumniæ aurem præbeas. Testor enim ego coram Domino, multos esse passim nec deesse in *hoc nostro tam pusillo grege,* qui ex Evangelio non Domini sed suam gloriam, non ovium sed sua commoda spectent. Ex quorum numero si quispiam hæc vel ad te detulit, vel (ut sunt ejusmodi fucorum callida studia) alicujus, ad hoc factum, simplicitate abusus est, adeò ille audiendus non est, ut etiam abs te castigandum putem. *Atque utinam primò ad ipsum privatim scripsisses et amicè admonuisses. Nam ipse istorum insoius adhuc est, et posset se melius purgare quàm ego excusavi.* Quod meum factum, oro, æqui boni consulas : quod facturum non dubito si quam ille, quem excuso, personam sustinet [16] et meam charitatem et concordiæ in ecclesia studium respicias.

Si ad D. *Calvinum* scribes aliquando, oro meo nomine illi salutem scribas. *Fratri tuo* ac D. *Corderio* præceptori meo [17] salutem opto. Christus Opt. Max. te sospitet suæque ecclesiæ diu servet! Hæc incondita extemporanea, ac vix relecta, temporis parsimoniæ imputato. Iterum vale. ex ædibus Bucerianis [18], vi octob. Anno 1543.

     Tuus Clientulus VALERIANUS,
       qui et VALERANDUS POULLAIN.

(Inscriptio :) Fideliss. Evangelii Ministro D. [Farello] Domino colendiss. Neocomi.

[14] Soit à Metz, en septembre et octobre 1542, soit à Strasbourg pendant les mois d'avril à août 1543.

[15] Dans l'édition de Brunswick, ces mots *Idem facturum D. Cyprianus est pollicitus* sont placés après *in cujusvis causa.*

[16] Ibidem : *sustineat.*

1291

JEAN CALVIN à la Classe de Montbéliard.
De Genève, 7 octobre 1543.

Copie [1]. Bibl. des pasteurs de Neuchâtel. Calvini Epp. et Resp. 1575, p. 43. Calvini Opera, XI, 624.

Gratia vobis et pax a Deo patre nostro et Domino Jesu Christo, fratres charissimi et observandi.

Tametsi Neocomum duntaxat duo isti fratres missi à vobis[2] *fuerant, ad consulendos ejus loci ministros, illorum tamen hortatu hucusque ad me profecti sunt, ut de quibus petebatis ab ipsis consilium meam simul sententiam ad vos perferrent*[3]. Ego verò non tantum mihi sumo, ut audeam non rogatus me in vestras consultationes medium ingerere, meamque interponere opinionem. Sed quia nominatim adjecerat in suis literis[4] frater noster *Tossanus*, cupere vos meum et aliorum judicium audire, minimè sum veritus, ne mihi arrogantiæ aut temeritati daretur, si vobis simpliciter exponerem ac paucis, quid essem ipse facturus, si personam vestram sustinerem. Jam quidem ante duos menses quid sentiam aliqua ex parte fratri nostro *Tossano* privatim indicavi[5]: nunc verò *quoniam*[6] *capita mihi recensuerunt*

---

[17] *Poullain* pouvait avoir reçu des leçons de *Mathurin Cordier* à Nevers (1532) ou à Bordeaux (1536).

[18] Il demeurait chez *Martin Bucer* avec les trois jeunes Allemands dont il était le précepteur.

[1] Copie faite négligemment. Dans deux endroits le copiste a laissé un blanc pour les mots qu'il ne savait pas lire, et qui ont été ajoutés par une autre main. L'orthographe qu'il emploie n'est pas, en général, celle de Calvin.

[2] L'édition de Genève porte par erreur: *vobis missi à nobis*.

[3] Nous croyons qu'ils devaient aussi recueillir le *judicium* des pasteurs lausannois. On ne le possède pas, non plus que celui des ministres neuchâtelois; mais la lettre de *Viret* du 3 mai 1544, et celle de *Farel* du 6 mai suivant en tiendront lieu.

[4-5] Ces deux lettres sont perdues.

[6] La copie porte *quæ*, par erreur.

fratres, de quibus ambigitis, aut de quibus saltem non nihil est inter vos controversiæ, an recipi à vobis debeant, *de singulis quid mihi videatur, breviter respondebo.*

Ut se repræsentent ministro et offerant ad examen, qui cœnæ dominicæ communicare volunt, adeò non displicet, ut potiùs id censeam ultro à vobis omnibus esse expetendum[7]. Erit enim optimus piæ sanctæque in ecclesia disciplinæ nervus. Verùm quia proclivis inde lapsus foret ad corruptelam aliquam, ut obviàm eatur periculis omnibus, utile erit simul præscribere limites, quibus legitimus usus definiatur : primùm, ut sit tanquam privata catechesis ad rudes familiariter edocendos : deinde ut usui sit ad eos monendos et objurgandos qui officio suo parùm respondent : postremò ut ad trepidas conscientias erigendas et confirmandas valeat.

De Cœnæ administratione ita sentio : libenter admittendum esse hunc morem, ut apud ægrotos celebretur communio, cum ita res et opportunitas feret, nec magnopere etiam repugnandum esse, quin maleficis detur qui plectendi sunt, si quidem postulent, et ad receptionem satis comparatos esse appareat[8] : hac tamen lege, ut sit vera communio, hoc est, ut panis in cœtu aliquo fidelium frangatur. Cœnam verò in ordinaria concione institui extra ordinem unius rogatu nimis absurdum est : neque enim decet proponi coram omnibus sacrum illud epulum, quod omnium commune est, sine solenni denunciatione, ut ad participationem se ecclesia comparet. Eo autem modo fieri quo Princeps jubet, quid aliud foret quàm subjicere uniuscujusque libidini publicum ecclesiæ ordinem[9] ? Et si necessitatem objiciunt,

---

[7] C'était l'un des *desiderata* de *Calvin* (Cf. VI, 200, 223, 224). Quant aux articles qu'il va passer en revue, voyez la lettre de Toussain du 29 juillet 1543 (N° 1264, t. VIII, p. 462-64).

[8] Dans la copie : *apparent.*

[9] Dans le rituel que le duc *Christophe* voulait imposer aux églises du Montbéliard, l'exhortation suivante est adressée, en effet, à chaque pasteur (f. 15-16) : « Quòd si autem contingeret, vel mulieres prægnantes, vel *alios quoscunque,* integra adhuc valetudine utentes, **qualibet de causa,** *eucharistiam* vel diebus quibus labori vacatur, vel dominicis diebus, quibus aliàs cœna non peragitur, *petere,* — istis cœnam, vel ante contionem, vel post, vel quocunque idoneo et apto tempore, porrigere poteris, ad eundem modum, et iisdem ritibus, quibus illa ægrotis aut morituris exhiberi solet. Qui ritus mox subjicietur. »

non est cur recusetis frequentiorem usum, ne quis ampliùs necessitatem obtendat, qui in cœtum modò convenire poterit.

Baptismum obstetricibus permittere impia et sacrilega est baptismi profanatio. Ergo hoc caput non tantùm repudiandum judico : verùm, si urgere vos Princeps ultra modum pergat, usque ad sanguinem resistendum, potiùs quàm huic non tolerandæ superstitioni consentiatis.

Rogabat Christus Pharisæos undenam Johannis baptismus foret : è cœlo, an ab hominibus ? Nam si hoc secundum confessi essent, promptum erat colligere, vanum igitur esse et nullius momenti. Jam obstetricum baptismus unde erit ? certè non ab eo qui hoc munus peculiariter Apostolis mandavit. Superest igitur ut à contrario autore[10]. Augustinus non de muliere, sed de privato viro movet quæstionem, an si baptiset in necessitate, peccet. Respondet demum dubitanter, ut excuset magis quàm probet. Certè non asserit licere : quin potiùs fatetur subesse delictum. Verùm si Christi regulam sequimur, nullus restat locus dubitationi[11].

In sepultura mortuorum hanc moderationem vellem adhiberi, ne in templum funus deferretur[12], sed rectà in cœmeterium. Illic quoque exhortationem haberi vellem, ut in re præsenti funeris comites cognoscerent quod diceretur. Hæc ratio non admodum improbanda foret.

De campanæ pulsu nolim vos pertinaciùs reclamare, si obtineri nequeat ut Princeps remittat : non quia probem, sed quia rem contentione non dignam arbitror.

In festis non recipiendis cuperem vos esse constantiores, sic tamen ut non litigetis de quibuslibet, sed de iis tantùm quæ nec in ædificationem quicquam factura sunt, et superstitionem prima ipsa facie præ se ferunt. Et habetis plausibilem recusandi

---

[10] Le copiste avait écrit *auctorem.* Farel a biffé ce mot et l'a remplacé par *autore.*

[11] Dans le paragraphe intitulé : *De subitario et privato baptismo,* le susdit rituel s'exprime comme il suit (fol. 21) : « Quandoquidem inculpata et laudabilis in ecclesia catholica hactenus consuetudo extitit, ut tempore necessitatis et periculo mortis imminente, non tantùm obstetrices, sed quicunque etiam privati homines, puellum baptisandi jus et potestatem habere debeant, etc. »

[12] Dans la copie, *deseretur.*

materiam. Nam in papatu magna celebritate Conceptionem et Ascensionem [13] Virginis coluerunt. Quid habebit servus Christi quod dicat, si suggestum conscenderit illis diebus, nisi ut eorum stultitiam rideat qui tales ferias excogitarunt?

Breviter et nudis verbis sensum meum vobis explicavi. Argumentis agere vobiscum, vel supervacaneum, vel non adeò necessarium visum est, quando pro vestra prudentia sine alio monitore quæ me rationes moveant, expendere potestis. Jam video quæ et quanta in exorando Principe vos difficultas maneat [14]. Verùm si modesta deprecatione ostenderitis *vos non posse aliter,* nisi velitis in ejus gratiam Christo illudere, non dubito quin tam æquo postulato ad extremum cessurus sit. Hanc ob causam suadeo ne vos nimis difficiles ac morosos quoad licet, præbeatis. Nam ubi hanc vestram moderationem animadverterit, faciliùs adducetur ut nonnihil vobis ipse quoque vicissim concedat, præsertim ubi videbit vos non absque causa pugnare. Quod autem vos terret offendiculorum periculum, si quam novam agendi formam receperitis quæ non sit nostris ecclesiis usitata, atque id quidem meritò facitis : sed quia non eò ventum est perfectionis quin optemus adhuc progredi, hic timor vos impedire non debet ab iis ritibus admittendis, quos alioqui non liceat penitùs improbare. Valete, optimi et mihi observandi fratres. *Collegæ mei diligenter vos salutant, qui ab hoc meo judicio nihil prorsùs dissentiunt.* Dominus Jesus vos semper spiritu suo gubernet! Genevæ. Nonis Octob. 1543.

JOANNES CALVINUS vester.

(*Inscriptio :*) Fidelibus Christi servis, pastoribus Monbelgardensis ecclesiæ in urbe et in agro, fratribus mihi charissimis et in Christo colendis.

---

[13] Dans les *Errata* de l'édition de 1575, il est dit que *Ascensionem* doit être ici remplacé par *Assumptionem*. La copie de Neuchâtel porte réellement *Ascentionem*.

[14] Éd. de 1575, *moveat*.

1292

PIERRE TOUSSAIN à Guillaume Farel, à Neuchâtel.
De Montbéliard, 13 octobre (1543).
Inédite. Autogr. Communiquée par M. Henri Lutteroth.

S. Nihil est nunc quod scribam, nisi quòd *de fratribus quos istuc misimus nonnihil sumus solliciti*[1], quòd eos citiùs ad nos redituros sperabamus. De *Metensibus, audio Valtrinum adhuc durare*[2], nec puto fore ut ad illos *Cæsar* hoc anno veniat, quum *Galli* nunc occupent *Lutzemburgum,* magnoque studio ac labore muniant[3], et ille *Galliam* alià ingredi conetur, nimirum per *Picardiam,* sed cui nunc obviàm it *Gallus,* relicta *Theonisvilla,* quam obsidebat[4]. *Cæsar* instanter petit ut *Brunswicen[sis]* restituatur[5] : quem etiam aiunt paratum habere adversùs nostros exercitum, si differant. Quòd si *Clivensi* dedito[6], illi adeò insolescunt, quid facerent, obsecro, victis *Gallis ?* Sed potens est

---

[1] Voyez le commencement du N° 1291.

[2] Le jour où Toussain écrivait ces lignes, l'*édit contre la nouvelle doctrine* était libellé à *Metz* (Cf. l'appendice du N° 1300), et le prédicateur *Watrin du Bois* était sommé par le commissaire impérial *Charles Boisot* de sortir de Metz dans trois jours. Les instructions données à ce commissaire par la lettre de l'Empereur, datée de Louvain le 27 septembre 1543, et les finesses de procédure auxquelles il dut recourir pour mener à chef sa mission, sont exposées avec de très curieux détails dans l'ouvrage de Ch. Rahlenbeck intitulé : Metz et Thionville, p. 65-100.

[3-4] *Charles,* duc d'Orléans, était arrivé devant *Luxembourg* le 10 septembre. Le 13, la garnison, commandée par *Gilles de Levant* et *Jean de Heu,* se rendit et obtint de pouvoir sortir avec armes et bagages. *Charles* aurait voulu commencer tout de suite le siège de *Thionville,* située à 8 l. S.-E. de Luxembourg. Mais ses principaux officiers lui ayant représenté les inconvénients de cette entreprise, il se contenta d'une simple reconnaissance, qui eut lieu le 16 (Cf. Mémoires de Martin du Bellay. — Rahlenbeck, o. c. p. 297, 315).

[5] Les Princes protestants s'étaient emparés en 1542 des États du duc *Henri de Brunswick* (VIII, 74, 75, 257).

[6] N° 1278, note 5.

Dominus qui hos motus sedet, tametsi nihil expectem quàm magnas calamitates. *Turca* dicitur expugnasse paucis supra diebus *Stulwissenburg*[7]*,* urbem in Hungaria muni[ti]ssimam, quæque sola supererat, adversùsque illius insultus hactenus fortiter steterat. Vale in Domino Jesu, et oremus Dominum. Monbelgardi, 13 Octobris (1543). Saluta mihi fratres.

Tuus P. Tossanus.

Vehementer dolui quum legi quæ scripsisti de *Cortesio*[8]. Quantò diligentiùs studuimus omnes illum Domino conservare, tantò graviùs punietur in judicio Christi, si toties admonitus resipiscere nolit. Precor ut Dominus Deus det illi mentem meliorem. Iterum vale. Ero posthac diligentior in obsigna[n]dis literis[9].

(Inscriptio :) Charissimo fratri suo Guillelmo Farello, ecclesiæ Neocomensis pastori fideliss. Neocomi[10].

1293

FRANÇOIS I au Conseil de Bâle.

De Folembray[1], 14 octobre 1543.

Inédite. Mscrit original sur vélin. Arch. de Bâle.

François, par la grâce de Dieu roy de France.

Très chers et grans amys, alliez, conféd*é*rez et bons compères[2], Nous avons receu *les lettres que nous avez escriptes en*

---

[7] Voyez, sur le siège et la prise de cette place, l'Histoire de l'Empire ottoman, par de Hammer, t. V.

[8] On voit que *Farel*, dans sa réponse à la lettre de Toussain du 27 septembre, s'était montré de plus en plus mécontent de *Cortesius*, qui ne calomniait pas seulement les ministres neuchâtelois, mais encore ceux du Montbéliard (Cf. le N° 1302).

[9] Toussain fait ici allusion à sa lettre du 27 septembre, qui est écrite sur un feuillet in-folio, portant l'adresse au verso, et pliée de telle façon que le bas de la première page et le *post-scriptum* avaient pu être lus par des indiscrets.

[10] En tête de la lettre, note marginale de Paul Ferry: « 13 octobre 1543. »

[1] *Folembray*, village de la Picardie, est situé à 8 l. O. de Laon (Aisne).

[2] On sait que les députés des cantons suisses avaient été les parrains du fils cadet du Roi.

faveur des Caprariens[3], que vous dictes estre habitans en une des citez de nostre pays de *Prouvence*, et *lesquelz vous dictes estre poursuivyz par le Légat d'Avignon* avecques main armée jusques au nombre de quatre mil hommes, tant de gens de cheval que de pied[4]. Pour à quoy vous respondre, nous vous voulons advertir que c'est chose dont nous n'avons par ci-devant riens entendu, et que nous ne vouldrions souffrir au dict Légat

---

[3] C'est-à-dire, les habitants de la petite ville de *Cabrières* en Provence (Vaucluse).

[4] Jacques Aubéry nous a conservé ces intéressants détails : « Au mois de septembre [1543]... fut bruit en *Provence* que quelques-uns du dit pays sujets du Roy estoient allez à *Cabrières*, pour secourir ceux du lieu qui estoient diffamez d'estre hérétiques. Pourtant Monsieur *de Grignan*, lors gouverneur de Provence, délègue un commissaire nommé Maistre *Pierre Johannis*... lequel fait un grand procès verbal de sa commission..... Il vient au dit lieu de *Cabrières* du Comté, où estoient les plus mauvais garçons de tout le pays... *Eustache Marron*,... qui estoit leur capitaine général, » comparait avec les deux consuls de la ville devant *Johannis*, qui leur dit « que *le Roy* et M' *de Grignan* n'entendent endurer qu'ils soient en armes si près du pays de Provence, et qu'ils ayent à se séparer et à ne molester par force le *Vicelégat d'Avignon* et l'*Évesque de Cavaillon*; autrement le Roy y pourvoira...

« Je trouve par son dit procès verbal [continue J. Aubéry], que les dits *Marron* et Syndic[s] respondent qu'ils feront retirer les sujets du Roy : Et, au surplus, qu'ils ont à se plaindre au dit sieur Roy des grands torts que leur fait l'*Évesque de Cavaillon* et ses gens; et, de fait, baillent leur plainte par escrit, qui est insérée au dit procès verbal en cette substance :

« Le 10. jour d'Aoust dernier passé, au point du jour, vint le dit *Éves-*
« *que de Cavaillon* en armes, à tabourin de Suisses, et enseigne desployée,
« en forme d'hostilité, entra dans *Cabrières* luy et ses gens, où ils prirent
« certains particuliers qu'ils menèrent à l'Isle et en Avignon, crians *tuë*,
« *tuë*: après saccageoient les biens meubles des maisons, coupoient les
« bourses des femmes, les faisoient lever et dépouiller en chemises, rom-
« poient et effondroient les coffres et caisses, menaçoient les hommes de
« les battre, rompoient les murailles pour entrer d'une maison dans l'autre;
« et ont emmené le bestail gros et menu, présent et assistant le dit Évêque.
« Pour ce supplient humblement M' *de Grignan* vouloir entendre à leur
« bon droit, et aux oppressions à eux faites par le dit *Évesque de Cavail-*
« *lon*, et comme estans serviteurs du Roy, combien que le dit lieu de
« *Cabrières* soit en la terre du Pape ; et leur vouloir aider, et advertir le
« Roy... et ils s'efforceront d'estre encor meilleurs serviteurs du Roy.
« Signent le dit *Marron* et deux Consuls. » (Hist. de l'exécution de Cabrières et de Mérindol. Paris, 1645, p. 52-54.)

d'Avignon, ny à autre quel qu'il soit, de poursuivre par armes nul de noz subgectz en noz pays, Et que tout ainsi, comme nous ne vouldrions mesler des subgectz d'aultruy, mais en laisser faire la justice et en disposer à chacun en son païs à son bon plaisir, comme la raison le requiert, — aussi de nostre part ne vouldrions permectre ny consentir que nul se meslast de chastier noz subgectz, ny d'en prendre cognoissance et jurisdiction, sinon nous-mesmes et noz officiers[5] : Vous prians croire qu'en nostre royaume ne s'est par ci-devant faict, ny fera cy-après, sinon ce que le devoir de la justice requerra, Et que nous ne sommes pour permectre ny tollérer que nul y soit travaillé ny molesté sans occasion. Et à tant nous prions le Créateur, très chers et grans amys, alliez, confédérez et bons compères, qu'il vous ayt en sa saincte et digne garde. Escript à Follambray le xiiiie jour d'Octobre, l'an mil cinq cens quarente et troys.

FRANÇOYS.

Bayard.

(Suscription :) A noz très chers et grans amys, Confédérez, alliez et bons compères, les Burguemestre, Conseil et Conseillers de la ville et quenton de Basle[6].

1294

HENRI BULLINGER à Jean Calvin, à Genève.

De Zurich, 14 octobre 1543.

Autographe. Arch. de Zurich. Cal. Opp. XI, 626.

Gratiam et vitæ innocentiam a Servatore Jesu!
Commodum hunc nactus tabellionem, qui me tuo, Calvine, vir doctissime piissimeque, salutabat nomine, non potui non paucula hæc ad te, præcipuum amicum et fratrem longè charissimum, perscribere. *Audio nonnihil dissidii aut saltem simul-*

---

[5] C'est le même langage que celui de *Pellisson* (V, 201), et c'est celui que François I tiendra, plus rude encore, dans sa lettre du 27 juin 1545.

[6] Note du secrétaire bâlois : « Concernant la persécution des Capariens en Provence. Lecture en a été faite le 29 Octobre 1543 » (Trad. de l'all.).

tatis inter vestrates et Bernates, nescio de quibus finibus atque terminis Episcopi olim imperio subjectis, gliscere. Quòd si verum est quod dicitur, tuum sicut *Bernatium* ministrorum fuerit vestros hortari[1], ne ob fluxas istas instabilesque possessiones aut titulos dissideant, sed sequestrium aliquorum authoritate et judicio interposito sanctè iterum coalescant. *Non est quòd nos etiam de rebus maximis hoc nostro tempore litigemus et contendamus. Imminet cervicibus nostris papisticus ille Cæsar, qui si Galliarum regem vel bello fregerit, vel artibus ad insidiosam aliquam pacificationem pertraxerit, nihil aliud restat nisi ut Germaniam suæ subigat libidini, inprimis autem Sabaudum et Brunsvicensem*[2] *restituat.* Et ante hunc, illum, cum quòd affinitate ipsi cohereat, tum quòd *Gebennensis et Lausannensis Episcopi*[3] id efflictim postulent.

Non ignoras, opinor, quid ad querelam et calumnias *Hildesheymensis Episcopi civitati* scripto præceperit mandato[4]. Hoc ipsum præcipiet haud dubiè *Genevatibus et Lausannensibus* : restitutionem in integrum Antichristi. Quòd si interim nos inter nos ipsos simultatibus et dissidiis distracti nostras vires

---

[1] Recommandation superflue. Calvin avait déjà fait son devoir.

[2] *Charles III*, duc de Savoie, à qui François I, les Bernois et les Valaisans avaient pris, en 1536, la plus grande partie de ses États. — Le duc *Henri de Brunswick*, dépossédé en 1542 par les Princes protestants d'Allemagne.

[3] L'évêque de Genève, *Pierre de la Baume*, et *Sébastien de Montfaucon*, évêque de Lausanne.

[4] *Hildesheim*, située dans la Basse-Saxe, à 6 l. au S.-E. de Hanovre, n'était pas une ville impériale, mais elle était pourvue d'anciens privilèges. Ses habitants avaient accueilli avec joie la Réforme, au mois de septembre 1542. Leur évêque, *Valentin de Teutleben*, les ayant accusés devant la chambre impériale de Spire, en avait obtenu, le 19 décembre, une sentence par laquelle les bourgeois de *Hildesheim* étaient sommés d'abolir toutes les innovations, et de rétablir dans le terme de quinze jours l'ancien état de choses, sous peine d'être mis au ban de l'Empire. Cette sentence, publiée à plusieurs reprises, resta sans effet (Cf. Seckendorf, o. c. III, 397, 398). Sleidan, II, 318, ne mentionne pas la sentence de Spire, et il dit seulement: « *Cæsar*, Augusti die sexto [1543] Wormacia dat literas ad illos, et gravissimè comminatus mandat, ut et religionem et quæcunque alia in pristinum statum restituant donec publicè decretum aliquid fuerit. »

Au mois de novembre 1543, *Hildesheim* était admise dans la ligue de Smalkalden.

attriverimus, januam certè hosti et crudelissimo et sacrilego aperuimus. Proinde si ullo alio tempore ad summam pacem atque concordiam nostros hortati sumus, hoc nostro tempore periculosissimo hortari debemus, — præcipuè verò nostræ fidei creditos urgere ad synceram pœnitentiam, ad solidam gratiæ fiduciam et preces ardentissimas, si fortè impendentia nostris capitibus mala avertere dignetur clemens Dominus, qui nunquam deest serio nomen ejus invocantibus. Hujus gratiæ te unà cum sancta *Genevatium* ecclesia et cum omnibus symmystis et tota domo tua commendo. Salutant te fratres : *Megander, Bibliander, Pellicanus, Gualtherus* et reliqui. 14 Octob. 43.

H. BULLINGERUS tuus.

(Inscriptio :) Præclaræ pietatis ac doctrinæ viro D. Joanni Calvino, sanctæ Gebennensis ecclesiæ episcopo, venerando suo et charissimo fratri.

1295

JEAN CALVIN à Monsieur de Falais [1].

(De Genève, 14 octobre 1543.)

Autographe. Bibl. publ. de Genève. Vol. n° 194. Lettres de Calvin à Jaque de Bourgogne. Amsterdam, 1744, p. 1. J. Bonnet, o. c. I, 93. Calv. Opp. XI, 628.

Monsieur, combien que ce soit contre la façon acoustumée des hommes, que je use de telle privaulté envers vous, de vous escrire familièrement, devant que vous estre beaucoup congneu, toutefois puis que je me tiens asseuré que mes lettres seront bien venues vers vous, ce seroit hypocrisie à moy d'en faire longues excuses, comme si j'en doubtoye. Pourtant je feray en cest endroict comme l'un de voz amys, sans aultre préface.

---

[1] *Jacques de Bourgogne,* seigneur de *Falais* et de Brédam, était apparenté à la famille impériale. Son aïeul *Baudouin* (1445-1505) était fils naturel du duc de Bourgogne *Philippe-le-Bon*, et frère, par conséquent, de Charles-le-Téméraire. L'empereur Maximilien, neveu par alliance de

La matière dont j'ai à traicter avec vous requerroit bien que nous feussions ensemble, pour diviser au moins un demy jour. Et de faict, j'ai souventefois desiré depuis quatre ou cinq mois, que ce fust le bon plaisir de Dieu nous donner ceste opportunité. Encor ay-je doubte à présent, si pour meilleur conseil je vous devoye prier d'entreprendre un voiage, affin que nous peussions, après avoir veu et considéré de plus près, constituer [ce] qu'il seroit de faire. Car s'il estoit question de mectre la chose en délibération comme doubteuse, il y auroit bien à objecter et réplicquer devant que vous en pouvoir résouldre : et seroit quasi folie et inconsidération à moy, de tenter à faire cela par lettres. Mais en la fin, j'ay regardé d'aultre part, si nostre Seigneur vous a desjà donné le couraige de nous visiter à bon escient, pour vous reposer en nostre Seigneur avec nous, que ce seroit poine perdue, et aultant d'attarge² et recullement, de vous conseiller d'y venir seulement voir quel il y faict, pour vous adviser sur cela. Parquoy je ne seroye point de cest advis, que vous prinssiez ceste poine superflue, pour en estre par³ après à recommencer, voire, possible, quant l'opportunité n'y seroit pas telle comme elle est pour ceste heure.

Baudouin, lui fit don, en 1501, de la seigneurie de *Falais-sur-Méhaigne*, entre les villes d'Huy et d'Henneguy (province de Liège). *Charles*, fils de Baudouin, vécut à la cour impériale avec le titre de gentilhomme de la chambre, et les enfants qu'il eut de Marguerite de Werchin reçurent l'éducation libérale dont les nobles commençaient à sentir le prix. L'aîné de ces enfants, *Jacques de Bourgogne*, né vers 1505, fut le compagnon de jeu et d'étude du futur empereur *Charles-Quint*. Il nous apprend lui-même qu'à l'âge de quinze ans, il éprouvait déjà des sympathies pour la doctrine évangélique. Son récent biographe, C.-A. Rahlenbeck (Biographie nationale belge, 1868, II, 848, 849), les attribue au culte qu'on professait dans sa famille pour les écrits et la personne d'*Érasme*. L'influence de *Joannes a Lasco*, qu'il rencontra à l'université de *Louvain*, ne fut pas non plus étrangère à sa conversion.

Il perdit son père en 1538, et bientôt après il épousa *Yolande de Bréderode*, qui partageait ses convictions religieuses. Les changements qu'on remarqua dès lors dans ses habitudes lui attirèrent les reproches et les mauvais procédés de ses nombreux parents, et, en 1543, il songea enfin sérieusement à s'expatrier. C'est à ce moment-là qu'il entra en relation avec *Calvin*. (Cf. les Lettres de Calvin à Jaque de Bourgogne. — Apologia D. Jacobi a Burgundia... 1548. Ibid. p. 215.)

² Délai, retard. *Targer, attarger* sont des équivalents de *tarder, retarder*.

Je pense bien à la difficulté où vous estes, si vous regardez le monde, et les considérations qui vous peuvent là retenir. Mais il vous fault faire une conclusion certaine, pour repoulser tout ce qui vous viendra au devant pour y contredire. Il est vray qu'elle ne se doit pas prendre à la volée : c'est à dire sans fondement, et ne sçachant pourquoy. Mais quant vous avez vostre conscience asseurée d'un tesmognage qui est meilleur et plus ferme que tout le monde ne le vous sçauroit donner, il vous fault acquiescer là du tout, et estimer que tous les empeschemens qui surviennent pour vous destourner, sont scandales que Sathan vous présente pour vous rompre le chemin. Combien, à mon semblant, qu'il n'est pas grant mestier d'alléguer beaucoup de raisons, pour vous monstrer ce qui est de faire selon Dieu. Je répute que cela vous est desjà tout liquide. Il y a seulement le regret de ce que vous laissez d'une part : de l'aultre la crainte de ne rencontrer pas ce qui seroit à desirer. Mais tous les regrets du monde se peuvent vaincre par ceste pensée : qu'il n'y a plus malheureuse condition que de vivre et[3] trouble d'esprit, et avoir une guerre continuelle en soy-mesme, ou plustost estre tormenté d'une géhenne intérieure sans aulcune relasche.

Or advisez si vous pouvez avoir paix avec Dieu et vostre conscience, persévérant en l'estat où vous estes. Si l'espérance de mieulx vous retient, pour le premier, vous voiez à l'œil que l'abysme croist tousjours, et que vous y entrez avec le temps plus profondément.

Secondement, *s'il plaisoit à Dieu d'amender le désordre qui est à présent, quelle joye vous seroit-ce de dire :* Ce pendant que mon maistre a esté banny de ce païs, je m'en suis bien voulu exclurre de mon bon gré pour l'aller servir. Maintenant qu'il y est rentré, j'y reviens luy rendre louanges. Combien qu'il n'y a pas encor apparence que cela se doive faire en brief. Pourtant le *plus expédient est de vous en retirer,* devant qu'estre plongé si avant en la fange, que de ne vous en pouvoir arracher. *Mesme le plustost est le meilleur.* Car en telle chose, il fault prendre *l'occasion quant elle s'offre,* estimant que quant le Seigneur nous

---

[3] Au lieu de *par* ou de *puis,* le manuscrit porte prs.
[4] Il a sans doute voulu écrire : *en* trouble d'esprit.

donne le moien, c'est comme s'il nous ouvroit la porte. Ainsi il convient adoncq entrer sans plus dellayer, de peur qu'elle ne soit fermée cependant que nous varions en consultant.

Or la principalle occasion je la prens en ce qu'il a rompu les lyens du cueurs, tant de vous que de vostre compaignie, en vous rendant facile par la bonne affection qu'il a esmeue en vous ce qui semble aultrement tant plein de difficulté. En tel cas, nous devons, selon l'exhortation du sainct apostre, faire valoir les dons de l'esperit, les mectans en effect et en exécution, et ne les pas laisser amortir, de paour qu'ils ne s'esteingnent du tout par nostre nonchalance. D'avoir jamais toute commodité à souhet, il ne le fault attendre. Car quant ainsi seroit, quelle expérience de vostre foy y auroit-il? Il n'est à doubter que nostre père Abraham n'eust merveilleuse résistence, quant il fallut desloger de son païs, et qu'il n'avoit pas toutes choses à son ayse. Néantmoins il se dépesche incontinent. Si nous sommes ses enfans, il le nous convient ensuivre. *Nous n'avons pas révélation expresse de quicter le païs. Mais puis que nous avons commandement d'honorer Dieu et de corps et d'âme partout où nous sommes, que voulons-nous plus?* C'est doncq aussi bien à nous que ces lettres s'addressent : « Sors hors du païs de ta nativité⁵, » quant nous sommes là contrainctz de faire contre nostre conscience, et ne pouvons vivre à la gloire de nostre Dieu. Au reste, du moien, nostre Seigneur vous donnera la prudence de le disposer, et estes sur le lieu, pour mieulx pouvoir discerner ce que voz affaires portent. Tant y a que je desireroye bien que vous tendissiez à ce but, de vous desvelopper tant qu'il vous sera possible, affin de pouvoir estre plus allègre et plus libre, après vous estre deppétré des fillés, avec les bons amys que vous avez avec vous de par delà, qui sont pour vous ayder tant de conseil que de leur poine.

Le bon seigneur que vous avez tant desiré pour vous prester la main⁶ s'y en va, s'offrant à faire tout ce qu'il pourra de son costé, affin de s'acquitter de son devoir. Et certes le zèle qu'il a

---

⁵ M. de Falais a écrit à la marge : « Ecce hic est Christus. »

⁶ Ce «bon seigneur» reparaîtra dans les lettres suivantes. C'était *David de Busanton*, ami de M. de Falais, et qui l'avait peut-être mis en relation avec *Calvin*.

vous doit bien inciter et estre comme un aguilon nouveau, pour augmenter et enflamber la bonne donation que desjà vous avez.

Or, pour ce que le reste ne se peult bonnement dépescher par lettres, je prieray ce pendant nostre bon père céleste, qu'il luy plaise de vous ouvrir de plus en plus les yeulx, pour pouvoir contempler ce que desjà il vous a donné en partie, vous donnant aussi la force et constance de suivre la voye qu'il vous monstre. Finalement qu'il vous dirige en tout et partout par son sainct esperit, vous conservant en sa protection. Sur ce je me recommanderay humblement à vostre bonne grâce, sans oublier la bonne compaignie des bons seigneurs qui sont avec. [14 octobre 1543[7].]

Vostre serviteur, humble frère et entier amy,

CHARLES D'ESPEVILLE.

(Suscription :) A mon bon seigneur et amy sire Jacques Le Franc[8].

1296

JEAN CALVIN à Madame de Falais[1].

De Genève, 14 octobre (1543).

Autographe. Même source que le N° précédent.

Madamoiselle et bien-aymée seur, je n'ay pas grant matière de vous escrire pour le présent, sinon affin de vous faire sçavoir que *j'ay reçeu voz lettres[2], lesquelles me donnent bonne occasion de remercier nostre Seigneur de tant de grâces qu'il vous a faictes, et singulièrement de ce qu'il vous a ainsi disposée à quicter et renoncer tout, pour vous adonner entièrement à le servir.* C'est bien une chose que nous devons tous faire sans

---

[7] En comparant cette lettre avec la suivante, on se convaincra aisément qu'elles devaient être expédiées en même temps.

[8] Pseudonyme de M. de Falais.

[1] Voyez le N° précédent, note 1. *Yolande de Bréderode* descendait des anciens comtes de Hollande.

[2] Aucune des lettres de M. et de M*mᵉ* de Falais à Calvin n'a été conservée.

contredict, et mesme est comme la première leçon de nostre chrestienté. Mais la pluspart s'en acquitent très mal. Je loue doncq nostre Seigneur, de ce qu'il vous a faict sentir que vault la gloire de son nom, pour la préférer à tout le monde, et pareillement quelle félicité c'est de le servir en conscience paisible : affin de réputer cela comme le plus grant thrésor qui vous puisse advenir. Car de vous exhorter beaucoup, quant je voy que vous estes desjà ainsi pleinement résolue, ce seroit chose superflue, comme il me semble : sinon que je mecte poine de vous confermer en ce sainct propos. Or j'espère bien que nostre Seigneur n'a pas allumé un tel zèle et desir en vous, qu'il ne vous vueille faire la grâce de parvenir où il vous poulse. Et d'advantaige il en a monstré desjà de si bons commencemens, qu'il nous fault fier en luy, qu'il parfera.

Il est vray et que de vostre part vous avez de grans barres pour vous empescher, et *le gentilhomme,* de la sienne, encor plus. Mais en vous armant de la force de nostre Seigneur, vous les surmonterez aussi aisément que festus, passant par-dessus sans difficulté : non pas selon la chair, mais tellement que vous congnoistrez estre vérifié en vous ce que dict le prophète : « Le Seigneur dispose mes pieds comme à un cerf. » Seulement, gardez-vous de laisser refroidir le zèle que le Seigneur vous a donné, mais plus tôt estimez que c'est luy-mesme qui vous solicite et vous haste. Et quant il y auroit quelque infirmité en vous, priez-le que premièrement il la vueille corriger, et de vostre part employez-vous à combattre à l'encontre, pour la surmonter. Secondement, priez-le, quant il vous verroit estre trop tardifve à marcher, qu'il vous vueille plus tost tirer par la main, et quasi par force vous délivrer. *Il n'y a nulle doubte que Sara fust un grant soulagement à nostre père Abraham, quant il se deubt mectre en chemin. Ensuivez-la comme une de ses filles.* Car de regarder derrière, nous voions que c'est en l'exemple de la femme de Loth. Combien que je me tiens pour asseuré, que vous n'avez pas mis la main à la charrue, pour regarder derrière le dos.

Si ces lettres vous devoient estre présentées par un messaiger estrange, je seroye, possible, plus long. Mais quand le messaiger peut luy-mesme supplyer au deffault de lettres, il ne luy fault pas faire ce déshonneur d'escrire tout ce qu'on veult faire sçavoir, comme s'il n'avoit point de bouche pour parler. A ceste cause je feray fin à ces présentes, après m'estre affectueusement recommandé à vostre bonne grâce, et avoir pryé nostre Seigneur de vouloir poursuivre son œuvre en vous, en vous conduisant par son sainct esperit, tant à la congnoissance qu'à l'obéissance de sa bonne volunté, donnant aussi la force et la prudence à celluy qui doibt estre vostre guide, de vous précéder, pour vous inciter par son exemple, et vous faisant aussi la grâce d'estre son ayde comme il l'a ordonné. J'attenderay le retour du bon sieur présent porteur[3], non sans grand desir de vous voir. Ce 14. d'octobre [1543].

Vostre serviteur, humble frère et entier amy,

CHARLES D'ESPEVILLE.

(*Suscription :*) A Madame et bonne seur, Madame Katerine Le Franc.

1297

JEAN CALVIN à Pierre Viret, à Lausanne.

(De Genève, seconde moitié d'octobre 1543.)

Autogr. Bibl. Publ. de Genève. Vol. n° 106. Cal. Opp. XI, 633.

Nuper hac transierunt *Franciscani duo*[1], qui cum *Bernam* proficisci in animo haberent, literas à me commendatitias, quas sibi putabant magno adjumento fore, postularunt. Quia aderat quidam pius frater mihi notus, qui testimonium illis reddebat, promisi me aliquid scripturum. Verùm cum propiùs eum urgerem, qui me suo testimonio ad pollicendum induxerat, confessus est, se nihil habere præter auditum. Deinde comitem habebant alterum ex iis qui per *Godellarii*[2] januam nuper ad vos obrepserant[3] : et ipsos etiam *Godellarii* veteres amiculos esse postea intellexi. Cum mihi jure suspectum sit totum illud sodalitium,

---

[3] Voyez le N° précédent, note 6.
[1] Voyez la note 3.
[2] *Jean Gaudellaire* ou *Gondellaire*, élu diacre à Nyon, le 21 mai 1543 (VIII, 375).

non committam, ut conquerantur boni, fuisse meo patrocinio adjutos indignos. Verùm quia *istic* jam aliquot dies fuisse judico, si dignos commendatione nostra censueris, fac utriusque nomine. Vale. Dominus te conservet ac semper regat suo spiritu unà cum fratribus, quos mihi salutabis.

JOANNES CALVINUS tuus.

(Inscriptio:) Fideli Jesu Christi Domini nostri servo, Petro Vireto, Lausannensis ecclesiæ pastori, fratri mihi chariss.

1298

UN STRASBOURGEOIS à [Henri Bullinger?]

(De Strasbourg, vers le 20 octobre 1543.)

Inédite. Manuscrit original. Archives d'État de Zurich[1].

Quæ acta his diebus apud Metenses sunt, sic ex fide dignissimis viris D. *Valtrino Sylvio* concionatore, et *Joanne Huscenet, Joanne de Flemugren*[2], cognovi.

Ad sextum Octobris, aiunt, venit *Metim* quidam Doct. *Carolus Boisot,* qui est *Imp.[eratori]* à supplicum libellis, cum man-

---

[3] Ces deux amis de *Gondellaire* s'étaient présentés devant MM. de Berne le 6 octobre. On lit dans le Manuel de ce jour-là : « Écrire au bailli de *Lausanne* d'entretenir *ces deux moines* pendant deux ou trois mois et de faire un rapport sur leur conduite. *Ougspourguer* leur donnera un écu pour leur dépense et les fera habiller. » (Trad. de l'all.)

Les deux *Franciscains* mentionnés plus haut (renv. de n. 1) étaient arrivés à *Genève* après les deux moines, amis de *Gondellaire,* et ils venaient de passer quelques jours à *Lausanne*. Viret, répondant à Calvin, lui parlera d'eux à son retour de Neuchâtel (N° 1303, renv. de n. 30). On peut donc placer la présente lettre dans la seconde moitié d'octobre 1543.

[1] Nous présentons nos remerciements à M. l'archiviste J.-H. Labhart-Labbart, qui a bien voulu copier pour nous cette pièce intéressante. Elle n'existe pas dans la collection Simler, à Zurich.

[2] Voyez, sur le prédicateur *Watrin du Bois,* ex-Dominicain, le t. VI, p. 282, 283 ; VII, 492, 509 ; VIII, 33, 335, 506. — *Jean Hussenet,* marchand, banni de Metz en janvier 1543 et réintégré au mois de juin suivant (VIII, 153). — Nous n'avons aucun renseignement sur *Jean de Flemugren.* Serait-ce le nom de *Jean de Termègne* (VIII, 153) inexactement copié par le Strasbourgeois anonyme ?

datis ab eodem Imperatore ac tanta authoritate, ut quæ ante aliquot menses fuerant a Do. *Principibus Protestantibus* istic in causa religionis instituta³ destrueret, populumque ad pristinam R.[omanæ] ecclesiæ religionem revocaret. Hunc Legatum, aiunt, primò a D. *Dumolini*⁴ postulatum, deinde à *quodam medico Hispano*⁵ ex aula accersitum, atque obviàm iisse usque *Theodonis villam* viros ex Senatu lectiss.[imos]⁶.

Porrò ejus in urbem adventus principio sic fuit quietus et tacitus, ut quid omnino vellet nil præterea cives scirent : tantùm cum senatu, canonicis et monachis privatim septem primis diebus egit⁷. Tandem ad decimum tertium diem ejusdem men-

---

³ Sur la convention faite à Metz à la demande des Princes protestants, voyez la note 9.

⁴ *François Baudoche*, seigneur de Moulins, maître-échevin en 1544 (Chroniques messines, *passim*. — E.-A. Bégin. Biographie de la Moselle, I, 71).

⁵ Ce médecin espagnol s'appelait *Lacuna*. Rahlenbeck, o. c., p. 58, dit que c'était peut-être l'énigmatique personnage qui prenait à Metz le nom de *Perthuy*. En avril 1543, il aurait, ainsi qu'un certain *Jacques Remich*, fait parvenir ce rapport secret au receveur général du Luxembourg : « *Robert de Heu* est, avec ses frères, à la tête d'une conspiration ayant pour but de livrer la cité de Metz au roi de France. »

⁶ Ce fut par hasard que *François Baudoche* et *Michel de Gournay* rencontrèrent le commissaire *Boisot* à *Thionville*. Le Conseil de Metz y avait envoyé ces deux députés, afin de demander au gouverneur de la place un sauf-conduit, pour mener des vivres au camp du roi de France. Les Messins (disaient-ils) étant neutres pouvaient, comme tels, librement trafiquer avec les belligérants. Le gouverneur les renvoya à *Charles Boisot*, qui avait précisément l'ordre de repousser une pareille prétention.

⁷ Le commissaire impérial fit son entrée à *Metz* le samedi 6 octobre. Il commença par exiger la convocation d'une assemblée où assisteraient les magistrats, le clergé et les notables. Elle eut lieu le 8, et *Boisot* y censura la tiédeur que le Conseil des XIII montrait pour les intérêts de l'Empereur. Il consacra les cinq jours suivants à sonder les dispositions des partis. Celles du clergé n'étaient pas douteuses. Puissant par le nombre *, il se voyait soutenu par la majorité du Conseil et des bourgeois. Aussi les magistrats donnèrent-ils satisfaction à Charles Boisot relativement aux rapports de la ville avec les Français ; et quand il eut déclaré que l'Empereur voulait absolument rétablir à Metz l'ancienne religion, ils ne songèrent plus qu'à obtenir la soumission des chefs du parti évangélique. On n'y parvint que le 13 octobre (notes 16, 17, 18).

* Selon les Chroniques messines, p. 781, il se composait, en 1522, de cinq cent-six prêtres et moines.

sis accitum ad se *Valtrinum Sylvium,* qui abhinc menses aliquot
jussu Senatus et Populi concionatus fuerat, principio severiter
objurgat, rogatque de quadam Epistola ad *Petrum Carolum*
alterum concionatorem missa⁸. Quam cum is à se profectam
fateretur, — « Ecce, inquit *Legatus,* vel hoc uno argumento in
crimine Hæreseos convictus teneris, laudator, scilicet, et sec-
tator Protestantium et concionatorum qui apud illos sunt, ac
nominatim *Archiepiscopi Coloniensis,* virorum omnium impiorum, schismaticorum et hæreticorum, qui omnes olim suorum
factorum et consiliorum pœnas *Imp.[eratori]* dabunt. » His addit
crimina quædam ad se contra *Valtrinum* delata. Primò quòd vi
quadam dissimulata esset a *Protestantibus* ad concionandum
intrusus⁹. Deinde cum in concionibus ac privatis colloquiis

⁸ Voyez, sur *Pierre Caroli,* le t. V, p. 457-462 ; VI, 268, 280 ; VIII,
329, renv. de n. 53-55, 349, 387.

« Reconnaissez-vous avoir écrit cette lettre à *Caroli ?* » demanda *Boisot*
à *Watrin du Bois.* — « Oui, je le reconnais. » — « Et ces articles réprou-
vés par notre sainte mère l'Église, reconnaissez-vous également les avoir
prêchés ? » — « Donnez-moi un double de votre liste et un délai de trois
semaines pour me défendre, point par point, en présence des protestants
qui m'ont ici commis pour prêcher ; sinon je ne veux vous faire de réponse. » — « Je ne vous demande pas, répliqua *Boisot,* de justifier aucun
de ces articles, mais seulement si vous les avez prêchés ou non ? » *Watrin*
garda le silence. *Boisot* prit acte de son refus de s'expliquer, et lui an-
nonça que, d'après les ordres de l'Empereur, il avait jusqu'au lundi suivant (15 octobre) pour sortir de *Metz,* et qu'il lui était défendu d'y remettre les pieds à peine de la vie. » (Rahlenbeck, o. c. p. 94, 95.)

⁹ *Watrin du Bois* avait commencé ses prédications le 24 juin 1543, en
vertu de la convention signée à Metz, le 16 mars précédent, par le comte
Guillaume de Furstemberg et par un magistrat de cette ville. Le dit
comte et les députés protestants qui assistaient à l'assemblée du 16 mars,
eurent-ils recours à « une violence dissimulée ? » Le texte de la convention
ne révèle rien de pareil, et les deux gentilshommes envoyés à la susdite
assemblée par le duc de Lorraine ne s'opposèrent pas à ce que les protestants considéraient comme une œuvre de justice (VIII, 181-184, 305, 311).
Mais on aurait pu reprocher au comte de Furstemberg d'avoir trop vivement influencé l'opinion du député de Metz, en réclamant du clergé catholique cinquante mille écus de dommages-intérêts. Autant valait dire à
ce député : Pourvu que vous accordiez un prédicateur aux Évangéliques,
je serai moins exigeant pour les dommages-intérêts (Cf. la lettre du comte
Guillaume du 8 octobre 1542, t. VIII, p. 153).

Revenons à *Watrin du Bois.* Le commissaire *Boisot* lui avait dit tout
d'abord : « Le mandement de ce jour vous retire la permission de prêcher

illorum dogmata traderet, ipse similis schismaticus et hæreticus comprobaretur. Tertiò quòd *Imp.[eratori]* ac sibi etiam, ex relatu multorum compertissimum sit, ipsum esse hæreticum. Quibus de causis jubet, ut ante triduum urbe excedat, nec posthac cum aliquo cive loqui audeat. Pœna capitis fuit si contrà faceret.

Hîc primùm *reus,* modestè se excusans, rogat de quibus aut à quibus accusaretur, paulò clariùs indicari : sed confestim tacere jussus, ne quid gravius accideret, nempe cum satis sint comperta crimina et scelera. Quin et *rei pater*[10], cum simili modestia *filio,* maximè autem Do. *Principibus Protestantibus* atque *Archiepiscopo Coloniensi,* quos plus æquo acerbè et contumeliosè appellari a *Legato* audierat, patrocinari vellet, nil præter sævas minas retulit. Denique Legatus senatum authoritatem suam jubet interponere, ut hic reus urbe expellatur. Aderat præsens publicus minister, qui statim illi exilium jussu senatus denuntiat. Ita ille urbe excessit.

Postremò ad decimum quintum mensis ejusdem[11], est voce Præconis publicè jussu Imp.[eratoris] edictum, ne quis deinceps quicquam novare in religione audeat, sed omnes Ecclesiæ antiquos mores recipiant. Addita plæraque alia de esu carnium, invocatione et cultu Virginis Mariæ ac sanctorum et imaginibus, de libris suspectis, de doctrina Protestantium ac nominatim *de libro Psalmorum,* quas *cantilenas Marotinas*[12] vocabat, ut quotquot in urbe essent ad senatum ante septem dies deferrentur :

---

que MM. de la Justice de cette ville vous avaient accordée. Elle vous a été retirée parce qu'elle était forcée et illicite, contraire à la volonté de S. M. Impériale..., et qu'elle ne vous avait été donnée qu'à la condition expresse de prêcher purement et sincèrement l'Évangile, *ce que vous n'avez fait.* »

[10] Son père et plusieurs proches parents (Rapport de Boisot).

[11] Sleidan, II, 324-325, semble avoir eu sous les yeux le manuscrit que nous reproduisons. Il dit, en effet : « *Ad idus Octobris* recitatur edictum Cæsaris. » L'édit rédigé le samedi 13 aurait donc été publié le 15, ce qui n'a rien d'étonnant. Teissier donne ainsi le titre de l'édit imprimé : « Huchement, ordonnance et édict, fait en la cité de Metz touchant l'extirpation de la nouvelle doctrine (du 13 octobre 1543), imprimé à la noble et impériale cité de Metz, par Jean Palier, dit Marchant » (Essai sur les commencemens de la typographie à Metz, 1828, p. 38).

[12] Dans l'édit : *les notes Marotines.* Le chant des *Psaumes* s'était introduit à Metz en 1539, et les Réformés de cette ville tenaient beaucoup à le conserver (V, 452, 453 ; VI, 58, 279 ; VIII, 336, lig. 4, 5, 492, 493).

qui contrà audeat, 10 libras det, aut senatus arbitrio puniatur. Præterea ne quis concionatores suspectos audeat privatim vel publicè tueri atque in domum recipere. *De pueris* etiam *ne posthac Gallicè instituantur*[13] : inprimis sint libri à senatu comprobati.

Insuper de iis qui fœdus habeant cum Protestantibus, ut hoc abjurent. Si verò sint qui cum aliis principibus fœdus aliquod vel jus aliarum civitatum habeant, ii ante 40 diem his renuntient, aut urbe cum universa familia exulent[14]. Qui secùs egerit, pœna capitis esto. Sunt plæraque alia ejusmodi, additis pœnis ac mulctis pecuniariis et capitalibus quæ illi[15] non poterant certò referre. Tantùm quod ad abjurationem fœderis cum Protestantibus, omnes paruisse, præter *Robertum, Gasparem et Martinum de Hu* fratres[16], et *Michaëlem Barisii*[17], qui hanc abjurationem nunquam facturos se professi sunt[18].

[13] Ce détail ne figure pas dans l'édit imprimé.

[14] Sleidan mentionne aussi la peine de l'exil; l'édit imprimé menace d'un bannissement de dix ans et de la perte du nom de bourgeois (Cf. l'Appendice du Nº 1300).

[15] Allusion aux trois narrateurs qui avaient renseigné l'écrivain (n. 2).

[16-17-18] Le rapport de *Boisot* affirme que les chefs du parti protestant résistèrent d'abord à ses exigences. Il voulait leur faire signer cette formule : « Je déclare vouloir vivre et mourir en bon chrétien, selon l'ancienne religion, et je promets volontiers d'obéir à tout ce que Sa Majesté Impériale voudra et commandera touchant icelle religion. »

Le 13 octobre, *Martin* et *Robert de Heu* lui dirent: « Nous nous tenons pour fort bons chrétiens : nous croyons au symbole des Apôtres et à la vérité des Évangiles, et notre foi comme notre honneur nous défendent de rompre notre première signature à frère *Watrin* de pouvoir prêcher librement l'Évangile. » Boisot finit par se fâcher et les menacer de la colère de l'Empereur. Mais il dut se contenter d'une déclaration écrite, portant que *les deux frères de Heu* voulaient vivre et mourir en la dévotion de l'Empereur, et satisfaire, en outre, de tout leur pouvoir, à ce que Sa Majesté Impériale jugerait à propos de commander et d'ordonner. »

Michel de Barisey, Gaspard de Heu et *Jean Niedbrucker* (appelé aussi *Jean de Metz* ou *le Docteur Brunon*) se soumirent également. Ces divers personnages cédèrent par lassitude, par faiblesse. Toutefois, ils n'avaient pas « trahi la cause » dans le sens que *Toussain* attachait à cette expression (p. 42, renv. de n. 11, p. 43, renv. de n. 17).

1299

JACQUES VALIER à Jean Bonivoye[1], à Vullierens.
(D'Aubonne) 22 octobre 1543.
Inédite. Autographe. Manuscrit de notre collection.

(FRAGMENT)

[Ne mireris quòd ad te non scripserimus ex quo tempore febris nos] s[ensi]m invaserit. *Marcus*[2] autem noster jamdudum ea laboravit, nec per rectam valetudinem eum commodè adire possum. Fui enim totus debilis ab eo tempore quo *Lausana* redii : scripsi tamen ad *Petrum*[3], ut ad nos mittat *diaconum*[4], qui *Marcum* invisat ac sine suo incommodo aliquid ei ministret quod ego hîc illi paravi.

Ceterùm tu mihi eam provinciam demandaras ut tibi vini currum emerem : ego autem sicut in re mea me facturum recepi : unde fit ut harum tabellarium *Joannem de Prato*[5] ad te miserim. Colligit enim hic vinum optimum, si quis alius, ac mihi assuevit absque fraude vendere. Vellem itaque ab illo emas hac lege, ut nunc tradas illi 20 florenos mutuò : de quibus

---

[1] Voyez, sur *Jacques Valier*, natif de Briançon, pasteur à Aubonne, le t. IV, p. 280, 281, 287, et, sur *Jean Bonivoye*, pasteur à Vullierens, le t. VII, p. 36-38, le t. VIII, p. 234-236.

[2] Le seul pasteur ou régent ayant le prénom de *Marc* que nous ayons rencontré, à cette époque, dans la Suisse romande, est *Marc Romain*, jadis maître d'école à *Orbe*, puis évangéliste à Grandson (II, 328, 362, 487, 488). Dès 1531, nos documents ne font plus mention de lui ; mais cela ne prouve pas qu'il fût mort. Il était peut-être, en 1543, régent à *Aubonne* et diacre desservant l'une des églises du voisinage. (Cf. Ruchat, o. c. IV, 408, 409.)

[3] *Pierre Masuyer*, pasteur à Cossonay, dans la Classe de Morges.

[4] *Guillaume* [*Masuyer ?*] élu diacre à Cossonay le 14 mars 1541. Voyez la lettre d'Angelin Chasnal à Pierre Masuyer, datée d'Yverdon le 13 octobre 1541 (VII, 289, renv. de n. 10).

[5] *Du Praz* ou *Dupraz*, nom de famille très répandu dans le Pays de Vaud.

per scribam juratum obligandum cures ad tibi reddendum muttuum post quindecim dies, nisi tunc de vino inter vos convenerit : et ego illud in meo penore receperim : et ego in Domino confido quòd hic nequaquam tibi imponet : etiam si vellet, hoc pacto non posset : ego enim statim post vindemias vinum recipiam : ac precium faciam sicut pro me facerem... [Albonæ] 22 octobris 1543. Vale.

Tuus JACOBUS VALERIUS.

(Suscription :) A maistre Jehan Bonnivoye, nostre bon frère et Ami, soit rendue à Willeren.

1300

MARTIN BUCER à Jean Calvin, à Genève.

(De Strasbourg) 25 octobre 1543.

Autogr. Bibl. de Breslau. Calv. Epp. 1575, p. 366.
Cal. Opp. XI, 634.

Gratia et pax! *De ipso Imperatore quid nobis pollicear nec statuere ipse possum. Italorum et Hispanorum ei consuetudo placet. Imperii plenitudo apertè quæri videtur.* Puerilibus vel anilibus potiùs superstitionibus inhæret. Dicit quotidie prolixas preces flexis genibus, dicit rosaria decumbens in terram, et defixum vultum in tabellam S. Virginis[1]. *Apertè nunc Christum ubique oppugnat. Meti depulit quod in ipso est*[2]. *Edictum mitte-*

---

[1] Édition de Genève, 1575 : *defixo vultu in tabella coram virgine.*

[2] En imposant (7 septembre) à *Guillaume de Clèves* le rétablissement du catholicisme dans tous ses États, *l'Empereur* avait usé du droit brutal de la victoire (N° 1278, n. 5). Mais il ne pouvait s'en prévaloir à l'égard des villes de *Hildesheim* et de *Metz*. Dans celle-ci, en particulier, ville impériale, il venait de supprimer, comme nulle et non-avenue, la convention très régulière faite entre les Messins et les Princes protestants, le 16 mars 1543 (N°˙ 1216, 1281 *bis*, n. 6, 1298. — Rahlenbeck, o. c. p. 90-95). Aussi l'électeur de Saxe et le Landgrave de Hesse demandèrent-ils, mais inutilement, à Charles-Quint, le 8 décembre, que la susdite convention fût respectée (Cf. Seckendorf, III, 400).

*mus*³. *Sic ergo cum habeat res, dubitare ipse incipio à te monitus, an deceat ad ipsum scribi quòd tamen scribi velim*⁴. Martyrum exemplum qui Apologeticos suos scripserunt ad principes palàm idololatras me movet et majestas Imperii, consideratioque mirabilium mutationum quas effectas a Domino in magnis regibus ut Nabucadnezar, Cyro et aliis legimus. Tu itaque judica quid putes facto opus. *Ad ipsum Imperatorem scriptus liber in plurium lectionem veniet*⁵, *plus videbitur ponderis habere*, et urgeri æquitas scripto ampliùs poterit, cum publicè tum privatim. Jam veritas clarè et irreprehensibiliter⁶ objecta etiam hostibus suis languere tamen⁷ facit eorum conatus contra ipsam, et mirabiliter consolatur et erigit studiosos sui, cum ejus vident victoriam etiam in conscientiis adversariorum. *Attamen*⁸ *si animus abhorret ab ipso Imperatore appellando, scribas ad reges in communi*⁹ *vel ad Principes conventuros in proximis comitiis*¹⁰. Spero etiam in tempore¹¹ edere librum, si ad finem Decembris adsit : quanquam enim indicta sint comitia ad finem Novem-

---

³ Cet édit du 13 octobre est reproduit à la suite de la présente lettre. — *Bucer* a écrit à la marge ces mots peu lisibles : « *Gerardus* et...... *Bonnæ* professi sunt..... nostram. *Granvela* nunquam non hostis fuit. »

⁴ Les lettres où *Calvin* et *Bucer* avaient discuté cette question n'ont pas été conservées. Ils n'attendaient rien de bon de l'Empereur, mais ils espéraient pouvoir agir sur l'opinion publique.

⁵ Dans l'édition de Genève de 1575, *incidet*.

⁶ Ibidem, *incomprehensibiliter*. ⁷ Ibidem, *etiam*. ⁸ Ibidem, *Ac*.

⁹ *In communi* est supprimé par Bèze, édition précitée.

¹⁰ La diète impériale avait été convoquée à *Spire* pour le 30 novembre. Elle ne fut ouverte que le 20 février 1544 (Sleidan, II, 313, 327, 328. — Seckendorf, III, 473, 474).

¹¹ Le texte de Bèze porte seulement : *Spero etiam edere librum.* — *Bucer* se proposait donc de faire imprimer à *Strasbourg*, à la fin de décembre, le livre qu'il sollicitait *Calvin* de composer. On sait que l'auteur composa presque entièrement son livre en moins de six semaines (Cf. les 1ʳᵉˢ lig. de la lettre de Farel du 15 décembre), et qu'il le fit imprimer à *Genève*, où il parut à la fin de l'année, sous le titre suivant : « SVPPLEX | EXHORTATIO AD IN- | VICTISS. CAESAREM CA-. | ROLVM QVINTVM ET ILLV- | striss. Principes, aliosque ordines, Spiræ nunc im- | perii conuentum agentes. Ut restituendæ Ec- | clesiæ curam serio velint suscipere. | Eorum omnium nomine edita, qui CHRI- | STVM regnare cupiunt. | *Per D. Ioan. Caluinum.* 1543, » 142 pp. chiffrées, petit in-4°, avec l'une des marques de Jehan Girard (l'enfant suspendu par la main à un palmier, et la devise : Pressa valentior).

bris¹², tamen ut adhuc apparent res et belli negotium habet, videtur tempestivè adfore¹³ si ad dimidium Decembrem vel finem Decembris adsit. Explicari mihi velim illud de extirpatione masculæ virtutis in *Gallia*¹⁴. Non intelligo : nihil enim audivi. Sed te per Christum rogo : Jeremiam comitemur cum reliquiis populi sui........¹⁵ et verbo Dei illos prosequentem¹⁶, dum ipsum lapidarent. Semper aliquos lucrifaciemus et ab isto incendio recipiemus. Dominus te et tuos confirmet. Bene vale. 25 Octobris 1543. *Uxor* valeat, et quidquid apud te, quàm optimè.

M. Bucerus tuus in Domino.

(*Inscriptio :*) Fidelissimo servo Domini Jo. Calvino, pastori et doctori ecclesiæ Genevensis, suo in Domino colendo et observando symmystæ et fratri¹⁷.

HUCHEMENT, ORDONNANCE ET ÉDICT FAICT EN LA CITÉ DE METZ, TOUCHANT L'EXTIRPATION DE LA NOUVELLE DOCTRINE

De l'ordonnance et commandement de la très sacrée Impérialle Majesté, nostre souverain Seigneur, ensemble des Seigneurs Maistre Eschevin et Treizes jurez du Conseil et des Parages de la Cité Impériale de Metz, les dicts Seigneurs Maistre Eschevin et Treizes jurez, Conseil et Parages ayans veu les lettres closes de la dicte très sacrée Impérialle Majesté en datte du xxviii jour de Septembre dernier passé, contenans crédence sur Messire *Charles Boisot*, son conseillier d'Estat et Maistre aux Requestes ordinaires de son hostel, pour ce expressement envoyé en ceste dicte Cité : Et ayans entendu ce que le dict seigneur *Boisot* leur a exposé de la part de la dicte Majesté sur le faict de l'ancienne Religion, et annullation des contracts et obligations, permission de prêcher et aultres promesses par eulx faictes au préjudice d'icelle Religion : Et desclairé très acertes la déterminée volunté de la dicte Majesté, que nonobstant les dicts contracts, obligations, permissions et promesses, la dite ancienne Religion fust restaublie, remise et réintégrée en son entier comme elle estoit par avant l'introduc-

---

¹² Dans l'édition de 1575, *Novembris* est omis.

¹³ Ibidem, *id fore*.

¹⁴ Allusion à une lettre de Calvin qui est perdue.

¹⁵ L'édition de Brunswick repousse comme faux le mot *gementem* de l'édition de Genève. Il faut peut-être lire *lugentem*.

¹⁶ Dans l'édition de 1575, *persequentem*.

¹⁷ Ibid., la suscription est omise.

tion des nouvelletés. Et que tous ceulx qui preschent aultrement, soit en privé ou publicque, directement ou indirectement, soient expulsez de ceste Cité, le tout en suivant ce que sa dicte Majesté Impérialle leurs a enchargez quant elle passa par icy, et depuis leurs a escript de la ville de la Grongne en Espagne : Et aussi selon qu'il est commandé par les recès des diettes Impériales : Et jusques par le Concile Général, ou Nationnal, ou les Estats commis de l'Empire aultrement en sera ordonné et commandé. Les dits Maistre Eschevin, Treizes jurez, Conseil et Parages de la dicte Cité, veuillans comme bons et loyaulx subjects à sa dite Impérialle Majesté et sainct Empire, obtempérer à sa tant saincte volunté, et connoissant par ce que le dict seigneur *Boisot* leurs a dict de la part d'icelle, que ceulx qui les ont induycts de admettre la prédication selon la nouvelle doctrine, leur ont eu donné à entendre que cela se feroit du consentement de sa dicte Majesté Impériale et du Roy des Rommains son frère, ce que n'a esté faict.

Pour ce est-il que eulx et en nom que dessus ordonnent et commandent à tous les Citoyens, Bourgeois, Manans et Habitans de cette dicte Cité, les hantans et conversants ou ès borgs, pays et jurisdictions d'icelle, de quelque estat, qualité ou condition qu'ils soient, que d'or en avant nulz, soit hommes ou femmes, Ecclésiastiques ou séculiers, s'avancent ou ingèrent de prescher publicquement ou privé, ou dire ou desclairer choses qui directement ou indirectement soient contre et au préjudice de nostre ancienne Religion.

Et que nuls de nous dits Citoyens, Manans ou Habitans voisent, habitent ou fréquentent ès dictes Prédications. Et à ces fins deffendent et interdisent toutes assemblées ou conventicules, soit en public ou privé, de jour ou de nuict, où telles prédications, amonitions ou exhortations se pourroient faire, ou aultres communications secretes, ou monopoles contre la dicte ancienne Religion, ou l'estat de cette république. Et que nulz les soustiengnent, ou donnent faveurs ou ayde, dedans ou dehors la dite Cité. Aussi qu'ilz n'ayent à solliciter l'ung l'aultre de faire, dire ou tenir oppinion que ce soit contre icelle Religion. Le tout sur painne de confiscation de corps et de biens.

Ordonnent aussy et commandent au nom que dessus, que nulz ayent en leurs maison livres ou escript contenans maulvaises doctrines et réprouvées, ou contre les constitutions de nostre Mère Saincte Église et ancienne Religion : Et ceulx qui les ont, seront tenus les rapporter és mains de Justice ou de leur Greffier dedans septz nuyctz prochiènement venant, à peine de dix livres de Messains. Et le semblable et souz la mesme peinne commandent et ordonnent de estre faict des livres contenans l'interprétation des Psaulmes en François avec les notes des chants qui s'appellent vulgairement Marotines et d'aultres semblables Pseaulmes ou chant.

Que nuls ayent à proférer parolles de blasphèmes, irrisions ou mesprisement contre Dieu, les Sacremens de l'Église, la Messe et service divin, la Vierge Marie ou les Saincts et Sainctes de Paradis, ou touche inréveremment les ymages d'iceulx sur painne imposée de droict contre les blasphémateurs, et au regard de Justice.

Deffendent et interdissent au nom que dessus ausditz Citoiens, Bourgeois, Manans et Habitans et conversants en ladite Cité, de manger chair és jours de Vandredy, Sabmedy et aultres deffendus par les anciennes constitucions de l'Église, sur painne d'estre banis dix ans. Et encor estre pugnis au regard de Justice.

Que nuls ne fassent injure ou contumelies par faict ou par parolles aulx gens de Religion, Prestres séculiers ou aultres servans en l'Église, en public ou privé, en contempt de leurs Ordres ou Professions. Aussi que lesdicts de Religions, Prestres séculiers ou aultres servans en la dicte Église, ne fassent et ne disent semblablement, par faict ou par parolles à aulcuns ou aulcunes ayans adhérez et tenus du passez de la nouvelle doctrine, aucunes injures ou contumelies, sur painne d'en estre pugnis au regard de Justice.

Que nulz se ingèrent ou advancent, sur painnes de dix livres de Messains, de tenir escolles particulières, soit pour enfanz ou aultres venus à plus grant eaige, sans le congé et licence de Justice, et qu'ils soient congneuz et déclarez par lesdicts Seigneurs de Justice, ou ceulx qu'ilz comettront ad ce ydoines, suffissans et qualiffiez pour ce faire.

Et pour ce que aulcuns pour mieulx soustenir leurs maulvaises opinions contraires à nostre dicte ancienne Religion, et icelle[s] pouvoir librement semoir et y attirer des aultres, se sont mis en la garde et protection d'aulcuns Princes, Citez ou Villes, ou prins aultres Bourgeoisies: Lesdictz Maistre Eschevin, Treizes jurez, Conseil et Parages devant dicts leur ordonnent et commandent ou [l. au] nom que dessus, que dedans quarante jours prochain venans, ilz se ayent à mettre hors desdictes protection, saulvegarde et Bourgeoisie, sur painne de lx. livres de Messains, et perdre le nom de Bourgeois de cette Cité, privez de leurs office. Et encor au regard de Justice.

Que les Librairies ne ayent en leurs bouticles, ou vendent aulcuns livres de la nouvelle doctrine, contredisans à l'ancienne Religion. A painne de confiscation desdicts livres et au regard de Justice.

Au surplus que chascun se reigle, et maintiengne en l'observance de la Religion ancienne de l'Église Catholique, sur painne d'estre pugnis au regard de Justice.

Lesquelles Ordonnances du commandement exprès de la Majesté Impériale, les ditz Seigneurs Maistre Eschevin, Treizes jurez, Conseil et Parages dessusdicts, commandent et ordonnent estre gardées et observées précisement jusques ou Concil Général ou National, ou que par les communs Estatz de l'Empire aultrement en sera ordonné et commandé. Ce fut fait et publié le xiii jour d'Octobre l'an M.D.XLIII.

(Extrait de Meurisse, o. c., 1670, p. 90-94.)

1301

LE CONSEIL DE BERNE au Conseil de Neuchâtel [1].
De Berne, 2 novembre 1543.
Inédite. Minute originale. Archives de Berne.

Nobles, etc. Noz havons entendu ce qu'il vous a pleu noz faire proposer par vous ambassadeurs que [l. qui] dernièrement hont esté par deça, touchant *la prédication faicte par Maistre Guillaume Pharel à Lignière, la résistance de ceulx du Landron,* et les lettres de noz alliés et combourgeois de *Salleure,* sur ce à voz envoyées [2]. Dont, pour vous communicquer nostre advis et conseil, vous havons bien voulsu advertir, que pour le présent et en tel estat, tant de changement de seigneur par le trespas de *Madame* [3], que d'aultres menées que s'adressent, comme voyés, sus le Contel de *Neufchastel,* ne noz semble estre expé-

---

[1] On lit, en tête de la minute : « Nüwenburg (Neuchâtel), Pharel, Lignière, Soleure. »

[2] Voyez, sur *Lignières*, le t. VIII, p. 452. Le dimanche 21 octobre, le Conseil du Landeron avait écrit à MM. de Soleure, pour se plaindre de ce que *Farel* était venu prêcher à *Lignières,* ce jour-là, accompagné de quelques personnes de la Neuveville et des « Luthériens » de Cressier. Le 22, *Soleure* adressait, sur la même affaire, des représentations à M. de Prangins, aux IV Ministraux de Neuchâtel et au Conseil de la Neuveville. Voyez le résumé de ces lettres dans les Recès des diètes suisses, vol. de 1541-48, p. 321.

[3] *Jeanne de Hochberg,* comtesse de Neuchâtel, veuve du duc *Louis de Longueville,* était décédée le 23 septembre précédent, à Époisses, en Bourgogne. Ses deux fils aînés étaient morts avant elle, *Claude* sans postérité, *Louis* en laissant de son mariage avec *Marie de Lorraine,* fille du duc Claude de Guise, un seul fils, nommé *François,* âgé de huit ans. Le duc de Guise, son aïeul maternel, et le cardinal Charles de Lorraine furent ses tuteurs ; et pendant six mois *Neuchâtel* fut gouverné au nom commun du jeune duc de Longueville et de son oncle François, marquis de Rothelin.

« On eut alors de vives craintes d'un partage du pays, que l'opinion publique envisageait encore comme dépendant uniquement du bon plaisir de la maison qui le gouvernait. Aussi la joie fut-elle générale lorsqu'on sut qu'il avait été reconnu *indivisible,* et le jeune *François* déclaré comte de Neuchâtel. » (Fréd. de Chambrier. Hist. de Neuchâtel et Valangin, 1840, p. 313, 317.)

dient d'actenter aulcune innovation, pour éviter toutes ocasions de trouble et inconvéniant, que facillement l'on pourroit exsusciter par telles procédures précipitées. Desquelles conviendra advertir Maistre *Guillaume Pharell* de s'en garder, espérant que le Seigneur avancera, quelque jour, les moyens pour sa gloire amplifier.

Au reste, sy noz combourgeois de *Salleure* voz sollicitent de faire responce sus leurs lettres, leur pourrés escripre que Maistre *Guillaume*, comme ardent serviteur de Dieu et à l'instigation de sa conscience, soit aller prescher à *Lignère*, sans vostre sceu et commandement, en toute tranquillité, pensant non faire mal ny offenser personne, vheu que ceulx du dit lieu sont du Contel de *Neufchastel*, et qu'ilz debvroient plustost vivre en la religion de la pluspart de leurs consorts, que de tenir une Religion particulière, comme séparés des aultres. Et quant à *ceulx du Landiron*, combien que la rudesse et menasses desquelles ilz ayent usé contre Maistre *Guillaume*[1], vous heussent donné occasion de prévenir, par complainctes, les doléances des d. de *Salleure*, ce néaultmoins ayés cella en patience comporté, Les priants voulloir prendre les choses à la bonne part, ainsy que de vostre cousté soiés délibéré de faire et d'adtremper tellement les affaires, que bonne paix, amitié et voysinance soit gardée. Croyant que nous dits alliés de *Salleure* ne trouveront cella déraysonnable, ains soy contenteront de vostre Responce. Priant, pour fin de lettre, nostre Seigneur qu'il vous ayt, très chiers bourgeois, en sa saincte protection. Datum. II. novembris 1543.

L'ADVOYER ET CONSEIL DE BERNE.

[1] En fait de «rudesse,» les bourgeois du Landeron se laissèrent, paraît-il, devancer par leurs filles et leurs femmes. On lit, en effet, dans la *Description topographique de la Châtellenie du Landeron*, publiée par Louis de Meuron, 1828, p. 59 : « Il existe au Landeron un vieux monument qui rappelle cette époque d'effervescence : c'est la chaire du réformateur, en bois grossier, à moitié vermoulue, qui gît dans un coin obscur de l'hôtel-de-ville. L'auteur a pu y lire encore ces vers, écrits en caractères et en style du temps:

> Farel preschant en cette chaire,
> Le jour devant la Passion,
> Fust assailly à coups de pierres
> Par filles et femmes du Landeron. »

1302

PIERRE TOUSSAIN à Guillaume Farel, à Neuchâtel.
De Montbéliard, 3 novembre (1543).
Inédite. Autogr. Communiquée par M. Henri Lutteroth.

S. *Guarinus*[1] nuper subindicabat se istuc venire habere necesse, negotii gratia quod habet, puto, cum *Domino a Prangin* et *Gaspare*[2], quodque confectum cuperemus omnes, ne toties eam ob causam ecclesiam suam desereret. Nos plurimum debemus vobis pro studio vestro erga nos, magnasque habemus gratias quòd vestram ad nos sententiam[3] miseritis, quamque (volente Deo) utpote piam et Christianam sumus per omnia sequuturi.

De *Cortesio* vehementer doleo quòd spretis fratrum monitis ac precibus se ita it perditum[4]. Nam quòd ego illius patrocinium hîc apud *Principem* et fratres cæpi, illiusque rebus quibus potui modis consului, hoc feci jussus ab observandis mihi fratribus istius Classis, quum me *istuc* ad respondendum illi vocassent, et

---

Le même auteur nous apprend que, « par leur zèle en faveur de la messe, elles obtinrent une distinction honorable qui subsiste encore aujourd'hui : elles occupent les places à droite dans la chapelle de la ville. »

[1-2] *Guérin Muète*, « le bonnetier, » évangéliste à Genève de 1532 à 1534, (II, 459-62 ; III, 30, 50, 51), exerçait le ministère dans le Montbéliard (V, 73 ; VII, 134, 152, 163, 182), après avoir été dans le Val-de-Travers, de 1536 (?) à 1541, le premier pasteur de *Môtiers*, où *Gaspard Carmel* lui succéda. *Guérin* avait probablement à régler, avec le gouverneur, M. *de Prangins* et avec *G. Carmel*, une fin de compte pour sa pension, qui se composait des redevances en argent et en denrées de ses paroissiens et du revenu de deux pièces de terre. Ce qui compliquait encore les calculs, c'est que son ancienne paroisse était formée de six villages (Voyez G. de Pury, o. c. p. 92, 93).

On croit généralement que *Pierre Barrelet*, ancien curé de la paroisse de *Môtiers*, en fut, dès 1536, le premier pasteur. Mais nous doutons fort que ses contemporains l'aient jamais honoré de ce titre. Une lettre de lui datée « de Mostier » en 1548 est signée : « *Le curé Barrelet.* »

[3] C'est-à-dire, le *judicium* du synode neuchâtelois sur les cérémonies wurtembergeoises.

[4] Cf. le P.-S. du N° 1277 et le N° 1292, note 8.

quòd etiam hominem Christo servare cupiebam. Sed, ut dicam quod verum est et sentio, si *istic* non fuisset à fratribus initio tam leniter et receptus et auditus et adjutus, etiam in mala causa, et legati *huc* illius nomine missi, et ego *istuc,* eo postulante meque et universam hanc ecclesiam infamante, vocatus, sed fuisset ab illis ut par erat diligenter admonitus officii, ad ecclesiamque suam, quam eas ob causas quas sciebant fratres deseruerat, remissus, nobisque omnibus potiùs credidissent quàm illi, — meliùs fortasse illius saluti consultum fuisset, minusque turbæ dedisset quàm hactenus vel dederit vel daturus sit[5]. Quòd si pergamus eos et audire et fovere qui vel ob malefacta, vel aliàs sine ulla justa causa suas deserunt quum lubet provincias, unique hujusmodi profugo potiùs credamus quàm universæ Classi alicui, malè, mihi crede, consulemus Ecclesiæ Christi, et iram Domini adversùs nos sentiemus. Et miror sanè qua conscientia etiam nunc *Michaël*[6] nos non isthic solùm, sed apud ecclesias quoque *Sabaudiæ*[7]*,* nos traducat, quum hominem nunquam læserimus, sed illum nos sæpe turbantem semper tulerimus, cum precibus et lachrymis tam frequenter officii admonuerimus, et *Principi* illi offenso, ejicereque volenti, pro eo tam humiliter supplicaverimus, et cum semper quibus potuimus modis apud nos retinere studuerimus, et ei nostra omnia tam sæpe obtulerimus ac nolenti etiam obtruserimus et communicaverimus, — ut falsissimum sit hominem à nobis unquam malè fuisse tractatum. Et quanquam nobis invitis ac dissuadentibus petiisset hinc dimitti, et nobis ecclesiaque sua insalutatis abiisset, hucque postea fuisset reversus ipso die congregationis nostræ, nec nos fuisset dignatus alloquio, sed nobis iterum insalutatis ac spretis abiisset, seque *Cortesio* (ut sciunt fratres) adversùs nos conjungere voluisset, et nobis isthic sine causa obloqueretur, — ad hæc tamen omnia conniventes, homini testimonium dedimus à fratribus istius Classis rogati, ne testimonii defectu

---

[5] Toussain tient le même langage que tenait Farel dans sa lettre du 31 mai 1543 aux pasteurs neuchâtelois (VIII, 392, 393).

[6] *Michel Dobt* (VIII, 413, 414, 415). Nous ne savons quelle paroisse lui avait été confiée dans le pays de Neuchâtel.

[7] Par « les églises de la Savoie, » il faut entendre celles de la Suisse romande. On l'appelait souvent *le pays de Savoie*.

ipse et familia aliquid adversi paterentur⁸. Quod an sit hominem hostiliter tractare videat Dominus Deus, et judicent omnes boni. Sed istis tamen per ecclesias obambulantibus creditur, et eorum calumniis vituperatur hæc ecclesia, præsertim quum tales *isthic* foventur. Et ut *Michaëli* non malè cupio, sed hominem semper amavi et amo, et optavi et opto apud vos manere, à vobisque et foveri et adjuvari, ita vellem ut vel quæ de nobis spargit probaret, vel nos falsis istis criminationibus semel levaret.

*De statuto illo nostro*⁹ ipse hîc inter primos et san[xit] et diu nobiscum in usu habuit non sine fructu et ædificatione : nec nobis ea de re fuit unquam cum eo controversia, nisi quòd in causa *Foreti*¹⁰ (quam tamen priùs omnino improbaverat) defendenda, voluit illud¹¹ non in loco rejicere. Sed quod postea non solùm coram *Principe* et Consiliariis, [se]d etiam coram nobis omnibus non semel laudavit ac approbavit, culpam suam cum lachrymis agnoscens, nec ullam unquam postea ea de re apud nos mentionem fecit. Sed quum adeò instanter à fratribus dimitti peteret, et tu nobiscum hominem literis dehortareris ab instituto, rogaremusque an haberet aliquid adversùs nos quare abire vellet, et cum lachrymis obsecraremus ut maneret, et persuaderet sibi nos esse syncero in eum animo, nostraque ei omnia offerremus, semper respondit, et in testem Dominum accepit, se nihil habere adversùs nos, sed integro in nos omnes esse animo, nosque verè et ex animo amare ac venerari, sed solùm ob adversam valetudinem et alia vitæ incommoda, quæ adducebat¹², tantùm cupere solum mutare : ut nunc videat Dominus Deus et vos omnes an justam habeat causam sic hodie adversùs hanc ecclesiam tumultuari, et immeritos conviciis lacessere. Nos illi et sententiam nostram et aliarum multarum ecclesiarum fratrum judicium de verbis Christi¹³ et nostro statuto declaravi-

---

⁸ Voyez la lettre de Thomas Barbarin à Farel, du 16 juin 1543 (VIII, 413).

⁹ C'était le règlement de discipline ecclésiastique de l'Église de Montbéliard (VII, 171-173; VIII, 485-487). Il avait reçu l'approbation de *Farel* et de ses collègues.

¹⁰ *Pierre Foret*, pasteur congédié du Montbéliard (Cf. les Indices des t. VI, VII, VIII).

¹¹ Il faut sous-entendre *statutum*.

¹² Cf. les passages indiqués dans les notes 5 et 6.

¹³ Évangile selon saint Matthieu, XVIII, 15-17.

mus et ostendimus, nec unquam ulla (gratia Christo) ea de re
fuit inter nos, præter eam quam excitavit, controversia, nec est
in præsentia. Nec video quid sibi velit aut efficere possit hæc
tam pertinax contentio, quum tam multa sint alia in quibus
potiùs nos oportebat, hodie præsertim, esse occupatos.

Sed jam de his te plus satis obtudi : quod ut invitatus multisque aliis occupationibus immersus, ita necessitate quadam
coactus facio, ut tua ac cœterorum fratrum prudentia, finis his
rebus tandem imponatur. Nec possum per negotia hanc epistolam relegere : tu boni consules omnia.

De *Metensibus* nondum certò scio quid illic *Cæsaris commissarius* fecerit[14] : quod ubi rescivero, reddam te quoque certiorem. *Dux noster junior* ad parentem profectus est, gratia, puto,
ducendæ uxoris, quemque audimus *Ferdinandi* filiam ducturum[15] : quod bene vertat Deus. *Cæsar* dicitur certò expugnasse
S. Quintinum[16]. Et *Comes Guilielmus* cum duobus millibus
peditum *Lutzemburgum* quoque adversùs *Gallos, Cæsaris* jussu
et ære, proficisci[17] : quò milite novo isto et inexpectato magis
turbetur *Gallia*. Sed precor ut Dominus Deus hos motus sedat
[l. sedet], Christique regnum quàm latissimè propaget. Vale,
frater in Domino in æternum observande. Et mihi fratres
omnes saluta. Monbelgardi, 3 Novembris (1543[18]).

Tuus P. Tossanus.

(Inscriptio :) Fidelissimo Ecclesiæ Neocomensis [pas]tori Guilielmo Farello, fratri suo colendo. Neocomi.

---

[14] *Charles Boisot* (N°⁸ 1281 *bis*, 1298).

[15] Toussain ignorait les décisions prises à la cour de Wurtemberg, le
17 mai 1542, et qui avaient été acceptées par le duc *Christophe*. Celui-ci
se rendit dans la seconde moitié d'octobre 1543, auprès de son père, à
Asperg (3 l. N. de Stuttgart) et ensuite à *Anspach,* pour se fiancer avec
Anne-Marie, fille aînée du margrave Georges de Brandebourg-Anspach.
Née le 28 décembre 1526, elle épousa le duc *Christophe* le 24 février 1544
et fit son entrée à Montbéliard le 17 avril suivant (Duvernoy. Éphémérides,
p. 130. — L.-F. Heyd und Karl Pfaff. Ulrich, Herzog zu Würtemberg.
Tübingen, 1844, III, 588, 509, 591, 592).

[16] Fausse nouvelle. *Landrecies* ayant été, le 1ᵉʳ novembre, ravitaillée par
les Français, *l'Empereur* leva le siège de cette ville, et il se porta ensuite,
non sur *St-Quentin,* mais sur *Cambray,* qu'il voulait pourvoir d'une

1303

PIERRE VIRET à Jean Calvin, à Genève.

(De Lausanne, 3 ou 4 novembre) 1543.

Autogr.[1] Bibl. Nationale. Collect. du Puy, t. 102.
Calv. Opp. XI, 638.

3. *Mitto ad te Buceri literas*[2] *quas Farellus, cum nuper essem Neocomi*[3], *accepit.* Ocyùs ad te perferendas curassemus, si contigisset tabellarius cui tutè committi potuissent. At qui attulit, *Farello* non est visus. Nisi hic occurrisset nuncius, famulum meum missurus eram. Nam *si manum admovere velis operi quod abs te et Farello Bucerus exigit, maturandum est, cum jam instet Comitiorum dies*[4]. Rogavi *Farellum,* quando istam ecclesiam[5] esset revisurus? Respondit, id se facturum cum tibi opportunum visum fuerit, ac ipsi significaris. Tu igitur, cum expedire judicaris, scribe. Quid cum eo egerim, et ut res illic habeant, paucis accipe.

Princeps defuncta est[6]. *Gaucherius* in *Germaniam* profectus

garnison, même contre le gré de ses habitants (Cf. H. Martin, o. c. VII, 290).

[17] Le comte *Guillaume de Furstemberg* se trouvait à Trèves le 10 octobre, à la tête des troupes qu'il amenait au service de l'Empereur. Le 2 novembre, il était avec trois enseignes (1200 h.) aux portes de Thionville (Cf. Rahlenbeck, o. c. p. 304). Six jours plus tard, *Charles-Quint* lui témoignait toute sa satisfaction par une lettre datée: « Du camp, à Crièvecueur [2 l. S. de Cambray?], ce VIII° de novembre 1543. »

[18] L'année est déterminée par le passage relatif au *commissaire impérial* envoyé à Metz, et par les événements mentionnés dans les notes 15, 17.

[1] Le regretté M. Jules Bonnet nous en a communiqué jadis une copie, que nous avons plus tard collationnée avec le manuscrit original.

[2] La lettre de *Bucer* à Calvin du 25 octobre (N° 1300). Elle pouvait être parvenue à Farel le 30 ou le 31.

[3] Nous croyons que *Viret* était parti pour *Orbe* et *Neuchâtel* le vendredi 26 octobre, et qu'il rentra à *Lausanne* le vendredi matin 2 novembre.

[4] La diète impériale de *Spire* (N° 1300, note 10).

[5] L'église de Genève.

[6] La comtesse *Jeanne de Hochberg* (N° 1301, note 3).

est, quòd literis admonitus sit, commodam offerri occasionem sibi ad res conficiendas cum *Gallo*[7], postquam *Dux Aurelianus* ambit fœdus cum *Protestantibus,* et se Evangelium promoturum pollicetur[8]. Ita nobis narratum est. Quàm verum sit, haud satis habeo compertum.

Zebedæus mecum profectus est[9], at de ejus negocio non licuit unà cum *Farello* colloqui. Nam eo ipso die quo eramus collocuturi[10], ex insperato adest *Sultzerus,* qui se expatiandi gratia eò profectum dicebat[11]. *Eo præsente, negocium fratrum Mombelgardensium tractavimus,* cujus gratia ad te concesserant[12]. Quid ipse senserit, satis tenes, opinor. Optarim quid ipsis responderis, intelligere, ac tuam sententiam, si scriptam dederis[13], ad me mitti. In quam sententiam descenderimus, satis per te conjicis. *Capunculus* in quibusdam à nobis eatenus dissensit ut sententiam suspenderit, sicut et *Sultzerus,* sed hic in Baptismo obstetricum duntaxat[14]. Cœtu qualicunque fratrum dimisso[15], et prandio absoluto, *Sultzerus Columbarium* iter instituebat[16], cui se comitem ultro obtulit *Zebedæus,* quem ipse non recusavit. Illic quicquid diei fuerat reliquum, consumptum est, et subsequentis bona pars: quo factum est ut mihi ex eo non sit uterque visus. Nam mihi festinandum erat, atque ideo totum diem[17]

---

[7] *Gauchier Farel* fut probablement informé par son ancien patron, Guillaume de Furstemberg, qu'il se présentait une occasion propice de réclamer du roi de France la restitution des biens confisqués à la famille Farel.

[8] Voyez le N° 1278 (Lettre de Charles, duc d'Orléans).

[9] Sous entendu : de la ville d'Orbe.

[10] Le lundi 29 octobre.

[11] *Simon Sultzer,* pasteur à Berne, était donc venu à *Neuchâtel* spontanément, sans être convoqué au Synode.

[12] En se rendant à Genève, les députés de la Classe de Montbéliard avaient dû passer par *Neuchâtel,* avant le 7 octobre. Mais la délibération destinée à leur donner le *consilium* qu'ils désiraient, fut sans doute différée jusqu'au mardi 30 octobre, jour où, vraisemblablement, se réunit le synode neuchâtelois.

[13] Calvin avait écrit sa réponse le 7 octobre (N° 1291).

[14] Sur ce point *Simon Sultzer* hésitait, à cause de son ancienne sympathie pour le luthéranisme (Cf. la p. 65, note 11, et le t. IV, p. 384).

[15] *Cœtu* ne peut désigner ici que le synode des ministres neuchâtelois.

[16] Il allait à *Colombier,* chez le seigneur de ce village, l'avoyer *Jean-Jacques de Watteville.*

[17] *Viret* passa auprès de Farel toute la journée du mercredi 31 octobre.

cum *Farello* consumpsi, cui causam *Zebedæi* narravi, et quid *Orbæ* cum ecclesia egisset [18] proximo Dominico die. Postero die [19] solvi, ut me facturum præmonueram, quòd ad diem Veneris cuperem *Lausannam* pervenire, ut conventui fratrum interessem, qui nunc coire solet eo die [20]. Cum *Columbario* transirem, *Zebedæus* et *Sultzerus* cum *Watevilensi* colloquebantur, quorum nolui colloquium meo adventu interrumpere. Nam veniens ac illac iter faciens *Consulem* salutaram et paucis cum eo eram collocutus, ut nihil superesset cujus gratia obtunderem. Spero *Zebedæum Neocomum* rediisse ac cum *Farello* latiùs consilia communicasse. Cum *Orbam* adii [21], jam idem cogitarat de *Geneva*, quod nos [22] : quo factum est ut non mihi longa oratione opus fuerit. Quid autem statuerit, nondum certò potui deprehendere, aut quid arcani habeat consilii. Spem noluit confirmare *fratribus Orbanis* illic figendi pedis, nec penitùs ademit [23], atque ita idem semper volvimus saxum.

Quid *Cortesius* cum *leprosis* egerit [24], te audivisse puto. *Capunculus* parat ad te Epistolam quam promiserat [25]. Tu vide ut amicè respondeas et tuæ modestiæ memineris. Spero non acerbum in te futurum. Admonuit amicè, mihi rursum à *nostris* [26]

---

[18] Ou *egissem?* Ce dernier verbe semblerait plus naturel. Viret s'était arrêté, le samedi et le dimanche précédents, à *Orbe*, où il avait de nombreuses relations d'amitié et de parenté. Il vouait aussi beaucoup d'intérêt à l'église réformée de sa ville natale.

[19-20] Il repartit de *Neuchâtel* le jeudi 1er novembre, afin d'assister, le lendemain, au Colloque de Lausanne. Cette assemblée, à laquelle se rendaient des pasteurs domiciliés à plus de deux lieues de la capitale, ne pouvait se réunir de très bonne heure.

[21] Le 26, ou le samedi 27, en allant à Neuchâtel.

[22] C'est-à-dire que *Zébédée* avait déjà fait cette réflexion, qu'un pasteur de Genève n'échangerait pas volontiers sa position contre celle de pasteur à *Orbe*.

[23] Dans l'édition de Brunswick, *advenit*, qui n'a pas ici un sens satisfaisant.

[24] Nous avons vu (III, 350, notes 15-16) que *les lépreux de Neuchâtel* avaient déjà été, en 1534, l'occasion d'un scandale causé par un ministre. Qu'arriva-t-il en 1543, par la faute de *Cortesius?* Pour répondre, on a seulement la donnée très vague que présentent les lettres de *Farel* du 28 février et du 21 avril 1544.

[25] Cf. le N° 1277, renvoi de note 15.

[26] Veut-il parler des magistrats de Lausanne ou de certains collègues dont il avait expérimenté la mauvaise foi ?

parari insidias et criminationem apud *Principes*[27], atque ad hanc rem jam conscriptum adversùs me libellum : idque se pro comperto habere ac didicisse à quopiam qui bene norit. Nolui urgere ut mihi hominis nomen exprimeret. Expectabo eventum. Omnes se amicos fingunt : quales sint Dominus novit, quem spero mihi affuturum, nec valdè moveor.

Cum abessem, *Franchesius* suam causam egit coram fratribus[28], quibus vestras literas[29] reliqueram. Abiit tamen *Bernam*, opinor, sed sine ullo nostro testimonio. *Duo illi Franciscani qui Godellarii, diaconi Nidunensis,* consilium secuti sunt, quibus ipse dux ad *Bern.*[*enses*] fuit, opera *Sultzeri* et commendatione ministrorum admissi sunt ad scholasticam conditionem[30]. Commendati à totis Classibus contemnuntur : qui privatas habent commendationes, impetrant : quod non dissimulavi apud *Sultzerum,* qui se eos Senatui obtulisse narravit. *Lausannæ* dies aliquot egerunt. Venerunt ad me, pecuniam mendicatum. Rogavi num abs te aliquid accepissent. Negarunt. Respondi me aliud abs te audivisse. Negare perseverarunt. Velim igitur mihi abs te significari, quantum eis numeraris, ut eos mendacii coarguam et convincam. Illi sunt quos remittebas ad *reginam Navarræ*[31]. Nondum *Berna* redierunt, sed propediem redituri[32], nescio quales futuri nobis discipuli.

Richardus Viviacensis magis atque magis insanit[33]. *Farellus*

[27] Allusion à la dénonciation perfide d'*Antoine Marcourt* (VIII, 238, 239, 245, 259).

[28] Lorsque *Franchetius* se présenta devant le Colloque du vendredi 26 octobre, *Viret* était absent. On peut en inférer que celui-ci s'était déjà mis en route pour se rendre à *Orbe*.

[29] Lettre des pasteurs de Genève du 1ᵉʳ octobre.

[30] Voyez le N° 1297, note 3.

[31-32] Ces deux Franciscains avaient donc été envoyés à *Genève* par *la reine de Navarre*. — L'édition de Brunswick a cette variante qui nous paraît fautive : « Illi quos *committebas* ad reginam Navarræ, nondum Berna redierunt, sed propediem redituri *sunt*, etc. »

[33] Nous n'avons pu apprendre si *Richardus* est appelé *Viviacensis* parce qu'il appartenait à la famille *de Vevey* ou parce qu'il résidait à *Vevey*. « Le nom de *de Vevey* paraît avoir été porté par diverses familles, à Estavayer, à Fribourg, à Moudon [et aussi à Vevey]. Il peut n'être dans bien des cas qu'une simple désignation d'origine, en l'absence d'un nom patronymique. » (Répertoire des familles vaudoises qualifiées, de l'an 1000 à l'an 1800. Lausanne, Georges Bridel, 1883, p. 215, 216.)

jussit ut ad te scriberem de quadam pecuniæ summa quam recepisti, opinor, nomine *Gaucherii*[34]. Rem haud satis teneo. Curato quod res exigit, et te recepisse scribas, et da operam ut *Gaucherius* chirographo deleatur, aut si quid est hujusmodi necesse. Nam, ut priùs dixi, haud satis memini.

Hîc est vidua exul ob Evangelium, paupercula atque eò miserior quòd delicatiùs vivere consueta sit, cui ne panis quidem suppetit. Si ad hanc pecuniolæ aliquid[35] mitteres, rectè faceres. *Bellomontanus* rursum me consuluit, ut si quam ei conditionem fratres invenire possent, commendatum haberent[36]. Nescio planè qua via ei consulatur : bonus vir penitùs exhaustus est, et quò se vertat nescit. Quàm mihi gravis crux imposita est hoc pauperum spectaculo[37]! Dominus eos consoletur! Ego ita premor ut ne teruncium quidem supersit, et nulla mihi sit annona. At Dominus aderit. Mihi tantùm[38] dolet quòd aliis pro voto adesse negatur. Salutant te nostri omnes. Saluta amicos. [Lausannæ] ...... bris[39] 1543.

Tuus P. Viretus.

(Inscriptio :) Doctissimo Joanni Calvino, verbi ministro fidelissimo. Genevæ[40].

[34] Voir la lettre de *Farel* du 6 novembre.

[35] Il avait d'abord écrit : *pecuniolam mitteres*.

[36] Peut-être le *Beaumont* mentionné dans le N° 1052, t. VII, p. 288.

[37] Dans tout le Pays romand on souffrait de la cherté des denrées. MM. de *Berne*, pendant l'automne de 1543, distribuent des subsides en argent ou en blé à plusieurs pasteurs. Ils accordent à *Curione*, le 19 octobre, pour ses XII écoliers, « deux bons muids de froment » en sus de sa prébende. Le Conseil de *Genève* fait écrire, le 6 novembre, à *Jean Clébergue* à Lyon, « qui par cy-devant a fayct plussieurs biens à nostre hospital, une lettre amyable » pour l'informer « que à présent les povres sont en nécessité, causant la cherté du temps. » *Le bon Allemand* (on l'appelait ainsi en Suisse et à Lyon) répond qu'il veut « faire à l'hospital une aulmône de cinquante escus » (Reg. du Conseil du 9 et du 20 novembre 1543).

[38] Édition de Brunswick : *tamen.*

[39] En suppléant les caractères disparus, on ne pourrait lire *Octobris*, parce qu'au moment où Viret termine sa lettre, il s'est écoulé plusieurs jours depuis que *Farel* a reçu celle de *Bucer*, du 25 octobre (note 2). La présente a dû être écrite peu après le vendredi où *Viret* rentra à *Lausanne* (renv. de note 20). Si l'on hésitait entre le vendredi 2 novembre et le vendredi 9, on serait bientôt ramené au 2 par les considérations suivantes : *Calvin* écrit, le 10 novembre, à Farel qu'il a *un peu avancé* le

1304

GUILLAUME FAREL à Jean Calvin, à Genève.

De Neuchâtel, 6 novembre 1543.

Autogr. Biblioth. des pasteurs de Neuchâtel. Cal. Opp. XI, 641.

S. Quid me impedierit ne istuc ad te venirem [1], cum ita statuissem, planè nescio : est hîc plus satis quod agam. Utinam partem aliquam officii præstarem! Condonet Deus quòd tam negligenter meo fungor [2] munere! Nonnunquam aliqua spes nobis affulgere videtur plebem hanc plenè Christi jugum admissuram; sed statim oboritur aliquid quod progressum impedit. Dirum est venenum perditissima avaritia, quæ adeò perdit omnia, ut vix integrum aliquid restet. Crevit valdè sacrilegio substantiæ ecclesiasticæ [3], cui mederi solus potest Dominus.

Tossanus lætior est factus tuis literis [4], et nobis quoque gratias agit. Sed dolet viro quod actum fuit in causa *Cortesii* et *Michaëlis* [5], nec injuria, ut satis intelligis, non enim pro his ita cum Classe agendum erat. Fratres quibus coronatum mutuò dederas ad me miserunt [6], ad te mittendum : per hunc accipies,

travail demandé par Bucer. En outre, *Viret,* dans sa lettre du 11, dit : « Exposui tibi *nuper* summam nostræ peregrinationis. » Au lieu de *nuper,* il aurait employé *heri* ou *nudius tertius,* s'il n'avait tracé le récit de son voyage que le 9 ou le 10 novembre.

[10] Note marginale et fautive : *1542.* Au verso, on lit : « Lettres de Messieurs Farel, » puis un nom entièrement raturé. Et vis-à-vis, sur l'autre marge : « Vireti et Farelli. »

[1] A propos du livre qu'il s'agissait d'adresser à *l'Empereur,* Calvin aurait voulu s'entretenir avec *Farel.*

[2] Édition de Brunswick : *fungar.*

[3] A *Neuchâtel,* comme à *Lausanne,* les ministres se plaignaient de ce que l'État vendait les biens d'Église, au lieu de les consacrer à l'usage auquel ils étaient primitivement destinés (Cf. t. VIII, p. 174-176).

[4] Lettre de Calvin du 7 octobre à la Classe de Montbéliard.

[5] Voyez la lettre de *Toussain* du 3 novembre.

[6] Édition de Brunswick : *miserant.*

cui dedi. Cæterùm *frater*, ad *Regem* abiens⁷, nobis hîc multum negocii reliquit sua imprudentia, non sine gravi jactura omnium nostrûm : multis se involvens, alios intricat. Olim per *Sonerium*, ut condictum *Argentorati* fuerat, *Marii*⁸ pecuniam ad te miserat, *Frelino*⁹ reddendam. Conscripsit *frater* apocam apud *Baptistam*¹⁰ : ea manet, etiam dissoluta pecunia. Cupiebam ex te, ut fidem faceres acceptæ pecuniæ et *Frelino* traditæ, ut expungatur fratris nomen, ne suo more semper involutus maneat. Si hoc curaveris, non facies rem malam fratri et hujus liberis.

Tossanus scribit famam esse *Comitem Gul.*[*ielmum*] *Lutzenburgum* petere, collecto milite¹¹. Jam vicinior *Mediomatricibus*, nisi per potentiorem impediatur, poterit adesse ut ratio habe-[a]tur tam impudentium calumniarum *Caroli*¹². Si visum fuerit ut admoneatur vel literis viro missis vel alia via, indicato, et vale, et si quid est quod me velis, fac resciam. Adsit tibi Christus et tuis omnibus, piis quoque tum symmystis tum aliis. Neocomi, 6. Novembris 1543.

Farellus tuus totus.

Insigni servo Christi Jo. Calvino pastori Genevensi. Genevæ.

---

⁷ Il s'agit du départ de *Gauchier Farel* pour la France, où il allait demander la restitution du patrimoine des Farel (N° 1303, renv. de n. 7). Ce voyage était décidé depuis plus d'un mois. On lit, en effet, dans le Manuel de Berne, du 27 septembre : « Donner une lettre de recommandation aux frères *Farel*. »

⁸ Ce *Marius* nous est inconnu.

⁹ Il y avait deux frères *Freslon*, qui étaient libraires, l'un à Lyon, l'autre à Paris (V, 7 ; VI, 181 ; VII, 105).

¹⁰ Nous conjecturons qu'il veut parler de *Baptiste Bacinet*, résidant à Strasbourg (Cf. la lettre de V. Poullain du 14 janvier 1545).

¹¹ Cf. le N° 1302, note 17.

¹² Le trop fameux *Pierre Caroli* prêchait encore à *Metz* contre les Protestans (N° 1298, note 8). Farel espérait que, grâce au comte *Guillaume*, on contraindrait enfin le vieux docteur de Sorbonne à cette discussion que le Conseil de Metz avait refusée (août 1543, t. VIII, p. 472, 474-76).

L'espoir exprimé ici par Farel ne pouvait pas se réaliser. Lorsque *Furstemberg* mit ses troupes en mouvement, au mois d'octobre 1543, *l'Empereur* se souvenant que *le comte Guillaume* avait un vieux compte à régler avec la cité de *Metz*, et craignant un coup de tête de sa part, il s'empressa de lui mander très affectueusement « de cesser toutes forces et violences à l'endroit de *ceulx de Metz* et de ne rien innover directement ou indirectement à ce qui a esté dernièrement pourvu de sa part » (Rahlenbeck, o. c. p. 299).

1305

JEAN CALVIN à Pierre Viret, à Lausanne.

(De Genève, vers le 9 novembre 1543 [1].)

Autogr. Bibl. Publ. de Genève. Vol. n° 106. Cal. Opp. XI, 647.

S. Jam scribendis literis eram planè defessus, cum mihi tuæ sunt redditæ [2]. Et tamen ab ea hora non cessavi : et mihi adhuc quinæ scribendæ sunt, antequam aliò me convertam. *Bucero* [3] *morem gerere mihi perquam difficile erit. Utinam Farellus tecum venisset.* Nam quid à me scire vult, quando opportunum sit? Quoties veniet, faciet nostris gratum officium. Itaque cum primùm poterit, ut id faciat consulo. Hoc illi meo nomine indicabis. Neque me alia causa hactenus retardavit, nisi quia verebar ne parùm illi honestum esset, petere tam citò à suis missionem [4]. Verùm tu nunc hortare ut festinet : quando sponte paratus est.

Fratres Monsbelgardenses parùm fideliter defuncti sunt suis mandatis, ut video. Jusseram enim ut meas literas [5] *Farello* exhiberent, ut si eas videret cum *vestro responso* [6] convenire, mitteret ad *Tossanum :* sin minùs. apud se retineret. Ideo non obsignaveram. Exemplar nullum servavi. Summa tamen erat, ut se accommodarent quoad liceret : ne si resisterent in omnibus, sua morositate magis acuerent *Principem* ad urgendum. In baptismo obstetricum jubebam fortiter reclamare : etiam si capite dimicandum foret. Cœnam privato uno petente ne admi-

---

[1] Pour la détermination de la date, voyez les notes 2-3, 13, 15.

[2-3] Calvin entend l'épître de Viret du 3 ou 4 novembre, puisqu'il mentionne tout d'abord *Bucer,* dont Viret, à son retour de Neuchâtel, lui avait envoyé la lettre datée de Strasbourg le 25 octobre.

[4] Attendu que *Farel* avait fait une absence de plus d'un an (août 1542 — août 1543).

[5] Lettre du 7 octobre à la Classe de Montbéliard.

[6] Si les députés de Montbéliard devaient demander le *consilium* de la Classe de Lausanne, cela expliquerait la lenteur de leur voyage (Cf. la lettre de Toussain du 13 septembre).

nistrarent suadebam : in ecclesia scilicet. Nam de egrotis, qui convenire in cœtum nequeunt, diversa est ratio. In festis ut aliquid concederent, aliquid peterent sibi remitti. Quantùm ad sepeliendi ceremoniam, non putabam recusandum, quin, si minister rogaretur, funus ad sepulchrum deduceret : illicque in re præsenti hortatiunculam[7] haberet in solatium amicorum, et cætera.

Frachetius huc venit : ac primùm literis me convenit, quas ad te mitto[8]. Deinde accersitus venit ipse : petiit ut diligenter inquirerem, an non *Cortesium* et *Capunculum* cum tota secta designasset. Comperi omnino de illis intellexisse : quod velim ad fratres referas. Quanquam *Capunculum* nominare nihil opus erit. Sic quidem locutus est ut continebant literæ. Tantùm hoc explicandum est, quosnam taxasset. Non potuimus autem primùm id divinare; sed quia res sic habet, ac ipse cupit fratribus exponi, dices tuis, fuisse te de hac re à me rogatum, collegii nostri nomine. *Cortesius* nuper ad *Morandum*[9], ut audio, se contulerat. Nescio an adhuc abierit[10]. Bene habet, quòd ex illa cohorte non multos reperiet gratuitos hospites : scis enim omnes esurire : majorem partem inopia : eos autem qui habent, avaritia.

De Franciscanis[11], malè intellexisti. Jusseram ut ad me redirent : quod si fecissent, daturus eram. Quia autem in diversam partem eos abripuit *Godellarius*[12], puduit eos viaticum à me petere, ad conficiendum iter illud, quod improbassem. Itaque

---

[7] Hundeshagen, qui a publié un fragment de la présente lettre, donne ici par erreur (o. c. p. 383) le mot *oratiunculam*. Il s'est trompé pour la date, qu'il fixe au mois de septembre 1543.

[8] Ce n'est pas la lettre de *Franchetius* que nous plaçons vers la fin de décembre 1543.

[9] *Jean Morand* était pasteur à *Nyon*.

[10] De ce détail, les éditeurs des *Calvini Opera* infèrent, p. 654, que *Cortesius* n'avait pas encore eu d'entrevue avec *Calvin*; et c'est pourquoi ils ont placé dans la seconde moitié de novembre la lettre de celui-ci à la Classe de Neuchâtel *(Venit ad me Cortesius)*. Mais l'indice prémentionné n'est pas concluant. Si *Cortesius* avait déjà fait sa visite à Calvin dans la seconde moitié de septembre (comme nous l'avons dit, p. 28, n. 4), il pouvait se croire autorisé à ne pas la renouveler.

[11] Voyez, sur ces deux Franciscains, le N° 1297, note 3, et le N° 1303, renvois de note 31-32.

[12] Diacre à Nyon.

risimus, quòd ita liberatus fuissem. Pecuniam a *Gaucherio* missam recepi ac numeravi *Frellonio* [13] : cujus chirographum si requiret, faciam ut habeat. *Non miror, si acerbam crucem sustines ex pauperum miseriis* [14]. *Mitto autem ad te quatuor coronatos quos, ubi videbitur, erogabis* [15]. Vale, optime frater. Saluta amicos omnes et familiam tuam. Dominus vos omnes conservet!

JOANNES CALVINUS tuus.

(*Inscriptio :*) Petro Vireto, Lausannensis ecclesiæ pastori fideliss., fratri meo chariss.

1306

JEAN CALVIN à Guillaume Farel, à Neuchâtel.

(De Genève, 10 novembre 1543.)

Autogr. Collection de M. de Halm à Munich. Cal. Opp. XI, 642.

Hortaris me diligenter ut quem nobis laborem Bucerus injungit, suscipiam [1]. *Jam incepi et aliquantulum* [2] *progressus sum : sed, mihi crede, non sine magna difficultate pergo. Sæpe resisto, interdum etiam opus quasi desperatum paratus sum abjicere. Id inde accidit quòd animus ad hoc genus scripti propensus non erat. Itaque nondum incalui. Vides quid futurum sit nisi subitò advenias, ut certo initio mihi persuadeas non malè me operam collocare. Aiunt suum cuique esse pulchrum. Verùm nisi tibi*

[13] Cf. le N° 1304, renvoi de note 9.

[14] Calvin mentionne déjà ce sujet dans sa lettre écrite entre le 16 et le 20 septembre (N° 1283, renv. de n. 23).

[15] La présente lettre semble être parvenue à Viret seulement après qu'il eut écrit à Calvin le 11 novembre ; car, à cette dernière date, il ne le remercie pas de l'envoi des quatre couronnes. Une lettre de Viret est probablement perdue. Calvin, répondant à celle du 11, lui dit, en effet : « Habeo *pro ternis literis* unas. »

[1] Voyez le N° 1300, note 11. Calvin fait allusion à une lettre de *Farel*, qui accompagnait celle de *Bucer*, et qui n'a pas été conservée.

[2] Dans l'édition de Brunswick : *aliquamque*, accompagné d'un signe dubitatif. Ce mot n'a ici aucun sens, tandis que *aliquantùm* ou *aliquantulùm* serait l'expression naturelle.

magis placuero quàm mihi in hoc opere, incumbet in spongiam. Ergo si promoveri cupis, veni, aut saltem ut communicato inter nos consilio, in hanc aut illam partem deliberemus. Si hæc³ non succedet, alii studium meum transferam.

Verùm *tu ad ordinem pertinere existimas, te non nisi ministrorum omnium et Senatus rogatu accersituque venire. Ignosces mihi : sed in rebus istis minutis videris nonnunquam mihi nimis morosus.* Non hoc agitur nunc ut, derelicta una ecclesia, ad alteram concedas, sed tantùm ut invisas ecclesiam hanc citra ullam commutationem. Apud tuos habes honestam causam petendæ missionis. Huc autem cum veneris, non eris in aliena ecclesia, sed quæ te primum suum fundatorem et institutorem semper agnoscit. At istud tamen, inquies, aliquanto magis deceret, omnes simul ministros id petere. Id quidem nullo negocio expediam, si aliter nolis. Sed hactenus certo consilio abstinui. Et si mihi auscultes, non urgebis ut fiat. *Gaudent cum te venturum audiunt : venisse te gaudebunt.* Si literas ab ipsis postulem, libenter dabunt. Sed quid prodest injicere aliquibus eorum suspicionem quæ frustra eos anxios habeat? Putabit enim procul dubio quispiam longiùs hoc pertinere. De Senatu, nullo modo mihi videtur. Ad te enim si scripserit, non fiet sine vestrorum hominum offensione, si præteriti fuerint. Si ad eos etiam scribi velis, quos sermones exorituros putas, quasi ob aliquam seriam necessitatem vocatus fueris? Simpliciùs igitur, et citò quidem, si tibi cordi est *Bucero* satisfieri. *Frigebit* enim *opus donec tu me præsenti approbatione incitaveris.*

De loco Pauli, ut tu lepidè me derides⁴, qui judicio tribuis quod vel errore scribæ vel mera hallucinatione factum est. Pro secundo enim capite tertium notatum est. Si qua de ea re calumnia emerget, nimis jejuna erit, ideoque sua levitate evanescet. *Nuptias domi vestræ jam esse celebratas intellexi ex Fatino*⁵.

---

³ Édition de Brunswick : *hac.*

⁴ Nouvelle allusion à une lettre de Farel des premiers jours de novembre, et qui est perdue.

⁵ Le messager nommé *Fatin* (V, 364) a figuré plusieurs fois dans les tomes précédents.

La *noce*, qui eut lieu dans la famille des frères *Farel*, est celle de *Catherine*, fille de *Gauchier*. A ce propos, le Journal d'Étienne Besencenet, dernier curé du Locle, donne les détails suivants :

Dominus conjugio benedicat, sicuti futurum spero. Si mihi in tempore indicasses, et fuissem ab occupationibus liber, non impedissent me malevolorum linguæ. Cave igitur ne tu viam aliàs expeditam tibi ipse vano timore obstruas. Sunt aliæ causæ cur utilis futurus sit tuus adventus : quas cum veneris audies. Vale, mi frater. Dominus te collegasque tuos omnes et familiam conservet semper ac gubernet. Saluta omnes diligenter. Iterum atque iterum vale et veni[6].

JOANNES CALVINUS tuus.

Hodie a *Myconio* literæ[7], quibus se *Buceri* ad me literas[8] *Sulzero* misisse indicat, quas nondum accepi.

(*Inscriptio :*) Fidelissimo Christi servo G. Farello, Neocomensis ecclesiæ pastori, fratri mihi charissimo.

1307

PIERRE VIRET à Jean Calvin, à Genève.

De Lausanne, 11 novembre 1543.

Autogr. Bibl. Publ. de Genève. Vol. n° 111 a. Cal. Opp. XI, 644.

S. Ne multis mihi tecum sit agendum tam gravibus obruto negociis, cum mihi etiam non vacet prolixiùs scribere, mitto ad te *Zebedæi* et *Sultzeri*[1] ad me literas, ex quibus pleniùs intel-

« *Caspar Charmet* [l. *Carmel*] de Vevay [l. Vinay] en Dauphiné, ministre à Mostiers dans le Val-de-Travers, épousa Catherine, fille de Gauchier Farel, en 1543. Témoins au traitté : 1° *Guillaume Cunier*, ministre de Fenin. 2° *Claude Clerc*, ministre à la Bonneville. 3° *Jean Fathon*, ministre à Collombier. 4° *Guillaume Farel* et *Jean Chaponneau*, ministres de Neufchastel. 5° *Oséas Trémond*, ministre des Verrières. 6° *Mathurin Cordier*, maistre d'escole. » (Copie du dit Journal dans le manuscrit Choupard, qui nous a été obligeamment communiqué par M. James de Meuron, de Neuchâtel.)

[6] Calvin n'a pas mis la date ; mais on lit, sur le manuscrit autographe, cette note en petits caractères et probablement de la main de Farel : *10 Nov. 1553*. Il est bien évident, comme le disent les nouveaux éditeurs de Calvin, qu'il y a dans ce millésime une erreur de plume ou une erreur de lecture. Tout annonce que la présente lettre a été écrite en novembre 1543.

[7-8] Cette lettre de *Myconius* et celle de *Bucer* ne se retrouvent pas.

[1] Viret avait d'abord écrit *Suitzeri et Farelli*. Il a biffé le dernier de ces noms.

liges quæ non nisi multis verbis explicari possent. *Exposui tibi nuper summam nostræ peregrinationis*[2], qua adjutus narratione reliqua facilè conjicies et intelliges. Ex *Zebedæi* literis[3] collige quid de me sentiat, quoque animo exceperit *Farelli* monita e consilia, quæ qualia fuerint non potui nisi ex *Zebedæi* literi conjicere. Vides in qua persistat sententia de mutando loco. Optarim tuum super hac re consilium, ac abs te intelligere num *Ferronus*[4] aut alius quispiam ei ecclesiæ aptus esset, et an expediret semel aliquem *Zebedæo* offerre, ne perpetuò mihi patria curam objiciat. Tu mihi tuam sententiam significato. Arbitror *Philibertum, juvenem illum*[5] *et doctum qui cum Harlensi illo nobili*[6] *captus fuit,* sua omnia tibi communicasse. Cupiam ab te discere quid de ipso sentias, et an putes nostris literis invitandum, aut saltem admonendum, ne contemni se putet, si tibi aptus aliquando futurus videtur ecclesiæ Christi, quod futurum spero.

Ex literis *Sultzeri*[7] disces quid *Bernæ* agatur et ut cesserit *habitum nobis Neocomi colloquium,* ac mihi significabis quid agendum putes, si fortè eò vocer[8], quemadmodum ipse suspicatur. *Zebedæus* illic est, scilicet[9] non vocatus hac causa, opinor. *Enardus*[10] tibi de ejus statu quæ novit narrabit. Quod autem ad *Farellum* attinet, arbitror fratres non fuisse in ea sententia ut te inviseret, quòd non videretur id necessarium[11]. Nihil opus est ut te moneam, quid tibi facto opus. Ex re præsenti capies

---

[2] Cf. le N° 1303, note 39.

[3] Lettre perdue. On a très peu de lettres de *Zébédée* écrites en Suisse.

[4] *Jean Ferron,* natif de Poitiers, élu pasteur à Genève le 10 mars 1544.

[5-6] Nous ignorons le nom de famille de ce jeune *Philibert,* qui avait accompagné à Strasbourg *Jacques Reynaud,* seigneur d'Alleins. C'est par inadvertance que *Viret* qualifie celui-ci de *Harlensis.* Écrivant à la hâte, il a oublié que la ville d'*Arles* s'appelait en latin *Arelate* et un Arlésien, *Arelatensis.* Les éditeurs des *Calvini Opera* ont cru voir ici un membre de la famille *de Harlay.*

[7] Lettre perdue.

[8] C'est-à-dire, à *Berne.*

[9] Le manuscrit porte l'abréviation de *scilicet*. Dans l'édition de Brunswick on lit *sed*.

[10] *Eynard Pichon,* pasteur à *Cortaillod* (N° 1275).

[11] Après *id,* on trouve cette première rédaction, qui a été biffée : « urgere, sed tantùm me impulsore scripsisse, quamvis non putares admodum. »

consilium. *Enardus* narrabit *de matre Amblardi Cornuti*[12], *quæ consuluit curionem Monteti*[13], *ut scilicet nutans caput confirmaret et rejuvenesceret*[14]. Exquiram rem diligentiùs, quam tamen jam satis compertam esse puto. Tu dispice quid faciendum censeas, et cogita quàm[15] hîc promoverit ejus adventus et filiæ ipsius[16] Evangelii profectum, dum audiunt honestas *Geneven.[ses]* Matronas ita sapere. De *Cœlii*[17] morbo audies ex *Enardo*. Nostri te omnes salutant. Saluta amicos. Vale. Lausannæ. 11. Novemb. 1543.

Tuus P. Viretus.

(Inscriptio :) Doctiss. ac fideliss. Joanni Calvino, Verbi ministro ac fratri quàm chariss. Genevæ.

[12] *Jeanne d'Armey* ou *d'Armex* avait épousé, étant déjà veuve, *Pierre Corne*, dont elle eut: *Amblard Corne*, conseiller en 1537, syndic en 1542, et *Philiberte*, femme de François Chamois (Galiffe. Notices, II, 83, 162).

[13-14] Selon Viret, la mère d'Amblard Corne avait consulté *le curé de Monthey,* dans le Bas-Valais (Cf. t. V, p. 349), parce qu'elle était persuadée qu'il possédait un secret pour rajeunir les vieilles gens. Mais il n'est pas certain que le dit curé ait été consulté, et, s'il le fut, nous ne croyons pas que la dame de Genève attendit de cette consultation le résultat malicieusement indiqué par Viret. Les extraits suivants du registre consistorial de Genève ne seront pas superflus :

« Jeudi 13 Décembre 1543, la done *Janaz Cornaz* az esté interroguée si elle az eu ung homme médicin-devin en sa mayson ? Respond qu'elle n'az point heu de devin en sa mayson, quand elle fust à *Lozanne ;* que le Sr *Jehan Rochis** luy dist qu'elle eusse celuy homme médicin,... et le manda querre au lieu de Lozanne au *Boveret***. Et il luy respondit que la lune n'estoyt pas bonne, et qu'elle le manda [l. mandàt], et il viendroyt en ceste ville quand il seroyt temps. Et qu'elle ne fust pas à *Montheys*...

« L'on luy a amené de grans propos à cause du *curé de Monthey,* et aultres, des sermons et négligences à la parolle du Seigneur. Respond qu'elle n'est pas toujours disposé[e] pour aller au sermons, car sa teste est playne d'une maladie qu'il fault qu'elle se repose... Et qu'elle entend que *la Cène* est bonne ; et, touchant *la messe,* respond qu'elle n'est pas clergesse tant [o]ultre qu'elle sache entendre ; que si elle estoyt amatrice des messes, qu'elle seroyt là où l'on dit les messes, mais qu'elle entend estre à l'Évangille et il [l. y] finicra ses jours. Et qu'elle n'escoulte ny cherche... *le curé de Montheys*, mais bien qu'elle fist venir celuy médicin que demora en sa mayson ung jour et dymi. Et Monsieur *Jaques**** de Lozanne l'a

---

* Boursier de la ville de Lausanne.
** Petite localité située dans le dixain valaisan de Monthey, et près de l'embouchure du Rhône dans le lac Léman.
*** *Jacques Blécheret,* médecin de la ville de Lausanne.

1308

BARTHÉLEMI DES PRÉS[1] à Henri Bullinger, à Zurich.

De Venise, 11 novembre 1543.

Inédite. Autographe. Archives de Zurich.

B. PRATENSIUS D. Henrico Bullingero S. P. D.

Pergratus mihi fuit typographi[2] *adventus qui mihi à te et literas attulit, testes tuæ erga me mutuæ benevolentiæ, et librum*[3] *quoque non modò mnemosynum sed etiam pignus ejusdem perpetuò futurum.* At cujusmodi pignus? Nempe quod ego longè pretiosissimum judico. Nam quum ego ista literaria suppellectile ac veluti Minervæ mundo soleam mirificè delectari, tum verò *hoc tuum opus adeò commendatur in hoc genere et artificis authoritate et materiæ pulchritudine et cognoscendi summo desiderio, nullam ut commentationem nostra memoria editam esse credam aut plausibiliorem aut magis necessariam.* Quid erat enim quod homines magis optare deberent, præsertim hoc nostro seculo, quàm quum omnes veram divini cultus atque religionis viam cognitam habere expetant, sitque magna diversarum partium contentio, quæ suspensos animos teneat, existere aliquem istius viæ peritum, qui non solùm deduceret per hanc viam ingredi volentes, verùm etiam semitas erroneas designaret,

---

bien governé[e] quatre moys. Et qu'elle se porte myeulx... Et ne luy az point ordonné de *novenne*, ny *pater*, ny aultre supersticion...

« L'on luy az faycts les amonitions honorables. Fauldra rescripre au *Consistoyre de Lausanne* du Sr *Jehan Roche*, et qu'on serche plus ultre.»

[15] Édition de Brunswick: *quæ iam.*

[16] *Philiberte Chamois*, qui comparut aussi le 13 décembre, et déclara qu'elle avait passé quatre mois avec sa mère, soit à *Lausanne*, soit à *Pully*, village voisin.

[17] *Celio Secundo Curione.*

[1] Voyez, sur *Barthélemi des Prés*, le t. VIII, p. 469, 470.

[2] Peut-être l'imprimeur-libraire *Froschover*, qui se rendit plus d'une fois à *Venise*.

[3] Voyez, note 5, le titre de ce livre.

obstrueretque quoad ejus facere posset. Quumque ei qui iter faciat etiamsi nesciat quò sit eundum, magnum tamen adferat adjumentum nosse quò non sit eundum, et meminisse qua transierit, quorum illud præstat ut ne longiùs deflectas ab instituta peregrinatione, aut incurras in difficiles et periculosos transitus, hoc verò ne eodem revolvaris unde sis profectus. Facilè rectum cursum tenebit qui *isto tuo,* ut ita dicam, *itinerario* fretus, non solùm utrumque compertum habere poterit, sed etiam inter humanæ vitæ caliginem, procul elucentem pharum videbit.

Qua in re operæ precium est, et nostram felicitatem agnoscere, et majorum infœlicitatem deplorare, qui istiusmodi destituti præsidiis et naucleris usi sinistris, aut scopulis allisi sunt opinionum obliquarum, aut eodem reversi unde discesserant, id est, ad exoletas et falsas cerimonias imprudentes relapsi. Quum autem antiquæ cerimoniæ et sacri veterum ritus naturali hominum superstitione niterentur, nostra verò Religio unius Dei Opt. Max. institutione fundata sit, quàm maximè aliena et abhorrente à superstitionis humanæ futilibus commentis, paulatim factum esse videmus ut ingenia mortalium in eam partem procliviora, in quam magis eos inclinat insita iisdem à natura vanitas, divinam Christi religionem ad illam veterum fallacem et erroneam revocare atque exigere voluerint, haud animadvertentes quàm sit sui dissimilis Christiana Religio cum illa confusa. Itaque qui sunt aliqua vetustatis cognitione præditi, ut facilè agnoscant in hujus ætatis cerimoniis veterum illorum superstitiones, ita Christi profectò religionem requirunt. Quantò enim magis eadem Christiana Religio ad veterem illam effingitur, tantò magis à se ipsa degenerat. Neque verò hac in re idem accidit quod in arte medica, quæ salubria medicamenta conficit et simplicia et composita. Quandoquidem Christiana Religio purè ac sincerè sumpta salutem adfert. Cum alia autem commixta et composita vitiosa est.

Quod cum ego jam olim crebra mecum cogitatione reputarim[4]*,* sæpe venit in mentem optare, ut tandem emergeret aliquis, qui conscriptis hujusmodi, ut sic dicam, *parallelis veteris superstitionis et Christianæ Religionis,* quasi commissione utriusque

---

[4] A comparer avec la lettre de Barth. des Prés du 11 août 1543 (VIII, 469).

demonstraret, quàm non concurrere possint, quàmque nulla concordia hæc cum illa coire et (ut ita dicam) cicurari possit. Emersisti autem primus, mea quidem sententia, qui hoc negotii peritissimè, copiosissimè doctissimèque obires, duobus his libris *de Origine Erroris*[5] conscribendis, quibus multos tibi obligaris[6] necesse est, qui hac tua commentatione seu Thesei filo deducti facilè poterunt Christiani Labyrinthi erroribus sese explicare. Me verò habes de eo valdè tibi obæratum, non solùm publico sed etiam privato nomine, quia præterquam quòd istos libros edidisti in publicam omnium utilitatem, apud me etiam benevolentiæ tuæ monumentum esse voluisti, quibus ego tantò magis delectabor, quòd et à te scripti sunt, et à te mihi muneri missi, sic ut ille ait, acceptissima semper munera sunt, author quæ pretiosa facit. Sed quum non habeam unde tecum paria facere possim, et gratiam referre, id certè quod licet non committam, ut prætermisisse videar agere gratias quantas possum, et promittere apud gratum et memorem beneficium positum esse. Et alioqui quum ipsum librum habiturus sim in deliciis, fieri non poterit quin subinde veniat in mentem à quo conscriptus, à quo mihi donatus fuerit. Venetiis, 3 Idus Novemb. 1543. Vale.

1309

UN INCONNU à Guillaume Farel.

De Paris, 14 novembre 1543.

MANQUE

Cette pièce est mentionnée dans le « Catalogue de la collection de lettres autographes et de documents historiques..... provenant du cabinet de feu M. le Comte Emmery. » Au n° 98 de ce Catalogue, on lit : « FAREL [Guill.]. Pièces à lui adressées : Une

---

[5] De origine erroris circa invocationem cultumque deorum et simulachrorum: et circa cœnam Domini ac missam, libri duo. Basileæ, 1528, in-8°. — Tiguri, apud Froschoverum, 1539, in-4°, ita aucti et recogniti ut si conferas cum priore æditione, hæc triplo propè excedat, imò priorem illam ne agnoscas quidem. (Gesneri Bibl. univ.) Cf. aussi J.-H. Hottinger. Schola Tigurinorum Carolina, 1664, p. 83.

[6] Et, entre autres, le futur évêque de Valence, *Jean de Montluc,* pour lors ambassadeur de France à Venise et patron de Barth. des Prés (VIII, 470, renv. de n. 2).

lettre aut. Paris, 14 novembre 1543. *Grande pièce latine. 2 p. in-fol.*

« P. Tossanus Basileus [l. Basileæ?] 3 juin 1525. A Guill. Farel, à Strasbourg. 2 p. in-fol. (en latin). »

La susdite collection a été mise en vente à Paris, le 9 décembre 1850, et jours suivants.

1310

PIERRE VIRET à Jean Calvin, à Genève.

De Lausanne, 15 novembre 1543.

Autogr. Bibl. Publ. de Genève. Vol. n° 111 a. Cal. Opp. XI, 648.

S. Hodie huc appulsuri sunt *legati Bernenses* ad appellationes audiendas[1]. Famulus *Petronillæ Balthasaris*[2] mihi significavit ex *Zebedæo,* quem *Berna* redeuntem allocutus est, fore ut propediem eò vocaremur ambo. Fortè non omnino vanum erit quod præsagiit *Zultzerus*[3]. Comparo me, si ita volet Dominus, speroque fore ut det successum. *Miror quis tam citò detulerit*[4]. At nihil est cujus non sit in promptu ratio, modò alias nobis turbas non moveat Satan, ut solet. Hoc tibi significatum volui. Vale. Lausannæ. 15. Novemb. 1543.

Tuus P. VIRETUS.

Hic nuncius narrabit tibi quid responderim ei super consilio et conditione [quæ] à me requirebat[5].

(Inscriptio :) Doctiss. ac fideliss. Verbi ministro Jo. Calvino, fratri quàm chariss. Genevæ.

[1] « Les juges des suprêmes appellations » venaient au moins une fois par an, dans le Pays de Vaud, pour juger « en appel » les procès qui avaient passé par les tribunaux de première et de seconde instance.

[2] *Pétronille, Perronelle* et *Péronette* sont diverses formes du même prénom. Nous croyons qu'il s'agit ici de *Péronette,* veuve de *Michel Sept,* lequel avait été syndic en 1529 et 1534. Le surnom populaire des membres de la famille *Sept,* à Genève, était *les Balthazar,* parce que le père de Michel s'appelait *Balthazar* ou *Baptizard Sept* (Cf. Bonivard. Anc. et nouv. Police de Genève, 1847, p. 43. — Galiffe. Notices, I, 128, 129, 460).

[3] Voyez le N° 1307, renvois de note 7, 8.

[4] Viret ignorait que *Berne* avait à *Neuchâtel* un correspondant affidé, qui remplissait avec zèle son office.

[5] Ce *post-scriptum* est presque détruit par une profonde mouillure.

1311

JEAN CALVIN à Pierre Viret, à Lausanne.

De Genève (entre le 15 et le 22 novembre 1543[1].)

Autogr. Bibl. Publ. de Genève. Vol. n° 106. Cal. Opp. XI, 650.

S. *Farello nuper,* per legatos qui *Basileam* proficiscebantur, jam tertiò scripsi[2]. *Spero itaque brevi adfuturum. Excusaverat antè per literas*[3], *se ideo venire noluisse, nisi publicè accitum, ut ordinem et pacem servaret. Videtur mihi certè in rebus nihili interdum nimis esse vel superstitiosus, vel morosus.* Ego autem minimè expedire censebam, ut eum *Senatus* accerseret, quin simul adderet ad *Præfectum* et *Senatum Neocomensem* literas, quibus peteret missionem[4]. Hoc nostros non libenter facturos animadvertebam. Et sanè fuisset ἄτοπον, nullo prætextu adducto petere ut huc mitteretur. Porrò levem aut nullam causam obtendere, puerile erat. Quanquam disputatione opus non est. Quid enim laboramus in re supervacua? Nisi fortè illud recipimus, dari improbis obloquendi occasionem, si ecclesiam invisat is qui primus eam fundavit. Quin potiùs videndum erat, ne in ambitionis suspicionem incurrat qui pedem movere, nisi rite[5] solenni vocetur, recusat. *Senatus* tamen *noster ad eum scripsit*[6], *me quidem*

---

[1] Voyez, pour la détermination de la date, les notes 2 et 6.

[2] Ces députés, *J.-A. Curtet* et *Louis Dufour,* allaient solliciter les arbitres bâlois d'apporter à leur sentence du 24 août certaines modifications que *Genève* estimait être « selon Dieu et raisonnables » (Cf. Roget, o. c. II, 103, 104). Ils reçurent leurs instructions le 13 novembre et partirent, sans doute, le 14. On ne possède pas la lettre dont *Calvin* les avait chargés pour *Farel.*

[3] Allusion à une lettre de Farel qui est perdue.

[4] C'est l'observation que faisait Calvin, quelques jours auparavant (N° 1306, p. 106).

[5] Édition de Brunswick : *ritu.* La forme *rite nefasto* est cependant usitée.

[6] On lit dans le Registre du Conseil de Genève, au 13 novembre: «Maystre *Guill. Farel.* Ordonné de luy escripre qu'il aye à nous venyr visite[r]

non consulente. Vereor enim ne in malam partem accipiant *Neocomenses,* se fuisse præteritos. Nosti eorum pectora. Verùm sibi imputet *Farellus,* qui ita voluit et à duobus legatis postulavit[7].

Quòd tam subitò delati estis, in eo vicem nostram miseror, eoque magis quòd nihil tam sobriè dici potest, de quo non sit litigandum profano more. Ignoscat mihi Dominus, si injuriam facio *Zebedæo* mea suspicione : sed temperare vix mihi possum, quin ab eo manasse conjiciam[8]. Id tamen ex re[9] præsenti meliùs judicabis. Quanquam fieri potest, ut non reos, sed testes, vos Senatus vocet. Scribebas enim *Suizerum* de obstetricum baptismo suspendisse judicium. Id si indicatum fuit, meritò potuit bonos offendere. Quanquam id quoque mihi displiceret, si quis fratrem ob id detulerit[10]. Ego pro ea re scribebam[11], vel capitis periculo dimicandum esse. Ubi enim mulieribus dictum est : Ite, baptizate ? Quòd si veteris Ecclesiæ authoritas quæritur, in concilio Aphricano quarto hoc interdicitur, sine aliqua exceptione. Quidquid erit, Dominus et consilium et animum tibi suppeditabit. *De matre Cornei*[12], expecto quid tu scribas. Est enim res minimè negligenda. *Filius* etiam à me petiit, ut suo te nomine rogarem, ut inquirere velis, an aliquid tractaverit *istic* cum publicis notariis. Suspicatur enim, aut donationem aliquam, aut testamentum fuisse confectum. Hoc ut inquiras rogat : sed absque strepitu. Satius enim foret nescire quàm divulgare. *Philibertum*[13] *huc venire jussi. Poterit fortassis præfici scholis. Nam hanc provinciam diutius sustinere se posse negat Sebastianus*[14]. Ubi huc

par deçà. » Les députés qui partaient pour *Bâle* (n. 2) remirent à *Farel* la lettre d'invitation officielle ; et, comme celui-ci assistait, le jeudi 22, à la séance du Consistoire genevois, nous avons lieu de croire qu'il se mit en route pour *Genève* le lundi 19, au plus tard.

[7] *Farel* avait fait cette demande aux députés *Claude Periemps* et *Pernet Desfosses,* qui étaient revenus de Bâle, par Neuchâtel, à la fin d'octobre et arrivés à Genève le 28 ou le 29.

[8] Jugement téméraire. Voyez la note 4 du N° 1310.

[9] Édition de Brunswick : ex *eo* præsenti.

[10] La phrase : *Quanquam... detulerit* est écrite à la marge.

[11] Le 7 octobre, à la Classe de Montbéliard.

[12] Cf. la fin du N° 1307.

[13] Cf. le N° 1307, notes 5-6.

[14] *Sébastien Chasteillon,* recteur du Collège de Genève.

venerit *Farellus,* si quatriduum furari posses, quod nobis dares, de omnibus consultaremus. Ego certè vehementer id cuperem. Vale, optime et mihi dilectissime frater. Habes pro ternis literis[15] unas. Genevæ.

JOANNES CALVINUS tuus.

(Inscriptio:) Fideli Christi servo, Petro Vireto, Lausannensis ecclesiæ pastori, fratri mihi chariss.

1312

H. BULLINGER à [un pasteur du Pays romand[1]]?

De Zurich, 22 novembre 1543.

Inédite. Copie ancienne[2]. Bibl. Nat. Coll. du Puy, t. 103.

..... *De excommunicatione.* Abhorreo totus à novationis studio : ipsa enim experientia cum veteris sæculi tum meæ ætatis doctus, scio plus inde oriri detrimenti quàm emolumenti. Semel usus est excomunicatione Apostolus[3], atque iterum in primitiva Ecclesia non fuit adeò frequens. Certè Dominus videtur ecclesiam suam non affixisse præscripto alicui modo. Satis est si in Ecclesia sit publica disciplina, quæ impudentes coërceat quominus peccent, quoquo tandem id modo fiat. Nihil dubito *optimos*

---

[15] De ces trois lettres de Viret on n'en a que deux.

[1] Voyez la note 6.

[2] Nous en avons corrigé plusieurs fautes, sans les signaler.

Bullinger n'avait pas écrit le brouillon du commencement de sa lettre : il paraît n'avoir gardé que la minute des réponses qu'il fait aux questions de son correspondant. Cette minute semble perdue. M. le Dr Pierre Schweizer, directeur des archives d'État de Zurich, a eu l'obligeance de consulter pour nous la volumineuse collection des manuscrits autographes de Bullinger, et il nous apprend que la susdite minute ne s'y trouve pas. C'est aussi sans succès que M. le Dr Hermann Escher, bibliothécaire de la ville de Zurich, a pris la peine de chercher cette pièce dans les copies de la collection Simler.

[3] I Corinthiens, chap. V, v. 1-5.

fratres Gallos[1] non malo huc rapi spiritu. Vidi quæ D. *Calvinus* in *Institutione sua* disputavit de excommunicatione, nec enim negabit, opinor, adhibendum esse modum, temporaque servanda, ne pax Ecclesiæ violetur : in qua maximè tritico parcendum est, ne simul cum zizaniis eradicetur. Sunt ex hostibus Verbi qui nihil perinde optarent, quàm ut excommunicationem restauraremus. Ita enim non vanè futurum sperant ut brevi Ecclesia nostra in innumeras sit findenda sectas. Malo ego aliquam habere ecclesiam, quàm nullam. Diu et multùm laboravit D. *Joannes Oecolampadius* in restituenda excommunicatione : restituit, sed quid illud est in quo *Basiliensis ecclesia* cæteras superat[5]? Neque omninò contendendum esse puto quod tu dicis : « ægrè majora severioraque iis induci aut imponi posse qui minora et mitiora rejiciunt[6]. » Cupio hac de re legas sancti Augus-

---

[1] Ces paroles visent spécialement *Farel, Calvin* et *Viret*. — *Farel,* s'appuyant sur l'Évangile (St Matthieu, XVIII, 15-17), croyait que chaque paroisse devait exclure de la sainte Cène les pécheurs qui avaient résisté à toutes les admonitions (Cf. le *Summaire* qu'il publia en 1534 ; édition de Genève, 1867, p. 78-81). Mais déjà, par ses ordonnances ecclésiastiques de 1533, le Conseil et la communauté de *Neuchâtel* avaient écarté « la pratique et usage de *l'excommunication* » (Ruchat, II, 520, 521). Elle n'est pas même mentionnée dans les Ordonnances de 1542 et de 1553, et elle ne reparaît que dans celles du 27 juillet 1564 (Cf. Boyve. Annales, II, 423 ; III, 27, 122). Toutefois, en 1538, *Farel* obtint l'institution des *consistoires* (Boyve, II, 381, 382. — Notre t. VIII, p. 6).

Calvin avait, non sans peine, établi l'excommunication à *Genève* (VII, 409 ; 439-440). *Viret* aurait désiré, pour le Pays de Vaud, *la discipline ecclésiastique,* qui ne différait guère de l'excommunication (Voyez sa lettre du 20 février 1540 à Bullinger, t. VI, p. 183). Mais il ne pouvait espérer de l'y introduire : *Berne* ne voulant pas en entendre parler (VIII, 280, 281). Les églises évangéliques de la Suisse allemande n'y étaient pas moins opposées. A *Bâle,* l'excommunication n'avait pu subsister (n. 5).

[5] Cf. la lettre de *Calvin* à Farel du 31 décembre 1539, t. VI, p. 155 ; VII, 420-421. *Rodolphe Gualther* écrivait, après 1566, à Josué Finsler, pasteur à Bienne : « *Excommunicationem...* neque D. *Zwinglius...* neque D. *Bullingerus* unquam probarunt, et gravissimis argumentis obstiterunt iis qui eam aliquando voluerunt introducere... *Basileæ* quidem D. *Oecolampadius,* multùm dissuadente *Zwinglio,* instituerat, ut quidam excommunicarentur, schedis etiam ad templi fores affixis. Sed adeò non durabilis fuit illa constitutio, ut (quod *Zwinglius* prædixerat) non sine aliqua existimationis suæ jactura *Oecolampadius* illam abrogarit » (Epistolæ Reformatorum a J. C. Fueslino editæ. 1742, p. 478).

tini judicium, libro contra Epistolam Parmeniani 3°, Cap. 2°. Interea metuo non paucos de restitutione excommunicationis esse sollicitos, non alio consilio nisi ut tyrannidem exerceant et bilem relevent. Quibus omnibus modis obsistendum puto, ne Ecclesiam libertate spoliatam conjiciant in impiam hominum servitutem [7].

De examine ante Cœnam, non aliud possum dicere, quàm confessionis auricularis, qua vix aliud habuit malum Ecclesia exitialius, esse præparationem ac perambulationem. Quorsum, quæso, opus his novationibus à malesanis inventis? Ex qua, oro, scriptura probabunt nobis hoc Examen presbyteri? Quod habent pro se exemplum Apostolorum? Sanctus Paulus, post restitutam ex institutione Domini Cœnam, « probet autem seipsum, » inquit, « homo, » suæ utique conscientiæ cuique relinquens examen liberum quod isti sacerdoti deferunt. Celebrarunt cum ipso Domino cœnam omnium perfectissimam discipuli. Quis legitur priùs examinatus? In convivio sacro reperta sunt aliquot millia in Actis Apostolorum. Quis sigillatim examinavit? Proinde

[6] Nous n'avons pas eu la chance de découvrir la lettre d'où ces paroles sont tirées, lettre qui nous aurait révélé le nom du correspondant de Bullinger. Nous sommes donc réduit aux conjectures, à son sujet.

On voit qu'il partage les idées des Zuricois sur la discipline ecclésiastique. Il a voulu connaître les idées de *Bullinger* sur l'excommunication et sur les articles examinés par Calvin et par le synode neuchâtelois du 30 octobre (N°⁵ 1291, 1303). Il n'appartient pas à l'Église de Montbéliard (N° 1318, note 4), et il ignore la langue allemande : autrement, Bullinger ne lui enverrait pas une traduction latine de la lettre de *Luther* (n. 12). C'est donc parmi les pasteurs de la Suisse romande qu'il faut le chercher. Or, il en est un qui s'était posé, plus ouvertement que tous ses collègues, en admirateur passionné de *Zwingli* et de l'Église zuricoise. Nous avons nommé *André Zébédée.* Voyez (t. VI, p. 148, 149) les vers qu'il composa, en 1539, à la louange du réformateur de Zurich. A propos de l'auteur, *R. Gualther* écrivait à Bullinger, le 12 décembre 1539 : « Salutat te *poëta* ipse quàm officiosissimè, brevique, ut arbitror, ad te scripturus est, fortassis et æstate futura vos invisurus : est enim *Tigurinæ ecclesiæ* amantissimus. »

Pourrait-on, avec plus de vraisemblance, reconnaître le destinataire dans l'un des ministres suivants: *Chaponneau, Marcourt, Morand, Beatus Comes?* Nous ne le croyons pas. Ils ne craignaient nullement d'être cités à *Berne:* aucun des trois derniers n'avait assisté au synode de Neuchâtel. Aucun d'eux n'était aussi intéressé que *Zébédée* à connaître l'opinion de *Bullinger* sur les articles de Montbéliard. Aucun d'eux, enfin, sauf *Beatus Comes,* n'entretenait des relations d'amitié avec les pasteurs zuricois.

hominum commenta manditant qui hujusmodi novationes Ecclesiæ obtrudunt. *Reducatur confessio, circumscribetur hujusmodi limitibus Cœna, ut pauci post hæc convivæ sint futuri, fietque ex cœna gratulatoria conscientiarum carnificina.* Satis nobis tradidit examinis et probationis Dominus, qui jussit diligenter docere ministros et quemlibet se ipsum probare.

Viaticum morituris et ultimo afficiendis supplicio ferre, ex superstitione Papistica radicem habet. Scio alicubi apud scriptores priscos, pacem datam morituris : sed nulla id nobis a Domino præscriptione neque ullo ab exemplo apostolico traditum. Ita demum gratia iterum affigetur signis. Hæc nobis ab inventis hominum venerunt : quæ olim tantopere oppugnavimus, ea nunc sponte nostra reducimus.

Baptismus publica est Ecclesiæ ceremonia, sive actio publica. Ergo per publicum Ecclesiæ ministrum administrari debet. Quod alii *de obstetricum baptismo* garriunt, ipsi quid dicant viderint. *Zipporæ*[8] certè circumcisio, Exodi 4°, ab omnibus interpretibus relata est ad contemptum, sive neglectum potiùs, circumcisionis. Neglectum enim circumcisionis punire voluit Angelus (sic). Atqui cum infans jam in lucem editus morte præpropera excedit, ut non liceat parentibus ferre ad Baptismum, quis est qui non videat nullum hîc esse neglectum? Nil igitur hîc probat *Zipporæ* exemplum. Præterea præcepit Dominus octavo demum die circumcidere infantem. Quot autem putas infra octo illos dies expirasse. Expirarunt igitur sine sacramento. At hoc non fuit eis fraudi, quia non accessit vel neglectus, vel contemptus. Nam et fœmellæ sine circumcisione sunt servatæ, veluti Sara, Rachel et reliquæ. Proinde *si non accedat contemptus Baptismi, non videntur damnari infantes qui sine baptismo excedunt.* Scio quid sanctus Augustinus sensit damnari, sed leviter dumtaxat. Ego verò ex fœdere et propter promissionem salvari credo. Cum itaque nullum est infantis periculum, cur isti disputant de Baptismo obstetricum? Removit aliàs Apos-

---

[7] Les articles qui suivent sont les mêmes et placés dans le même ordre que ceux qui avaient été communiqués à *Calvin* par les députés de la Classe de Montbéliard (N° 1291). *Bullinger* a seulement omis le paragraphe de Festis.

[8] *Séphora,* femme de Moïse, circoncit elle-même son fils (Exode, IV, 25, 26).

tolus mulieres ab officiis ecclesiasticis. Eas autem Martion⁹ cum suis, ut est apud Epiphanium, baptisare jussit.

Significativa, utilia et non superstitiosa signa campanarum, vera pietas libera relinquit ecclesiis, ea pro utilitate et necessitate ordinandi. Funerandi (*sic*) et *sepulchrales ritus* apud veteres patres perexigui et sine superstitione fuerunt. At legibus et præscriptionibus velle singulis ecclesiis præscribere, quod paucis videtur decorum, pugnat cum libertate ecclesiastica.

Video autem quid sit : Olim totis viribus conabamur ritus Papisticos ex nostris ecclesiis eliminare. Jam invenias qui omnibus nervis conentur *Lutheranas ceremonias* singulis obtrudere ecclesiis, ut confiteantur se *Lutheri* esse discipulos¹⁰. a cujus plenitudine omnes acceperunt. Parùm pius et commodus futurus [conatus].

Cæterùm *Lutherus nos, id est Tigurinos ministros, prorsùs abjicit et damnat tanquam seductores,* ut qui nihil pietatis habeamus et ecclesias nostræ fidei concessas ad inferos nobiscum abripiamus¹¹. Idque tanto furore, tanta confidentia et importunitate fecit, ut qui hactenus omnia *Lutheri* probaverunt, hoc

---

⁹ *Marcion,* célèbre hérésiarque du second siècle (Cf. Gieseler. Lehrbuch der Kirchengeschichte, 3ᵗᵉ Auflage. Bonn, 1831. I, 160-162. — Étienne Chastel. Hist. du Christianisme. Paris, 1881-1883, I, 282, 332-337).

¹⁰ *Calvin* écrivait le 8 mai 1544, aux pasteurs de Montbéliard : « Sicut *ex Ecclesia Witembergensi fluxit hac nostra ætate Evangelium,* ita multi *illinc* emergunt non dissimiles iis qui Hierosolyma olim profecti, quocunque venerant, negotium facessebant veris Christi servis, et tumultuandi occasionem captabant. » Plus loin, il appelle ces zélateurs « *meræ simiæ.* » (Calv. Epp. et Resp. 1576, p. 423.)

¹¹ *Bullinger* se plaint de *Luther* en ces termes, dans la lettre qu'il adressa, le 22 juin 1544, à Mélanchthon : « Hortaris..., ut si quæ ex vestris ad nos regionibus horridiores literæ scribuntur, malum id obruamus silentio, nostraque arte leniamus. Verùm quid dices, mi *Philippe,* si literæ hujus modi sint, ut difficile sit ad eas silere, nec ulla possint arte leniri. De D. *Martini Lutheri* literis loquor. Noris an nescias ignoramus, tales *Lutherum* ad *Froschoverum nostrum* scripsisse literas... ut non satis possint mirari qui eas legunt... quid *Luthero* evenerit, quòd tanta cum immodestia... tam diras in nos effuderit criminationes atque contumelias. » (Bindseil, o. c. p. 195, 196. — Cf. aussi Bretschneider. Melanth. Epp. V, 218. — Rod. Hospinian. Hist. sacramentaria. Tiguri, 1602, II, fol. 182 r., 183 v.-184. — Félix Kuhn. Luther, sa vie et son œuvre. Paris, 1883-84, t. III, p. 338-344.)

præpostero furiosi hominis perculsi judicio, damnent hominis Papalem temeritatem. Rogas quid simus facturi? Malum malo rependere nolumus : juxta Christi regulam, infirmos offendere nolumus. *Privata est epistola*[12] *et nimis malesani hominis. Intelligimus interdum, nos non malè audire apud ecclesias inferioris Germaniæ.* Cum ergo nostra doctrina et innocentia, per gratiam Dei, illustrior sit quàm possit hujusmodi criminatione obscurari, dies Domini omnia revelabit. Vale, die 22ª Novembris 1543.

BULLINGERUS.

MARTIN LUTHER à Christophe Froschover, à Zurich.

(De Wittemberg) 31 août 1543.

Gratia et pax in Christo, honestissime, prudentissime et amice optime. Accepi *Biblia*[13] quæ per Bibliopolam nostrum dono mihi misisti, et tibi quidem eo nomine ago gratias singulares. Sed quando id operis à vestris pastoribus est profectum et eorum labore perfectum, cum quibus nullam neque ego neque ecclesia Dei communicationem habet, — dolet mihi in vanum eos adeò laborare, et tamen unà cum iis laboribus prorsùs perdi et perire. Satis superque jam sunt admoniti ut vel tandem ab erroribus desistant, miserumque populum secum miserabiliter ad inferos trahere desinant. Verùm nulla prodest monitio : mittamus ergo eos. Proinde nolim quicquam eorum quæ ab ipsis erunt elaborata abs te mihi cum dono tum prætio[14] mitti. Siquidem nihil prorsùs velim mihi esse commune, neque cum eorum doctrina, neque cum eorum condemnatione et judicio : quin imò adversùs eos ad finem usque nostræ vitæ docturi sumus et oraturi. Deus convertat aliquot faxitque ut miser populus talibus falsis et seditiosis pastoribus semel liberetur. Rident hæc nostra, sed plorabunt quando ipsi aliquando in se

---

[12] La lettre originale, adressée à *Froschover*, est écrite en allemand (Cf. les *Luthers Briefe*, éd. de Wette, V, 587). La traduction latine qui accompagnait la présente épître de Bullinger, et que nous venons de reproduire, ne semble pas avoir été jusqu'ici publiée *in extenso*.

[13] Probablement l'édition intitulée : Biblia sacrosancta Testamenti Veteris et Novi, e sacra Hebræorum lingua Græcorumque fontibus, consultis simul orthodoxis interpretibus, religiosissime translata in sermonem latinum. Tiguri, 1543. In-folio. — La préface de l'édition latine de 1544, nous apprend que les auteurs de la susdite traduction furent *Léon Jude, Théod. Bibliander, Conrad Pellican, Pierre Choli* et *Rod. Gualther.*

[14] Dans la copie : *cum dono aut prætio mitti.*

judicium illud sunt experturi quod in *Zinglium* [15] cujus sunt sequaces, est declaratum. Dominus te atque omnium innocentium animos custodiat ab eorum veneno. Amen. Die Veneris post Augustini 1543 [16].

1313

OSWALD MYCONIUS à Jean Calvin, à Genève.

De Bâle, 23 novembre 1543.

Calvini Epistolæ et Responsa, 1575, p. 44. Cal. Opp. XI, 649.

Scis quid egerit *Cæsar* in *Germania inferiore* contra *Hildesheimenses* [1], *Antverpiæ* item contra bonos et doctos quosdam quos ejecit [2]. Ut prohibuerit ne cibus detur aut hospitium infectis nova doctrina, sic enim vocat evangelicam. Ut *Coloniensem civitatem* corroborarit adversùs *Archiepiscopum* [3] : et tandem ut Evangelium ac evangelicos homines *Meti* nuper profligarit, misso in hoc legato *Carolo Boisot* J. Doctore [4], hoste nominis Christi truculentissimo : id quod re ipsa probavit satis : ejecit

---

[15] Le copiste a lu *Singulinum*. On lit dans le texte allemand : *Zwingels* Gericht.

[16] La copie ne porte ni signature, ni suscription. L'original est signé : *Martinus Luther D.*

Voici la traduction de l'adresse : A honorable, prudent Christophe Froschover, imprimeur à Zurich, mon bon et généreux ami.

A la fin d'août 1543, peut-être le 31, *Bullinger* écrivait à Mélanchthon : « Salvus sit Clarissimus Vir D. *Martinus Lutherus* unà cum choro isto piissimorum doctissimorumque isthic apud vos virorum, quibus me diligenter commendabis. » (Bindseil, p. 187.)

[1] Voyez le N° 1294, note 4.

[2] On trouverait peut-être les noms de ces personnes dans les ouvrages suivants, que nous n'avons pu nous procurer : J.-C. Diercxsens. Antwerpia Christo nascens et crescens. Antwerp. 1773, 7 vol. in-8°. — Chronycke van Antwerpen sedert 1500 tot 1575. Antwerp. 1843, in-8°. — Personen te Antwerpen in de 16° eeuw voor het seit van religie gerechtelijk vervolgd..... Publié dans *Antwerpsch Archievenblad*, années 7-14. (Communication obligeante de M. le professeur A. Bernus.)

[3] Sleidan, II, 318, donne le résumé de cette lettre impériale du 9 août adressée à la ville de Cologne.

[4] *Juris Doctore.*

enim D. *Valtrinum Sylvium* (qui illic jussu senatus et plebis aliquandiu prædicavit Evangelium) non sine ignominia: vocavit enim hæreticum, qui vi intrusus a *Protestantibus*, prædicarit *Metensibus* horum dogmata[5]. De quibus et de *Coloniensi* palàm dixit, omnium impiorum et schismaticorum et hæreticorum esse pessimos[6]. Amputavit præterea linguam mulierculæ quæ invecta erat in missam Papæ veriùs quàm petulantiùs, et hæc pœna fuit ex gratia, nam sententia lata mergi debebat[7]. Hodie cum multis aliis exulibus *Argentinæ* moratur. *Articuli quos præterea statuit servandos,* tales sunt, ut ministrum Antichristi et Satanæ non obscurè intelligas[8].

Talem hostem ergo cum in *Germania* habeamus cum exercitu sævissimo[9], quid non ad pacem omnibus viribus laboramus, potiùs quàm ad discordiam? Obliti, credo, sumus Deum pacis esse Deum, non dissensionis. Hoc enim si recto consideraremus animo, non dubium est quin, postquam evangelium ejus profitemur, à nostris affectibus cessantes, paci nos devoveremus. Oremus simul itaque, et imploremus Dominum, ut is finem contentioni tandem inveniat, postquam in nobis nihil ejus reperiri licet. Ille adsit, quæso, verbo et ecclesiæ suæ. *Pergere dicitur Archiepiscopus Coloniensis planè sine terrore, similiter et Monasteriensis in proferendo Evangelio quàm latissimè.* Dominus adsit. Omnia præterea nunc versantur in consultando, ut videlicet in annum futurum, Satanæ frænis permissis, omnia misceantur. Equidem dico: Domine, fiat voluntas tua! Vale in Christo cum piis fratribus omnibus. Basileæ 23. Novembr. Anno 1543.

Os. Myconius tuus.

[5-6] Il est vraisemblable que *Myconius* avait eu sous les yeux la lettre du Strasbourgeois anonyme (N° 1298).

[7] On ne trouve aucune mention de ce fait dans les Chroniques messines.

[8] Allusion à l'édit du 13 octobre (Cf. l'appendice du N° 1300).

[9] Cette armée était, en majeure partie, composée d'Italiens et d'Espagnols.

1314

JEAN STURM à Jean Calvin, à Genève.

De Strasbourg, 25 novembre (1543).

Autographe. Bibl. de Gotha. Calv. Opp. XX, 373.

S. P. Credo me fore μακρόβιον, quia juveniles in me sunt adhuc et cogitationes et sententiæ, quod genus cum lætitia semper conjunctum est. *Vetus jam nostra est benevolentia : multæ in te sunt causæ non solùm amoris, verùm etiam observantiæ.* Taceo de doctrina, ne adulari videar : de tua fide, constantia, autoritate et fortitudine in religione, et cum hæc summa sint et ferè consecrationem mereantur, tamen, ut olim Romani cineribus et ossibus parentum, ita ego delector *epistola tua*[1] et ipso genere defensionis, quòd partem culpæ in te recipis, quæ mea est tota et solius. *Faciamus igitur, ut nominum, ita nostræ benevolentiæ novas tabulas*[2], quas ego à te accipiam, ut si quid committam in te negligentia aut perfidia, stare velim tuo judicio et pœnam abs te æstimari. Fortassis ludere me putas : loquor seriò, etiamsi verbis loquar alienis[3]. Scio qui sis et memini nostræ amicitiæ, ut ex tui memoria et voluptatem capiam et consiliorum meorum confirmationem. Vale. Argentorati, 25 Novembris (1543).

JOAN. STUR.

(Inscriptio :) Ecclesiæ Genevensis pastori et patri D. Joanni Calvino amico observando.

---

[1] Lettre perdue. C'était probablement la première que *Jean Sturm* eût reçue de *Calvin* depuis que celui-ci avait quitté Strasbourg, vers le 19 août précédent.

[2] C'est-à-dire : Puisque ma dette de correspondant est acquittée, ouvrons entre nous un nouveau compte de l'amitié. *Calvin* faisait évidemment allusion à ces paroles de *Sturm*, quand il lui écrivait, vers la fin de juin 1544 : « Ego *novas tabulas* hac lege recipio et vicissim consigno, ut veterum memoria non intercidat, neque fides ac vigor aboleatur. »

[3] Le passage qui se trouve plus haut (*Faciamus..... novas tabulas*) est partiellement emprunté à un auteur classique.

1315

LE CONSEIL DE BERNE à P. Viret et à André Zébédée.
De Berne, 30 novembre 1543.

Inédite. Minute originale. Archives de Berne.

L'ADVOYER ET CONSEIL DE BERNE, Honnorable, sçavant, nostre chier, bien aymé Pierre Viret, prédicant de Lausanne, Andree Zebedeo, prédicant d'Orbaz, Salut.

Nous sumes advertis de certains articles, ces jours passez, *traictez et disputez en une congrégation à Neufchastell, et que lhors y soyés estés présent*, et (peult estre) consentissant aulx dictz articles[1] : laquelle chose pour plusieurs raysons et conséquences havons mise en délibération de nostre Grand Conseil[2]. Dont ne fauldrés vous trouver par deça, ce jeudy huictiesme de Décembre prochain, au giecte[3], pour, vendredy après, ouyr et entendre ce qu'avons délibéré vous dire. Vous mandans et commandans debvoir apourter avec vous et nous faire foy d'ung vray parfait double des lettres par vous et vous adhérans escriptes aulx *Ministres de Montbelliard* prélibés[4]. Car tel est nostre voulloir. Datum ultima Novembris 1543[5].

---

[1] C'étaient les articles sur lesquels la Classe de Montbéliard avait consulté les pasteurs neuchâtelois (N° 1291).

[2] Le Conseil des Deux-Cents ou des Bourgeois.

[3] C'est-à-dire, *au gîte*, à Berne. Les Bernois convoquaient habituellement leurs sujets pour la veille du jour où ceux-ci devaient comparaître devant les Conseils de Berne.

[4] Le gouvernement bernois s'était imaginé que *Viret* et *Zébédée* méditaient des innovations dans les cérémonies ecclésiastiques. On sait, au contraire, que ces deux pasteurs s'étaient occupés, à *Neuchâtel*, des cérémonies imposées à l'église du Montbéliard, et qu'ils en avaient, d'accord avec *Calvin*, nettement désapprouvé quelques-unes (Cf. le N° 1303, renvois de note 12-14).

[5] Ce même jour, *Simon Sultzer* parut devant le Conseil des Deux-Cents, et il expliqua longuement « l'affaire des 8 articles discutés à *Neuchâtel*. » Il fut aussi question des dix thèses de lui qu'on avait répandues dans le canton

1316

ANTOINE FUMÉE[1] à Jean Calvin, à Genève.

(De Paris, novembre ou décembre 1543[2].)

Mscrit orig. Bibl. Publ. de Genève. Vol. n° 110. Cal. Opp. XI, 645.

A quo tempore cessavi ad te scribere, vir ornatissime, binas accepi tuas litteras : priores circa kalendas septembres, quibus multa de *tua in Methensem agrum profectione*[3], quæ jam omnia ex aliis inaudieram, posteriores his proximis diebus cum *duobus tuis libellis* accepi : quorum omnium beneficiorum nomine tibi gratias habeo. *Alter ex libellis* jam antea factus erat communis omnibus amicis, *illum dico quem optas ut me bene pungat*[4]. De quo quid nostrorum magna pars sentiat, deinde quid ego quoque dicam, *putant plerique*[5] *miserrimum id esse quod predicas. Te inclementem ac durissimum afflictis esse conqueruntur : hec te illic facilè et predicare et monere posse, qui si hîc sis aliter fortè sentires*[6]. Denique jam alterius ex vestris consilium de hac re

---

de Berne, à la suite du synode neuchâtelois. (Cf. Ruchat, V, 225-226. — Hundeshagen. Die Conflikte, etc., p. 180.)

Au 29 novembre, on lit dans le procès-verbal du Petit Conseil : «Maitre Simon Sultzer a traité des articles de Neuchâtel, *de baptismo mulierum, precibus meridianis, viatico cœnæ Domini, exequiis, festis Apostolorum,* etc., et il les a lus devant mes Seigneurs. Et il a demandé, [qu'ayant égard à] ce qui s'est réellement passé, on prît en bonne part ce qu'il a fait dans cette occasion. » (Trad. de l'all.)

[1] Voyez, sur *Antoine Fumée*, le N° 1191, n. 1, et le N° 1226 (VIII, 228, 338).

[2] Cf. pour la date les notes 3, 4, 6, 9.

[3] *Metz* était le but du voyage, mais *Calvin* dut s'arrêter à Strasbourg (juin-août 1543).

[4] *Fumée* veut parler de l'opuscule intitulé : « Petit traicté monstrant que c'est que doit faire un homme fidèle... » (p. 20, n. 22.) Voyez la note 6.

[5] Le secrétaire de Fumée avait d'abord écrit *plerumque*.

[6] *Calvin* répondit à cette objection par son livre intitulé : « EXCVSE DE | JEHAN CALVIN, A | MESSIEVRS LES NICO- | demites, sur la com-

expectatur[7]. Ego verò longè antequam hec scriberes, in iisdem versabar angustiis, neque illis remedium ullum sperabam. Sed de ea re multa habeo que scribam. Habebis propediem longiores literas, quibus que coram te dicere per occasionem speraveram[8], abundè audies. *Ille* ergo *tuus libellus multis etsi invitis utilitati erit, alter delectabit*[9].

Cœterùm *hic bonus vir*, cum magno academiæ vestræ desiderio teneretur, meas ad te litteras commendatitias efflagitavit, quas homini studioso multisque nominibus mihi commendato denegare non potui. Peto igitur à te etiam atque etiam ut hunc meum amicum tibi quoque amicum adjungas. Quando id ille tantopere affectat, facias velim ut ille te benigno familiariter uti possit. Non erit ille tibi oneri. Audies illum et capies non gravatè, ut spero et confido, et de cœteris rebus de quibus ille te adibit cum illo amicissimè mea caussa transiges. Fac, inquam,

plaincte | qu'ilz font de sa trop | grand' rigueur. | (Marque de Jehan Girard: Une épée tenue par une seule main. Devise: NON VENI PA- | CEM MITTERE, | SED GLADIVM.) AMOS V. | *Odio habuerunt corripientem in porta, & lo-* | *quentem recta abominati sunt.* | 1544. | (Petit in-8°. Signatures: A 2 — D 8 recto.)

L'auteur débute ainsi: « Quand on allègue ces proverbes de Salomon, que la correction ouverte est meilleure que l'amour cachée, et que le chastiment d'un amy est bon et fidèle, il n'y a nul qui ne s'y accorde. Mais quand ce vient à les practiquer, il n'y a nul qui y veuille mordre. *Je dy cecy, pour ce que j'ay escrit un traicté où je remonstre, qu'un homme fidèle conversant entre les papistes, ne peut communiquer à leurs superstitions, sans offenser Dieu.* Ceste doctrine est claire. Je l'ay prouvée... Toutesfois il y en a d'aucuns qui me trouvent trop rigoureux, et qui plus est, se plaignent de moy, à cause que je les traicte trop inhumainement... »

[7] Nous ignorons si *Bucer* ou *Mélanchthon* avait déjà été pressenti par quelques Évangéliques français.

[8] *Fumée* avait donc espéré, mais en vain, une mission qui lui aurait permis de passer par *Genève*.

[9] C'est le traité des *Reliques,* qui eut tant de succès. Il est intitulé: ADVERTIS- | SEMENT TRESVTI- | le du grand profit qui reuien- | droit à la Chrestienté, s'il se fai- | soit inuentoire de tous les corps | sainctz, & reliques, qui sont | tant en Italie, qu'en France, Al- | lemaigne, Hespaigne, & autres | Royaumes & pays. | *Par M. Iehan Caluin.* | IMPRIME A GENEVE, | par Iehan Girard. | 1543. |

(Petit in-8°. Signatures: A 2 — G 7 verso, p. 110. Le feuillet G 8 est blanc.)

oro, ut ille hanc meam commendationem non vulgarem esse sentiat[10]. Vale. Dominus Jesus te conservet ecclesiæ suæ incolumem. Scripsit

Tuus CAPNIUS.

(Inscriptio :) Dno Domino Passellio.

1317

JEAN SINAPIUS[1] à Jean Calvin, à Genève.

De Ferrare, 6 décembre 1543.

Autogr. Bibl. Publ. de Genève. Vol. n° 112. Cal. Opp. XI, 655.

S. P. Cur minùs exoptatissimis tuis literis, vir gravissime, decimo sexto cal. Aprilis à me acceptis, ilico ut par fuit et studium erga te meum exigebat, responderim, in causa fuit non quidem mea negligentia : qui singulas tuas (ut sanè merentur) meis binis ac ternis pensare (si pensandi aliqua ratio esset) cupiam. Verùm *uxoris*[2] primò puerperium, deinde nunciorum penuria, paulo post usque huc assiduus morbus obstitit. Affligor enim permissu Domini febribus epidemicis, quæ bis me ad mortis discrimen, tanquam ad aciem, ut dici solet, novaculæ, adegerunt, ab initio Quintilis in præsentem usque diem : haud dubiè non evasurus, nisi piorum precibus adjutus : quorum cum tu antistes es, opem tuam diligenter imploro, ut tu quoque, si Domino placeat hunc calicem à me avertere, mecum ores ut fiat voluntas Domini. Cæterùm *uxor* et *filiola* (cui quinto demum anno[3] et velut divinitus datæ, *Theodoræ* nomen indidi) satis bene valent. Familia reliqua fer.[4], ut ego. Quæ in[5] literis ad

---

[10] C'était peut-être *Nicolas des Gallars*, de Paris, reçu ministre à Genève le 4 août 1544. (Voyez le P.-S. de la lettre du 18 juin de cette année-là.)

[1] Voyez, sur *Jean Sinapius*, les Indices des t. IV-VIII.

[2-3] *Françoise Boussiron*, que Sinapius avait épousée en 1538, à *Ferrare*.

[4] La fin de ce mot a été grattée. Nous supposons qu'il y avait d'abord *ferr.* ou *ferrar.* L'édition de Brunswick a *fere*.

[5] Dans l'édition de Brunswick : Quæ *tu* literis.

κατηχουμένην tuam⁶ vereris περὶ τοῦ αὐτοκράτορος, pridem timeri à principibus nostratibus ex scolaribus quibusdam audieram⁷. Deus, in cujus manu corda regum sunt, det afflictissimæ ecclesiæ suæ pacem!

Bene vale, atque si potes, frequenter ad nos scribe. Saluta verò plurimùm verbis renatum velut τῇ πειθαγορικῇ μετεμψυχώσει *Maronem*⁸ ex Mantuano quondam, *nunc vestrum factum.* Nec non, si molestum non est, *Cælium Secundum,* ad quem scripsissem si quid certi de rebus ejus mihi constitisset⁹. Interim ad eundem has literas *Basilæam* transmittendas, nisi melior aut prior tibi se offerat mittendi occasio, perferri quæso cura. Pudet quidem me hujus appendicis, sed voluntas in gravioribus et tibi et ipsi serviendi me impellit, ut frontem perfricem et id oneris amicis imponam, ubi tamen commodè id fieri poterit: aliter enim nolo. Iterum vale, vir integerrime. Salutat iterum te tuamque γνήσιον σύζυγον *uxor mea,* quæ nudius tertius ipsa

---

⁶ « Votre catéchumène » désigne probablement la femme de Sinapius ou Madame de Pons (Anne de Parthenay, VIII, 180).

⁷ Ces étudiants lui avaient appris que les princes protestants craignaient des entreprises de l'Empereur contre les églises évangéliques.

⁸ Les éditeurs des *Calvini Opera* croient qu'il pourrait être ici question du poète italien *Marcellus Palingenius,* l'auteur du *Zodiacus vitæ.*

N'est-il pas plus naturel de penser que Sinapius a été séduit par la ressemblance du nom de *Virgilius Maro* avec celui de *Marot,* et que le Virgile de Mantoue lui a rappelé le Virgile de la France, *Clément Marot,* dont il pouvait dire en vérité: *nunc vestrum factum?* Non-seulement il habitait *Genève* depuis plus d'un an (VIII, 218, 219), mais il paraissait devoir s'y fixer pour longtemps. Citons, à ce propos, un passage du Registre du Conseil, du 15 octobre 1543: « Le Sʳ *Calvin* a exposé, pour et au nom de *Clément Marotz,* requérant luy faire quelque bien, et il se perfo[r]cera de amplir *les Seaulme[s] de David.* Ordonné de lui dire qui prengnent passience par le présentz. »

⁹ Sinapius ne dit rien des quatre enfants que *Curione* avait laissés en Italie, au mois d'octobre 1542 (VIII, 162). Peut-être quelques-uns d'entre eux avaient-ils été amenés à *Lausanne* en 1543. Mais la cadette de ses filles, Dorothée, âgée de quelques mois lors du départ de ses parents pour la Suisse, était demeurée à Lucques, où elle fut élevée par les soins de deux matrones aussi pieuses que charitables. Elle était visitée de loin en loin par *Aonio Paleario,* ami de son père (VIII, 261). *Curione* reçut de lui, en 1552, le portrait de cette fille, qui ne devait pas revoir ses parents. (Cf. Jules Bonnet. Récits du seizième siècle, 2ᵐᵉ édition. Paris, 1875, p. 261.)

quoque scripsit[10]. Ex aula τῆς πάνυ. Ferrariæ VIII eidus decembris. MDXLIII.

Joannes ὁ Σινήπιος ὁ σός.

(Inscriptio :) Integritate, doctrina et eruditione summo viro Domino Joanni Calvino, Genevensium Ecclesiastæ, Amico suo, bene merito.

1318

PIERRE TOUSSAIN à Guillaume Farel, à Neuchâtel.

De Montbéliard, 10 décembre 1543.

Inédite. Autogr. Communiquée par M. Henri Lutteroth.

S. Haberem multa quæ ad te scriberem, sed nuntius dicit se ad iter accinctum esse. *De Metensibus* nihil dubito quin scias quo in loco sint res illorum. *Edictum illic vulgatum ad te mitto*[1], si fortè non vidisti. *Fratres continent se ut possunt, ac suspirant sub illa Tyrannide, proximum diem Comitiorum magno desyderio expectantes*[2]. Nec dubito quin Dominus sit illis brevi adfuturus.

Nos super Ecclesiastica ordinatione Wirtembergensi quæ nobis obtruditur[3], *multas quoque ecclesias Germanicas consuluimus*[4], *quæ in vestra ferè sunt sententia,* nec putant ob hanc nobis cum

[10] On ne possède aucune des lettres de *Françoise Boussiron* à Calvin.

[1] Cf. l'appendice du N° 1300.

[2] La diète qui devait s'ouvrir à *Spire*. Les chefs des Évangéliques messins, se fondant sur les requêtes aux magistrats de la ville, que leurs correligionnaires avaient fait imprimer, demandèrent à *Charles Boisot*, avant le 13 octobre, qu'on voulût bien leur laisser la prédication de l'Évangile jusqu'à l'arrivée de l'Empereur à *Spire*, « parce que (disaient-ils) c'était à la Diète de prendre légalement une décision touchant le différend religieux. » Boisot leur répondit que leur demande n'était pas raisonnable (Rahlenbeck, o. c., p. 92).

[3] Voir t. VIII, p. 408, le titre de ces ordonnances ecclésiastiques.

[4] Nous ne connaissons pas ces réponses des églises allemandes. Si la lettre de *Bullinger* du 22 novembre 1543 (N° 1312) eût été adressée à *Toussain*, ou à l'un de ses collègues, le style en serait plus direct; l'écrivain aurait fait quelque allusion au duc *Christophe* et fini par donner des conseils pratiques.

Principe et suis pertinaciter contendendum esse, quum nihil in ea videant (ut scribunt) à pietate alienum, nec nostras excusationes admittat *Princeps Ulrichus*, sed eam velit hîc quoque observari: ut *unico de obstetricum Baptismo excepto articulo*[5], reliquos cum ea qua potuimus moderatione ac ædificatione admiserimus. Nam certum est hîc quosdam, hac ordinatione, hujus ecclesiæ dissipationem quæsivisse, ut inter nos commissi, proque his externis adversùs Principem contendentes, vel ejiceremur, vel ultro abiremus. Adhæc *Dux noster Christoforus* nobis rediit, quem adserunt sui, *Electoris Brandenburgensis filiam* in uxorem duxisse, aut saltem illam ei desponsam esse[6]. Vale in Domino, et mihi *Capunculum* cæterosque fratres diligenter saluta. Raptim Mombelgardi, 10 Decemb. 1543.

Tuus P. Tossanus.

(*Suscription :*) A Mᵉ Guillaume Farel, mon cher frère et amy[7].

1319

GUILLAUME FAREL à Jean Calvin, à Genève.

De Neuchâtel, 15 décembre 1543.

Autogr. Bibl. des pasteurs de Neuchâtel. Cal. Opp. XI, 656.

S. *Per Christophorum*[1] *accepi, opus tuum jam penè absolutum et excussum*[2], *teque partem librorum tuo nomine expresso, aliam tacito edere*[3]*:* quod consultò factum, faciet ut commodiùs currat et legatur opus. Si tuum nomen apud *Cæsarianos* et *Ordines*

---

[5] N° 1291, note 11. — [6] N° 1302, note 15.

[7] En tête, note marginale de Paul Ferry : « 10 déc. 1543. »

[1] *Christophe Fabri*, pasteur à Thonon.

[2] *Supplex exhortatio ad invictiss. Cæsarem.* (Voyez le titre, N° 1300, n. 11.)

[3] L'exemplaire que nous avons sous les yeux ne porte pas le nom de l'auteur. On a vu, t. VI, p. 247, que dans la deuxième édition de l'*Institutio Christiana* (Argentorati, 1539), l'imprimeur avait fait composer deux titres différents: l'un pour la Suisse et l'Allemagne, avec le nom de *Calvin*; l'autre pour la France, avec le nom d'*Alcuin*.

Imperii potest aliquid operi conciliare favoris, servient libri cum tuo nomine : si invidiæ aliquid pariant, alii vitabunt, sed in tempore dispiciendum erit : quod te existimo cum *Bucero* jam tractasse. Christus ut in labore adstitit absolvendo, ita in successu et fructu laboris[4] !

Quæ fratribus tuo et collegarum nomine proposui, quàm gratissima fuerunt[5]. Tantùm quod *Campinellum*[6] attinet, *Capunculo* non adeò fuit gratum. Voluissent ea aliqui literis indicata. Gratias tibi agunt et fratribus, et petunt quod vos petitis : crebras fieri à vobis admonitiones. Cum multa non sine stomacho diceret *Capunculus* et cœtum detineret, demandata mihi fuit provincia cum quatuor illis qui *decano* adesse debent[7]. Audivimus hominem, qui tandem dixit, se velle omnia *Aneti*[8] ut bona fide pauperibus dentur : et cum *Thomas*[9] suaderet ut *istic* aliquos deligeret, qui omnia apud *Campinellum* componerent, hic me et *Thomam* delegit. Et quamvis diceremus, expedire magis ut istic aut in loco vobis[10] viciniore quos vellet eligeret, licet non valdè ipsum ad hoc impellere tentaverimus, noluit[11] in sententia perdurare. Fratres itaque voluerunt ad vos scriberem *Capunculum* nolle impedire quo minùs juxta testatoris voluntatem fiant omnia, et in hoc provinciam nobis dedisse. Deligat *alter* quos volet, omniaque inventario notentur, ipse quæ habet producet, et quod decretum fuerit sequetur. Et ut sumptus vitentur, si deligeret *Fatonum*[12] vel ejusmodi pios alios, missis omnibus quæ vult, daretur opera negocio componendo. Dispicite inter vos, quæ via commodior fuerit, et quid vos velitis indicate.

[4] Les éditeurs des *Calvini Opera* (t. VI, Prolegom. p. XXVIII) apprécient ainsi le livre récent du Réformateur : « Libellus et ab argumenti gravitate et à stili elegantia præ cæteris commendandus. Qui, postquam plurimæ illæ controversiæ, quæ sæculo decimo sexto theologorum calamos exercuerant, dudum placidè compositæ sunt, vel etiam oblivione sepultæ, hodieque lectu dignissimus est, et Nostro inter illius ætatis scriptores, etiam si præterea nihil edidisset, nomen præclarum conciliaret. »

[5] Allusion à une lettre de Calvin qui n'existe plus.

[6] *Edme Champereau*, pasteur à Genève.

[7] Ceux qui, dans le Pays de Vaud, s'appelaient *les jurés* de la Classe.

[8] *Annet Bussier*. Cf. le N° 1277, note 6.

[9] *Thomas Barbarin*, pasteur à *Boudri*, comté de Neuchâtel.

[10] Éd. de Brunswick, *nobis*. — [11] *Voluit* semble moins naturel.

[12] Pasteur à *Colombier*, près Neuchâtel.

Viretus causam dixit[13], ut puto te rescire, sed lætum dedit exitum Christus. Mirè me recreavit spe pacis, quam optimam scribit esse[14]. *Legati*[15] *qui Basileam iverunt,* dum mihi gratias agunt et se meis literis[16] adjutos aiunt, et velut obsequium magnum fatentur, data provincia uni ex civibus, ut istorum nomine me salutaret et gratias ageret, — potes conjicere quàm sibi et mihi prospiciant apud eos quibus hoc tantùm petitur, ut noceant : quos ego vellem literas vidisse et quicquid scribo. Crederem eos sanctis hortatibus ædificandos, ubi dum intelligunt scriptum esse et nesciunt quid habeant literæ, offenduntur. Cuperem offensionem vitare : ad quod contulisset non jactatas fuisse literas. Ut videbis expedire commonefacies eos. De *sponsa Alexandri*[17] audies. Ferunt te nuptiis adfuturum, ad quas adigor[18]. Vale cum tuis omnibus, *uxore* et *Judith*[19]. Cupio scire nepos an neptis tibi sit[20]. Si venerit *frater* et *istius socer*[21], totam saluta Domum, *Genestonum* cum conjuge, pium *Bernardinum* et suos omnes, collegas tuos omnes, non præterito *Abelo*[22]. Cupio *Senatum* sanctè pergere et in Domino valere.

---

[13] On lit dans le Manuel de Berne du 8 décembre : « *Zebedeus* et *Viretus* se justifient au sujet de l'affaire des *articles néopapistiques* de Neuchâtel, et de leur réponse envoyée à *Montbéliard*, réponse qui est de même teneur que celle de *Calvin*.

Sulcerus est chargé de leur dire, qu'avec de pareilles consultations et avec leurs complaisances pour des innovations étrangères et pour ces articles contraires à notre Réformation, ils auraient bien mérité de perdre leur charge. Toutefois, pour gain de paix et de tranquillité, mes Seigneurs veulent leur pardonner. Mais ces pasteurs ne doivent absolument pas faire mention de ces articles dans leurs États, sous peine d'être destitués. » (Traduction libre de l'allemand.) Cf. le N° 1321, renvois de note 11-14.

[14] Lettre perdue, écrite par *Viret*, à son retour de *Berne*.

[15] Les députés qui étaient partis de *Genève* le 14 novembre (N° 1311, n. 2).

[16] Lettre écrite par *Farel* à l'un de ses amis de *Bâle*, pour lui recommander les deux députés genevois prémentionnés (note 15).

[17] *Alexandre le Bel* (Indices des t. III-VII) ou *Alexandre Sedeille*, professeur à l'École de *Thonon* (t. IV, VI, VII) ou encore le chirurgien *Alexandre Charles*, de Chambéri, reçu bourgeois à Genève le 14 mai 1543 ?

[18] Édition de Brunswick, *adigar*.

[19] Elle était née du premier mariage de la femme de Calvin.

[20-21] Il veut parler d'un enfant d'*Antoine Calvin*. Le beau-père de celui-ci était *Nicolas le Fer*.

[22] *Matthieu de Geneston, Bernardino Ochino* et *Abel Poupin*.

Tibi omnes et symmystis salutem dicunt. Neocomi, 15 Decembris 1543.

Tuus totus FARELLUS.

(Inscriptio:) Christi servo Joanni Calvino, pastori ecclesiæ Genevensis doctiss. et non minùs pio. Genevæ[23].

1320

JEAN CALVIN à Guillaume Farel, à Neuchâtel.

De Genève (23 décembre 1543).

Autogr. Bibl. Publ. de Genève. Vol. n° 106. Cal. Opp. XI, 658.

Quòd seriùs aliquanto ad vos revertitur *Enardus*[1], ego sum in causa. Retinui eum circiter quinque dies dum redirent *legati*[2]. Retulerunt non contendere *Bernates* quin expungant *arbitri* particulam quæ nos malè habebat : nempe *in urbe*[3]. De aliis etiam satis mite et moderatum responsum, nisi quòd *de novis fœderibus faciendis postulato nostro non consentiunt*[4]. *Unus ergo hic nodus restat.* an resignare jus suum velint nostri simpliciter : cui jam certa lege renunciaverant : nempe ut relaxarent *Bernates* quod facere detrectant. Si consilium meum valebit, acta res est. Sed vereor ne ultra vires more nostro feroces simus. Brevi audies, quorsum res ceciderit. *Vestis apud me est*[5],

---

[23] La lettre a été cachetée avec le sceau de *Christophe Fabri*.

[1] *Eynard Pichon*, pasteur à Cortaillod (N° 1275).

[2] Les députés genevois qui étaient partis pour Bâle le 14 novembre.

[3] A comparer avec le N° 1283, notes 6-7.

[4] *Les Bernois* voulaient absolument maintenir, dans le traité de paix, la condition que *Genève* ne ferait aucune alliance sans leur consentement (Cf. Roget, o. c. II, 106).

[5] Cf. le N° 1311, note 6. Les passages suivants du Registre de Genève sont ici à leur place: Lundi 26 novembre 1543. « M⁺ *G. Farel*, prédicant. Lequel est venuz en pouvre habillementz, et que l'on az commandé de luy en fère une semblable à celle de M⁺ *Calvin*, ce qu'a esté bien faict et commandé de la poyer. Et aussi de arregarder de soudyer [c.-à-d. d'adjoindre] le d. maistre *Guillaume* et à Mons⁺ *Calvin*. » — Mardi 27 novembre. « M⁺ *Guill⁺ Farel*. Lequel a esté icy en faisant plussieurs remonstrances

donec reperiatur qui ferat. Bene factum quod recusasti, sed *nunc honestè accipere poteris.* Nihil præterea novi quod non referre *Enardus* possit. Vale, frater in Domino chariss. Dominus te conservet. Saluta fratres et amicos. Genevæ.

J. CALVINUS tuus.

(Inscriptio :) Fideli Christi servo Guillelmo Farello, Neocomensis ecclesiæ pastori, fratri mihi chariss.[6]

1321

PIERRE VIRET à Jean Calvin, à Genève.

De Lausanne, 25 décembre 1543.

Autogr. Bibl. Publ. de Genève. Vol. N° 111a. Cal. Opp. XI, 658.

S. Sicut ansa ansam trahit, sic mihi ex negocio nascitur negocium. *Cum Berna reversus sum*[1]*, suborta est mihi cum nostris nova litis occasio, adeò ut vocatus sim in jus pridie feriarum Nativitatis,* sed nondum causa audita est coram judice. Quis autem fons hujus litis sit, paucis accipe, deinde quid *Bernæ* actum sit audies. *Veteres nostras querelas de scortationibus et adulteriis impunitis, non ignoras. Conquestus sum aliquando pro suggestu, in publica concione,* quòd tam leprosi essent ut nihil sentirent prorsùs, adeò ut viderentur obstupuisse. *Sæpe multa dixi, magna libertate, et invectus sum acerrimè in publica vitia et omne hominum genus, nemini parcens. At semper muta*

---

de [bien] vivre les ungs avec les aultres, et de maintenir bonne justice et aussi de avoir la parolle de Dieu, etc. Et en après lui az esté prié qui plaise qui face sa résidence icy : ce que il az dict qui ne le povoyt faire par le présent, car il failloyt qui suyvir sa vocation ; més quant au reste, qui sera tousjours serviteur de Messieurs et desirera leurs bien et honeur. Et quant à une robbe que luy avoyt esté donné, qui[l] remercie Messieurs, et qui n'en az point de besoings. Ordonné qu'elle luy soyt bailliez et le prier de prendre les choses à la bonne part. »

[6] Calvin n'a pas noté la date, mais *Farel* a écrit sur l'adresse : « 23 decembris 1543. »

[1] Vers le 12 ou le 13 décembre.

omnia. Nemo mihi verbum faciebat, et si animo ringerentur. Non deerant aculei acutissimi, sed frustra, donec propiùs ad rem ventum est.

Curavimus, autoritate Consistorii, additis etiam cum senatoribus Consistorialibus, Civium Magistro et è secretiori senatu præcipuis, scorta duo in carcerem detrudenda, alterum quòd jam in exilium relegatum fuerat, redierat tamen in urbem, et domi apud matrem pristinum lupanar denuò erexerat, idque jam ante menses aliquot. Id nos non latebat, sed nemo curabat. Alterum nobis venerat in suspicionem malis artibus procurati abortus, nec deerant conjecturæ et argumenta. Nam in Consistorium vocata lupa, etsi venter valdè intumuisset, ac omnium judicio gravida censeretur, negavit tamen impudentissimè se esse gravidam. Quid hîc agas? Puerperium expectandum est. Vetatur urbe excedere, aut aliquò se recipere ante tempus præscriptum. Expectamus tempus. Uterus apparet detumuisse, certissimis notis, et longè alius quàm priùs. De puero nihil rescire possumus, donec insperato quodam miraculo in aures nostras pervenit quid accidisset[2], idque eorum nuncio qui, in castris regiis, audiverant ab iis qui cum scortis illis habuerant commercium[3], quibus explorata erant omnia, quique ob præclara sua facinora non audent urbem intrare. Vides ut veritas latere non possit. Audimus abortiisse post balneum, scortum, et, ut verisimile est, balneo procuratum abortum. Puer vivusne an totus mortuus editus sit in lucem, non satis constat: sepultum constat.

Alterum quoque scortum abortivos ferè semper ediderat, non sine eadem suspicione. Anxii sumus quid sit agendum. Si rem aperimus toti Senatui, metuimus ne nobis accidat quod aliàs. Nam dum querimur de scortis, et indicamus ubi sunt, quæruntur quidem, et iis interdum hoc munus committitur qui fovere creduntur. Atque ita fit ut non inveniantur quæsita, à genio quopiam priùs monita. Non enim quæruntur nisi ubi inveniri non possunt, et priusquam liceat manum injicere, multis opus est ceremoniis, ut caveatur ne quas vocant *urbis libertates et privilegia* violentur. Postquam autem frustra quæsita non sunt in-

---

[2] Première rédaction: *quod acciderat.*
[3] Dans l'édition de Brunswick: *commercia.*

venta, culpa omnis rejicitur in ministros, qui ad levissimum quemque rumorem facilè tumultuantur et incandescunt.

Curavimus itaque secretiùs hoc tractari negocium, quòd suspicaremur aliqua ex parte rem pertinere ad quosdam, qui si audirent hac de re deliberari, fortè à consuetis artibus non destitissent. Placuit ergo Consistorio rem intra paucos contineri, ut priùs dixi. Horum consilio, inter quos non defuerunt aliquot cordati viri, jussus est viator ingredi scortorum ædes, et in Consistorii carcerem primùm detrudi, prætextu scortationis et adulterii, quorum convicta satis constabat : deinde, si quid esset aliud inquirendum, magistratus civilis suas partes ageret. Sic res peragitur.

Ubi hic rumor pervenit ad aures scortatorum et adulterorum quorundam, dictu mirum quas querelas, quas minas audivisses. Queruntur violata civitatis jura. Sodalitas quam vocant Abbatiam[4], *quæ se dignos habet monachos, scilicet juventutem, et præsertim qui sunt insolentiores, convocatur.* Jubetur populus convenire ad concilium maximum. Pulsatur, convenitur. Conjicis, opinor, quibus argumentis, qui præcipui erant fabulæ actores, plebem dementarent, prætextu libertatum. Non potuerunt tamen assequi quod cupiebant, sed plus sunt assecuti quàm oportuerit. Liberata sunt scorta. Alterum, quod priùs exulaverat, renovato exilio ablegatum est : alterum domi est. Postquam hæc acta fuissent, ego probè gnarus omnium, *dominico die proximo*[5], cum se opportuna offerret occasio, *inter alia descendi in hoc argumentum. Perstrinxi acerrimè duces istos et autores istarum turbarum, qui prætextu suarum consuetudinum, vellent nobis pestes in urbe fovere.* Admonui populum ut diligenter attenderet quos sequeretur. Ut paucis absolvam, talis fuit mea oratio, ut bonis omnibus audiam valdè placuisse, sed malis non minùs displicuisse. *Senatui non fuit ingrata oratio, at paucis Thrasonibus valdè molesta, inter quos primas tenet Jacobus Pratoromanus*[6], *qui cum conjuratis aliquot me, à prandio è catechismo egressum, pro foribus templi aggreditur. Expostulant mecum de concione.*

---

[4] « » Voycz, sur *l'Abbaye des enfans de la Ville*, le t. VII, p. 144, 145. — Ruchat, V, 244, 245. — Hundeshagen, o. c. p. 183.

[5] Le dimanche 16 décembre.

[6] Cf., sur *Jacques de Praroman*, le t. VII, p. 245.

Conviciantur. Asserunt « se non esse Genevæ, nec effecturum quæ isthic solemus.[7] » Exprobrant « quòd laqueum velim collo ipsorum injicere et plæbem in ipsos armare, » quamvis admodum modesta fuerit oratio mea pro argumenti indignitate. Tandem eò res pervenit ut satelliti jusserint mihi diem dicere in crastinum, quo me juri sisterem, quòd gravissima injuria se affecissem. Prohibet tamen *Senatus* jus aperiri, qui *valdè gaudet hanc sibi oblatam occasionem dejiciendæ abbatiæ*[8]*, et graviter dolet tam indignis modis me tractatum ab illis.*

Eramus de Cœna administranda soliciti. Sed rebus omnibus Consistorio et Senatui communicatis et expensis, non potuimus tamen supersedere ab Cœnæ administratione, postquam autores hujus tragœdiæ se receperunt non adfuturos. Nam alioqui rejecti fuissent. Hactenus res processit. Expecto diem quo jus aperietur, nam aliquot diebus erit Justitium. Quod ad me attinet, nihil est quod carpere possint in tota mea oratione, nisi quòd se volunt magis prostituere. Facile mihi erit omnium reddere rationem, quamvis non decrevi in foro hanc causam agere. Comparebo tamen primo die, ut audiam eorum postulationem. *Nunc, si hactenus unquam, commoda se obtulit occasio redigendi in ordinem exleges istas et intractabiles feras, asserendi ministerii nostri et hîc erigendæ alicujus disciplinæ, præsertim in Consistorio et publicis moribus*[9]*. Nam etsi adversarii desistere velint*[10]*, non patiar tamen ita conculcari autoritatem ministerii, quæ pessum it, nisi ista insolens arrogantia reprimatur serio ac maturè. Alioquin me potiùs ministerio abdicaturus sum*, si quorum interest ut oportet non prospexerint. Cuperem tuum consilium, si scribere liceret, quamvis non possum totam historiam sigillatim narrare, de qua latiùs aliàs.

Quod autem ad peregrinationem Bernensem attinet, si quando per ocium licet coràm colloqui, exponam latiùs omnia. *Summa est : postquam intellecta fuit res ut gesta fuerat*[11]*, facilè compo-*

---

[7] On croyait dônc à Lausanne que les ministres étaient tout-puissants à *Genève.*

[9] Voyez ce que *Viret,* le 29 mai 1543, disait des Consistoires de Lausanne (VIII, 384, renv. de n. 6).

[10] Dans l'original *velim,* erreur de plume.

[11] L'affaire des cérémonies dans l'Église du Montbéliard (N° 1318, renv. de n. 3-5).

sita sunt omnia. Suspicabantur multi, ac etiam, opinor, persuasum habebant, *nos*[12] *conciliabulum*[13] *ex composito habuisse, ac decrevisse nostris ecclesiis eadem obtrudere.* Responsum fuit nomine utriusque Senatus, coram quo causa nostra acta est, quæ cum *Sultzero* cœpta fuerat[14], Principes boni consulere et in meliorem partem interpretari quod actum fuerat, auditis quæ nos movissent rationibus, quamvis priùs ita offensi fuissent, ut putarint dignos qui à nostro ministerio supersederemus. Ferè sensus erat responsi, additis etiam conditionibus ne quid hujusmodi nostro jure conaremur ecclesiis obtrudere, sed si quid desideraremus, admoneremus; Principes facturos quicquid justum foret; interea pergeremus in nostro ministerio, quo cœpimus pede. Addebat etiam *consul Diebascius* (nam neque *Vattevilius* neque *Negelinus* interesse voluerunt[15]) nobis mirum videri non debere si metuant Principes turbas, cum videamus quibus motibus quotidie turbentur, ministrorum causa. Non visi sumus nobis satis justam habere causam qua nos opponeremus responso, quòd non viderentur[16] præcludere viam ad meliora, sed tantùm[17] cavere ne quis sua sponte ac suo jure quicquam in ecclesia novaret : quod sanè non censemus faciendum. *Postquam admonendi locus relinquitur, et spes etiam nonnulla facta sit habendæ Synodi, non multùm sumus refragati.* Quamvis enim id *Consul* non dixerit de Synodo, nec verbum fecerimus, ex privato tamen quorundam colloquio qui hac in re multum possunt, deprehendi eò jam animos esse propensiores.

Consul Vattevillensis Villarii[18] erat, quem salutavimus euntes, quos secum prandere jussit et amicissimè excepit, rogavitque ut redeuntes illac iter faceremus[19]. Voluit autem à tota actione

[12] Première rédaction : nos *dedita opera*.

[13] Au synode de Neuchâtel du 30 octobre (N° 1303).

[14] Cf. sur la comparution de *Sulcer*, le 29 et le 30 novembre, le N° 1315, n. 5.

[15] Plus exactement, *Diesbachius*. — L'avoyer *J.-J. de Watteville* avait été convoqué pour la veille du 8 décembre.

[16] Édition de Brunswick : *videretur*.

[17] Ibidem, *tamen*. L'original porte l'abréviation de *tantum*.

[18] *Villars-les-Moines* (en allemand, Münchenweiler). Ce village bernois, qui possède un ancien château, est situé à une lieue de Morat.

[19] *Watteville* n'avait donc pas conservé de rancune contre *Viret*, accusé en janvier précédent de l'avoir censuré à Vevey (VIII, 238, 239, 244, 245, 258, 259, 506). Et le Conseil de Berne ne lui en voulait pas non plus;

abesse, quòd venisset in suspicionem nonnullis rem non ignorasse, quòd *Columbarii* tunc fuisset[20], et nos omnes cum eo collocuti. *Negelinus* primo die adfuit, sequenti abfuit. Forte licuisset nobis dicere plura in Senatu, si alium habuissemus consulem, scilicet[21] nos statim jussit loqui per interpretem, quòd negaret se posse nostra, ut oportet, germanicè reddere. Nam hoc impetravit a Senatu, ne cujusquam esset interpres Consul, sicut anno superiore mihi narrarat *Vattevilensis*.

Nescio an audiveris *de motu excitato in Beatum*, propter quandam concionem, in qua de *examine* meminerat[22], quæ valdè animos exasperarat, et causam nostram. Sed hac de re aliàs, et reliquis omnibus. Utendum est his quæ offert Dominus occasionibus, si meliores desint. Satis fuit hoc tempore animos sædare, parare ad meliora, sibi conciliare infensiores, et amicos in officio retinere, salva ministerii autoritate, quam non læsimus, nisi quid à nobis imprudentia peccatum est, quod non animadverterimus. *Audio a Christophoro Rippalliensem præfectum*[23] *dixisse nos veniam precatos,* si quid à nobis peccatum esset, et pollicitos nihil unquam tale facturos. Nescio quibus autoribus ista spargantur, aut quid nobis insciis dictum aut factum sit. Scio quid

car on lit dans le Manuel du 10 décembre : Écrire au bailli de Lausanne, que mes Seigneurs ont besoin de la maison de *Viret*, pour *le Collège*, et qu'il doit s'entendre avec ceux de la ville, afin qu'ils lui donnent une maison et la meublent des choses nécessaires. (A comparer avec le t. VIII, p. 854, n. 10-11.) [Gratifier] *Viret* de deux écus pour sa dépense chez l'aubergiste de Lausanne ; *Zébédée* aussi, et lui donner un écu.

Il faut que *Graffenried* et *Tillier* aident *Viret* au sujet d'un pré, et qu'ils en parlent au Bailli. (Trad. de l'all.)

[20] A comparer avec le N° 1303, renvoi de note 16.

[21] Il y a ici une abréviation, qui est ordinairement celle de *scilicet*.

[22] Le Manuel du 30 novembre relate cette affaire comme il suit : Mr *Batt* [l. Beatus Gerung] s'est justifié de sa prédication de la St-Martin [dans laquelle il a dit :] « Ceux qui ont parlé des *articles de Neuchâtel,* et qui ont attribué aux prédicants le dessein d'établir un nouveau papisme, sont des disciples du diable ; ils leur font tort et mentent impudemment. Ce sont des gens impies comme Achaz. » — C'est pourtant une chose notoire et facile à savoir, que ces articles sont contraires à la Dispute [de Berne] et qu'ils ont quelque ressemblance avec le papisme ; et personne n'a menti en les jugeant tels. (Trad. libre de l'all.)

[23] *Christophe Fabri*. L'intendant de Ripaille était *Matthieu Knecht*, élu le 29 juillet 1543.

dixerim et responderim, nescio quæ sint dictorum interpretationes. Rem ut habebat simplicissimè duntaxat exposuimus, et consiliorum nostrorum rationem : præterea nihil. Senatusconsultum noluimus detrectare, nec frustra novos motus excitare, et causam lædere pietatis, cum vix aliud possemus. Habes longam Iliaden et confusam, sed vix per negocia et tædia scribere licet.

De causa *Corneæ*[24] nondum potuimus aliud rescire. Dabo operam ut ex pharmacopola discamus aliquid, quamvis jam ferè intelligam ut res habuerit. Nam medicus est quidam in *Aquiliensi præfectura,* scilicet[25] qui magicis carminibus et id genus maleficis artibus abutatur, quo hic pharmacopola aliquando usus est. Fuit propter *illum magum*[26] gravis contentio *Tornacensi*. Proinde expedit ut ad nos etiam perscribas quid cum illo egerit, ut *Tornacensem* admoneamus et Principes. Saluta amicos. Nostri te omnes salutant, nominatim *Cœlius*. Vale. Lausannæ, hoc die Nativitatis. 1543.

Tuus P. Viretus.

Oblitus eram addere, *Sultzerum* gravissimo morbo laborare, cum *Bernam* appulimus[27] : quo factum est ut nobis adesse non potuerit. Cœperat tamen revalescere, priusquam rediremus.

(*Inscriptio :*) Doctiss. et fideliss. Verbi Dei ministro Joanni Calvino, fratri quàm chariss. Genevæ.

[24] La mère du syndic *Corne* (N° 1307, n. 12-14).
[25] Dans l'édition de Brunswick, *sed.*
[26] Serait-ce le *Taverney* mentionné dans le t. V, p. 128, note 7 ? *Viret* le qualifie de *magus,* parce que dans la langue populaire, les empiriques et les charlatans avaient le nom de *meiges.* (Voyez le doyen Bridel. Glossaire du patois de la Suisse romande. Lausanne, 1866, p. 232).
[27] Voyez la lettre de Sultzer à Calvin du 17 janvier 1544.

1322

LE CONSEIL DE BERNE aux pasteurs du Pays romand.

De Berne, 29 décembre 1543.

Inédite. Minute originale. Arch. de Berne.

L'Advoyer et Conseil de Berne aulx honnorables, nous chiers et féaulx Doyen et prescheurs de la Classe de ..... Salut.

Vous scavés à quelz frays et despens noz soubstenons plusieurs, tant escoulliers que gens d'eaige[1], au lieu de *Losanne,* à l'estude de la Saincte Escripture, pour yceulx soubstituir aulx ministres que journellement, scellon condition humaine, défaillient[2]. Ce néaultmoins, *vostre coustume est de noz envoyer tousjours des nouveau-venants, pour les députer au ministère*[3] *: de sorte que ceulx que par noz estoient nourris et destinés au dit ministère n'ont point de place,* ains sont contraincts de demourer en estat d'escolliers, sans estre employés au service de la prédication. Dont vous mandons que, pour éviter et prévenir telles façons de faire[4], et que l'estude des nostres ne soit en vayn, ne doibgés d'hormais noz présenter ny envoyer aulcung nouveau-venuz, que ne soyés bien certains et asseuré, n'estre personne en noz

---

[1] Dans le nombre des hommes « d'âge » pensionnés par les Bernois et résidant à *Lausanne,* avec leur famille, nous avons mentionné *Antoine Franchet* (p. 32, n. 2) et *Claude de Tournon* (VIII, 63-66). Il y avait d'autres pensionnaires qui n'étaient pas mariés, ainsi *Jean Ménard,* natif de Tours (VIII, 207), *Léon de Sienne,* et, en 1544, le Dr *Claude des Champs.*

Les *XII écoliers de Messieurs,* comme on les appelait, étaient, pour la plupart, des enfants du pays.

De 1543 à 1544, on comptait, outre les XII écoliers, dix-huit pensionnaires.

[2] Plusieurs ministres moururent de la peste, en 1542 et 1543. *Berne* secourut les veuves et fit élever les enfants. Des pasteurs malades furent transférés dans un meilleur climat ou soignés aux frais de LL. EE.

[3] Parmi ces nouveaux-venus, il y avait plusieurs moines défroqués.

[4] Première rédaction : et prévenir *tel mespris.*

gaiges de *Losanne*⁵ que soit idonnée au ministère. Car tout ceulx que, sans le conseil de nostre ballifz et des *ministres de Losanne* (et ce pendant que entre les nostres se trouveront personnaiges souffisants) seront envoyés, ilz y perdront le temps et le voyaige. De quoy vous avons bien voulsuz advertir. Datum 29. decembris. 1543⁶.

Pätterlingen. Yverden. Morge. Gex. Thonon. Vivis⁷.

1323

JEAN CALVIN à Monsieur de Falais.

(De Genève, vers la fin de 1543.)

Autogr. Bibl. Publ. de Genève. Vol. n° 194. J. Bonnet, o. c. I, 101. Cal. Opp. XI, 664.

Monsieur, pour ce que je me confie en nostre bon Dieu, que comme il vous a conduict jusque icy, vous faisant la grâce de surmonter beaucoup de difficultez, lesquelles vous pouvoient destourner du droict chemin : aussi pour l'advenir il vous donnera la force de résister à tous les assaulz que sathan pourra dresser contre vous. Toutefois quant je pense au danger où vous estes maintenant d'estre agité de beaucoup de tentations, selon que je voy les choses disposées, je ne me puis tenir de vous réduire en mémoire, que les biens que Dieu nous a faictz valent bien que nous préférions son honneur à toutes choses du monde : et que l'espérance de salut que nous avons par son évangile est si précieuse, que nous devons bien quicter toutes ces choses basses, entant qu'elles nous empeschent de tendre à icelle, et que nous devons bien avoir un tel contentement en luy complai-

⁵ C'est-à-dire, entretenus par nous à Lausanne.

⁶ D'après l'ancien style, l'année commençait à Noël, et, dès le 25 décembre, le millésime noté était celui de l'année suivante. Nous avons ici un exemple de l'emploi anticipé du nouveau style.

⁷ Cela signifiait que le copiste de la Chancellerie devait expédier un exemplaire de cette lettre à chacune des six Classes du Pays romand. Celle de *Vevey* (en allemand, *Vivis*) fut nommée plus tard la « Classe de Lausanne et Vevey. » *Peterlinjen* est le nom allemand de *Payerne*.

sant, qu'encor qu'il fust question de desplaire à tout le monde pour obéir à son plaisir, il ne nous en face pas mal.

Non pas qu'il ne vous en souvienne, sans mes advertissemens. Car je suis bien asseuré, qu'en prévoiant l'apparence des tentations, vous n'avez garde de faillir de vous armer et prémunir en méditant toutes ces choses. Et ne vous en sçaurois tant dire, que vous n'en aiez d'advantaige imprimé au cueur. Mais je sçay bien qu'encor vous profite-il, d'ouïr quelque mot d'exhortation de voz amis, et que cela vous sert de grande confirmation. Car je l'ay quelquefois expérimenté en moy-mesme. D'autre part quant il n'y auroit que ce poinct, que par ce moien je vous déclaire la solicitude que nous avons de vous par deçà, ce m'est une raison suffisante. Or cela quant et quant vous doit estre un argument du desir que nous avons de sçavoir de voz bonnes nouvelles, affin que nous ayons occasion de remercier Dieu, entendant qu'il vous aura espargné, ou bien qu'il vous aura tellement esprouvé, que ce pendant il vous aura donné le couraige de surmonter toutes les machinations du Diable. Si vous avez à combattre, et que telle soit la volenté de Dieu, estimez que c'est un oraige qui passe, et pourtant qu'il vous fault retirer au couvert. Or n'avons-nous point aultre retraicte que l'æsle de nostre Dieu. Cachons-nous doncq là, et nous serons à seureté.

L'espérance qu'on pourroit avoir de réformation par le moien des hommes, est encor bien petite. Ainsi ne nous repentons point de nous estre advancé, et n'avoir point attendu de suivre Dieu, jusque à ce que tout le monde passât devant nous. Et encor maintenant ne reculons pas pour ceste considération. Car celluy qui le fera s'en trouvera abusé. Espérons hardiment que le Seigneur aura en la fin pitié de son église. Mais que chascun aille selon qu'il est appellé, et que celluy qui a plus de grâce monstre le chemin aux aultres. C'est ce qu'il vous fault penser, assavoir que vous estes d'autant plus obligé de courir plus viste que beaucoup d'aultre[s], que nostre Seigneur vous ayant donné la faculté, vous a aussi mené au lieu dont il ne vous est licite de reculler en arrière. Et de faict, depuis qu'un homme s'est une fois retiré de ceste abysme de la captivité spirituelle, ou plus tost en a esté délivré par la main de Dieu, s'il luy advient de s'y envelopper de rechef, et s'eslongner de la liberté que

Dieu luy avoit donnée, il est tout esbahy quant il se trouve en une confusion, dont il ne luy est possible de sortir. Je dis cecy, non pas que je craingne qu'il vous advienne, ou que je deffie de vous. Car, comme j'ay protesté du commencement, je me tiens bien asseuré, que rien ne vous esbranlera. Mais nous ne pouvons faillir à nous inciter, quelque bonne affection que nous ayons. Et mesme d'aultant plus que nous sommes délibérez de nous-mêmes, nous sommes joieux que noz amys nous tiennent la main pour nous fortifier. En somme je faiz ce que je desirerois m'estre faict de vous, si j'estois en vostre lieu, et ne doubte pas que ne le preniez de vostre costé de tel cueur qu'il procède.

Sur ce, Monsieur, après m'estre humblement recommandé à vostre bonne grâce, et à celle de Madamoiselle, je supplye nostre bon Dieu de se monstrer tousjours vostre protecteur, et repousser toutes les machinations de Sathan, à ce qu'ayant pleine espérance en luy vous n'ayez aultre esgard qu'à glorifier son nom, et qu'il vous remplisse tellement de constance, que vous ne soiez esmeu de la crainte des hommes, ny estonné du bruit qu'ilz feront, mais que vous le sanctifiez, affin qu'il soit vostre palays et sanctification.

Vostre humble frère et serviteur à jammais,

CHARLES D'ESPEVILLE[1].

(Suscription :) A mon bon seigneur et entier amy le seigneur Jacques le Franc.

---

[1] On se convainc aisément que M. *de Falais* habitait encore les Pays-Bas, quand la présente lettre lui fut écrite; et comme l'on sait avec certitude qu'il vint résider à *Cologne* au printemps de 1544, la date vraisemblable de cette lettre peut être placée vers la fin de l'année 1543.

1324

ANTOINE FRANCHET[1] à Jean Calvin, à Genève.
De Lausanne, vers la fin de 1543[2].

Autographe. Bibl. Publ. de Genève. Vol. n° 113. Cal. Opp. XI, 824.

Doctiss. nostrique seculi lumini J. Calvino FRANCHETIUS.

Jamdudum nihil ad te scripseram[3], quòd te iniquiore animo factum esse adversùm me, quanquam nullo peccato meo, nulla culpa, intellexeram, idque ab iis ipsis quibus domi tuæ, inter prandendum, ut asserebant, *me periculosum hominem dixeras,* — sed cujusmodi, aut qua versum (sic) istud « periculosum » capias, nisi quòd undique parentur mihi pericula, mehercle assequi non poteram. Dolebam tamen, te tantum virum, tamque omni virtute abditaque eruditione præditum, vulgari modo et plæbeio, istos adfectus admittere, vixque, imò non crædo te esse tali animo, ut nisi audita (quod aiunt) parte, nimis præceps judicium funderes[4]. Destiti tamen à scribendo, confidens fore

---

[1] Voyez, sur *Ant. Franchet,* les pp. 31, 32, 56-58.
[2] Voyez la note 6.
[3] A cause de ces cinq derniers mots, les nouveaux éditeurs de Calvin placent la lettre de *Franchet* à la fin de 1544. Mais il est très peu probable qu'il ait prolongé son séjour à *Lausanne* au delà du mois de février ou de mars (Cf. la note 6).
[4] L'enquête faite, à la fin de septembre 1543, sur la moralité d'*Antoine Franchet* (N° 1289) n'avait pas relevé sa considération, déjà compromise. *Calvin* se souvenait sans doute, que ce personnage, quelques mois auparavant, avait encouru des censures. Le procès-verbal du Consistoire, au 15 févr. 1543, est rédigé en ces termes :

« *Anthoyne Fraychot,* à cause de usure et de demore[r] ici ou non, et aultres jurements et blasphèmes du Seigneur. Respond qu'il veult... demourer ici du tout, ains qu'il remeste (?) en ung ses affères, et laysser *sa femme* ici jusques à son retour. [Qu'il] entendoyt aller en brieff en *Alemagne* [c.-à-d. à *Bâle,* p. 32, n. 2] chercher quelque pratique de son mestier en médicine, et laysser sa femme jusques à quelque temps, et sentir si le pays seroyt bon pour illec demoure[r]. Touchant du jurement, luy est eschappé souvent. » (Il explique plus ou moins bien ses trois prêts usuraires.) « Le

ut, si quem stomachum adversùm me cepisses, eum tandem leniisset diuturnus temporis processus : quippe dies, ut inquit quidam, hominibus adimit ægritudinem, neque in sapientis pectore residere potuit tandiu ira, ne si justissimè quidem concepta fuisset. Neque ego unquam in te peccavi, nec peccare vellem, nisi quid fortè humanè magis quàm maliciosè exciderit, propter quod vel nequissimus furere debeat, vel lenissimus irasci.

Sed ad rem. Profecit mirum in modum nostrorum adversariorum odium, adeòque fructus suos prodere connixum. *Me advocati uxorem, omnemque asportasse illius facultatem*[3] *! Insaniuntne illi magis qui dicunt, an qui credunt?* Tam elumbem fuisse, tam fracto animo advocatum illum, qui me diu et procul sequutus sit! Tandemque labore et sequendi tædio victus domum suam redierit, fructumque et uxoris suæ et facultatum biennio toto nobis permiserit? Sed nepos uxoris nostræ omnia revelavit, inquiunt. Quî, quæso, dormiebat advocatus ille noster? Nam satis constat nepotem illum jam ab anno toto discessisse. Dormiebat, inquam, et expectabat ut ego novum consilium iniens, vel pœnitentia affectus rei ablatæ, uxorem facultatesque reducerem? Næ ille strenuè fallitur neque valdè odorus est canis ille, quamvis et bene mordeat neque malè latret. Neque enim apud me decretum est ut reddam, nisi rem priùs repostulatam. Proinde maturet Commentor istarum nugarum accersere advocatum, ut sua consilia perficiat. O parùm sagacem atque in comminiscendo, ut in aliis omnibus rebus, imperitum! Saltem inter se coëuntia

---

Consistoyre est [d'avis] qu'il se corrige de jurer... et çu'il face qu'il ne tombe point entre la main de la Justice, et luy donner troys ou six moys de terme, et non pas là laysser du tout sa dite femme, et qu'il alie aux sermons. Et *les usures,* s'il est aultrement qu'il n'az dit, que Messieurs y [advisent]...

« Le dit *Anthoyne* az demandé licence à Messieurs par troys moys... L'on l'a remys devant Messieurs à lundi prochain, et fère serment et [dire] où il vaz...

Registre du Conseil. Lundy 19 février 1543. « *Anthoyne Fraychot.* Estienne Focasse... suspecioné[s] de user de *usure.* Et ayant veu leur responces, etc., ordonné de les admonester de ne user de telles usures, més qu'il vive selon l'ordre de la Religion cristienne; et si le dit *Fraychot* ce veult retire[r] de ceste ville, qu'il aye à mener sa femme avecque luy. »

[3] Nous ignorons si les adversaires de *Franchet* étaient des médisants ou des calomniateurs.

et convenientia fingere debebat. Sed qua in schola eruditus est opilio ille, ut dextrè atque ex usu quicquam possit? Nec fecerit ille impune. Expectet, sibique promittat, quandoquidem movit mihi stomachum, atque sua vesica pisis plena perterrere me commolitus est. Non sum tam stupidus, non sum tam plumeus, qui ad tam leves auras evolem. Moliatur graviora et veriora qui me concutere instituerit. *Sed audio id factum, quò, si non noceret, saltem pudore repleret. Verùm nihil profecit, quando conscientia bene actæ vitæ, ut nihil metuit, ita nullo pudore suffundi debet.*

At finem facio, si commonefecero nebulonem illum, ut priùs objecta sibi purget quàm mendacia sua aliis objiciat, quorum ipse intra breve tempus aliquid expectet. Tu interim, doctissime vir et hujus seculi palma, valebis, et si quam de nobis talem opinionem concepisti, non priùs residere permittes quàm omnia plenè atque exactè exploraris. Quod ut facias tua te virtus rogat. Lausannæ⁶.

(*Inscriptio :*) A mon très honoré seigneur Monsʳ Calvin. A Genesve.

1325

PIERRE TOUSSAIN aux Pasteurs de la Suisse romande.
De Montbéliard, 15 janvier 1544.

Copie contempor. Bibl. Publ. de Genève. Vol. n° 106.
Calv. Opp. XI, 667.

S. Quanquam incertus sit hic nuntius, et nunc sim, ita volente Deo, et occupatissimus et afflictissimus, fratres in Domino observandissimi, volui tamen vos paucis de rebus nostris certiores reddere, quò nos piis ac sanctis vestris precibus apud Deum adjuvetis. *Nos articulos illos super quibus vos consulueramus*¹

⁶ Vers la fin de janvier 1544, *Antoine Franchet* se présenta devant le Conseil de Berne, sans lettre de recommandation des ministres de Lausanne (Cf. le N° 1322, à la fin). Il fut si mal accueilli par le lieutenant de l'Avoyer, qu'il dut chercher fortune ailleurs (Cf. le N° 1329).

¹ Ces articles sont énumérés, aux pp. 64, 65, dans la lettre de Calvin du 7 octobre.

parati tandem eramus recipere, paucis quibusdam exceptis². *Sed his non contenti, novatores nostri,* qui omnem quærunt occasionem omnemque movent lapidem, quò et nobis negotium facessant et hunc populum ad superstitionem idololatriamque reducant, *in dies aliquid novi excogitant quod nobis obtrudant.* Sed quibus adeò cedere in ea re non statuimus, ut cervices nostras ipsis potiùs daturi [simus], quàm ut hîc quicquam nobis consentientibus instituatur unde possit gloria Dei facilè obscurari. Nuper petierunt sententiam nostram de Cœna Domini : nunc autem in hoc sunt toti, ut *Virginis, Apostolorum ac aliorum quorundam divorum festa*³, non solùm dierum observatione, sed etiam consueto apud papistas campanarum pulsu restituant. Et *ministrum Germanum*⁴ habent ex animi sententia, qui quò *Principis* ac suorum animos ad reponenda idola præparet, palàm in concionibus suis eorundem deturbatores improbat, docetque ut res medias esse ferendas ac preceptum de imaginibus tollendis ceremoniale esse⁵. Sed de quibus ac cæteris aliis nostris rebus spero me ad vos brevi copiosiùs scripturum. Valete in Domino Jesu et nostrî in precibus vestris memores estote. Montbelgardi tumultuanter, 15. Januarii 1544.

Vester Tossanus.

(Inscriptio :) Farello, Calvino, Vireto ac cæteris fratribus mihi in Domino observandis⁶.

1326

Oswald Myconius à Jean Calvin, à Genève.

De Bâle, 16 janvier 1544.

Autogr. Bibl. Publ. de Genève. Vol. n° 110. Cal. Opp. XI, 668.

S. *Breve est quod,* Calvine chariss., *volo, nempe ut hunc qui has reddit, habeas adhuc commendatiorem quàm habuisti,* cum

---

² Savoir : le baptême administré par les sages-femmes, et, vraisemblablement, les fêtes des Saints.

³ Voyez le t. VIII, p. 463, note 6.

⁴ *Jean Engelmann,* mentionné dans le t. VIII, p. 463, 465.

⁵ A comparer avec la lettre de Viret du 3 mai 1544.

⁶ Au verso de la copie contemporaine, Calvin a écrit sa lettre du 11 février à P. Viret.

habueris tamen commendatissimum semper¹. Negotium ejus mihi placet, placet consilium, quia in Domino est. Rogo itaque adsis, ut voti compos fiat. Ingenium tu nosti *Gallorum :* scis ergo ut persuaderi valeant qui possent pro adversariis in causa ipsius se obponere. Nam persuasionibus videtur pænitùs mihi agendum erga tales, non violenter. Imò violenter nihil fieri posset. *Ille postquam venit in Germaniam Evangelii gratia, et tam malè exceptus est², posset in odium ejus regionis devenire vehementissimum :* verùm posteaquam in proposito perseverat³, video animum bene de Christo sentientem, animum probè compositum, et omnia in eo sana : hinc non possum non diligere virum et pro virili promovere quicquid instituit. *Nescio si sit qui queat illum juvare, juxta propositum ejus, æquè ut tu : quamobrem te quæso per Christum, vires intendas, ut consequi valeat quod honestè cupit.*

¹⁻² Il s'agit probablement ici de *Jacques Reynaud,* seigneur d'Alleins, qui fut rançonné et ensuite emprisonné en Allemagne pendant deux mois (Nᵒˢ 1272-1274, 1284). Nous avons lieu de croire que, non-seulement à Strasbourg et à Bâle, mais encore à Genève, *Calvin* s'empressa d'agir en sa faveur. Le Conseil de cette dernière ville fut sollicité directement par un Genevois, qui partageait, à *Brisach,* la captivité de Mʳ d'Alleins. On lit, en effet, au 5 octobre 1543, dans le Registre du Petit Conseil : « Lettre de *Jehan Ballon* dict *Hugonier,* détenu avec Estrabour (*sic*) en *Aguesse.* Le d. *Ballon* a requis par ses Lettres qui[l] plaise à Messieurs de rescripre au[x] seigneurs du parlement de *Anguesse* ou aultre, pour leurs délivrance, qui sont détenuz à *Brizat* près d'*Anguesse.** Arresté que l'on en parle à Monsieur *Calvin* et escripre à Messʳˢ de *Basle,* qui leurs plaise d'ent voulloir escripre en leurs faveur. »

³ C'est-à-dire, le projet de s'établir en *Suisse* (Cf. p. 4). Voici un billet de *Reynaud* qui semble confirmer notre supposition. Il est adressé à Boniface Amerbach : « Ego, Domine, *Butlero* significavi quæ me *de negotio tuæ civitatis adipiscendæ,* hesterno die monebas : cui et mihi grata omnia atque optima visa sunt. Quare superest ut, pro tua humanitate, prudentia, arbitrio rem perficiendam cures, eoque nomine nos tibi perpetuò devinctos fore velis. Vale feliciter in Christo.

Tuus ex animo JACOBUS REGINALDUS. » (Mscrit orig. Bibl. du Muséum à Bâle. Copie obligeamment communiquée par M. le Dʳ Binz et par M. le bibliothécaire Ch. Bernoulli.)

* *Anghessey* ou *Engessheym* est quelquefois le nom ancien d'*Ensisheim,* en Alsace (p. 21, n. 32). Cf. l'Index alphabét. des t. II et III des *Basler Chroniken,* herausg. von der hist. u. archeol. Gesellschaft in Basel, 1880-87 (Note obligeante de M. A. Bernus).

De Comitiis[4] aliquid scribere non est, adeò sunt dubia quæcunque de eis dicuntur. Mihi sic videtur, etiamsi coëant, nihil tamen, ob temporis brevitatem, agi posse. De religione certum est nihil actum iri. Quare *D. Bucerus* scripsit pridem, domi sibi manendum[5], nisi Dominus aliquid instituat, cujus ne species quidem nunc adpareat. *Heinrichus Ostheimerus*[6], vir nobilis (credo te nosse) dixit hîc : *Episcopum Coloniensem, Maguntinum, Trevirensem* et *Palatinum,* Electores Imperii, fœdus iniisse contra quemvis qui conaturus sit aliquid adversùs *Coloniensem*[7]. Miramur omnes. Hinc forsitan est quur *Cæsar* inops consilii sic cesset. Scriptum est ad *Amorbachium*[8], *Papam* veneno Cardinales quosdam, in una sedentes mensa, necasse, et *Anglicum*[9], nescio qua via, evasisse : esse nunc apud Ducissam quandam, et nec edere, nec bibere, nisi quod manibus suis illa paret.

Arbitror te jampridem recepisse epistolam *Buceri* quam misit ad *Monbelgardenses* fratres[10]. *Frater tuus* detulerat ad me, ego misi *Bernam, Bernenses* rogavi ut mitterent ad *Farellum,* et

---

[4] La diète impériale qui devait se réunir le 20 février à *Spire* (Sleidan, II, 328).

[5] *Bucer* se rendit plus tard à la diète.

[6] Nous ignorons si *Henrichus Ostheimerus* peut être identifié avec cet *Henricus ab Ostein* (ou *Ostheym*) qui figure dans le t. II, p. 326.

[7-8] Cette nouvelle était aussi fausse que celle qui fut annoncée à *Boniface Amerbach.*

[9] On n'était plus au temps d'Alexandre VI. Le cardinal *Reginald Pole* (V, 258) appelé aussi « Monsʳ d'Angleterre, » jouissait de l'estime et de la faveur du pape *Paul III.* Au retour de ses ambassades en France, dans la Flandre et en Espagne, il avait été élu (1540?) gouverneur de la *légation* de Viterbe. « Et nunc *Romæ,* nunc *Viterbii* (dit son biographe) ut res ferebat, in litterarum studiis omne tempus consumens, maxima in tranquillitate... vitam degebat. » — « Eam Legationem *Polus* non sapienter tantùm... administravit, sed piè etiam et sanctè, quod spectat ad sacra studia quibus... incubuit. Hæc tamen studia, non defuerunt... qui vocaverint in invidiam, propterea quòd *Polus* ibidem inter Sodales seu Contubernales habuerit M. *Antonium Flaminium, Victoriam Columnam,* March. Piscariæ, et *Petrum Carnesecam,* Protonotarium, quorum postremus ad castra postea Heterodoxorum transfugit, *Flaminii* autem et *Columnæ* orthodoxiam justis suspicionibus subesse contendant. » (Reg. Poli Epistolæ. Brixiæ, 1744-1752, 4 vol. in-4°; I, 18, 19; IV, p. II. Les pp. III-VIII sont consacrées à la justification de *Pole,* de *Vittoria Colonna* et de *Flaminius.*)

[10] Cette lettre de *Bucer* nous est inconnue.

huic commendarent mittendam ad te. Puto omnia probè transacta. Tu vale in Christo cum legatis qui hîc fuerunt et omnibus sanctis fratribus. Basileæ raptim. 16. Januar. anno 1544.

Os. Myconius tuus.

(Inscriptio :) D. Joanni Calvino doctiss., ministro Domini fideliss., pastori Genevatum, fratri in Domino perquam observando suo.

1327

SIMON SULTZER à Jean Calvin, à Genève.

De Berne, 17 janvier 1544.

Autogr. Bibl. Publ. de Genève. Vol. n° 112. Cal. Opp. XI, 670.

S. *Rectè de ægritudine mea scripsit Viretus[1] tibi.* Nam sub exitum tragœdiæ quam nosti apud nos ortam exercitamque[2] sic habere res meæ cœperunt, eam ut ultimum operum meorum mortalium fuerim arbitratus. Repentinus enim isque violentus morbus concutere subitò totum corpus cœpit, febri accutissima venis ac medullis infusa, viresque alioquin sive laboribus sive vexationibus assiduis aut alia aliqua intemperie convulsas debilitatasque penitùs prosternente. Unde capitis dolores intensissimi, sudores frigidi, quos lætales vocant medici mortisque nuncios, et λειποθυμιαι continuæ, membrorum omnium languor et extrema lassitudo. *Sola mens servata est incolumis Domini beneficio,* qua me jam ceu ad emigrationem haud dubiam præparabam, jamque cæteris amicis tibique nominatim, mi amantissime frater, *vale* meis verbis dicere jusseram, proque fide synceraque in Domino charitate gratias agere, dum te rursum in conspectu Dei patris Jesuque Christi apud beatorum consortium, ministerio laboribusque omnibus defunctum videre, veraque et perenni suavitate charum et venerandum pectus meum complecti daretur. Testes hujus amici sunt, quorum studia synceramque fidem, si antehac nunquam, tum sum maximè expertus : adeò Dominus

---

[1-2] *Sultzer* était tombé malade dans les premiers jours de décembre lorsque *Zébédée* et *Viret* comparurent à Berne (p. 141, renv. de n. 27).

misericors afflictionum magnitudinem acerbitatemque consolationis variæ dulcedine temperavit, idemque morbum citra medicamentum, quod propter summam infirmitatem nullum porrigere audebant medici, depulit[3], et pristino me restituit ministerio, amplius nimirum exercendum, et gravioribus ærumnis pro ipsius nomine objiciendum.

Donet idem modò misello mihi et refractario organo huic miliciæ necessarias facultates, constantiam, prudentiam, et cumprimis abnegatam mentem et ad omnes vitæ paratam injurias. Cætera curabit ipse qui ecclesiæ suæ præsens adsistit suaque sponte vigilat. Equidem manu Domini potente admonitus excitatusque non paulò mihi videor et promptior et alacrior ad omnia : sed idem toties jam ante infirmitatem meam expertus, à me ipso mihi timeo. Quò intentiùs idem mihi precibus est adpellandus, quò sua ope identidem erigat fulciatque labascentem, idemque ut tu facias, mi frater, vehementer præcor.

Videre enim *mihi videor nihilo levius certamen nobis restare, si ministerii,* quod sacrosanctum esse et haberi Christus voluit, *autoritatem asserere et ecclesiæ disciplinam*[4] *urgere instituamus,* quàm fuerit pridem in locis multis in profligando papismo majoribus nostris. Et nescio an graviores etiam conflictus experiundi, quando ut viciorum dominatus facinorosorumque hominum multitudo obtinet passim, sic omnium simpliciter studia jugo Christi renituntur. Unde non solùm judicia cerebrosa, suspiciones, odiosæ calumniæ et vociferationes insanæ, quæ ceu inauspicati avium[5] garritus queant contemni, verùm etiam periculosæ clanculariæque insidiæ, et, si quod res est loquaris, vis etiam fortè aperta. Novitas enim hæc, si modò ita vocanda, gratiam nullam habet, ut illa personantis evangelii fame[6] compendium multò minus, cum summos pariter et infimos in ordinem cogat, cumque apud multos pridem odium erga sacrificos favorem conciliaret Evangelio, nunc ministrorum odio etiam

---

[3] Il avait d'abord écrit *sustulit.*

[4] *Farel, Calvin, Viret* et *Sultzer* aspiraient également à faire reconnaître par l'État l'autorité du saint ministère et la nécessité d'une discipline ecclésiastique.

[5] Dans l'édition de Brunswick, *animi garritus.*

[6] *Sic.* Dans l'édition de Brunswick, *fama.* Les mots *ut illa personantis evangelii fame* ont été ajoutés par *Sultzer* à sa première rédaction.

causæ gravatur invidia. Cordatorum autem, eorumque quos habemus optimos, zælus refrixit, qui pridem luctantibus in acie non parum et alacritatis adferebant et adjumenti. Verùm ii, cum propter conscientiam et pietatem non reluctentur, tamen nec adjuvant etiam et malunt quieti assidere actuum spectatores, quàm cum sudore periculoque in arena certare. Adde quod est nocentissimum : non plena inter duces ipsos, quosque multis deceat ex officio σὐμμαχεῖν, consensio, et in quibusdam[7] etiam animus prævaricator. Nam apud nos non desunt qui nec cognita quidem judicent, et andabatarum more clausis oculis gladium ventilent. Sed paucos arbitror, ejusque planè generis, ut videas non temerè à disciplinæ ratione abhorrere.

Audio autem hæc bonorum studia *Bullingerum* non privatim modò aut tectim suggillare, sed publicè et editis libris cavillari, *novum papismum* suis in Joannem commentariis[8] recens excusis adpellare. Verùm relatu tantùm id aliorum accipio : mihi enim commentaria visa non sunt. Quare in hisce difficultatibus cernimus, quàm nobis prudentia pariter et fortitudine opus sit : illa, ne quid intempestivo fervore committamus, Christianæ paci ædificationique ecclesiæ obfuturum ; hac, ne per pusillanimitatem, veritatem prodamus, salutique desimus gregis commissi, olim rei sanguinis ipsorum. Cæterùm quod anteactum paroxismum attinet, aliquam omnino sanitatem attulisse videtur[9]. Nam *Beatus*[10] quidem frater suam jam functionem habet confirmatiorem, posteaquam de communi causa suoque ministerio coram *Diacosiis*[11] disseruit, occasionem etiam nolenti ea tragœdia suppeditante. *Ego verò de Ministerii sacri partiumque ejus autoritate et usu, deque his cognata Ecclesiæ disciplina, ea sum publicè*

[7] Il avait d'abord écrit *et in multis*.

[8] Voici le titre de cet ouvrage : In divinum Iesu Christi Domini nostri Evangelium secundum Ioannem, Commentariorum libri X. per Heinrychum Bullingerum. Accessit operi Præfatio de vera hominis Christiani iustificatione, vera item & iusta bonorum operum ratione... Tiguri apud Frosch. An. M. D. XLIII. (In-folio de 242 feuillets, y compris le titre, les Indices et 2 feuillets blancs.)

[9] Dans l'édition de Brunswick, *videmur*.

[10-11] *Beatus Gering* ou *Gerung* comparut devant le Conseil des Deux-Cents, le 30 novembre 1543 (N° 1321, n. 22) à cause du sermon qu'il avait prêché le 11 novembre (et non le 11 octobre, comme on lit dans Hundeshagen, o. c., p. 181, et dans les *Calvini Opera*, éd. cit. XI, 672, n. 5).

idque tertiò dicere coactus, quæ vix intra privatos parietes apud certos etiam amicos fuissem ausus proloqui : nimirum ea quæ Neocomi à fratribus piè liberéque adducta in medium fuerant[12]*, ex quibus et rationes consilii nostri, et quæ in ecclesiis nostris desideraremus intelligi potuerunt.* Ac quò minùs satisfieri simplici veri narratione atque defensione quibusdam potuit, eò magis iterando publicandoque æquitas rei agnosci et novitatis absurditas evanescere cœpit. Morbus autem et miserationem aliquam in hostium etiam quorundam animis excitavit, mihique idem certum propositum fregit, quo missionem, *Contzeno*[13] etiam tacitè assentiente, postulare decreveram, posteaquam ab agitato tam diu negocio *Viretum* demum atque *Zebedæum* vocandos et rescriptum proferendum censuissent, et proinde fidem mihi à tertia etiam relatione habere non viderentur. Id verò, ut præter cæterarum ecclesiarum exemplum fieri judicabam, ita mihi minimè rebar esse ferendum.

Sed de his satis. *Causam concordiæ perficiendæ inter vestrates et nostros*[14] ego privatim apud certos amicos egi, qui et spem fecerunt pleno tandem consensu hanc totam controversiam posse terminari. Verùm quid hodie coram *Diacosiis* definitum siet, nondum potui cognoscere. Pro *libello misso*[15] gratias ingentes tibi habeo, laudoque et acrem defensionem communis doctrinæ et fidei professionem ingenuam. Dominus Jesus sua in te dona confirmet, augeat et promoveat. Amen. Vale in Domino, vir eruditissime et frater mihi in Domino chare et observande. Bernæ, 17. Januarii. Anno. 44.

T. Sultzerus.

(Inscriptio :) Viro præstantissimo D. Joanni Calvino, ecclesiæ Genevensis Antistiti, fratri in Domino observandissimo suo[16].

---

[12] Dans l'assemblée tenue à *Neuchâtel* le 30 octobre (N°* 1303, 1315).

[13] *Pierre Kuntz*, pasteur à Berne.

[14] Voyez la lettre de Calvin à Bullinger du 17 février.

[15] L'ouvrage intitulé *Supplex exhortatio ad invictiss. Cæsarem* (p. 86, n. 11), et qui a pour titre courant : DE NECESSITATE REFORMANDÆ ECCLESIÆ.

[16] En communiquant cette lettre à Viret, *Calvin* a écrit sur l'adresse : « Quàm primùm ad me remitte. »

1328

JEAN CALVIN à Pierre Viret, à Lausanne.
(De Genève) 11 février (1544).
Autogr. Bibl. Publ. de Genève. Vol. n° 106. Cal. Opp. XI, 673.

Sebastianus ad vos cum literis nostris proficiscitur[1]. *Utinam aut ipse sibi melius consuleret, aut nobis aliqua esset ratio, qua possemus illi sine ecclesiæ incommodo consulere.* Cum illi pristina conditio integra per nos maneret, manere in ea recusavit, nisi aliquid ad stipendium adderetur[2]. Hoc a Senatu non potuit impetrari. *Mihi satius videbatur, causam, cur ad ministerium non admitteretur*[3], *subticere, aut subindicare, esse aliquid impedimenti,* et tamen simul obviàm ire pravis suspicionibus : ut illi sua existimatio salva constaret. Eò spectabant mea consilia

---

[1] *Sébastien Chasteillon* allait demander aide et conseil aux ministres et professeurs de Lausanne. La lettre des pasteurs de Genève dont parle Calvin, est le *certificat* qui suit la présente pièce.

[2] Registre du Conseil, 14 janvier 1544. « Sur ce que M. *Calvin* a rappourter que M° *Bastian* est bien sçavant home, més qu'il ast quelque opignion dont n'est capable pour le ministère, et en oultre ce lamente de son gage de l'escole. Et sur ce ordonné de luy dire, qu'il ce aye à contenter des 450 florins pour année de son gage, et que remonstrances luy soyent fayctes de myeulx vellié sus ses escoliers, et ce qui sera neccessaire de fère à l'escole soyt fayct. » Il convient de rappeler que la paie de ses deux bacheliers était à la charge de *Chasteillon:* ce qui réduisait son traitement à 250 fl. environ.

[3] Le motif pour lequel on écartait *Chasteillon* du ministère pastoral, est déjà indiqué dans ce protocole du Conseil: Lundi 28 janvier 1544: « M. *Calvin* et M° *Bastian Chastillion*. Sur ce que entre eulx sont en dubie sus l'approbacion du livre de Salomon, lequell M. *Calvin* approve sainct, et le dit *Bastian* le répudie, disant que quant il fist le c[h]apitre septiesme [du *Cantique*], il estoyt en folie et conduyct par mondaennités, et non pas du sainct Esperit. Et sur ce hont demandé le ditz Sr *Calvin* estre aoys en dispute, et daventage le d. Sr *Bastian* a diest qu'il laysse tel livre par tel qu'il est. Et quant aut passage du *symbole* là où diest que Ihesus descendit aux enfers, il n'est pas encore fort résoluz, approvant touteffoys la doctrine estre de Dieu et saincte. Et sur ce ordonné que entre eulx secrètement ayent à fère dispute, sans publier telles choses. »

ut illi parcerem. *Quod libenter facturus eram* (quanquam non absque invidia) *si ipse passus fuisset.* Causa igitur, eo postulante, agitata est in Senatu, sed citra contentionem. Me vehementer ejus miseret, eoque magis quòd vereor ne *illic*[4] non reperiat quod cupit. Vos, quoad poteritis, illi prospicite. Quale de me judicium habeat, nihil moror.

Raymondus certè, quàm potuit atrocissimis maledictis, absentem me nuper lacerabat[5]. Nihil opus est, me tibi molestum esse, illa referendo. Hoc unum habe, neminem hîc esse tam protervum qui dimidium audeat. Fero tamen omnia ac dissimulo, nisi quòd inter fratres expostulavi, esse qui de me non satis humaniter sentirent et loquerentur. Sed valeant ista. *Scis abbatem Sancti Victoris*[6] *et Cornei matrem suo conjugio prolixam jocandi materiam nobis dedisse*[7]. Vale, mi frater. Saluta *Celium, Rubittum,* familiam tuam, et reliquos omnes amicos. Dominus te et illos conservet. 11 februar. (1544.)

Joannes Calvinus tuus.

(*Inscriptio :*) Fideli Christi ministro Petro Vireto, Lausannensis ecclesiæ pastori, fratri mihi charissimo.

Certificat délivré à Séb. Châteillon par les ministres de Genève.

Copie. Bibl. du Muséum à Bâle.
Athenæ Rauricæ, 1778, p. 355. Cal. Opp. XI, 674.

Cum *Sebastianus Castalio* scholæ nostræ hactenus præfuisset, missionem petiit a Senatu ac impetravit. Ista enim lege susceperat hanc provinciam, ut sibi integrum foret eam relinquere,

---

[4] C'est-à-dire à *Bâle*, où *Chastellion* se proposait d'aller s'établir.

[5] *Pierre Raymond*, bachelier au Collège de Genève, avait fait ses études à Lausanne. Mais sa conduite dans cette ville ne lui avait pas mérité les éloges de ses professeurs. Cf. le N° 1329.

[6] *François Bonivard,* ex-prieur du couvent de St-Victor, à Genève.

[7] Voyez, sur *Jeanne d'Armex,* mère d'Amblard Corne, la p. 109.

Pendant son séjour à Berne, *Bonivard* avait épousé *Catherine Baumgartner,* qui appartenait à une famille noble. Sur la fin de 1543, elle fit son testament et mourut peu après. « Bonivard, en épousant *Jeanne d'Armex*, fit un mariage de convenance. Il est difficile de croire que c'en fut un d'inclination : l'âge des deux époux rend la chose improbable. Leur hyménée ne fut pas heureux. Faut-il en accuser le caractère acariâtre de

si post aliquod temporis spatium nimis sibi incommodam esse ac gravem expertus foret. Nunc quoniam aliò migrare habebat in animo[1], testimonium à nobis petiit anteactæ vitæ[2], quod illi non esse denegandum censuimus. *Hoc ergo breviter testamur, talem fuisse à nobis habitum, ut nostro omnium consensu jam ad munus pastorale destinatus esset, nisi obstitisset una causa. Nam cum ex more inquireremus, num in tota doctrinæ summa inter nos et illum conveniret, duo esse respondit, in quibus non posset nobiscum sentire : quòd Salomonis Canticum sacris libris adscriberemus, et quòd descensum Christi ad inferos acciperemus in Catechismo* pro eo quem sustinuit conscientiæ horrore[3], cum pro nobis sisteret se ad Dei tribunal, ut peccata nostra, pœnam ac maledictionem in se transferendo, sua morte expiaret. Quantùm ad hoc posterius spectat, quin pia esset ac sancta doctrina quam profitemur, non negabat : de eo tantùm erat controversia, num sic intelligendus esset hic locus.

Primùm rationibus conati sumus eum adducere in nostram sententiam : quæ contrà objecit argumenta refutavimus ut potuimus. Cum nihil hoc modo proficeremus, inita tandem à nobis fuit alia ratio. Ostendimus *symbolum fidei* non aliò pertinere, neque in alium fuisse finem compositum, nisi ut extaret brevis ac simplex christianismi summa, quæ et sanam doctrinam contineret et populum doceret de rebus maximè ad salutem necessariis. Sufficere ergo illi debere, si non nisi sanam piamque doctrinam haberet nostra expositio, et ad ædificationem apta esset.

---

la femme, ou l'inconstance du mari, nous ne saurions le dire; toujours est-il que, dès les premiers mois, leur union était déjà troublée. » (Notice sur F. Bonivard et sur ses écrits. Par le Dr J.-J. Chaponnière. T. IV des Mém. et Doc. de la Soc. d'Hist. de Genève, Part. I, p. 187, 191.)

[1] Il espérait trouver des occupations à *Bâle*, soit comme professeur, soit en qualité de correcteur dans une imprimerie.

[2] Voyez la note 4.

[3] La première édition du *Catéchisme de Calvin* (1537) a été rééditée à Genève (1878) par MM. Albert Rilliet et Théophile Dufour. L'article du Symbole : *Il est descendu aux enfers* y est expliqué à la p. 53. On lit dans l'édition bâloise de 1538 : « Quòd ad inferos descendisse dicitur, id significat a Deo afflictum fuisse, ac divini judicii horrorem severitatemque sensisse, ut iræ Dei intercederet, ejusque severitati nostro nomine satisfaceret. » (Calvini Opera. Brunsvigæ, V, 339.) Avec le Catéchisme de 1545, la susdite explication parvient à sa forme définitive (Éd. citée, VI, 30).

Neque enim nos improbare ecclesias quæ secùs interpretarentur. Tantùm id nobis curæ esse, ne quod ex variis expositionibus grave malum nasceretur. *Respondit, nolle se recipere quod præstare, nisi repugnante conscientia, non posset.* Verùm præcipuum nobis certamen *de Cantico* fuit. Existimat enim lascivum et obscœnum esse carmen, quo Salomo impudicos suos amores descripserit. Principio obtestati eum sumus, ut ne perpetuum universæ Ecclesiæ consensum temerè pro nihilo duceret. Nullum dubiæ fidei librum esse, de quo non fuerit mota olim et agitata aliqua disceptatio. Quin etiam ex iis quibus certam autoritatem nunc deferimus, quosdam non fuisse initio absque controversia receptos : hunc à nemine palàm fuisse unquam repudiatum. Obtestati quoque sumus ne suo judicio plus æquo arrogaret : præsertim cum nihil proponeret quod non omnes ante eum natum vidissent. Quod argumentum attinet, admonuimus formam esse epithalamii, alteri non absimilem quæ Ps. 45 habetur. Nec omnino quicquam interesse, nisi quòd quæ hîc in genere breviter dicuntur, fusiùs et quasi minutatim explicantur in Cantico. Decantari enim in Psalmo Salomonis pulchritudinem et sponsæ ornatum, ita ut res respondeat, discrimen in sola dictionis figura esse.

Cum hæc nullius apud eum momenti essent, consultavimus inter nos quidnam opus esset facto. Una omnium sententia fuit periculosum et mali exempli fore, si ad ministerium cum hac conditione admitteretur. Bonos enim primùm non leviter offensum iri, si audiant ministrum esse à nobis creatum, qui librum, quem in sacrorum librorum catalogo habeant omnes ecclesiæ, respuere se ac damnare palàm profiteatur. Malis et improbis qui et infamandi Evangelii et hujus ecclesiæ lacerandæ occasionem captant, ita fenestram per nos apertum iri. Postremò hac lege nos obstrictum iri in posterum, ne cui alteri vitio vertamus, si aut Ecclesiasten, aut Proverbia, aut unum quemque librum ex reliquis repudiet : nisi forté in hoc certamen descendere libeat, quis spiritu sancto dignus sit aut indignus. Ne quis ergo aliud quidpiam causæ esse suspicetur, cur à nobis discedat *Sebastianus,* hoc quocunque venerit testatum esse volumus : *Scholæ magisterio sponte se abdicavit. In eo ita se gesserat ut sacro hoc ministerio dignum judicaremus.* Quominus autem receptus fuerit, non aliqua vitæ macula, non impium aliquod in fidei nostræ capitibus dogma, sed hæc una quam exposuimus causa obstitit.

MINISTRI ECCLESIÆ GENEVENSIS.
Joannes Calvinus
omnium nomine ac mandato subscripsi[4].

1329

PIERRE VIRET à Jean Calvin, à Genève.

De Lausanne, 16 février 1544.

Inédite. Copie ancienne. Bibl. Nationale. Coll. du Puy, t. 103-105.

S. Remitto ad te *Sultzeri* literas[1] cum responsione *Buceri* et *Argentoratensium* ad articulos Monsbelgardenses[2]. *Miror* autem *quòd Bucerus ita scribat de Baptismo infantium*[3]: qua in re videtur mihi abs te et nobis omnibus valdè dissentire. Tu enim

---

[4] En 1558, *Chasteillon*, s'adressant à Calvin, s'exprimait en ces termes, p. 18 de l'ouvrage intitulé *Seb. Castellionis Defensio. Ad authorem libri, cui titulus est, Calumniæ Nebulonis :*

« Quæro, cur postquam… ei *ludo* [scil. *Genevensi*] circiter triennium præfui, tu mihi scriptum, et tua manu subsignatum *testimonium* dederis, *innocenter actæ vitæ ?* Nam id testimonium ego adhuc habeo casu repertum domi. Antea enim non curabam, quippe contentus innocentiæ meæ: sed *edito libello tuo* gavisus sum illud testimonium adhuc extare, idque multis ostendi, nonnullis etiam concionatoribus. » (Seb. Castellionis Dialogi IIII. Eiusdem opuscula lectu dignissima. Aresdorffii, 1578. Très petit in-8°. — S. Castellionis scripta selecta et rarissima… Accessit Thomæ a Kempis de imitatione Christi a Seb. Castellione e Latino in Latinum translatus. Francofurti ad Mœnum, 1696, in-8°, p. 381.)

Le susdit Testimonium a été traduit en français par M. Ferdinand Buisson (Sébastien Castellion, sa vie et son œuvre (1515-1563). Étude sur les origines du protestantisme libéral français. Paris, 1892, t. I, p. 198, 199. Voyez aussi les pages 200-202).

[1] Datée du 17 janvier (N° 1327), communiquée par Calvin le 11 février?

[2] Nous ne savons pas si cette lettre de *Bucer* et de ses collègues strasbourgeois existe encore.

[3] L'opinion de *Bucer* sur le baptême des enfants se rapprochait sans doute de celle des pasteurs luthériens et de *Simon Sultzer* (N° 1303, n. 14).

censes ad sanguinem usque resistendum⁴ : ille verò videtur non admodum improbare, nec ecclesiarum consensum⁵, quo velut magni momenti argumento utitur. Optarim tuam audire sententiam de hac *Buceri* sententia. Mitto etiam ad te exemplar literarum *Tussani*⁶, quod *Farellus Neocomo* huc ad me misit, additis suis literis, quibus admonet ut ad te perferendum curem. Inde intelliges quid Satan moliatur. Si quid possimus, admone : non enim video quid possim⁷, nisi precibus fratres juvem.

Porrò *de pace inter Bernam et Genevam* nihil unquam ad me scripsisti, etsi non ignores me hujusce rei percupidum. *Tristem mihi nuncium attulit isthinc rediens Farellus*⁸, *cujus audio concione vestros maximè offensos,* adeò ut non defuerint qui hic sparserint, optimè *Farello* fuisse consultum quòd repentè à vobis abierit : quod nisi fecisset, ei periculum imminebat ne in carcerem conjiceretur, aut in aliquod grave discrimen vocaretur⁹.

⁴ Nᵒˢ 1291, p. 65, lignes 3-6 ; 1305, p. 103, lig. 1-2 du texte en remontant.

⁵ C'est-à-dire, le sentiment des églises qui désapprouvaient le baptême administré par les sages-femmes. — Il manque, après *consensum*, un infinitif (*perpendere* ou *respicere*).

⁶ La lettre de *Toussain* du 14 janvier était déjà connue de Calvin le 11 février (N° 1325, n. 6). Il s'agit donc ici d'une lettre toute récente du premier pasteur de Montbéliard.

⁷ Dans la copie, *possum*

⁸⁻⁹ Nous conservons dans le texte le nom de *Farel*, trois fois mentionné, quoique nous soyons persuadé que le copiste s'est trompé en l'écrivant, et que l'original portait le nom de *Sorellus*. L'erreur était facile pour un scribe qui avait dû rencontrer déjà le nom de *Farel*, tandis que celui de *Sorellus* lui était inconnu. *Viret* a, sans doute, une écriture très nette ; mais il fait parfois usage de minuscules pour les initiales des noms propres. De plus, en tête et dans le milieu des mots, s'il y a des *s*, il emploie des *ſ* allongées, comme celles des caractères italiques, et qui ressemblent à des *f* sans barre.

Serait-il vraisemblable que *Farel*, après avoir pris congé du Conseil de Genève, le 27 novembre, fût revenu dans cette ville avant la fin de l'année? Les lettres de Calvin et de Viret, de la fin du mois de décembre, et celle de *Farel* du 15, datée de Neuchâtel, ne permettent pas de le supposer.

Selon M. Ferdinand Buisson (o. c. I, 196, n. 1), après ses adieux du 27 novembre aux magistrats genevois, « *Farel* part pour *Thonon* et n'emporte pas la robe [qu'on lui a offerte]. Ordre de la lui faire tenir (4 janvier).» Le Reg. du 4 janvier porte en réalité : « Maystre *Guillaume Farel*, lequelt *à présent* est à *Thonon*. Autquelt dernièrement, quand il estoyt en *Genève*, lui fust donné une robbe, laquelle ne emporta. Et sur ce ordonné

At me magnopere refecerunt tuæ ad *Christophorum* literæ[10], quas *Bernam* proficiscens mihi hac transiens communicavit, quibus non solùm litem diremptam nuncias, sed etiam sentire te commoda ex pace composita : quamobrem vehementer gaudeo et vobis gratulor. At optarim ex te discere, quibus conditionibus an *Bernates* an *Genevates* cesserint in eo articulo unde lis jam tota pendebat, cujus gratia *Farellus* tantam subivit invidiam[11]. Scribes igitur hac de re ad me primo quoque tempore, si modò suppetat aliquid otii : nolim enim te aliàs[12] scribendis literis occupare.

de la luy fère tenyr. » Enfin, mardi 15 janvier 1544, « la robbe que luy estoyt faycte... forrée, ordonné que le Sʳ Johan Chaultemps, lequelt l'a rière luy, la doybge seurement garder jusques à une aultre foys. » — On n'attendait donc pas prochainement une nouvelle visite de *Farel*.

Mais, dira-t-on, il a pu revenir à *Genève* spontanément et provoquer la colère de ses auditeurs, en les exhortant trop vivement à voter pour le traité de paix avec les Bernois (renv. de n. 11). Dans ce cas-là, dirons-nous, son intervention inopportune et son départ précipité n'auraient-ils pas laissé quelque trace dans les procès-verbaux du Conseil ? Notons aussi que, dans sa réponse à la présente lettre, *Calvin* (N° 1336) n'a pas un mot de sympathie au sujet de l'affront qu'aurait subi Guillaume Farel.

Si c'est *Jacques Sorel* qui a été victime de son propre zèle, le silence du Registre serait beaucoup moins étonnant. Nous croyons qu'il était peu connu à Genève. Pasteur, dès 1540, à Engollon et Valangin (Indice du t. VI), il était très apprécié de *René de Challant*, catholique et seigneur d'une contrée toute protestante. Et, quand *Guillemette de Vergy*, aïeule de *René*, fut dangereusement malade, « Messire Jacques Sorel fit un sermon pour prier Dieu pour elle. » Deux jours plus tard, lorsqu'elle mourut (13 juillet 1543), il faisait une prédication dans l'église de Valangin. (Cf. G.-A. Matile. Musée hist. de Neuchâtel, 1843, II, 277, 280. — Notice sur J. Sorel, par le pasteur Gagnebin. Bulletin de la Soc. d'Hist. du Prot. franç. XII, 350-352.) Il est possible que, vers la fin de janvier 1544, alors que la paix entre Berne et Genève devait donner à ce dernier État quatorze nouvelles paroisses, la Compagnie des pasteurs ou le Conseil ait appelé *Sorel* pour quelque temps. Ajoutons que celui-ci fut l'un des signataires de la lettre des pasteurs genevois du 19 décembre 1544.

Cependant, quoi qu'on puisse alléguer pour l'une ou pour l'autre thèse, la question reste indécise (Voyez les Additions).

[10] Cette lettre de Calvin à *Christophe Fabri* est perdue.

[11] C'est-à-dire, la souveraineté sur les terres de St-Victor et du Chapitre appartient-elle, en vertu du traité, aux Genevois, ou aux Bernois ? (Voyez A. Roget, o. c. I, 171-189.)

[12] Mot douteux dans la copie.

Perlegi tuas literas, quas mihi *Sebastianus* reddidit[13]. Seriò hominem compellavimus et gravi sumus apud illum oratione usi, qua nobis vehementer motus fuisse videtur : persistit tamen in sententia. Aderant *Cœlius* et *Hymbertus* ex nostris : nam *Ribittus*[14] interesse non potuit, quòd nonnihil morbo afflictaretur, aut potiùs infirmitate virium. *Comes*[15] verò abest jam totos octo dies, *Bernam* vocatus ob gravissimum et periculosissimum morbum *Sultzeri* et *Conzeni*[16]. Scripsit enim *Beatus*[17] valdè utrumque afflictari, præcipuè verò *Conzenum*, et morbo omnibus ferè incognito. Nondum rediit *Comes*. Medicus *Lonæus*[18] vocatus etiam fuerat, nescio an eò profectus.

Sed ad *Sebastianum* redeo. *Franciscus Viviacensis* et *Tornacensis*[19] unà nobiscum aderant. Declaravimus nullum ei apud nos esse locum aut conditionem : quòd si aliqua esset, eadem eum causa hîc quæ isthic impediret quominus admitteretur, idque apud nos magis quàm apud vos[20]. Consuluit me num censerem[21] ipsi *Bernam* eundum. Respondi nullam spem esse con-

---

[13] Lettre de Calvin du 11 février, remise par *Sébastien Chasteillon*. Celui-ci avait formé avec *Viret* des relations très amicales, pendant les quelques jours qu'il avait passés chez lui, à Lausanne. C'est pourquoi, à propos de deux amis intimes de Calvin, — *Bèze* et *Viret* — il parle du second dans les termes suivants :

« Alterum verò, *hominem bene de me meritum*, et quantùm eum, in ejus domo vivens, cognovi, hominem pium, et qui me verè, non ut tu, domi suæ aluit, per literas monui de facetis ejus libris, ut deinceps cum facetiis sacra tractare desineret. Sed ille moderatiorem multo se ad admonitionem meam præbuit, quàm superior. » (Castell. Defensio, p. 24.) Une pièce de vers de Chasteillon, antérieure, nous paraît-il, à l'an 1542, est adressée : D. Petro Vireto, Lausannensis ecclesiæ pastori fidelissimo, fratri amantissimo.

[14] *Celio Secundo Curione, Imbert Paccolet*, professeur d'hébreu, et *Jean Ribit*, professeur de grec.

[15] et [17] *Béat Comte*, médecin, et, comme pasteur, collègue de Viret (VIII, 337).

[16] Dans sa lettre du 25 décembre précédent, Viret ne dit rien de la maladie de *P. Kuntz*.

[18] Le médecin *Jean Volat*, pasteur à *Lonay*, près de Morges (VII, 288, VIII, 337).

[19] *François Martoret du Rivier*, pasteur à Vevey, et *Jean de Tournay*, pasteur à Aigle.

[20] On sait combien MM. de Berne étaient opposés à toute innovation (p. 133, n. 13. — VIII, 147).

[21] Mot douteux dans la copie.

ditionis ob multas causas. *Consului itaque ut isthuc potiùs rediret, contineret se intra suam pelliculam tantisper dum ipsi Dominus mutaret mentem. Conferret quod posset ludo litterario, saltem usque ad Aprilem*[22], postquam stipendium ei ad id tempus numeratum est, et donec *scholæ* meliùs esset prospectum. *Admonui satis esse si hoc tempore vivere posset : dispiceret etiam num ei in typographia aliquis esse posset locus,* aut alia conditio, in qua se ita gereret ut nihil inde ad ecclesiam offendiculi rediret.

Placuit consilium atque ita ad vos rediit : malo enim id quàm ut erret et vagetur diutiùs majore offendiculo. Interea spes est ut redeat ad mentem meliorem. Nondum enim deploratæ salutis nobis esse debet. *Non possum aliud conjicere, quàm divinum esse in eum judicium, quò magis dejiciatur et aliquandiu pœnas luat suæ temeritatis, quòd tam facilè omnes contempserit et sibi nimiùm placuerit*[23] : sed spero fore hanc castigationem ad pœnitentiam : Vide igitur si qua via reduci possit et revocari : nam *mihi certè placet quòd amet quos novit servos Dei, ac te potissimùm, si quem alium. Non est enim animo à nobis alienato, etsi severè castigaverimus, hoc præsertim postremo congressu. At sicut accusas me quòd nimis homini, quum apud me esset*[24], *tribuerim, tu vide rursum ne quid etiam peccaris, quòd non diligentiùs monueris, quod et ipse conqueritur et tu fateris*[25]. *Queritur enim se nunquam abs te admonitum nisi cum bile et opprobriis,* idque serò admodum, quodque vocaris incorrigibilem arrogantiam, priusquam correxeris.

Hæc scribo non ut abs te alienem, sed ut conciliem potiùs et

---

[22] L'ordre « qu'il soit fait à Chastillon sa parcelle accoutumée » (procès-verbal du Conseil du 21 janvier) signifie qu'on lui délivrera un bon sur le trésor, pour le premier trimestre de l'année.

[23] Ce jugement d'un esprit juste et bienveillant permet de croire, que la haute idée que *Chasteillon* avait de lui-même, et son dédain pour les gens moins instruits, devaient lui donner parfois un ton, un air et des manières très désagréables (VIII, 504). L'influence des éléments extérieurs de la personnalité ne peut être mise en doute ; mais le plus souvent cette influence et ses causes ne sont bien connues que des contemporains. Aussi, quand on essaie de se représenter la physionomie morale de tel ou tel homme des temps passés, on s'aperçoit bientôt que le dossier de l'histoire n'est pas complet.

[24-25] Allusion à une ou à deux lettres de Calvin qui sont perdues.

intelligas velle moneri. Quòd si te vicissim alicujus moneat, excipe amicissimè, etiam si judicio aberret, ne contemni videatur et tu ægrè ferre aliorum monita. Tuum erit judicare quale erit quod dicetur. Hoc ideo addo quòd audiverim ab eo, se aliquando habuisse multa quæ tibi erant profutura, si sperasset te boni consulturum. Poteris ergo hominem compellare et admonere ut amicè et apertè dicat si quid in te desideret, aut si quid norit quod faciat ad salutem ecclesiæ et ministerii autoritatem[26].

Mihi dolet Raymundum adeò sibi etiam placere et suapte philautia ebrium[27]. Eum censeo abs te diligenter monendum, ne pergat insanire. Admone ut meminerit testimonii quod *hîc* apud bonos viros reliquit spectatæ semper in præceptorem fidei : desinat maledicere, nisi velit innotescere magis magno suo probro. Ei pepercimus quòd meliùs de eo speraremus[28]. Sed si spem nostram fefellerit, eum declarabimus qualem nemo bonus vir velit habere nimis familiarem, et ejus hypocrisim retegemus, postquam pergit sui similis esse.

Cum ad te scriberem, fortè advenit famulus, qui nunciavit *Comitis* reditum et *Conzenum* extremum clausisse diem[29]. Dominus consulat suæ ecclesiæ! *Nostri monachi* (intelligis quos vocem monachos), qui mihi conviciati sunt ob concionem habitam eo Dominico die qui ferias Natalitias præcessit, valdè perturbati sunt, quòd *Bernam* a Senatu vocati sint, nimirum *abbas*[30] cum duodecim è præcipuis. Vident suam *Abbatiam* periclitari : quæ res mihi magnam conflabit invidiam, sed nihil moror. Venerunt huc duo *Franciscani* ad nos, qui rogarunt num de se ad me scripsisses, quòd tu fuisses pollicitus scripturum, et testimonium nobis redditurum quale a *Romanensibus*[31] acceperas. Utinam non tot haberemus monachos! Respondi nihil me literarum accepisse. Tu, si quid habes compertum, significato, ne Ecclesia tot ventribus[32] gravetur, si indigni sint ejus beneficentia.

[26] Voyez la réponse de Calvin (N° 1336, après le renv. de n. 25).

[27-28] Sur *Pierre Reymond*, cf. le renvoi de note 5 du N° 1328.

[29] *Pierre Kuntz* mourut à Berne le 11 février 1544.

[30] *Jacques de Praroman* (VII, 145 ; N° 1321, renvoi de n. 6).

[31] Les habitants de *Romans*, ville du Dauphiné, située sur l'Isère, à 3 l. du Rhône et à 20 l. S.-O. de Grenoble.

[32] Voici comment *Viret* décrit « la venue des ventres [c.-à-d. des mauvais *moines*] et leur train : »

Franchesius a Bernatibus rejectus est[33], *satis ignominiosè*, nam *Negelinus*[34] seriò corripuit, maximè quòd absque nostris literis se Senatui obtulisset. Non fecit[35] gratum, opinor, *Beato* Bern[ensi[36]], qui ejus causam ita propugnabat. Vestræ et nostræ literæ non fuerunt inanes. Saluta amicos omnes et tuos collegas. Nostri te vicissim omnes salutant. Vale. Lausannæ, 16ª februarii 1544.

Tuus P. Viretus.

(Inscriptio :) Pietate et eruditione ornatissimo Johanni Calvino, fratri quàm charissimo, ecclesiæ Genevensis pastori fidelissimo.

1330

Jean Calvin à Henri Bullinger, à Zurich.

De Genève, 17 février 1544.

Autogr. Bibl. Publ. de Genève. Vol. n° 106. Cal. Opp. XI, 677.

Nondum literis tuis[1] *respondi quibus me admonebas, quantopere necesse esset controversias quæ tunc inter Bernates et nos-*

« Quand ilz viennent, ilz font tous la meilleur mine du monde. Ilz se font tant petitz, tant humbles et tant abjectz. Ilz sont tous tant modestes et tant sobres, que c'est merveille. Ilz baissent la teste. Ilz contrefont la nostre dame de pitié, mieux que nulz autres. Ilz sont tant povres, tant chétifz et tant misérables, qu'ilz n'ont pas une seule maille... La première consolation qu'il leur faut bailler, c'est de mettre la main à la bourse, pour leur donner... Ilz ne font point de conscience de charger personne, jasoit que [l. bien que] ilz ayent de quoy. Je puis dire ce que j'ay expérimenté moy-mesme... J'en ay nourry long temps aucuns, qui avoyent gens qui leur gardoyent argent en la ville, et ilz enduroyent que j'empruntasse d'ailleurs pour les nourrir. » (Viret. Admonition et consolation aux fidèles, qui délibèrent de sortir d'entre les Papistes... (Genève. Jehan Girard) 1547, petit in-8°, p. 85-86.)

[33] *Antoine Franchet* s'était présenté à Berne vers la fin de janvier, pour demander une place de professeur à *Lausanne*. Mais il avait négligé ou dédaigné de se munir d'une lettre de recommandation des professeurs et des ministres lausannois (Cf. la fin du N° 1322).

[34] *Jean-Frantz Nægueli*, collègue de l'avoyer J.-J. de Watteville.

[35] Ou *fuit ?* — [36] C'est-à-dire, le pasteur *Beatus Gerung*.

[1] Lettre de Bullinger du 14 oct. 1543, page 70.

tros agitabantur, amica transactione componi : meque rogabas, ut constanter, quoad liceret, me interponerem, ne dissidium utrique parti inutile, tam alieno tempore, ulteriùs serperet. Tametsi autem sponte currentem illic incitabas, non parùm tamen me juvit, cum hoc saxum diu frustra volvendo, jam propemodum fatigatus essem, novo hoc stimulo impelli, ne priùs desisterem quàm res confecta foret. Atque ut meliùs scias, quantùm tuæ et aliorum hortationes mihi profuerint, parùm abfuit quin plus decies animum desponderem. *Non sine magna difficultate fuerat effectum ut prior sententia, quam tulerant Basilienses, hîc reciperetur*[2]*: secunda plus mihi exhibuit molestiæ*[3]. Nam et plus in ea concessum *Bernatibus* fuerat[4], et *nostri*, quia jam officio perfunctos se esse judicabant, præstabant se aliquanto duriores. Itaque non leviter sudare me oportuit. Quanquam parùm abfuit, quin totus meus labor irritus caderet. Sed cum jam vix lætum exitum sperare auderem, Dominus ex insperato nobis mirabiliter affulsit. *Nunc ergo, Dei beneficio, non pacem modò, sed summam quoque concordiam habemus*[5], *quam firmam fore confido*. Vale, eruditissime vir et frater mihi in Domino charissime. Saluta reverenter D. *Pellicanum, Theodorum, Megandrum, Galtherum* et reliquos fratres. Dominus vos omnes suo spiritu semper gubernet. Genevæ. 17. februar. 1544. Collegæ mei vos omnes salutant.

JOANNES CALVINUS tuus.

(*Inscriptio :*) Ornatiss. viro et eximia eruditione prædito, D. Henricho Bullingero, Tigurinæ ecclesiæ pastori fideliss., fratri et amico colendiss.

[2-3] La première sentence des arbitres bâlois fut prononcée en janvier 1542. La seconde, datée du 24 août 1543, parvint à Genève le 4 septembre.

[4] La concession qui était faite aux Bernois, dans la seconde sentence bâloise, consistait en ceci, que les trois députés genevois condamnés à mort, le 5 juin 1540, pourraient rentrer dans le territoire de Genève, mais non dans la ville. Cf. aussi la p. 34, note 8.

[5] Après la seconde sentence arbitrale, les négociations avaient continué pendant cinq mois. Elles sont exposées en détail par A. Roget, o. c. II, 100-109. Selon Ruchat, V, 240, « les seigneurs de Berne envoyèrent, le 28 de janvier 1544, des députés à ceux de Bâle, pour leur dire qu'ils acceptaient leur sentence avec un éclaircissement qu'on y avait ajouté… »

1331

CHRISTOPHE FABRI à Jean Calvin, à Genève.

De Thonon, 22 février 1544.

Autogr. Bibliothèque de Gotha. Cal. Opp. XI, 678.

S. Quid in hac profectione Dominus tandem effecerit, accipe : A triennio mandatum a Principibus exoraram, quo jubebatur *præfectus* solitas omnes *eleemosinas* æstimare rectoque ordine erogandas curare. Quamobrem superior noster præfectus[1] *Filliaci*[2] eleemosinam septuagesimæ in 5. modia frumenti redegerat, quæ juxta singulorum ministrorum ex consilio seniorum compositos pauperum catalogos, et ab ipso præfecto subsignatos, dispertiebantur. *Publicani* verò, post illius discessum[3], hanc frumenti summam recusarunt, ac mox *Bernam* profecti, mendatiis quod voluerunt effecerunt. Ego verò veritatem simpliciter proponens, Do. *præfectum illum*[4] in confirmationem audiri rogavi, ac sic quod ab illis falsò in nos jactatum fuerat, hujus testimonio confutatum est : 5. illa modia more solito eroganda dare jubentur : miro apud omnes sibi consiliato[5] pudore, quòd passim vana multa impudenter jactarint. Dixerant enim nos propria

---

Le 15 février, les députés genevois apportaient de Bâle le traité dûment signé et scellé, et, le 19, il était approuvé par le Conseil général.

A propos de la présente lettre, Roget fait la remarque suivante : « Cette négociation compliquée jette un jour instructif sur le genre d'intervention exercé par *Calvin* dans les affaires de la république. On voit que si par ses conseils il exerce une influence incontestable, il est bien loin de dicter sa volonté aux magistrats. »

[1] et [4] *Nicolas de Diesbach. Georges de Wingarten,* qui lui succéda, fut élu bailli de Thonon au mois de juillet 1543.

[2] *Filly,* ancienne abbaye, située au S.-O. de Thonon (IV, 213, 214).

[3] Quand les baillis étaient envoyés dans un autre bailliage, ils quittaient ordinairement à la fin de l'année leur ancienne place.

[5] Au lieu de *conciliato.* L'orthographe latine de *Fabri* est parfois très capricieuse.

authoritate catalogos mittere (nulla mentione facta hujuscæ æstimationis et ordinis) nostrûmque aliquot quod jussu nostro legatis nostris tradiderant frumentum, demum vendidisse.

Secundò, quotidianas per annum eleemosinas 30. modiis Domini æstimarunt, et alio ordine quàm hactenus illi fecerint, aliaque et præfecti et ministri loci circumspectione, erogari jusserunt. 3°. Nullos pauperes in *Ripalliense xenodochio*[6] sese admissuros receperunt, nisi præfectorum, ministrorum et seniorum parœciarum testimonio selecti atque missi fuerint. Paraliticos verò et mutilos, et qui non possent *Bernam* concedere aut mittere, hoc testimonio intromittendos esse. Quartò, ex pauperibus ipsis, si qui convaluerint et ad laborem potentes facti, amandandos, et in eorum locum alios languentes recipiendos. 5° Viduis quibusdam et piis viris familia et ægritudine gravatis dimidiatæ concedebantur præbendæ, donec convalescentes suæ providerent familiæ. Hoc amplius non audebat pandocheus, sed nunc a Dominis confirmatum est. 6° Reditus *fraternitatum*[7] conviviis inter rusticos obliguriri solitos, pauperibus suis singulæ parœciæ jubentur distribuere, præfectoque quotannis rationem reddere.

7° *Rogavimus Principes, si quando cum Rege pacisci contingat*[8], *nostrî meminerint, si fortè eorum tanquam patrum nostrorum medio, facultates nostras è patria repetere valeamus*, quò familiis nostris consultum sit, ab obitu nostro ipsis minùs afferant et tædium et onus, et ut avaritiæ ex familiæ solicitudine inter ministros auferatur occasio : quod occasionem (ut brevi sperant) nacti sese curaturos receperunt. Postremò quædam peculiaria aliquot ministrorum Classis negocia satis fœliciter expedita sunt : laudetur Dominus.

Neocomo transire neque tempus neque negocia patiebantur :

[6] Dans l'édition de Brunswick: nullos pauperes in *Ripalli esse xenodochium* sese admissuros receperunt. Voyez, sur le prieuré de *Ripaille*, notre t. IV, p. 212, 213, 214, 372, 373.

[7] Confréries religieuses et en partie profanes. *L'abbaye de la Jeunesse* à Thonon était aussi une espèce de confrérie (IV, 33, 34, 152; VIII, 36).

[8] Il s'agissait d'un traité à conclure avec le roi de France, au sujet des biens d'Église situés dans le Chablais et dans le Faucigny, et qui appartenaient les uns au Roi, les autres à MM. de Berne (V, 329, 330, n. 5; VIII, 35, note 6).

sed *Vireti* consilio fasciculum literarum *Bruneto*[9] tradidi, qui sequenti die eas tutò illuc misit. De *Ferronii nostri* negocio[10] ad *Farellum* scripsi et ejus misi literas, servata apud me apocha quam tibi ad eum remitto, ne variis pressa manibus perdatur. Sed et *Fatinum Argentinæ* esse accepi. De *Michaële Dubitato* cum *Vireto* egi, neque tantam habet conditionem quin aliò avolare queat, si expedit[11]. Expectat tamen tragœdiæ illius *Alsiensis* nebulonis catastrophen[12], ex *Classis Morgiensis* nonnulla spe sibi oblata.

Paterniaci, in reditu, *Brunetum Neocomum* et in *Gallias* itineri se accingentem[13] reperi, cui peregrinationis meæ exitum (ut per temporis momentum licuit) narravi, ut et *Farello nostro* et aliis patefaceret, meque apud eos excusaret, quòd illac non transierim. Cœterùm *Comes*[14] (ut ex *Bern.*[ensibus] subolfecit) te commonefaciendum censet, ut quibuscunque honestis modis, *duos superstites illos nebulones exules*[15], *in urbem introducendos cures*, saltim [l. saltem] efficias, ut *Bern.*[enses] tibi id cordi esse nec per te stare, intelligant. Non enim possis majus illis præstare obsequium[16]. *Sultzerus* te accuratè salutat. Si satis firma

[9] Probablement *Brunet Pelé*, pasteur dans le Pays de Vaud. Fabri devait lui confier des lettres que *Calvin* envoyait en France.

[10] On ne possède aucun renseignement sur cette affaire de *Jean Ferron*, mentionné p. 108, note 4.

[11] *Michel Dobt* était pasteur dans le comté de Neuchâtel, depuis un peu plus d'un an (VIII, 413). Nous ne l'avons pas rencontré plus tard dans la Classe de Morges.

[12] Si nous ne sommes dans l'erreur, *Alsiensis* signifie *natif du pays de l'Argonne* dans les Ardennes. Nous supposons qu'il s'agit ici de *Claude d'Alyse*, qui fut plus tard diacre dans la Classe de Morges, pasteur à Vullierens et à Saulx-le-Duc à 5 l. ¼ de Dijon.

[13] *Brunet Pelé* allait peut-être visiter en France les églises « de la dispersion. »

[14] *Béat Comte*, qui avait fait un séjour à Berne pour soigner deux pasteurs malades.

[15] Des trois « articulants » condamnés à mort, le 5 juin 1540, *J.-G. Monathon* et *Jean Lullin* survivaient seuls. *Ami de Chapeaurouge* était décédé au mois de janvier 1544 (A. Roget, o. c. II, 112).

[16] Les Bernois avaient le sentiment très net que les trois « articulants » (n. 15) n'avaient pas voulu trahir les intérêts de leurs concitoyens en acceptant la convention du 30 mars 1539. Aussi Berne avait-elle constamment demandé que Genève réparât l'injustice commise envers eux.

valetudine fuisset, animus erat ad te scribere. *Beatus, Erasmus,* uterque scriba, *Turterus*[17] plurimique alii te salutant, etiam *Lausanenses* atque *Morgienses.* Uxor quoque mea mecum te, fratrem et vestras utriusque uxores.

Dolemus ex puella a Domino sublata tibi ingentem sublatam esse consolationem[18]. Verùm Dominus aliam prolem vobis ac nobis excitabit[19], ut opus fuerit.

Præfectus noster *Bernam* solvit hodie, cui ad *Turterum* et *Farellum* literas tradere decrevi, salutationibus tuis nequaquam omissis. Vale rursum. Tononii, raptim 22. febr. 1544.

Tuus si suus est CHRISTOPHORUS LIBERTINUS.

Varia *de rege nostro, Turca, Cæsare* et *Venetianis* illic audivi. Si quæ in rem Ecclesiæ audivisti verisimilia, ne nos celato, maximè istius cum *Bernensibus* confœderationis die Dominico futuram celebrationem[20] : cujus rei gratia superiori die Lunæ delecti sunt Do. Consul *Negelli,* quæstor *Ausburgus* et *Hans Huber*[21] legati istic [l. istuc] eo die appulsuri.

(Inscriptio :) Vigilantiss. ecclesiæ Christi pastori D. Joanni Calvino, fratri et amico singulariss. Genevæ.

[17] Les pasteurs *Béat Gerung, Érasme Ritter,* les secrétaires *Pierre Giron* et *Nicolas Zurkinden,* et *Hugues Turtaz,* pasteur à Morat.

[18] Était-ce la propre fille de *Jean Calvin,* ou *Judith,* née du précédent mariage de sa femme? — La première supposition est rendue vraisemblable par le vœu que Fabri exprime dans la phrase suivante.

[19] Peu de temps auparavant, *Fabri* avait perdu son fils *Daniel* (Cf. la lettre de Fathon du 16 mai).

[20] La paix entre Berne et Genève fut jurée par les députés bernois le 24 février.

[21] *Michel Augsbourger,* trésorier du Pays romand, et le conseiller *Hans Huber.* Roget l'appelle inexactement *Hubert.* Mais il nous apprend qu'il y avait un quatrième député : le commissaire *Jean Landoz.*

1332

GUILLAUME FAREL à Jean Calvin, à Genève.
De Neuchâtel, 23 février 1544.

Autogr. Biblioth. des pasteurs de Neuchâtel. Cal. Opp. XI, 680.

S. Accepisti, ut opinor, quæ scribit *Tossanus*[1], cui adsit D.[ominus] et omnibus qui in Verbo laborant. Quantùm desidero ne fiat quod arrogans ille cupit introducere[2], sensim adrepens ut ecclesiam vastet, tantùm cupio istam tandem absolvi pacem[3], in qua tamdiu laborarunt pii : de qua nihil potui intelligere certi. Qui fratris literas *Paterniaco* huc attulit[4], dicebat *legatos Genevenses* tanta festinatione domum redire, quasi nunquam tempestivè satis eò perventuri essent : quod me aliquid suspicari mali cogebat, nisi impendiò ducalis[5] fuisset. Aliqui ex fratribus dixerunt rem peractam esse feliciter, sed nemo certi aliquid affert. Utinam vel serò tandem exoptatissima ista pax firmetur! De Comitiis[6] nihil possum intelligere, nec *Argentoraten.[sis]* aliquis scribit, cum interea discupiam rescire fructum tui laboris[7], quem precor D.[ominum] ut uberrimum esse faciat, prout spero futurum, nec frustrabor hac spe.

Nosti ut habeant hîc omnia, quis sit magistratus, quis pastorum status, *nec te fugit quid miser ille Cortes.[ius]*[8], *qui et apud Mediomatrices et hîc et istic, imò passim, conatus est omnia evertere in odium nostri,* et ut posset magis obesse, per *leprosos*

---

[1] Lettre de *Pierre Toussain* du 15 janvier, ou une lettre de lui plus récente.
[2] Allusion à *Jean Engelmann*.
[3] La paix entre Berne et Genève.
[4] *Brunet Pelé* (N° 1331, n. 9).
[5] C'est-à-dire, à moins que le narrateur ne fût un zélé partisan du *duc de Savoie*, et, par conséquent, disposé à interpréter en mal la marche précipitée des députés genevois.
[6] La diète impériale de Spire.
[7] L'effet produit à *Spire* par la *Supplex exhortatio* de Calvin (p. 86, n. 11).
[8] Le mot *cortes.* a été ajouté par Farel au dessus de la ligne.

voluit tragœdiam agere[9]. Vocabatur ex illis unus, qui petebat nescio quas sibi inducias dari[10], *collegam* arguens quod aliter loqueretur quàm sentiret, nimirum quòd mecum verbis faciens, cum adversariis animo esset[11].

Demum prodiit liber quem ad te mitto, qui apparabatur non ignorante collega[12], nam versor[13] est huic intimus. Et quamvis *libellus* adeò ineptus sit, non solùm interpretis vitio, verùm etiam in ipsa qua fuit conscriptus lingua Germanica, ut notat *Zuynglius*[14], tamen gestiunt ita miseri, qui omnia cupiunt eversa quæ sunt Dei, de illo consensu perditissimorum hominum, et de

---

[9] En critiquant avec âpreté (comme on peut le supposer) une mesure charitable, demandée en faveur des *lépreux*.

[10] Ce lépreux sollicitait sans doute la permission de sortir, pour quelques jours, de la léproserie ou *maladière*, en prenant les précautions nécessaires. (Cf. t. VIII, p. 326, n. 42. — Matile, o. c. I, p. 93, chap. VIII, intitulé: Ladres, maladières, serment d'un lépreux.)

[11] Au point de vue de Farel, *Jean Chaponneau* était de cœur avec « les adversaires ; » car étant informé de la prochaine publication d'un livre favori des *Anabaptistes*, il n'avait rien fait pour l'empêcher.

[12] Voyez, note 14, le titre de cet ouvrage.

[13] Le nom de ce traducteur est resté inconnu. Il vivait, semble-t-il, à *Neuchâtel*, ou dans une contrée voisine, puisqu'il était ami intime de *Chaponneau*.

[14] L'opuscule original, composé par *B. Hubmaier*, prédicateur des Anabaptistes, à Waldshout, est intitulé : Von dem Christenlichen Tauff der gläubigen. (Nürnberg, F. Peypus) 1525, — c'est-à-dire : *Du Baptême chrétien des croyants*. Jean Œcolampade en envoya un exemplaire à *Zwingli*, le 2 octobre (1525). Celui-ci publia, en réponse, une brochure allemande, datée du 5 novembre, même année, qui a été traduite plus tard en latin par R. Gualther, et dont voici le commencement :

« HULDRYCHUS ZVINGLIUS Baltazari Huebmer Doctori in Waldshuot, gratiam et pacem a Deo patre per Iesum Christum exoptat.

Huc tibi ante omnia plenissimè persuasum esse velim, Baltazar dilecte, me obturatis auribus librum tuum præteriturum fuisse, ut quem nulla prorsùs responsione dignum judicarem, nisi infirmiores quosdam et simplicis ingenii homines personata hac larva tua et Tragica verborum ostentatione attoniti, nugas tuas horrere vidissem. His itaque rem omnem exponi oportuit, ut te non alia re quàm vanissimis nugis et ineptis clamoribus occupatum esse videant : ne fortè ingentem molem te movere et volvere credant, præstigiis tuis excæcati, cum vix culmus aut stipula sit, in cujus gratiam tantùm sudare soles. » (H. Zvinglii Opera. Tiguri, 1544-1545, t. II, fol. 99 a. — Texte allemand dans l'édition Schuler et Schulthess, 1830, t. II, p. 343. — J. H. Ottii Annales anabaptistici. Basileæ, 1672, p. 22-25.)

tam obstinata et pertinace perseverantia in pessima sententia, qua *miser quidam* ad mortem perduravit, ut putent omnia tanquam verissima oracula haberi debere[15]. Pervadunt ædes *leprosi,* aliqui corpore et alii non minùs animi lepra contaminati, et omnia *libelli* inculcant et non paucos seducunt, quia in nonnullis est Verbi aliquis fucus. Quare *fratres cum videant opus esse aliqua responsione, — non quòd liber dignus sit, sed propter simplices, in quibus aliquis est timor Dei, — te rogant propter Dominum, ut hanc suscipias provinciam,* nec dedigneris propter miseros autores opus aggredi. Scimus omnes te supra modum occupatum, et alia habere tractanda in quibus plus videatur esse commodi, non tantùm hîc jam agentibus sed posteris quoque, præcipuè in Scripturæ enarratione. Sed non ignoras quàm præsens venenum Ecclesiæ sit hoc hominum genus, et quàm oporteat occurrere pestilentissimis doctrinis hæreticorum. Deligeremus alium : sed dic, quæso, quem inveniemus qui multo labore nunc addendo, nunc subducendo, nunc vertendo, et quid dicam, omnia agendo, id tam facilè præstet, quàm tu vel ludendo possis? Cum igitur levi labore morem gerere fratribus possis et rem tam necessariam absolvere, et omnibus valdè utilem, te omnes orant ut te exorari patiaris et hoc efficias, nec aggredieris aliud priusquam absolveris[16]. *Si operi adjunxeris quod contra dormitionem fictam somno erroris sepultorum emisisti*[17], *versum*

---

[15] Dans l'ouvrage cité plus bas (n. 16) *Calvin* parle comme il suit de cet *anabaptiste martyr :* « Or pour donner quelque couleur... à leur doctrine, ilz ont faict imprimer avec leur résolution l'histoire de la mort de je ne say quel *Michel,* leur complice et adhérent à leur secte : et de faict ilz ont accoustumé de faire un grand bouclier, de ce que plusieurs sont mortz, pour avoir maintenu leurs opinions, sans s'en vouloir rétracter : encor que par ce moyen ilz peussent eschapper la mort et racheter leur vie. Et de faict c'est un tesmoignage de belle apparence... Mais pource que nous pourrions estre tous les coups déceuz en cela, si nous ne passions outre, il est question de revenir au fondement, sans lequel nous ne saurions assoir jugement seur... Il est certain, que la mort d'un homme... n'est jamais si précieuse, qu'elle puisse, ne doyve en rien préjudicier à la verité de Dieu, ou qu'elle soit vaillable pour approuver doctrine erronée et perverse » (p. 188, 189).

[16] Calvin répondit favorablement au vœu des pasteurs neuchâtelois (Cf. la lettre du 1er juin 1544, en tête de la *Briève instruction contre les erreurs des Anabaptistes*).

[17] Allusion à la *Psychopannychia,* ouvrage de *Calvin,* composé à Orléans en 1534 et publié à Strasbourg en 1542 (III, 243, 245).

priùs Gallicè[18], *ut præcipua perditissimæ sectæ capita conteran-
tur, adjuvabis multos :* quod quæso te nolis negligere. Si non
cum fratribus qui arctè jusserunt ut ad te scriberem, compre-
hender[er], et eorum petitionem non pluris esse apud te crederem, quàm meam unius, ego qui cum omnibus flagito et te
obtestor ut hoc perficias, obsecrandi finem non facerem, nec
vererer quin obtinerem. Quòd si me cum tali cœtu non audis,
quid sperare possum quòd solus à te aliquid impetrem?

Causa captivi[19] rectiùs fuisset curata, si nuncius ad quem
nos remittit *frater,* huc venisset, aut omnia intellexissemus ut
acta fuerunt. Nam id scire cupiebant *Consul* et *Senatus*[20]*:* aliam
non potuimus proponere, nisi quam scribit frater. Si vacat, leges
literarum exemplar, et nuncio demum reddes ut ad fratrem
perferat. Vale et omnes istic salvere jube, tuam conjugem, *Genestonum, Bernardinum* et symmystas omnes. Nostri te omnes
salvum cupiunt. Neocomi, 23 Februarii 1544.

          Tuus totus FARELLUS.

(*Inscriptio :*) Doctiss. Jo. Calvino, pastori ecclesiæ Genevensis
vigilantiss., fratri chariss. Genevæ.

1333

GUILLAUME FAREL à Jean-Jacques de Watteville, à Berne.
De Neuchâtel, 29 février 1544.
Inédite. Autographe. Archives de Berne.

La grâce, paix et miséricorde de Dieu, nostre bon père, vous
soit donnée!

---

[18] A la fin de sa *Briève instruction contre les erreurs des Anabaptistes,*
(mai 1544) *Calvin* combat sommairement (p. 132-185) l'erreur du sommeil
des âmes après la mort. Mais la traduction française de la *Psychopannychia* parut seulement en 1558, sous le titre suivant : « PSYCHOPANNYCHIE.
Traitté par lequel est prouvé que les âmes veillent & vivent après qu'elles
sont sorties des corps : contre l'erreur de quelques ignorans qui pensent
qu'elles dorment iusques au dernier iugement. Par IEHAN CALVIN. Nouvel-
lement traduit de Latin en François. M.D.LVIII. De l'imprimerie de
Conrad Badius. » Petit in-8° de 143 pp.

[19] *Pierre du Mas,* prisonnier à Grenoble (Voyez le N° 1333).

[20] L'Avoyer et le Conseil de Berne.

Monseigneur, si paravant tous estions grandement obligez et à vous et à Messieurs, encores de plus en plus le sommes, pour les peynes et travailz qu'il vous plaist de prendre pour nous ayder et secourir[1]. Certainement les biens que vous nous faictes sont telz, qu'il nous est impossible, à tant que nous sommes, de les recognoistre comme il fault. Mais celuy qui a touché vostre cueur envers telles povres gens comme nous sommes, et pour l'ameur de qui tant vous estes employez, en aura souvenance, et, comme il en a bien la puyssance, vous récompensera. Au nom duquel vous supplie, tant en mon nom comme de tous, de vouloir persévérer et de vous employer à telles sainctes œuvres[2], et ne regardez l'indignité de ceux pour qui vous employez, mais la majesté de celuy à qui elles plaisent.

Je ne doubte point que la chose ne vous sera trop aggréable que vous [l. vos] lettres et peynes n'ont autre effect[3]. Et, pour vray, grandement eussions tous desiré que vostre messagier fust allé jusques au lieu où *le povre prisonnier*[4] est détenu. Mais à cause qu'il est ès mains de l'Official, et que pour les lettres de voz seigneuries la Court en auroit et voudroit prendre la cognoissance[5], et qu'il y a en icelle des adversaires si grans que rien plus, l'affère du prisonnier se porteroit pirement que devant l'Official, — attendu aussy que *mon frère*[6] desjà estoit de retour, — il a semblé bon à aucuns qui entendent comment l'on se gouverne à *Grenoble,* de ne laisser passer plus oultre de *Genève*

---

[1] Dès le début de sa carrière d'évangéliste dans la Suisse romande, et, plus tard, quand ses frères vinrent s'y établir (1537), *Guillaume Farel* éprouva la bienveillance de *Jean-Jacques de Watteville* et de son frère *Nicolas.* A plusieurs reprises, les Farel sollicitèrent l'intervention de MM. de Berne, pour être recommandés à *François I.* Et chaque fois — les paroles du Réformateur nous autorisent à le croire — l'Avoyer *de Watteville* appuya leur requête.

[2] Ces « sainctes œuvres » consistaient à protéger des gens proscrits et dépouillés de leurs biens, pour avoir embrassé la cause de l'Évangile.

[3] Allusion à la lettre que l'Avoyer ou le Conseil de Berne, à sa demande, avait écrite en faveur du *prisonnier de Grenoble* (N° 1332, renv. de n. 20). Cette lettre avait été retenue à Genève.

[4-5] Le nom du prisonnier et celui du lieu de sa captivité aideront peut-être à découvrir son procès.

[6] *Claude Farel,* qui avait présenté au parlement de Grenoble les lettres du Roi, lesquelles étaient favorables à lui et à ses frères.

vostre messagier[7] : et ne puys condamner leur jugement, car il semble estre raisonnable. Si l'on a esté marry de ce qu'on ne sçavoit le nom du prisonnier qu'on appelle *Pierre du Mas*[8], qui a esté prins à *la Tronche*[9], en un monastère des nonnains, pour les lettres qu'il portoit[10] et aucuns propos qu'il a tenu, estant interrogué d'aucunes nonnains[11], et de là mené ès prisons de l'Official, — ce n'est pas sans cause, et la faulte est venue de l'homme que *mon frère* avoit envoyé, qui n'est venu pour du tout informer, comme il en avoit la charge et aus[s]y l'avoit promis.

Et à tant, Mons', nous prierons tous Nostre Seigneur qu'il vous ait en sa saincte garde et protection et tous mes Seigneurs aussy, faisant que parfaictement et longuement serviez à Nostre Seigneur en bonne vie et longue. Maistre *Thomas*[12] et *mon frère* grandement vous saluent. De Neufchastel, ce dernier de février 1544.

Le président ne peult ouyr parler de Nostre Seigneur, et combien qu'il a entendu que *le Roy* a et prend à cueur *l'affère de mes frères*[13], il a tant faict que les lettres du Roy n'ont esté intérinées[14]. Nostre Seigneur ainsi veult les exercer.

Vostre très humble serviteur en Nostre Seigneur
GUILLAUME FAREL.

(*Suscription :*) A Monseigneur Mons' de Columbier, Advoyé de la ville de Berne. A Berne.

---

[7] Porteur de la lettre de Berne (n. 3).

[8] Ce nom ne figure pas dans Crespin. Hist. des Martyrs.

[9] Localité située à une demi-lieue de *Grenoble*.

[10] Une circonstance toute pareille avait causé, en 1536, l'arrestation et la mort de *Martin Gonin*, à Grenoble (IV, 71, 129, 130).

[11] On avait peut-être demandé à ce voyageur, qui venait de la Suisse : Quelle loi tient-on en ce pays-là, quant à la religion ? Il avait répondu franchement, sans se douter du parti qu'on allait tirer de ses paroles. Il en arriva autant à Gauchier Farel, au mois de juillet de l'année suivante.

[12] *Thomas Barbarin*, pasteur de l'église de *Pontareuse*, près de Boudri. Il était bien connu de l'avoyer *J.-J. de Watteville*, qui lui payait sa prébende de pasteur. Les domaines de la cure de Pontareuse confinant à la seigneurie de *Colombier*, qui appartenait au susdit avoyer, MM. de Berne avaient fait cadeau à celui-ci (9 juin 1543) des domaines prémentionnés (VIII, 505, 506).

1334

VALÉRAND POULLAIN à Jean Calvin, à Genève.

De Strasbourg, 9 mars 1544.

Autogr. Bibl. Publ. de Genève. Vol. n° 112. Cal. Opp. XI, 683.

S. P. Magister et pater in Christo colendissime. *Mirabere forsitan quòd tam familiariter tecum agam. Verùm id condonabis justo dolori meo, quem nuper accepi ex fratrum literis qui in dispersione degunt in Flandria inferiori*[1]. Primùm ad me scripserunt *de postremo illo tuo responso:* « Qui[2] convictus esse possit Christianis Christum verè agnoscentibus, cum iis qui in papatu sunt[3]. » Certè enim ego, qui quæcunque ibi scribis approbarem omnia, ac cuperem hoc semel omnibus esse persuasum, *misi principio ad illos exemplar manu descriptum*[4] *: deinde feci ut eò deferrentur plus quàm ducenti libri impressi.* Tametsi enim ego (ut ingenuè fatear apud te, à quo corrigi et castigari velim) semper eo fui ingenio, ut qui mihi non parcerem, aliis parcendum putarem : ut dum se abstinerent ab iis omnibus quæ scirent manifestè adversari verbo et voluntati Dei, in quibus præcipuè

---

[13] Nous n'avons pas la lettre du Roi; mais un document de 1546 en donnera la substance.

[14] Suivant les conjonctures, il suffisait des lenteurs savamment calculées d'un parlement, pour rendre infructueuses les meilleures intentions du Roi.

[1] Dans cette partie de *la Flandre,* il y avait des églises naissantes, à *Tournay,* « à *l'Isle, Valenciennes, Douay* et *Arras :* combien qu'ès deux dernières villes, le nombre y fût bien petit et clair semé » (Crespin. Hist. des Martyrs, éd. de Toulouse, I, 428). Dans l'été de 1544, ces églises firent demander aux ministres de Strasbourg d'élire pour elles un pasteur. *Pierre Brulli* leur fut envoyé, avec un témoignage écrit de la main de *Bucer* (Ibid. p. 427). Voyez aussi Ch.-Louis Frossard. L'Église sous la croix pendant la domination espagnole. Chronique de l'égl. réf. de Lille. Paris, 1857, pp. VIII, X, XX, 3-22.

[2] Dans l'édition de Brunswick : *quis.*

[3] Voyez, p. 20, note 22, le titre de ce *traité* de Calvin.

[4] C'est ainsi qu'en 1540 la diffusion de l'*Épître consolatoire* de Viret avait eu lieu par des copies manuscrites (VI, 429, n. 1-2).

regnat *missa*, cœtera ipsi moderatè agerent, darentque operam, ut familiam privatim instituerent doctrina et vita : cæteros saltem vita, si non doctrina auderent. Et memini interdum, cum adhuc *illic* essem, cœtus publicos illos commendasse, propter Dei promissum[5], quod nullo hominum abusu scirem evacuari : maximè cum crederem (uti adhuc credo) in cœtibus ejusmodi, quantumvis superstitionibus deturpatis, imò oppressis, esse non paucos timentes Deum et confitentes Christum, qui quòd cœtera peccant, id verè paulina ignorantia[6] faciant. Attamen ego maluissem (si fieri potuisset), privatim fratres convenire, atque precibus communibus et verbo operam dare. Idque adeò faciebam, quòd vererer ipsos omnino fieri ἀθέους, quod jam in plærisque perspexeram.

Hæc eadem illi ad me scripserunt : deinde etiam *testati sunt se graviter commotos, quòd viderere omnem convictum et cohabitationem damnare acerbiusque vituperare*[7]. Non alium sibi nunc videri Ecclesiæ statum, quàm fuit Judaicæ in captivitate. Deinde *rogabant, si fugerent aut discederent, commonstrari illis locum ubi possent Christo securiùs vivere.* Certè ego, qui statum ecclesiarum nostrarum jam conspexi, cuperem equidem omnes hîc esse. Verùm quum videam quàm adversariam carnem circunferamus, quàm aliquando multò magis expedit premi tyrannide quàm libero campo frui : deinde non ignarus quàm mihi ad hanc rem esset tenuis supellex, feci quod potui : *hortatus illos sum ad constantiam et patientiam atque fidem in Christum. Admonui etiam ut sibi caverent, ne falsis carnis præstigiis, etiam forte pietate depictis, se fallendos exponerent. Instituerent rectam viam Domini semper insequi, quæcunque se offerat afflictio. Neque ulla spe aut metu sinerent se dimoveri, ut vel minimùm sua corpora, multò minùs mentem sinerent ullo idololatriæ scelere*[8] *pollui : pollicitus etiam ad te referre, ac tuam de ea re sententiam petere. Id quod oro, brevi aliquo scripto digneris ad*

[5] Évangile selon St Matthieu, xviii, 20.

[6] *Sic.* C'est une réminiscence du livre des Actes des Apôtres, iii, 17, plutôt qu'une allusion à quelque parole de St Paul.

[7] *Antoine Fumée* et ses amis avaient reçu de cet écrit de Calvin une pareille impression (p. 126, renvois de note 5, 6).

[8] Les douze mots qui suivent jusqu'à *petere*, sont omis dans l'édition de Brunswick.

illorum solatium facere[9]. De quibus ego hoc testor in Domino, pios esse plerosque et verè Deum metuere, omnique studio se ab omni idololatriæ specie abstinere.

Postea venerunt a Tornacensibus et Vallencenensibus[10] *fratres duo, nobis miserum statum ecclesiarum apud ipsos exponentes.* Ad quas Dominus *Bucerus* exhortationem et consolationem scripsit. Plura de eo scribere non vacat per ipsum, qui nos ad operas *lib.[ri] sui adversùs Latomum* vocat[11]. Rem totam cognosces ex scriptis eorum quæ ad te mitto, ut cognoscas fratrum nostrorum miseriam, ac misertus eorum aliquando illos scripto consoleris. D. *Vendel.[inus]*[12] jussit me tibi salutem precari, et scribere de quodam *Simone du Bos*[13], bibliopola apud vos, cujus libri sunt apud ipsum inclusi dolio : ut permittat illud aperire, et *gallicos,* si qui sunt, divendere. Sæpe enim malè habet nos, quando piis viris hac iter facientibus nil possumus præstare hac in re officii.

Ecclesiola nostra te salutat, nominatim Concionator *Petr.[us]*[14] et frater noster *Raymund.[us]* et *Baptista*[15]. Hodie hac hora discedunt[16] à nobis *Spiram* versùs *Metenses*[17], qui jusserunt te

---

[9] L'*Excuse de Jehan Calvin à Messieurs les Nicodémites* (p. 126-127, n. 6) ne fut pas écrite pour les consoler.

[10] Les frères de *Tournay* et de *Valenciennes* (Cf. la n. 1).

[11] « Scripta duo adversaria D. Bartholmæi Latomi L. L. Doctoris et Martini Buceri Theologi. — De Dispensatione Sacramenti Eucharistiæ; De Invocatione Divorum ; de Cœlibatu Clericorum ; de Communione, authoritate, potestate Ecclesiæ Episcoporum ; de criminationibus arrogantiæ, schismatis et sacrilegii quæ sunt intentatæ statibus qui vocantur protestantes... Argentorati in ædibus Wendelini Richelii. M. D. XLIIII. » A la fin : Datum Spiræ in Comitiis, 20 Martii, 1544. La préface est datée : 12 martii, 1544. (Cf. W. Baum. Capito und Butzer. Elberfeld, p. 604.)

Cf. sur *Barth. Latomus* (en français, *Masson*) notre t. III, p. 305; V, 373, n. 12; VI, 244. — Herzog. Real-Encyklopädie. 1ʳᵉ éd. XIX, 778. En 1541, *Latomus* était devenu conseiller de l'électeur de Trèves.

[12] L'imprimeur *Wendelin Rihel*, (note 11).

[13] Le libraire *Simon du Bois* (Silvius) établi à *Genève*, est connu par la dédicace que le pasteur *Antoine Pignet* (V, 126) adressa, le 1ᵉʳ avril 1545, « à *Simon Silvius,* son très cher frère et amy. »

[14-15] *Pierre Brulli, Raymond Chauvet et Baptiste Bacinet.*

[16] Dans l'édition de Brunswick : Hodie hac hora *discedit* a nobis Spiram, versus Metenses, etc., ce qui change complètement le sens de la phrase.

[17] A comparer avec le N° 1318, renvoi de note 2.

salvere. Dominus illos dirigat suo spiritu, et tuum etiam et totius ecclesiæ tuæ ad orandum pro ipsis excitet. De *Comitiis*[18] supersedeo, id facturum D. *Bucerum* sperans, qui ad te scribit, crastino (ut opinor) die discessurus. Ego me tuæ paternitati et precibus commendo. Christus opt. maximus tuos egregios conatus spiritu suo semper adjuvet, nobisque diu te servet incolumem. Raptim ex ædibus D. *Buceri*, 7 idus martias anno 1544.

T. Clientulus et filius in Christo obedientiss.
VALERIANUS POLLANUS.

Mitto *librum D. Buceri*, quamvis imperfectum. Sed reliquum accipies ubi absolverimus. Scripseram nuper cum ad te *lib.[rum] Institutionum tuarum*[19] mitterem, de fratre nostro *Jacobo*[20], qui *Nicolao*[21], fratris tui socero, Chirographum M. *Jacobi de Morges*[22] dedit, ut repetat ab ipso tres coronatos : cujus oro eum admoneas. Iterum vale.

(*Inscriptio :*) Præstantiss. Evangelii administratori Magistro ac patri in Christo colendiss. D. M.[23] Joanni Calvino. Genevæ.

1335

NICOLAS [DE LA GARENNE] et P. TOUSSAIN à Farel,
à Neuchâtel.

De Montbéliard, 10 mars (1544?).

Inédite. Mscrit orig. Bibl. des Pasteurs de Neuchâtel.

Colendissime frater, scies ex hoc nuntio et fratre nostro, quo in loco sint res nostræ, et quid in caussa sit quòd istuc proficiscatur : et putamus supervacaneum esse, ut tibi multis negotia

---

[18] La diète de *Spire*.

[19] C'était la quatrième édition latine de l'*Institution chrétienne*, édition tout récemment imprimée à Strasbourg.

[20] Ce personnage nous est inconnu.

[21-22] *Nicolas le Fer*, beau-père d'*Ant. Calvin. Jacques le Coq*, pasteur à Morges.

[23] D. M. semble être l'abréviation de Domino *Magistro*. Dans l'édition de Brunswick : Domino *meo*.

nostra commendemus, quæ tibi satis cordi esse non dubitamus[1]. Precamur ut te Deus ecclesiæ suæ sanctæ quàm diutissimè servet incolumem, dilectique filii sui regnum in dies magis atque magis propaget. Vale, et saluta nobis diligenter fratres omnes. Monbelgardi 10 Martii (1544[2]).

Tui ex animo
NICOLAUS[3] et Toss.

De *Metensibus* nihil habemus certi quod scribamus. Res ipsa satis declarat *omnia illic frigere*[4].

(Inscriptio :) G. Farello fratri nostro colendissimo.

1336

JEAN CALVIN à Pierre Viret, à Lausanne.

De Genève (première moitié de mars 1544).

Autogr. Bibl. Publ. de Genève. Vol. n° 106. Cal. Opp. XI, 686.

Cum nullus ferè dies prætereat quo non aliquis hinc ad vos nuncius proficiscatur, cui literas dare possim, nolo excusando perdere operam, ne mea negligentia factum fuisse credas, quòd tamdiu nihil ad te scripsi[1] : cum et de rebus nostris scire cuperes, et id à me petiisses. Quanquam negligentiæ imputare non debes, quòd aliquandiu distuli. Quantisper hîc fuerunt *legati*[2], quia nihildum peractum erat, nolebam frustra scribere. Nuper

---

[1-2] La crise ecclésiastique de Montbéliard, en 1544, était de nature à exciter toute la sympathie de *Farel*, et l'on comptait sur son dévouement (Voyez sa lettre du 6 mai). Cette circonstance et le mot relatif aux frères de *Metz* rendent vraisemblable, pour nous, la date de 1544.

[3] *Nicolas de la Garenne* était second pasteur de l'église française de Montbéliard.

[4] Cet état de choses s'explique par le régime que l'édit du 13 octobre 1543 avait inauguré à *Metz* (N° 1318, renv. de n. 2).

[1] Calvin n'avait pas écrit à Viret depuis le milieu de février.

[2] Les députés bernois qui étaient venus à *Genève* (p. 171, renv. de n. 20-21) pour se concerter avec le Conseil sur l'exécution du traité de paix (Roget, II, 111).

cum *Nicolaus* et *Guillelmus* abirent³, vix breves in *Germaniam* literas scribere licuit. Præter eos, nemo se obtulit. Invenire potui, si quæsiissem : in eo fateor me negligenter egisse. Cum autem *Godefridi* filio⁴ literas daturus essem, venit interea *Ribittus*⁵, cui breviter concordiæ historiam⁶ narravi. Longum esset singula tibi enumerare : satis est quòd summam tenes. Finis actionis mihi bonam spem in posterum facit. Nam et *legati Bernenses*, rebus ex animi voto peractis, læti domum rediere. Et nostri, tametsi non omnia consecuti sunt quæ volebant, sibi tamen plurimùm gratulantur. Quantùm possum animadvertere, erit firma et certa non modò pax, sed etiam amicitia⁷.

Lambertus, præfectus urbis, privignam suam elocavit filio *Amedæi Pileorubri*⁸. Ita vides initia quædam ἀμνηστίας. *Primi exules* cum audiunt nostros jam adeò faciles esse factos ad patefaciendas portas, ad reditum adspirant⁹. Jam de *Vanzio*¹⁰ agi-

---

³ S'il est ici question de *Nicolas le Fer*, négociant, et de *Guillaume du Bois* (VII, 252) imprimeur-libraire, on peut affirmer qu'ils allaient tous deux à la foire de *Francfort* du 20 mars, et qu'ils avaient dû partir de Genève vers le 10 du même mois.

⁴ Nous supposons que c'était le fils de *Gottfried* ou *Geoffroy Dieherr* (IV, 463, VI, 209) libraire à Lausanne.

⁵⁻⁶ *Jean Ribit*, professeur à Lausanne. Calvin lui raconta l'histoire de la paix faite entre Berne et Genève.

⁷ Sur ce dernier point, Calvin se faisait quelque illusion (Cf. Roget, II, 116).

⁸ *Jean Lambert*, lieutenant de la Justice — *prætor* ayant ici le sens de *prætor* — donnait sa belle-fille en mariage à l'un des fils (Étienne ou Pierre ?) de feu le syndic *Ami de Chapeaurouge* (Cf. Galiffe. Notices, I, 344, 345).

⁹ On conserve aux Archives de Genève la requête commune de quinze fugitifs qui s'étaient « absentés de la ville, dès le 6 juing 1540. » Elle porte cette note du secrétaire Pierre Ruffi : « 1544, ultimo februarii. L'on a fayct grâce aux sus-nommés, et hont mys les genoulx à terre et hont cryer mercy à Dieu et à la Justice ; et, à la requeste des seigneurs commys de Berne, l'on leur a donné leur composition. »

Les deux députés condamnés à mort le 5 juin 1540, *Jean Lullin* et *Jean-Gabriel Monathon*, firent d'abord parvenir au Conseil une très humble requête. Le sautier alla les chercher à la frontière, et, après qu'ils eurent, le 8 mars, crié merci, à genoux, le Conseil prononça qu'ils étaient graciés et agrégés de nouveau au corps de la cité, en payant chacun deux cents écus pour la fortification de la ville (V, 372 ; VI, 199, 323. — Roget, II, 113, 114). Vingt autres Genevois obtinrent, dans les mois suivants, leur réintégration civile.

tatum est, et quantùm licet conjectura assequi, impetrabit[11]. Pecuniæ enim amœnus et pulcher aspectus. Illi ferociores animi jam ceciderunt. Unus jam restitutus est, gener *Francisci Fabri*[12], *Amedæi Perrini* rogatu[13], qui ei *Melchioris* tabernam, quam tutorio nomine tenet, vult committere.

Legatis de te sum locutus. Volui enim prætentare, num te illinc ad nos attrahere possemus. Negarunt quidem, sed ita ut non viderentur fore pertinaces, si insistant aliquando nostri. *Girardo* obtuli meam operam, si res postulet[14]. Opus[15] *Bernensibus* dedicari, mihi non placet : nisi ante ex secretario[16] resciveris, id officii neque illis ingratum, neque tibi damnosum fore. Audieram te nonnihil adversùs *Sorbonicos articulos*[17] meditari : quod vehementer cuperem. Verùm *Ribittus* nihil se audisse respondit. Velim igitur facias, et mihi statim rescribas esse factum. Sunt enim in *Gallia* permulti qui id cupiunt. Rogatus eram à quibusdam. Potes me, si velis, hoc onere sublevare[18].

---

[10] Le 14 mars, on avait proposé au Conseil de Genève de gracier *Étienne de la Mare*, syndic en 1519, seigneur de *Vanzier* (ou *Vanzy*), en Savoie. Ce personnage était gendre d'*Amédée de Gingins* (Galiffe, o. c. I, 15, 135).

[11] Reg. du Conseil du 24 mars 1544 : « Le seigneur Pierre Verna a présenté pour le S' *de Vanziez* une supplication, requérant par icelle luy fère grâce de la condempnation contre luy faycte, et le permestre d'aller et venyr en *Genève* en seurté, etc. Et sur ce ordonné que, en ballian[t] mille escus soley, et que ce qu'est fayct de ces biens soyt fayct, que il luy soyt faycte grâce. Réservant le bon volloyer des Deux-Cens. »

[12] *Pierre de la Mare* avait épousé Claude, veuve de Claude Pertemps et fille de *François Favre* (Galiffe, o. c. I, 118).

[13] *Ami Perrin*, ayant épousé en 1538 Françoise, sœur de Claude (n. 12), était beau-frère de Pierre de la Mare.

[14-15] Reg. du 24 mars 1544 : « *Johan Girard*, imprimeur,... a présenté un livre composé par M' *Pierre Viret*, priant lui oultroye[r] licence de le imprimer. Ordonné qu'il soyt visité par les prédicans... » C'étaient les *Disputations chrestiennes*, ouvrage que l'auteur songeait à dédier aux Seigneurs de Berne.

[16] *Pierre Giron*, secrétaire d'État et chancelier du gouvernement bernois.

[17] La Confession de foi en *XXVI* articles, publiée par *la Sorbonne* le 10 mars 1543, et que *François I* avait fait promulguer comme loi du royaume, le 23 juillet suivant (Voyez Weiss. La Chambre ardente, pp. xxvi, xxviii, xxix).

[18] *Viret* n'accepta pas la proposition, et ce fut *Calvin* qui écrivit plus tard contre les Articles de la Sorbonne.

Neocomenses aliud opusculum à me flagitant, adversùs libellum quendam *Anabaptistarum* [19].

De Sebastiano [20] *quoque obiter mecum egit Ribittus :* et videbatur omnino urgere, non debere à nobis præteriri [21]. Cum sæpiùs mihi inculcaret hanc vocem : *quid ergo vellem illum facere?* respondi, paululùm commotus, me cessurum libenter loco, sed mihi non debere vim fieri, ut eum, reclamante conscientia, admitterem. Objiciebat, fuisse in ministerio [22]. Negavi, et addidi, quòd absque ullo examine missus fuisset, me absente et inscio, ad concionandum, id mihi imputari æquum non esse. Non satis potui intelligere an luderet, cum in *Cantici* mentionem incidimus. Sed mihi videbatur ab illo non multùm dissentire. *De Christi descensu ad inferos* tria duntaxat verba contulimus. Nam quorundam interventu abruptus fuit sermo. Nescio quid illud sibi velit quòd *Sebastianus* jactat, amicos meos mirari et ridere quòd Psalmum quadragesimum quintum pro *Cantici* defensione objiciam [23] : et cum descensus Christi ad inferos in Symbolo subjunctus sit sepulturæ, pro interpretatione mea confirmanda vocem illam adducam, quam in cruce pendens edidit : Deus meus, etc. Ego illius et aliorum sannas æquo animo feram. Non vereor tamen ne me ratione vincant. Hoc tantùm à vobis impetratum velim : *de Sebastiano ne mihi sitis molesti*. Ille,

---

[19] Cf. la lettre de Farel du 23 février, p. 173-175, renvois de note 12-18.

[20-21] « Mettre de côté » *Séb. Chasteillon*, signifiait dans la pensée de Ribit, l'écarter du ministère.

[22] Le 23 mars 1542, le Conseil fixa le traitement de *Chasteillon* et décida que, outre son office scolaire, il devrait aller prêcher dans la paroisse de *Vandœuvres* : décision confirmée par le Conseil des Deux-Cents, le 3 avril suivant. Le 7, *Chasteillon* « s'offre de régenter aux escoles... et alle[r] presche[r], quant il pourraz, à *Vendovre* » (Voy. F. Buisson, o. c. I, 141, 142).

Calvin put-il ignorer les conditions imposées par le Conseil et leur acceptation par *Chasteillon?* N'était-ce pas le moment d'exiger qu'il fût examiné sur sa doctrine? On ne voit pas, d'ailleurs, qu'en mars et avril 1542, *Calvin* fût absent de Genève. Et lors même qu'il aurait dû s'absenter, son ami et collègue *Viret* était en mesure de l'informer de l'événement. Ce point d'histoire reste obscur et requiert une explication.

[23] Le *Testimonium* délivré à *Chasteillon* (Cf. p. 159) et le Commentaire de *Calvin* sur les Psaumes (1557) affirment que le *Cantique* de Salomon est le développement du psaume XLV.

quantùm ex ejus sermone colligere potui, ita de me sentit, ut difficile sit posse inter nos unquam convenire. Tibi dico quod aliis volo dictum. Neque enim mihi hactenus fuisti molestus. Paulò post ejus reditum[24] volui scire, quænam illa essent de quibus utile mihi et ecclesiæ foret me admoneri[25]. Non nisi duo extorsi. *Bernensem* esse quendam qui de *Cantico* à me didicisset quod in se tantopere improbarem. Refutavi hanc calumniam. Alterum erat, *collegas mihi blandiri.* Respondi quod visum est. Nihil præterea habebat. *Miseret me illius.* Optarem illi bene alicubi sine offendiculo prospectum, et libenter pro mea virili manum ad eam rem porrigerem. *Faveo ingenio et doctrinæ. Tantùm vellem illud conjunctum esse cum meliore judicio : hanc prudentia temperatam. Et illam immodicam confidentiam quam ex falsa doctrinæ modicæ persuasione concepit, ex animo ejus penitùs revulsam*[26]. Vale, charissime frater et amice integerrime. Salutem plurimam fratribus, *uxori* et *materteræ*[27]. Dominus vos omnes conservet. *Uxor mea* te et familiam tuam diligenter salutat. Genevæ[28].

JOANNES CALVINUS tuus.

(Inscriptio:) Optimo et fideliss. Christi servo, Petro Vireto, Lausannensis ecclesiæ pastori, fratri et amico chariss.

[24] Son retour de Lausanne à Genève.

[25] Voyez le N° 1329, renvoi de note 26.

[26] La première partie de cette appréciation est absolument juste : *Chasteillon* le prouva deux mois plus tard. La seconde est un peu plus sévère que le jugement de *Viret* (Cf. au 16 février, p. 164, le renvoi de n. 25, et la phrase qui le suit.)

[27] La tante maternelle de Viret.

[28] La présente lettre est antérieure à celle de Calvin du 26 mars, et elle répond à celle de Viret du 16 février. Calvin s'excuse de ne lui avoir rien écrit depuis longtemps. La date approximative est fournie par les détails indiqués dans les notes 3, 9, 10, 11.

Nous avons oublié de dire que *les députés bernois* repartirent de *Genève* avant le 17 mars, jour où le Conseil régla le compte de leur dépense au logis de la Tour Perce.

1337

JEAN CALVIN à Guillaume Farel, à Neuchâtel.
De Genève, 25 mars (1544).
Autogr. Bibl. de Gotha. Bretschneider, o. c. p. 16.
Cal. Opp. XI, 689.

S. *Libello respondere his diebus incepi*[1]. *Velim tamen mihi rescribas, placeatne vobis nuncupari præfationem*[2]. Quoniam id ex argumento meliùs licebit existimare, exemplar ad te mitto. Typographo non committam donec responderis. Nuncius ut à *senatu nostro* literas maturè haberet curavi[3]. Eas quoque scripsi meo arbitratu et judicio[4], quanquam, ut verum fatear, totum mihi consilium hoc vehementer displicebat. Neque enim in his negociis satagere semper expedit : sed tempus expectandum est[5]. Verùm Dominus bene ac feliciter vertat.

Nuper *David*[6] ex *Germania* rediit. Literas attulit a *Bucero*, quibus indicabat se postridie *Spiram* iturum. Libellum meum[7] sine exceptione laudabat. Ineptus sum qui capita refero, cum exemplar[8] tibi mittere satius sit. *Gaucherius* tum *Argentorati* erat, cum illinc solveret : ab eo literas afferre multis de causis

---

[1] Le *livre* est celui des Anabaptistes (N° 1332, n. 14).

[2] La réponse des ministres neuchâtelois fut affirmative.

[3] Registre du Conseil de Genève. Vendredi 21 mars 1544. « M' *Calvin*. Lequelt a exposé, que illya ung povre compagnyon détenuz à *Grenosble* pour l'évangièle, priant le volloyer avoyer pour recommandé. Ordonné que il soyt escript en sa faveur. » Ce prisonnier était *Pierre du Mas* (N° 1333, renv. de n. 8).

[4] Plus tard, quand le crédit de *Calvin* fut à son plus haut degré, s'il fallait répondre promptement et dans des circonstances particulièrement difficiles, le Conseil lui envoyait le volume des missives, et *Calvin* était pour l'heure secrétaire d'État.

[5] Calvin aurait voulu, qu'avant d'écrire, on fût bien renseigné.

[6] *David de Busanton*, seigneur de Hesnault.

[7] *Supplex exhortatio*, etc., ouvrage adressé à l'Empereur et aux députés des États assemblés à *Spire*.

[8] La lettre même de *Bucer*, ou une copie de cette lettre.

recusavit. *Claudium* dicit fuisse in *Gallia*[9]. Concordiam, quantùm conjecturis assequor, firmam ac stabilem fore confido[10]. Nam et *Bernatium* legatis abundè satisfactum est, ut læti domum redierint : et nostri sibi plurimùm gratulantur, utcunque non omnia impetrarint quæ volebant.

Rex noster filiam elocare cogitat *Cardinali Fernesio*[11]. *Ducatus Mediolanensis* in dotem datur : ad quem recuperandum *pontifex* pecuniam suppeditat. Ita magna belli moles in *Italiam* transferetur. Annus hic valdè cruentus erit, nisi Dominus mirabiliter succurrat. Vale, optime et mihi chariss. frater. Saluta omnes symmystas. Nostri te omnes diligenter salutant, *Genistonius* præsertim, qui se tibi excusatum cupit. Mea etiam domus et *Nicolai*[12] salutem tibi plurimam dicunt. Dominus te custodiat! Genevæ, 25 Martii (1544)[13].

JOANNES CALVINUS tuus.

(Inscriptio :) Optimo et fideliss. Christi ministro, G. Farello, Neocomensis ecclesiæ pastori, fratri et amico integerrimo.

---

[9] *Claude Farel* devait retourner à *Grenoble,* pour présenter au parlement de nouvelles lettres du Roi écrites en faveur de la famille Farel (Cf. la lettre de Fathon du 16 mai, renvoi de n. 36).

[10] N° 1336, note 7.

[11] C'était un faux bruit. *Alexandre Farnèse* (1520-1589) créé cardinal à l'âge de quatorze ans, par son aïeul le pape *Paul III,* obtint sous divers papes les archevêchés d'Avignon, de Monréal, de Massa, de Spolète et de Parme, en Italie, et celui de Jaën, en Espagne. Il fut légat en France et auprès de Charles-Quint (V, 119 ; VII, 12. — Sleidan, I, 518. — Lettres de Rabelais ... avec des observations hist. par Mrs. de Sainte-Marthe. Paris, 1710, p. 239).

[12] *Nicolas de Fer* ou *le Fer,* beau-père d'*Antoine Calvin.* Mais, selon les *Calv. Opera,* XI, 690, n. 9, ce serait *Nicolas Picot,* originaire de Noyon et beau-frère d'Ant. Calvin (Galiffe, o. c. III, 412).

[13] Le contenu de la lettre en indique la date.

1338

JEAN CALVIN à Pierre Viret, à Lausanne.
De Genève, 26 mars (1544).

Autographe. Bibl. Publ. de Genève. Vol. n° 106. Cal. Opp. XI, 690.

Cum *Nicolaus* literas tuas¹ attulit, non eram domi. Nunc cum descenderem ad concionem habendam, eum habui obvium. Petiit ut statim paratæ essent literæ. Itaque hæc scribo, nondum cum ipso collocutus. *De præfatione,* videris malè intellexisse quod scripseram². Neque enim *Farelli* consilium improbo, nec impedio quin sequaris : modò antè exploraveris, bene tibi, quoad *Bernates,* hoc cessurum. Quorsum enim attinet, pro tali officio reportare malam gratiam ? Ergo ex responso *secretarii* quid optimum futurum sit, statues³. Cum de opere ipso nuper sermo, inter ambulandum, haberi cepisset, collegæ mei expedire censebant, ut meo quoque elogio commendarem. Respondi me libenter facturum, nisi superbiæ notam vererer, si tantum mihi sumerem. Tu tamen dispice. Ego familiariter ago tecum, ut debeo. Cave ergo ne mihi magis civiliter, quàm ex animi tui sententia, respondeas⁴.

Ribittus quin sincero animo mecum sit locutus⁵, nihil dubito. Sed quia ambiguo sermone ludere interdum solet, perspicere non potui an joco diceret quæ dicebat. *De Sebastiano* cuperem, sicut dixi⁶, rationem inter nos initam, qua illi consuleretur.

---

¹ Lettre perdue, apportée par un autre *Nicolas* que *N. le Fer.*

² Il s'agit ici de la préface des *Disputations chrestiennes* de Viret. Le conseil donné par *Farel* au sujet de cet ouvrage, se trouvait dans une lettre qui n'a pas été conservée.

³ N° 1336, renvoi de note 16. Le *secrétaire* n'ayant pas répondu, *Viret* renonça à dédier son livre à MM. de Berne.

⁴ *Viret* accepta l'offre. La préface des *Disputations chrestiennes* est de *Calvin.*

⁵ Cet entretien eut lieu à Genève (N° 1336, renv. de note 21).

⁶ Voyez le N° 1336, page 186.

Ego pro mea virili adjuvabo. Crede mihi, *torqueor mirum in modum, cum prospicio quid illi immineat. Episcopus,* ejus successor, hîc erit ad pascha[7]. Ab *Joanne Girardo* non est quòd magnum stipendium expectet, nisi velit sanguinem exuggere [l. exsugere]. Tu ergo excogita, num prospicere illi possumus. *Scio hoc illi esse persuasum, me cupere eminere.* Jurene an injuria hoc de me sentiat, Domini esto judicium. *Mihi certè ego non videor ullam occasionem dedisse. Sed mihi causam præbuit, cur illum et ambitiosum et contentiosum judicare debeam. Sed doctrinam respicio et animum alioqui non malum.* Articulos Sorbonicos[8] apud me non habeo. Videbo an alicunde potero, ut ad te mittam. Quàm mihi serum est hoc pascha, ut te videam! Vale, frater et amice mihi chariss. Saluta diligenter fratres omnes. Genevæ. 26. Martii. (1544)[9].

Exemplar literarum *Buceri* ad te mitto. *Rex* filiam *Cardinali Fernesio* dicitur elocare. Dos erit titulus *ducatus Mediolanensis,* ad quem recuperandum *Pontifex* pecuniam suppeditat. Totam *Europam* hoc anno videbimus bello flagrare, nisi Dominus præter spem è cœlo appareat. Rumor huc allatus est, *Cæsarem obtinuisse ut Rex hostis Imperii judicaretur*[10]. Ego tamen nondum adducor ut credam.

JOANNES CALVINUS tuus.

(Inscriptio:) Fideli Christi Domini nostri servo, Petro Vireto, Lausannensis ecclesiæ pastori, fratri et amico singulari.

[7] Ce successeur attendu, un *Lévesque* probablement, ne vint pas.

[8] Cf. la note 17 du N° 1336.

[9] *Farel* a écrit *1544,* date d'ailleurs évidente, à cause des rapports qui existent entre la présente lettre et celle de la première quinzaine du mois de mars.

[10] Déjà vers la fin de février, l'Empereur avait interdit l'accès de la diète de *Spire* aux ambassadeurs français qui s'étaient avancés jusqu'à Nancy. Et, après avoir réglé les questions les plus urgentes, il obtint de la Diète les subsides nécessaires pour entretenir pendant huit mois dès le 1er mai, une armée de vingt-huit mille hommes *contre la France,* et une seconde armée *contre les Turcs* (Cf. Sleidan, II, 330, 333, 348, 350. — L. Ranke. Deutsche Gesch. im Zeitalter der Reformation. Berlin, 1843, IV, 300-302).

1339

GUILLAUME FAREL à Nicolas de Watteville[1], à Berne.
De Neuchâtel, 28 mars 1544.

Autographe. Communiquée par M. de Watteville-de Diesbach.

S. Gratiam et pacem a Deo! *Fatonus*[1], Christi amans, te tuosque plurimùm observans, hodie me admonebat ut te certiorem facerem quid sentirem *de tuo filio* (cui studes non tantùm pater ut sis corporis, sed magis multò mentis probæ et sanctæ), *Corderio an committi debeat*[2]*? Ego cum omnibus debeam in tam pio adesse voto,* imò ad hoc impellere studeam, et graviter incusem negligentiores, — *quid tibi, ornatissime Nicolae, cui cum debeant boni omnes et pii, ego omnium maximè? Nam non heri aut nudius tertius cœpi in ære tuo esse, sed ab annis multis,* adeò ut non facile sit recensere pia in me officia tua, quibus me cumulasti ob unum Christum. Non enim sat esse duxisti, si me consilio et ope fulcires, nisi alios rogando, hortando, arguendo ad officium urgeres, ut de *tuis* taceam et *fratribus* et sanguine tibi junctis. Nec puto te pœnitere operæ, licet ipse nullam retulerim gratiam, ut referre nunquam possum quantùmvis cupiam, habeamque quàm maximam. Rependet affatim D.[ominus], quem unum habuisti scopum.

Sed ut de Corderio dicam quod sentio, non puto quenquam idoneum magis ad formandum juvenem in sanctis et puris moribus, in solido Dei timore. Quantùm attinet ad Latinam et Gallicam linguam, — nisi meam deflens calamitatem, infelici natus seculo et infeliciùs educatus, meæ mihi conscius ignorantiæ, — *planè auderem primas huic dare, tam placet et quod scribit et*

---

[1] *Jean Fathon,* pasteur du village de *Colombier,* dont le seigneur était l'avoyer *J.-J. de Watteville,* frère de *Nicolas.*

[2] *Nicolas de Watteville* (t. V, p. 9) arrivait à Colombier, le vendredi soir 11 mai, avec son fils *Pierre* (en allemand, *Petermann*), qu'il venait confier aux soins du savant scholarque de Neuchâtel.

quod loquitur et quod pueros sonare docet. Verùm si meum nihil reputem judicium, tamen non adeò displicet, cum sequar non postremæ notæ viros : et quantùm viri pietatem exosculor et eruditionem suspicio, tantùm mihi dolet quòd non respondent præceptori perseverantes ingeniati discipuli : ut semper penè incipiendum sit, dum nemo pergit. Dignus erat hic vir cui bene nati claro ingenio et rectè incumbentes literis committerentur. Verùm, est quòd gratias agamus Deo : *si non justus sequatur fructus laboris tanti viri, non frustra tamen cadit quod conatur.* Nam fieri non potest, ut qui omni studio, diligentia et labore dies et noctes studiosiss.[imè] curat ut proficiant quos habet secum juvenes, sine fructu laboret. Verùm, ne dum pergo de tanto præceptore aliquid afferre, magis imminuam quod est quàm commendem quod non adest, periculum facito et plura multo expertus invenies. Si quid est præterea quod me velis, fac ut resciam. Pro viribus adnitar tibi morem gerere. Superest ut me tuum totum esse intelligas et tuorum quoque. Christum precor ut omnes vos servet, faxitque ut suæ gloriæ toti incumbatis, et *istam ecclesiam*[3] *ornare studeatis. Quam suo semper spiritu Deus regat, summa pace et concordia, sanoque judicio in bonis admittendis et fovendis, et in malis rejiciendis et fugandis, ne pestes ecclesiarum pro pastoribus sanctis habeantur :* quod ut divinam ultionem provocat, ita ecclesias in ruinam præcipitat. Jejunio et precibus tantum peragi opus debet, tantùm abest ut præcipitandum sit non semper sanis affectibus. Multa opus est ac longa omnium examinatione, et non præcio aut precibus vel obsequio empta commendatione. Divina res est, quæ non fert impuros hominum affectus, sed per spiritum Dei geri vult. Vale bene et tecum tui omnes. Jube pios salvos esse. Neocomi 5. kal. April. 1544.

FARELLUS tuus totus.

(Inscriptio :) Præstantiss. viro et genere et literis sed multò magis vera pietate insigni Nicolao Wattevillensi. Bernæ.

---

[3] L'Église bernoise. Les pasteurs de la ville de *Berne* avaient une grande influence sur l'élection de leurs collègues du Pays romand.

1340

LE CONSEIL DE BERNE au Conseil de la Neuveville.
De Berne, 28 mars 1544.
Inédite. Minute orig. Arch. de Berne.

Nobles, etc. Nous havons esté advertis que ung vostre citoyen, adpellé (sy bien entendons) *le Pellouz*[1], ayt faict imprimer en *Allemaigne*[2] passé xv.ᵉ libvres contenants matières disputées par ceulx que l'on appelle *rebaptiseurs*[3]. Dont grandement noz esmerveillons que en ce n'ayés ehu quelque advis pour opprimer et surprendre les dits libvres et autheur, et combien que iceulx soyent desjà dispergis par *le Contel de Neufchastel :* dont plusieurs troubles sont à craindre. Ce néaultmoins vous prions et exhortons y voulloir pourveoir et remédier en sy grande dilligence que poussible sera, avant que les choses procèdent plus oultre : car vous sçavés assés les conséquences que peulvent eng[e]aindrer les dits livres, sy l'on n'y pourvoyt de bonne sorte. Datum. 28. Martii 1544.

L'ADVOYER ET CONSEIL DE BERNE.

1341

GUILLAUME FAREL à Jean Calvin, à Genève.
De Neuchâtel, 31 mars 1544.
Autogr. Bibl. des pasteurs de Neuchâtel. Cal. Opp. XI, 692.

S. Habeo tibi gratiam de literis *Buceri*[1], et tibi gratulor quòd opus tuum, ut par est, gratum tantis judiciis habetur[2]. Et *quòd*

---

[1] ³ *Pierre Pelot* ou *le Peloux*, l'un des principaux anabaptistes du comté de *Neuchâtel*, est plusieurs fois mentionné et censuré dans la lettre du pasteur de Cornaux, *Antoine Thomassin* (mai 1543, t. VIII, p. 357-368).

² Probablement dans la Suisse allemande. Il ne semble pas qu'un seul des 1500 exemplaires imprimés ait échappé à la destruction.

¹ Lettre qui avait été communiquée par *Calvin*, le 25 mars.

² Cf. le N° 1337, renvoi de n. 7, à comparer avec la p. 132, n. 4.

te jam accinxeris ad perditissimos confutandos[3], *magnam tibi habeo gratiam,* et sanè cuperem videre quæ jam egisti, non ut alicujus te admoneam, sed ut lætior factus de felici initio, D. precer ut tibi felicissimum et progressum et exitum det. Quod scribis te mittere, tabellio negavit se accepisse : opus absolve ut tibi Deus gratiam dedit, et cura omnia quantùm scis ad ædificationem facere. *An possimus*[4] *impetrare liberum congressum illis ter miseris*[5], *non satis scio :* omnia penè *Bernen.*[sium] fient arbitrio, quod mihi non molestum esset, si probè intelligerent quàm expediat illos audiri : sed cum non norint, vereor ne magis ratio pontificia hîc servetur quàm apostolica[6]. Nondum statutum est qua ratione sint hîc perrecturi : ubi conclusum fuerit, curabo ut rescias.

Christus liberet vinctum[7] *et alios quoque!* Negligere fratrem[8] non debuimus, ubi *senatum Bernensem* et alios tam promptos experiebamur, hortante nos *Christophoro*[9]. Faxit D. ut non prorsus malè cadat[10] conatus! Quò se nunc præcipitant qui Christum nolunt audire, imò qui curant modis omnibus extinctum? Est apertissimum Dei judicium in impiis, ut sese totos perdant et secum multos. Ægritudinum et morborum multa genera, et fames gravis[11], et tam horrenda bella non possunt saxea pectora movere ut ad D. convertantur.

Davidi[12] et aliis cupio omnia felicia et lætor quòd pergat

---

[3] Les anabaptistes (N° 1337, renv. de n. 1).

[4] Édition de Brunswick : An *possumus.*

[5] C'est-à-dire, aux anabaptistes, avec lesquels *Farel* eut une conférence à *la Neuveville,* probablement au mois d'avril ou de mai 1544 (Cf. t. VIII, p. 365).

[6] *Farel* craignait que *les Bernois,* alliés de la Neuveville, n'y interrogeassent les sectaires avec la rudesse des inquisiteurs.

[7] Le prisonnier de Grenoble, *Pierre du Mas.*

[8] Ce passage est ponctué dans l'édition de Brunswick comme il suit : Christus liberet vinctum, et alios quoque negligere *fratres* non debuimus.

[9] *Christophe Fabri,* sans nul doute.

[10] Édition de Brunswick : *cedat.*

[11] Voyez la page 100, note 37. MM. de Berne, s'excusant auprès du Roi (26 juin 1544) de ne pouvoir accorder le passage aux lansquenets, mentionnent, entre autres raisons de ce refus, *la disette,* « plusieurs de nos sujets étant morts de faim. »

[12-13] *David de Busanton.* Les mots *cum suis amicis* font peut-être allusion à M. et à M.ᵐᵉ de Falais (p. 20, 75).

semper in D. cum suis amicis[13]. Hîc habemus longè adversum ab isto : quod de Christo novit ita est carne pressum, ut suffocetur prorsùs. Si posset aliquando literis seriò hunc admonere, bene faceret. *Uterque fratrum meorum jam in Gallia est, et non satis in tuto*[14]. Cuperem eos revocare, sed nescio qua via ad eos scribam. *Baptista*[15] scribit *Germanos* jam factos hostes *Gallis*, ut cogantur omnes e *Germania Galli* migrare[16], cumque *Argentorati* sit doctor *Claudius de Campis*[17], qui superiori æstate *istuc* cum abesses venisset[18], ut te conveniret, tuoque uteretur consilio, incidit in alios, qui reditum in *Galliam* suaserunt, quod sanè illi dolet. Rogat ut dispiciatur qua ratione illi consuli possit, ut Christo servire possit. *Sturmius* in calce literarum *Baptistæ* eundem quoque commendat et ut ad *Sultzerum* scribam[19] hortatur. Sed existimarem istic apud te conditionem posse commodiorem inveniri, qua meliùs D. servire possit. Verùm quid possum tibi ignotum commendare, cum in re tanta vellem mihi etiam notissimum per te probari et diligentiùs inquiri an idoneus tanto esset muneri? Nam nihil hîc[20] agendum est quod non exactissima cura fiat. Sunt *istic* aliqui quibus ille notus est, per quos potes rescire, si locus apud te sit, an meritò excipi possit. Si Christo per vocationem illius aliquid accederet, vellem cum fructu Evangelii[21] gratificari *Sturmio*. Quod tibi videbitur vel ad me vel ad *Sturmium* scribes.

Quod de *concordia* ad *Viretum* scripseras[22], nuper mihi indicavit, magnoque affecit gaudio, et tu rursus confirmas. Christus Jesus faxit ut quàm firmissima pax et concordia et vera perduret amicitia! Vale, nam mihi fesso et ob abitionem tabellarii

---

[14] *Claude Farel* devait aller de Paris à Grenoble. Les pérégrinations de *Gauchier* ne sont pas connues.

[15] *Baptiste Bacinet*, fixé à Strasbourg.

[16] La diète impériale avait peut-être déjà voté des fonds pour une guerre contre la France (N° 1338, n. 10).

[17-18] Le docteur *Claude des Champs* n'est guère connu que par son séjour en Suisse. Il était venu à *Genève* pendant que *Calvin* se trouvait à Strasbourg (juillet-août 1543).

[19] *Simon Sultzer* fut secourable au docteur français.

[20] Le mot *hic* est omis dans l'édition de Brunswick.

[21] Dans la susdite édition, *evangelium*.

[22] Lettre de la première quinzaine de mars, N° 1336.

præter solitum noctu scribenti, plura non licet. Saluta omnes tuos et tui *Nicolai*[23], nec prætereas *Davidem* cum suis, *Bernardinum* et symmystas. Cum *Genestono* agetur apologia ubi ocium fuerit, sed interea valeat securus. Nostri te omnes salutant. Neocomi, prid. calen. aprilis. 1544.

FARELLUS tuus totus.

(Inscriptio :) Doctiss. et insigni pastori ecclesiæ Geneven. Jo. Calvino, fratri et sym[m]ystæ quàm chariss. Genevæ.

1342

JEAN CALVIN à Pierre Viret, à Lausanne.

(De Genève) 1er avril (1544 ?)

Copie ancienne. Bibl. Publ. de Genève. Vol. n° 196.
Cal. Opp. XI, 694.

Hic bonus vir, amicus noster, *sublevandæ valetudinis causa, istuc proficiscitur.* Eum tibi cupio esse commendatum, ut illi officia humanitatis et benevolentiæ exhibeas, quibus digni sunt quos optimos judicamus. Sunt duo fratres ex nobili et antiqua familia nati, ambo verè pii, docti et mirè studiosi : nec dubito quin hoc malum ex immodico studio contraxerit majori ex parte. *Comitis opera,* nisi fallor, *uti decrevit*[1]. Facies ut sentiat nos omnes esse amicos bonis. Vale, frater et amice integerrime. Dominus te conservet. Saluta diligenter omnes fratres, *Comitem, Celium, Ribittum* et alios. Dominus vos omnes semper regat. Valete. Calendis Aprilis. (1544?)[2].

JOANNES CALVINUS tuus.

(Inscriptio :) Fideli Christi servo Petro Vireto, Lausannensis ecclesiæ pastori, fratri et amico charissimo.

---

[23] Peut-être *Nicolas Picot*, de Noyon, qui vint se réfugier à Genève (N° 1837, n. 12). Jean Crespin écrivait à Calvin, le 12 juillet 1546 : « Salutabis... *novum incolam vestrum,* meum Pyladem, *Picotum.* » Celui-ci fut reçu bourgeois de Genève le 4 août 1547.

[1] On a vu que *Beatus Comes* était réputé comme médecin.

[2] Au mois d'avril 1543 ou 1544, Calvin, envoyant des salutations empressées à tous les frères de Lausanne, pouvait bien en adresser à *Comes.*

1343

LE CONSEIL DE BERNE au Conseil de Lausanne.

De Berne, 5 avril 1544.

Inédite. Minute originale. Arch. de Berne.

Nobles, etc. Nous avons faict remonstrances à *ceulx de l'abbaye* des insolences qu'ilz ont faictes[1], et, après avoir ouys leurs responses, à iceulx communément imposé cents escus d'or, et aux *sieur de Chesaulx, Jaque de Praroman* et *Chaby*[2] particulièrement, pour autant que sont les principaulx, à ung chescung x escus d'or : laquelle somme, à cause qu'ilz ont faict les fravalies en nostre cité et ville de *Lausanne,* avons à vous adjugée : laquelle debvés recouvrer d'eulx, aussy de *Ferrand Loys*[3] xx escus, à cause de la fravalie qu'ilz a commise contre *Bastien Loys,* son frère[4]. Datum v. aprilis 1544.

L'Advoyer et Conseil de Berne.

Mais nous avons lieu de croire qu'en 1545, il n'aurait pas salué celui-ci *diligenter* (Voy. la lettre de Viret à Calvin du 16 février 1545). Dans la première moitié de 1542, *Celio S. Curione* habitait l'Italie. C'est donc probablement en 1543 ou 1544 que ce billet fut écrit.

[1] Les chefs de cette *abbaye* ou confrérie avaient insulté *Viret* le dimanche 23 décembre 1543 (p. 137, 138).

[2] *Jacques de Praroman,* seigneur de Chapelle-Vaudanne, près de Moudon. — *François de Chabie* ou *Chablie* fut le dernier d'une ancienne famille du Pays de Vaud.

[3] *Ferrand* ou *Fernand Loys,* seigneur de Cheseaux (Ruchat, IV, 379) et, plus tard, de Prilly, près Lausanne. Son frère *Sébastien* était seigneur de Denens. Ils appartenaient à une famille lausannoise, qui resta longtemps très attachée aux ducs de Savoie. *Berne* surveillait spécialement *Fernand Loys.* Le 28 avril 1544, accompagné de deux députés de l'*Abbaye* dissoute, il proposa au Conseil général de céder à la ville tous les biens de la susdite confrérie en paiement de l'amende de cent écus. Si les biens précités valaient davantage, le surplus serait livré à *Praroman, Chabie, Loys* et consorts « pro supportatione... expensarum per ipsos sustentarum, occasione *injustæ accusationis ipsi Abbatiæ impositæ per...*

1344

PIERRE VIRET à Jean Calvin, à Genève.

De Lausanne, 13 avril 1544.

Autogr. Bibl. Publ. de Genève. Vol. n° 111a. Cal. Opp. XI, 694.

S. *Nostri qui Bernam vocati sunt, excepti sunt pro dignitate*[1]. Castigati sunt durissimis verbis, carcere et multa pecuniaria. Tribus[2] mulcta est imposita 30. △. Omnibus in genere 100. △. *Abbatia dejecta.* Redierunt dejectiores quàm ierant, sed non sine magna mei invidia. At Dominus mutabit mentes. Malo offensos malos dum castigantur quàm bonos tanta malorum morum licentia et impunitate. Proderit, nisi fallor, hoc exemplum. Omnia peracta sunt sine ullo nostro tedio. Totam causam Principes in se receperunt. *Farellus* scripsit ad me literas quas ad te mitto[3], quòd ex his meliùs intelliges quid velit, quàm ego scribere possim, hoc præsertim tempore quo minimum suppetit ocii. Mitto et exemplar literarum *Marcurtii*[4] ad *Neoco.*[*menses*] fratres, si fortè nondum videris. Curabis ad me utrumque referri primo quoque tempore, ut respondere possim *Farello.* Si quid etiam habes consilii, nobis indicabis. Saluta amicos. Vale, hoc die Paschatis. 1544.

Tuus P. VIRETUS.

Nihil accepi responsi a *Girono*[5].

(Inscriptio:) Eruditione ac pietate ornatiss. D. Joanni Calvino, Genevensis ecclesiæ pastori vigilantiss. Genevæ.

Viretum. » (Cf. Ernest Chavannes. Extraits des Manuaux de Lausanne, 1536-1564, p. 94.)

[1] Nous ne savons de quelle *fravaille* (action délictueuse) *F. Loys* fut puni. *Pierre Ravier*, aliàs *Chandelier*, membre de l'*Abbaye des Enfans de la ville*, fut aussi condamné à une amende de dix écus.

[1-2] Voyez les notes du N° précédent.

[3] Cette lettre de Farel n'existe plus.

[4] La lettre d'*Antoine Marcourt* aux pasteurs neuchâtelois est perdue (Cf. ce que *Farel* dira de lui, le 21 avril).

[5] *Pierre Giron*, secrétaire d'État et chancelier de Berne.

1345

JEAN CALVIN à Pierre Viret, à Lausanne.

(De Genève, seconde moitié d'avril 1544.)

Autogr. Bibl. Publ. de Genève. Vol. n° 106. Cal. Opp. XI, 695.

S. *Omnino censeo expedire, ut saltem ante pentecosten venias*[1]. Quanquam hoc tibi remitto, ne te priùs istinc moveas, quàm aut ego tibi significem quid egerimus cum *legatis*[2], aut illi jam ad vos redierint ac tibi retulerint aliquid. Quidquid illi concesserint, scio tibi ratum non fore, nisi accesserit fratrum consensus[3]. Qua in re tibi assentior. Sed necesse est, capita inter nos conferamus, antequam eò veniamus. *Flandrus* ille qui non ita pridem ad vos profectus fuerat, ut à *ludimagistro Lustriacensi*[4] reciperet quod sibi debebatur, negocium tibi suum commendat: quod tibi curæ fore recepisti. Vale. Festinanter, inter prandium et Catechismum.

JOANNES CALVINUS.

(Inscriptio:) Fideli Christi servo, Petro Vireto, Lausannensis ecclesiæ pastori, fratri et amico singulari.

---

[1] La Pentecôte fut le 1ᵉʳ juin, cette année-là. — Dans la première moitié de mars, *Calvin* avait essayé de pressentir les députés bernois sur la question suivante: *Berne* consentirait-elle à prêter *Viret* à l'église de *Genève* pendant six mois, et même davantage?

[2] Calvin veut parler des commissaires bernois qui devaient revenir à *Genève*, pour fixer les limites des mandements genevois de Peney et de Jussy. Ils n'arrivèrent que le 22 mai (Cf. Roget, II, 116, 117).

[3] Le consentement des pasteurs de la Classe de Lausanne.

[4] Le premier pasteur de *Lutry* fut *Matthieu de la Croix*, ancien moine (Ruchat, IV, 376, 377, 444). Le nom du maître d'école de cette ville est inconnu.

1346

JEAN CALVIN à Philippe Mélanchthon, à Wittemberg.
De Genève, 21 avril (1544).
Autographe. Biblioth. de Munich. Cal. Opp. XI, 696.

Cum vehementer ad te cuperem scribere, modò esset cui darem literas, commodùm se mihi hodie à concione obtulerunt *duo adulescentes Germani,* qui propter bellicos istos tumultus domum se ex *Gallia* recipiebant. Quorum alter *Wittembergam* se iter facturum promisit. Tametsi, ut verum fatear, quid scribam vix scio. Non quia desit argumentum, sed quia in tanta rerum copia et varietate, de quibus, si coràm inter nos colloqueremur, prolixè tractare tecum liberet, nec principium nec finem invenio. Et multa sunt ejusmodi quæ literis complecti non satis sit commodum. Accedit hoc quoque quòd, cum tanto demum post intervallo ad te perveniant literæ quàm scriptæ sunt, frustra ea scriberentur quæ potissimùm implere amicorum epistolas solent, ubi propter locorum propinquitatem, ultro citroque inter se communicare possunt.

Hîc mediocriter valemus, nisi quòd maxima est annonæ caritas[1]. Et periculum erat ne magis ingravesceret, nisi advehendum undique frumentum nostri curassent. Quieti saltem sumus, quod est in hac tam turbulenta christiani orbis concussione singulare bonum. Dissidium enim quod habebant nostri cum *Bernatibus* compositum fuit[2]. Sed expectamus quorsum res vergant. Cæterùm, etiam si Dominus nobis parcat, miserum est vel animo reputare quantæ aliis calamitates impendeant. Bellum atrox et crudele terra marique hoc anno geretur. Quantùm tamen assequi conjecturis licet, præcipua moles in *Italiam* transferetur. Neque enim *Cæsari* jam integrum est illic cessare, et nihil efficiet nisi bonam roboris sui partem eò convertat. Aiunt

---

[1] Voyez le N° 1341, note 11.
[2] Cf. sur le traité de paix entre Berne et Genève, le N° 1330, n. 5.

commissum fuisse prælium, magnam stragem fuisse editam, exercitum *Cæsaris* 18 millium partim stratum partim fugatum fuisse³. Ne quid *Galliæ* desit ad extremam miseriam, *Rex* cum *Pontifice* fœdus nuper pepigisse dicitur, idque duplici affinitate confirmasse. Filiam enim elocat *cardinali Fernesio*, filio dat uxorem unam ex neptibus *Pontificis*⁴. Hoc ut consequatur Petri villicus sacros omnes thesauros profundit. *Veneti* se illis adjungunt. Denique nullam rationem præterit *Rex noster,* quò *Italiam Cæsari* eripiat. Velit ergo nolit, convertat illuc magna ex parte vires suas necesse est. *Turcæ* mare Ligusticum tenent. *Genuenses,* quia portu se vident inclusos, *Regi* supplicare incipiunt, nec dubium quin leges sibi impositas sint recepturi. Pecunia certè quantùmvis magna libenter se rediment. Donec totam *Europam* everterint istæ duæ beluæ, nullum insaniendi finem facient.

Interea in promovendo Christi regno frigemus, etiam ubi oblata est facultas. Quæ acta sunt istis postremis comitiis⁵ indicio sunt, concidisse *Germaniam. Scripseram, Buceri rogatu, libellum quendam, quem ad te mitto, quia spes erat temporum necessitate adduci posse Cæsarem ut de religione impetrari à se nonnihil sineret*⁶. *Sed quia apud eum periit hæc opera, faxit Deus ut aliis prosit.* Non excuso meam audaciam, quòd tibi ausim mea scripta obtrudere. Quid enim hoc verear, cum ne publicè quidem *meas nugas* tibi dicare dubitem⁷. Quin etiam abs te petere audebo ut, cum dabitur opportunitas, *mihi paucis verbis significes qualiter isthic acceptus fuerit.* Scis quid velim. *Nuper apud me conquestus est Bullingerus, atrociter laceratos fuisse omnes Tigurinos a D. Luthero*⁸ : misitque exemplar epis-

---

³ Allusion à la bataille de *Cérisolles* en Piémont, gagnée le 14 avril, par le comte d'Enghien, sur les Impériaux. Leur général, le marquis du *Guast,* y perdit douze ou treize mille soldats d'élite.

Clément Marot, qui avait quitté Genève pour se retirer à *Turin,* « célébra la victoire de Cérisolles : ce fut pour lui le chant du cygne. » Il mourut vers le mois d'août 1544, âgé de quarante-sept ans (Cf. H. Martin, o. c. VIII, 293-297. — Douen. Clément Marot, I, 406-446).

⁴ Deux fausses nouvelles.

⁵ La diète de *Spire,* qui ne fut close que le 10 juin (Sleidan, II, 347).

⁶ *Supplex exhortatio ad… Cæsarem* (p. 86, n. 11).

⁷ Au mois de février 1543, Calvin avait dédié à Mélanchthon *son livre contre Pighius* (VIII, 285, 286, 287).

⁸ Voyez, p. 121, la lettre de *Martin Luther* à Froschover du 31 août 1543.

tolæ in qua ego quoque humanitatem desidero. Obsecro te, quantùm potes, retine vel potiùs inhibe D. *Martinum,* ne suæ vehementiæ adversùs illam ecclesiam indulgeat. Habet fortè causam cur illis succenseat, sed viros pios et doctos mitiùs tractar. convenit. Tu ergo pro singulari tua prudentia te medium interpone, ut illum paulò placatiorem reddas. Vale, ornatissime vir, fidelissime Christi minister et amice mihi semper honorande. Dominus te semper spiritu suo regat diuque nobis et ecclesiæ suæ incolumem conservet. Genevæ 11 Calendas Maii (1544.)

JOANNES CALVINUS tuus.

Saluta reverenter D. *Martinum,* D. *Crucigerum*[9] et reliquos. Tuos in Danielem commentarios legi[10]. Testor hoc tibi, nullo me hujus ætatis scripto hactenus ita fuisse delectatum.

(Inscriptio :) Clariss. viro D. Philippo Melanchthoni, amico mihi plurimùm observando.

1347

GUILLAUME FAREL à Jean Calvin, à Genève.

Neuchâtel, 21 avril 1544.

Autogr. Bibl. Publ. de Genève. Vol. n° 115. Cal. Opp. XI, 698.

S. Non licuit per ea quæ mihi contigerunt ad te scribere, et ubi erat scribendi facultas, defuit tabellio. Quantùm intelligo, quod fratribus visum fuit super *præfatione tua*[1], jam tibi subindicatum fuit, nec prorsùs displicet horum in ea parte judicium, ne tam impudentibus[2] et improbis calumniatoribus nova detur calumniandi occasio, licet nulla detur : sed tam sunt iniqui, ut inde sumant. Te quæso ne molestè feras unum aut alterum ver-

---

[9] *Gaspard Cruciger* (1er janvier 1504-16 novembre 1548), pasteur et professeur à Wittemberg. *Calvin* s'était lié avec lui à Haguenau et à Ratisbonne (VI, 244 ; VII, 57, 192. — J.-J. Herzog. *Real-Encyklopädie*, 1re éd. III, 191, 192).

[10] Voyez le t. VIII, page 288, note 9.

[1] Préface composée pour le livre contre les Anabaptistes.

[2] Édition de Brunswick: *imprudentibus.*

sum immutare, et quod olim rogabam *de dormientibus, ut Gallicè curares reddi quod Latinè olim scripsisti*³, *et tuæ adjungeres responsioni,* hoc optarem, nisi melius tibi occurrat judicium, et aliter sentias expedire. Nam videntur ex eodem fonte quæ tu oppugnas in utrisque prodire.

Marcurtius, ut istic prætextu pacis tentavit aditum sibi patere⁴, ut si possit aliquid se dignum efficiat, *ita huc se contulit,* non ignarus earum quæ hîc fiebant rerum⁵, quantùm conjicio. *Habemus hîc senes aliquot qui ab annis plùs minùs quinque vel quatuor domum*⁶ *non sunt egressi : quorum, dum hîc non essem, magnus erat contemptus. Nemo invisebat, nemo de Christo verbum his faciebat, nec aliis ægrotis,* nisi precibus aliquem vocassent ministrum. Sed qui ad cœnam veniebant panis frustulum retinebant, quod senibus dabant : qui hac ratione putabant [esse] participes cœnæ. *Hos quum inviserimus crebriùs,* et panem non edentes arguerimus, *boni viri petierunt cœnam Domini.* Ego cum fratribus, quò concordia aleretur, contuli. Tempore cœnæ erogari posse, ut nonnulli inter nos faciunt, visum fuit. *Solus collega*⁷ *rem nulla ratione admittendam dicebat,* et veteres et novos et Ecclesiæ usum prorsùs repugnare affirmabat. Nos contrà. Paucos convenio, inter quos primùm *Consulem.* Probant dari cœnam. Quamvis rescirem *collegæ* non probari, tamen ne iniquior essem, petentibus dedi in unis ædibus, et frequentiores fuerunt multò in ædibus quàm fuissent apud *leprosos*⁸. De leprosis *collega* verbum non fecit, sed de *senibus* tam amarè, ut nihil unquam amariùs, et ut res esset gravior auribus, Græcè maluit exprimere, cum Gallicè ageret. *Schismaticum ausus fuit vocare,*

---

³ Farel réitère sa demande du 23 février (N° 1332, renv. de n. 17, 18).

⁴ Nous croyons voir ici une allusion aux conférences que *Marcourt* avait proposées (mai 1543) à *Calvin* et à *Viret,* en vue d'une réconciliation générale entre les pasteurs (VIII, 298, 355, 356, 376, 383, 384). Il espérait sans doute que cette réconciliation lui donnerait quelque chance d'obtenir, à *Genève* ou à *Neuchâtel,* une cure plus avantageuse que celle du village de *Versoix* (VIII, 297, 298).

⁵ C'est-à-dire, bien informé de nos troubles.

⁶ Dans l'édition de Brunswick : *domus.*

⁷ *Jean Chaponneau.*

⁸ De ces derniers mots l'on pourrait conclure, que *Farel* avait distribué la sainte cène aux lépreux, dans leur maladrerie.

idque dum domum repeteremus ex prandio⁹, ad quod uterque nostrûm vocatus fuerat. *Præfectum adit, nobis ab ipso exordio prædicati Evangelii parùm amicum*¹⁰ *: quis nunc sit, novit Dominus. Miscentur omnia, turbæ nunquam majores.* Jam sperat *collega* rerum potitum.

Hæc cœnæ administratio facit ut omnia congerantur, quasi studio contendam turbare omnia, mihi tantùm indulgeam, nec possim ulla ratione moveri quin ingenii ductum sequar, nullis stem promissis, prolixior, asperior, et quid non? Hostes jam videntur triumphare. Pars *ratione Tigurinorum*¹¹ hoc molestè ferens, parùm mihi æqua. Jam acta et peracta sunt omnia. Sed Dominus facit ut *Præfecti* et civium nomine mittantur qui in cœtu agant, et coram fratribus narrent quid petant. Sed fratribus committunt rem omnem componendam : quæ per symmystas fuit composita. Quod nisi peractum fuisset, in ipsa occasione venerat *Marcurtius :* sed non succedet votis, quòd dies aliquot præterierint. Pleniùs hæc audires, licet, puto, molestum tibi sit : tamen non ideo omitterem, nisi nuncius urgeret. Si in tuis enarrationibus Pauli aliquid attingeres, ut iis qui immeritos nolunt privare fieret satis, rectè faceres. Sed vides quàm tecum agam meo jure : non videor cogitare quantò tu meliùs noris quid expediat et quibus obruaris. Verùm hac ratione te urgere volo, ut liberiùs mecum agas.

De doctore Campensi, de quo scripseram¹², ut *Sturmio* haberem quid responderem, ex te nihil accepi. Fac intelligam quid sentias. Vale. Servet tuos Christus tecum, ut mente ita et corpore sanos. Salutem omnibus dicito. Nostri te jubent salvum esse. Neocomi 21. Aprilis 1544.

Farellus tuus.

(Inscriptio :) Doctiss. et vigilantiss. pastori ecclesiæ Genevensis Jo. Calvino, fratri et symmystæ chariss. Genevæ.

⁹ Il parait qu'à *Neuchâtel* les pasteurs dînaient ensemble au sortir de la congrégation.

¹⁰ Sur les dispositions de M. *de Prangins* à l'égard de la Réforme et de *Guillaume Farel,* voyez le t. VII, p. 377, 378.

¹¹ Ceux qui, partageant les idées des ministres zuricois, réprouvaient toute innovation dans les cérémonies, p. ex., la Cène administrée aux malades (Cf. la lettre de Bullinger, p. 119, second paragraphe).

¹² Cf. le N° 1341, notes 17-18.

1348

PIERRE VIRET aux Pasteurs de Montbéliard.

De Lausanne, 3 mai 1544.

Copie contempor. Bibl. des pasteurs de Neuchâtel. Cal. Opp.
XI, 701.

Fidelissimis Christi ministris ac pastoribus ecclesiarum quæ
sunt in Comitatu Monsbelgardensi, fratribus quàm charissimis
ac plurimùm observandis.

S. *Non parùm angit nos et exercet,* charissimi fratres, *ista vestra tentatio, qua Sathan vos et ecclesias vestræ commissas fidei, cribrare modis omnibus machinatur.* Sed hæc sunt perpetua ejus studia, quibus dominus sanctorum pastorum vult fidem, constantiam atque pacientiam probare. Vos igitur ejus machinamentis, divino freti præsidio, infracto pectore obsistite. *Quis* enim *non videt Sathanam his artibus moliri, ut veterem papispum velut postliminio paulatim restituat aut transformet, aut novum invehat ecclesiæ nocentiorem*[1]? Veremur enim ne postquam omnia admiseretis quæ nunc vobis obtruduntur[2], mox alia ac subinde nova ingerantur. Prestat igitur semel periclitari, ita tamen ut non ob quamlibet levem causam nobis creemus periculum. *Expendendum est diligenter quid sana fide ac bona conscientia tolerari possit, quid non.* Quæ intolerabilia videbuntur nullo sunt pacto ferenda. At hîc judicio spiritus opus est. Quedam enim sunt hujus generis, ut in aliis nobis ferenda sint, quæ nobis tamen minimè sunt admittenda, sed interdum dissimulanda, interdum prodenda et palàm damnanda, ut expedire visum fuerit. Sed certam præscribere regulam admodum difficile est. Nam pro 'erum, locorum et temporum ratione, spiritus suggeret[3] se invocantibus quod facto opus erit.

---

[1] A comparer avec la page 140, note 22.
[2] Voyez les lettres de *Toussain* du 15 janvier et du 11 mai.
[3] Dans l'édition de Brunswick : *suggerit.*

Calvini et fratrum Neocomensium sententiam intellexistis [4], qui negotium temperarunt quàm potuerunt commodissimè et in rem vestrarum ecclesiarum. Audimus tamen vestra moderatione non esse satisfactum iis qui istas ceremonias urgent, sed mordicus ab ipsis omnia retineri, non secùs ac si ipsissimum Dei verbum urgerent, aut dogmata quibus non posset Ecclesia carere. Quàm nos ludit Sathan, et quàm nimis sunt ociosi qui adeò negociosi sunt in oneranda ceremoniis Ecclesia, quibus quò magis gravatur eò magis degenerat et abscedit a Christi institutis et apostolicæ ecclesiæ imagine, quæ pietatis quàm ceremoniarum semper studiosior fuit. Videmus *Turcam* nostris cervicibus imminere et minacem Dei manum extrema omnia toti orbi christiano intentare: cumque hoc unum omnes seriò meditari debeamus, ut vera pœnitentia et syncera religionis et morum reformatione numinis vindictam prævertamus et avertamus, velut pueruli, nondum nucibus relictis, digladiamur de tintinnabulis, de præficiendis mulierculis evangelico ministerio [5], de saxis, ocio [6] et aliis id genus nugis : quibus non solùm sine suo ullo incommodo Ecclesia carere potest, sed quæ pietatis minimum secum afferant, superstitionis verò plurimum, quam etiam augent et confirmant.

Non sumus itaque *in hac sententia ut muliercularum baptisma ullo pacto probetis,* quod nullis nititur Scripturæ fundamentis, quamvis eam hujus assertores in suam sententiam detorquere

---

[4] Cette lettre des pasteurs neuchâtelois n'a pas été conservée ; mais elle ne devait guère différer de celle de *Calvin* du 7 octobre 1543.

[5] Allusion au baptême administré par les sages-femmes.

[6] Le texte original portait probablement *sacris.* — *ocio* fait allusion aux nouvelles fêtes, dans lesquelles on devait *chômer*, le matin seulement.

Au sujet d'*ocio*, les éditeurs des Calv. Opp. (XI, 702) disent en note : « *oleo ?* Nisi malueris de otio sabbatico cogitare. » Cette variante est inadmissible, parce que la liturgie imposée à l'Église de Montbéliard ne mentionne nullement l'extrême-onction. Et quant aux dimanches et grandes fêtes *(præcipua festa Christi),* elle s'exprime ainsi : « Quos tamen dies festos, ita observari volumus, ne conscientiæ, si quid necessarii operis incideret, negotium temerè fiat. Nimirum ut hiis quidem diebus audiendo verbo Dei, precibus et orationibus, et reliquo cultui summo studio incumbatur : At si vel publica vel privata necessitas exigeret, cultu solito absoluto, sine conscientiæ scrupulo, tempori et necessitati etiam inserviri queat. »

conentur[7]. Videntur sanè eorum argumenta nimiùm puerilia et indigna gravibus theologis. *Si obstetrices tingunt, non censemus habendos pro tinctis dum ad vos afferuntur,* sed docendum, ubi se locus obtulerit, quatenus baptismus sit, aut non sit, ad salutem necessarius. *Si vobis tollitur conveniendi facultas et coëundi in cœtus consuetos, id vobis ferendum erit,* sicut alia plurima quæ à nobis desiderantur in Ecclesia aut displicent, ita tamen ut non dissimuletis id vobis minimè probari, sed reclametis fortiter, utpote quod Ecclesiæ libertati et ministerii autoritati plus justo detrahat. Nam vix possit major tyrannis excogitari in Ecclesiam, quam ipsa nunquam nisi sub sevissimis tyrannis et hostibus religionis passa est. Quæ enim est tam vilis societas, sodalitas aut ministerium cui non sint sub quovis principe, quàmlibet tyranno, sui conventus et sua consilia [l. concilia?] libera? Si diffidunt nobis principes de sua ditione, quo animo suam ipsorum et populorum salutem et ecclesias committere possint? An nos habent pro proditoribus? Sunt autem hæc modestè et prudenter tractanda, et vindicanda Ecclesiæ libertas.

In divorum feriis quedam sunt quæ vix tolerari possunt, quedam apertè superstitiosa et indigna christiana ecclesia, præsertim feriæ conceptionis et assumptionis Marie, quæ nullam habent imitationem veteris Ecclesiæ. *De tintinnabulis, non putamus esse contendendum.* Qui eorum tinnitu delectantur pulsent quantùm volent, si à vobis secùs persuaderi non possunt. Vestri tamen erit officii docere quid Christianos deceat, quando se offeret occasio, idque liberè, et pugnate adversùs superstitionem. Quæ corrigi à vobis non poterunt, relinquite Domino. Hoc solum cavete, ne quid probetis repugnante veritate et sana conscientia.

Hæc sunt, charissimi fratres, quæ vobis non præscribimus, sed quæ facturi essemus, si eo loco res nostræ adductæ essent. Non congerimus argumenta quibus vos armemus, aut diluamus quæ vobis objici possunt, quoniam ea locupletiùs vobis suppeditat spiritus ille cœlestis et assiduum scripturæ sacræ studium, reliqui denique viri pii quos consulitis. Hæc solùm ad vos scribere voluimus, ut quæ esset nostra sententia intelligeretis, postquam nos dignos judicastis à quibus consilium peteretis : quo utinam

---

[7] A comparer avec la lettre de *Bullinger* du 22 nov. 1543, p. 119, 120, renv. de n. 8-9.

tam juvare possemus quàm ad id prompto simus animo et voluntate.

Hoc insuper addimus, videri nobis consultissimum ut per D. *Bucerum,* et reliquos pios ac doctos viros quos vobis compertum est valere gratia et autoritate apud eos qui *Principi*[8] sunt à consiliis, et quorum suasu hujusmodi ceremonie in vestras ecclesias comportantur, ut ipsi seriò admoneantur ut majorem habeant rationem ædificationis, vere reformationis ac infirmitatis eorum qui recens Christo accesserunt et accessuri sunt, quorum infirmiores sunt animi quàm qui citra gravissimum offendiculum tantam mutationem ferre queant[9].

Meminerint præterea quantùm semper turbarint ecclesias *studia ceremoniarum, quanta earum fuerit libertas in veteri Ecclesia,* illis etiam temporibus quibus ea jam plus nimiò istiusmodi servilibus oneribus (ut Augustini verbis utamur) premebatur. Veniant in mentem quæ hac de re scripta sunt ab Ireneo ad Victorem et in ecclesiasticis historiis, ne scindantur ecclesiæ aut pessum eant ob eas res quæ citra dispendium abesse possunt. Hoc urgeant, ut quæ ad veram pœnitentiam et remissionem peccatorum pertinent non omittantur : reliqua quæ non exigit Christus sint liberiora, ea tamen lege ut præcludatur via ad ἀταξίαν, qua nihil potest esse Ecclesiæ nocentius. Causam agant vestram apud *Principem :* non accendant ejus animum adversùs ministerium vestrum, ne spolietur ecclesia suo jure et nova tyrannide opprimatur. Nam[10] *hoc non esset tyrannidem et papatum sustulisse, sed mutasse, si ministris nulla esset in ecclesia Christi autoritas, sed cogerentur ceremonias et disciplinam ecclesiasticam ad Principis præscriptum et nutum suscipere.* Sunt ergo hæc magna modestia et simplicitate indicanda, ubi se offert occasio. Sed sic sunt hæc temperanda, ut non Ecclesiam à posteris prodidisse jure censeri possimus, neque rursum principibus affectatæ in [Ecclesiam] tyrannidis suspicionem præbuisse. Accipiamus verbi Dei regulam, à qua nos non patiamur abduci et

---

[8] Le duc *Christophe,* fils d'*Ulric.*

[9] Les considérations de ce genre étaient étrangères aux théologiens allemands envoyés à Montbéliard par le duc Ulric (Cf. la lettre de Toussain du 11 mai).

[10] La copie porte ici par erreur *Non,* au lieu de *Nam.*

abripi : unde Principes et Ministri suum discant officium. Absit à nobis contumacia, absit et nimia facilitas in rebus novandis, ne imprudentes rursum Antichristo viam sternamus ad mysterium Iniquitatis, sicut veteribus accidisse ipsa nos rerum experientia docet. Experimur enim quantùm excogitatis à se ceremoniis profecerint[11]. Non frustra appellavit Apostolus mysterium Iniquitatis Antichristi opus. Nam occultius est quàm ut vel sanctissimi deprehendere queant. Sed priùs radices agit et fructus producit suos, quàm animadverti possit à nobis. Postquam autem semel invaluit, non facilè tollitur. Sequamur ergo apostolicam Regulam et moderationem, qua ociosas et vanas ceremonias rejiciamus, utiles verò ac necessarias et verbo Dei consonas studiosè colamus. Valete, charissimi fratres. Lausannæ, 3 Maii 1544.

Vester ex animo PETRUS VIRETUS,
reliquorum fratrum qui hîc sunt nomine et consensu.

1349

GUILLAUME FAREL à la Classe de Montbéliard.

De Neuchâtel, 6 mai 1544.

Inédite. Copie contemp. Bibl. des pasteurs de Neuchâtel.

S. *Novum non est, quàm charissimi, quòd sui amantes homines humana pro divinis obtrudere volunt,* et ruinas pro ædificatione, pro instauratione dissipationes inducunt. Ita suos excitare et exercere vult Dominus, cujus præsidio freti nichil est quod timeamus : licet digni simus, et nos et ii qui nobis concrediti sunt, hæc et multò graviora ferre. Nam quis est hodie, ymò quis unquam fuit, qui dignè omnia tractarit quæ Dei sunt, et tractata exceperit? Sed quum Christus, qui nos prævenit, à tenebris nos evocans in lucem Evangelii, nobis fuerit verè Christus et Servator, emundatis nobis ab his quibus eramus tam indignè fœdati, idem et nunc Christus est, ut nos repurget à sordibus et peccatis, quibus non caremus in hoc tam sancto

---

[11] Dans la copie, *profecerunt.*

munere, et non est cessaturus quin perpetuò faciat fidentibus sanctis suis promissis et fide invocantibus tam propicium Christum. Quod facitis et facietis, acti spiritu sancto, nec est quòd peccatorum memoria nos avocare debeat à pugna Dei et à tam sancto munere fortiter obeundo, quum non vocati fuerimus ad tantum opus nostris meritis, sed sola gratia : non dignitas nostra tam indigna hæc poscebat, sed Christus omnium dignissimus, tam infirmis et tam indignis suam voluit exerere potentiam, præ[s]tantiam, concredita Evangelii æterni prædicatione. Cum igitur quicquid est in hoc sacrosancto munere, Christi sit et à Christo prodeat sub quo militamus omnes, necesse est ut toti ab eo pendentes stationem non deseramus, sed infracto pectore pro invictissimo duce pugnemus, certi victoriam in manibus esse ducis nostri.

Fateor molestissimum esse cùm domesticis pugnare, et pro externis digladiari, pro dubiis et quæ non omnibus plana sunt manus conserere. Sed quid, fratres optimi, in hac pugna non est devorandum molestiæ? quid negligendum et incertum tenendum, quod ad ædificationem faciat Ecclesiæ et ovium nobis concreditarum? Paulus, qui vel gaudebat per occasionem Evangelium prædicari, non poterat non valdè affici in Petrum, per quem non solùm Judæos, verùm etiam gentes vocarat Deus. Et quis dubitarit Petrum Paulo haberi de præcipuis civibus et domesticis urbis et domus Dei? Et tamen quàm potenter impetit Petrum, sua simulatione ac agendi ratione qua Hierosolimis agebat, turbantem pios qui erant Antiochiæ, et quod in ecclesia quæ ex Judeis collecta tunc erat, negligi sine offensione infirmorum non poterat : graviùs ecclesiam ex gentibus collectam lædebat. *Erit nobis aliquis magis observandus Apostolus,* utinam non apostaticus, *quàm Petrus fuit Paulo, cui non in faciem resistatis ecclesias confundenti?* Videtis, si rem externam consideratis, quàm nulla erat ob quam quis digladiaretur. Quid hoc est magnum isto vel illo vesci cibo, in hoc vel illo hominum cœtu? Cibus potestne contaminare? et qui mecum vescitur, quum extra me sit, an plus potest efficere quàm cibus qui os intrat? Verùm neque cibi neque eorum quibuscum sumitur ratio habetur, sed ædificationis, non tantùm eorum qui sunt Hierosolimis et qui illinc venerant, quàm præsentis ecclesiæ

Antiochenæ. Ut Paulus pro nobis, imò Christus stat. Ita si quid Petrini pectoris fuerit in his qui nesciunt planè quid agant et quid velint, meritò vobis credent, si Christo invocato constanter ac sanctè pro Deo agatis, ne vel minimum quidem cedentes quo lædantur ecclesiæ.

Admiror sanè istam novandi libidinem tam insanam, neglecta omni ædificatione, tam nullis fultam rationibus, ut meritò rubore suffundi debeat qui cogitat, non dico qui proponit, ne addam qui exequi molitur. Nam isti damnarunt Paulum et sanè damnant : et in Paulo Christum : imò ipsissimum in se ipso Christum, dum ita ob externa conscientias turbant. Non agam de cibis ac ratione agendi in sumendo cibo, sive ex præscripto hominum, sive Dei, qui non sine mysterio et doctrina faciente ad ædificationem, ita abstinere et ita jusserat uti. *Veniam ad sanctum circumcisionis sacramentum,* non humana ratione commentum, non ex *Rationali divinorum,* ut dicunt, *officiorum* excogitato mysterio, in quo nichil est nisi rationis expers impietas, sed instituta divinitus circumcisio (*sic*), fœdus æternum dicta, quo qui caret exterminandus venit. Nam quis unquam servari poterit sine spiritali circumcisione, si veterem non exuerit hominem? Quod ea reputat quæ manibus fit : quam non primus excepit perditus aliquis nebulo, sed credentium pater, vocatus ille Abrahamus. Sequuti sunt omnes, non solùm Moses cum Prophetis, sed Christus ipse et Apostoli. Retinebat prima omnium Hierosolimitana ecclesia, ubi bona pars Apostolorum agebat : quorum exemplum quis ausit dicere non sequendum, at non parùm referre ad pacem et concordiam ut pergant omnes et observent omnes, qua[m] Apostoli et tanta tenet et servat ecclesia? Quid? quòd ubi non tanta erat Judæorum frequentia, Listris sanè et Iconii, sed ex gentibus major, Timotheum cum circumciderit Paulus, tam acriter in circumcisionem invehitur, ut Christum circumcisum non sit habiturus qui circumcisionem admiserit, et expers sit futurus gratiæ quam habet ecclesia in qua fit et servatur circumcisio? Quis est hic spiritus Pauli? Sanè Christi et ædificationis amans et perditionem fugiens.

Nunc isti, quibus Deus det mentem meliorem, afferant pro suis somniis ac nugis si quid possunt cum sua externorum libertate, cum discordi et sceleratissima concordia sua, et tanta separatione a Christo, quam vocant sanctam conjunctionem et conformitatem ecclesiarum, quod componi possit cum iis quæ adversarii Pauli poterant adducere. Frigebunt sanè omnia : et tamen nichil quod attulerint tam improbi hostes (quos non veretur Paulus canes et malos operarios, concisionemque vocare), quin modis omnibus reluctatus fuerit Paulus et contrà docuerit et fecerit. Sed video quid statim sint dicturi : Se multùm abesse ab adversariis Pauli : quod ingenuè fateor. Siquidem istorum judicium erit longè gravius quàm illorum. Nam illi quæ Deus, isti quæ diabolus aliquando externè observare voluit, tradunt. Et quamvis dicant ista nolle ut necessaria ad salutem proponere, sed ut indifferentia, et hoc cupere ut pastores ita doceant : et si quid est superstitionis pura doctrina tollant, — utinam isti tam sint faciles ad novandum quàm facilè hoc efficeretur apud populum : ut re præsente dimoveatur ab eo unde avelli non potest, quantùmcunque absint ea quæ fovent inveteratam superstitionem. Quam malè sani parentes in posteros transfundere contendunt, et quivis erro refricare studet. *Doceas, facias, et efficias quicquid possis et quicquid velis, nunquam efficies apud miseram plebem quin hæreat in superstitione dierum et idolorum, et quin tribuat eis aliquid, et hac ratione abducatur a Christo et pereat.* Tu scis nichil esse situm in diebus, nichil esse idola, et nos non ignoramus, et quæ sint in nostra potestate intelligimus. Sed nos nostri, neque nostræ sententiæ inflati rationem non habemus : sed quos nos jubet Christus portare, nempe infirmos et non intelligentes, charos habemus, et multa charitate horum ruinam vitare studemus. Et quæ scimus libera, statim non in medium proponimus ad omnium offensionem : et multò minùs quæ vetita sunt, et nusquam libera, ut habita sunt, et ut excipiuntur à miseris. Quid istis non venit in mentem, quæ tantopere vitari exigit Paulus, quibus offenduntur parùm docti : credimus omnes ita intellecturos in plebe quod non pauci intelligunt, nec dubitamus inter pastores esse qui non satis assequantur, et qui se et alios contaminent : non aliter usi externis, quàm olim et hodie faciant idololatræ. Liberet nos Deus à tam ignara pietatis, ædificationis et pacis scientia : qua sese venditant perditissimi homines, quos Christus aut immutet, aut pessimè disperdat, ut digni sunt!

Essent hîc Principes sub Christo [admonendi] *qui tot umbris cultum suum volunt obducere, ut sub Mose et in pedagogia legis, cum Deus jubeat nos scientia et mente non pueros esse et elementis hærere, sed magis et aucti et grandes, spiritu Deum colamus et veritate,* non in monte aut Hierosolimis, locis aliquid tribuentes, Deum adoremus : neque dierum observatione aliquid faciamus, aut in ea alios detineamus, aut detineri patiamur, sed ut quàm purissimè Deum colant omnes et quærant. Essent sanè Principes multa diligentia et fide admonendi, ut quantò Christus Mose major est, tantò magis studerent omnia profligare quæ Christum obscurant et quæ a Christi doctrina avocant, et magis eos imitarentur qui offendicula conati sunt auferre quibus cultus lege præceptus impuriùs fiebat, quàm eos qui non sine pseudoprophetarum insano concilio, et Salomonis impio exemplo, qui alienum cultum fovebant, et ut exciperetur monebant, instaurabant et erigebant, ut fecerunt impii reges renitentibus et contradicentibus veris prophetis. Sed quàm dolendum est, hodie esse qui contrà doceant et conentur, quibus potenter per Deum resistendum est. Et piè et sanctè admonendi sunt qui præsunt ne se et populum perdant, et diligenter caveant ne quid erigatur, aut reponatur quod plebem, alioqui satis ad ido[lo]latriam jam pronam et propensam, à qua nondum planè liberata est, instiget et quacumque ratione invitet. Sint memores illius sancti regis, qui serpentem æneum jussu Domini erectum, non temeritate et superstitione humana confictum, in quo Deus præfigurans salutem per Christi mortem fide in Christum percipiendam, voluit tam insigni miraculo suam populo misericordiam et bonitatem testari, data et restituta integra valetudine jam moribundis qui occulos direxissent in serpentem. Cumque tam benignè suo succur[r]erit populo, et præsentiùs sese opem laturum in Christo protestari voluerit, meritò debet hoc beneficium non præteriri, sed ob occulos versari : et potissimùm quod subinde intelligi vult Deus et quæ ad conservandam hujus rei memoriam faciunt : si ex Deo sint, augusta esse debent, et in hunc usum sanctè servari : quod nemo sanus negare ausit, at palàm est serpentem æneum ex Deo fuisse, cum ex præcepto Domini erectus fuerit, et facti insignis memoriam refricasse, sed longè utiliùs permonstrasse. Quid ergo non sacrosanctus fuit? quid non conservandus tantus liber simplicium, tot divina tum præterita tum futura continens? Quid Esaye et sanctis sui ingenii prophetis sanctus rex non dixit? Apagite cum ista vestra furiosa exclamatione, qua me vultis permovere ut rem tam piam, tam divinam, a Deo præceptam, ab ipso Mose conflatam, tot modis dignam servari, demoliar et comminuam. Quid hoc possum sine gravi jactura pietatis? Plus satis in externis occupati estis : ignoratis libertatem externorum. Docete iterum, dico, docete plebem ne colat serpentem, sed eum qui sanavit læsos à serpentibus et quem speramus venturum, Christum, de quo tu scripsisti, Esaya. Ego volo serpentem erigi, et ab omnibus videri, ut memoriam refricet beneficii divini. Quid hæc et alia id genus non adduxit, quæ possent in omnes qui cum Ezechia faciunt adduci, quorum ne umbram quidem habent mancipia ista, nescio an gloriæ dicam, aut insaniæ aut impietatis: dum nichil nisi libertatem crepant qua liberi a Christo esse volunt et ab omni charitate et ædificatione, salute et vita, ut serviant Sathanæ, suis conceptis odiis, ruinis, perniciei et morti nunquam finiendæ.

Quàm perniciosa est ista scientia quæ omnia evertit ac perdit, et quæ minimè licent licita censet, et ex libertate servitutem facit! Hierosolimis erant sacrosancti dies quos per Mosem observari et ad tempus jusserat Deus. Patiebantur hæc et ferebant Apostoli: quibus ægrè persuaderi potuit, gentes in consortium piorum admittendas, nec cum illis commercii aliquid, nisi Judeis essent adjuncti : ne authoritas verbi quod locutus fuit Deus Mosi elevaretur. Quid enim attinebat ad hæc externa imminuere ulla ratione verbi pondus apud eos qui Mosem pro fido Dei servo habebant, et ea quæ hic proposuit ex Deo accepisse, firmiùs credebant quàm abduci possent à sententia, quæ faciebat ut magis crederent ex Deo esse quæ locutus est Moses, quàm intelligerent quid per illa vellet Moses.

Nunc, quæso, videamus an in dierum observatione Paulus voluerit, gentes ecclesiam in qua tot et tanti erant apostoli, ita sequi ut conjunctæ magis essent, non tantùm in doctrina, verumetiam in externis? Tantùm abest ut hoc passus fuerit, quod si fieret, frustra se laborasse affirmet. Non poterat tantus Apostolus, qui sese in omnes vertebat formas, omnibus fiebat omnia, quò posset omnes Christo et Evangelio lucrifacere, quos reliquerat in ecclesiis gentium ac præfecerat, scribere et præcipere : « Docete libertatem dierum, sat vobis sit extirpasse omnem superstitionem. Non contendatis cum iis qui adnituntur ut dies isti sacri habeantur, sitis conformes ecclesiis apostolorum, in quibus ego ipse observo quæ illic observantur : faciet hoc plurimùm ad pacem et concordiam et ædificationem omnium ubique ecclesiarum : quid opus est sub uno Christo, sub quo oportet omnes unum esse, unum sentire et loqui, tanta externorum varietate, quæ pugnas, æmulationes, et quid non malorum pariunt ? »

Scribendum certè erat in hanc sententiam Apostolo iis qui docebant et plebi quoque. Verùm spiritu Christi plenus, et hoc unum summo studio contendens, ne vel minimus periret abductus puritate Evangelii a Christo, extra quem aliquid quæreret, requirit in Episcopo scientiam, qua illis Legis qui volunt, mali cum sint, doctores esse, resistant, et eorum obturent ora. Et in plebe tantam constantiam, ut ne angelo quidem è cœlo dimisso ista docenti et præter Evangelium adferenti ejusmodi, fidem habeant, nusquam relabantur ad elementa infirma et egena: et id tam sæpe agit et tanta vi spiritus, ut mirum sit hodie inveniri qui ad hæc revocent quæ nulla ratione cum institutis Legis componi possent. Nam quæ ex Deo olim ordinata fuerunt nunquam potuerunt tot secum adferre mala, quàm ea quæ homo adinvenit : quæ ut erant omni impietate plena dum abrogarentur, ita si reponantur supramodum facient omnia exundare, ut præstiterit multò nunquam abrogata fuisse. *Joannis Baptistæ, præcursoris Christi, dies sacer sit, profestus notetur et magno strepitu campanarum prænuncietur, quid non pariet superstitionis, magiæ et incantationum? Quid non fiet dum legentur herbæ?* Quot invocationes magicæ? Non dies sufficiet, addenda erit nox, cibus, vestitus et quid non in sacris tantis observandum? Taceo de *Epiphania*, de *Ascensione*, ne abyssos superstitionum intrem.

Quis est qui non videat sponte insanientes instigari vehementiùs, si vel rimula illis aperiatur? At docendus est populus, avocandus est à tali superstitione. Quid aliud fit à piis pastoribus ? Et tamen, ubi quæ permovebant plebem absunt, non potest avocari quin pars aliqua hæreat in luto, restitutis diebus, non pars, sed omnes conversi ad superstitionem, dimoveri demum nulla poterunt via. Hîc non est quòd quis philosophetur apud se, et ex se ipso metiatur alios. *In rem præsentem veniendum est. Consyderandum est ingenium plebis, quàm facilè offendi possit.* Si unius fratris cujus gratia Christus obierit, tantopere exigit Paulus rationem haberi, ne offendatur, ne putet idolum aliquid esse, aut idolis immolatum, quantò magis plebis copiosæ ratio habenda est? Quam cum ob occulos habeatis, et plenè sit nobis compertum, emptam eam esse Christi sanguine, à quo pastores designati, — *potiùs omnia ducite vobis ferenda, et non unam, sed mille mortes obire priusquam patiamini gregem vobis concreditum dissipari et perdi.* Invocate verum pastorum pastorem, Christum. Non vos deseret, rex quum sit regum et Dominus omnium, non est quòd timeatis sub eo, posteaquam omnia egistis quæ faciunt ad emollienda saxa, non dicam homines, nec aliquid effectum est. Nunc constantia est opus. *Nunc factis præstandum quod hactenus verbis docuimus faciendum: nulla ratione cedendum est in his quæ perniciem afferunt plebi.*

Quantùm attinet ad Baptismi prophanationem, quòd tam sacra institutio conjuncta ministerio, imò pars ministerii, etiam ad mulierculas relegetur, et una *Zephora*[1] circumcisione sua satis istis sit, — pergant igitur isti collectores ex uno tanto semel peracto sine jussu Dei, nam potiùs Moses id peragere debebat, et ratiocinentur ex agni mactatione quæ in singulis fiebat ædibus à patrefamilias, aut eo absente ab alio. Cum ut baptismus successit circumcisioni, ita coena esui agni, unusquisque panem apud suos domi frangat, et coenam celebret, hocque munus pastoris usurpet. Nam potior videtur ratio de Coena ex analogia agni, quàm de baptismo ex data circumcisione. Si dicant expectari debere coetum et convenire unà, nec singulos propriam decere coenam edere, an non omnia decenter et ordine fieri itidem debent? *Mulier, quæ prohibetur docere in coetu et jussa tacere*, memor quòd seducta fuerit, *abluet in remissionem peccatorum, quod sine doctrina fieri non debet!* Tantum mysterium quid potest, nisi reverenter et augustè in ecclesia agi[tur]? Non immeritò tantum in pastore requiritur ut sacer sacra ut decet tractet: ut ministerium sacrosanctum, ut est augustum et effi-

[1] Sur *Séphora*, cf. Exode, IV, 24-26.

cax, ita habeatur. Mirum si istis non tanti fit *baptismus,* quem conjunxit Christus prædicationi Evangelii, quàm ovium mactatio et oblatio et thuris suffitus per Mosem sacerdotibus commissa : quæ qui temerè sunt ausi facere, cum reprehensione pœnas dederunt. Cupimus omnes prophetare, sed ordine et decenter, ut addecet in ecclesia Christi. Existimo vos, fratres, quos in Domino suspicio, meliora et saniora sentire de iis quæ Christus in sua ecclesia voluit sacra esse : neque vos solam aquæ intinctionem externam intueri, sed verum spiritus sancti lavachrum, veram aspersionem sanguinis Christi, quæ fit in tam sacro Christi instituto, magnifacere, et ideo multa cum observatione et reverentia minimis tam sacra administrare : adeò ut nobis doleat quòd *præsens infirmitas*[2] non patiatur pro dignitate tam divina peragere. Cumque pro hac infirmitate præcari Deum debeamus ut pro ignorantia, cum non ita omnia sciamus et intelligamus ut expediret quæ fiunt et offeruntur sacrosancto mysterio baptismi, et quæ ministris sunt credita, et quamvis sciamus nos vocatos a Domino ad hoc munus per spiritum Dei, qui suos agit, diligentiùs inquirentes quid possint et norint admittendi ad ministerium, ut rectè hoc exequantur, Cum ergo non sine suspiriis ultionem Dei demere[a]mur, et quæ commeriti sumus infirmiores et minùs gnari quàm par sit, et in hoc qui ad munus vocant, intenti esse debeant ut idoneos quàm maximè eligant, — quis infirmis mulierculis, et tam ignaris mysteriorum Dei tantam committet provinciam ut præcipua administrent ?

Videant isti ne viri sint sanguinum, qui ecclesias confundant et tam miseras perdant mulierculas. Decebat effœminatos pontifices fœminis omnia hæc committere : sed non ita veris Christi sacerdotibus, qui non solùm arguant mulierculas, imò omnes qui inordinatè pergunt : ut seditiosos *Catabaptistas,* et ipsos quoque reges, quæ non decet ausos sibi usurpare. *Non patiamini* igitur *prophanationem sacrosancti Ministerii* quo sese offert Christus et potenter agit in suis : *et sicut prædicationem non censetis aliis committendam quàm ministris ritè institutis et debitè intrantibus, vocatisque a Deo, ita nec sacram intinctionem, quæ conjuncta est prædicatorum ministerio.* Si quis attentet aut

[2] Voyez la lettre de *Jean Fathon* du 16 mai (p. 239, renv. de n. 33).

vi aut alia ratione, si vobis alia non sit via resistendi quàm prædicatione pura, qua tantam damnetis in Christi institutum contumeliam, poscite ut suam Deus asserat gloriam, et temerariis temeratoribus sacrosanctæ functionis digna rependat. Videbitis Dominum non surda præterire aure vestras preces, modò instanter et ardenter fide petatis. Quid omittunt isti quominus toti pereatis? Christum cum è pectoribus vestris ademptum, ut cupiunt, non possunt profligare, licet satagant ut ea admittatis ob quæ iratus Deus vos feriat, et sese subducat.

Hoc insuper conantur efficere ne sitis quod estis: sancta concio et christianus cœtus. Et cum sanctam animorum in Christo conjunctionem dissolvere nequeant, id tamen quod ad eam conservandam facit, *pium et sanctum conventum prohibendum student:* cum is valdè sit necessarius et supramodum utilis, ut sentiunt omnes qui in nomine Jhesu congregantur, et qui unà congregati patrem orant, sese mutuò admonentes officii, quò quisque suo respondeat muneri. Quod perinde est ac si (ut fit) membra corporis, ut valent et possunt, inter se dispiciunt quid in uno quoque desideretur quominus suo fungatur munere: Occulorum lipitudinem digiti emundant et aurium sordes repurgant, vident occuli quid sit in manibus, quod noceat una pellit ab altera. Portant pedes corpus eò quò oportet, ut omnibus consulatur partibus. Sanè nichil est quod alteri, conjunctis officiis, membro non adsit ac toti demum corpori: Quod multò magis est necessarium in Christi corpore, et iis qui prælucere aliis debent. Quare si non vultis divinum nexum, quo mentes vestræ sunt conjunctæ, dissolutum iri, sanctos Cœtus vestros in D.[omino] quibus magis ac magis per Christi spiritum unum efficimini, ne patiamini à vobis auferri, sed constanter in eis perseverate. *Si quid fortè timeant qui fortè sub umbra Christi,* pro veritate et ædificatione, quæ purè petitur à vobis, *Antichristi mendacia et dissipationes meditantur, adsint vestris colloquiis: coram illis agite syncerè quæ absentibus soletis.* Si quid Christi utcunque sepultum apud se habeant, excitabitur vestris puris colloquiis et agendi ratione, quæ cum recta et bona sit lucem non refugit, cum in luce fiat, Christo scilicet. Si prorsùs deplorati sint, sentient manum Domini.

Convenerunt, ut solent, fratres primo die Jovis, ut fit in sin-

*gulo mense.*³ *Vestram exposui angustiam, et quàm premeremini:* quod dudum verebantur non pauci, non ignari quò tenderent præludia illa quorundam qui vitia ducunt magis imitanda quàm virtutes. Non parùm omnibus doluit, et receperunt singuli apud se, et apud ecclesias, vos et ecclesias vobis concreditas pro viribus daturos operam ut vos precibus adjuvent, *meque omnium nomine jusserunt, vos obtestarer ut nichil admitteretis quod in ruinam cederet ecclesiarum, neque vestrûm aliquis stationem suam desereret, sed purè perstaretis in iis quæ verè serviunt et faciunt ad conservandas ecclesias, et ut potiùs hanc vitam cum morte commutetis, quàm recta sinatis mutari in obliqua, et pro ædificatione in ruinam gravem perducatis ecclesiam,* cedentes Sathanæ et suis. Obsecrans igitur vos in Domino ut pergatis unanimes, uno non solùm ore sed spiritu et mente tueri ecclesias, et salutem plebis, et nulla ratione hostibus tam chara Christi pignora nobis semel concredita prodatis; sed omni fide, summa diligentia, perfecta constantia, indefesso studio conservare verbo et sanctis incumbentes precibus, nichil vos terreat, nichil formidetis. *Deus propè adest cujus est opus: ejus causa, non vestra, agitur, eam non contemnet neque vos deseret pro se strennuè laborantes. Sitis igitur fortes: et quæ videntur non tantum habeant momenti apud vos ut ea quæ non videntur, et quæ æterna sunt* [*non*] *amittantur vel negligantur.*

Non hæc excipietis, fratres, quæ utcunque à me quantùm suffuratis aliquot horis licuit indigestè profundere, *ut ab eo qui putet se aliquid esse, aut præstare posse inter vos,* quorum et prudentiam et sapientiam et eruditionem, et sancta concilia colo et veneror: neque existimo me esse eum cujus consilio vel auxilio quicquam vobis accidere [l. accedere] possit. Sed ingens (qua vos inter cœteros amplexor) charitas, quaque istas ecclesias exosculor coëgit me suprà quàm possum adniti, et rei indignitate ita permoveri ut vobis cum ecclesiis bene sit, ut in D.[omino] discupio. Ita vos, quod opto, meum sanctum affectum in vos propensum intelligite, et hujus gratia omnia boni consulite : si

---

³ Le *jeudi* était le jour de la congrégation ordinaire des pasteurs, à *Neuchâtel*, et, à l'origine, elle se réunissait chaque semaine. Ce fut donc par exception que l'assemblée à laquelle assistèrent *Zébédée* et *Viret* en 1543, eut lieu le mardi 30 octobre (p. 97, n. 12).

quid sit quod in rem ecclesiarum faciat, quod à me adductum fuerit, gratias Deo agite. Nam quæ me premunt[4] non paterentur, si quid possem, ut commodè scribendo præstarem. *Ab aliis meliora expectate, ut ab integerrimis fratribus Calvino et Vireto,* quibus affatim largitus est Dominus, quò et ecclesiis quas susceperunt a Deo, et aliis prospiciant sanctis consiliis, prout et vobis impertitus est Christus. Quæ adaugeat et efficacia faciat is qui author est omnis gratiæ et virtutis, cui vos et vobis concreditas ecclesias commendo. Is vos servet sanos fide, ardentes charitate, indefessos in suo opere, unanimes, unum sentientes, et nulla ratione patiatur vos disjungi, neque vos neque ecclesias lædi ullo pacto sinat! Et ex inimicis et adversariis, propter Christum amicos et conjunctissimos in Christo vobis conciliet, in opus sacrosanctum Evangelii dignè ac purissimè peragendum, ut quàm latissimè Christi regnum protendatur et quàm syncerissimè adnuncietur! Vestris me adjuvate precibus, ô fratres integerrimi, et idem ab ecclesiis impetrate. Vestrî non obliviscar, prout hactenus vestrî memor fui, et ut has ecclesias sum hortatus, ita pergam, Domino propicio. Valete quàm fœlicissimè. Salutant vos fratres omnes, quibus non parùm chari estis. Neocomi, 6 Maii 1544.

  Vester totus FARELLUS, suo et fratrum nomine.
  Quæ annotata sunt cœtus nomine jussus sum ad vos scribere.

(Inscriptio :) Christi servis pietate et eruditione non vulgari ornatis, Pastoribus ecclesiarum Monbelgardensium, symmistis et fratribus quàm charissimis.

1350

BÉAT COMTE à Henri Bullinger, à Zurich.

De Lausanne, 7 mai 1544.

Inédite. Autographe. Arch. d'État de Zurich.

 Gratiam et pacem a Domino. *Non lubenter me obstringo formandæ atque instituendæ juventuti :* simul quia id commodè

---

[4] Allusion à sa maladie (renv. de note 2).

facere arduum est et sanè difficile, simul *quia sæpiùs peregrinari et à meis abesse innumera me ægrotantium cogit multitudo*[1], quibus dum medicinam facio, meorum curam vel negligere vel non perinde sedulò gerere cogor. Verùm ad tuas preces, doctissime Bullingere, nihil non sum facturus. Itaque juvenem illum quem mihi literis commendasti, inter meos domesticos recepi[2], ac sum pollicitus me in eo instituendo planum facturum, quàm ex animo *Tigurinis* faveam omnibus quàmque tua apud me commendatio valeat. Dicam citra fucum : nemo hodie inter Christianos et doctos vivit cujus pietatem, candorem, doctrinam magis mirer, magis deosculer et amem quàm unius Bullingeri. Proinde injurius es mihi, qui mecum precibus agis. Posthac ergo impera et invenies me non minùs tibi obsequentem, quàm par est filium esse parenti.

Responsionem tuam ad Cochlei librum[3] adcepi, eandem symmistis ac fratribus meis communicabo simul atque perlegero : antè tamen, si quidem id fieri potest, explebo me atque exsatiabo eam ipsam sæpiùs legendo. Cæterùm gratias tibi ago, doctissime vir et pater summè mihi observande, quòd tanto munere me et dignum judicaveris et donaveris. Atque utinam tibi ego doni possem aliquid mittere, quando nimirum beatius est dare quàm adcipere. Sed non ita visum est Domino, cujus fiat voluntas. DD. *P. Viretum, Cœlium Secundum* et reliquos omnes fratres et symmistas meos tuo nomine salutavi, qui vicissim te ac totam istam ecclesiam resalutant. Vale bene atque beatè. Laus. nonis Maiis 1544.

Tuus ex animo B. Comes Donzarensis.

(*Inscriptio :*) H. Bullingero, viro graviss. et doctissimo, Tigurinæ ecclesiæ Antistiti vigilantissimo et sanctissimo, non in paucis mihi colendo. Tiguri.

---

[1] Voyez le N° 1329, p. 163, renv. de n. 15.

[2] C'était peut-être le jeune homme dont il parle dans sa lettre à Rodolphe Gualther du 17 décembre 1544, c'est-à-dire, *Jacob Kriech*.

[3] Cf. sur *Jo. Cochlæus*, le t. VI, p. 258, note 8. Voici les titres de deux ouvrages qu'il publia contre *Bullinger* et des réponses de celui-ci :

De canonicæ scripturæ et catholicæ ecclesiæ authoritate libellus ad Hen. Bullingerum. Ingolstadii, 1543, in-4°. — H. Bullingeri ad Johannis Cochlæi de canonicæ scripturæ et catholicæ ecclesiæ authoritate libellum, orthodoxa responsio. Tiguri, 1543, in-4°.

1351

BÉAT COMTE à Rodolphe Gualther, à Zurich.

De Lausanne, 7 mai 1544.

Inédite. Autogr. Coll. Hottinger. Bibl. de Zurich.

Etsi obfirmaram animum meum, nihil posthac ad te scribere, quòd nihil jam ad binas ternasve meas literas respondisses, tamen victus suavitate novissimarum tuarum literarum, propositum mutavi. Ac jam rescribo : primùm, magnam capere me voluptatem, quòd intelligam *te in id incumbere, ut Zuinglii, doctissimi et sanctissimi viri, opera typis excussa in manus veniant hominum*[1]. Rem facis quidem arduam, set te, hoc est, pastore Evangelico dignam, et ecclesiæ Christi oppidò quàm utilem. Proinde te iterum atque iterum vehementer hortor, ut rem tam honestam, tam piis omnibus gratam futuram, constanter peragas, neque te à cœpto revocet quorundam nimis importuna morositas. Deinde, *adcepisse me inter meos domesticos juvenem illum Tigurinum quem mihi literis commendasti*[2] : quem, quia video abs te diligi, paterno planè complectar adfectu, omnemque dabo operam, ut cum pietate et numinis reverentia, meliorum et suaviorum literarum cognitionem ampliorem jungat. Vale et primo quoque die prolixiorem epistolam à me expecta. Laus.[annæ] nonis Maiis 1544.

Replica brevis... adversus prolixam Responsionem Henrici Bullingeri, De scripturæ et ecclesiæ authoritate. Ingolstadii, 1544, in-4°, ouvrage dédié aux magistrats de Lucerne. — Brevis 'Αντιβολὴ, sive responsio secunda, ad maledicam Jo. Cochlæi... replicam, unà cum expositione de S. Christi catholica ecclesia. Tiguri, 1544, in-4°. (Gesneri Biblioth. univ. 1545, f. 407-408. Cf. sur un 3ᵐᵉ ouvrage de Cochlæus contre Bullinger, Arnold Kuczynski. Flugschriften Luthers u. seiner Zeitgenossen. Leipzig, 1870, p. 43.)

[1] Les *Zuinglii opera*, publiés par son gendre *Rodolphe Gualther*, parurent à Zurich chez Froschover en 1544 et 1545. Ils se composent de 4 vol. in-folio.

[2] Cf. le N° 1350, note 2.

Salutabis meo nomine DD. *H. Bullingerum, Bibliandrum, Pellicanum, Megandrum, Fabritium, Guestnerum*³ ac reliquos symistas et fratres tuos. Nostri omnes te salvum esse cupiunt.

Tuus ex tuo vetere jure⁴
B. Comes Donzarensis.

(*Inscriptio :*) Et pio et docto viro D. Rod. Galthero, insigni Theologo, fratri et amico longè mihi suavissimo. Tiguri.

1352

Jean Calvin aux Pasteurs de Montbéliard.

De Genève, 8 mai 1544.

Calvini Epp. et Resp. 1576, p. 423. Cal. Opp. XI, 705.

Literæ vestræ, ut par erat, gravem acerbumque dolorem nobis attulerunt : quòd ex illis intelleximus, *novas subinde molestias vobis exhiberi,* eorum hominum importunitate qui tantùm ad turbandam Ecclesiam nati videntur. Verùm sic statuite cum animis vestris, cum aliud propositum ipsi habeant, et alio consilio à sathana excitentur, servire tamen Domino, ut per eos exerceamur. Quantùm hactenus potui æstimare ex re ipsa, *sicut ex Ecclesia Witembergensi fluxit hac nostra ætate Evangelium*¹, *ita multi illinc emergunt non dissimiles iis, qui Hierosolyma olim profecti, quocunque venerant, negotium facessebant veris Christi servis, et tumultuandi occasionem captabant.* Hoc facit κακοζηλία : dum præpostera affectatione quærunt in quo similes haberi possint magnis viris, ut sibi quoque magnitudinem aliquam concilient. Verùm hoc tantùm consequuntur, ut sicuti sunt, ita appareant *meræ simiæ.* Hoc ideo dico, ne ab *Ecclesia Witebergensi* cujusquam animus alienetur. Nam sicuti olim Petro, Jacobo, aliisque Apostolis, aut nesciis, aut repugnantibus,

---

³ Ce nom inexactement écrit est celui de *Conrad Gesner.*

⁴ *R. Gualther* avait été pensionnaire chez *Féat Comte* en 1539 (V, 365).

¹ *Calvin* ne croyait donc pas que le signal de la Réformation fût parti de *la France.* Ce passage a échappé aux auteurs qui ont agité la question.

cursitabant inquieti illi spiritus ad impediendum inter gentes Evangelii cursum, ita certò ausim asserere, *Luthero non minùs quàm nobis displicere ineptos istos Thrasones qui, Witebergensis Ecclesiæ prætextu, ad res bene constitutas ex statu suo commovendas abutuntur.* Nam quid habet causæ *iste vester*[2], ut rebus apud vos compositis ac pacatis certamen moveat? *Litigat de frivolis nescio quibus ac nihili ceremoniis.* Hoc tametsi jam est iniquum et alienum a Christiano spiritu, tamen utcunque esset tolerabile, verùm ulteriùs progreditur. Nam *adigere vos conatur ad res prorsùs vitiosas.* Hîc vobis fortiter resistendum est. Obtendat quantùm volet magnorum virorum nomina. Scitote eum fucum facere. Nam ea prudentia et gravitate præditus est *Lutherus,* eo ingenii acumine, eo judicio eaque moderatione præditum novi *Snephfium*[3], ut non dubitem manum vobis libenter porrecturos, ubi rem bene ac penitùs cognitam habuerint : primùm tamen de rebus ipsis iterum dicam quod videbitur. Nam semel jam vobis mentem meam exposui[4].

Infantes à mulieribus baptizari, ex pessimo errore natum est, quòd de eorum salute actum putabant, si defuisset baptismus. Itaque in scholis definierunt, de necessitate salutis esse hoc sacramentum. Atqui nos eorum salutem scimus consistere in fœdere Domini, quo recipiuntur et cooptantur in societatem populi ejus. Hoc quidem fœdus obsignari baptismo fatemur, sed ita ut per se satis firmitudinis habeat, etiam si non accedat signum. Gravem ergo injuriam faciunt promissioni Dei, qui infantibus non tinctis claudunt ejus regnum, quos ipse suos esse pronuntiavit, antequam nascerentur. Et certè qui hac superstitione tenentur, magicam incantationem faciunt ex baptismo. Verùm Christus, inquiunt, renascentiam ex spiritu et aqua postulat. Ex simili ignorantia emersit hæc interpretatio. Quidam ex veteribus nomine aquæ mortificationem intelligunt. Alii volunt esse metaphoram. Ego simpliciter aquam et spiritum pro eodem accipio hoc sensu, renasci nos oportere ex spiritu, qui aquæ officio fungitur in nobis abluendis, sicut alibi ex spiritu

---

[2] Le théologien *Jean Engelmann.*

[3] Voyez, sur *Erhard Schnepf,* les tomes IV, p. 113, note 4; VIII, 408, 463, et la lettre que lui adressa Calvin le 10 octobre 1544.

[4] Allusion à la lettre qu'il leur avait écrite le 7 octobre 1543, p. 63-66.

sancto et igni. Cæterùm ut demus fieri eo loco baptismi mentionem, an ideo tamen salutem alligabunt aquæ? Cum satis constet, nondum ita usitatum tunc fuisse baptismum, quin multi, aut sancti, aut sanctorum filii, absque eo migrarent. Et qui fuerunt ex Papistis deterrimi, hanc necessitatem Martyribus remiserunt : cum Baptismum sanguinis, aquæ vice substituerunt. Hæc porrò sana est doctrina : gratuita Dei acceptione in fœdus salutis receptos esse fidelium liberos : idque Deum nobis testatum fecisse hac promissione : Ego sum Deus seminis tui. In hac ergo promissione acquiescendum nobis est. Hujus quidem promissionis sigillum est Baptismus : sed ita ut illa per se sufficiat, si contigerit huic accessioni non dari tempus et locum. Sed hoc quoque simul observandum est, mandatum esse baptismum Ecclesiæ : ejusque administrationem alligatam esse verbi ministerio : ita ut separet quæ Deus conjunxit, qui eam ad mulieres transfert. Quibus enim, obsecro, dictum est : Ite, baptizate, nisi his quibus data jam erat docendi potestas, et munus commissum ? Nam quod, ut audio, conantur illa discerpere, nimis est puerile et ridiculum. Sic itaque constituo, *Baptismum obstetricum, impiam esse veri ac legitimi Baptismi profanationem.* Quòd si veteris Ecclesiæ authoritas quæritur, fateor equidem, de Baptismo à viris privatis administrato Augustinum hæsitare (Libro 2. contra epistol. Parmeniani, cap. 13). Invaluerat enim jam consuetudo, qua pius vir, non secùs ac bonus interdum nauta tempestate abripiebatur à recto cursu. Neque tamen audet negare, quin peccatum sit, utcunque extenuet. Cæterùm de mulieribus, absque ulla exceptione constitutum fuit in Concilio Carthaginensi (Canone 100. concilii Carthag. 4.), ne omnino baptizare præsumant. Hoc decretum in Rhapsodiis Gratiani corruptum legitur, supposititia exceptione, sed inspicite volumen. Illic ad verbum habetur sicuti refero. Quanquam mihi plus satis est sacrosancta Dei veritas : etiam si mors ob eam causam esset oppetenda. Consilium quod ipse caperem, non possum aliis non dare. Videte ergo, fratres, ne inter manus vestras polluantur sacra Dei mysteria, quæ apud vos certa lege deposuit, ut reddenda sit vobis ratio, nisi sanguine potiùs vestro vindicetis purum eorum usum, quàm adulterari ullo modo patiamini.

Non carebit hæc constantia periculo, sed *insignem illam Cy-*

priani sententiam bene ac penitùs animis vestris insculptam esse convenit, « *servos Domini, fideliter ejus mandatis obedientes, vinci non posse : utcunque mori possint.* » Veniat etiam in memoriam altera memorabilis vox ejusdem sancti viri, quam Augustinus refert : « *in re tam sancta, nullum esse deliberationi locum.* » Quæ eò plus ponderis meretur, quòd ipse eam in re præsenti edidit, cum jam ejus cervicibus carnificis manus instaret. Quantùm ad vos, nondum eò usque ventum est : quò diligentiùs est providendum, ne ocii tantùm vestri causa, veritatem Dei prodendo, vestrum ministerium Satanæ ludibrio prostituatis.

Quæretis, quidnam ergo vobis sit agendum ? Hæc mihi optima ratio videtur, ut *Principi* excusetis, ne vestras conscientias ultrà urgeat quàm ferre possint, ac rationes quidem proferatis quæ vos retineant : ad extremum si ille nihil mitescat, confugiatis ad illam Petri vocem, « *obediendum magis esse Deo quàm hominibus.* » *De pulsu campanarum et diebus festis ita sentimus, ferendas potiùs esse vobis has ineptias, quàm stationem in qua estis a Domino collocati deserendam :* modò ne approbetis : modò etiam liberum vobis sit reprehendere quæ inde sequentur superstitiones : atque in eam rem diligenter incumbatis. Sunt autem tria potissimùm capita.

Quòd dies à die discernitur.

Quòd cultus Dei constituitur in feriis.

Quòd non in Dei tantùm honorem, quod ipsum jam foret Judaicum, sed hominum quoque dies observantur.

Quòd vos convenire prohibet Princeps, nullo modo est tolerabile. Quamobrem cessandum vobis non erit, donec tam iniquum interdictum abrogaverit. Quid enim, non dico tandem, sed brevi futurum est Ecclesiæ, si nulla sit communicatio inter ministros, nulla consiliorum societas, nullæ communes deliberationes ? Pereamus verò centies potiùs, quàm in talem Ecclesiæ dissipationem consentiamus.

Tantùm constantia et fortitudine opus est, qua si Dominus vos instruxerit, quicunque erit eventus, bene habebit res. Ac ne modum non adhibere vobis videar, à longiori exhortatione supersedeo. Quòd nisi ita persuasus essem, vos ad omnia subeunda paratos fore potiùs, quàm minimùm digitum à via deflexuros, diligentiùs ad vos confirmandos adniterer. At ne in re supervacua laborem, tantùm Dominum precabor, ut vos spiritu fortitudinis ac fiduciæ stabiliat, eoque vos invictos reddat adversùs omnes Satanæ machinationes. Hoc faciunt mecum uno consensu omnes *mei Collegæ,* de quorum sententia hæc scripsi. Valete, fratres dilectissimi, ac pergite sicut cœpistis, ne si rimam patefeceritis hosti, tanquam in urbe capta insultet. Genevæ VIII. Idus Maii M. D. XLIIII.

1353

JEAN CALVIN à Pierre Viret, à Lausanne.

De Genève, 10 mai (1544).

Autogr. Bibl. Publ. de Genève. Vol. n° 107 a. Cal. Opp. XX, 514.

Cum præter spem acciderit quod maximè optabam, magis festinandum tibi sentio, quàm statueras. Nam *nos colloqui inter nos necesse est, antequam huc totus concedas*[1]. Fac ergo ut te quàm primùm hic habeamus, quò possimus inter nos de omnibus consilium capere. Scies, cum veneris, non abs re me institisse, ne adventum tuum longiùs differres. Provideo quid futurum sit. Reclamabunt fratres[2] : quibus invitis quidquam tentare nec deceret, nec velles, nec boni esset exempli, nec denique fas esset. Verùm hæc una est causa cur te accurrere cupiam. Quanquam sunt etiam aliæ complures, quas intelliges ubi veneris.

Pium hunc fratrem hortatus sum ut Bernam rediret[3]. Neque enim alia ratio se nunc offerebat. *Spero non difficile impetratu illi fore,* quod vel nihili hominibus vel nullius testimonii dari solet, *ut istic publicis impensis aliquantisper alatur. Scripsi de ea re ad Sulzerum*[4]. Tu illum etiam consilio tuo reges, quantùm

---

[1] Voyez le N° 1336, au commencement du 3me alinéa, et le N° 1345, note 1.

[2] Les pasteurs de la Classe de Vevey.

[3] Allusion au Dr *Claude des Champs.*

[4] Voyez la lettre de *Sultzer* du 19 mai, qui nous apprend que le Dr *Claude des Champs* obtint ce qu'il demandait à MM. de Berne.

ejus rationes postulabunt. Vale, frater integerrime. Saluta omnes amicos. 10. Maii. (1544⁵.)

JOANNES CALVINUS tuus.

(*Inscriptio :*) Fideli Christi servo Petro Vireto, Lausannensis ecclesiæ pastori, fratri mihi chariss.

1354

PIERRE TOUSSAIN à Matthias Erb[1], à Riquewir.

De Montbéliard, 11 mai 1544.

Inédite. Autogr. Arch. de l'église de Bâle.

S. Vehementer mihi probaretur consilium vestrum, optime simul et amicissime frater, si vel hîc vel in Ducatu[2] essent qui nos audire dignarentur, nec quicquam antehac omisimus quod ad *Principem* et suos ab instituto alienandos facere judicaremus. Cæterùm quoniam et nos illic multis gravarunt calumniis adversarii, et *Schnepfium* habemus parùm propicium[3], et Consiliarii placere student *Duci juniori*[4], et nostri hîc precibus nostris, libellis supplicibus et rationibus omnibus spretis, nulla hujus Ecclesiæ habita ratione, pergunt efficere quod semel statuerunt, — nescio quid nunc aliud facere possemus, quàm ut vel adversùs illos pulverem de pedibus nostris excutiamus, vel eorum impiis conatibus ad mortem usque nos opponamus et resistamus.

Et certè *nos quoque non minùs quàm vos Tragœdiam hanc sopitam esse existimabamus : præsertim quum Dux ipse senior*

---

[5] Le millésime est déterminé par les notes 1 et 4.
[1] Voyez sur *Matthias Erb,* le t. VIII, p. 190, 191.
[2] Le duché de Wurtemberg.
[3] *Erhard Schnepf* ayant traduit en latin la liturgie wurtembergeoise, qu'on voulait imposer aux habitants du Montbéliard (VIII, 408), il tenait à ce qu'elle fût acceptée par eux, et, comme pasteur luthérien, il ne pouvait pas être favorable à la doctrine zwinglienne de la sainte Cène.
[4] Le duc *Christophe.* Voyez, sur les convictions religieuses de ce prince, le t. III, p. 149 de l'ouvrage de Heyd et Pfaff intitulé : Ulrich, Herzog zu Württemberg.

*nostras de festis hîc non restituendis rationes approbasset*⁵, *et junior nostra super ea re scripta benignissimè legisset. Sed non conquieverunt adversarii, præcipuè autem Aulicus concionator*⁶, donec in Ducatu malis artibus, *Schnepfio* adjuvante, nova mandata ad omnia quæ volebant hîc agenda obtinuerint, Principesque à nobis alienarint. Et quum huc ante *Ducem* rediisset concionator (quem ego antea tam sæpe ac diligenter per viscera misericordiæ Jesu Christi oraveram, ut commendatam haberet hanc Ecclesiam), accessi hominem salutandi gratia, et appellandi de rebus nostris, sed me cælavit omnia : qui tamen priùs, ante abitum suum in Ducatum, continere se non potuerat, quin nobis etiam omnibus præsentibus jactaret fore, ut nobis invitis reciperemus quæ ipse tum de festis et campanis nobis proponebat.

Itaque, *Principe reverso, jubet ille convocari fratres verbi ministros, nec indicat causam : adveniunt vigesima quinta Aprilis*⁷. Expectamus unà in templo ab hora duodecima ad secundam usque. *Tandem venit ille, et fronte totoque corporis habitu simulans omnia læta, jubet nos illic expectare Consiliarios :* nam volebant adversarii omnes adesse sacrificum quendam et alios magis adhuc impios, quò nos apud illos lectione mandatorum illorum magis confunderent, præsertim quum his, nobis tanquam patriæ proditoribus interdicitur, ne posthac ullum habeamus conventum⁸. Cum igitur convenissent illi, diuque in arce inter se consultassent, *eos adducit ad nos concionator. Leguntur et præcipiuntur nobis magna severitate mandata illa, De Baptismo Obstetricum, De Cœna Domini ad præscriptum et doctrinam Schnepfii administranda*⁹, *De festis restituendis, de campanis pulsandis,* etc.

⁵ Le duc *Ulric* témoignait beaucoup de bienveillance à ses sujets du Montbéliard (Cf. Duvernoy. Éphémérides, p. 244), et il appréciait l'activité que *Toussain* avait déployée en leur prêchant la Réforme. Mais les théologiens de Stuttgart réussirent, en 1543, à changer les sentiments de leur prince envers Toussain et ses collègues.

⁶ *Jean Engelmann,* aumônier du duc Christophe, à Montbéliard. Cf. Heyd, III, 150, 151.

⁷ Le 25 avril 1544 fut un vendredi.

⁸ *Viret, Farel* et *Calvin,* écrivant à la Classe de Montbéliard, protestent vivement contre cette interdiction (N°⁸ 1348, 1349, 1352).

⁹ Quelle que fût la doctrine de *Schnepf,* il nous semble que les para-

Quibus auditis oramus ut liceat nobis paulisper secedere, ne quid temerè in re tanta respondeamus. Quo magna difficultate impetrato, quum dicerent ea nobis non lecta ut super his consultaremus, sed solùm ut audiremus et acquiesceremus, rogamus ut ad spacium saltem quindecim aut viginti dierum ea mandata differantur. Pernegant illi, præcipuè autem *Aulicus concionator,* tum primùm palàm se adversarium declarans, precesque nostras rejiciens. Instamus rem differri et nobis tempus dari, illos per Dominum orantes et salutem eorum, ne quid præcipitanter agerent. Nihil efficimus. *Clamat concionator satis esse exspectatum.* Petimus Supplicationem nostram referri ad Principem : vix obtinemus. *Tandem significatur nobis per eosdem, Principem denegare nobis ullam dilationem : velle se rata et firma esse omnia quæ nobis lecta essent.* Excusamus nos non posse per conscientiam ea recipere, nisi priùs consultis fratribus aliarum Ecclesiarum, quorum judicio causam hanc et nostra omnia semper submisimus et submitteremus, rogamusque ut et hoc quoque *Principi* referatur. *Et mox sequenti die ablegamus Erasmum nostrum* [10].

Sed adeò non valuerunt apud illos ullæ præces, ut eo ipso die quo Erasmus abiit (qui erat dies Sabbati [11]), *populo non admonito, nihilque tale expectante, jusserit concionator pulsari vesperas,* et sub noctem ea hora qua olim pulsabatur *Ave Maria,* et sequenti die Dominica mane, ut totum hoc oppidum fuerit vehementer commotum, — alio clamante quidnam hoc rei esset, alio respondente pulsari *Ave Maria,* alio gratias agente Deo quòd *vetus religio* restitueretur, alio in contemptum aliorum genibus flexis in media platea Virginem orante, etc., *ut necesse habuerim, ad pacandas conscientias, aliquid ea de re pro concione dicere, et declarare nos hujus subitaneæ innovationis authores non esse,* deflens nostram cœcitatem ac miseriam, qui *Evangelio hîc ab*

graphes de la liturgie prémentionnée (n. 3) relatifs à la sainte Cène, n'étaient pas de nature à scandaliser les disciples de Calvin et de Bucer.

[10] Ce n'était pas *Érasme Fabricius*, ex-intendant des églises dans les seigneuries que le comte Georges de Wurtemberg possédait en Alsace, mais *Érasme Cornier*, régent à l'École de Montbéliard (VII, 343).

[11] Le samedi 26 avril (Cf. les n. 7 et 17). Il est improbable qu'on ait attendu jusqu'au samedi 3 mai pour envoyer *Cornier* « consulter les frères des autres églises. »

annis viginti predicato[12]*,* hoc postremo et periculosissimo tempore, relictis rebus seriis ad salutemque nobis necessariis, occuparemur nunc in campanis pulsandis.

Quod quanquam dixissem sine ulla adversùs quenquam contumelia, vocatus sum tamen ob id primùm ad *Cancellarium*[13]*,* deindé ad *Principem* ipsum et multis gravissimis sed falsissimis calumniis gravatus, fratribusque omnibus et novem (quos vocant) civibus et octodecim presentibus[14], accusatus, ita volente Domino, ut per eos ipsos cives, apud quos me confusum vel perditum potiùs volebant adversarii, *Princeps* intelligeret me à malevolis falsò et iniquè delatum esse, quum illis omnibus præsentibus peterem extremo me plecti supplicio, si quæ calumniatores de seditione excitata, de maledictis adversùs Principes, etc. [detulerant] falsissima non essent. Et vix, scio, mi frater, temperasses tibi à lachrymis, si vidisses qua arte *libellum famosum* conscripsissent adversùs me. Sed laudetur Dominus Deus. Ad hæc, quoniam dixeram in concione, populo subita illa mutatione perturbato, nos nec festorum restitutionem, nec pulsus illos ad festa commendanda approbare, jussit tum *Princeps* civibus presentibus ut illa, universamque *ordinationem ecclesiasticam Wirtembergensem* et quæ nobis præterea mandata et lecta erant, reciperemus et servaremus. Cumque diu quanta potuissemus humilitate excusassemus, multisque supplicassemus ne nos ullo contemptu aut pertinacia hærere putaret in nostra sententia, sed solùm ut nostro muneri et conscientiis satisfaceremus, causamque nostram *Ecclesiis Germaniæ,* vel congregatis *Spiræ*[15]*,* cognoscendam permisissemus, — iterum serió jussi omnia illa quæ dixi recipere et servare, dimissi sumus.

[12] C'est en 1524 que *Guillaume Farel* alla prêcher la Réforme à Montbéliard (Cf. le t. I, p. 246, 248, 250, 253).

[13] Ce n'était plus *Sigismond Stier.* Il avait suivi le comte Georges à Riquewir. Selon Heyd et Pfaff (III, 153, n. 394), le chancelier de Montbéliard, en 1545, s'appelait *Lucas.* Son nom de famille, si nous ne sommes dans l'erreur, était *Schroteisen.*

[14] Les neuf bourgeois, les dix-huit et les notables composaient les trois corps du magistrat, à Montbéliard (Cf. Duvernoy, o. c., p. 104, 485).

[15] Les députés envoyés par les États protestants aux diètes impériales se réunissaient, en dehors des séances officielles, pour traiter de leurs intérêts communs.

Et pergunt interea facere quod volunt, Ecclesiamque bene institutam et pacatam turbare et perdere : ut periculum sit ne hac via brevi majorem htc videant desolationem quàm à renato Christi evangelio in ulla ecclesia unquam visa sit. Id quod sanè palàm quærit aulicus concionator et consiliarii omnes, paucis Nicodemis exceptis vel Pilatis potiùs, qui reluctante conscientia, utque Principi placeant, malorum consilio et sententiæ acquiescunt. *Et si Stugardiam iremus, non dissimiles fortasse inveniremus*[16]. *Nam quòd lucem fugiamus dicere non possunt, quum causam hanc universamque doctrinam nostram et nostra omnia judicio Ecclesiarum Germaniæ quæ verbum Dei receperunt, semper permiserimus.* Sed jam te plus satis obtudi, et premor nunc sollicitudine et afflictione multa, nec possum hæc molesta nimis, relegere. Tu boni consules omnia. Omnes vos in Domino salutamus, et nos sanctis precibus vestris quibus possumus modis semper commendamus. Vale in Domino Jesu. Mombelgardi 11 Maii 1544.

Tuus ex animo P. TOSSANUS.

Cum hanc epistolam ad te scripsissem, existimans fore ut Principis architectus citiùs ad vos rediret, advenit *Erasmus*[17], per quem tuas literas accepi, quæ mihi fuerunt gratissimæ. Ego jam *Duci Christophoro* et suis satis declaravi, me libenter facturum quicquid per Dominum et conscientiam possem : contra verò conscientiam aut ædificationem hujus Ecclesiæ, nihil unquam vel facturum vel approbaturum. Et ita causam Domino Deo committemus, in quo iterum optimè valeas.

(Inscriptio :) Doctissimo viro D. Matthiæ Erbio, Ecclesiastæ Richenvillensi, fratri suo et amico integerrimo, Richenvillæ.

---

[16] Toussain aurait pu omettre le mot *fortasse*. Le duc *Ulric* écrivait, en effet, à son fils, le 23 mai 1544 : « Si *les prédicants* s'oublient dans leurs discours, il faut user de rigueur envers eux, les punir et ne pas du tout les ménager. » (Trad. de la citation allemande de Heyd, III, 151.)

[17] *Érasme Cornier* (n. 10, 11). Les lettres envoyées à Montbéliard, le 3 mai, de *Lausanne*, de *Neuchâtel*, le 6, de *Genève*, le 8 du même mois, nous révèlent qu'il avait consulté les pasteurs de ces trois villes.

1355

JEAN FATHON[1] à Christophe Fabri, à Thonon.
De Colombier, 16 mai 1544.
Inédite. Autographe. Bibliothèque des pasteurs de Neuchâtel.

La grâce, paix et miséricorde de Dieu, nostre souverain père céleste, par Jésuchrist son très aymé filz, nostre seule justice et gloire, par la communication du S. Esperit, vous soit augmentée!

Par voz dernières lettres, très chier frère, de mieulx en mieulx j'ay entendu la droicte et veritable communaulté chrestienne entre vous et moy, par laquelle le Seigneur déclare son amour paternelle, tant par les communes aflictions qui[l] nous envoye que les consolations, lesquelles excèdent trop plus, et combien que nostre chair souvent (à la manière des petitz enfans) ne prend grand plaisir à la discipline, combien qu'elle soit très proffitable.

Je ne doubte pas qui[l] ne vous soit mal, après la tentation du filz unique Daniel[2], de n'avoir eu le moyen de conférer avec vostre mère de la parolle du Seigneur avant sa mort[3], selon vostre bon desir, et que n'eussiés estimez une grande récompense de l'afliction de vostre filz, si vous fût esté donné luy[4] communiquer le trésor de son salut, Jésuchrist (combien que le Seigneur a tousjours congneu les siens), lequel faict toutes choses en telle consommée et parfaicte équité, que créature ne doibt desirer ny

---

[1] Les lettres de *Jean Fathon*, pasteur à Colombier, sont toutes écrites en français. Voyez, entre autres, celles du 28 novembre 1542 et du 26 janvier 1543 (VIII, 197, 250).

[2] Une parole de *Christophe Fabri* (lettre du 22 février, p. 171, renv. de n. 19) donne lieu de croire qu'il venait de perdre l'un de ses enfants. « La tentation du filz unique, *Daniel,* » signifie : la tentation causée par sa mort.

[3] Nous supposons que *la mère de Fabri* était morte à *Vienne* en Dauphiné, ville natale de son fils.

[4] Il veut dire que si Fabri avait pu s'entretenir avec sa mère et lui donner l'assurance du salut par Jésus-Christ, c'eût été pour lui une compensation de la mort de *Daniel*.

vouloir aultrement, mais soy humiliant le bénoir et en tout le louer. Sil leust dès le commencement nourryr⁵ en ce monde ses enfans en délices et grandz repos, sans les exerciter par diverses tribulations pour l'approbation⁶ de leur foy et pour déclairer sa bonté et puissance envers eulx en les délivrant, et que nostre chefz et souverain maistre, Jésus, ne nous fût baillé non-seulement pour sauveur, mais aussi pour ung exemplaire et mireour [l. miroir] de patience, — aussi qui[l] fault par beaucopz de tribulation entrer en la vie veritable, — nous aurions matière d'espoventement et de grande désolation. Mais, comme dict le S. Apostre: « Jà soy⁷ que nostre homme de dehors se corrumpe, toustesfoys celuy de par dedans est renouvellé de jour en jour: car nostre tribulation, qui est de peu de durée est [l. et] légière à merveille, merveilleusement faict en nous ung poidz éternel de gloire, quand nous ne considérons point les choses visibles, mais les invisibles. » Item, s'il est question de s'esjouyr et glorifier, c'est aux infirmitez. Par quoy, le tout considéré, n'y a mellieur qu'en droicte confiance prier le Seigneur nous tirer et unir à luy par la foy qui tousjours besongne par charité, ne permectant que d'aulcune adversité soyons contristez selon le monde, veu que celle tristesse n'engendre que mort, mais celle qui est selon Dieu engendre repentence à salut.

Si je ne vouloys éviter vous fascher par trop grande prolixité, à ma bonne coustume, je entreroyes hardiement à vous faire *mes complaintes des grandes infirmitez et paovretez qui sont en moy,* pour lesquelles le Seigneur me admoneste comme il luy platt. J'ay bien déservir⁸ trop plus grande correction de mon Dieu, s'il vouloit entrer en jugement avec son serviteur. Mais ayant tant expérimenté sa prumptitude et libéralité à faire miséricorde à ses enfans, du nombre desquelz par sa seule grâce luy a pleu me recepvre au moyen de Jésuchrist, mon Sauveur, pour chose qui m'advienne je ne doibt perdre couraige: et jus-

---

⁵ L'orthographe imparfaite de l'écrivain confond souvent les participes avec les infinitifs.

⁶ Lisez: la probation, c.-à-d., l'épreuve de leur foi.

⁷ *Jà soit* (jam sit) est l'équivalent de *quoique.*

⁸ C'est-à-dire, j'ai bien *mérité.* Tel est maintes fois le sens de *desservir,* dans la langue du 16ᵐᵉ siècle.

ques là, de sa grâce, m'a tousché que je n'en ay le vouloir. Reste que je luy supplie de jour en jour vouloir augmenter ce qu'il luy a pleu commencer en moy, en me fortifiant par vive foy, pour résister puissemment au[x] cautelles de ce grand adversaire qu'en [l. qui en] tant de manières se transfigure, pour servir pleinement à la gloire du Seigneur des Seigneurs. Quand à vostre coustel, je suy assez asseurer que n'avez aultre desir, comme ad ce de longue main estes par la grâce du Seigneur exercité. Très chier frère, ce n'estoit nullement mon intention vous fascher par si long et imbécille préambule, quand j'ay commencé ma lettre. Prenez le tout à la bonne coustume.

Je vous remercie grandement que m'avez faict participant de la consolation que le Seigneur vous avoit baillé pour, avec ses armures, avoir champ de bataille avec ung tel audacieux caphars, audacieux, dis-je, jusques à la retirée⁹, ennemy de verité, lequel monstre bien ses murailles estre sans plastre¹⁰, ne pouvans soubstenir les grands canons de la verité du très hault et très puissant roy spirituel, Jésuchrist. Lequel, selon sa promesse, baillera bouche et sagesse aux siens pour résister à tous ses adversaires : et desmoliront et dissiperont tout conseil et haultesse qui s'eslèveront contre la congnoissance de Dieu, et par l'armure de sa parolle réduyront en captivité toute intelligence à l'obeyssance de Christ : ayans la vengeance appareillée contre toute désobeyssance. Je vous renvoye *les lettres du dit caphars*¹¹, non à perdre à cause de leur valeur, et les vous eusse de long temps renvoyée[s], si messagier propre se fût offert, avecques ce que [je] différoyes vous escripre que n'eusse mellieur occasion, sans mes fréquentes maladies et aultres affaires innumérables qui journellement me tourmentent : desquelz le Seigneur me veuille délivrer.

J'avoys dernièrement donné charge à ung frère, passant par vous pour aller à son pays, suba[l]terne de *Corderius*¹², de vous

⁹ Jusqu'au moment où il bat la retraite.

¹⁰ C'est peut-être une allusion à *Louis du Plastre,* ex-prieur des Bénédictins de St-Hippolyte, à *Thonon* (IV, 84, 210).

¹¹ Ces lettres n'ont pas été conservées. Le personnage qui est ici visé avait, sans doute, provoqué *Fabri* à une dispute de religion, et lâché pied au dernier moment.

¹² C'est-à-dire, bachelier de *Mathurin Cordier,* à l'École de Neuchâtel.

saluer et vous sinifier *le trespas de la Claude, vostre belle-seur*[13], ce que ne me fut possible le vous escripre, pour faulte de temps. Je ne sçays s'il aura faict son debvoir. Or ainsi il a pleu au Seigneur fère paix à sa servante, le propre seoir que *Caspar*[14] arrivast icy venant de vous. Et ainsi que délibéroye le matin, après qu'auroys presché [à] *Auvernier*[15], luy pourter vostre présent et la consoler par voz lettres, Maistre *Thomas*[16], ce matin, passant par ma maison, prévient à porter vostre dict présent ; mais ce fut tropt tard, quand à elle, estant desjà expirée. Ce néaulmoings vostre charité et bonne souvenance envers elle ne fut de petit édifice[17], voire à esmovoir voz parentz à plus grandes larmes, de la joye de vostre cueur cordial. Dont, chier frère, je rend grâce au Seigneur que, sans aulcune suspicion, tant de vostre coustel que d'aultres, le Seigneur dispose du tout comme il luy plaît par sa divine providence, et suis joyeux que la dicte *Claude* a passé sans vous avoir donné grand peine pour la médicine[18]. De la cause, vous l'entendez.

Incontinant qu'elle fut morte, *André* n'a cessé de solicite[r] *le père*[19] pour avoir asseurance de ce qui[l] debvoit avoir au bien, et combien qu'on voulsist différer jusques puissiez venir par deça. Mais il n'a voulluz attendre, mais vouloit procéder par justice. Pour à quoy obvier et éviter les grandes fascheries et missions des plays,[20] le paovre père et mère se sont condescenduz en appointement avec luy sans plédoyer, et par l'advis de nostre frère Maistre *Thomas* et *Pierre Pectavel,* lesquelz ilz [l. y] ont prins beaucop de peine : à quoy aussi le dict *André* c'est ac-

[13] Sœur de la femme de Fabri. Nous ignorons son nom de famille. « La *Claude* » avait épousé cet *André* qui figure aux pp. 201, 255 du t. VIII.

[14] Ce personnage ne semble pas être *Gaspard Carmel*, pasteur à Motiers-Travers (VIII, 201), mais bien le relieur mentionné plus bas (renv. de n. 31). Il était probablement arrivé de *Thonon* le samedi 10 mai.

[15] *Auvernier*, village situé entre Neuchâtel et Colombier.

[16] *Thomas Barbarin,* pasteur à Boudri.

[17] *Édifice* signifie ici *édification* (Cf. le t. VIII, p. 252, lig. 2).

[18] *Christophe Fabri* avait étudié la médecine à Monpellier, et il la pratiquait parfois dans le Chablais (V, 284, 308).

[19] Fathon avait d'abord écrit : « *André* n'a cessé de *mollesté* le père. » Ce gendre, si intéressé, vivait à *Bôle* chez les parents de sa femme (VIII, 201, 254, 255).

[20] Les *frais* des audiences devant les tribunaux.

cordé. Voyci l'appointement, après les querelles[21] du dict *André*, entre lesquelles en demandoit une, assavoir la moitié de tout le bien, sus lequel vouloit monstrer que le père l'avoit marié, comme appertenant à *la Claude, sa feue femme*[22] : et puis demandoit la moitié du bien du père, qu'estoit les troys quars de tout le bien, — qu'estoit chose bien fascheuse, — allég[u]ant les accroissances[23], ses peines, son mariage[24] et plusieurs aultres choses. Dont avoir peser et considéré le tout, on les a induys d'avoir bonne paix et demeurer ensemble, regardant à la débilité du père et à la dextérité et déligence d'*André* à travailler et à fère valoir le bien, et que, du bon vouloir du père, il se puisse remarier en la maison, et mectre le **mariage de la femme** qui[l] prendra au prouffit de tout le bien, ce pendant qu'ilz seront ensemble. Cas advenant qui[ls] ne se puissent convenir, partiront par mi et par mi[25] : réservé que, de la maison aura le père et sa femme toute la demeurence leur vie durant, et, après leurs trespas, si les demeurences[26] vaillent mieulx que la reste de la maison, reviendra tousjours toute la dite maison en partaige par moitié[27] : jouyra aussi le père la moitié du mariage du dit *André*. Et aussi est réservé le mariage entièrement de *la mère*, sans ce que *André* en doibge jouyr. Et par ainsi *vostre beau-père* et *mère* se sont très bien contentez, et sont de présent en bonne disposition et paix par ensemble, m'ayant donné charge vous advertir des affaires et vous saluer en leurs noms, et de vous prier prendre tout en bonne part de ce qu'ilz n'ont différez à vostre venue : car sen [l. c'en] estoit leur bon vouloir. Et de mon coustel en suis estez marrys, que à tout le moings ilz ne m'avoient sinifier le jour de leur accord : car à

---

[11] Demandes ou prétentions.

[22] *André* prétendait que le père de « la *Claude* » avait donné pour dot à celle-ci la moitié de son bien.

[23] C'est-à-dire, *les plus-values*.

[24] Le mot *mariage* a quelquefois le sens de *dot*. Il désigne peut-être ici le bien qu'André aurait apporté dans la famille de sa femme.

[25] Ils partageront par moitiés égales.

[26] Les parties logeables de la maison.

[27] La moitié de la maison devant appartenir à *André*, et l'autre moitié, à la sœur de la défunte.

raison de vous et de *la seur Hugonette*[28], je m'y fusse voluntier trouver. Mais quand je eust ouyr nostre frère Maistre *Thomas,* aussi *vostre beau-père,* je ne sceu que estre content de leur bon accord, auquel il plaise au Seigneur donner bonne yssue. Nous espérons que le tout se portera bien et à vostre proffit. Vostre dict beau-père et mère vous saluent grandement et aussi *la Gonette*[29], envers laquelle ilz déclairent avoir très bonne affection, et m'ont donné charge fère leurs excuses envers vous, s'ilz ne vont par delà, car débilité de leurs personne[s] ne pourroit pourter ung tel chemin.

Quandt à nous, nous en avons, Dieu grâce, nostre saoulz. Si ne faillons-nous pas en bon desir, mais nous espérions bien que feriés ung voyage par deça incontinant après Pasques. Le Seigneur vous doingt génération, laquelle serve à sa gloire et à son église longuement et à vostre consolation et la nostre. Il fauldra par quelque bonne occasion procurer ung affranchissement pour vostre beau-père[30], lequel, pour le respect de vous enfans, en est de grand desir. Maistre *Thomas* et moy avons bon vouloir nous y employer, mais que venyés nous trouver par deça.

De voz bestes, elle[s] se portent bien. L'une ne porte riens ceste année, et l'aultre n'a pas encoure faict son veau et ne le fera qu'à la S. Jehan. Et affin que la mère puisse avoir veaul pour l'an qui vient, ne fauldra, comme ilz m'ont dit, nourry[r] ce premier veaul. Toutteffoys vous en dirés vostre advis, et la seur *Goneste*. Le Seigneur a bien sceu disposer de vostre édifice, et quand nous n'y pensons nullement, c'est alors qu'il édifie pour nous-mesmes çà-bas en ceste terre, mais non point pour nous y endormir. J'ay solicité de long temps *Gaspare*[31] de retourner à vous, pour avoir plus tost moyen vous mander de tout

---

[28-29] *Hugonette* ou *Gonette,* femme de Fabri, était sœur de « la *Claude.* »

[30] Il paraît que le beau-père de Fabri était encore soumis à certaines prestations ou corvées, que les seigneurs féodaux ne pouvaient imposer aux hommes de condition libre. Voyez, sur les diverses classes d'habitants du pays, G.-A. Matile. Hist. des institutions judiciaires et législatives de la principauté de Neuchâtel, p. 13-15, 24, 25, 45. — Fréd. de Chambrier. Hist. de Neuchâtel et Valangin, p. 244-47, 313, 314.

[31] Nos recherches nous ont fait rencontrer un *Gaspard* ***, qui était libraire à Neuchâtel vers 1545. Dans ce temps-là, la profession de relieur et celle de libraire étaient fréquemment exercées par le même individu.

nostre portement, et me promect de jour en jour, s'il avoit abillé *vostre bible* (laquelle promect tant bien relier que ce sera belle pitié), de s'en aller à vous, par lequel, si n'avés moyen plus tost, vous plaira m'envoyer le prologue de vostre testament. Et quant et quant vous prie que rescripvez au sire *Varroz*[32] de *Genève*, vous er voyer de sa main le contenu que je luy demeuray debvent par son rolle, à cause de deux unces et d[emie] de rubarbe et d'agaric, que je prins de luy par vostre lettre de crédance, affin que je luy face tenir son argent, comme le temps et la raison le requiert. Maistre *Thomas* a desir de veoir comme le dit s^r *Varroz* a vandu l'unce de rubarbe et l'unce d'agaric.

Des nouvelles de par deçà, nous avons tant de maladies que c'est grand pitié. Le bon Dieu nous as[s]iste! chaul maulx, fiebvres quotidiennes, et tierce et quarte, et pestilenciales. Maistre *Guillaume*[33] a esté, ses jours passés, fort malade. Mais le Seigneur a eu pitié de son église, et l'a encoure réservé pour avoir encoure plus de peines. Et nostre bon frère *Michiel*[34] de *Sainct-Blaise*, venant, y eust Jeudi passez huit jours[35], en la congrégation, fut saisy par le chemin de la dicte maladie chaulde, quil est encoure fort malade en la maison de Maistre *Guillaume*, lequel, avec nous, recommandons à voz sainctes prières et de tous les frères de par delà. *Claude Farel rescripvit dernièrement, s'en partant de Paris pour aller droit à Grenoble*[36] : *lequel a obtenu lettres du Roy telles qu'il les a demandez, et doibt arriver*, comme je pense, *ceste sepmainne à Lion, espérant avec l'ayde de Dieu venir à quelque bon port de leur affaire*[37]. Leur ménaige se porte bien et vous saluent les femmes[38] tous. Maistre *Guillaume* a de long temps eu la main à la plusme pour vous escripre, lequel vous salue. Maistre *Thomas*, sa femme, la mienne, mille

---

[32] *Michel Varod*, peut-être (VIII, 236, 237). Ses fonctions de procureur de l'Hôpital ne pouvaient l'empêcher de tenir une pharmacie.

[33] *Guillaume Farel*. — [34] Le pasteur *Michel Mulot*.

[35] *Michel Mulot* se rendait à Neuchâtel pour la congrégation du jeudi 1er mai ou celle du 8.

[36] Pour solliciter, auprès du parlement de *Grenoble*, la restitution des biens de sa famille.

[37] Voyez le *post-scriptum* de la lettre de Guill. Farel du 27 mai.

[38] *Françoise de Beauvais* avait épousé *Gauchier Farel*, et *Louise*, sœur de Françoise, était la femme de *Claude Farel* (VIII, 37).

foys : laquelle c'est offerte à vostre beau-père vous aller veoir, s'il vouloit entreprendre le voyage, combien que si vous savyés où j'en suis, vous ne luy conseilleriez nullement de me laisser : combien que je n'espère pas qu'elle puisse impétrer de vostre dict beau-père : car beaucop de neccessité le pressent, singulièrement que *vostre belle-mère* est toute malade. Si nous avions quelque chose de nouveau par deçà et portatifz, nous nous vouldrions bien aquiter de quelque debvoir pour la gessine de nostre t^res chière seur *Hugonette*, à laquelle le Seigneur asiste et face qu'elle voye le fruict de son ventre, à l'avancement de sa Parolle et à sa consolation, la vostre et la nostre. La grâce et bénédiction de Dieu soit sur vous à tousjours ! Amen. De Columbier, ce XVI de May 1544.

Vostre chier et entier frère et amy
JEHAN FATHON.

Monsieur *Nycolas de Vatteville* et son frère *Renez*[39] sont arrivez icy ce seoir : Lequel seigneur *Nicolas* a amenez son filz à *Corderius*[40]. Avec lesquelz ay devisé longuement de beaucop d'affères, de quoy en espère quelque fruict. Entre aultres, *suis fort joyeulx qu'ilz ont très bonne opinion de nostre chier frère Maistre Guillaume et l'ont en grande révérance*[41], comme il fault avoir ung droit serviteur de Dieu, tel qu'il est, et ne ygnorent maintenant les mercenaires et ypochrites.

(*Suscription :*) A mon très chier frère et cordial amy Maistre Christofle Libertet, Ministre et annunciateur du S. Évangile, à Thonon.

[39] *Reinhard de Watteville*, frère cadet de *Nicolas* et de *Jean-Jacques*. Il possédait plusieurs seigneuries dans le canton de Berne, entre autres, celle de Wattewil, qu'il avait achetée en 1533. Il fut élu membre du Grand Conseil en 1526, avoyer de Thoune en 1530. Il mourut en 1549 (Voyez Leu. Helvetisches Lexicon).

[40] Ce fut à la recommandation de *Farel* que *Nicolas de Watteville* choisit *Cordier* pour être le précepteur de son fils *Petermann* (Cf. la p. 191). Celui-ci, né en 1535, devint membre des Deux Cents en 1555, puis du Petit Conseil (1563), bailli à Lausanne (1566), banneret (1577). Il était seigneur de Wyl, et il mourut le 20 mai 1581. Cf. Leu, o. c.

[41] Cette estime et ce respect étaient réciproques. Voyez la lettre de Farel du 28 mars à Nic. de Watteville.

1356

HENRI BULLINGER à Jean Calvin, à Genève.

De Zurich, 16 mai 1544.

Autographe. Arch. d'État de Zurich. Cal. Opp. XI, 708.

Gratiam et pacem a Domino! Accepi, Calvine doctissime idemque charissime frater, quem misisti libellum[1], sed propter urgentia negotia nondum licuit in ipso quicquam legere. Ago autem tuæ humanitati gratias immortales. *Tua mihi charissima sunt atque gratissima. Nam propter præclara Dei dona te ex animo colo, veneror, exosculor.* Dominus te ad gloriam nominis sui servet diu incolumem, quò plurimùm scribendo prosis Ecclesiæ. Vereor autem ne operam perdideris et impensam apud *Carlum*[2]. Avertit enim aures suas et a Domino ipso et ab æterna Dei veritate. Superstitio, mendacium, idololatria et impietas obsederunt cor obstinatum. Dominus misereatur hominis. Si quam ipsi Dominus victoriam concesserit, abutetur illa ad persecutionem nominis Dei. Ducibus belli utitur impiis, blasphemis et persecutoribus. Atque utinam rectiùs saperet *rex Galliarum Franciscus!* Utinam Christum persequeretur minùs in piis! Metuo enim ne et ipsius regnum et exercitus justo Dei juditio aliquando premantur. Sunt enim qui de illo referunt satis atrocia. Verùm orandum puto Dominum assiduè, ut in his bellorum gravissimis tumultibus ecclesiam suam servet.

Adolescentem quem mihi commendasti excepi. Scriba urbis nostræ primus[3], vir clarus, recepit illum. Precium in annum postulat coronatos 16. Interim verò et vestes et libri solvendi sunt. Ego fide jussi. Quo circa à te, mi charissime frater, postulo

---

[1] Le livre de Calvin adressé à Charles-Quint et aux princes assemblés à Spire (p. 86, n. 11).

[2] Cette forme du nom *Carolus* est bien rare.

[3] *Werner Bygel,* secrétaire du Conseil de Zurich.

ut mercator ille cujus tu mentionem facis in literis tuis[4], mihi scribat, nomen suum det, fidemque obstringat. Vestes, libros et victum ministrabunt ipsi scriba et cives boni. Ego fidem meam illis obstrinxi : effice ergo ne mihi fraudi sit. Ac boni consule, oro, quòd hæc postulo. Semel enim atque iterum damnum per imprudentiam sensi rerum mearum. Vale, dilecte et plurimùm mihi observande Calvine. Tiguri 16 Maii anno 1544. Salutant te fratres *Megander, Bibliander, Pellicanus, Gualtherus, Fabritius*[5].

H. BULLINGERUS tuus.

(*Inscriptio :*) Clarissimo viro D. Joanni Calvino, fideli apud Genevates Christi ministro, Domino et fratri colendo. Genff.

1357

SIMON SULTZER à Jean Calvin, à Genève.

De Berne, 19 mai 1544.

Copie. Bibl. Nationale. Collect. du Puy, t. 102. Cal. Opp. XI, 709.

S. De fide sinceritateque tua erga omnes fratres nihil diffido, ut quæ pridem tot argumentis apud bonos innotuit, ut non possit ulla delatione[1] sinistra convelli. Sanè verò ille *Claudius* quo de scribis[2] nihil est magnopere, cum esset legatos[3] subsecutus, apud me questus, adeòque etiam illustre testimonium doctrinæ pietatique tuæ dedit : id solum se requirere dicens, ut quendam fratrem commendatiorem habeas extrema necessitate laboran-

---

[4] Cette lettre de Calvin ne se retrouve pas.

[5] *Érasme Fabricius*, pasteur mentionné dans le t. VIII, p. 191.

[1] Dans l'édition de Brunswick, *declaratione*.

[2] Ce *Claudius* appartenait à une « Classe » bernoise voisine de Genève : ce qui permet de conjecturer que c'était *Claude Véron*, ex-pasteur de *Bossey* et *Troinex*, dans le territoire genevois, et qui désirait obtenir une cure dans le bailliage de Ternier.

[3] Le *Claude* prémentionné avait suivi à Berne les députés bernois qui revenaient de Genève, ou les députés genevois Coquet et Roset (p. 267, n. 24).

tem⁴ : eo enim officio totius suæ Classis fratres⁵ te demereri arctissimaque benevolentia tibi adjungere posse. Quod ut facias non est ut magnopere te adhorter, qui tua sponte et ad miserorum patrocinium et mutuam conjunctionem alendam et provehendam es incitatus. Hortatus sum *Claudium,* quemadmodum et cœteros, pro officio, uti te complectatur in Domino, observet et colat, detque operam cum reliquis, uti quemadmodum jam tandem inter duas has respublicas pax amicitiaque dono Dei coaluit, ita inter ecclesiarum ministros omnes verus in Domino consensus amorque fraternus obtineat : idque se facturum, ut et alii, sanctè recepit.

*Viretum tibi συνεργὸν concessum esse gaudeo vehementer*⁶, et quòd studiis tuis valetudinique impensè faveo, quibus conferre *Vireti* opera, ut scribis, potest plurimùm fidelis tibique grata, et quòd ipsum etiam *Viretum* disturbiis⁷ quibusdam quæ non sine dolore accepi, eximi ad tempus judicem expedire, donec pro cursu temporis, extinctis nonnihil improborum quorundam odiis furiisque⁸, meliore cum fruge queat præesse reversus, —

---

⁴ Il n'est pas possible de désigner avec certitude ce pasteur nécessiteux. Nos conjectures se portent sur les personnages suivants : *Jean Courtois* (Cortesius), qui était sans place, et *Claude Rey,* ministre impotent, qui se présenta, à Genève, le 30 octobre 1544, pour être pasteur à l'Hôpital, mais qui ne fut pas admis.

⁵ Les pasteurs de la Classe de Ternier ou de celle de Gex, dans le territoire bernois.

⁶ Berne avait décidé de prêter *Viret* à *Genève,* mais sous réserve du consentement de la Classe de Lausanne.

⁷ Mot de la basse latinité, qui signifie *troubles, — destourbiers* dans le français romand du 16ᵐᵉ siècle.

⁸ Allusion aux insolents procédés que *Viret* avait eu à subir, de la part des membres de *l'abbaye* lausannoise, avant qu'elle fût dissoute (pp. 137, 138, 197, 198). Tout de suite après le retour de leurs chefs à *Lausanne,* le service divin y fut troublé, le 13 avril, par un scandale. Berne ordonnait, en effet, le 3 mai, au bailli de cette ville de « rechercher les individus qui avaient brisé un banc [dans l'église] le jour de Pâques, et provoqué le tumulte. » Et, le 16 mai, MM. de Berne faisaient écrire aux magistrats lausannois : « Mes Seigneurs regrettent que vous ayez si légèrement puni ceux qui, le jour de Pâques, ont brisé le banc et sont sortis précipitamment de la prédication. Vous devez, pour de pareilles choses, punir ceux-là et d'autres plus sévèrement et mieux, afin que mes Seigneurs n'aient pas l'occasion de faire une enquête. » (Manuel du Conseil, trad. de l'all.)

quanquam per me quidem non stabit quo minùs diutissimè etiam apud te hæreat. Tuam ecclesiæque tuæ incolumitatem perinde ac nostram sertam tectamque cupio.

Domino Claudio de Campis impetravi sustentationem Lausannæ ad sex menses[9], *eamque ad rem plurimùm profuit commendatio tua ad Consulem a Wattenwil*[10]*:* pridem enim, hoc est, priusquam ad te proficisceretur, id frustra tentaveram, quòd quibusdam suspectus haberetur, quia ab *Argentorato* venerat commendatus[11]. Sic sunt quorundam hominum studia: quod te scire volui, ut deinceps si quos velis nobis commendatos, eos etiam tua auctoritate commendes, quòd pondus eam habituram esse norim.

De *Germaniæ* statu sic scribit ad me *Myconius:* Bellum contra *Gallum* procedit: nemo non currit[12]: hodie duo navigia, militibus plena, per *Rhenum* venerunt: venerunt etiam *Itali* his diebus. Interim tamen de pace Religionis ne verbum quidem audio[13]: nec audio quid *Gallus* contrà instituat. Hinc conjecturam faciunt quidam, belli primarios, postquam omnia sint probè parata, pacem facturos esse et totis viribus conversum iri contra nos. *In votis esse dicitur Cæsari monarchiam moliri in Europa,*

---

[9] A comparer avec les N°⁸ 1341, renvois de note 17, 18, 19; 1353, renvois de n. 3, 4.

[10] En terminant sa missive du 10 mai, *Calvin* mentionnait sa lettre à *Sultzer*, mais non celle qu'il voulait écrire à l'avoyer *J.-J. de Watteville*. Celui-ci présidait la séance du 17 mai, dont le procès-verbal contient ce paragraphe : « Entretenir *le Parisien* à Lausanne pendant six mois. »

[11] Les relations des Bernois avec *Strasbourg* s'étaient refroidies, depuis que le parti zwinglien avait repris le dessus dans l'Église bernoise (VIII, 95-102). Aussi, lorsque *Claude des Champs*, recommandé par les Strasbourgeois, s'était présenté pour la première fois devant le Conseil de Berne, présidé par l'avoyer *Nægueli*, la décision suivante avait-elle été prise : « Donner un *viaticum* de 4 livres [30 batz ou 2 florins] au *docteur de Paris*, pour voyager plus loin. » (Manuel du 26 avril. Trad. de l'all.)

[12] Dans la copie, *non evasit :* ce qui peut s'entendre de l'empressement de la jeunesse à s'enrôler, malgré les édits, dans les troupes du roi de France. *Myconius* et *Séb. Munster* faisaient la même remarque à la fin de mai 1542 (VIII, 39, 41).

[13] A la diète de *Spire*, l'Empereur avait dirigé de telle sorte les délibérations, qu'il n'y avait pas eu de place pour les questions religieuses. Et il en fut ainsi jusqu'à la clôture de l'assemblée.

id quod fieri nequit nisi domitis Helvetiis. Videant nostri quid agant. *Bucerus* nondum e *Spira* rediit[14]. Delectus fiunt *Tabernæ*[15], quamobrem *Alsatia* quidquid habet pecudum, vini, frumenti pecuniæque convehit *Argentinam :* nam à militibus nihil tutum est. Furta interim et latrocinia fiunt frequentia. Sed et *Argentinam* venturus dicitur [*Cæsar*], cujus utinam sit futurus adventus pacificus.

Tigurini expostulationibus *Myconium* vexant ob conciones duas de Eucharistia ab ipso habitas[16], perguntque suo more id doctrinæ genus odiosè traducere, bonorum studia suggillare : quibus præcor ex animo mentem meliorem magisque ad catholicam ecclesiarum consensionem inflammatam, planè hoc potissimùm tempore necessariam, nisi necessum[17] non est provehere et tueri Religionis professionem. Sed jam vale et me ama. Salvos jube meis *Beati*que verbis collegas tuos. Scripsi Bernæ 19ª Maii anno 1544.

T. SULTZERUS.

Italum hunc tibi unicè commendo, virum, ut adparet, optimum et testimonium[18] *Philippi* et *Buceri* ferentem[19].

---

[14] *Bucer* était déjà à *Spire* le 20 mars (p. 180, n. 11). Nous ignorons la date précise de son retour.

[15] *Saverne* (Zabern) en Alsace.

[16] Des marchands zuricois qui avaient entendu *Myconius* prêcher à *Bâle*, se plaignirent à *Zurich* de ce qu'il n'exposait plus la doctrine de la sainte Cène selon la formule zwinglienne. Cf. la biographie d'Oswald Myconius par M. Kirchhofer, p. 357 et suiv. — La lettre d'Osw. Myconius à Mélanchthon du 9 juin 1544, où il exprime sa foi et mentionne les objections de ses adversaires (Voyez Bindseil, o. c., p. 192, 193).

[17] Édition de Brunswick : nisi *necessarium* non est.

[18] Même édition : *testimonia*.

[19] Contrairement à son habitude, *Sultzer* ne donne à Calvin aucune nouvelle de l'Église de Berne. L'article suivant du Manuel du 24 avril comblera en partie cette lacune : « Les prédicants ont demandé que mes Seigneurs ne fassent pas de deux paroisses une seule*. De plus, qu'ils leur permettent d'assembler le Chapitre, et que, parmi eux trois, l'on en choisisse un qui ait le pouvoir d'adresser aux ministres des lettres de convocation.

« Arrêt du Conseil : Chaque fois que l'occasion se présente, mes Seigneurs veulent faire ce qui contribue à l'honneur de Dieu. Mais dans ce temps de

---

* Le Conseil avait peut-être manifesté l'intention de ne pas remplacer feu le pasteur *Pierre Kuntz*, et de réduire à trois le nombre des paroisses de la ville.

1358

VALÉRAND POULLAIN à Jean Calvin, à Genève.
De Strasbourg, 26 mai 1544.
Autographe. Bibl. de Gotha. Cal. Opp. XI, 711.

S. P. Magister ac pater in Christo colendissime. *Tua illa humanitas ac propè singularis erga me benevolentia,* quæ me antea tui amantissimum incredibiliter magis ac magis tibi devinxit, eadem *facit ut non parùm me pudeat quòd tam pio ac in me liberali tuo desiderio non liceat obtemperare*[1]. Ego enim id cupiebam ex animo, uti nuper tibi scripsi. Verùm cum de eo ad D. *Bucerum,* alterum meum parentem, retulissem, is statim me ad aliam subeundam provinciam traduxit, de qua antequam abiret *Spyram,* nonnulla fuerant acta, tametsi postmodum in desperationem pænè ejus rei jam veneram. Itaque non potui recusare quod antè ambiveram. *Nunc ad comitem ab Isseburg*[2] *proficiscor, huc filium ejus cum nobilibus aliquot adducturus, illorum scilicet pædagogus futurus.* Ago igitur gratias immortales pro istac tua humanitate. Oro etiam ut mihi condones si quid hîc peccaverim, meque nihilo minùs ut antea favore tuo prosequere. Invenies me semper filium. *Oro ut mihi pater esse velis, quandoquidem in dies audio illum qui est secundùm cârnem, jam meditari abdicationem.*

Vide autem, Domine ac pater amantissime, num hîc me temeritatis accuses. *Est hîc frater quidam, antea tibi non ignotus. Is ita hîc versatus est, ut vita et doctrina sit omnibus spectatissi-*

disette, ils ne convoqueront pas le Chapitre avant l'automne ou avant l'année prochaine. C'est à *Sultzer* qu'ils confèrent *consulatum inter symmystas,* toutefois avec cette réserve, qu'il ne soit pas élevé au dessus d'eux, à cause de cet office, mais que toujours l'un soit le serviteur de l'autre. » (Trad. de l'all.)

[1] Calvin lui avait proposé, croyons-nous, d'être aumônier chez M. de Falais.
[2] *Poullain* se rendait auprès du comte *Henri d'Isembourg,* seigneur du Bas-Isembourg, pays situé sur la rive droite du Rhin, au N.-E. de Coblence. Il eut pour élèves, à Strasbourg, deux fils du comte Henri.

mus, adeò ut illum alterum *Pharellum juniorem vocent quidam.* Tanta est in viro pietas in admonendo et corrigendo. Illum ego cupiam ita tibi commendatum, ut hac seu alia ipsi prospiceretur. Scio, si propiùs noris, te illum ex animo complexurum. Nam *hodie quàm laboretis invenire qui doctrinam evangelicam moribus exprimant, non ignoro. Hunc esse talem tibi coram Domino spondeo. Si ita videbitur D. Bucero, ad te ibit.* Sin minùs, oro ut ejus memineris. Is est *Raymondus Chauvetus,* qui olim fuit ordinis Franciscanorum[3], qui apud D. *Pharellum* erat, cum hîc essetis[4].

Fratres nostri *Vallencenenses*[5], qui nuper ad nos quædam scripta Quintinistarum[6] attulerant, redierunt. Oro te per Christum ut, si ea quæ misi legeris, velis ad ipsos scribere consolationem aliquam, quæ ipsos in tantis miseriis sustineat atque adversùs pestes illas muniat et fulciat[7]. D. *Bucerus* semel scripsit, atque id denuò facturum confido, sed nil ad illos errores. Satis est te monitum. Scio enim quàm ardeas zelo domus Dei. Quæ acta sunt his comitiis, imò quæ non acta, cognosces copiosiùs et certiùs ex D. *Buceri* literis. Itaque supersedeo : nam ad iter accinctus hæc scripsi.

[3] Notre regretté ami, M. le pasteur Charles Dardier, nous a communiqué jadis la copie d'un arrêt du parlement de Toulouse du 13 avril 1543, qui condamne à diverses peines neuf « hérétiques » de *Beaucaire*. Dans la seconde partie de ce document, l'archevêque d'Arles est chargé de s'informer du « recaptement de frères *Nicol, Antoine Mélitte* et *Ramond Chauvet,* religieux fouytifz, pour iceulx faire prendre..... leur faire et parfaire le procez criminel » (Mscr. des archives consistoriales de Nîmes).

L'Histoire des Martyrs (éd. de 1619, f. 841) dit que « M. *Raymond Chauvet,* paravant Cordelier, d'honorable réputation entre les Papistes, et depuis Ministre en l'Église de Genève, » était l'un des six Évangéliques prisonniers dans la ville de *Beaucaire* en Languedoc, qui réussirent à s'enfuir « un peu devant Pasques, » c'est-à-dire, avant le 25 mars 1543. (Voyez aussi l'édition de Toulouse, III, 840, 841.)

[4] *R. Chauvet* avait donc fait la connaissance personnelle de *Calvin* et de *Farel* à Strasbourg, pendant les mois de juillet et d'août 1543.

[5] Les Évangéliques de *Valenciennes* (p. 178, n. 1).

[6] On appelait *Quintinistes* les adhérents de la secte des *Libertins,* parce qu'un de leurs chefs portait le nom de *Quintin.*

[7] On ne connaît pas de lettre écrite par *Calvin* aux fidèles de *Valenciennes.* Il publia en 1545, contre *les Libertins,* un livre où les erreurs de *Quintin* sont vigoureusement réfutées.

Insuper mihi in mentem venit quod *nuper inter nos agebamus de quibusdam hymnis ac sententiis gravioribus sacræ scripturæ vertendis in rythmum gallicum, ut ea in nostro templo subinde caneremus:* uti de agno paschali ac de eucharistia, de s. spiritu, de pœnitentia, fide, etc., de pace, pro bello, peste, etc. *Hîc si poteris aliquid vel ab ipso D. Maroto vel alio aliquo, impetrare, nobis eris gratissimus*⁸. Cupimus enim hanc ecclesiolam, quæ in dies augetur, habere omnia quæ ad pietatem pertinere possint instrumenta. Et optarim ad nos aliquando scriberes, hortarerisque semper ad disciplinæ cum pietate observationem. Ipse etiam intelligis quanti sint futuræ consolationes, si quas abs te receperimus. Quæ scribo, non ut officii, sed ut T. H. nostræ necessitatis commonefaciam.

Uxori cum universa familia et symmystis tuis omnibus, *Antonio* fratre, *Davide* et *Nicolao*⁹ bene opto. Christus Jesus te nobis atque ecclesiæ suæ diu servet incolumem. Raptim. Argentinæ, 7 Calendas Junias 1544.

Tuus observantissimus filius in Domino
VALERANDUS POULLAIN.

Heri ex quodam *Metensi* cognovi urbem illam omni metu qui paucis ante diebus impenderat, omnino liberatam gratia D. Jesu. Nam *prorex Neap.*[*olitanus*] ille, altero adventus sui die, improviso nuncio advocatus discessit, quem paulò pòst insecutus est *comes Guilelmus,* qui nunc *Luxemburgum* obsident¹⁰. Si non ad ipsos veniat *Cæsar*¹¹, gaudebo et desperare desinam. Quamvis a Domino pendeo, quem scio nunquam ecclesiam suam desertu-

---

⁸ *Clément Marot* avait quitté la Suisse (Cf. la p. 201, n. 3). Mais *Eustorg de Beaulieu,* poète et musicien, pouvait prétendre à le remplacer pour la poésie religieuse. Il avait fait dire, en 1540, à l'unique imprimeur de Berne, qu'il avait « des *Psalmes* à imprimer, tous corrigés. » Et, le 26 mai 1544, il offrait aux magistrats bernois un recueil de Psaumes. Ils le récompensèrent « *pro dedicatione psalmorum* » en lui donnant quatre écus au soleil et cinq aunes d'étoffe de couleur; mais ils ne prirent aucune décision au sujet du susdit recueil (Cf. ci-dessus la p. 12, n. 11, le Manuel de Berne au 26 mai et notre t. VI, p. 288).

⁹ *David de Busanton* et *Nicolas le Fer.*

¹⁰ Voyez la lettre d'Hilaire de Guiméné du 10 juin, et le N° 1375, n. 4.

¹¹ L'Empereur fit son entrée à *Metz* le 16 juin.

rum. Illam scio tibi esse cordi. Oro ut in omnibus tuis precibus memineris. Id adeò magis faciendum jam intellexi apud D. *Sturmium,* ubi quidam nobilis *illinc* jam veniens narravit, multos ibi esse *Hispanos* atque in dies plures advenire. Nescio quid hic moliatur. Sed frustra erunt conatus Sennacherib contra Dominum. Ipse velit ecclesiam suam ab omnibus viciis primùm repurgatam, et tandem pacem aliquam fidelibus suis concedat.

D. *Baptista,* qui est apud D. *Sturmium*[12], te salutat, et *Petrus*[13], noster concionator, cum universa ecclesiola.

(Inscriptio:) Ornatissimo viro Joanni Calvino, Christi vindici, magistro ac patri in Domino colendo. Genevæ.

1359

Guillaume Farel à Jean Calvin, à Genève.

De Neuchâtel, 27 mai 1544.

Autogr. Biblioth. des pasteurs de Neuchâtel. Cal. Opp. XI, 714.

S. Is ad quem scripsit pius iste *David*[1] totus flagrat, et utinam ita igne cœlesti et se digno ut vereor ne terreno et se indigno. Ambit, ut ferunt, non adeò expetendam. Hominem non conveni, et hoc mihi accidit mali quòd in cœtu eramus dum tuas cum alteris *frater tuus* attulit, quem non vidi et non sum allocutus. Fortè magis fecissem officium.

Gaudeo in Marcurtio non tantum fuisse mali quantum plerique omnes judicabant[2]. Augent eorum opinionem qui mihi in hoc venisse narrabant colloquia tam arcta, quæ ad oscula usque veniunt, quamvis hîc inusitata, cum iis qui me quiescere vellent et omnes merè[3] qui non sinunt vivere unumquemque pro nutu.

---

[12] Le professeur *Jean Sturm.*

[13] *Pierre Brulli,* pasteur de l'église française de Strasbourg.

[1] *David de Busanton.* Son correspondant à Neuchâtel figure déjà dans la lettre de Farel du 31 mars (p. 195, lig. 1-4).

[2] A comparer avec la p. 203, renvoi de note 4.

[3] Ce mot, écrit sur le bord du papier, est indistinct. Nous ne saurions dire si c'est *mecum* ou *mere.* Dans l'édition de Brunswick, on lit *cœteros.*

Et *sanè non fiunt illæ visitationes*[4] *quin sentiamus aliquid, nimirum majorem contradictionem, et in collega studium majus nocendi.* Verùm Domino quicquid est totum committimus, cujus est pro suo arbitrio malos ferre et tollere. Olfacio nonnihil commotum *collegam* in te, licet palàm nihil intelligam. Bene agitur cum servis D.[omini] quòd se student approbare ei à quo missi sunt, et bene mereri de malè merentibus, ecclesias et edificationem earum studiosè curando.

Viretum intelligo exagitari ab improbis[5]: utinam qui restinguere incendium deberent non addant oleum. Cuperem quieti ipsius consultum citra ecclesiarum jacturam. Sed cum hoc unum curet ut eas ædificet, nihil omittet, neque tu ei deeris consilio et precibus, quæ pluris multò sunt quibuscunque conspirationibus, non sine Bac[c]ho et Venere malignè factis. *Gaudeo te uno opere instituisse rabidas bel[l]uas fugare, ne pergant simplicibus imponere*[6], sed si quæ inter illas sint sanabiles, redeant ad meliorem mentem. Adsit tibi Dominus, et quantò pestes illæ sunt nocentiores et plures lædunt, tantò tu præsentiora admoveas pharmaca, et prævenias salubribus antidotis : quod speramus Dominum per te facturum. Gratissimum fuit fratribus id intelligere quod proposuisti[7], et cum te salvum cupiant[8], successum precantur. Vale bene et tecum *tua uxor,* frater cum sua, socero ac socru[9]. Cupio salvum *Bernardinum, Genistonum, Davidem* et omnes pios. Neocomi 27. Maii 1544.

FARELLUS tuus.

[4] *Antoine Marcourt* pouvait se transporter plus facilement de *Versoix* à *Neuchâtel,* depuis que MM. de Berne lui avaient accordé, le 19 avril, un subside de 50 florins, en considération de sa requête au bailli de Gex (Manuel cité).

[5] Allusion aux insolences des *Enfants de la ville,* à Lausanne (N° 1357, n. 8).

[6] Selon les *Calvini Opera,* p. 715, note 4, *Farel,* par les mots *uno opere,* entendait que la traduction française de la *Psychopannychia* ne serait pas imprimée *à part,* mais ajoutée au livre de Calvin contre les Anabaptistes. Il est vrai que *Farel* demandait cela dans sa lettre du 21 avril (p. 203, lig. 1-3). Mais, un mois plus tard, il ne pouvait pas ignorer que son désir ne se réaliserait qu'à moitié (Cf. p. 175, n. 18).

[7] Il ne s'agit pas ici de la *préface* ou *dédicace* de la *Brière Instruction.* Calvin l'avait envoyée à Farel le 25 mars (Cf. le commencement des N°⁸ 1337, 1347, pp. 187, 202).

[8] Édition de Brunswick : et *contra* te salvum *cupiunt.*

[9] Même édition : frater cum *sua sorore et* socru.

Claudius Gratianopoli literas obtulit, quæ admissæ fuerunt, et decretum ut quæ Rex obtinebat restituerentur[10]. *Aliis*[11] est dicta dies. *Olfacit quid sint dicturi: Regem*[12] *sua, non aliena, jure jam parta, elargiri posse*[13]. Veretur ne multum negocii supersit. De eo pro quo laboravimus[14], ait nuncium, si petendo perseverasset, facilè obtenturum fuisse ut liberaretur : qui graviùs apud vicepræfectum premitur[15]. Suadet literas vel hujus senatus[16] mitti. Ego aliorum optarem addi : tuum consilium cuperem intelligere.

(*Inscriptio :*) Doctiss. et non minùs pio Jo. Calvino, pastori ecclesiæ Genevensis, fratri et symmystæ quàm chariss. Cenevæ.

1360

JEAN CALVIN à la Classe de Neuchâtel.

De Genève, 28 mai (1544).

Minute autogr. orig. Bibl. Publ. de Genève. Vol. n° 106[1].
Cal. Opp. XI, 716.

Gratia et pax vobis a Deo patre, et Domino Jesu Christo! Jam ante aliquot menses, *rumor hîc vagatus erat,* sed obscurus et

---

[10] Cette nouvelle vient compléter celle que donnait *Jean Fathon,* le 16 mai (p. 240). Le 21 février, *Claude Farel* avait obtenu des Bernois une lettre de recommandation adressée au parlement de Grenoble.

[11] *Aliis* désigne ceux des Dauphinois qui avaient reçu en don, ou acheté, une partie des biens confisqués à la famille *Farel.*

[12] Édition de Brunswick, p. 715, n. 6 : « hic vocabulum dubium omittimus. » Le mot *regem,* fût-il douteux (ce que nous contestons), serait suggéré par ce qui précède.

[13] Dans la susdite édition, cette phrase est reproduite comme il suit : « Sua, non aliena, iure iam parta, elargiri posse veretur, ne multum negotii supersit. » En liant *posse* à *veretur,* on détruirait le sens logique.

[14] *Pierre du Mas.* Voyez la lettre de Farel du 29 février à J.-J. de Watteville.

[15] Nous ignorons le nom du vice-gouverneur de Grenoble.

[16] Le Conseil de Neuchâtel ou celui de Genève ?

[1] La lettre officielle se trouve dans la bibliothèque des pasteurs de Neuchâtel. On y relève quelques variantes.

dubius, *Cortesium, Capunculi generum, multa illic maledicta sparsisse de Champerello collega nostro*[2]: *quæ non spectarent tantùm ad unum hominem, sed in commune hujus ecclesiæ dedecus redundarent.* Quia tamen nullo certo authore id ad nos delatum erat, tacendum censuimus, ne ex nihilo, aut levi de causa, videremur turbas movere. Illa quoque ratio nos tenuit, quòd nullius precii hominem[3] vix dignum arbitrabamur[4], de quo refutando essemus soliciti : præsertim apud vos : quibus satis superque notam esse ejus proterviam et impudentiam credibile erat. Nunc verò, quia tota res à fido nuncio nobis fuit ordine exposita : simul quia ipsum in sua rabie pergere audimus : veriti sumus, ne id tandem socordiæ magis quàm patientiæ tribueretur : si pateremur, nulla opposita purgatione, ita nos palàm traduci. Porrò nullo artificio utemur : sed *historiam ipsam*[5] breviter, ut habet, ac simpliciter narrabimus : ex qua æstimare vobis promptum sit, quàm meritò *ecclesiam nostram* laceret.

Cum à *socero suo* huc missus esset, aliquot dies transegit in urbe, antequam nobis indicaret, sibi quidquam esse cum *Champerello* negocii. Simul atque verbum fecit, tres ex collegio nostro destinavimus qui tentarent eorum controversias componere. *Initium factum est à rationibus Champerelli, quibus perscripserat, quid domi suæ expendisset Agnetus*[6]. *Eos sumptus restitui sibi postulabat :* quod restaret non recusabat fratrum arbitrio pauperibus distribui : sicuti *Agnetus ipse* mandaverat. *Cortesius* ad singula capita rationum aut movebat caput, aut exclamabat, manifestam esse falsitatem. Cum subinde jurgiis et conviciis contenderent, ita tumultuando dimidius ferè dies con-

---

[2] Sur *Edme* ou *Aymé Champereau, Jean Courtois* et *Jean Chaponneau,* voyez l'Index du t VIII.

[3] *Calvin* avait meilleure opinion de *Cortesius,* en septembre 1543, alors qu'il écrivait, à propos de lui, aux pasteurs de Neuchâtel (p. 46, renvois de note 9, 10, et p. 47, lig. 2-4).

[4] Dans la lettre officielle, *arbitraremur.*

[5] Ibidem, au lieu d'*ipsam.* on lit *istam.*

[6] Sur le pasteur *Agnet* ou *Annet Bussier,* cf. les pp. 17, n. 6 ; 132 ; le t. VI, pp. 152, 153, 340, 342 ; VII, 15, 221. On voit que, pendant les derniers temps de sa vie, il avait été logé et nourri chez *Edme Champereau,* à Genève.

sumptus fuit. Jam cum jurejurando assereret *Champerellus*, se bona fide retulisse id solum in rationes quod sibi deberetur, citaret etiam testes, in nonnullis capitibus, *an debuimus eum furti damnare?* Nullum est tam iniquum judicium ubi non soleat haberi fides ejusmodi rationibus. Tandem *Cortesius* ipse quoque litigando fessus, concessit ut valerent. Ita discessum est, ut videretur negocium inter eos bene compositum.

Restabat ut officio suo in pauperes defungerentur. *Champerellus* totam dispensationem relinquere *Capunculo* contentus erat. *Cortesius* autem, quasi hæreditas foret *socero* relicta, non autem distributio commissa, ita rapere ad se volebat. Utcunque admoneremus esse bona pauperum, sic erat in præda occupatus, ut nihil aliud quàm prædam somniaret. Postridie mirati sumus, totam illam transactionem quæ nobis maximo labore molestiaque constiterat, per illum fuisse eversam.

Sic omnino de bonis Agneti res habet. Neque verò consilium nostrum est, aut *collegæ nostro* patrocinari, aut ejus causam suscipere, sed quantùm purgationis nostræ ratio postulat, rem in medium proferimus. Denunciamus autem vobis, fratres charissimi, furtum penitùs fore, imò sacrilegium, si quis sibi ex *Agneti* bonis quidquam, tanquam proprium, usurpet. Nihilo[7] enim meliori jure quispiam privatus in ea involabit, quàm prædones aliena rapiunt. *Res enim satis testata est, Agnetum ne assem quidem aut Capunculo aut Champerello attribuisse : sed testamenti solùm exequutores nuncupasse, qui pauperibus sua omnia distribuerent.* Nunc ad *Cortesium* revertimur. Cum valediceret *Calvino*, dixit, in edibus *Champerelli* esse continuum lusum aleæ et chartularum. Nos sciscitando, inquirendo, percontando, nihil tale comperimus. Ergo quòd criminatur nos ad tanta flagitia connivere, improba est calumnia : sicut crimen illud confictum ab eo fuit.

Quamobrem vos obsecramus, quod jure nostro videmur facere, ne protervæ linguæ et perditæ impudentiæ hominem patiamini tantæ turpitudinis notam huic ecclesiæ inurere, quin nostro nomine constanter resistatis. Nam nos quod scribimus parati sumus et coram ecclesia et in judicio tueri. Valete, fratres nobis

---

[7] Dans la lettre officielle : *Nihil.*

dilectissimi. Dominus vos semper spiritu prudentiæ et sapientiæ dirigat ad opus suum. Genevæ, 5. Calendas Junias (1544⁸).

Ita decretum fuit JOANNES CALVINUS,
in conventu nostro⁹. fratrum mandato et nomine.

(Inscriptio:) Ministris verbi Dei, sub Comitatu Neocomensi, in urbe et in agro, fratribus charissimis¹⁰.

1361

JOSUÉ WITTENBACH[1] à Rodolphe Gualther, à Zurich.

De Lausanne, 29 mai 1544.

Inédite. Autogr. Coll. Hottinger. Bibl. de Zurich.

EXTRAIT.

Gratiam et pacem a Domino. Quòd seriùs aliquanto, ut tibi forsitan videtur, et quàm expectabas, ad te scribo, vir multis nominibus bene de me merite, nolim tui apud me memoriam extinctam credas : quæ hunc in modum glutino meo inhæret animo, ut divelli eam à me posse, nisi morte, non putem. Verùm cum multæ sint rationes et causæ, propter quas id officii genus hactenus intermissum est — ut omittam interim tabellionum

---

⁸ La détermination du millésime n'offre pas de difficulté. *Annet Bussier* n'existait plus au mois de septembre 1543 (Cf. la p. 17). Si la présente lettre était du 28 mai, même année, on ne s'expliquerait pas comment *Calvin* aurait pu recevoir avec bienveillance et louer en automne (n. 3) le *Cortesius* dont il aurait parlé, au printemps, avec le dernier mépris. Enfin, on est autorisé à croire qu'au mois de mai 1545, Calvin n'aurait pas pris la défense de *Champereau* avec le zèle qu'il déploie ici en sa faveur. (Voyez la lettre qu'il écrivait aux ministres bernois le 25 octobre suivant. Calvini Epp. et Resp. 1576, p. 421).

⁹ Ce détail ne se trouve pas dans la minute. La lettre officielle n'est pas de la main de Calvin. Elle porte seulement sa signature autographe.

¹⁰ La minute ne porte aucune adresse.

[1] Originaire de la ville de *Bienne* et fils de ce *Nicolas Wittenbach* qui en était le bourgmestre en 1529. Celui-ci avait plusieurs fils, dont quelques-uns, entre autres l'auteur de la présente lettre, s'établirent à *Berne*. On n'a que peu de renseignements sur la jeunesse de *Josué Wittenbach*. Après

penuriam, quorum mihi unus aut alter ad summum contigit, et inopportunissimè quidem, — unam illam me excusare posse existimo, videlicet quòd scribenda materia mihi exigua et propemodum nulla fuit..... Cum verò in præsentiarum fortè fortuna sors mihi quàm certissimum obtulisset nuntium, offitio meo deesse diutiùs non potui, ne si hunc nuntium non meis literis oneratum abire permitterem, dubitare de meo animo posses. Imò fore confido, ut si quam suspitionem meæ negligentiæ et potiùs ingratitudinis cœpisti, eam jam per hasce literas amittas. Id si consequutus fuero solum, non est quod plus desiderem.

Primùm itaque et quod ad vitæ meæ statum attinet, scias rectè me valere, et eò rectiùs et meliùs, quòd vos omnes valere bene intelligo. Sit velim isthoc utrisque perpetuum. Cæterùm, *quòd studia hîc parùm meo congruunt instituto, satis molestè fero.* Et dubio procul, de mutando loco singulis horis cogitarem, nisi tumultuarii isti tumultus bellici invitum manere cogerent, et, ut me nosti, temporis injuria hæc, quæ hodie omnia perturbat, diversum suaderet. *Sed quò et tu sole clariùs videas meam hanc querelam non usque adeò procul à vero, brevibus studiorum nostrorum statum adscribere licuit. Prælegit Cœlius Secundus,* homo Latinarum Literarum maximè eruditissimus, qui tibi facie et nomine notus est [2], *Oratoria Ciceronis, ejusdem orationes*

---

ses premières études, faites à *Zurich* et à *Lausanne*, il disparaît pendant une quinzaine d'années. Mais on le retrouve à Berne, membre du Conseil des bourgeois (1560), bailli d'Yverdon (1562), avoyer de Morat (1580). Son franc-parler le fit exclure du Conseil des Deux-Cents, et il fut plus tard emprisonné, pour avoir jeté à terre un mandat de LL. EE., — acte qui parut d'autant plus coupable, que son mariage avec Madeleine de Luternau l'avait apparenté aux premières familles de l'aristocratie bernoise. Banni de Berne en 1594, il redevint bourgeois de Bienne, et il mourut le 4 janvier 1596. (Communication obligeante de M. Wolfgang-Fréd. de Mulinen. — Leu, o. c.)

Outre ses deux lettres de 1544, il a composé le récit de l'éboulement de la montagne des Diablerets, dans le pays d'Aigle, récit qu'il adressait de Morat, le 1ᵉʳ avril 1584, à Rod. Gualther (Coll. Hottinger, vol. F. 41, n° 80. Bibl. de Zurich).

[2] *C. S. Curione* avait passé trois fois par *Zurich* en 1542 (Cf. l'Index du t. VIII). — Sur sa manière d'interpréter les *Orationes* de Cicéron, on peut consulter ses « Commentaria in Philippicas Ciceronis orationes excusa in officina Frobenianorum, » et les *Enarrationes* qu'il publia en 1553

quasdam. In græcis habemus aliud nihil quàm Testamentum Novum : quibus certè literis magnopere incumbere desiderarem[3], quòd autem aliud nihil legitur id causæ est : *Vivunt monachi apud nos plurimi, qui expulsi Galliis ob Evangelium* (ut illi perhibent) *et alii quidam, qui græcæ linguæ prorsùs ignari, in facilibus ingressum faciunt,* et id probo quidem. Verùm quòd horum gratia, alii qui ad altiorem jam profectum venere, perditum eant (verbo absit injuria), id mihi non minùs in illis qui hæc consulunt stultum, quàm nobis incommodum videtur, meo quidem judicio. *In hebraicis legitur Psalterium Davidis*[4]. Hasce præter Lectiones cum nihil aliud detur, tuo relinquo judicio, an magnopere conducat diutiùs me hîc morari et jacturam studiorum facere. Sed tamen in hac rerum angustia tuum consilium et aliorum qui mihi hac in re consiliis adjuverunt, sequendum præpono ut, cum ulteriùs progredi fortuna prohibeat, præsenti fortuna utar, et quicquid mihi hîc devorandum est tædii, æquo feram animo, donec bellorum tumultus in *Germania* et in *Galliis* compositi fuerint. Procul dubio priusquam autumnus appetat, omnia meliùs habitura sunt Domini gratia.

sur onze harangues du même orateur (Epitome Bibliothecæ Gesneri per Josiam Simlerum, 1555, f. 30 a).

Nous devons citer ici le passage d'une lettre de 1543 ou 1544, dans laquelle *Curione* indique le nombre de ses leçons : « Quod ad me scripsisti de *Joanne* quodam *Gallo*, ut arbitror, viro : molestissimè tuli, me non potuisse eum re ipsa cognoscere... Venit is quidem *Lausannam*, atque ex diversorio misit ad me et *Petrum*, si vellemus se videre, iremus ad se in diversorium suum. Ego cum hæc renunciarentur, interpretabar pro meo munere autorem discipulis, et ab ea explicatione ad aliam me adgredi oportebat. *Ter* enim *quotidie interpretor,* bis domi nostræ : primùm hora sexta, deinde hora duodecima, et semel in *publico gymnasio* hora secunda post meridiem. Ac tunc hora erat duodecima, cum de adventu *Joannis* istius certior factus fui » (C. S. Curionis selectarum epistolarum Libri duo. Basileæ, per Ioannem Oporinum, M. D. LIII, p. 117).

[3] *Wittenbach* désirait continuer l'étude de la langue grecque qu'il avait commencée à Zurich. Conrad Gesner, l'un de ses maîtres, avait pu lui dire que *Jean Ribit,* professeur de grec à Lausanne et traducteur de plusieurs ouvrages de Xénophon, était très capable d'interpréter les classiques. Mais il paraît que, pour l'année académique 1543-1544, *Berne* n'avait rien prescrit, quant à l'enseignement supérieur du grec.

[4] L'Ancien-Testament était interprété par *Imbert Paccolet,* professeur d'hébreu.

Præterea (ut de rebus nostris omnibus participem faciam) scito *Jacobum Habium*[5], *qui Neocomi hactenus cum Farello vixit*, 17. Aug.[usti] ejus finiente anno [6], *ad nos Losannam in ædes nostras profecturum*, eundem eventum rerum quem ego, exspectans. *Instituerat* (ut forsitan accepisti) *D. Viretus Jenepham*[7] *proficisci cum tota familia. Oraverant enim Jenephenses Bernates ut illis illum per aliquot annos permitterent*[8], *quod tamen renuerunt, ea tamen conditione, ut uterentur eo ad dimidium annum*[9]. *Et nescio interim quid obstiterit : mutare solum nolumus*[10].

Novarum denique rerum alia atque alia est apud nos fama, incerta tamen : quam etiam apud vos esse judico, ob id lubens omitto, famam belli stare, undique omnia armis strepere. Sunt qui dicant *Landgravium Hessorum* in expeditionem profecturum, contra *ducem Saxoniæ*[11]*:* id verumne sit, necne, vobis certius constat nobis. Insuper id pro certo habeas, *tantam inopiam frumenti, vini, prope nos, imò apud nos esse, ut multa pars hominum ex fœno panem conficiat*[12] *:* plurimam, quibus res fa-

---

[5] Nous supposons que *Jacob Hab* était le fils du bourgmestre *Johann Haab* de Zurich, élu en 1542, mort en 1561.

[6] Le jeune *Hab* était arrivé à *Neuchâtel*, en 1543, au moment où *Guillaume Farel* allait repartir de Strasbourg pour rentrer en Suisse.

[7] *Genff*, nom allemand de *Genève*, se prononçant *Yenff* dans le dialecte de certains cantons, Wittenbach le traduisait en latin par *Jenepha*.

[8] A comparer avec les pages 184, lignes 6-8 ; 199, n. 1 ; 227, premières lig. du N° 1353.

[9] Cette promesse n'est relatée nulle part dans le Manuel de Berne.

[10] En souvenir de ses relations d'amitié avec le bourgmestre *Nicolas Wittenbach*, Viret avait très volontiers reçu *Josué* dans sa maison. Mais on voit qu'il ne le tenait pas au courant des négociations relatives à son séjour éventuel à *Genève :* la décision de cette affaire ne dépendait pas de lui, mais de ses collègues (Cf. la lettre de Viret du 10 juillet).

[11] Nouvelle sans fondement. Lorsque *le landgrave de Hesse* prit congé de l'Empereur, à *Spire*, celui-ci parla de son intention de le placer à la tête de l'armée contre les Turcs (Sleidan, II, 350, 351).

[12] Voyez sur *la disette* extraordinaire des années 1543 et 1544, la p. 100, n. 37. — Mémoires de Pierrefleur, p. 222, 225, 229. — Annales de Boyve, II, 447, 453. Pendant l'automne de 1544, les gens réduits à la misère étaient si nombreux dans le territoire bernois, que MM. de Berne donnèrent des pleins pouvoirs à leurs baillis pour la distribution des secours en argent et en céréales (Manuel cité).

miliaris splendidior contigit, ex avena. Tantam autem caritatem ex militibus *Helvetiorum* habemus, quorum magnus numerus hac transiit[13] : et hæc est utilitas (si quis eam sic appellare mavult) quæ ex his ad nos redit[14]. Majorem certè famem veremur, tempus enim non usque adeò lætum se ostendit. Dominus ecclesiæ suæ propitius adsit auxiliator !

Paraveram libellum quendam, quem tuo nomini mittere volui, quo singularem meum erga te amorem tibi testatum facerem. Verùm non ausus fui nuntio tantum oneris imponere : postmodum si contigerit mihi quidam alius, mittam[15]. Hæc hactenus visum mihi est ad te de rebus nostris dare : reliquum est ut te orem longè colendissimum mihi, ut hæc rudia et inepta pro solita mansuetudine boni consulas. Ego interim, si quid valebunt hominis peccatoris præces, orabo Dominum, ut omnes vos honestè de me et omnibus bonis meritos, corpore et mente sanos diu ecclesiæ suæ constituat et servet. Quod vicissim me præcibus tuis Domino commendaturum te spero. Cupio et desidero tua opera Dominis meis D. *Bullingero, Bibliandro, Pellicano* et reliquis præceptoribus meis quàm commendatissimus esse, quos etiam meo nomine salutabis officiosissimè. Salutabis item meis verbis *uxorem tuam,* cum tota familia tua, et me tibi commendatum habens, in Domino fœliciter vale. Losanna 1544. 4 Calend. Junii.

JOSUÆ VUITTENBACHIUS ex animo tuus.

(Inscriptio :) Eruditione simul et doctrina præstanti viro D. Rodolpho Gualtero, vigilantissimo divini verbi pastori apud D. Petrum Tiguri, domino suo plurimùm colendo. Tiguri.

---

[13] Plus de quinze mille Suisses, Valaisans et Grisons, qui allaient servir dans l'armée française, passèrent par la ville de Genève (Cf. Roget, o. c. II, 121).

[14] *Wittenbach* partageait l'aversion des Zuricois et des Bernois pour le service mercenaire.

[15] Nous avons vu, à la Bibliothèque de la ville de Zurich, un exemplaire des *Disputations chrestiennes* de Viret, ouvrage imprimé à Genève (1544), et, au bas du titre, cette inscription autographe : « Domino Rodolpho Gualtero præceptori suo colendissimo. Josuæ Vuittennbachius. D. D. »

1362

GUILLAUME FAREL à Jean Calvin, à Genève.
De Neuchâtel, 30 mai 1544.

Autogr. Biblioth. des pasteurs de Neuchâtel Cal. Opp. XI, 718.

S. Quæ hic petit, nunc facilè impetrari sperant qui, quantùm conjicere licet, colligunt ex iis quæ aliquam faciunt spem[1]. *Cæsar non est assecutus quod conabatur, et dum utrumque vult retinere et pium et pontificium*[2], — *huic* cum receperit omnia se eversurum, et nihil passurum secùs fieri quàm hactenus, *illi* nonnihil jam concesserit et plura promiserit, — cum *illa* urgeat concordatos articulos et reformationem Cameræ[3] et id genus alia, [et] *alter* ferre[4] nihil horum possit, [et] medii constituantur *Palatinus* et *Brandeburyensis*[5], ut utrumque inducant aliquid patiatur non præstari de promissis, — *offenditur uterque*[6].

---

[1] Il s'agissait probablement d'un exilé qui espérait être gracié à Genève, en payant une forte amende (Cf. la p. 184, lig. 1-5).

[2] Les mots *pium* et *pontificium* sont des collectifs. Le premier désigne les États protestants.

[3] Allusion aux demi-promesses que l'Empereur avait faites aux Protestants, dans le recès de la diète de *Ratisbonne* (28 juillet 1541) Il les renouvela dans celui de *Spire. Farel* entend par *conciliatos articulos* les dogmes sur lesquels les principaux théologiens des deux partis s'étaient accordés à Ratisbonne, savoir : le péché originel, le libre arbitre, la justification par la foi (VII, 111, 113, 118, n. 4; 177, renv. de n. 4; 191, lig. 5; 217, n. 3). Dans ce même recès de 1541, l'Empereur prescrivait aux Protestants « ne quid præter *conciliata dogmata* suscipiant, *episcopis* autem, ut suas ecclesias à vitiis repurgent. » Mais, par un rescrit spécial, il accordait aux Églises évangéliques quelques avantages, qu'il confirma, à l'issue de la diète de Spire (Sleidan, II, 235-236, 348-49. — Seckendorf, III, 365-66, 475-77).

[4] Éd. de Brunswick : et id genus, al[ia] alter *fieri* nihil horum possit.

[5] L'électeur palatin *Frédéric II*, surnommé le Sage, qui avait succédé à *Louis V*, le Pacifique, mort le 26 mars 1544. — *Joachim II*, électeur de Brandebourg.

[6] C'est-à-dire, le *pius* et le *pontificius*, les Protestants et les Catholiques. Sur l'accueil fait par ces derniers au recès de Spire, Sleidan, II, 349, s'ex-

Accedit *Brunsvissensis causa,* quam urgebat *Cæsar,* quòd n[on] debeat Ducatus ab alio quàm à pulso possideri[7], etiam si grave sit peccatum, imò ubi gravius esset : hoc e[sse][8] *Cæsaris,* cujus autoritas imminuitur, si fundus optimus, maximus, a *Protestantibus* occupetur. Hinc factum est ut offensi abierint *Saxo* et *Landgravius*[9], et alii non minùs ægrè ferant. Et quæ jam fuerant oblata, cum addita conditione fuerint, nunc non stant[10].

Tu ad Bucerum et senatorem Sturmium[11] *literas communes scribes, ut curent,* per quos poterunt tam principes quàm urbes, *scribi pro piis, et ad Joannem Sturmium et doctorem Huldri-*

---

prime comme il suit : « Decretum hoc minimè laudabant *pontificii,* totisque viribus impugnabant : sed quum Coloniensis et Monasteriensis episcopi starent à *protestantibus,* Clivensis etiam et Badensis arbitrio *Cæsaris* omnia permitterent,... ill , bona sui parte deminuti, non se quidem assentiri, sed neque Cæsari modum in eo præscribere, nec ipsius derogare potestati, sed tolerare velle dicunt. »

[7] *Henri de Brunswick* siégeait alors à la diète de Spire, ainsi que les princes qui l'avaient chassé de son duché en 1542 (Cf. l'Index du t. VIII. — Sleidan, II, 331, 332, 338-43).

[8] Sur la droite du manuscrit, quelques mots sont entamés.

[9] Il ne parait pas que les princes protestants se soient vivement opposés au projet de l'Empereur, de mettre sous séquestre le duché de Brunswick, et d'en confier l'administration à l'un des quatre princes suivants : Frédéric II, Joachim II. Maurice de Saxe, Guillaume de Clèves. — Sleidan, II, 350, ne mentionne nullement l'offense que *l'électeur de Saxe* aurait ressentie*, et il affirme que *le landgrave de Hesse* se retira très content des paroles flatteuses que l'Empereur lui avait dites en le congédiant.

[10] Après avoir, à *Spire,* voté sans condition les subsides demandés, les Protestants obtinrent quelques concessions de l'Empereur : la suspension des procès qui leur étaient intentés par devant la Chambre impériale ; la promesse d'élire plus tard les membres de celle-ci sans avoir égard à leur religion ; le libre emploi des biens d'Église, etc. Sleidan, p. 350, ajoute ce détail : « Auxilia belli Gallici *civitates* initio recusabant, propter mercaturam et commeatum : sed cum *principes* assensissent,... subscripserunt et ipsæ, quantumvis invitæ, præsertim hæ quæ sunt *Galliæ* viciniores. *Luneburgenses* et *Vuirtembergici legati* recusabant etiam ; sed admoniti privatim sunt et verbis castigati, ne reliquorum voluntatem soli tardarent. » (Cf. aussi les Papiers d'État de Granvelle, III, 21-25.)

[11] Le conseiller strasbourgeois *Jacques Sturm de Sturmeck.*

* Loin d'être offensé, l'électeur Jean-Frédéric devait être satisfait : il venait de conclure avec Charles-Quint un traité secret, relatif au mariage éventuel de son fils aîné avec Éléonore, fille de Ferdinand (Cf. Sleid. II, 346, 347, 490). Il quitta Spire le 14 mai.

cum¹², *ut seorsim scribant idque pluries,* dum aliæ apparantur literæ, *quàm malè audiat Rex quòd Turcis liberum fuerit in Gallia sua omnia servare, licet impia*¹³, *et verè piis* [l. *pii*] qui aliud non quærunt neque curant quàm Christi gloriam, dum huic incumbunt, *non solùm prohibentur, sed quàm gravissimè et sevissimè cruciantur in regno et sub rege Christianissimo.* Inde fieri ut malè audiat *Rex.* Ita consulent regno et *Regis* non tantùm honori, sed etiam saluti. Sed tu quod magis fecerit in salutem omnium, ut tenes ita efficies. Dominus adsit piis! *Quantùm audio, plures fuerunt combusti hoc Paschate*¹⁴, ita iram Dei provocant miseri: quibus Christus aliam det mentem. Vale et omnes saluta. Neocomi, 30. Maii 1544. D. Jesus non tantùm piis pacem det, verùm impios omnes convertat, et, dissipatis bellis, sanctam pacem donet. Mirum est tantum sanguinis fundi et nullum esse finem. Quàm gravia sunt hominum peccata!

FARELLUS tuus.

(Inscriptio:) Doctiss. et vigilantiss. pastori Jo. Calvino, fratri et symmystæ quàm chariss. Genevæ.

---

¹² Le docteur *Ulrich Geiger* (en latin *Chelius*). Cf. les Indices des t. III, V, VI, VII.

¹³ L'armée navale de *Barberousse* (VIII, 108, 130) avait passé l'hiver de 1543-1544 à *Toulon.* Un ordre de *François I* du 8 septembre portait, que tous les habitants de cette ville devaient s'en aller ailleurs, sous peine de mort, et abandonner leurs maisons aux *Turcs.* Toutefois il permit que les chefs de famille rentrassent chez eux, et, le 11 décembre, il exempta la ville de Toulon du paiement des tailles jusqu'au terme de dix ans (Voyez la Collect. de Documents inéd. de l'Hist. de France. Mélanges hist. t. III, pp. 518, 557-566. — Sleidan, II. 319, 329).

¹⁴ On ne connaît pas les noms des martyrs qui périrent le jour de Pâques, 13 avril 1544. Les seuls qu'on puisse mentionner, dans cette année-là, sont les suivants : *Pierre Bonpain,* de Meaux, exécuté à Paris, *Guillaume Husson,* apothicaire de Blois, condamné au feu par le parlement de Rouen (Bèze. Hist. ecclés. I, 33, 34). Drion, I, 32, cite l'arrêt du parlement de Paris du 24 avril 1544 qui condamne *Antoine Leclerc* à faire amende honorable, à être attaché pendant trois jours au pilori et à rester enfermé toute sa vie. Cette condamnation est prononcée pour « propos hérétiques contre l'honneur de Dieu, de sa glorieuse mère, saints et saintes du paradis et l'église. »

Le 30 mai 1544, *Pierre de la Serre,* maître d'école à Marvéjols, subissait le dernier supplice à Toulouse (N. Weiss, o. c., p. XXIX).

1363

JEAN CALVIN à Guillaume Farel, à Neuchâtel.
De Genève (31 mai 1544).
Autogr. Bibl. Publ. de Genève. Vol. n° 106. Cal. Opp. XI, 719.

Nunc iterum discere incipio, quid sit Genevæ habitare. Versor enim inter mirabiles spinas. Jam duobus his mensibus inter collegas fuerant gravia certamina[1], *et eò quidem usque progressa, ut ex quatuor necesse esset duos pejerare. Quòd si convicti*[2] *fuissent qui accusabantur, erat maximum flagitium. Erant autem diversæ causæ, et temporibus diversis, ita ut bini inter se certarent. Cum nullis nec testibus, nec firmis argumentis, veritas ostenderetur, coactus sum Dei judicio causas ipsas commendare: contentionem utcunque*[3] *composui. Quid enim fecissem? Ambo si ejicerentur, fiebat innocenti injuria. Et exemplum erat mi-*

---

[1] Aux mois d'avril et de mai 1544, *Calvin* avait six collègues dans la ville (Champereau, de Geneston, de Ecclesia, Treppereau, Poupin, Ferron) et six dans les villages (Jacques Bernard, Henri de la Mare, Durand Chareroux, Nicolas Petit, Pierre de l'Écluse et Loys Cugnier). Des trois ministres qui leur furent adjoints, le 30 mai, un seul, Mégret, est peut-être visé dans l'article suivant du procès-verbal du samedi 31 :

« M. *Calvin,* ministre. Lequelt a révellé que par cy-devant il [y] a heu plusieurs insolences entre quelques ministres, et que il n'a esté ozé le révelle[r] jusque maientenant, pource que cella ne ce apparissoyt suffizamment. Et daventage, hier, en la congrégation, ainsin qu'il havoyt exposé ung tex[te] de S. Paul, maystre *Bastian* respondit aux rebours, disant que les ministres fassient tout aut contrayre de S. Paul : disant que S. Paul estoyt humble et que les ministres son[t] fier. S. Pault estoyt sobre et eulx n'hont cure que de leur ventre. S. Paul estoyt vigillant sus les fidelles, et eulx vellie à jouer. S. Paul estoyt caste, et eulx sont palliars. S. Paul fust imprisoner, et les ministres font imprisonner les aultres. Et diest totallement que il estient contrayre à S. Paul : requérant il avoyer advys. Remys à lungdy prochain, et que il soyt appelé M. *Calvin* et M. *de Geneston* » (Reg. du Conseil).

[2] Édition de Brunswick : si *commissi* fuissent.

[3] Même édition : contentionem *utramque* composui.

nimè probabile. Præterea verebar, ne si res in hominum notitiam prodiret, non ejicerentur, re incerta : interea verò infamia in ordine nostro resideret. Ecce autem ex transverso unus, qui et in monachatu fuerat quorundam contubernalis, et htc apud eos vixerat⁴, vitam eorum et aliorum quorundam sermonibus et scriptis sic traduxit, ut nobis nihil esset turpius, si id latiùs manaret.

Vocavi collegas. Invectus sum in eos graviter, quòd illis imputandum hoc totum esset. Sciebam enim *furiosum illum*⁵ ab ipsis armatum esse : utcunque nunc tanquam ad restinguendum commune incendium conspirationem facerent. Dixi præterea, urgeri nos manu Domini. Vindicari illa perjuria quæ inter nos hærerent. Non esse mirum, si ob tot scelera et execrationes in nos effervesceret ira Domini, quæ ob unius hominis furtum⁶ olim in totum Israëliticum populum tantopere exarsisset. Denunciavi quoque nullum fore finem, donec collegium nostrum sceleribus illis quibus pollutum esset, purgaretur. Tandem hortatus sum, ut quisque in se descenderet, ut agnoscerent meritò se plecti. Atqui tantùm abfuit ut me audirent, ut nihil aliud statim cogitaverint quàm de ultione : saltem quidam. Serviebat *monachus ille* duobus fratribus, quos fuisse conscios, imò adjutores criminationis, magna suspicio erat. Clanculùm ergc quidam detulerunt, ab altero eorum multa fuisse petulantiùs dicta in magistratum, et bonam partem senatorum fuisse multis lœdoriis confixam⁷. Jam nosti quàm iritabilis sit *senatus noster,* ubi

---

⁴⁻⁵ Probablement cet ancien moine, *Jean Chapperon*, qui est mentionné dans les notes 7 et 8.

⁶ Éd. de Brunswick : *factum*. En écrivant *furtum*, Calvin faisait allusion au vol commis par Hacan, lors de la prise de Jéricho (Livre de Josué, chap. I, v. 1).

⁷ Registre du Conseil du 30 mai 1544 : « Les S'ˢ *Coquet, de la Rive, Millars* [l. *du Mollard*], *Chican...* hont fayct plaintiff comment yl leur est venuz à notice que maystre *Loys Treppereaulx*, ministre, les a blasmé, disant qu'ilz estient reneviers et papistes, et que l'année passé ils furent ordonné S'ˢ scindicques pour leur coppé les testes, si fayssient quelque offence. Requérant justice. Ordonné que bonnes et légitimes informations en soyent prinses, pour sur cella procéder en Justice. »

Registre du 3 juin : « N. *Loys du Fouz* et *Johan Chapperon*, détenuz. Lesqueulx hont esté détenuz pour aulcunes parolles qu'il avoyent diestes. Et ayant entendu le contenuz de leur prossès, ordonné que avecque bonnes

attingitur. Simul atque mihi hoc fuit indicatum, vocavi omnes. Prædixi quid futurum esset, ac minatus sum, si quid gravius contingeret, me non expectaturum dum illis turbis implicarer. Sensuros, *me absente,* quàm validis essent humeris ad hoc onus sustinendum. Conjicitur in carcerem *nobilis ille*[8]. Ut se purget, retorquet in *Ludovicum* collegam nostrum[9] accusationem, quæ vix nisi capite, aut saltem exilio, terminari possit. Habet ille plures testes, hunc dixisse, fuisse data opera syndicos anni superioris[10], et quasi ex destinato creatos, ut si quid delinquerent, capite plecterentur. Et multa ejus generis.

Ex altera parte *Sebastianus noster*[11], *quanta maxima potuit atrocitate, in nos debacchatus est.* Aderant *heri*[12] circiter sexaginta, cum in cœtu Scriptura tractaretur. Erat in manibus ille locus : « Exhibentes nos tanquam Dei ministri, in omni toleran-

---

remonstrances soyent libérés des prisons. Et le ditz *du Fouz* a fayct ses excuses et [dit] que *Champereaulx, Treppereaulx* et *Mégret,* ministres, hont user de gran propos contre le magestral, et que, quant à luy, il veult toute sa vie porter honneur, révérence aut magestral. »

[8] Ce gentilhomme, dont Calvin n'avait pas encore parlé, est mentionné dans la note 7 et dans cet article du Registre du 5 juin :

« Les ministres de la ville... se sont grandement lamentés des choses sur eulx imposés tant par ung nommé *Chapperon* que par ung gentilhomme du meinne [l. du Maine] appelé *Loys du Fouz;* et que si ce trouve tel que le d. *Chapperon* a redigyé par escript, qu'il[s] soyent grièfement pugnis. Requérant, en l'honneur de Dieu, ce informer à la verité du cas, et si sont innocent, que l'on advise que l'honneur de Dieu et du ministère soyt maientenuz ; et honi présentés des supplications. Et sur ce ordonné que par tel cas soyt tenuz ung Conseyl extraordinayre autquelt sera appellé maystre *Pierre Viret,* qui doybd venyr en briefz icy pour mestre ordre à tel cas. Et cependant soyt inster à la formacion du prossès du d. *Treppereaulx...* »

« Maystre *Bastian Châtillon.* Sur ce que Monsr. *Calvin* a présenté par escript les propos scandalleux tenuz à la congrégation par maystre *Bastian,* ordonné de superscédyr jusque à la venue du d. maystre *Viret* pour débastre cella ainsin qu'il sera de rayson. Et cependant, quant l'on tiendra la congrégation des ministres, soyent assistans les Srs Pierre Tissot, conscindicque, Pernet de Fosses, consellier, et l'on [l. l'un] des secrétayres du Conseyl, lesqueulx debvront fère relacion de ce que sera en la d. congrégation exposé. » (Communication de notre regretté ami M. Théophile Heyer.)

[9] *Louis Treppereau.* — [10] Cf. la note 7, lignes 1-2.

[11] *Sébastien Châteillon.* — [12] Le vendredi 30 mai.

tia, etc[13]. » Contexuit perpetuam antithesin, ut prorsùs omni ex parte contraria omnia in nobis et Christi ministris ostenderet. Lusit ergo in hunc modum : « Paulum fuisse servum Dei, « nos servire nobis : fuisse illum patientissimum, nos impatien- « tissimos : vigilasse illum de nocte, ut Ecclesiæ ædificationi se « impenderet, nos ludendo vigilare : sobrium illum fuisse, nos « ebriosos. Illum vexatum fuisse seditionibus, nos eas commo- « vere. Illum fuisse castum, nos esse scortatores. Illum carcere « fuisse inclusum, nos includere si quis verbo nos lædat : illum « usum fuisse potentia Dei, nos uti aliena : illum ab aliis passum « fuisse, nos persequi innocentes. » Quid quæris ampliùs ? Fuit omnino sanguinaria oratio. *Tacui in præsentia, ne accenderetur coram tot extraneis major contentio*[14]. Sed apud syndicos conquestus sum. Hæc omnium schismaticorum fuerunt auspicia. Ego ut hominis intemperiem reprimere studerem, non tantùm perversa agendi ratione et maledicentiæ procacitate sum commotus, sed quia falsissimis calumniis nos infamaverat[15].

[13] II Corinthiens, chap. VI, v. 4.

[14-15] *Châteillon* ayant demandé d'être admis au nombre des ministres, les pasteurs de Genève, après un sérieux examen de sa doctrine, lui avaient opposé le refus que réclamait l'intérêt de l'église (Cf. les pp. 156-160). Son récent biographe dit excellemment, à propos de la conférence qui précéda ce refus : « N'y a-t-il pas comme un accent de candeur dans cette importante délibération ? Plus tard on ne l'eût abordée ni avec cette mansuétude ni avec ce sérieux... On y devine un sentiment d'impartialité et de justice qui honore cette première heure de l'orthodoxie protestante; il y a chez les juges, à leur manière, autant de délicatesse que chez celui qu'ils condamnent » (Ferdinand Buisson, o. c. I, 201).

Plus de deux mois se passent sans que *Châteillon* parvienne à se résigner. Il était profondément irrité contre *Calvin* et « sa tyrannie, » et il guettait l'occasion d'assouvir son ressentiment. On ne saurait, du moins, attribuer à un autre mobile le furieux discours qu'il prononça dans la congrégation du 30 mai. Au lieu d'insister sur l'obligation, urgente pour les pasteurs genevois, de suivre l'exemple de St Paul, il préfère les envelopper tous dans la même réprobation. Il ne se contente pas de médire de la partie la moins méritante du clergé de Genève : il calomnie indignement la meilleure, reniant ainsi l'estime qu'il professait naguère pour *Calvin* (p. 164). Et toutes ces accusations audacieuses, il les articulait devant des étrangers, et sans nul souci de l'honneur de la Réforme ! Ignorait-il que *Genève* était entourée d'ennemis, prompts à répandre au loin toutes les nouvelles, vraies ou fausses, qui pouvaient nuire à sa renommée ?

Vides[16] nunc quibus premar angustiis. Jam verò ne quid deesset ad miseriam, vel potiùs ad miserias meas, *legati Bernatium Neglius et Erlacensis senior hinc nuper gravissimè offensi discesserunt, quòd de finibus nulla potuit inveniri ratio cum nostris transigendi*[17]. Quod eo est indignius quòd de nihilo propemodum litigabant. Et quidam importuni homines me in triviis, ut audio, tanquam sponsorem pacis appellant : cum ob-

« En 1544 (observe M. Buisson, p. 209), le corps pastoral de Genève s'était déjà bien relevé; mais les lettres intimes de Calvin... ne nous laissent pas d'illusion sur les inquiétudes qu'il continue d'éprouver à l'endroit de ce clergé quelque peu improvisé. » L'auteur entre ensuite « dans quelques détails, sans lesquels (dit-il) un incident décisif de la biographie de Castellion resterait inexplicable, car c'est uniquement pour avoir trop pensé et parlé comme Calvin qu'il va se compromettre irréparablement. »

Calvin, il est vrai, après son retour à Genève, jugeait très défavorablement les pasteurs *Bernard, Champereau* et *de la Mare* (VII, 410, 411). Mais les documents de 1542-1544 ne nous montrent nulle part le Réformateur dénigrant ses autres collègues. *Châteillon* n'aurait donc pu se prévaloir de l'exemple de Calvin. D'ailleurs, pour qu'il se vengeât de lui et des ministres, il suffisait à maitre Sébastien de les accuser en bloc, sans s'inquiéter ni des preuves ni des conséquences.

Nous croyons que c'en est assez pour donner une idée de la judiciaire et des sentiments généreux de *Châteillon*.

[16] Ce paragraphe a été biffé obliquement et placé entre crochets par *Théodore de Bèze*. Son intention était de le supprimer, pour ménager les Bernois; car il se proposait de publier la présente lettre : elle porte la cote ancienne E, qui signifiait sans doute *Edenda*.

[17] Les deux députés envoyés de *Berne* pour fixer les limites des mandements de Jussy et de Peney, étaient *Nægueli* et *Diesbach*. Élus le 14 mai, avec pleins pouvoirs, ils arrivèrent le 22 à *Genève*. Les commissaires des deux États ne s'entendirent pas. « Les commis de Berne, dit le protocole du 27 mai, veulent qu'il aille ainsi qu'il leur plaist, et disent que des escriptures qu'on leur monstre on en fait comme d'ung nez de cire, et hont fait de grands reproches... et qu'on leur ait à fère response résolue, sinon ils prendront congé » (A. Roget, o. c., II, 117). — Le Manuel de Berne du 5 juin donne le détail suivant : M. l'avoyer *Nægueli* et *J. R. de Diesbach* font connaître ce qu'ils ont fait à Genève, c'est-à-dire rien, au sujet des limites de Jussy et de Peney (Trad. de l'all.).

Calvin s'est trompé en mentionnant « *le vieux d'Erlach* » comme député à Genève avec l'avoyer Nægueli. Nous avons constaté, en effet, que *Diebold d'Erlach* et son neveu *Jean-Rodolphe* siégèrent au Conseil de Berne pendant tout le mois de mai et les premiers jours de juin 1544.

stinatione ipsi sua et insana ferocia pacem, quoad in se est, abrumpant.

Nunc venio[18] ad tuas literas[19]. *Marcurtium* eatenus excusaveram, ne putares *istuc* venisse ex composito[20]. Sciebam enim aliud fuisse consilium profectionis. Non tamen negabam quin et voluptatem cepisset ex turbis, et eas pro virili auxisset[21]. *Collegam tuum* nihil miror fuisse in me commotum. Liberè enim bilem meam, tum apud *Marcurtium*, tum apud alios evomui. *De Vireto inita erat ratio*[22], *me nesciente*. Quanquam id quidem quod gestum est procuraveram multò antè ut fieret[23]. Sed cum Berna reversi essent legati nostri, subitò præter spem audivi impetratum, ut huc veniret ad sex menses noster futurus[24]. Egi legatis Bernensibus gratias, quod mihi datum præ se ferebant. Nunc restat ut fratres[25] assentiantur: quod non difficulter obtinebitur, ut spero. *Libellus*[26] jam excusus fuisset, nisi occuparetur prelum in *dialogis Vireti*[27]. Ab eo opere nolui typographos revocare, ne viderer mea pluris æstimare quàm par esset. Brevi tamen exibit. Salutant te plurimùm *Bernardinus, Genistonius* et reliqui. Familia verò nostra etiam atque etiam. *Textor* quo-

[18] Dans l'édition de Brunswick : Nunc *verò*.

[19-20-21] Cf. la lettre de Farel du 27 mai, renvois de note 2-4.

[22] C'est-à-dire, la négociation entreprise pour obtenir de Berne qu'elle prêtât *Viret* aux Genevois.

[23] Voyez les pages 184, lignes 6-8; 199, 227, et le N° 1357, renvoi de note 6.

[24] Les mots *legati nostri* visent les députés *Coquet* et *Roset*, qui se présentèrent le 29 avril devant le Conseil de Berne. Ils firent leur rapport, à *Genève*, le 9 mai.

La nouvelle que donne Calvin est confirmée par ces deux passages du Registre de Genève : « 10 juin 1544. Maystre *Pierre Vyret*, prédicant. Lequelt est arryvé icy pour servyr à l'église, et a exposé quelque chose à la Seygnorie. Toutesfoys a esté remys en plus grand Conseyl. » — « 13 juin. Maystre *Pierre Viret*... a exposé que la Seygnorie de Berne luy a bien comandé de venyr servyr en l'église de Genève pour demy an, et que à luy n'est possible de layssé l'église de Lausanne improvhue. Requérant adviser d'y merstre quelque bon ordre. Ordonné que le dit maystre Pierre, aux despens de la ville, doybge allé à Berne fère ses excuses et demandé congé, et présente quelqu'on de nous ministres pour servyr en l'église de Lausanne. »

[25] Les ministres de la Classe de Lausanne.

[26] Le livre de Calvin contre les Anabaptistes.

[27] Cet ouvrage de Viret est intitulé : « Disputations chrestiennes en manière de devis, divisées par dialogues... Genève, J. Girard, 1544, » in-8°.

que, qui huc accersitus fuit a *Banderio*[28], qui incidit in ἀφωνίαν. Morbus, ut video, erit incurabilis. *Textor* præsagit, à suffocatione esse periculum. Sin verò evadet id malum, brevi sequuturam ἀτροφίαν, quæ illum absumet. *Pestis* nos rursum lacessit, et videtur vires collectura. *Filiola nostra*[29] febri continua laborat. Rumor huc nuper de soluto Imperiali conventu[30] allatus est. *Cæsarem* aiebant *Argentoratum* cogitare, nunc ferunt *Metim* versùs[31]. Nihildum tamen certi. In *Italia* hactenus *Galli* prosperè res gesserunt[32]. Verùm utri utri sint superiores, successus tamen conjunctus erit cum maxima orbis Christiani calamitate. Dominus nos respiciat. Vale iterum, frater mihi charissime. Saluta omnes fratres et domum tuam. Dominus vos conservet omnes.

JOANNES CALVINUS tuus.

(Inscriptio:) Chariss. fratri meo, G. Farello, Neocomensis ecclesiæ pastori fideliss[33].

[28] *Ami Bandières,* conseiller en 1532, capitaine général en 1534, syndic en 1535 et 1541. Il mourut en 1544 (Galiffe, o. c., I, 22). Le Reg. du Conseil du 2 juin, même année, mentionne *Claude Pertemps,* élu capitaine général, « en deffault de M. le capitaienne *Bandière,* qu'est fort malade. » Pour le soigner, on avait appelé de *Mâcon* le célèbre médecin *Benoît Textor* (VIII, 223, 224).

[29] Probablement *Judith,* fille du premier mariage de sa femme (Cf. la p. 171, renv. de n. 18).

[30] Registre du Conseil du 3 juin : « Novellités du Roy et de l'Empereur. L'on a entendu que *l'Empereur* s'en vecst [l. s'en va] à *Mex* (Metz) et de là s'en vecst en *la Champagnie,* et qu'il a accorder aux Estas et Protestans que la st. Euvangièle soyt purement receu et publiés, combien que ny *l'Empereur* ny *le Roy* n'hont pas grande cure des affères de Dieu, comme estant seulement leur cueurs aux choses terriennes : dont ilcelluy nostre bon Dieu les vollie inspire[r] en mieulx. » — Des deux nouvelles communiquées au Conseil de Genève, la première était prématurée (Cf. n. 31) et la seconde sans fondement.

[31] La diète de *Spire* ne fut close que le 10 juin, et *l'Empereur* n'arriva à *Metz* que le 16 du même mois.

[32] Pendant l'hiver précédent, les Français avaient éprouvé en Piémont des pertes assez notables ; mais elles avaient été compensées par leur brillante victoire de Cérisolles (Cf. p. 201, n. 3. — H. Martin, VIII, 293).

[33] Sur la page 4 du manuscrit, laquelle porte l'adresse, on lit cette note de la main de *Farel* : « 30 maii 1544, » note que Nicolas Colladon a reproduite à la page 3, à côté de la signature. Mais il est évident que la lettre a été écrite le *31* mai (Cf. la note 1 et le renvoi de note 12).

1364

J. CALVIN aux Pasteurs du comté de Neuchâtel.

De Genève, 1ᵉʳ juin 1544.

Brieve instruction, pour armer tous bons fideles contre les erreurs de la secte commune des Anabaptistes. *Par M. Iehan Caluin*. A Geneve par Iehan Girard. 1544[1].

Extrait

IEHAN CALVIN aux Ministres des Églises du Conté de Neuf chastel.

Si quelcun s'ébahit, mes très chers frères et compagnons en l'œuvre du Seigneur, comment je m'amuse à respondre à un livre qui n'est pas digne qu'on en parle, ne qu'on en face quelque mention[2], veu que je me pourrois employer, comme il semble, à choses meilleures et de plus grand fruict, — il me suffiroit bien pour toute excuse, d'alléguer, que c'est à la requeste et instance de plusieurs bons fidèles, qui me l'ont envoyé de bien loing[3], avec tesmoignage qu'il estoit bien mestier, pour le salut de beaucop de povres âmes, que j'y misse la main. Car je pense bien, que cela doit estre assez pour contenter ceux qui voudront prendre raison en payement, que j'aye voulu acquiescer tant au jugement qu'au desir de ceux que je congnois estre zélateurs de la gloire de Dieu et de l'édification de son peuple.....

La raison qui m'a esmeu de vous adresser ce présent traicté, est double. Premièrement, afin qu'il soit comme un tesmoignage

---

[1] Petit in-8° de 190 pp. Le titre porte l'une des grandes marques de Jehan Girard, l'épée au milieu des flammes et cette devise : NON VENI PACEM MITTERE IN TERRAM, SED GLADIVM.

[2] Le livre de *Balthasar Hubmeyer*, traduit en français. Cf. p. 173, note 14, et le N° 1340, p. 193.

[3] En réalité, le livre avait été envoyé de Neuchâtel à Calvin. Ce fut peut-être sur la demande des pasteurs neuchâtelois, que les mots « *de bien loing* » remplacèrent ceux de la rédaction primitive (Cf. p. 173, renv. de n. 12, 13, p. 187, 202, dernière ligne du texte, et première ligne de la p. 203).

publiq de la conjonction que j'ay et desire tousjours avoir avec vous, et que chacun congnoisse comme nous sommes unis, tant en doctrine, comme en affections de cueur. Secondement, afin que la lecture en soit plus recommandée à tous ceux ausquelz vous avez la charge de porter la parolle de Jésus-Christ : tellement que les Églises ausquelles ce prince des pasteurs vous a commis ministres, soyent entretenues en pure doctrine, et préservées de toutes perverses opinions, contrevenantes à la verité du sainct Évangile[4].

1365

HENRI BULLINGER à Jean Calvin, à Genève.

De Zurich, 8 juin 1544.

Copie moderne. Collection Simler à Zurich[1]. Calv. Opp. XI, 724.

Gratiam et vitæ innocentiam a Domino! Frater *Hieronymus qui has tibi offert,* Calvine doctissime idemque charissime frater, *Italus est*[2]. *Guardianus fuit in cœnobio quodam Franciscanorum apud Mediolanum.* Aufugit autem ne in vincula conjiceretur propter Christum. Excepit ipsum D. *Hieronymus Frickerus*[3],

---

[4] Un extrait des phrases suivantes a été donné dans notre t. VIII, p. 365. Le traité de Calvin contre les Anabaptistes est reproduit intégralement dans les *Calvini Opera*, édition de Brunswick, t. VII, p. 45-142.

[1] Au rapport de Simler, l'original autographe existait, de son temps, dans le t. 268 de la collection du Puy. Il en a disparu.

[2] Ce Franciscain est mentionné par C. S. Curione dans les passages suivants de sa lettre à Bullinger du 29 juillet (1544) : « Ab *Hieronymo Mariano* superioribus diebus tuas suavissimas literas accepi. Is mihi tuam erga se charitatem narravit, prædicavitque : quod quidem mihi novum non fuit, qui toties à te humanissimè acceptus et dimissus fuerim. Novi ego *Bullingeri* pietatem singularem, et animum ad calamitosos sublevandos et veritatis causa vexatos flagrantissimum... Sed ut ad *Hieronymum* redeam, ego illum, quandiu voluit, alui. Verùm bonus vir et pudens, ubi agnovit se ad nullum apud nos munus idoneum esse, ad *Rhetos* proficisci voluit, sperans se illic aliquo pacto utilem fore » (Curionis Epp. 1553, p. 36).

[3] *Jérôme Fricker*, fils de feu le secrétaire bernois *Thüring Fricker* (VI, 807, n. 7), était bailli à Mendrisio. Une note des *Calvini Opera*, XI, 725, dit que la lettre de *Fricker* à Pellican, datée du 25 mai 1544, qualifie *Mariano* en ces termes : « pietatis evangelicæque veritatis fautorem atque

Bernas, qui nunc præsidem agit *Mendrisii*[4], scripsitque ad D. *Pellicanum* literas quas hic attulit, consilium à nobis atque auxilium postulans. Ego cum viderem et intelligerem hominem esse bonum, sed non perinde doctum, qui tamen Gallicæ et Italicæ linguæ peritus esset, sed hujus profectò magis quàm illius, ita ut nullus ejus usus esset futurus in ecclesia nostra, quæ alioquin etiam onerata est, *literis ac viatico instructum ad vos proficisci, ac ibi locum aliquem in quo hæreat quærere suasi. Nam non pauci referunt ecclesias in agro Bernensi et Genevensi inopia laborare ministrorum*[5]. Commendo itaque hunc fratrem tuæ charitati, si fortè locus ei certus daretur, ne perpetuò cogatur oberrare. Non ignoro res vestras admodum esse accisas: ideo veniam mihi dari oro. Non mitto illum ut onerem vos, sed tantùm ut indicem, si fortè ejus aliquis esset usus. Si nullus erit, tum consolatione et commendatione aliqua instructum rursus licebit dimittere. Doleo profectò quòd nobis non sunt tantæ opes ut hunc et alios exules recipere et alere possimus. Facimus ergo quod possumus, nec aliud postulamus à vobis. Dominus Jesus sit tecum!

Scribet *adolescens quem mihi commendasti*[6], quo modo res ejus habeant. Emit libros pro ursis, si bene memini, 29, id est, pretium duorum ferè aureorum nostrorum, non coronatorum. Commodum autem foret si mercator *scribæ* mitteret 6 aut 8 coronatos. Ita enim apud nos fieri ferè solet, ut qui recipiuntur convictores hospitibus mox ab initio aut circa initium bonam partem pactæ adpendant pecuniæ. Cura autem ut quæ mittuntur non ad puerum solum, sed etiam ad *scribam urbis* aut ad me mittantur. Vale, colende et perchare mi Calvine, frater in Domino venerande. Tiguri, 8 Junii 1544.

H. BULLINGERUS tuus.

maxime baptistarum osorem.» Voyez aussi l'autobiographie de Conrad Pellican, dans l'ouvrage intitulé : Bekenntnisse merkwürdiger Männer von sich selbst, 1810, t. VI, p. 165-166.

[4] *Mendrisio*, village situé près du lac de Lugano (C. du Tessin), était le chef-lieu d'un bailliage gouverné depuis 1522 par les cantons suisses.

[5] Cela était vrai, surtout du territoire de *Genève*, où l'État devait procurer des pasteurs aux paroisses qui lui étaient échues, en vertu de son traité de paix avec les Bernois.

[6] Voyez la fin du N° 1356, p. 241.

1366

HILAIRE DE GUIMÉNÉ[1] à Guillaume Farel, à Neuchâtel.
(De Strasbourg) 10 juin (1544).

Inédite. Autogr. Biblioth. des pasteurs de Neuchâtel.

S. P. *Prospectum est juvenibus commodissimè. Duo enim qui aluntur à vestris*[2] *habent pro hospite hebreum professorem*[3], qui est vir piissimus et diligentissimus in exigenda lectione à suis convictoribus: hoc enim quotidie facit. Ob eam causam mihi videtur meliùs fuisse prospectum juvenibus quàm si in Collegio fuissent, ubi hoc non fit. Si tamen *cives Neocomenses* magis cu-

---

[1] Voyez, sur ce personnage, la note 16.

[2] A la requête de *Farel*, les magistrats de la ville, à Neuchâtel, avaient décidé (juin 1543, VIII, 412, 415) d'entretenir à leurs frais quatre collégiens neuchâtelois, qui poursuivraient leurs études hors du pays.

[3] *Michaël Delius* (Dæle) originaire d'Aach, petite ville située à 10 l. N. de Constance. Reçu bachelier à Fribourg-en-Brisgau (1514) et magister le 31 octobre 1516, il y enseigna la langue hébraïque, dès le mois de décembre 1522 au printemps de 1531. Il se rendit alors à *Strasbourg*, afin de remplacer, comme professeur d'hébreu, *Boniface Wolfhard* (I, 202 II, 104, 170-73, 247-49; V, 90-91), l'un de ces « lecteurs publics » qui étaient chargés de l'enseignement supérieur. *Delius* occupa la chaire d'hébreu jusqu'en 1554, année de sa mort.

Paul Fagius (VIII, 158) s'exprime en ces termes, dans l'épitre qu'il adressait d'Isny à Wolfgang Capiton, à Strasbourg, le 20 août 1541 : « Non deest et suus hebraicæ linguæ apud vos professor, quæ certè, cum non tam eruditione quàm pietate præditum virum requirat, non video an ad eam rem magis idoneus haberi posset, docto juxtaque pio viro M. *Michaële Delio*, homine mihi singulariter dilecto. » (Dédicace du Lexicon Chaldaicum d'Elias Levita. « Excusum Isnæ. An. M. D. XXXXI. Mense Augusto. » In-folio.)

Le témoignage de *Jean Sturm* n'est pas moins favorable : « J'ose bien affirmer (dit-il) que, de ma vie, je n'ai rencontré un homme plus pieux et plus droit que *Michel Delius*. Sa femme s'appelait *Anna Meichsnerin*... Elle était, chez elle, la parfaite image de Cornélie, mère des Gracques tant il y avait d'aisance et de correction dans le latin qu'elle parlait avec ses enfants et ses pensionnaires. C'était aussi, d'ailleurs, une pieuse, hono-

perent suos esse in Collegio⁴, poterunt hoc indicare per *Fatinum*⁵ aut quempiam alium, et hoc posse ab isto magistratu impetrari non diffidimus. Domino *Bucero* etiam placet hospes hebræus, qui pro quolibet exigit in annos singulos xxiiii florenos, pro lecto florenum, et pro uxoris opera dimidium florenum. *Reliqui duo*⁶ *sunt cum Noveriano*⁷, viro etiam pio et docto, et diligenti in suis curandis. Is scribit ad D. *Corderium*⁸. Isti non tantum exegissent à pueris, nisi annona, quæ hîc est carior, eos hoc facere coëgisset⁹. *Novesianus* vult remittere ex precio aliquid, si annona hoc posthac permittat.

Reliqua scies ex literis Domini *Buceri* et meis quas *Remondo nostro*¹⁰ dedi. Si qua etiam in re alia mea opera uti velis, te etiam atque etiam oro ut hoc facias familiarissimè : totus enim tuus sum et esse volo ob non vulgaria tua in me beneficia. *Pas-*

---

rable et vertueuse matrone et mère de famille. » (Trad. de l'all. Baum. Capito und Butzer, p. 522. — Communications obligeantes de M. le prof. Aug. Bernus.) Voyez aussi Röhrich, o. c., II, 52. — Schreiber. Gesch. der Univers. Freiburg in Br. 1857, II, 212-13. — A. Erichson. L'Église franç. de Strasbourg, 1886, p. 11, 19, 27. — Karl Engel, dans la « Festschrift zur Feier des 350 jähr. Bestehens des prot. Gymnasiums zu Strasburg. 1888, » p. 126, 133, 134, 138. — Berger-Levrault. Annales des professeurs des académies et universités alsaciennes. Nancy, 1892, p. 52, 260.

⁴ Mʳ H. Veil (Zum Gedächtnis Johannes Sturm, dans la *Festschrift* précitée, p. 17) nous apprend que, déjà avant la venue de Jean Sturm à *Strasbourg*, on y avait organisé, pour loger les élèves pauvres ou étrangers, deux internats officiels : l'un, nommé *Pædagogium* était destiné aux enfants de bourgeois peu aisés ; l'autre, le *Collegium prædicatorum*, à des élèves étrangers. Ces deux internats étaient installés dans le couvent des Dominicains. C'est du second que l'auteur de la lettre veut parler (Note de M. Aug. Bernus).

⁵ *Fatin*, que nous avons précédemment qualifié de messager neuchâtelois, était peut-être un réfugié pour cause de religion.

⁶ Ces deux autres étudiants étaient neuchâtelois.

⁷ Était-ce *Petrus Novesius*, de Schneebourg, professeur de la huitième classe du Gymnase, mort en 1570 (Cf. A. G. Strobel. Hist. du Gymnase prot. de Strasbourg, 1833, p. 162) ?

⁸ *Mathurin Cordier*, l'ancien professeur des quatre pensionnaires neuchâtelois.

⁹ A comparer avec la p. 100, n. 37, et avec le N° 1361, n. 12.

¹⁰ *Raymond Chauvet* (N° 1358, p. 247, n. 8, 4) qui se rendait, ou s'était rendu peu de jours auparavant, de Strasbourg à Genève, emportant une lettre de *Bucer*, adressée à *Farel*.

tor noster *Petrus*¹¹ te plurimùm salutat. Salutant etiam te nostri juvenes *Franciscus, Theodoricus, Fridericus*¹². Dominus Jhesus te, vir optime et nobis charissime, diutiùs conserv t et perpetuò soletur in hac tua sanctissima functione, ut eam constanter persequi ad finem usque possis. Saluta mihi *uxores*¹³ tuorum et *Sorellum nostrum*¹⁴. x⁴ die Junii (1544)¹⁵.

Tuus HILARIUS GUYMENNÆUS¹⁶.

Luxemburgum fuit recuperatum a *Cæsarianis*, die Veneris manè¹⁷. *Galli* qui intus erant fuerunt coacti se dedere ob penu-

---

¹¹ *Pierre Brulli*, pasteur de l'église française.

¹² Ces mots *nostri juvenes* semblent annoncer que *François, Théodoric* (ou *Thierry*) et *Frédéric* étaient des étudiants français.

¹³ *Françoise* et *Louise de Beauvais* (p. 239, note 38).

¹⁴ *Jacques Sorel*, pasteur à Engollon et Valangin (p. 162, n. 9). Il avait étudié à Strasbourg de 1539 à 1540 (VI, 57, 230-31).

¹⁵ Le millésime est indiqué par la mention du voyage de *R. Chauvet*, et surtout par celle de la prise de *Luxembourg* sur les Français.

¹⁶ *Hilaire de Guiméné* n'est connu que par les deux lettres de lui qui ont été conservées : la présente et celle qu'il écrivit à Calvin le 28 avril (1545).

Originaire de *France* (renv. de n. 21) il était peut-être seigneur de *Guéméné* (à 7 l. de Savenay, Loire-Inférieure) ou de la localité de même nom située dans le Morbihan, à 4 l. de Pontivy. Il avait fixé son domicile, depuis quatre ans, au moins, à *Strasbourg*, où il s'était lié avec *Jacques Sorel* (n. 14). Et il est même possible qu'il ait passé quelque temps à *Neuchâtel*, puisqu'il fait saluer la femme de Gauchier Farel et celle de son frère Claude.

¹⁷ La ville de *Luxembourg* aurait donc été reprise par les Impériaux le vendredi 6 juin, ou le vendredi 30 mai. Cette dernière date doit être la vraie. Elle se rapproche de celle que donne Sleidan, II, 351 : « *Cæsar* Spira proficiscitur Metim... et sub finem Maii, *Luceburgum* urbem deditione recuperat. Militabant Cæsari Saxoniæ dux *Mauricius, Albertus Brandeburgicus*,... item *Gulielmus Furstembergius*, peditum præfectus, et *Sebastianus Schertlinus*, protestantium religionis omnes. »

Il a bien fallu trois jours pour que l'appel du comte *Guillaume de Furstemberg* parvînt à *Valtrin du Bois* à Strasbourg. Si l'on suppute le temps que celui-ci a dû employer à faire deux fois un voyage de quarante-cinq lieues (c'est la distance entre Strasbourg et la ville où il était appelé), on sera contraint de reporter au 30 mai la prise de Luxembourg. Un indice que c'est la date vraisemblable se trouve dans le P.-S. suivant de la lettre du conseiller *Curtet* datée de Paris, 7 juin 1544, et adressée à MM. de Genève : « Le Roy est de présent à Vincenne, et se dict que *Lu-*

riam alimoniæ, et hoc scimus certò. *Waltrinus*[13] enim hodie rediit, eò qui fueràt evocatus a Comite *Guillelmo*[19]. Caussam scies ex literis Domini *Sturmii*[20], qui ad te scripturus est. Timeo plurimùm nostræ *Galliæ*[21] : incredibile enim est quantum apparatum belli *Cæsar* pareat [l. paret] undique, qui jam quinquaginta millia hominum ante *Luxemburgum* habuit. *Metenses* eum expectant quotidie[22], et mirum quantùm sacrificuli incipiant minari bonis viris[23]. D. doctor *Ulricus*[24] te plurimùm salutat, *Cyprianus*[25] etiam.

(*Inscriptio:*) Fidissimo et constantissimo Christi ministro D. Guilielmo Farello, viro omnibus piis observando. Neocomi.

1367

OSWALD MYCONIUS à Jean Calvin, à Genève.

De Bâle, 10 juin 1544.

Autogr. Bibl. Publ. de Genève. Vol. n° 110. Cal. Opp. XI, 726.

S. A Gallo quodam, viro certè optimo, accepi *librum tuum ad Cæsarem et Status,* mutuò, et doleo quòd eo carendum est mihi : non est enim hîc venalis. Mirum si legissent quibus desti-

---

cembourg soyt est rendus, à bagues saulves et enseignies desployés. Non po[u]rtant *les Françoys* pour cellas ne laissent fères grant chière » (Mscrit orig. Arch. de Genève).

[18-19] Le pasteur *Valtrin du Bois* avait été expulsé de *Metz* le 15 octobre 1543 (p. 81-82). Le comte *Guillaume* l'avait appelé auprès de lui, pour qu'il prêchât l'Évangile dans la ville de Luxembourg reconquise. Mais ce projet fut immédiatement contrarié. On peut le conclure du fait que *Valtrin du Bois* rentra le 10 juin à Strasbourg.

[20] Probablement, le professeur *Jean Sturm.*

[21] *Calvin* éprouvait les mêmes inquiétudes. Voyez sa lettre du 24 juin à Myconius.

[22] L'Empereur fit son entrée à Metz le 16 juin.

[23] En 1543, la nouvelle que l'Empereur était arrivé en Allemagne et qu'il viendrait peut-être à *Metz*, avait déjà provoqué une grande excitation parmi les catholiques messins (VIII, 437, note 4, 440, 442, 444).

[24] Le docteur *Ulric Geiger* (Chelius).

[25] Ce personnage, sur lequel nous n'avons pas de renseignements, figure déjà dans les lettres de Poullain du 6 octobre 1543 et du 9 mars 1544.

nasti, si non fuissent moti ratione aliqua. Quamvis constet, ita *Cæsaris* oculos obcæcatos cupiditate belli, ut ad divina prorsùs sint nulli. Sed reliqui forsitan aliquid vidissent, quod fuisset è re Christi. Verùm cum nihil sit actum de religione[1], verisimile est, illos neque illum, neque aliud quidpiam simile vel vidisse, vel cogitasse. Habemus Principes non bene Christianos : quare videndum est nobis unà cum plebe, ut Deum rectè intelligentes et adprehendentes, nobis ipsis circa salutem non desimus.

De *Gallo*, si quid nosti, quæso uno verbo exponas. Postquam enim *Cæsaris* exercitus ita fervet, non audimus quid ille paret contrà. Et inde certè sunt varia hominum consilia, nempe tanquam inter Monarchas sit collusio adversùm nos. Videat Dominus, qui novit corda hominum, et nos adjuvet, ut suo spiritu contemnere valeamus omnes inimicos nostros.

Contra Waldenses audio novos esse tumultus[2]. *Frater Farelli*

---

[1] Le 2 mai 1544, *Jean Sleidan* renseignait en ces termes le cardinal *Jean du Bellay*, au sujet de la diète de *Spire :* « Res tali sunt loco. Nunc agitur cum *Protestantibus* de pace religionis, quam illi sibi suisque omnibus petunt. *Cæsar* ipsis quidem non denegat, sed sociis illorum futuris et accessuris eam concedere non vult. Hoc illi recusant facere, et potiùs illinc abibunt re infecta. Posthac prudentiores erunt et discent quid illud sit : « Primùm quærite regnum Dei. » Cupiebant quidem ipsi initio agere inprimis de religione, sed *Cæsar* obtinuit ut suum negocium priùs tractaretur. Non alia ratione promiserunt opem *Cæsari* contra *regem Galliæ*, quàm si *Cæsar* eis satisfaciat in hac causa et pacem concedat. Hic est rerum cardo, hic jam laboratur » (Baumgarten. Sleidans Briefwechsel, p. 32). Avant la clôture de la Diète. les États protestants relâchèrent de leurs prétentions (N° 1362, n. 9, 10).

[2] Les lettres patentes de *François I* du 14 juin 1544, envoyées au parlement de Provence et à M. de Grignan, décrivent l'état déplorable des *Vaudois provençaux*, attendu qu'elles résument les requêtes et les plaintes que ceux-ci avaient adressées à S. M. depuis la publication de l'arrêt de Mérindol (18 nov. 1540). Le Roi dit qu'après ses lettres du mois de mars 1543, qui ordonnaient d'exécuter le susdit arrêt, « les supplians... luy auroient fait entendre qu'ils sont Catholiques, obéissans à l'Église et à luy, et que les coupables se sont présentez à abjurer...; et [pro]posent aussi au Roy que... ses Officiers domestiques et autres Officiers du Parlement de Provence auroient obtenu de luy, pour eux, leurs parens et alliez, les dons des confiscations de leurs biens... Et aucuns des dits Officiers, ayans en leur subjection certains des d. supplians, ont pris et retenu leurs biens, et chassé leurs personnes...; auroient quelques Gentilshommes apparentez d'aucuns de la d. Cour, et desquels les supplians sont sujets, pris et saisi

*cum literis eam ob rem Argentinam proficiscitur*³ *:* hinc et nos certiores aliquando de illis reddemur. Dominus et ipsis et nobis misericorditer adsit! Hisce paucis te salutare volui. Vale per Christum cum fratribus et tota ecclesia. Basileæ raptim. 10. Junii, anno 1544.

Os. Myconius tuus.

(*Inscriptio :*) D. Joanni Calvino, ministro Domini præstantiss., Dn. suo in Christo venerando.

1368

GUILLAUME FAREL à Oswald Myconius, à Bâle.

De Neuchâtel, 11 juin 1544.

Inédite. Autographe. Arch. de Zurich.
Copie dans la collection Simler. Bibliothèque de Zurich.

S. Excludor tempore, et non licet per non satis firmam valetudinem ad te plura scribere, Myconi doctissime. Sed cum tua sponte sis propensissimus ad subveniendum oppressis, et *hic meus frater* te invisat¹, *qui res piorum novit ut habeant, et quàm*

---

par violence les biens meubles et immeubles des supplians sans inventaire ny ordre de Justice... : tellement que tout ce qui s'est fait contre eux ne procède que d'avarice et cupidité, et non de zèle de les réduire à la voye des vrays Chrestiens : mesmes les Officiers des Évesques auroient ... pillé, vollé, tyrannisé et saccagé, et aucuns mis à mort... » Cf. le N° 1293, p. 69.

Le Roi dit ensuite qu'il enverra en Provence l'un des maîtres des requêtes de son Hôtel, avec un Docteur en Théologie, pour informer des choses susdites, et qu'en attendant, il suspend l'exécution de tous Arrêts, Jugements et Lettres patentes; il en évoque la connaissance à sa personne et la défend à la Cour (Hist. de l'exécution de Cabrières et de Mérindol. Paris, 1645, pp. 61-64).

³ Voyez la lettre suivante.

¹ C'était *Gauchier Farel :* son frère *Claude* n'était pas encore de retour de *Grenoble* (N° 1372, note 10). *Gauchier* allait maintenant implorer, pour les Vaudois de la Provence, l'intervention des magistrats de *Bâle* et de *Strasbourg.* Ayant à franchir vingt-deux lieues, pour atteindre sa première étape, il dut arriver chez *Myconius* le 12 ou le 13 juin. Comment donc celui-ci a-t-il pu écrire, le 10 : Le frère de Farel part pour Stras-

*sint omnes expositi sævis feris*², — ex quo omnia poteris intelligere, — aliud non est quod nunc possim, neque quod ex te petam, nisi quòd pro tua in omnes charitate pergas, et precibus sanctis tu et ecclesia Deo commendare periclitantes, et consilio adjuves, et sanctum horteris *Senatum,* ut tum iste, tum alii qui possunt aliquid, literis et qua noverint via expedire, continere contendant eos per quos tam gravis excitatur persecutio. Christus Jesus, qui solus omnia potest, omnium impiorum conatus dissipet et omnia ipsorum consilia, suamque vim exerat in suis. Vale, et quod facis, semper opus Domini cura. Christus tibi semper adsit, et tecum piis omnibus, quos salvos esse opto. Fratres tibi salutem dicunt, et piorum causam tibi commendant. Neocomi xi Junii 1544.

FARELLUS totus tuus.

(Inscriptio :) Ad Osvaldum Myconium.

Nous placerions ici une lettre de *Calvin* à Farel du 11 juin 1544, si nous n'avions constaté qu'elle était fausse. Nous le prouverons en publiant plus tard, s'il plaît à Dieu, la lettre authentique.

---

bourg (N° 1367)? Il faut croire qu'il était déjà informé de son projet de voyage, ou bien que Guillaume Farel s'est trompé sur le quantième du mois.

² Ces « bêtes cruelles » ce sont les juges de la cour d'Aix. Ils étaient, pour la plupart, beaucoup moins excités par le fanatisme que par une basse cupidité. Plus on condamnait de Vaudois, plus il y avait de chances d'obtenir quelques lambeaux de leurs dépouilles (N° 1367, n. 2).

En 1551, *Jacques Aubéry,* l'avocat du Roi, cita en plein tribunal les noms de plusieurs nobles « qui avoient eu quelque profit des confiscations des Hérétiques par personnes interposées, et qui aspiroient à leurs biens, et qui estoient seigneurs temporels des accusez d'hérésie. » Puis il ajouta : « Faut aussi entendre, qu'il n'y a Conseiller en la Cour de Parlement de Provence qui ne soit parent ou allié des plus puissans Gentilshommes du pays, et que c'estoit une belle proye de chasser deux ou trois mille pauvres laboureurs, ayant les plus belles novales et le plus beau bestail qu'il estoit possible voir... Et pour dire vray, si nous suivons le bruit commun, mesmes de plusieurs personnes du pays, il y avoit un très mauvais ordre de Justice en la dite Cour, et n'y avoit point de raison contre les Conseillers ne leurs parens ; tellement qu'il n'y avoit maison ayant biens, qui ne

1369

JEAN-AMI CURTET[1] au Conseil de Genève.
De Villeneuve-le-Comte, 18 juin 1544.
Inédite. Manuscrit orig. autogr. Arch. de Genève.

Magnifficques, puyssans et mes très redoubtés Seigneurs, les très humbles recommandations deubes.

Avant-hier vous avoyes rescriptz, cuydans que le secrétaire *Gaspard Neyrod*[2], quil estoit venus en poste pour les affères de *Lyon* et prouffis du Roy, seroit dépéchés embriefz pour soyt en retourner en déligence : car il avoit de commandemant ainsi le fère. Non po[u]rtant n'haz estés ancore expédiés. Dont les aultres quilz demande[nt] doibve prandre pacience à leur longue demeure. Si Mons' le Chancellier *de Simant*[3], qui attent *le Roy* à *Paris,* et lequel desire nous faire service, au pourchas de Mons' le Cardinal *du Belleys*[4], fusses ilci, je seroyes dépéchés

tendist par tous moyens à faire un Conseiller de leur famille, estimant par là estre en franchise contre droit et raison. » (Hist. de l'exécution de Cabrières... fol. ō, et pp. 68-69.)

[1] *Jean-Ami Curtet,* dit *Bothellier,* avait été syndic en 1530, 1534, 1537, 1541 (Galiffe, o. c. t. II, nouv. éd., p. 144), et après la mort d'Ami Porral (juin 1542). Le 26 mars 1544, il fut élu, avec *Ami Perrin,* pour aller solliciter, auprès du roi de France, la restitution du mandement de *Thie* (ou *Thyes*). Genève, en février 1536, avait pris possession de cette terre épiscopale, enclavée dans le Faucigny. Mais, en juillet 1539, *Charlotte de Nemours,* gouvernante du Faucigny, autorisée sans doute par le roi *François I,* avait ordonné à ses gens d'occuper *Thie* et d'en expulser tous les fonctionnaires genevois (IV, 24-27 ; V, 330-332. — A. Roget, o. c., II, 122-135).

[2] Citoyen de Genève, établi à Lyon.

[3] *François Érault de Chemans,* garde des sceaux, successeur de François de Monthelon, mort en juin 1543 (H. Martin, o. c., VIII, 285, 303).

[4] Les manières affables de *Jean du Bellay,* évêque de Paris, lui avaient gagné le cœur du député genevois. Celui-ci écrivait le 6 juillet suivant à ses supérieurs : « Je sollicite bien fort les seigneurs noz bons amys, lesquelz ne sont point desgouttés à nous fères service, et principalement *le bon cardinal du Belleys.* » Déjà le 7 juin, il disait avoir eu, la veille, « pluseurs devis avecque pluseurs gens et grandz seigneurs, amateurs de nostre Religion et de la ville. »

ou l'on eusse reffusés nostre requeste. Et pource que l'affère vault l'attendre, il fault prandre pacience, et de laz coustange que l'on faict, remettans le tout à la main du Seigneur.

Aujourd'uys Monsr le Cardinal du Belley moy az tenus propos de Monsr Calvin, pour aller quelque part pour les affères du Roy[5]. *Et si il se faict, j'espeyre pourraz prouffiter à nostre Religion,* et aussi estre cause que les pauvres prisoniers pour l'Évangile, quilz sont en grant nombre, seront dehors et relâchés. Pour ses causes et raisons, et oultre ce que vous ait rescriptz, moy semble seroit louable exdresser les prières expresses au Seigneur, luy prian le tout vouloyer conduyre et nous oultroyer ce qui sçait nous estre neccessayre, et à vous son sainct Esperit en vostre Régime, à son honneur et gloyre. De Ville neufve le Conte en Brie[6], le xvIII^e de Juing 1544.

Vostre très humble subgect et ambassadeur
JEHAIN AMYE BOTHELLIER.

Il moy semble, si il fusse esté vostre bon plaisir escripres des lettres de remerciations aux seigneurs que vous avoyes rescriptz[7], aviés la commodités de cellas fères : car les postes passes tous les jours par devers vous pour venir en ceste court. Et aussi je vous supplie que le trésorier donne ordre pour ramborcer l'argent que j'ait receus[8], et que n'en souffre fâcherie.

---

[5] Le 25 juillet 1541, *la reine de Navarre* écrivait à *Calvin* : « Le Roi est merveilleusement satisfait des bons services que vous et les autres lui faites par delà » (VII, 199). Il s'efforçait, en effet, de démontrer aux députés des princes protestants, les avantages que leurs seigneurs retireraient d'une alliance avec *François I*. Mais l'on ignore quels services le Roi voulait requérir du Réformateur, en juin 1544.

[6] Il avait d'abord écrit : « en Berrix. » *Villeneuve-le-Comte* est un bourg situé à 5 l. S. de Meaux.

[7] On lit dans la lettre de Curtet du 15 juin, datée de Paris : « Seroit louable escripres des lettres de remerciations aux seig^{rs} Admyral [*Claude d'Annebaut*], la Royenne de Novarre, Monsr le cardinal *du Belley*, lequel grandement est nostre amys, et comant vous diraz le Seigneur *Amye Perrin*, et aussi à Monsr *le Chancelier*, et, ainsi faysans, seront constantz estre vous amys, à l'e[n]contre des adversayres pour l'advenir... »

[8] Lettre de Curtet, de Paris, 7 juin : « Je avoyes escriptz à mons^r le sindicque *Tissot* commant des bons personages, de ceste ville, moy ont balliés des escus, pour les leurs deslivrés *à Genève*. »

*S'ensuyvent les sommes des escus que j'ait receus pour fère tenir à Genève*⁹. Et premièremant :

De Mons' *de la Sault*¹⁰, de *Paris*, pour les luy ramborcer *à Genève*¹¹...........	XLV ▽
Item plus de Mons' *Jeham Ponce*¹², pour deslivrer à Mons' *Calvin*..........	XX ▽
Item plus de Mons' *Mathieu Cugniet*¹³, aussi de *Paris*, et pour fères tenir à Mons' *Calvin*..	IIII ▽
Item plus du seigneur *Françoys Paguet*¹⁴, pour fères tenir à sa femme........	IIII ˣˣ ▽ 80 ▽
Item plus, le sire *Françoys de la Clefz*¹⁵ nous az prestés cent escus, et le seigneur *Amye Perrin* et moy [nous] sommes oubligés à les luy rendre à la saint Jeham-Baptiste.....	100 ▽
Item plus de *Jeham Serre*, librayre vers Rive¹⁶, pour fères tenir à sa femme¹⁷.......	

(*Suscription :*) **Aux Magnifficques, Puyssans et mes très redoubtés Seigneurs les Sindicques et Conseil de Genève.**

---

⁹ Ce compte a été écrit, par Curtet, sur un carré de papier fixé à sa lettre.

¹⁰⁻¹¹ Évidemment M' *de Saules*, c'est-à-dire, *Nicolas des Gallars* (en latin *Gallasius* ou *Salicetus*), qui se retira bientôt après à *Genève*, où il fut admis en qualité de pasteur, le 4 août 1544.

¹² Nous n'avons pas de renseignements sur ce personnage. On ne peut dire si la forme exacte de son nom était *Ponce* ou *Pons*.

¹³ *Matthieu Coignei*, ancien ami de *Calvin* (IV, 261, note 8).

¹⁴ Voyez, sur *François Paguet* ou *Paquet*, interprète du Roi, le t. VIII, p. 145.

¹⁵ C'est peut-être une altération du nom de famille *des Clefz*, bien connu à Genève dans ce temps-là.

¹⁶ *Rive* est le nom d'un quartier de la ville de Genève. On retrouvera en 1545, à Neuchâtel, le libraire *Jean Serre*, sous le nom de *Joannes Serræus*.

¹⁷ Il n'y a pas de somme indiquée au bout de la ligne.

1370

LES PASTEURS DE GENÈVE à P. Viret, à Lausanne.

(Vers le 21 juin 1544.)

Mscrit orig.¹ Bibl. Publ. de Genève. Vol. n° 106.
Cal. Opp. XX, 372.

Gratia et pax Domini tibi, amicissime frater.

Quid sit à nobis *de tuo reditu* constitutum², tametsi ex literis ad collegium vestrum scriptis³ intelliges, pauca hæc tamen adjungere ad te privatim visum est, quibus te rogaremus, ut quàm poteris celerrimè evadendi tibi occasionem conficias. Quod citra fratrum offensionem ut fieret, dedimus operam⁴. Postquam huc te receperis, quid et in commune ecclesiæ Domini, et illi etiam abortivæ, expediat, meliùs coràm prospiciemus. Tantùm curabis ne veniendi occasionem quæ se prima dabit, prætermittas. Genevæ.

Fratres amantissimi tui.

(*Inscriptio :*) Fratri nostro charissimo Petro Vireto, ecclesiæ Lausanensis fideli ministro.

---

¹ Il est de la main de *Calvin*.

² Les nouveaux éditeurs des *Calvini Opera* ont placé ce billet à la fin de juillet 1542. A ce moment-là, il n'était nullement question du retour de *Viret* à Genève (VIII, 68, n. 1; 69, n. 6). Mais, en 1544, *Berne* avait promis de le prêter aux Genevois pour une demi-année, sous réserve du consentement des Lausannois.

³ Cette lettre est perdue. Si elle eût été envoyée peu après le départ de *Viret* pour Lausanne (13 ou 14 juin), celui-ci l'aurait communiquée à ses collègues dans le colloque du vendredi 20. Mais il ne la mentionne pas, en écrivant à Calvin, le lundi 23 (N° 1371). Cela nous porte à croire que la susdite lettre des pasteurs genevois ne fut mise en délibération que dans leur séance du 20, et que *Viret* ne la connaissait pas encore le 23.

⁴ Les pasteurs de Genève ne réussirent pas en cela (Cf. le N° 1371, renv. de n. 4).

1371

PIERRE VIRET à Jean Calvin, à Genève.

De Lausanne, 23 juin 1544.

Autogr. Bibl. Publ. de Genève. Vol. n° 111a. Cal. Opp. XI, 731.

S. Verebar quod accidit, ne *nostri* ægrè ferrent, si nullo à *vestris* humanitatis officio exciperentur[1]. Audivi enim ab amicis, alicubi quosdam conquestos. Quod autem tibi *quæstor* de vino misso respondit, ridiculum esse arbitror, neque aliud in causa fuisse suspicor, quàm istorum contemptum. Cæterùm *statui die Lunæ abhinc octavo*[2], aut ad summum perendie, *hinc solvere Bernam profecturus. An te expediat mecum proficisci, tuæ prudentiæ committo.* Vereor ne calumniatoribus præbeamus ansam calumniandi, quasi inter nos colludamus, et omnia fiant de composito. Rem apud te expendes. *Exposui nostrum consilium fratribus de profectione Bernam. Annuerunt, sed ut hinc pedem moveam, aut concedam me vestris, rarissimus est qui assentiatur, sed uno ore omnes dissuaserunt*[3], et se nonnihil indignè ferre indicarunt, quòd vestri id petierint[4] inconsultis fratribus omnibus, præter omnem ecclesiasticæ disciplinæ ordinem. Si venturus es, aut scripturus, fac sciam in tempore. Non differam profectionem ultra diem Martis proximæ hebdomadis, nisi aliud gravius obstiterit præter spem.

Diaconus noster Berna rediit, abdicatus suo ministerio in tota nostra classe, post trium dierum carcerem in quo *Bernæ* detentus fuit[5]. Jussus est præterea hac urbe excedere. Scriptum est

---

[1] M. Louis Dufour, qui a bien voulu faire, à notre intention, plusieurs recherches dans les Reg. du Conseil, nous apprend que cette ambassade lausannoise n'y est pas mentionnée. Elle fut mal reçue à Genève : on ne lui offrit pas « le vin d'honneur. »

[2] C'est-à-dire, le lundi 30 juin.

[3] Voyez la lettre de *Viret* du 10 juillet.

[4] C'est *Calvin* qui avait pris l'initiative de cette demande (Cf. la page 184, lignes 6-7).

[5] Le nom de ce diacre reste inconnu.

ad *præfectum* a Consistorio de *uxore Beati*⁶. Sed nondum intelleximus quid literæ contineant, nisi quod *Hymbertus* audivit *Bernæ,* voluntatem esse Consistorii ut ea quoque pœnas luat quas meruit. Sed nosti *præfecti*⁷ in rebus omnibus tarditatem, quo fit ut nobis incertum sit quorsum res sit evasura. *Hymbertus Perroto*⁸ se nihil posthacampliùs numeraturum respondit, nisi jure cogatur. Vide quid *Perroto* respondere debeas. Doctor *de Campis Morgiensibus* missus est⁹, cum isthic essem¹⁰, à quibus est admissus. Saluta amicos, et mihi quod facto opus esse judicaris, significato priusquam hinc solvam. *Gruanus*¹¹ mecum, nisi fallor, venturus est, propterea quòd, dum apud vos essem, missæ sunt literæ a *Senatu Bernensi* ad fratres, ut de ejus migratione et mutatione cogitent et deliberent in tempore, quoniam ab eo decretum est ut peracto hoc semestri inde aliò migret¹². Causam aliam non putamus esse quàm suffecti cujus-

⁶ *Béat Comte,* collègue de Viret.

⁷ *Antoine Tillier,* réélu bailli de Lausanne le 3 août 1544.

⁸ C'était peut-être le pasteur mentionné dans ce paragraphe du Reg. de Genève du 8 novembre 1538 : « Maystre *Jacques Perrot* a esté admis à prédicant à *Satigny,* pour le gage de 200 florins et son habitation dans le prieuré : ayant eu la relation des prédicans de son ydoineté. » Il aurait prêté de l'argent à *Imbert Paccolet,* à l'époque où ce professeur enseignait l'hébreu dans l'École de Genève (IV, 459, 463).

⁹ Nous supposions que le Docteur *des Champs* fut envoyé à *Vufflens-le-Château,* village dont les habitants se rendaient précédemment à *Morges* pour le service divin. *Philibert de Colombier* ayant demandé, en 1544, un ministre spécial pour sa seigneurie de Vufflens, MM. de Berne ordonnèrent, le 18 juin, au bailli de Morges, d'inviter le seigneur de Vufflens-le-Chastel à constituer la prébende d'un prédicant (Manuel de Berne. — Dict. hist. du C. de Vaud, p. 945). Mais ils envoyèrent à Gléresse « le théologien de Paris, » et, le 18 août, ils élurent *Guillaume Pommier* pour la paroisse de Vufflens.

¹⁰ *Viret* fut à Genève du 11-13 juin. Il en repartit pour Lausanne le samedi 14, au plus tard, à cause de ses fonctions du lendemain.

¹¹⁻¹² *Jean le Grus,* d'abord maître d'école à *Aigle,* puis pasteur à *Montreux* (Cf. t. IV). Il est visé en ces termes dans le Manuel de Berne du 2 juin 1544 : « Écrire au Doyen et à la Classe [de Vevey] que, le prochain trimestre, ils envoient ailleurs le prédicant de *Mustru* (Montreux) et qu'ils en élisent un autre à sa place » (Trad. de l'all.). *Jean le Grus* ne manqua pas de se rendre à Berne pour se justifier ; car on lit dans le protocole bernois du 4 juillet : « Écrire au bailli de *Chillon,* que mes seigneurs permettent au prédicant de *Montrüel* d'y demeurer jusqu'au prochain Chapitre. Il doit

dam querelas. Nam *præfectus*[13] ei favet. Vides quam debeamus sperare disciplinam. Saluta *uxorem, Davidem, Danielem*[14] et tuos symmystas. Vale. Lausannæ. 23. Junii. 1544.

Tuus P. Viretus.

(Inscriptio :) D. Joanni Calvino, fratri quàm chariss. Genevæ.

1372

Jean Calvin à Guillaume Farel, à Neuchâtel.

(De Genève, vers le 24 juin 1544[1].)

Calv. Epist. et Responsa. Genevæ, 1575, p. 91. Cal. Opp. XV, 263.

Binas abs te literas paucis abhinc diebus accepi. Priores attulit *hic noster Raymondus*[2], alteræ mihi à *fratre meo* sunt redditæ[3].

---

parler avec lui et l'engager à se conduire jusque là avec discrétion. *Ougspurger* lui délivrera 3 florins. » (Trad. de l'all.)

[13] *Hans Ulric Zehender*, bailli de Vevey, résidant à Chillon.

[14] Il y avait à la Roche, dans le Faucigny, une famille *Daniel*, qui contracta des alliances à Genève (Cf. Galiffe. Notices, I, 191 ; II, 2ᵉ édit., 144). Mais il semble que *Viret* salue ici un ami, en le désignant par son prénom. Nous n'osons pas conjecturer que ce fût *Daniel Farel*, qui a existé (VIII, 37, n. 15), mais dont nous n'avons pu constater la présence nulle part. On ignore si l'un des *Daniel*, d'Orléans, était alors à Genève.

[1] Voyez les notes 2, 4-5, 9, 12, 13-14.

[2] En comparant avec ce passage la lettre de Poullain du 26 mai (N° 1358, renv. de n. 1-4) et celle de Guiméné du 10 juin (N° 1366, renv. de n. 10), on est conduit à penser que « notre *Raymond* » et *Raymond Chauvet* sont une seule et même personne.

Étant parti de Strasbourg le 10 juin ou peu de jours auparavant, il avait pu arriver à Bâle le 13, à Neuchâtel le 16, et à Genève le 18 ou le 19. Il était déjà très connu de *Farel*, et *Valérand Poullain* l'avait chaudement recommandé à *Calvin* pour une place de pasteur. Quelques jours suffisaient donc aux ministres genevois pour examiner *Raymond Chauvet* sur la doctrine et la prédication. Le résultat de cet examen est exposé par *Calvin* dans sa lettre du 24 juin à M. de Falais, dont le même Raymond sera le porteur. Il retourne, en effet, sur ses pas : c'est lui *(hic noster)* qui remettra la présente à Farel, et aussi à Myconius et à Sturm les lettres qui leur sont adressées (N°° 1375, 1376).

On a mieux que des vraisemblances. *Albert Hardenberg*, écrivant de

Verùm jam ante *Raymondi* adventum[1] abierat *Viretus*[5]. Ad eum igitur utrasque misi, ut ipse quoque ad eas quod visum fuerit, respondeat. *Fratres*[6], sicut dicis, commendemus Domino, quando aliud restat nihil. Cæterùm hoc tempore de impetranda fratribus illinc[7] aliqua levatione frustra cogitaremus : nisi fortè novi quidpiam acciderit : quod nondum despero. Itaque imminere occasioni statui. Sed adduci nequeo, ut satagam ante tempus[8]. Ecce etiam *de eo qui Gratianopoli tenebatur*[9], *tristem nuntium à fratre tuo Claudio audies :* cujus literas ad te mitto[10].

Quod me tantopere hortaris, ut *istuc* cum *Vireto* quàm primùm veniam[11], ego verò tibi non concedam, hoc tibi magis esse in votis quàm mihi. Sed una est suscipiendæ profectionis ratio, si *Viretum Bernam* usque comiter[12] : quod facere tentabo. Sin verò hæc spes me et illum frustrabitur, dimidium saltem ejus quod optas assequeris. Imò plus dimidio. Nam me aliqua ex parte secum feret.

Bonn à Calvin, le 24 mars 1545, lui dira : « *Tuus Raimundus,* qui *Coloniæ* est apud piissimum virum *Jacobum a Burgundia, Do. a Phales.* » Les nouveaux éditeurs des *Calvini Opera* (XII, 50, n. 5) se trompent en identifiant le susdit *Raymundus* avec le *Reymond* qui était « bachellier des escoles » à Genève, et qui demanda son congé, le 3 juin 1544. Nous avons lieu de croire que ni Calvin, ni Viret n'eurent la moindre velléité de l'envoyer, comme prédicateur, à M. de Falais (Cf. pp. 157, 165).

[3] Ces deux lettres de *Farel* sont perdues. La première concernait *les Vaudois de la Provence,* dont il était si préoccupé (N° 1368). La seconde était relative à *Jean Chaponneau* (n. 13-14). Farel désirait qu'elles fussent communiquées à *Viret,* pendant qu'il était à Genève.

[4-5] *Viret* était reparti de Genève le 13 ou le 14 juin. *Raymond* y était probablement arrivé entre le 16 et le 19 (note 2).

[6] Les frères de la Provence.

[7] Allusion aux villes évangéliques de la Suisse. Les princes protestants d'Allemagne s'étant joints à l'Empereur pour déclarer *François I* « ennemi de l'Empire, » ne pouvaient intervenir auprès de ce monarque, en faveur des Vaudois.

[8] *Calvin* disait la même chose le 25 mars (p. 187, renv. de n. 5).

[9] *Pierre du Mas,* martyr à Grenoble (p. 177).

[10] *Claude Farel* n'était donc pas encore revenu de Grenoble.

[11] *Guillaume Farel,* toujours animé d'une ardente sympathie envers les opprimés, voulait délibérer, au plus vite, avec *Calvin* et *Viret,* sur les démarches à entreprendre pour sauver les Vaudois.

[12] Le 13 juin, *Viret* avait été invité, par le Conseil de Genève, à se rendre à *Berne* (N° 1368, n. 24).

Consilium interea fratribus non possum aliud dare, nisi ut collegam tuum [13] *coram Magistratu admoneant, ut se patiatur in ordinem redigi* [14]. Quòd si pervicaciter recusare institerit, denuncient sibi non esse loco fratris, qui communem disciplinam contumacia sua perturbet : semper hoc in Ecclesia valuit, quod veteribus Synodis fuit decretum, ut qui subjici communis disciplinæ legibus noluerit, munere abdicetur. Neque hîc quærenda est hominum authoritas, cum spiritus sanctus de talibus pronunciaverit, Ecclesiam non habere morem contendendi [15]. Valere ergo ipsum jubeant, qui communis societatis jura respuit. Non puto eò usque Satanam istic aut alibi usquam valiturum, ut tantæ unius hominis proterviæ indulgeatur, contempto fratrum omnium judicio : quod importunitate sua vobis ipse tandem extorserit. Cæterùm eventum gubernabit Deus. Utcunque cadat, vestrarum tamen partium omnino est, graviter hanc minimè tolerabilem insolentiam severis remediis cohibere. Proderit tamen simul commemorare, quàm improbè hactenus patientia lenitateque vestra abusus fuerit : ne ad contentionem subitò prosiliisse videamini. Vale, frater integerrime et amice optime. Fratres omnes cum tua familia peramanter salutabis nomine meo. Dominus vos omnes conservet !

[13-14] Si la présente lettre est de l'année 1544, comme tout l'annonce, « *le collègue de Farel* » est facile à désigner. Les plaintes qui suivent et le remède indiqué pour faire rentrer dans l'ordre ce collègue opiniâtre et orgueilleux, ne peuvent se rapporter qu'à *Jean Chaponneau*. Une dizaine de lettres le prouvent ; nous renonçons à les énumérer. Aussi est-on surpris en lisant la note des *Calvini Opera* (XV, 264) où les éditeurs supposent que Calvin vise, dans ce passage, *Arcuarius* (Jean l'Archer). Ce pasteur ne fut jamais collègue de Farel dans la ville de Neuchâtel.

Autre erreur. En plaçant cette lettre en octobre *1554*, sans raison valable, les susdits éditeurs imputent forcément au véritable collègue de Farel dans ce temps-là, — c'est-à-dire, à *Christophe Fabri*, qui en était bien innocent, — toutes les fautes attribuées ici par Calvin à *Jean Chaponneau*.

[15] Bèze a noté à la marge : I. Cor. xi, 16.

1373

JEAN CALVIN à Monsieur de Falais (à Cologne[1].)

(De Genève) 24 juin (1544).

Autogr. Bibl. Publ. de Genève. Vol. n° 194. Lettres de Calvin à Jaque de Bourgogne. Amst. 1744, p. 15. J. Bonnet, o. c. I, 104. Cal. Opp. XI, 733.

Monsieur, je commenceray par vous faire noz excuses de ce que nous avons si long temps différé à vous faire sçavoir de noz nouvelles. Je vous asseure que si le temps vous a semblé long, ce n'a pas esté sans languir de nostre costé, à cause que nous ne pouvions pas nous acquiter envers vous selon vostre desir[2]. Si les passages eussent esté ouverts[3], nous n'eussions pas esté en ceste difficulté. Mais il ne vous fault jà advertir, quel a esté le temps depuis le retour du bon seigneur David[4]. De vous envoier homme de nostre nation, pendant que les choses estoient ainsi enflambées, nous n'y voions pas grant propos. A ceste cause, nous advisasmes d'envoier querir un homme demeurant

---

[1] Avant de quitter tout à fait son pays natal, *M. de Falais* avait passé quelque temps chez l'oncle de sa femme, le comte *Guillaume de Neuenar*, seigneur de *Bedbourg*, petite ville à 5 l. O. de Cologne (VI, 218, 219. — Seckendorf, II, III, *passim*. — Hermann von Wied... von C. Varrentrapp. Leipzig, 1878, I, *passim;* II, 20, 58). Il dit, en effet, dans son *Apologia :* « Contracto matrimonio, quòd aliquanto tempore vixerim eo quem mihi dederat affinitas loco, id opinor, *Cæsar,* tua majestas aut novum, aut insolens non judicabit : cum et valetudinis meæ ratio id postularet... Præterea erat id domicilium, ex quo uxorem ducere mihi permiseras. Eram enim apud generosum comitem *Guillermum a Neunard, uxoris meæ avunculum...* Quanquam non huic uni loco ita eram affixus, quin frequenter huc vel illuc commearem : quò me vocabant domus nostræ negocia : ac præsertim familiæ cum fratribus herciscundæ. » *M. de Falais* se retira ensuite à *Cologne,* où il fut très bien accueilli par l'électeur *Hermann de Wied* (Lettres de Calvin à Jaque de Bourgogne, pp. 205, 210).

[2] Il avait demandé à David de Busanton et à Calvin de lui procurer un prédicateur évangélique.

[3] Les chemins étaient fermés par la guerre.

[4] *David* était revenu d'Allemagne avant le 25 mars (p. 187, renv. de n. 6).

à *Strasbourg,* lequel estoit vostre voisin⁵ : considérant aussi qu'il vous seroit plus propre qu'un aultre, à cause du païs⁶. Or pource qu'il estoit allé faire un voiage, nous n'eusmes pas si tost response de luy⁷. Depuis, en nous escrivant, il nous remist au retour de *Bucer,* lequel estoit encor pour lors à *Spire.* Voilà comme le temps s'est passé à nostre grant regret, d'aultant que nous n'avions pas entre mains de quoy vous contenter. Or comment il s'est faict que nostre espérance ait esté encor frustrée touchant cestuy-là, vous le pourrez voir par ses lettres⁸, et par un extraict des lettres de *Bucer* que je vous envoye.

*Le présent porteur*⁹ nous a esté envoyé au lieu, oultre nostre opinion. Toutefois nous n'en sommes pas marris. Car nous espérons bien, sire *David* et moy, qu'il n'y aura rien de perdu en l'eschange. Il est seur en la doctrine qui est utile à édification. Car oultre ce qu'il l'a pure et saine, il y est bien exercé pour en respondre. Au reste, il est modeste, pour ne s'advancer point oultre sa mesure. Oultre plus, il n'est point adonné à gloire, ny à cupidité de se monstrer, qui est une maulvaise peste en beaucoup. Il monstre un zèle d'advancer le règne de nostre Seigneur Jésus, tel qu'il doit estre en ses ministres. Il a quant et quant une vie pour approuver sa doctrine. Et quant à sa façon, vous le trouverez traictable. Or affin de vous advertir de ce qui pourroit défaillir en luy, il est vray qu'il n'est pas fort rusé aux sciences humaines, et n'est pas garny de la congnoissance des langues¹⁰ : mesmes en la langue latine il n'est pas des plus disertz, combien qu'il y soit instruict aultant que mestier est

---

⁵ *Valérand Poullain,* qui avait passé la plus grande partie de l'hiver à *Strasbourg* : il y était encore le 26 mai, jour où il refusa, non sans regret, la place que *Calvin* lui avait proposée. (Cf. les deux premiers paragraphes du N° 1358, p. 246-47.)

⁶ *Poullain* était originaire de *Lille,* en Flandre (p. 59, n. 1).

⁷ Dans sa lettre du 26 mai, *Poullain* ne mentionne pas un voyage qu'il aurait fait précédemment ; mais on y trouve deux phrases (p. 246, lig. 6° du texte, et p. 248, 1ʳᵉ ligne) qui prouvent qu'il avait déjà écrit à *Calvin* une ou deux lettres.

⁸ Probablement une copie des passages où *Poullain* annonçait qu'il avait accepté une place de précepteur (p. 246).

⁹ *Raymond Chauvet* (N° 1372, note 2).

¹⁰ Le prédicateur envoyé avait appartenu à l'Ordre des Franciscains. Ces religieux ne brillaient pas, en général, par l'érudition.

pour son estat, ce qui suffit. Sa langue maternelle ne vous sera, possible, fort plaisante du commencement[11]. Mais je me tiens asseuré que cela ne vous empeschera à prendre plaisir à ses prédications, d'aultant que la substance récompensera bien ce deffault. Il craingnoit de n'estre pas assez bien aprins en civilité humaine. Mais nous luy avons dict que ce ne seroit pas crime mortel envers vous. Il y a un bien, que vous le pourrez admonester privément de tout ce qui vous semblera, sans doubter qu'il en soit offensé. Et j'espère qu'il se rendera ductile. Brief, il nous trompera bien, ou il fera tellement que nous n'aurons pas occasion de nous repentir de l'avoir envoyé, et n'en aurons point de plainte de vous.

Touchant du traictement, nous ne luy en avons point parlé, sçachant bien que ce n'est pas cela où il s'arreste. Car aussi, quant il se chercheroit, son voiage ne sçauroit venir à profict. De mescontentement il n'y a nul dangier qu'il y en ait de sa part. Et de vous, je me tiens plus que certain que vous ne luy en donnerez occasion. Seulement, je vous prye, Monsieur, de le recevoir comme serviteur de Dieu, pour vous servir de ce que le Seigneur luy a donné avec vostre famille, à ce que son ministère ne soit pas inutile. De l'ordre et façon de procéder, en prédications et en administrant les sacremens, nous en avons consulté. Mais ce sera à vous d'en conclurre ensemble sur le lieu. Toutefois il vous déclairera ce qui nous a semblé advis bon, affin que sur cela vous preniez conseil. Quant à cela, nous avons nostre rigle infaillible, d'accommoder le tout à édification. Or pour discerner ce qui est propre à édifier, c'est au Seigneur de nous donner la prudence, auquel vous aurez recours.

Maintenant, Monsieur, pour response de voz lettres, je rens

---

[11] *Raymond Chauvet* était originaire du *Gévaudan* (dép. de la Lozère). La langue française semble avoir été un peu en retard dans ce pays-là. Deux actes datés de 1562, écrits, l'un par un greffier, l'autre par un notaire, et qui décrivent les violences commises par « les Hugueneaulx » dans la ville de *Mende* et lieux voisins, sont remplis de formes archaïques et démodées. En voici quelques exemples : Le dépousant ; ils bruslarent, pillarent, romparent ; appourter, saccaiger, ouster, sourtir ; un homme aigé, ermitaige, ymaiges ; loisable, au lieu de loisible, etc. (Voyez Gustave de Burdin. Documents hist. sur la province de Gévaudan. Toulouse, 1846-47, t. II, p. 3-17.)

grâces à nostre Seigneur de ce qu'il vous a fortifié en constance, pour vous faire surmonter toutes les tentations qui estoient pour vous empescher et distraire de vous venir rendre en lieu où vous le peussiez adorer purement, et n'a pas permis qu'avec la plus part de ceux qu'il a illuminé en la congnoissance de son nom, vous aiez préféré le monde à son honeur, vous endormant en la fange, qui eust esté pour vous suffocquer en la fin. Or si ceste vertu de vous oublier, et destourner vostre considération de toutes choses qui estoient à l'entour de vous, et de rompre les lyens dont vous estiez détenu, a esté une singulière grâce de nostre bon père céleste, comme il a commencé en cela l'œvre de sa miséricorde envers vous, aussi l'a-il poursuivy en vous mectant au cueur, que ce n'estoit pas assez de vous estre retiré des pollutions où vous estiez, sinon que vous eussiez journellement sa parole, pour vous confermer à persévérance, et vous inciter à marcher tousjours plus oultre.

Nous expérimentons bien nostre fragilité estre telle, que si nous ne sommes poulsez d'heure en heure, nous sommes incontinent refroidis de nostre zèle. Et c'est la cause pourquoy il y en a tant qui cheminent en escrevices : pource qu'estans déceuz par faulse imagination que c'est assez d'avoir une fois entendu la verité, ilz s'anonchalissent, mesprisant l'exercice quotidien qui nous est tant nécessaire à tous. Ainsi nous estans instruictz tant par leur exemple que par nostre expérience propre, combien il nous est mestier, d'avoir tousjours sainctes exhortations de la parole de nostre Dieu comme un esperon pour nous picquer, guardons bien de nous en reculler. Nous voions comme David estant entre les Philistins, combien qu'il ne se contaminât pas en idolâtrie, regrette qu'il ne se peult trouver au temple en Jérusalem, pour s'édifier tant par la prédication de la loy et les sainctes ordonnances de Dieu[12], comme ce sont confirmations pour ayder et subvenir à nostre foiblesse. Je prye doncq le Seigneur de vous maintenir tousjours en ce propos, affin que soiez pleinement conforme à nostre père Abraham, lequel non-seulement abandonna le païs de sa nativité pour suivre Dieu, mais estant venu en la terre de Chanaan dressa

---

[12] Plus tard, quand il fut brouillé avec Calvin, M. de Falais écrivit cette note, en marge : « Munsters geyst. plenus laqueis. »

incontinent un aultel, pour s'exercer au service et en l'adoration de Dieu.

Quant à ce que vous craingnez que je trouve estrange le changement de vostre délibération[13], je serois trop inhumain, si je ne vous concédois d'user d'un tel et si bon moien, puis que nostre Seigneur vous l'a offert oultre vostre espérance. Non pas que je n'eusse desiré de vous voir, pour jouir de la consolation et joye que j'attendois de vostre présence, et qu'il ne me face mal d'estre privé d'un tel bien. Mais je regarde d'aultre costé, que vous seriez comme ingratz à Dieu en n'acceptant point la condition, laquelle vous est présentée de luy plus que des hommes.

Au reste, je vous asseure bien que, si j'estois en ma liberté, et que le Seigneur ne m'eust point lyé icy, ou qu'il me donnât congé pour un temps, que je ne vouldrois faillir à vous aller visiter, pour satisfaire à vostre desir et au mien. Quant à vous voir, encor n'en ay-je pas perdu l'espérance[14]. Non pas que j'y voye grande aysance de mon costé, mais pource que je me confie que nostre Seigneur en ouvrira quelque moien. Comment qu'il en soit, le principal est, que nous soions tousjours conjoinctz ensemble en celluy qui est père de toute unité, comme je m'en tiens pour asseuré : et non-seulement pour trois jours que nous avons à vivre en ce monde, mais éternellement en son Royaulme.

Pour faire fin, Monsieur, après m'estre humblement recommandé à vostre bonne grâce, je supplye ce bon Dieu de vous avoir tousjours en sa protection avec vostre famille, vous acroissant les dons qu'il a mis en vous, jusque à ce qu'il vous ait mené à la dernière perfection de ses enfans. Ce xxiiii de Juing (1544).

Vostre serviteur, humble frère et entier amy à jamais

CHARLES D'ESPEVILLE.

(*Suscription :*) A Monsieur et bon amy Monsieur Jacques Le Franc.

[13] Cela veut dire, que M. de Falais renonçait pour le moment à fixer son domicile à *Genève*.
[14] Note marginale du seigneur de Falais : « O captatorem non piscium, ut ille, sed etc. »

1374

JEAN CALVIN à Madame de Falais (à Cologne).

(De Genève) 24 juin (1544).

Autogr. Bibl. Publ. de Genève. Vol. n° 194. Ouvrages précités.

Madamoiselle et bien aymée seur, combien que j'aurois un desir singulier de vous voir, et qu'il me face bien mal d'estre frustré de l'espérance que j'en avoye conceu, toutefois je rens grâces à nostre Seigneur de l'ouverture qu'il vous a faicte, que sans vous eslongner des vostres[1], il vous est permis de l'adorer en pure conscience, et hors des pollutions de l'idolâtrie en laquelle vous avez esté captive. Il y a l'aultre bénédiction, que vous pourrez dresser forme d'église, pour l'invocquer en assemblée Chrestienne, estre consolée par sa parole, et recevoir la sainte cène, pour gaige de sa bonté[2], faisant aussi par icelle protestation de vostre foy. D'aultant que vous aviez moins attendu une telle faculté, vous avez occasion de vous en resjouir, quant elle vous est donnée.

J'espère que l'homme que nous vous envoions, le seigneur *David* et moy, sera selon vostre cueur. Car tant en doctrine qu'en meurs il a une vraye simplicité Chrestienne. Au reste, ce pendant, le desir me demeurera de jouir quelque fois de vostre présence, et n'en perderay point l'espoir. Mais il y a ce bien, qu'estans absens les uns des aultres, nous ne laisserons point de nous entrevoir en esperit, estans unis en celluy qui conjoinct les choses eslongnées. Pource que *le porteur* servira de lettres en partie, je ne vous fascheray de plus long propos. Et ainsi, Madamoiselle et très aymée seur, après m'estre humblement recommandé à vostre bonne souvenance en voz prières, je sup-

---

[1] Résidant à *Cologne*, Mme de Falais était peu éloignée de la famille de son oncle, *Guillaume de Neuenar* (N° 1373, n. 1).

[2] M. de Falais a souligné ces cinq derniers mots, et il a écrit, à la marge: « Cœna loco pignoris. »

plye le père de toute miséricorde d'eslargir de plus en plus sa main pour vous départir de ses grâces, faisant que vous continuiez d'estre un instrument esleu de sa gloire jusque en la fin.

Je ne sçay pas la compaignie qui est présentement avec vous. Mais si ceux que le seigneur *David* y laissa avec celluy qu'on attendoit y estoient, je souhaite d'estre recommandé à leur bonne grâce, aultant affectueusement qu'il est possible. Non pas que je vous vueille donner ceste poine : mais eux-mesme[s] pourront bien recevoir les recommandations que je desire leur estre présentée[s]. De rechef je prye nostre Seigneur de vous guider tousjours, comme il a faict jusque icy. Ce xxiiii de Juing (1544).

Vostre serviteur et humble frère à jammais
Charles d'Espeville.

(*Suscription :*) A Madamoiselle et bonne seur, Madamoiselle Katerine le Franc.

1375

Jean Calvin à Oswald Myconius, à Bâle.

De Genève, 24 juin 1544.

Copie contemporaine. Bibl. Publ. de Genève. Vol. n° 106.
Cal. Opp. XI, 732.

S. Quod me rogasti, ut *de Galli apparatu* certiorem te facerem[1], jam id te minimè desiderare arbitror. Nam et *Helvetios* vides festinare[2], nec dubito quin istic sit pervulgatum quidnam habeat consilii. Est oppidulum in *Campania* quod *Castalionem*[3] vocant: eò copias omnes suas contrahit, ut illic in adventum usque

---

[1] Calvin répond à la lettre de Myconius du 10 juin.

[2] Ceux des Suisses qui avaient été enrôlés par les agents de François I. Le député *Ami Curtet* écrivait de Paris, le 6 juillet, au Conseil de Genève : « L'on desire *las dessante des Suysses* estres embriefz, et je croys sont desjaz descendus, et je leur dis, [qu'ils] sont arrivés à *Genève* » (Communication obligeante de M. L. Dufour).

[3] *Châtillon-sur-Marne*, en Champagne, à 7 l. S.-O. de Reims.

Cæsaris subsistat⁴. Præsidia interim habet satis firma in urbibus aliquantùm munitis. *Si vires utriusque æstimemus, magno in periculo versatur Regnum Galliæ.* Verùm ex manu Domini pendet eventus. Ut hodie res habent in mundo, *sanis omnibus optandum est, ut nimia Cæsaris ferocia cohibeatur.* Nam si *quid gravius patietur Gallia, in nos, crede mihi, redundabit.* Nam si fracta fuerit ac subacta, victricia arma in nos conversum iri certo certius est. Sin ad pactionem aliquam ventum fuerit, vereor ne *Rex*, quò injuriam sibi factam ulciscatur⁵, *Germanos* prædæ ac libidini *Cæsaris* exponat. Quod meritò facturum esse quis neget? Et *sanè illo die excœcavit Deus oculos nostros*, ut in su im exitium ruerent, *cum Cæsari se ad perdendam Galliam adjunxerunt, quæ illis hactenus fuerat et libertatis et salutis propugnaculum.* Ergo tanquam in ultima desperatione discamus in Dominum respicere. Quoniam *libello meo* non libenter cares, ego exemplar unum ad te mitto. Vale, optime vir et frater integerrime. Dominus te cum ecclesia et symmistis conservet, quos salutabis meo et omnium nostrorum nomine. Genevæ, 24. Junii. 1544.

JOANNES CALVINUS tuus.

(Inscriptio:) Præclaro viro D. Osvaldo Myconio, Basiliensis ecclesiæ fido pastori, amico et fratri colendissimo. Basileæ.

---

⁴ Pendant le mois de mai, l'Empereur avait rassemblé dans les environs de *Metz* une armée de quarante-cinq ou cinquante mille hommes. *Luxembourg* s'était rendu, le 30 mai, faute de vivres. Vers le milieu de juin, le vice-roi de Naples, *Pierre de Tolède* (N° 1358, renv. de n. 10) avait assiégé et pris *Commercy*, sur la Meuse, et *Ligny*, sur l'Ornain. L'Empereur en personne commença, le 8 juillet, le siège de *St.-Dizier-sur-Marne*. (Cf. les Chroniques messines, p. 864. — Les Mémoires de Martin du Bellay, livre 10°. — Henri Martin, o. c., VIII, 301.)

⁵ En revanche, les Princes protestants auraient pu se plaindre de « *l'injure* » de *François I*, — s'il est vrai (comme l'affirme H. Martin, VIII, 299) que *Charles* enleva leur vote dans la diète de *Spire* (p. 276, n. 1), en leur communiquant des lettres de François I, du commencement de 1540, par lesquelles le roi de France offrait son assistance à l'Empereur contre « les rebelles à l'Empire et à l'Église, » en échange de la restitution du Milanais. (A comparer avec le t. VII, p. 151, n. 10; 199, n. 5; 200, fin de la n. 6.)

1376

JEAN CALVIN à Jean Sturm, à Strasbourg.
(De Genève, vers le 24 juin 1544[1].)
Autogr. Bibl. Publ. de Genève. Vol. n° 107 a. Cal. Opp. XI, 738.

Si verus est rumor qui repentè apud nos sparsus est, non procul jam ab armorum strepitu abesse vos oportet[2]. Utinam saperet mundus! Nam ad pacem sub Dei auspiciis colendam pridem assuefactus foret. Sed quia bonam partem bellum cum Deo nimis delectat, qui pacis autori placidè se submittere recusant, omnes inter se tumultuando miserè confici æquum est. Hæc saltem, ut in malis, consolatio juvare nos debet, quòd turbulenti isti motus aliquas ecclesiæ Dei inducias afferent. *Antiochi*[3] *potentia frænabitur. Pharao*[4], *vicinus noster,* aliò violentos suos impetus convertens, *aliquid fortè de intestina sævitia remittet*. Nonnihil etiam mitigari à novis amicis[5] poterit. In quas partes ut incumbas hortari te supersedeo, quia satis voluntarium esse mihi persuasi. Cæterùm sive extrema dissipatio immineat, sive quod magis ominari libet, Dominus terram miscendo in cœleste suum regnum eos qui nunc dispersi miserè vagantur, colligere statuerit, bona

---

[1] Voyez les notes 2, 5, 6.

[2] *Calvin* avait appris, par *Myconius,* que l'Alsace craignait de devenir le théâtre de la guerre (N° 1367, p. 245, lig. 2-7). Mais il hésitait à admettre cette éventualité.

[3-4] *Charles-Quint* et *François I.*

[5] De quels *nouveaux amis* est-il ici question? Nos sources ordinaires ne nous apprennent rien là-dessus. Nous supposons que *Calvin* venait d'être informé de la promesse faite par le Roi à un ambassadeur de *Strasbourg,* qu'il ne porterait point la guerre en Alsace (N° 1379, p. 300, n. 4). Le Réformateur en aurait conclu que *les Strasbourgeois* étaient traités en amis par *François I*, et qu'ils seraient ainsi autorisés à intercéder auprès de lui pour leurs frères persécutés. La phrase suivante, où Calvin exprime le ferme espoir que Jean *Sturm* s'associera aux efforts de ces « nouveaux amis du Roi, » semble appuyer notre hypothèse. A quels intercesseurs le célèbre humaniste, correspondant de François I, pouvait-il être appelé à offrir l'aide de son crédit et de ses talents, si ce n'est, tout d'abord, aux magistrats de *Strasbourg?*

fide amicitiam foveamus, cujus sacrosanctum est vinculum. Ego *novas tabulas*⁶ hac lege recipio et vicissim consigno, ut veterum memoria non intercidat, neque fides ac vigor aboleatur.

(Inscriptio :) D. Sturmio.

1377

LE CONSEIL DE BERNE au Conseil de Genève.

De Berne, 4 juillet 1544.

Inédite. Mscr. orig. Arch. de Genève. Copie communiquée par M. l'archiviste Louis Dufour.

Nobles, magnifficques Seigneurs, singuliers amys, très chiers et féaulx combourgeoys! Combien que, à la requeste et postulation de vous ambassadeurs qui furent dernièrement par deçà, vous havons accordé maistre *Pierre Viret,* pour servir au ministère divin quelque espace de temps, — ce néaultmoings, ayans, denpuis le d. oultroy, entendu les prières et requestes de *noz chiers et féaulx de Losanne*¹, exposans les périlz et dangiers que l'absence du d. *Viret* pouroit engendrer en leur esglise, vous havons bien voulluz prier que vostre bon plaisir soit que ne voulés prendre en maulvaise part, ains estre comtemps, que le d. maistre *Pière* pour le présent demure en son église. Ce que, de son cousté, il veult et est contrainct de fayre: vous priant l'havoir pour excusé, vheu que son debvoir y est et qu'il ne peult scandalizer l'esglise à lui commise. Datum 4 julii 1544.

L'Advoyer et Conseil de Berne.

(Suscription :) Aux nobles, magnifficques Seigneurs Sindicques et Conseil de Genève, nous singuliers amys, très chiers et féaulx combourgeoys².

⁶ A comparer avec la lettre de *Sturm* du 25 novembre (1543), p. 124, note 2.

¹ On voit, dans la lettre suivante, qu'un député de la ville de *Lausanne* avait accompagné à Berne *Pierre Viret,* et s'était présenté, comme lui, le 4 juillet devant le Petit Conseil.

² Note du secrétaire genevois : « Lettre de Berne du reffus de maystre Pierre Vyret. Receue ce 14 julliet 1544. »

1378

PIERRE VIRET au Conseil de Genève.
De Lausanne, 10 juillet 1544.
Inédite. Autographe. Archives de Genève.

Grâce et paix par Jésuchrist nostre Seigneur !

Très honnorés Seigneurs, selon l'advis et conseil que prinsmes avec vous, dernièrement que j'ay esté par devers vous[1], *je suys allé à Berne,* et ay exposé les choses ainsy qu'il me sembloit que le debvoye fayre, pour me bien acquiter de mon office envers l'église du Seigneur[2]. Je ne vous escrips pas la response qui m'a esté donnée, à cause que je pense que la pourrez mieulx entendre par les lètres de mes magnifiques Seigneurs[3], lesquelles m'ont esté baillées pour vous fayre tenir, comme j'en ay donné la charge au porteur de cestes-cy. S'il eût pleut au Seigneur que la chose eût esté parfaite comme la desiriez, je me fusse voluntiers accorder à sa volunté. Mais je ne suis pas à moy, et je ne puys et ne doys répugner à la volunté de Dieu et de son église, par laquelle il me déclare la sienne.

Je n'ay trouvé presques nul d'entre tous les frères qui ne m'ait faict grande répugnance de laisser ce lieu. Ceux de nostre Classe n'y ont peu consentyr[4]. Ceux de *Berne,* comme j'ay peu

---

[1] Il avait été appelé à *Genève* par les magistrats, et il y resta du 10 au 13 juin (p. 267, n. 24).

[2] Manuel de Berne du vendredi 4 juillet : « Sur la demande de ceux de *Lausanne,* refuser *Viret* aux *Genevois.* » (Denenn vonn Jennff Viret abkünden, uff bit dero von Losanna.)

« Écrire à ceux de *Lausanne,* que mes Seigneurs, à la prière de *Viret,* ont remis aux quatre [de *l'abbaye*] l'amende de 30 écus qu'ils ont encourue, pour leur part [p. 197, 198]. Et cela, dans l'espérance qu'ils se corrigeront. Mais, quant à *Ferrand Loys,* mes Seigneurs maintiennent l'amende qu'ils lui ont infligée à cause de son frère. » (Trad. de l'all.)

Il est probable que *Viret* intercéda aussi pour son collègue *Jean le Grus* (p. 284, n. 11-12).

[3] Lettre de Berne du 4 juillet (N° 1377).

[4] A comparer avec la lettre de *Viret* du 23 juin (p. 283, renv. de n. 3, 4).

entendre de Mons' l'Advoyer, en ont aussy faict les remonstrances à Mess". Parquoy, avoir ouy leurs raysons et celles de *l'ambassadeur de Lausanne,* vous ont rescript en la sorte que voyez. Parquoy vous prie que prennez le tout en la meilleur part, remettant toutes choses, et vous et vostre église, à la bonne volonté du Seigneur, qui fayra tout ce que sera expédient au temps et lieu qu'il sera nécessaire. Quant à moy, s'il vous plaist, me tiendrez tousjours pour vostre petit serviteur, ne plus ne moins que si j'estoye présent avec vous, comme je suys, à la verité, d'esprit, combien qu'en soye séparé de corps : par lequel aussy seray conjoinct à vous, quand sera le bon playsir de celuy qui nous a tous appellés en son service. La grâce du Seigneur vous soit tousjours multipliée! De Lausanne ce. 10. de Julliet. 1544.

Vostre petit et humble serviteur
Pierre Viret[5].

(*Suscription :*) A mes très honnorés Seigneurs Messieurs les Syndiques et Conseil de Genève.

1379

Jean Sturm à Philippe Mélanchthon, à Wittemberg.

De Strasbourg, 11 juillet (1544).

Melanthonis Opera, ed. Bretschneider, 1838, t. V, p. 442[1].

Clarissimo et optimo viro Dom. Philippo Melanthoni, præceptori suo observando S. D.

Missus fui hisce proximis diebus in Galliam ad Regem ab

---

[5] Cette lettre fournit la preuve irrécusable que *Viret* ne fut pas cédé à l'église de *Genève*. Il y a donc une erreur dans l'article suivant des *Annales Calviniani :* « Mardi 9 septembre 1544. M° Pierre *(Viret)* le nouveaulx mys prédicant. Ordonné qu'il soyt logé à St-Gervex... » (Reg. du Conseil. — Calvini Opp. XXI, 343.)

« Le nouveau mis prédicant » n'était pas *Pierre Viret,* mais *Pierre Ninaut,* admis comme pasteur à Genève, le 4 août précédent.

[1] Note de Bretschneider : Ex apographo edita a Veesenmeyero in programm. Pentas epistolarum clarorum virorum hactenus nondum editarum. Ulmæ, 1798. 4. ep. 2.

Episcopo Argentoratensi[2], necessariam, ut mihi videbatur, et ut re ipsa comperi, ob causam. Allatum enim ad nos erat, mitti duo millia equitum a *Rege* in fines Lotharingicos, qui Germanico pediti[3] iter in *Galliam* patefacerent, quod a *Cæsareanis* est occupatum. Id ut ne fieret, pro Episcopo sum deprecatus[4]. Et quanquam quadringentos misisset, reliquique subsecuturi essent, tamen impetravi id cujus causa veneram. *Cum autem Regi postremò loquerer*, et veniam revertendi peterem, *dedit mihi in mandatis, ut tibi significarem, nepotem tuum, quem Biturigibus habes, in custodia quidem fuisse religionis causa, tamen solutum jam et liberatum esse*[5]. Quod dedit accepi, et, quasi nepotem ibi habeas,

[2] L'évêque *Érasme de Limbourg* (VIII, 157).

[3] C'est-à-dire, aux lansquenets enrôlés en Allemagne pour l'armée de François I.

[4] L'évêque de Strasbourg avait fait demander au Roi et en avait obtenu, que les cavaliers qui devaient ouvrir la route aux lansquenets, fussent rappelés. Autrement, l'Alsace serait devenue le théâtre de la guerre.

[5] La question de savoir quelle parenté existait entre ce personnage, appelé *André Mélanchthon*, et le célèbre professeur de Wittemberg, reste irrésolue : 1° parce qu'il n'est pas mentionné dans les dix tomes de la correspondance de Philippe Mélanchthon et dans le Supplément de Bindseil; 2° parce que *Georges*, frère de *Philippe*, n'eut que deux fils, dont l'un mourut à l'âge de treize ans, et l'autre, nommé *Sigismond*, étudiait encore le droit à Heidelberg en 1560 (Melanthonis Opp. IX, 1021. — G. F. Strobel. Melanchthoniana. Altdorf, 1771, p. 40-48). Des trois sœurs de Georges et de Philippe, Strobel dit seulement que l'une d'elles mourut en 1540 à Heidelberg. Il mentionne un neveu dont on ignore la destinée. Cf. la note 6.

En revanche, M. Ernest Gaullieur, le regretté archiviste de la ville de Bordeaux, a découvert dans les registres secrets du parlement de nouveaux et intéressants détails sur le procès d'*André Mélanchthon* (Hist. de la Réformation en Guyenne, p. 69-72). Nous les reproduisons en les abrégeant.

En 1541, *André* s'était établi à *Tonneins* pour y tenir les écoles et prêcher l'Évangile. Il entretenait les meilleures relations avec le célèbre *Jules-César della Scala*, qui habitait *Agen*. Dénoncé par le clergé, il fut arrêté et conduit dans les prisons de cette ville. Aussitôt *la reine de Navarre*, amie de Philippe Mélanchthon (VII, 184, n. 6), écrivit au parlement de Bordeaux, qui, le 22 juin 1542, enjoignit à l'évêque d'Agen (ou plutôt à son suffragant, *Jean Valéri*) de lui envoyer le prisonnier. Le 3 août, les Chambres assemblées décidèrent qu'« *André*, surnommé *Mélanchton*, » serait conduit hors du royaume, sous bonne garde, avec défense d'y rentrer sous peine de la vie, et ce « suivant les missives du Roy. » — L'arrêt ne fut pas exécuté, et *André* passa des cachots de la Conciergerie dans ceux du Château-Trompette, où il eut beaucoup à souffrir. Ce fut, sans doute,

ita pro te gratias egi, et recepi me id tibi scripturum. Si habes, bene est; sin minùs, tamen lætor, hoc mendacio, vel potiùs officio atque hac caritate liberatum à cruciatu aliquem calamitosum esse [6].

vers ce temps-là que J.-C. della Scala composa la pièce de vers dont voici le commencement (J. C. Scaligeri Poëmata (Genevæ) 1574, I, 167):

Ad Andream Melanchthonem.
Non tibi dolet Melanchthon vinculorum acerbitas.
Sic fortis es. sic spiritus dictat Dei.
Nos dolemus his malis te detineri pessimis,
Dolore, morbo, carcere, et siti, et fame.

Dès qu'elle fut informée de la triste situation du prisonnier, la reine *Marguerite* se hâta d'envoyer un message à Charles de Gramont, archevêque de Bordeaux. Il se présenta, le 31 juillet 1543, devant le parlement et dit que la reine prenait fort à cœur l'affaire de *Mélanchton*. Gardezvous, ajouta-t-il, de rien précipiter. *L'Empereur,* pour éloigner les lansquenets de prendre du service en France, fait répandre le bruit « que *les Allemands* y sont maltraités par *le Roy* et par ses officiers, » et qu'on les fait brûler et exécuter ignominieusement. *Le duc de Saxe* lui-même a écrit à Madame Marguerite de Valois « qu'un nommé Mélanchton, né sur ses terres, et proche parent de Philippe Mélanchton, membre du Conseil privé, dont les services lui sont chers, » était sur le point de passer en jugement.

La Cour ayant consenti à différer le prononcé de la sentence, la reine arriva à *Bordeaux* le 23 mars 1544, et, le lendemain, après avoir assisté à la messe dans la chapelle du Palais, elle entra dans la salle du parlement, avec trois dames de sa cour et son aumônier, *Gérard Roussel,* évêque d'Oloron. Les affaires du temps lui servirent d'exorde; puis elle prit la défense de Mélanchton, qu'elle avait fait visiter par des personnes de sa suite, et se plaignit des mauvais traitements qu'on lui infligeait. Elle parla des deux lettres qu'elle avait reçues de Philippe, parent du prisonnier, nia qu'*André* fût Breton, comme on l'avait affirmé, et pria la Cour de surseoir au jugement jusqu'à ce qu'elle en eût écrit au Roi. Enfin, comme fille de France et sœur de François I, elle se prévalut du droit de grâce, et pria le parlement de trouver bon qu'elle fît ouvrir les portes des prisons par ses maîtres des requêtes. On ignore la réponse qui lui fut faite. Mais Théod. de Bèze (o. c. I, 28) dit que Mélanchton « fut délivré puis après par l'aide de quelque amy. »

Cet ami était *Jules-César della Scala,* si l'on en croit son fils Joseph : « Mon père, quatre ans avant de mourir, estoit demy luthérien; il voyoit tous les jours de plus en plus les abus; il a escrit des épigrammes contre les moines qu'il haïssoit. Le neveu de Mélanchton fut emprisonné à Bourdeaux; les théologiens estoient fort véhéments; mon père escrivit tellement qu'il le fit sauver. Si c'eût esté un François, il n'eût pas échappé » (Scaligerana, éd. de Cologne, 1695, p. 357).

Rogo te, D. Philippe, *scribe ad Regem et gratias age*[7], *et simul hortare ut desinat ab ista severitate. Cum mihi respondetur, si quando scribo ad Regem ea de re* (scribo autem sæpe[8]), *dicunt Anabaptistas esse, seditiosos esse, quales nos nobiscum esse non pateremur*[9]. At ego scio, viros sæpe optimos in hoc periculum vocari et duci ad supplicia. *Causam hujus crudelitatis esse dicunt Cancellarium*[10] : id ego ex *Regina Navarræ, Cardinale Bellaio,* et aliis quibusdam viris bonis cognovi. Sed quid tu ad illud? Tametsi ista acerbitas sit, tamen non deesse [audio] qui inceptant

---

[6] Le silence de Philippe Mélanchthon sur l'affaire d'*André* est si étonnant, qu'il nous suggère les conjectures suivantes. *André* était peut-être un parent très éloigné de Philippe, ou il appartenait à cette famille de Weissenbourg, en Alsace, qui portait le même nom allemand *(Schwarzerd)* que le célèbre professeur (Cf. Strobel, o. c., p. 3). Il aurait laissé croire à sa proche parenté avec Phil. Mélanchthon. Et celui-ci, par humanité, aurait fermé les yeux sur une fiction qui pouvait sauver André, et qui le sauva, en effet, grâce à la bonté de *la reine de Navarre*.

Cette reine « avoit un soin merveilleux à sauver et garentir ceux qui estoient en péril... pour la Religion, et secourir les réfugiés à *Strasbourg* et à *Genève*. C'est là où elle envoya aux doctes en une seule fois quatre mille francs d'aumosne... Bref, cette douce princesse n'eut rien plus à cœur... qu'à faire évader ceux que *le Roy* vouloit mettre aux rigueurs de Justice. Souvent elle luy en parloit et à petits coups taschoit d'enfoncer dans son âme quelque pitié des *Luthériens*, appelant à son aide *la Duchesse d'Estampes* » (Florimond de Ræmond, o. c., p. 848-49). — En 1544, la reine de Navarre put d'autant mieux exercer cette bonne influence sur son frère, qu'elle passa environ cinq mois auprès de lui, dès le commencement de mai à la fin de septembre (Cf. Marguerite d'Angoulême. Étude sur ses dernières années. Par le comte de la Ferrière-Percy. Paris, 1862, p. 70-78).

[7] On ne sait pas si *Mélanchthon* écrivit au Roi une lettre de remerciements.

[8] *Jean Sturm* était, en Allemagne, l'un des correspondants attitrés du Roi.

[9] Cette explication mensongère se trouve déjà dans le manifeste adressé par *François I* aux États de l'Empire et aux cantons suisses, le 1er février 1535 (N° 492, t. III, p. 251-253).

[10] Il y avait moins de fausseté dans cette explication que dans la précédente. Le chancelier *Antoine du Prat,* mort le 9 juillet 1535 (III, 322) et *Poyet,* successeur de du Bourg, furent de grands persécuteurs. Pour remplacer Poyet, le Roi avait créé un garde des sceaux, *Monthelon,* et, après lui, *Érault de Chemans,* — deux hommes qui n'ont pas eu la réputation d'être cruels. La nomination du chancelier *Olivier* n'eut lieu que le 28 avril 1545 (p. 279, n. 3. — Martin, o. c., VIII, 332).

propugnare pro Evangelio. Et quod mirum est, *Cardinalis Lotharingus*[11] monachum Augustinianum habet, qui sapit et docet verè, purè, apertè, non secùs atque nostri[12], et facit id quotidie, et pro missa concionem Cardinalis quotidie audit. *Domina* item *Stampensis*[13], amor Jovis, *vix retrahi potest, ne quid nimium liberè instituat. Hujus exemplum pars magna mulierum aulicarum imitatur.* Hoc eò ad te scribo, ut, si ad *Regem* scribas, patronos [scias] te habiturum literarum eos quorum jam in aula summa est auctoritas. Vale, D. Philippe. Argentorati, undecima Julii. (1544.)

Tui studiosissimus Sturmius.

1380

Pierre Toussain à Guillaume Farel, à Neuchâtel.

(De Montbéliard, mi-juillet 1544.[1])

Inédite. Autographe. Bibliothèque des pasteurs de Neuchâtel.

S. Recepi nudius tertius tuas et fratrum literas. Et quanquam *nostram sententiam de Censura* et verbis Christi[2] non semel, et præsentes et per literas, exposuerimus vobis, quum nos Satan super ea re quoque divexabat[3], et simus omnino in vestra sen-

[11-12] On s'étonne que *Jean Sturm* se soit laissé abuser au sujet du cardinal *Jean de Lorraine*, le principal instigateur de l'attentat commis à *Gorze* sur les Évangéliques messins (25 mars 1543 : VIII, 304-310, 322-329). *Mélanchthon* connaissait mieux la valeur morale de ce prélat (Melanth. Opp. éd. cit., V, 88, 90). L'assertion relative à l'aumônier du prince lorrain doit être une fiction.

[13] *Anne d'Heilly* (1508-1579) devint la favorite de *François I*, lorsqu'il rentra en France (1526) après sa captivité. Il lui donna le titre de *duchesse d'Étampes* (Martin, VIII, 92).

[1] Voyez, pour la détermination de la date, les notes 3, 4, 7, 8.

[2] Évang. St Matthieu, xviii, 15-17. Ce passage était toujours cité dans les discussions sur la discipline ecclésiastique et sur la censure fraternelle.

[3] Ce *quoque* fait penser aux débats soulevés, à cette époque, dans l'Église neuchâteloise, par l'opiniâtreté de *Jean Chaponneau*. On sait que ce vieux pasteur ne voulait absolument pas entendre parler de la censure fraternelle (p. 287).

tentia, quam tua manu scriptam atque subscriptam fratrum jussu habemus, — tamen, congregatis nobis, si tamen, ut nunc res sunt nostræ, convenire poterimus⁴, scribemus ad vos libenter ea de re copiosiùs. Nostri htc videntur aliquid adversùs nos mali meditari, quòd anteacta hebdomada de me concionibusque meis magna diligentia, et multis civibus convocatis, inquisiverint, jamque aliquem ex nostris, *Erasmi nostri*⁵ *collegam,* piissimum fratrem, nescimus quam ob causam, cum fratres quosdam ruri agentes inviseret, interceperint et in *carcerem Blamontanam* captivum duxerint⁶. (Sed tamen hoc certò scimus, pium illum fratrem nihil unquam adversùs *Principem* aut in nos peccasse, sed optimè meritum esse de hac Ecclesia, cui multis annis magno cum labore fideliter servivit.)   Quæ *præludia quædam esse videntur futuræ persecutionis.* Sed voluntatem Domini expectabimus, quem testem in cœlis habemus, nos nihil in hac causa⁷, quàm suam gloriam Principisque et suorum omnium salutem quærere. Vale in Domino, et nobis fratres omnes diligenter saluta, quorum precibus nos semper et ecclesias nostras quibus possumus modis commendamus. Nam *puto omnino fore ut ante calendas Augusti vel componantur res nostræ, vel in vincula conjiciamur, vel ejiciamur*⁸. Hoc solum orate, ut nos Dominus non solùm fortes sed unanimes conservet. Iterum vale, mortalium charissime. Si scripseris *Calvino, Vireto* et cæteris, commenda nos omnium precibus: nam cum tibi scribo, omnibus scribo. *Calvini scriptum*⁹ jam mittere non possum, quum domi nihil habeam literarum. Sed mittam posthac, si Dominus voluerit. Tertiò vale.

          Tuus P. Tossanus.

(Suscription :) A mon très cher frère M° Guillaume.

 ⁴ Le 25 avril précédent, le duc *Christophe* avait fait intimer aux pasteurs du Montbéliard l'ordre de ne plus tenir leurs assemblées de Classe (p. 229).

 ⁵ *Érasme Cornier* (Cf. p. 230, note 10) ?

 ⁶ Ce qui suit, depuis *Sed tamen* jusqu'à *servivit,* est écrit à la marge.

 ⁷ L'affaire des *cérémonies luthériennes,* que le duc Christophe voulait imposer aux églises du Montbéliard (Voyez les N°⁸ 1291, 1348, 1349, 1352, 1354).

 ⁸ De cette phrase on peut inférer que la lettre a été écrite au mois de juillet.

 ⁹ A notre connaissance, ce mémoire n'a pas été conservé : il nous semble du moins peu probable que *Farel* eût demandé à Toussain la lettre de *Calvin* du 8 mai (pp. 223-27).

1381

HENRI BULLINGER à Jean Calvin, à Genève.
De Zurich, 20 juillet 1544.
Autogr. Arch. de Zurich. Cal. Opp. XI, 739.

Gratiam et pacem a Domino! *Orat te,* Calvine doctissime, D. *Erasmus Fabricius*[1], ecclesiæ nostræ minister fidelis ac doctus, et ejus nomine *ego quoque te oro, ut hunc filium ejus commendatum habeas.* Manebit apud mercatorem *Genevæ.* Mercatoris nomen excidit, quod tamen ex puero discere poteris. Et quanquam de illo bene speret, voluit tamen hunc tibi quoque commendari. Neque ingratam patri rem feceris, si dominum pueri adhortatus fueris ut bona erga ipsum fide utatur. Sentiet ille patrem non ingratum. *De puero* autem *Gallo quem mihi commendasti* literis tuis mense Maio, semel et iterum scripsi[2] : quoniam verò nihil respondes, suspicor meas tibi non esse redditas. Summa fide et diligentia *annixus sum quò puer ille in ædes scribæ urbis nostræ reciperetur.* Nam nemo est qui illo puriùs germanicè scribat. Receptus est, sed ea lege ut pro victu in annum numerem coronatos sedecim. A me enim uno pecuniam numerari voluit, neque alios fidejussores se recepturum dixit. Obstrinxi fidem meam, fretus tuis literis. Restat ergo ut tu me liberes. Comparavit præterea libros sibi quibus opus habet in ludo. Precium ascendit ferè ad duos aureos. Jam verò mos est apud nostros, ut dimidiatam partem pro victu numerandam mox ab initio appendant. Proinde nisi parùm commodum esset mercatori, cuperem ut 8 coronatos mitteret, ubi fidelem inveniret nuncium qui illos ad me perferret, unà cum illis quoque pecuniis quas pro libris debet *Froschovero*[3]. Cæterùm rem maximè necessariam feceris si puero scripseris, diligentior sit porrò et tractabilior. Queritur scriba urbis D.

---

[1] *Érasme Fabricius,* précédemment pasteur en Alsace.
[2] Voyez les lettres de Bullinger du 16 mai et du 8 juin, p. 241, 270.
[3] *Christophe Froschower,* imprimeur-libraire à Zurich.

Wernherus Bygelius, dominus ejus, puerum esse negligentem, præfractum et animi elati. Ego pro meo officio illum admonui ac spero ipsum aures habere ad consilia. Vale, doctissime mi Calvine, et me ama. Salutant te fratres omnes, *Megander, Pellicanus, Bibliander, Gualtherus, Gesnerus,* pueri hujus pater *E. Fabricius* ac reliqui. Tiguri 20. Julii anno 1544.

H. BULLINGERUS tuus.

(Inscriptio :) Clarissimo viro D. Joanni Calvino, fratri suo longè charissimo. Genevæ.

1382

PIERRE VIRET à Rodolphe Gualther, à Zurich.

De Lausanne, 29 juillet 1544.

Inédite. Autogr. Bibl. de la ville de Zurich.

Etsi rariùs ad te scribam, nihil tamen nostræ amicitiæ decessisse existimes velim. Nihil aliud in causa est tam pertinacis mei silentii, nisi quòd justum argumentum deesset de rebus seriis. Non deesset quidem, si captarem. Sed nihil mihi opus esse videtur hujusmodi arte uti apud te, de cujus candore et amicitia sic sum persuasus, ut nihil te offendi putem, etsi interdum hæc levicula officiola intermittam : neutiquam intermissurus, si necessaria esse judicarem. Sed quid juvaret te legendis meis literis interpellare, ac vicissim ad scribendum provocare, cum videam te utilioribus addictum studiis, à quibus avocare mihi religio est. Nullis ergo meis eges stimulis, cum *quotidiani tui labores et ingenii monumenta satis testentur quàm sis ab ignavo ocio alienus*[1]. Existima igitur me tibi potiùs parcere meo silentio, ut nihil tuis detraham studiis, quàm meis laboribus, aut hunc prætendere ignaviæ et negligentiæ meæ prætextum.

[1] *Gualther* publiait alors les *Zuinglii Opera* (4 volumes in-folio). C'était une entreprise très laborieuse, parce que le jeune éditeur devait traduire en latin de nombreux traités allemands. Le second volume, qui contient les *polemica,* porte une préface de Rod. Gualther, datée : « Tiguri, pridie Calend. Aprilis 1544. » L'impression du t. IV fut achevée en 1545.

Redditæ sunt mihi tuæ literæ, quibus *Josuam Wittenbachium* commendabas². *Juvenem admisi in meas ædes,* tum tua impulsus commendatione, tum veteri parentis et affinium amicitia³. *Mitto ad D. Gesnerum disputationum gallicarum librum*⁴, qui nuper meo nomine editus est. Misissem et ad te, si non veritus fuissem ne nuncius ægrè tulisset gravari sarcina hac, et si opus judicassem dignum quo gravaretur, et quod ad te mitterem. Si quid fortè aliquando erit aptius, faciam te participem : et si lectione dignum judicas qui liber nunc à me missus est, dabo operam ut aliàs ad te mittatur. Salutant te nostri omnes. Saluta amicos nostro nomine. Vale. Lausannæ. 29. Julii. 1544.

Tuus P. Viretus.

(Inscriptio :) Doctissimo D. Rodulpho Gualthero, ecclesiastæ Tigurino, fratri et amico observando. Tiguri.

1383

Pierre Viret à Jean Calvin, à Genève.

De Lausanne, 4 août 1544.

Autogr. Bibl. Publ. de Genève. Vol. n° 111 a. Cal. Opp. XI, 740.

S. Ex quo *Berna* redii ne literam quidem à quoquam *Genevatium* accepi. Scio quibus obruaris. Optarim tamen certius aliquid discere de vestro statu, et quo animo exceptæ sint *Bernatium* literæ, et quid continerent¹. Si licet per ocium, scribe paulò fusiùs de rebus omnibus. Nihil scribo ad te de his quæ hîc aguntur aut quæ *Bernæ* vidi, quoniam ejus sunt generis ut malim coràm narrare quàm literis committere. Hac nocte *uxor Comitis*

---

² Voyez la lettre de *Josué Wittenbach* du 29 mai, pp. 254-258.

³ *Thomas Wittenbach,* le réformateur de la ville de *Bienne,* mort en 1526, ne laissa pas d'enfants (Cf. dans l'Encyclopédie de J.-J. Herzog, 1ʳᵉ éd. XVIII, 318-322, l'article de M. le pasteur Haller). Il s'agit ici du bourgmestre de Bienne, *Nicolas Wittenbach,* avec lequel *Viret* s'était lié pendant qu'il était pasteur à *Neuchâtel.*

⁴ Voyez, p. 267, note 27, le titre de cet ouvrage.

¹ Voyez, au 4 juillet, cette lettre de Berne au Conseil de Genève.

obiit[2]. Saluta amicos præsertim domesticos. Nostri te salutant omnes. Redditæ sunt mihi *Farelli literæ, quibus meminit de Sebastiano, qui fuit Neocomi, et qui multa conquestus est*[3]. Vide ne quis quicquam moliatur adversùm te. Sed Dominus conficiet emulos. Vale. Lausannæ. 4. Augusti. 1544[4].

(Inscriptio :) Charissimo fratri suo Joanni Calvino, ecclesiæ Genevensis pastori fidelissimo. Genevæ.

[2] La femme de *Béat Comte* échappa, en mourant, à la punition que le Consistoire de Berne lui réservait.

[3] Cette lettre de Farel est perdue. Nous devons, à propos de *Sébastien Châteillon,* citer les passages du Registre de Genève qui le concernent, dès le 5 juin (p. 264) : Mercredi 11. « Les ministres de l'église. Sus la contencion estant entre eulx pour aulcunes parolles, et ayant tout au long entendu leur différens, responces et répliques d'ung costé et d'aultre, remys ambes parties à demaien en Conseyl. » — Jeudi 12. « Ordonné que à ung chascung d'iceulx soyent fayctes bonnes remonstrances, et que toutes haynes, rancunes et malvolliences soyent mises bas et que il ce aye à pardonner les ungs les aultres, et que dès icy en là vive en toute bonne amitié et fraternité : aultrement, procéderons plus oultre sur eux. Et dempuys a esté advisé et ordonné que, d'aultant que M⁰ *Bastian* n'ha procéder ainsyn qu'il debvoyt, et que quant remonstrances et correction ce font les ungs envers les aultres, l'on doybd procéder aultrement qu'il n'ha fayct et qu'il n'ha suffizamment justiffié ses proposites, — trouvons havoyer mal procéder et mal parler, et soit démys du ministère jusques à la bone volenté de la Seigneurie.

« Laquelle ordonnance, présent les six ministres et le dit M⁰ *Bastian,* a esté pronuncé : lequel M⁰ Bastian a prier, en l'honneur de Dieu, qu'il p[u]ysse estre aoye en ses répliques sur ce que les ministres hont diest. L'on a layssé l'ordonnance comment dessus. »

Vendredi 11 juillet. « M⁰ *Bastian Châtillon* régent des escoles. Lequelt suyvant le congé que par avant a demandé... a exposé comment illaz servyr jusque à présent, et que voyant qu'il a entendu que l'on en est provheu d'ung aultre, a prier il merstre fin, pource qu'il desire suyvre à trové allieurs partye.

« M⁰ Bastian Chastillion, feuz régent des escoles. Lequelt a pryns congé de la Seigneurie et a prier luy fère sa rayson de quinze jours qu'il a servyr daventage : aussy luy satisfayre des loyages des maysons qu'il a supporté, et daventage a prier luy ballié le doble de la sentence donné contre luy. Ordonné qu'il soyt satisfayct de ses gages, et des loyages soyt parlé au S⁰ Jehan Chaultemps. Et quant à la sentence, que l'on n'est pas en coustume de ballié. »

[4] La partie du manuscrit qui portait la signature, a été enlevée.

1384

UN ÉTUDIANT à Jean Calvin, à Genève.

De Paris, 4 août (1544 ?)

Manuscrit orig. Bibl. Publ. de Genève. Vol. n° 109.
Cal. Opp. XX, 579.

Nihil unquam mihi fuit optatius, vir eruditissime, quàm eam mihi aliquando occasionem dari qua te non quidem per literas salutarem, sed tecum in colloquium venirem. Verùm quando is hactenus fuit status rerum mearum, ut id in quo mihi putabam esse omnia, minimè potuerim consequi, *non putavi mihi committendum esse, ut hic Claudius noster sine meis literis istuc veniret*[1],

---

[1] Nous ne pouvons, pour le moment, affirmer que la présente lettre fut composée par l'étudiant espagnol *Juan Diaz*. Mais nous sommes persuadé que le *Claudius* ici mentionné était *Claude de Senarclens*, gentilhomme du Pays de Vaud. Notre hypothèse peut sembler téméraire. Toutefois on ne pourra lui contester un certain degré de vraisemblance.

Claude de Senarclens, fils de François de Senarclens, seigneur de Grancy et de Dullit, et d'Andréane de Benoît, naquit vers 1517. Quoique son père, ancien ennemi des Genevois, fût un adversaire de la Réforme, il embrassa la doctrine de l'Évangile, et il renonça aux dignités ecclésiastiques auxquelles il était appelé par son grand-oncle maternel, Rodolphe de Benoît, abbé de St.-Jean-de-Cerlier (II, 415). *Claude* et son frère aîné *Louis* firent probablement la connaissance personnelle de *Calvin* durant le cours de leurs études universitaires à *Bâle* (1537-1540) et par l'entremise du professeur *Jean Oporin* (IV, 207, 208), dans la maison duquel les deux frères étaient en pension.

Après son retour de Bâle, *Claude* demeura plus ou moins longtemps à *Genève*, chez le Réformateur (VIII, 82, 83). Au printemps de l'année 1543, il partit pour *Paris*. Ce fait intéressant nous a été révélé par le protocole du Conseil de Berne du 4 avril 1543, où il est dit : « Permission est donnée à *Claude Symarclens* d'aller étudier à *Paris*[*]. [On doit] lui remettre un passeport attestant qu'il est sujet de mes Seigneurs. » (Trad. de l'all.) On se représente facilement les services qu'il aura été en état de rendre à

---

[*] Le paragraphe qui suit dans le Manuel, montre qu'il s'agissait réellement de *Claude de Senarclens*, chef titulaire du prieuré de *Perroi*, près de Rolle. Son oncle Rod. de Benoît avait résigné en sa faveur ce prieuré de Bénédictins, en 1529. Dans l'acte de cession, *Claude* est qualifié « venerabilis vir, clericus Gebennensis diocesis. » (Arch. de Berne.)

quibus tui videndi desiderium aliquo modo tandiu lenirem, dum mihi coràm licebit omnes animi mei cogitationes in sinum tuum effundere. *Me verò,* quod plerique solent, statim in fronte epistolæ, *non excuso quòd ignotus ad ignotum, tantillus ad tantum scribo,* idque humanitate tua fretus, quæ personam non excipit : neque te magnificis titulis onerans, pluribus expatiabor in laudes[2] tuas, ne quid auribus tuis dare videar. Cum enim, ut scis, in nemine non turpe est assentationis vitium, tum verò in homine christiano turpissimum. Adde his quòd *te in tam illustri loco positum esse video, ut omnium penè christianorum oculos ad te convertas*[3]*,* ut mea commemoratione nihil ad laudum tuarum

Calvin et aux Évangéliques pendant son séjour à *Paris,* séjour qu'il prolongea, sans doute, jusqu'au mois d'août 1544, époque où commençaient les vacances universitaires (Cf. la n. 22. Voyez l'Album de Claude de Senarclens. Mscrits de la Bibl. Publ. de Genève, n° 151ᵈ. — Mémoires de Pierrefleur, p. 8-11, 402. — Louis de Charrière. Les fiefs nobles de la baronnie de Cossonay, dans les Mém. et Doc. de la Soc. d'Hist. de la Suisse romande, t. XV, p. 206, 223. — Répertoire des familles vaudoises qualifiées, 1883, p. 200, 201. — Edward Bœhmer. Spanish Reformers from 1520. Strassburg. London, 1874, I, 203, 204. — E. F. von Mülinen. Helvetia sacra.)

Nous ne savons si l'article suivant du Manuel du 15 septembre 1543 concerne *Claude* ou son frère *Louis,* ou bien leur père : « Il est permis à *Senarclens* d'entrer au service d'un seigneur, mais non pour se mettre à ses gages, ni chez quelqu'un qui serait l'ennemi de mes Seigneurs. » L'hostilité de *François de Senarclens* contre MM. de Berne se trahit par sa lettre obséquieuse au duc de Savoie du 31 mars 1543, interceptée en Bresse et communiquée à M. de Boisrigault par Jean de la Baume, le 25 avril suivant (Arch. bernoises). Il existe, sur cette affaire, deux lettres de MM. de Berne à Morelet, l'un des ambassadeurs du Roi. Elles sont datées du 11 et du 12 mai 1543.

[2] L'original porte *laudas,* au lieu de *laudes,* et, plus bas, *dolec* adolescant, au lieu de *donec.* C'est un indice que la lettre a été vivement composée ou copiée, et que l'écrivain ne l'a pas relue.

[3] Déjà en avril 1543, *Antoine Fumée* écrivait à Calvin quelque chose de pareil (VIII, 338, renv. de n. 2, et dernière lig. de la page; lig. 1-2 de la p. 339). Pendant l'année suivante, le crédit et la renommée du Réformateur durent encore s'accroître, à mesure qu'il s'adressa, en français, aux classes peu lettrées. Quelques-uns de ses livres populaires ont été mentionnés plus haut (pp. 20, 126, 127, 269). Nous en rappelons sommairement les titres :

Petit traicté monstrant que c'est que doit faire un homme fidèle... quand il est entre les papistes. 1543. — Le traité des Reliques. 1543. — Excuse de Jehan Calvin à Messieurs les Nicodémites. 1544. — Brière instruction

cumulum possit accedere. Tu verò tot tantisque animi dotibus, quibus te Deus ad illustrationem sui nominis cumulavit, adeò non turges, ut te Pauli exemplo non pudeat quotidie repuerascere, nutricisque in morem lac præbere infirmis, infantibus præmansum cibum in os inserere, donec adolescant in Christum : nec tamen interim boni pastoris officium in te desiderant qui solidiorem cibum appetunt. Hoc demum boni ac fidelis dispensatoris, sic omnium palata tenere, ut sciat quo quodque cibo gaudeat, nimirum ut ubique vitetur fastidium, quod in tanta palatorum varietate dif[f]icillimum est, nisi talis sit œconomus qui verbum veritatis rectè norit, ut Pauli verbis utar, ὀρθοτομεῖν[4].

Quare *in tanta paucitate bonorum doctorum, non sine gemitu Deum assiduis precibus oramus, ut vos, quos verè[5] ecclesiæ columnas appellare non dubito, propagandæ evangelicæ doctrinæ quàm diutissimè servet incolumes.* Decet enim vos in hac militia nullis frangi laboribus, sed tanquam veteranos milites nusquam[6] cessare in officio, nec imitari nostrorum quorundam ignaviam, quorum alii, in his locis, dum sunt extra teli jactum, præsenti sunt animo, alii tandiu pedem non referunt, dum ancipiti marte pugnatur. At crescente cum viribus adversariorum audacia, concidunt animis desperataque victoria, turpiter ordinem deserunt. *Negari quidem non potest, tantam hîc esse tyrannidem, ut longè olim mitiùs actum fuerit cum apostolis, quàm hodie cum iis qui apostolorum doctrinam sectantur, ut non injuria dicas eum altiùs divino afflari spiritu, quem non supplicii gravitas deterreat.* Eò enim res rediit, ut non jam sit ocium istis in vitam cujusquam inquirendi, sed *levis suspitio in discrimen adducit : nec rarò*

contre les erreurs des Anabaptistes. — Enfin, l'ouvrage suivant, que nous avions omis d'indiquer : « Les Articles de la sacrée Faculté de Théologie de Paris, concernans nostre foy et religion Chrestienne, et forme de prescher. Avec le remède contre la poison. (Genève. J. Girard.) 1544, » petit in-8°. (Cal. Opp. Brunsv. VII, Proleg. p. XVI.)

[4] Si notre hypothèse relative à *Claudius* est fondée, les expressions admiratives de l'écrivain ne sont pas de purs compliments. Celui-ci avait recueilli, sur *Calvin* et son activité pastorale, un témoignage direct, personnel et digne de foi. *Claude de Senarclens*, ayant demeuré à *Genève*, chez le Réformateur, pouvait parler pertinemment de son caractère et de ses diverses manières d'enseigner, selon qu'il s'adressait aux gens instruits ou aux simples.

[5] Dans l'éd. de Brunswick : *veræ* ecclesiæ columnas. — [6] Ibid. *nunquam*.

extorquet quæstio quæ ne per somnium quidem unquam cogitaris[7]. *Nec desunt* ψευδομάρτυρες[8], *quorum calumniis oppressus subitò rapiaris ad supplicium*[9]. Quòd si quem fortè sentiant ita principum favore sublevari, ut spes sit aliqua salutis, huic mortem accelerant, ne quis deus de improviso appareat : tanta est sitis sanguinis innoxii[10]. Hic quid aliud quàm exclamem : O tempora, ô mores! Vos, si suspiria nostra, si gemitus audiretis, — quanquam non dubito quin ad vos usque clamor noster perveniat, sed tamen, ut inquit ille, oculi dolorem augent, — profectò verè nostris malis afficeremini, simulque animos vestros subiret admiratio, quibus artibus Satan conetur ecclesiæ maceriem diruere.

Quid dicam de iis qui, semel gustato dono Dei, cum sua autoritate intollerandæ tyrannidi sese opponere debeant, contra conscientiam tantam ecclesiæ vastitatem dissimulant, quique dum famæ ac fortunis suis consulunt, iniqua judicia silentio approbant, probro sibi ducentes, si vel levissima suspicione aspergantur? Et ne quid impietatis sibi reliquum faciant, objiciunt scandala quæ tam multa parit doctrina evangelica. Clamitant Reip. tranquilitatem à novis (sic enim vocant) evangelicis, perturbari, eosque lingua mirè disertos esse, cæterùm parùm evangelicè vivere. Quod (proh dolor) ut nimiùm verum est, ita minimè cum impiis offendi deberent : quin potiùs danda erat opera, ut ipsi suo exemplo ignaros ad synceram doctrinam invitarent, malos in viam reducerent. Non enim est dubium, quin si se pietatis duces præberent, aliquot essent habituri sectatores. Nam dici non potest, quàm multos à recto abducat malorum exemplum : nec dif-

---

[7] Nous avons vu (VII, 473-475) qu'au moyen de la torture, l'inquisiteur *Jean de Roma* (1533) extorquait à ses victimes des blasphèmes qu'il avait lui-même inventés.

[8-9] Non des faux-martyrs, mais des *faux-témoins*. Le 8 juillet 1542, l'inquisiteur *Matthieu Ory* et, après lui, l'official de Paris avaient publié un monitoire excitant les fidèles à la délation, tant des personnes que des faits ou écrits de toute nature, qui pouvaient aider à découvrir et poursuivre l'hérésie. Cette prime décernée à l'espionnage, à la lâcheté et à la convoitise, fut proclamée du haut des chaires de toutes les paroisses, les dimanches 16 et 23 juillet (N. Weiss, o. c., p. xxv).

[10] Voyez, sur « la persécution cruelle et méthodique » des années 1542-1544, l'ouvrage de M. N. Weiss, pp. xxi-xxxi. — La Réforme française avant les guerres civiles. Par Mᵐᵉ C. Coignet. Paris, 1890, p. 94-102.

ficile creditu quantam[11] illud, etiam non omnino malis, peccandi fenestram aperiat, præsertim *hîc in tanta fame ac siti verbi Dei.* Breviter, hîc quoquo vertas oculos, miseranda rerum facies. *Adversarii* nullum persequendi bonos finem faciunt : qui probi haberi volunt, non id ostendunt quod dicuntur : sectarum plena sunt omnia. Nec video posthac in his locis quis locus piis futurus sit, nisi brevi Deus sua ineffabili clementia populum afflictum respexerit. Quid enim agas ubi conscientiæ tumultus perpetuò obstrepat? Cicero tum[12] Reip. Romanæ statum, ut miserrimum deplorabat, cum civibus de Rep. liberè loqui non liceret: *nos hoc tempore quibus lachrimis par est deflere ecclesiæ statum : de quo si satis esset piè sentire*[13]*,* ut nonnulli, etiam inter eos qui Christianos se jactitant, impiè affirmant, *præclarè nobiscum agi putaremus. Sed cum hîc Christi gloria agatur, animarum salus periclitetur, quis non videt oris confessione opus esse*[14] *?* Sed hanc rident μωρόσοφοι, qui de singulis censuram sibi sumunt[15]. Plato, ad Dyonisium[16] scribens, dicebat cavendum esse, ne in vulgus emanarent quæ ipse de prima materia sentiret. Sic enim dicebat: εὐλαβοῦ μέντοι μήποτε ἐκπέσῃ ταῦτα εἰς ἀνθρώπους ἀπαιδεύτους·

[11] Édition de Brunswick : *quantum* illud.

[12] Ibidem : Cicero *tamen*. L'abréviation permet de lire *tamen*, mais le contexte semble exiger *tum*.

[13-14] Le *Petit Traicté* de Calvin de 1543 et son *Excuse à Messieurs les Nicodémites* affirment énergiquement que la foi intérieure n'est agréable à Dieu que si le fidèle a le courage de la confesser de bouche. Les Évangéliques de Paris et de la Flandre trouvaient excessive cette déclaration de Calvin. Ce fut, pour eux, en 1543 et 1544 une question angoissante (Cf. les pp. 126, 127, 178, 179, et la lettre d'*Antoine Fumée*, à la fin de décembre 1544). Les gens ayant famille et peu de ressources se plaignaient d'être réduits à cette alternative : s'exiler ou mourir. La réponse du Réformateur peut se résumer dans ces paroles :

« Jésus-Christ a prononcé une fois, que quiconque tiendra son âme prétieuse en ce monde, il la perdra. Quand donc ceux-cy mettent en avant pour excuse, qu'il se faudroit hazarder à la mort, s'ilz faisoyent ce que je leur monstre par l'Escriture, ne veulent-ilz pas contraindre Jésus-Christ à rétracter sa sentence ? » (Excuse aux Nicodémites. Cal. Opp. VI, 603, 604.)

[15] Ce mot est écrit de telle sorte qu'on peut, à volonté, lire *sinunt* ou *sumunt*.

[16] *Sic!* au lieu de *Dionysium*. Les passages grecs qui suivent sont empruntés à la seconde des Épîtres de Platon, qui est adressée à Denys-le-Tyran.

σχεδὸν γάρ, ὡς ἐμοὶ δοκεῖ, οὐκ ἐστὶ τούτων πρὸς τοὺς ἄλλους καταγελαστότερα ἀκούσματα, οὐδ' αὖ πρὸς τοὺς εὐφυεῖς θαυμαστότερα καὶ ἐνθουσιαστικώτερα. Nos verò contrà, cum Christo dicere possumus, imperitam multitudinem huic doctrinæ plausum dare, eandem ab iis explodi quorum partes erant eam quàm latissimè spargere.

Hæc quanquam tibi nota esse scio, tamen quia hujus rei tot exempla nobis suppeditat hic locus, in quo vel illud in primis τὸ θεολογεῖν omnium aures personat, — *non possum de iis tacere, quæ non sine magno animi dolore oculis spectamus. Quem enim nisi prorsùs* ἀνάλγητον, *non moveat tanta calamitas? Quo animo hæc cernant alii, quibus est in proclivi solum vertere, nescio : ego certè hîc tanto mœrore tabesco, ut sæpe, dissuadente inopia*[17], *rebusque parùm compositis, de migrando ad vos cogitarim :* nec video quo pacto hîc cum tanto conscientiæ periculo, diutiùs possim versari. Optavi antea non semel per literas tuum in hac re consilium exquirere : quod quando hactenus tutò non potui, *paucis mei consilii rationem accipe.*

Cum *parentes* semper initio mihi autores fuissent, ut vel ad jurisprudentiam, vel ad medicinam, animum adjicerem, nolente me, cœperunt aliquot ab hinc annis[18] acriùs instare : sed eò nulla ratione potui impelli, quòd mihi semper arrisisset Linguarum studium, cui me totum penitùs consecravi, ratus has non parvo mihi fore adjumento ad sacrarum literarum intelligentiam[19]. Id

---

[17] Au premier abord, il semble douteux que *la pauvreté* fût le partage de *Juan Diaz*, qui étudia longtemps à Paris et y laissa une belle bibliothèque. Mais nous ferons observer qu'il était dans une position dépendante, protégé et pensionné par le cardinal *Jean du Bellai*, dont il devint le correspondant en Allemagne (1545) lorsqu'il eut quitté Genève et la Suisse. Sleidan écrivait de Strasbourg au susdit cardinal, le 27 avril 1546 : « Hispanus ille *Diazius, tuus alumnus,* 27 die Martii, jussu fratris sui germani, est interfectus supra Ratisbonam, eo quòd nollet ad pontificatum redire. » (Cf. Edw. Bœhmer, o. c., I, p. 149, 189, 200. — Cal. Opp. XII, 625.)

[18] Par ces longues études, l'histoire de l'écrivain ressemble à celle de *Juan Diaz* (n. 19).

[19] « A *Paris*, il *(Diaz)* demeura l'espace de treize ans ou plus, et profita de telle sorte ès sciences, qu'il fut fort estimé entre tous les Espagnols qui estoyent pour lors à Paris en assez bon nombre... Il appliqua aussi diligemment son esprit aux Lettres sainctes. Et, sçachant bien que *la langue Hébraïque* estoit fort nécessaire pour l'intelligence des dites Lettres, il y

feceram doctorum virorum consilium sequutus, qui norant me omnem studiorum meorum cursum, omnesque ingenii mei conatus ad Christi gloriam referre. Neque enim tum spes mediocris habebat animum meum, futurum aliquando, ut palàm hîc prædicaretur Christus. Sed re in dies vergente in deterius, cum nulla spes ampliùs affulgeat, ego ab his malis velut naufragio ejectus, portum aliquem aspicio, in quem me recipiam. *Summam igitur fœlicitatis meæ partem judicarem, si apud vos huic miserrimo homuncioni locus esset*[20]. Quod quidem si tuo beneficio me consequi posse sperarem, te per musas omnes, vel potiùs per Christum obtestarer, ut per te mihi fœlix esse liceret. Venissem jam ad vos, sed nolo gravare ecclesias quibus honori, non oneri, esse cupiam. Tu si quid vides me posse prodesse Christianæ reipublicæ, non gravaberis mihi per literas significare. *Interim pergam hîc Vatabli lectionem audire, qui magna diligentia, majori fructu, frequentissimo auditorio, Psalterium hebraicè interpretatur*[21].

employa une si grande estude, qu'il surmontoit en icelle tous ceux de sa nation » (Crespin, éd. de Toulouse, I, 468).

[20] Crespin (l. c.) dit encore que *Diaz* « ayant bien gousté ceste saincte doctrine [évangélique], il mit en son esprit qu'il ne faloit point cacher la conoissance qu'il en avoit; ains comme fidèle dispensateur, la devoit manifester devant les yeux de tout le monde. Et, sans faire long discours, il abandonna *Paris*, et se retira en la ville de *Genève* avec *Matthieu Budé* et *Jean Crespin*, pour voir l'estat de l'Église d'icelle, et le bel ordre qui y est. » Leur arrivée dans cette ville eut lieu, selon Jules Bonnet et Edward Bœhmer, au commencement de l'année 1545. Voyez, sur *Juan Diaz* (né à Cuença en 1510), Sleidan, II, 435-41. — Seckendorf, o. c. III, 652-58. — J. Bonnet. Récits du XVIᵐᵉ siècle, 2ᵉ éd. 1875, p. 177-239. — Bœhmer, o. c. I, 187-216. — Merle d'Aubigné. Hist. de la Réf. au temps de Calvin, VIII, 126-40. — Moïse Droin. Hist. de la Réf. en Espagne, II, 102-120.

Les ressemblances que nous avons signalées entre *Diaz* et l'auteur de cette lettre, ne suffisent pas à identifier ces deux personnages. L'écriture de l'un diffère de celle de l'autre, et le style élégant de l'écrivain anonyme ne se retrouve pas dans les lettres de *Joannes Diazius*.

[21] *François Vatable*, professeur d'hébreu au Collège de France, mourut le 16 mars 1547. On ignore dans quelles années il prit certaines parties du Psautier pour objet de ses leçons. Toutefois on peut affirmer qu'avant 1545 il avait déjà interprété tous les livres hébreux de l'Ancien Testament. Le fait est attesté par *Robert Estienne*, dans la préface de sa Bible latine de 1545. Après avoir parlé de la nouvelle traduction qu'il a placée à côté de la Vulgate, il s'exprime en ces termes :

« Hanc igitur novam tralationem... cum vellemus... cum aliorum

Plura scripsissem, quæ ex *nostro Claudio*[22] poteris cognoscere. Vale, vir eruditissime idemque humanissime. Lutetiæ quarto Augusti[23].

(Suscription:) A Monsʳ maistre Charles d'Éteville. A Lyon[24].

versionibus, maximè autem *Sanctis Pagnini,* conferre, ecce commodùm amici de prælectionibus *Francisci Vatabli,* doctissimi Hebraicarum literarum professoris Regii, nos admonent : neminem majori vel eruditione, vel fide, magisque perspicua expositione *sacros Veteris testamenti libros omnes* quos Hebræi receperunt, interpretatum esse : multos esse ejus diligentissimos auditores, qui percepta ab eo, magna fide excepissent. Horum igitur consilium secuti, diligentissimum quenque ex illius auditoribus rogavimus ut suos nobis libros commodarent : quod illi alacres libentique animo... fecerunt. » — Rob. Estienne a même pris soin d'imprimer et de placer à la fin du Nouveau Testament (Bible précitée) les *diffusiores annotationes* relatives aux Psaumes I-LXXII, et qu'il n'avait pu d'abord se procurer.

[22] La famille de Senarclens jouissant d'une grande aisance, il est peu probable que *Claude* ait déjà quitté les cours de l'université en août 1543 (Cf. n. 1). Et, comme nous avons constaté qu'il fut, plus tard, conseiller d'État à *Neuchâtel,* nous croyons pouvoir en conclure qu'il avait complété à *Paris* ses études de jurisprudence, — ce qui n'exigeait pas moins d'une année. En tout cas, il se trouvait en Suisse à la fin de 1544, puisque bientôt après, dans le courant de janvier 1545, *Calvin* le chargeait d'une importante mission en Allemagne. A la fin d'avril, il était de retour à Genève, et, trois mois plus tard, il recevait à *Bursins,* près de Rolle, la visite de son ami *Juan Diaz.* Celui-ci écrivit alors à Calvin : « Te salutat *Claudius noster* et *mater* cum tota familia... Bursini 7. Augusti » (1545).

La plupart des détails qu'on possède sur la vie et la fin tragique de *Juan Diaz* sont donnés par *Claude de Senarclens,* dans un livre auquel Francisco Enzinas doit avoir eu une grande part. Ce rarissime opuscule est intitulé : « Historia | vera de morte san- | cti uiri Joannis Diazij Hispani,| quem eius frater germanus Al- | phonsus Diazius, exemplum se- | quutus primi parricidæ Cain, | uelut alterū Abelem, nefariè in- | terfecit : per Claudium | Senarclæum. | Cum præfatione D. Martini Buceri, in qua de | præsenti statu Germaniæ multa conti- | nentur lectu inprimis digna.| M. D. XLVI. » | In-8°. (Bœhmer, o. c. I, 171.)

[23] Ces trois derniers mots sont d'une autre main. Voyez, pour la détermination de l'année, les notes 1, 4, 10, 13-14, 20-22.

[24] Le manuscrit porte les incisions ordinaires et des traces du sceau.

1385

PIERRE VIRET à Jean Calvin, à Genève.
De Lausanne, 9 août 1544.
Autogr. Bibl. Publ. de Genève. Vol. n° 111ª. Cal. Opp. XI, 741.

S. Nihil ad te scribere decreveram, sperans fore ut aliquando occasionem captares hucusque et *Neocomum* expatiandi[1]. Nam nisi te negociis eximas, vix unquam respirare licebit. Cum ergo nondum hanc mihi spem præcideris, differo multa donec coràm colloqui liceat. *Intellexisti, opinor, de Sebastiano, quem audio Basileam se ad Oporinum recipere*[2]. Miror autem quòd nec iens nec rediens nunquam *hac* iter fecerit[3]. Multa conquestus est etiam apud *Zebedæum* suo more. *Zebedæus* hîc est, cui parùm bene cum suis *Orbanis* convenit. Cum *Berna* rediens *Orba* iter facerem[4], nonnihil ægrè tulit quòd veteres querelas audire no-

---

[1] Au mois de juin, *Farel* avait très vivement souhaité la visite de Calvin et de Viret (p. 286, renv. de n. 11-12). Celui-ci fut seul en mesure de le visiter deux ou trois semaines plus tard.

[2-3] *Sébastien Châteillon* s'était rendu seul à *Bâle*. Il revint à *Genève* pour chercher sa famille, et, selon M. F. Buisson (o. c. I, 237), il y resta plusieurs semaines, plusieurs mois peut-être. Mais avant l'hiver il dut s'établir à Bâle, où *Jean Oporin* l'accueillit comme un ami et l'employa en qualité de correcteur dans son imprimerie. Et, pour le recommander au public, il fit réimprimer par Robert Winter les *Dialogi sacri* de Châteillon, avec une chaleureuse lettre-préface, adressée aux frères Rellinger d'Augsbourg, et dans laquelle il dit : « *Sebastianus Castalio*, vir singulari eruditione ac pietate præditus, amicusque noster minimè quidem vulgaris... hosce quatuor Dialogorum sive Familiarium Colloquiorum libros, de sacris tam Veteris quàm Novi testamenti libris excerpsit, ncbisque in lucem evulgandos tradidit. Qua in re statim ei ut obsequerer, facilè me adduci passus sum... Basileæ, prid. Cal. Martii. 1545. » Petit in-8° de 210 pp. et 13 pp. non-chiffrées. (Cf. le titre complet dans le « Répertoire des ouvrages pédagogiques du XVIᵉ siècle. Paris, Imprimerie Nationale, 1886, » p. 127.)

[4] Parti de *Berne* le 5 juillet, Viret avait fait un détour, en passant par la ville d'Orbe, ce qui retarda jusqu'au 10 la composition de sa lettre à MM. de Genève (N° 1378).

luerim. Dabo tamen operam ut quoad ejus fieri poterit in officio contineatur. *Minister Liniriolius* (*Manilerus*, ni fallor, vocatur[5]) *qui cum Priliaco*[6] *locum commutare cupit*[7], ad me rediit, ac valdè institit, ut in hac ei causa faverem, et multis conatus est meam sententiam mihi extorquere, ut quid animi haberem exploraret. *Remisi ad Classes*, quamvis spem adimere penitùs noluerim, ne viderer Classibus et fratribus omnibus præjudicare, ac meo omnia arbitrio moderari. *Negavi* tamen *nos scripturos hac de re, honesto prætextu, quòd scilicet ego et tu videremur Classibus præire, et confirmare opinionem quam multi de nobis conceperunt*, aut, ut veriùs dicam, calumnias, *quòd velut pontifices velimus omnia peragere ex animi nostri sententia, et in reliquos fratres imperium assumere*[8]. Nullam esse viam commodiorem quàm ut fratribus omnibus negocium proponeretur. Tunc Dominus suggeret cuique quod visum fuerit[9]. Horum te volui admo-

[5] Le Registre de Genève, au 26 février 1536, mentionne un prêtre nommé *Guillaume Manillier* (Chronique de Froment, éd. Revilliod. Extraits des Reg. p. CLXXXVII). Le ministre de *Lignerolles*, vers 1543, avait pour prénom *Nicolas* (VIII, 234, 235). Nous nous sommes trompé, en disant (l. c.) que c'était *Nicolas d'Ausserre* et qu'il fut, vers ce temps-là, transféré à *Vullierens*. Son ministère dans cette paroisse est un fait certain, mais de quelques années postérieur à 1544.

[6-7] Viret n'ayant pas l'habitude de mettre les points sur les *i*, on peut lire *Puliaco* ou *Priliaco*, *Pully* ou *Prilly*, deux villages situés près de Lausanne, l'un au S.-E., l'autre au N.-O. de cette ville. Mais comme la phrase n'exige pas ici un nom de lieu, mais un nom d'homme, et que, d'autre part, le ministre qui voulait faire échange de paroisse avec *Manillier*, était *Jean Bonivoye* « aliàs *de Brilly* » (VII, 36, 37), — nous croyons que Viret a désigné celui-ci sous le nom de *de Prilly*. Que ce nom fût ainsi prononcé par des Bernois, il n'y avait là rien d'étonnant; mais il est singulier que Viret ne connût pas mieux le nom d'un pasteur qui vivait depuis six ou sept ans à *Vullierens*, à trois lieues et demie de Lausanne.

[8] Les adversaires de Calvin, de Farel et de Viret les avaient surnommés « *les trois patriarches*. »

[9] Nous ignorons la décision qui fut prise par la Classe d'Yverdon au sujet de *Manillier*, et par celle de Morges, relativement à *Jean Bonivoye*. Mais voici, dans le protocole de Berne du 25 septembre 1544, un article qui semble concerner ces ministres : « Mes Seigneurs ont permis l'échange aux deux prédicants *de Prilli* et (un blanc). Mais à l'avenir ils ne permettront aucun échange. » (Trad. de l'all.) Chose singulière : ce n'est pas à *Lignerolles* que nous retrouverons *de Brilly*, mais à *Lonay*, où il était encore en 1549.

1387

P. TOUSSAIN à Guill. Farel et à Cordier, à Neuchâtel.

(De Montbéliard) 24 août 1544.

Inédite. Autogr. Biblioth. des pasteurs de Neuchâtel.

S. Postquam vir hic pius et doctus intellexit *Scholæ nostræ* prospectum esse, voluit statim ad vos redire, ut vix hæc pauca ad vos scribere potuerim. *Ludovicus Spina* huc rediit, sed *huic famoso locus apud nos esse non poterit*[1]. Valete in Domino Jesu et mihi fratres omnes diligenter salutate. 24 Augusti 1544.

Vester Tossanus.

(Inscriptio:) Farello et Corderio suis in Domino observandis fratribus. Neocomi.

1388

JEAN CALVIN à Pierre Viret, à Lausanne.

De Genève, 26 août (1544).

Autogr. Bibl. Publ. de Genève. Vol. n° 107a. Cal. Opp. XX, 511.

S. Frater hic, quem mihi commendaveras, indicavit se in itinere cum *Jacobo Albonensi* et *Divionensi*[1] fuisse locutum. Sed illos parùm fuisse commotos, quia videbaris, ut abs te onus rejiceres, ab illis postulare quod tibi multò esset facilius. Sic enim judicant, te uno verbo plus posse impetrare quàm possint multis literis[2]. *Tononium* verò frustra profectus esset, quando jam unum

---

[1] Ce personnage était probablement de la même famille que le pasteur *Jean de l'Espine*. (Voyez Haag. La France protestante, VII, 37-40.)

[1] *Jacques Valier*, pasteur à *Aubonne*, et *Jacques Hugues*, pasteur à *Divonne*, dans le Pays de Gex. Le premier fut envoyé à Lausanne au mois de janvier 1546. On ne trouve aucun *Jacques* parmi ses successeurs immédiats. *Hugues* resta à Divonne pendant plus de dix ans.

[2] On a pu remarquer plusieurs occasions où l'avoyer de Watteville et le Conseil de Berne témoignèrent à *Viret* de l'estime et de la bienveillance (Cf. les pp. 139, 140, 298, n. 2, et la lettre du 26 nov. 1545).

habent sibi a Senatu commendatum, et qui publico sumptu alitur[3] : cui tamen nullus est locus. Ergo ex his duobus alterutrum superest, ut vel cum tuis literis *Bernam* concedat, vel expectet dum istæ duæ Classes[4] conventus suos agant, ad quos venire cum testimonio tuo et *Neocomensium* poterit. Petebat etiam à me[5], sed excusavi : quoniam nihil de eo testari poteram : et erat non modò iniquum, sed etiam ridiculum, petere ut in meam gratiam adjuvaretur. *Perrotus* suppliciter apud me egit, ut fratrem nostrum *Imbertum* interpelles[6]. Vides temporum calamitatem[7]. Ergo tu apud *Imbertum* instabis, ne miserum hominem patiatur inedia perire. Eum quoque mihi et simul alios salutabis. Bene vale, frater dilectissime. Genevæ, 26. Aug. (1544[8].)

JOANNES CALVINUS tuus.

Dedi illi[9] 15. Batz. Bernenses.

(*Inscriptio :*) Fideli Christi servo Petro Vireto, Lausannensis ecclesiæ pastori, fratri mihi charissimo.

1389

JEAN CALVIN à Henri Bullinger, à Zurich.

De Genève, 26 août (1544).

Autogr. Arch. de Zurich. Cal. Opp. XI, 744.

S. Quòd seriùs opinione tua tibi nunc demum respondeo, doctissime Bullingere, eo factum est quòd *hactenus expectavimus dum pater pueri, qui Taurini est, pecuniam,* sicut pollicitus fuerat, *huc mitteret.* Nunc verò, cum tamdiu distulerit, consilium cepimus, ego et amicus ille meus cujus rogatu puerum tibi com-

---

[3] A comparer avec la lettre de Berne du 29 décemb. 1543 (p. 142, 143).
[4] La Classe de Morges et celle de Gex.
[5] Calvin avait d'abord écrit : Petebat *enim* a me.
[6] Voyez la p. 284, note 8. Le 16 février 1545, Viret écrivit à Calvin : J'ai pu enfin obtenir de *Madeleine*, femme d'*Imbert*, deux écus au soleil, qu'elle envoie à *Perrot*.
[7] Ce trait va bien à l'année de misère 1544.
[8] L'année se détermine par les circonstances indiquées dans les n. 1, 3, 6, 9.
[9] Le messager, ou *Jacques Perrot*, le malheureux créancier d'*Imbert Paccolet*, reçut de Calvin 15 batz de Berne, c. à d. un florin.

mendaveram, non esse ultrà nobis differendum quin eum statim revocaremus. Primùm sex coronatos tibi mitto, unde bibliopolæ solvas et ex parte scribæ vestro de pretio victus satisfacias. Deinde rogo ut, cum primùm has literas receperis, contrahas libros quos emit, et ex illis quantulumcunque poteris pecuniæ saltem in viaticum illi conficias, et simul huc eum ad nos remittas. Peto etiam abs te, ut paucis verbis rationes colligas quæ nos doceant quantùm scribæ debebitur. Ego verò quod restabit curabo in tempore numeratum. Verùm nolim ullam in literis mentionem facias sex coronatorum. Eos enim de meo solvo. Itaque malo et patrem, et eum in cujus gratiam ego fidem meam interposui, existimare adhuc istic deberi, quò sint ad reddendum promptiores. Inprimis autem rogo ut me excusatum habeas quòd hanc tibi molestiam exhibuerim. Puerum, sicut jam dixi, fac ut statim remittas, ne mihi majori sit fraudi longior mora.

Puer autem quem tu mihi commendasti, præterquam quòd habet hospitem probum virum et humanum, mihi etiam curæ erit. Ego et cum ipso, et cum pædagogo quem domi suæ habet, diligenter egi. Et quoties opus erit, utrumque commonefaciam. Vale, eruditissime vir et amice integerrime ac mihi observande. Saluta diligenter meo nomine fratres omnes. Dominus vos semper regat diuque nobis servet incolumes. Genevæ 7 [1]. Calend. Septemb.

JOANNES CALVINUS tuus.

(Inscriptio :) Ornatissimo viro D. Henricho Bullingero, ecclesiæ Tigurinæ fido pastori, fratri in Domino charissimo et colendo.

1390

CONRAD GESNER [1] à Jean Calvin, à Genève.
De Zurich, 28 août 1544.
Autogr. Bibl. de Gotha. Cal. Opp. XI, 745.

S. *Mercator quidam Genevensis filium suum huc ad nos missurus est linguæ discendæ gratia,* et in ejus locum recepturus

---

[1] La lettre est ainsi datée dans la copie que nous avons sous les yeux. L'édition de Brunswick porte : *6. Calend.*

[1] Voyez, sur *Conrad Gesner,* les Indices des t. III-VIII.

patruelis mei itidem mercatoris filium. Sed quoniam et mercatoris illius nomen ignoro, et gallicè nihil aut pessimè scribo[2], tibi molestus esse cogor. Rogo te igitur ut civem illum vestrum, cujus nomen ex illo audies qui has tibi tradit et puerum nostrum secum adducit, nostro nomine convenias et horteris ut curæ sibi habeat filium patruelis mei, cum aliàs, tum in addiscenda lingua gallica. Latina enim opus non habet. Et si tu fortè per occasionem aliquam magistrum scholæ ad quam mittendus est noveris, ei quæso puerum commendato. Patruelis meus, qui bonus et honestus vir est, vicissim non patietur quin vestri mercatoris filio modis omnibus prospiciatur.

Hæc hactenus. Ecclesia nostra Dei gratia non quidem optimè sed mediocriter bene habet, saltem non deteriùs quàm antehac, quod sciam. De vestra multorum bona testimonia libenter audimus, et Deum Opt. Max. oramus ut continuò in honorem suum vos tueatur et promoveat. Vale. Tiguri 28° die Augusti 1544.

Tuus ex animo CONRADUS GESNERUS.

Mitto specimen laboris nostri[3], *cujus jam bona pars excusa est, et cupio abs te rescire tuas lucubrationes,* si quæ sunt quas ignoremus adhuc, et quas brevi editurus sis, ut illas suo loco commemoremus[4].

(Inscriptio :) Clarissimo viro D. Joanni Calvino, domino suo colendissimo, ecclesiæ ministro fideli. Genevæ.

---

[2] Le français, l'italien et le hollandais étaient familiers à *Gesner* (Cf. sa biographie par Joh. Hanhart, p. 201). Mais il correspondait toujours en latin avec ses amis et ses anciens maîtres.

[3] Voici le titre de cet ouvrage, très estimé encore aujourd'hui : « Bibliotheca Universalis, sive Catalogus omnium scriptorum locupletissimus, in tribus linguis, Latina, Græca et Hebraica : extantium et non extantium, veterum et recentiorum in hunc usque diem, doctorum et indoctorum, publicatorum et in Bibliothecis latentium. Opus novum, et non Bibliothecis tantum publicis privativse instituendis necessarium, sed studiosis omnibus cuiuscunque artis aut scientiæ ad studia melius formanda utilissimum : authore CONRADO GESNERO Tigurino doctore medico. Tiguri, apud Christophorum Froschoverum Mense Septembri, Anno M. D. XLV. » In-folio de 17 et 631 feuillets.

Au verso du titre : « Ad Lectores. Favete, Lectores optimi, laboribus maximis, quos longo tempore incredibili cura, peregrinationibus etiam hac de causa susceptis, in vestrum et omnis posteritatis usum sustinuimus... »

1391

JOSUÉ WITTENBACH[1] à Rodolphe Gualther, à Zurich.

De Lausanne, 4 septembre 1544.

Inédite. Autogr. Bibl. de Zurich. Collection Hottinger.

EXTRAIT.

Gratiam et pacem a Domino! Redditæ sunt mihi tuæ literæ, Domine colendissime, quæ mihi non gratæ modò, verùm et fuerunt jucundæ : jucundæ, inquam, quia singularem tuum erga me amorem spirant : gratæ, quòd doctrinæ et consiliis (*sic*) plenæ sint. Ad eas autem quòd paucioribus respondeo, temporis angustiis imputes velim, quæ me brevem esse cogunt. Quantùm tamen pro hiis fieri potest, ad præcipua tuæ epistolæ capita brevibus respondebo.

Primò quidem, quòd fidelibus consiliis tuis et monitionibus etiam absenti subinde ades, est quod gaudeam vehementer. Video enim amorem et affectum tuum erga me quem habes, non modò non minui, verùm flamma inexstinguibili magis ac magis accrescere : quod dictu mirum est, quàm ea res te mihi acceptum teneat. *Quod* autem *facere me vis, id dudum aggressum me scias, videlicet, ut diligenti studio privato id quod publico deest*[2], *recompensem :* et multò magis mihi faciendum jam duco, quia à te, mihi

---

[1] On lit dans l'article de la *Bibliotheca Universalis* consacré à *Calvin* et à ses ouvrages (ff. 395 b-396 b) : « Intra paucos annos multa in lucem ædidit... partim *Latinè* scripta, quæ primùm enumerabo, partim *Gallicè*, quæ posteriùs : licet vulgarium linguarum libros hoc in opere recensere non proposuerim. » *Gesner* termine ainsi l'énumération des ouvrages publiés en latin par le Réformateur :

« Articuli à Facultate sacræ theologiæ Parisiensis determinati super materiis fidei nostræ hodie controversis : cum Antidoto. Libellus impressus Genevæ. 1544, in-8. chartis 5. quo ludit author adversus Sorbonistas : et quanquam nomen suum non adscripserit, utpote ludo potius suo quàm serio operi : volui tamen inter eius scripta vel nolente ipso adnumerare. »

[1] Voyez la p. 254, note 1.

[2] A comparer avec le N° 1361, renvois de note 2-4.

plurimùm charo, id studii genus non improbari video, usque dum per Domini gratiam, ulteriùs pedem conferre detur.

Porrò quod mones, si *novarum rerum* apud nos quiddam sit, tibi transferendum curem, id lubenti facerem animo, modò res talis sit cui fides adhiberi possit. Fama fuit apud nos frequens, *oppidanos* quos jam obsidione premit *Imperator* dedidisse se ipsi; *Cæsarem* verò omnes illos cum omnibus machinis et armis bellicis dimisisse liberos³..... Præterea, superioribus diebus erant *Galli* quidam apud nos, qui deferebant literas cum ipso sigillo *Regis* insignitas, quæ bonam spem omnibus bonis injiciebant, videlicet, *Regem mitiùs ac benigniùs cum Evangelistis acturum*, ac cum his item qui propter nomen Christi et religionem nostram in 1. *ovintia Galliæ* captivi tenerentur⁴. Ejus rei si fuero certior magis, in posterum tibi bona fide significavero.

De libris postremò quos vobis mittere volebam, planè in dubio sum quid agam. *Asperus*⁵ cum non ad nos venerit, *his*⁶ imponere non audebam, præsertim cum non rectà ad vos proficiscerentur. *Maturinus*⁷, ut spero, propediem ad nos veniet, apud quem mittam. Tu interim quæso rudia hæc boni consulas (effusa enim potiùs sunt quàm scripta), et me tibi, ut soles, commendatum habe. Meo nomine salutabis D. *Bullingerum*, D. *Bibliandrum*, D. *Pelli-*

---

³ Allusion aux défenseurs de St.-Dizier-sur-Marne, qui résistèrent pendant près d'un mois à tous les assauts de l'armée impériale. Le 17 août, ils obtinrent une capitulation honorable. Nous supprimons les renseignements que donne ici Wittenbach. On en trouve de plus complets dans Martin du Bellai, livre Xᵐᵉ, et dans Henri Martin, VIII, 301, 302.

⁴ C'est, en effet, la conclusion des lettres-patentes du 14 juin (N° 1367, n. 2), par lesquelles le Roi « enjoint [à la cour de Provence et au sieur de Grignan, gouverneur], de mettre hors des prisons tous ceux qu'ils tenoient pour la d. matière de la Foy et appartenances,... et révoque en tant que besoin seroit les lettres-patentes et missives d'exécuter les Arrests et Jugemens donnez contre les supplians. »

Aubéry ajoute : « Ces Lettres sont données par la bouche du Roy le 14. Juin 1544. signées par le Roy simplement, DE NEUFVILLE. Toutesfois elles ne sont signées qu'en Octobre ensuivant... » (Hist. de l'exécution de Cabrières, p. 64.)

⁵ Serait-ce le peintre zuricois *Hans Asper?*

⁶ Allusion à *Jean Stumpf* et à ses compagnons (Cf. le commencement de la lettre suivante).

⁷ Personnage inconnu.

canum, patres colendissimos meos, cum *uxore tua* tuisque domesticis. Vale. Łosannæ 44⁸. Pridie Nonas Septembris.

JOSUÆ VUITTENBACHIUS ex animo tuus[9].

1392

PIERRE VIRET à Rodolphe Gualther, à Zurich.

De Lausanne, 5 septembre 1544.

Autogr. Arch. de Zurich. Cal. Opp. XI, 746.

S. *Non potuimus piis fratribus quos nobis commendastis, multum conferre.* Præstitimus quod potuimus, plura præstituri si quid apud nos fuisset eximium atque aptum operi quod vir ille bonus in lucem emittendum parat[1]. Ab eo audies quid inveniri potuerit. *Vix usquam vidisti nostris hominibus ullos negligentiores aut magis bonarum artium contemptores.* Si *præfectus*[2] in urbe fuisset, forsan plura et certiora inventa fuissent.

---

[8] Une main malavisée a écrit au-dessous de l'adresse : 1543.

[9] La suscription diffère peu de celle du N° 1361.

[1-2] L'un des hommes recommandés par R. Gualther était venu de Zurich, pour visiter les archives de la ville de *Lausanne*, et celles de l'ancien évêché, dans lesquelles le bailli *Antoine Tillier* pouvait seul l'introduire. Il préparait donc un ouvrage historique. Aussi ne peut-on douter que ce fût l'historien *Jean Stumpf* (1500-1566), dont Gesner disait, en 1545 : « Vir exacti judicii et miræ diligentiæ, Germanico sermone descripsit Universale Concilium Constantiense... Descriptio... impressa est nuper [1541] Tiguri apud Froschoverum, in fol.... Hoc tempore conscribit *Helvetiæ nostræ historiam* Germanicam, cum tabulis locorum exquisitissime pictis. » (Bibl. univ.) Cet ouvrage parut sous le titre suivant : « Gmeiner loblicher Eydgnoschafft beschrybung : Darinn auch die gelägenheit der gantzen Europe, vnd ein Chronica Germanie, dessglichen ein bschrybung Gallie, fürgestelt wirt. Zürich. Froschower, 1546, » in-folio. — *Vadian* écrivait à Bullinger le 10 décembre 1546 : « Quàm eleganter confertum copiosumque opus est, et quanti *Stumphii nostri* labores, quibus res tantas tam latis è fontibus petit et conscribit ! »

Stumpf, né à Bruchsal, dans l'évêché de Spire, réussit, nonobstant la pauvreté, à faire de bonnes études à Strasbourg, Heidelberg et Fribourg-en-Brisgau. Il fut admis, en 1520, dans l'Ordre des Johannites, en qualité

De rebus nostris nihil est quod valdè dignum scriptu censeam. *De bellis* multi audiuntur rumores, sed omnes varii et incerti. Quisque si[bi] fingit quod ipse optat, et libenter credit quod cupit : quo fit ut pauci inveniantur digni quibus fides habenda sit. *Pestis* quæ nobis inducias dederat, recrudescit. Faxit Dominus ut tandem tot plagis admoniti resipiscamus. *Valdè pressi fuimus hoc anno caritate annonæ,* nec multò fœcundiorem spem nobis proximus pollicetur. Urgent penuria et pestis, imminent atrocissima bella, et vix tamen expergiscimur.

Gallus inter hos bellicos motus *multa concessit fratribus Provincialibus, inter quos plurimi sunt ex veteribus Valdensibus*[3]. Vetuit persequi ob religionem quenquam, sed jussit ad privatum suum consilium hujusmodi causas deferri, ac sibi uni cognitionem et quibus committere voluerit reservavit. Jussit præterea captivos omnes fidei causa liberari, et restitui cuique suas facultates, ac omnibus quibus religionis prætextu ademptæ sunt, donec omnia probè cognorit[4]. Saltem respirabunt tantisper pii : interea Dominus aliqua ratione suæ ecclesiæ prospiciet.

de prêtre, et envoyé (1522) comme prieur à Bubikon (C. de Zurich) où existait une commanderie de cet Ordre. Élu curé de la paroisse, il y prêcha la Réforme, après qu'il eut fait la connaissance de *Zwingli*. Il devint pasteur de Stammheim en 1543 (Cf. J.-J. Hottinger, Helvet. Kirchengesch. III, 83 ; IV, Zugabe, p. 3. — Ruchat, I, 130).

[3-4] Les Lettres-patentes du 14 juin et du 18 juillet 1544 ne prescrivent nullement de restituer aux Vaudois les biens qu'ils auraient perdus par les confiscations. En revanche, les Lettres du 18 juillet sont particulièrement intéressantes, parce qu'elles renferment des passages qui semblent inspirés par la bonne reine de Navarre (Cf. p. 302, fin de la n. 6). Le Roi les décerne « à Mʳ *du Pré*, Maistre des Requestes, et à Frère *Jean le Chat*, de l'Ordre de saint Dominique, Docteur en Théologie de l'Université de Paris, récitant le contenu des d. Lettres de Juin, desirant le Roy (ce disent les Lettres) relever ses sujets d'oppressions, et pourvoir à ce que les Ministres de Justice, sous prétexte d'icelle, ne commettent aucuns abus, tels que dessus, et que les Gentilshommes et autres soldats ne fassent des excès,... et que ceux qui auront commis telles fautes ne demeurent à estre exemplairement punis, — desirant aussi ses sujets vivre en la sainte foy et doctrine de Dieu, et de l'Église ; et voulant que ceux qui, par faute de bons enseignemens et prédications de la parole de Dieu,... seroient par ignorance et simplicité ou autrement, tombez en quelques erreurs, estre retirez et radressez plustost par toutes voyes douces et amiables, et par saintes admonitions de la parole de Dieu, au bon chemin et voye de salut,

Audimus in Germania inferiore esse quoddam novum Catabaptistarum genus, quos Libertinos vocant, turbare pias mentes et Evangelium remorari supra quàm cuiquam sit credibile: idque didicimus à fide dignissimis testibus oculatis et auritis, qui ea potissimùm gratia huc ad nos se receperunt, ut gallicis libellis succurreremus vicinis, quales sunt Leodienses, Tornacenses, Valentiani[5] *et alii id genus, inter quos pestis illa plurimos inficit. Calvinus jam scripsit libellum in eos quos propriè Catabaptistas vocamus, ac se mox, si licet, in Libertinos scripturum pollicetur. Longum esset eorum hæreses persequi. Hæresis est ex omnibus, ut videtur, hæresibus iisque absurdissimis consarcinata. Occupavit et in Gallia multorum animos detestanda illa lues. Hominum genus periculosissimum, quibuscum collati Catabaptistæ, viri boni meritò haberi possunt. Si nondum vobis compertum sit quicquam de hujusmodi pestibus, poteritis aliquando certiùs intelligere. Sed arbitror vos non omnino latere, quale sit hoc hominum genus. Dominus nos variè ad preces et studia excitat: quem precor ut eam nobis mentem suggerat qua strennuè ejus operi incumbamus.*

Salutant te amici omnes, præsertim quibus salutem tuis literis nunciari jussisti. Salutabis meo nomine D. Bullingerum, ad quem

que non *par telles cruautez et tyrannies estre mis au désespoir;* ne voulant aussi qu'ils soient privez de l'effect des grâces susdites, — leur mande se transporter en *Provence,* s'informer,... le Théologien, des mœurs, manière de vivre et doctrine des supplians... Et au Maistre des Requestes, mande qu'il s'informe des rebellions, voyes de fait... prétendues par la Cour de Parlement et par le Gouverneur, et des autres excès que l'on dit avoir esté commis par les dits de *Mérindol...* Semblablement informer des abus, pilleries, exactions... faites aux supplians... Mande à Messieurs du Parlement mettre devers le dit M. des Requestes tous les procès,... informations,... tant à la charge qu'à la descharge des d. supplians. Mande au dit Commissaire *mettre hors des prisons et galères ceux qui y sont détenus pour matière concernant la Foy,* et ce par provision, suivant les ¹. Lettres du 14 Juin..... Donné le 18 Juillet, Signé par le Roy, DE NEUFVILLE. »

« *Ces Lettres icy,* continue Aubéry (qui estoit la plus belle réformation que l'on eust sceu faire en ce pays de Provence), *nescio quo malo fato, n'ont esté exécutées,* et ne furent sur les lieux les dits sieurs du Pré et le Chat.... » (Hist. de l'exécution de Cabrières, p. 64-66.)

[5] Les députés de *Liège,* de *Tournay* et de *Valenciennes.* C'étaient probablement ceux que *V. Poullain* mentionne dans sa lettre du 26 mai (p. 247, renv. de n. 5-7).

scripsissem si quid scriptione dignum occurrisset, aut si meas literas aliquid allaturas voluptatis aut utilitatis sperassem. Saluta reliquos symmystas tuos et viros doctos qui sunt isthic, meo nomine, præsertim D. *Casparem*[6], *Bibliandrum, Pellicanum* et *Gesnerum. Cœlius* et *Ribittus* vos omnes salvere jube[n]t. *Comitem* puto ad te scribere et suis verbis te salutare[7]. Vale. Lausannæ. 5. Septemb. 1544.

Tuus P. Viretus.

(*Inscriptio :*) Singulari eruditione ac pietate ornatissimo D. Rodulpho Gualthero, ecclesiastæ Tigurino fidelissimo, fratri et amico suavissimo. Tiguri.

1393

HENRI BULLINGER à Jean Calvin, à Genève.

De Zurich, 12 septembre 1544.

Autogr. Arch. de Zurich. Cal. Opp. XI, 748.

Gratiam et vitæ innocentiam a Deo patre per Christum Dominum nostrum! Literas tuas[1] unà cum sex coronatis accepi à te, colendissime mi Calvine, per publicum urbis nostræ cursorem. Ac obsecundassem tibi libentissimè, nisi cursor in pueri conspectu coronatos proferens mihi tradidisset. Itaque non ignorat puer coronatos sex mihi à te esse missos. Imò priusquam ad me veniret, ad scribam diverterat, cui iterum puero præsente dixerat se a *Calvino* sex coronatos afferre *Bullingero*. Si quid ergo htc peccatum est, non mea culpa peccatum est. Rationem collegi, quam papyro illitam simul htc tibi mitto, sicuti à me postulasti. De reliquis omnibus rationem reddet puer. Pro libris nihil expendit. Nam per meam intercessionem factum est ut minister bibliopolæ et typographi *Froschoveri* libros receperit pro pecunia. Præterea coronatos 4 dedi scribæ, 2 puero pro debitis solvendis et viatico,

---

[6] *Gaspard Megander.*

[7] A notre connaissance, il n'existe pas une lettre de *Béat Comte* à Rod. Gualther du 4 ou du 5 septembre 1544.

[1] Voyez la lettre de Calvin à Bullinger du 26 août (N° 1389).

sicuti ipse referet. Ego præterea de meo scribæ dedi 5 talenta tigurina, id est, batzones vestrates 40 vel duos coronatos, minus 10 batzonibus. Hos tu mihi debes, vel pueri pater. Ego scribæ dedi, quominus succenseret etc. Curabis ergo, mi Calvine, ut aliquando eam pecuniam recipiam. De puero non est quòd multa scribam. Maluisset hîc manere. Non admodum diligens fuit in visitando ludo. Quid profecerit in lingua germanica, qui germanicè norunt intelligunt. Arbitror autem puerum non malum alioqui et inertem esse. Bene ergo feceris si illum non deserueris. Nihil præterea quod scribam habeo, nisi quòd gratias ago tuæ humanitati, qui adolescentis abs me tibi commendati res tam diligenter curas. Dominus Jesus servet te nobis diu incolumem. Salutant te fratres. Salutabis nobis omnes fratres. Tiguri 12. Septembris anno 1544.

HEINRYCHUS BULLINGERUS tuus.

(Inscriptio :) Clarissimo viro D. Joanni Calvino, Genevensis ecclesiæ ministro fidelissimo, fratri longè charissimo.

1394

JEAN CALVIN à (Pierre Viret, à Lausanne.)

(De Genève) 23 septembre 1544.

Autogr. Bibl. Publ. de Genève. Vol. n° 106. Cal. Opp. XI, 749.

S. *Farellus* verò te decepit[1]. Nam quia certò te expectabam, substitimus aut lentè equitavimus, etiam aliquanto postquam *Sonerius* nos assecutus erat[2] : donec conjicere potuimus te non venturum[3]. Nunc ea quæ sermone tractare debuimus, literis ex-

---

[1-2-3] En conséquence d'une décision prise le 7 août par le Conseil de Genève, *Calvin* était parti pour *Berne* vers le 11 septembre.

« *Calvin* et les députés de *Genève* — dit le protocole bernois du 15 septembre — ont présenté leur lettre de crédit et leur instruction par écrit, dont voici le contenu : Ils demandent que, malgré le changement des paroisses, qui a eu lieu en vertu du traité de Bâle*, les sujets de Berne et ceux de Genève continuent à fréquenter leurs églises accoutumées ; que les

---

* Nous rappelons que le traité de Bâle (p. 167, n. 5) avait donné à *Genève* quatorze nouvelles paroisses (Ruchat, V, 242).

plicare difficile est. *De Stephano*[4] dicam, non sicut postulas. Videris enim testimonium petere, quod coram fratribus proferatur. Ego autem potiùs consulo, ut fratribus tanquam audita referas, et ad inquirendum eos horteris. *Existimo te scire, quid me ex Coraldo*[5] *audiisse semper testatus sim. Cum purgare se apud me vellet, impudentissimis calumniis Coraldum gravavit. Constat etiam ipsum Lugduni familiarissimum Doleto fuisse,* et tertio nescio cui, ejusdem farinæ[6]. *Petrus* hic noster[7] tibi narrabit quid ex ejus hospita audierit. Ad hæc omnia respondent *Sulzerus* et *Beatus*[8], fieri posse ut resipuerit. Ego cum ineptias illas refutassem, dixi me pessimum exitium omnibus imprecaturum qui eum promovendum curaverint. Verùm si privatim rogetur *Annonius*[9], plura ex eo audietis. Non vult quidem, ut est plus æquo

---

assesseurs des Consistoires soient établis de part et d'autre; que les prédicants qui servent les sujets des deux Seigneuries, reçoivent des ordres et des émoluments des deux côtés. [En outre] qu'on s'abouche et qu'on se mette d'accord sur les différences qui pourraient exister dans les cérémonies. Ils ont aussi présenté, dans une seconde instruction, divers articles concernant les limites de *Jussy* et de *Peney*, les dimes de *Guat*, etc. » (Trad. de l'all.)

Calvin s'en retourna de Berne en passant par *Neuchâtel*, *Yverdon* et *Orbe*, où il laissa *Farel*, et il poursuivit son voyage par *Cossonay* et *Morges*. Ici, contre son attente, il ne trouva point *Viret*. C'est pourquoi il lui écrit : « *Farel* vous a abusé (mal renseigné sur mon itinéraire).... Nous avons fait halte ou nous avons chevauché lentement, même après que *Sonier* [pasteur à *Perroi*] nous eut rejoints, et jusqu'au moment où nous avons pu supposer que vous ne viendriez pas. »

[4] Nous ignorons le nom de famille de cet *Étienne*, qui était déjà pasteur ou maître d'école au temps d'*Élie Coraud* (n. 5). S'il pouvait être identifié avec le *Stephanus* dont parle Calvin dans sa lettre du 25 déc. 1544, et avec le *Fontanus* mentionné par Viret, le 7 février 1545, nous devrions compter, dans le clergé romand, un second *Étienne de la Fontaine* (Cf. t. VIII, 207, n. 13).

[5] *Élie Coraud*, collègue de Farel et de Calvin à *Genève*, jusqu'au 23 avril 1538, et ensuite pasteur à *Orbe*, où il mourut le 4 octobre suivant (Cf. l'Index du t. IV).

[6] Les *Jo. Vulteii Epigrammata* (1536) et les *Doleti carmina* (1538) ne mentionnent aucun familier d'*Estienne Dolet* qui eût le prénom de *Stephanus*.

[7] Le prénom de *Pierre* était alors si commun, qu'on ne peut désigner avec certitude le personnage dont il est ici question.

[8] *Beatus Gering*, collègue de *Sultzer* à Berne.

timidus[10], sustinere invidiam. Quantùm tamen intelligo, si serio interpellabitur, unus *vos*[11] liberabit omni molestia. Tantùm opus erit prudentia. Si cui ex fratribus dederitis hoc mandatum, qui secum aliquem adhibeat, res absque negocio conficietur.

De convocanda synodo instabis[12], ut vides esse plus quam necesse. Exemplar epistolæ prioris quam *fratribus Monsbelgardensibus* scripseram[13], habere te puto. Si ita est, velim ad me mittas, unà cum formula quam aliquando de controversia sacramentaria, rogatu tuo, composueram[14]. Hanc formulam imprimis desidero. Vale. Cogor finem facere. Dominus te conservet incolumem, *uxori* sanitatem plenam restituat. Fratres omnes saluta diligenter. Vale iterum. 23. Septemb. 1544.

JOANNES CALVINUS tuus[15].

[9-10] Au sujet d'*Annonius*, les éditeurs des *Calvini Opera* disent, en note : *Frumentus ?* — Cette conjecture nous semble sans fondement : *la timidité* était le moindre défaut d'*Antoine Froment*. Nous croyons qu'*Annonius* pourrait désigner *François Bourgoin*, seigneur d'*Agnon* (ou d'*Anion*) ex-chanoine de Nevers, qui se retira en 1544 à Genève et y devint pasteur en 1545 (France prot., 2me éd. II, 1127). Un ancien de l'église de Nîmes (1612) s'appelait d'*Anoine* (Bulletin cité, XIII, 141). Nous n'avons pas rencontré ce nom dans les documents du 16me siècle.

[11] Le mot *vos* vise probablement les professeurs et ministres de Lausanne, auxquels l'une des Classes aurait demandé un *testimonium* relatif à l'instruction et à la moralité de *Stephanus*.

[12] La convocation du *Synode général* avait été l'une des requêtes présentées par *Viret* et quatre de ses collègues, au nom de la Classe de Lausanne, le 1er novembre 1542 et le 17 janvier 1543 (VIII, 174, renv. de n. 10, 11 ; 244, n. 13 ; 258, n. 14).

[13] C'est l'épître de Calvin du 7 octobre 1543 (N° 1291).

[14] Cette « formule » écrite par Calvin dans les premiers jours de septembre 1542 (VIII, 117, renv. de n. 3, 4, 7, 8) n'a pas été conservée.

1395

GUILLAUME FAREL à Jean Calvin, à Genève.

De Neuchâtel, 2 octobre 1544.

Autogr. Bibl. des pasteurs de Neuchâtel. Cal. Opp. XI, 750.

S. Quid *Orbæ* egerim à vobis relictus[1] — nemo enim putavit negocium tanti esse, ut pluribus esset committendum quàm mihi[2] — hoc fuit: Egi cum sanioribus. Licet inter eos essent aliqui non satis sani, tamen non infeliciter succedebat actio, donec vocatus fuit hospes *Zebedæi,* qui tragicè omnia totus, ut nihil non probaret in *Zebedeo :* sed is cum eo qui contendebat egressus omnia nouis reliquit pacatiora. Commendavi ministerium ut valui, et jussi eos memores esse gratiæ Dei. Et quantùm video, si *Zebedæus* sese pastorem et patrem gerat, oves et filios habebit. Sed is suas habet rationes quibus, modò aliis satisfaciat, rem bene putat habere. Quàm pauci sunt patres! Admonui tamen eum aliquorum, et non nihil spei habeo : sanè non erat occasio negligenda. Quod coràm vestrûm non egit uterque[3], agito per literas, ut tollat *Zebedæus* offendiculum.

Cæterùm de pace et bello quid dicam non habeo. *Cuperem te iter suscipere ad Tigurinos*[4], et id res posceret te digna, imò Ecclesia, imò Christo: quod cupio ut quàm diligentissimè efficias, et quicquid poteris pervidere quod factu sit opus, quæso te propter Christum ne negligas, imò *omnes horteris ad incendium hoc restinguendum*[5]. Ego te idoneum magis non video, nec qui[6] magis

---

[1-2] *Farel,* parti de Neuchâtel avec *Calvin,* l'avait accompagné jusqu'à Orbe (N° 1394, n. 1-3) et il s'y était arrêté, pour réconcilier quelques membres de l'église avec leur pasteur, *Zébédée.*

[3] Éd. de Brunswick : « Quod coram *nemo* vestrum non egit, uterque agito per literas, ut tollat *Zebedæus* offendicula. » — *nemo* est biffé dans l'original.

[4-5] Sur les dispositions réciproques de *Luther* et des *Zuricois,* voyez la lettre de *Bullinger* du 22 novembre 1543, pp. 120-122, et les ouvrages mentionnés à la p. 120, note 11. — Ruchat, V, 233-35.

[6] L'original porte : *neque* magis norit.

norit quantùm illi Thrasones tum in *Gallia,* tum in *Germania* et passim noceant. De Spadone nostro[7] non est quòd scribam. Christus Jesus repurget templum suum et faxit ut qui intrant puri sint et mundi, et purè litent Domino. *Quintinistæ factio*[8], quæ ex Simonis magi discipulis ortum sumpsit, si Epiphanio credimus, utinam per te funditus extirpetur. D. Jesus te servet ac tecum uxorem, *Bernardinum*[9], *Genestonum* et quicquid est piorum. Vale. Omnes salvere jube. Nostri tibi salutem dicunt. Neocomi, 2 octobris 1544.

FARELLUS tuus totus.

(Inscriptio :) Doctiss. et eximiè pio Jo. Calvino, fratri et symmystæ quàm chariss. Genevæ[10].

1396

JEAN CALVIN à Erhard Schnepf[1], à Stuttgard.

De Genève, 10 octobre 1544.

Copie contempor[2]. Bibl. des pasteurs de Neuchâtel. Calvini Epistolæ et Resp. 1576, p. 425. Calv. Opp. XI, 751.

S. Cum jam ante quatuor menses intellexissem, *fratres nostros Monsbelgardenses,* ob nescio quos ritus[3], *immeritò vexari, quia*

---

[7] *Farel* était mieux inspiré, le jour où il effaça le mot *capus,* par lequel il avait d'abord désigné *Chaponneau.*

[8] Voyez, sur le nom des *Quintinistes,* la p. 247, note 6.

[9] *Bernardino Ochino.*

[10] On lit cette apostille de Calvin, sur la face extérieure du manuscrit : « Remitte per primum nuncium utrasque. »

[1] Voyez sur *Erhard Schnepf,* les pp. 228, 229 ; le t. VIII, p. 408, 463. — Schnurrer. Erläuterungen, etc., 1798, pp. 100 et suiv., 401. — Heyd, o. c., II, 180, 184, 502, III, *passim.* — Herzog. Encyklopädie. *Calvin* parle de *Schnepf* avec estime, dans sa lettre du 8 mai 1544 (p. 224, renv. de n. 3). Il avait fait sa connaissance personnelle dans les diètes de Worms et de Ratisbonne.

[2] Cette copie a été revue par *Guill. Farel.* Il a suppléé plusieurs mots laissés en blanc par le copiste.

[3] Calvin ne veut pas faire accroire qu'il ignore ces cérémonies luthériennes. Il emploie ici la même expression dédaigneuse que dans sa lettre

non libenter quicquam in suis ecclesiis, cum gravi plebis offendiculo, innovari patiebantur, petieram abs te per literas[4], ut ad illos molestia sublevandos authoritatem tuam interponeres. Postea audivi, missum illuc a *Principe* fuisse doctum quendam et pium virum, qui omnia statim, pro sua prudentia et æquitate, composuit[5]. At cum fratres tranquillo in statu esse existimarem, et hoc illis nomine gratularer, *ecce iterum derepente affertur tristis nuntius : novum certamen illis ab Angelandro excitatum esse*[6]. Quanquam ignotus est mihi *Angelander ille,* fretus tamen amoris erga te mei conscientia, et vicissim fiducia tuæ erga me benevolentiæ, jam antè prioribus literis simpliciter tibi exposui quid de eo sentirem. Certè cum fratribus, quos ego modestos esse et quietos pacisque amantes scio, negocium exhibere non desinat, quasi perpetuum illis bellum indixerit : cum deinde et rixandi cupidum, et in sustinendis malis causis pertinacem esse videam, non possum aliter de eo judicare, quàm hominem esse importuni ingenii, et qui ad impediendum Domini opus, quàm ad promovendum sit aptior. *Antehac de sacramento Cœnæ litigavit.* Fratres, ut se purgarent ab ejus calumniis, confessionem ediderunt, brevem quidem et simplicem, sed meo judicio piam et orthodoxam[7] : et quam tibi quoque probatum iri confido. *Nunc quæs-*

du 8 mai 1544 aux pasteurs du Montbéliard, où il dit : « Iste [scil. Angelander] litigat *de frivolis nescio quibus ac nihili ceremoniis* » (p. 224, renv. de n. 2).

[4] Sa lettre à Schnepf, écrite au mois de mai, est perdue, ainsi qu'une autre qu'il mentionne plus loin.

[5] Il s'agit, sans doute, de *Pantaléon Bläsi,* pour lequel *Toussain* éprouva d'abord un si vif attachement (Cf. la lettre de celui-ci du 13 novembre). *Bläsi* était l'un des aumôniers allemands du duc Christophe.

[6] *Angelander* (en allemand *Engelmann*) avait été envoyé au duc Christophe, en 1543, par *Schnepf* lui-même. Cf. la p. 229, le t. VIII, p. 463, 465. — Heyd, o. c., III, 149-151. L'auteur cite les fragments suivants de deux lettres de Toussain, non datées : « Præterea [*Angelander*] in manifestum cœnæ nostræ contemtum, ad suam celebrandam, panes papisticos ad missam factos à sacrificis aliunde emendicare malebat quàm nostro azymo uti. » — « Ausu animi nimis temerario, contra *Pantaleonis* sententiam, nos velut ethnicos et publicanos communione rejecit, — cum esset T. ab Angel.[andro] à cœna Domini ignominiosè remotus. »

[7] *Toussain* écrivait, le 15 janvier 1544, aux pasteurs de la Suisse romande : « Novatores nostri... nuper petierunt sententiam nostram de Cœna Domini » (Cf. p. 149). Suivant Goguel (Précis hist. de la Réf. dans le

tionem hanc exagitat : num impii Christi corpus in Cœna recipiant.

Scio te, eruditissime Scnephi, à supervacuis contentionibus, sicuti gravem et moderatum virum decet, prorsùs abhorrere. Quò liberiùs quid de hac controversia sentiam, apud te profitebor. *Ego quidem axioma illud constanter tenendum censeo : Qualiscunque sit vel sacramenti minister, vel is qui accipit, nihil tamen eorum impietate derogari sacramenti vel naturæ, vel efficaciæ.* Itaque constitutum hoc habeo, offerri in Cœna Christi corpus dignis simul et indignis. Verùm ab infidelibus ita recipi, ut ejus communione fruantur, persuaderi nequeo. Nec puto meam sententiam à tua discrepare. Nisi enim Christum à suo spiritu velimus separare, non faciemus eos Christi participes qui illius spiritu penitùs sunt vacui. Si ergo capax Christi non est, nisi qui ejus spiritum admittit, quid de infidelibus sentiendum erit, qui spiritui Christi non modò viam omnem præcludunt, ne locum apud se habeat, sed etiam, quoad in se est, ipsum procul arcent? Atqui sic videtur fieri Deo injuria, perinde ac si ejus veritas ab hominis arbitrio penderet. Id verò nequaquam inde sequitur. Neque enim efficiunt impii sua pravitate, quin sacramentum Domini vim suam retineat : quin illis sub panis symbolo offeratur : quin denique verax in suis promissis maneat Christus. Sed aliud est mutare rei naturam, et in nihilum redigere : aliud respuere oblatum donum, ne ad eum usque perveniat cui offerebatur. Atqui reclamat Paulus, cum testatur : omnes qui indignè manducant, judicium sibi manducare : quia non dijudicent corpus Domini. Ego verò nihil dico quod non optimè cum his Pauli

comté de Montbéliard. Paris, Valence, 1841, p. 44) c'est au mois de janvier 1544, que *Toussain* et ses collègues mirent « sous les yeux du duc Christophe leur confession de foi sur les sacrements du baptême et de l'eucharistie. »

Calvin, Farel et Viret n'étaient pas seuls à encourager la résistance des pasteurs du Montbéliard. On lit dans la lettre de *Bullinger* du 31 janvier 1544 à Éberard de Rumlangen : « Scribit... Do. *Theodorus* [*Bibliander*] nunc D. *Tossano* de communi causa religionis. Adhortatur hunc ne sinat se implicari cæremoniis etc. Hoc quoque plurimùm confert ad patrocinium veri. Tu vide ut *Tossanus* eas accipiat literas et festinanter. Putant fortasse fratres ministri *Ducis* res geri nobis quoque consciis. Intelligat autem, nobis insciis, imò hostibus, illa geri. » (Copie. Bibl. des pasteurs de Neuchâtel. Communication obligeante de M. le prof. Monvert.)

verbis congruat. Jure enim rei sacrilegii pronuntiantur qui datum sibi Domini corpus repudiando contumelia afficiunt. Quanquam, ut nihil futurum incom[m]odi video, si quis dicat recipere etiam quodam modo ipsos, sed intus non percipere : ita facilè id concederem.

Verùm fingamus de eo non convenire inter nos per omnia. Quæstionem tamen ejusmodi esse arbitror, quæ majore cum fructu sopiatur, quàm usque ad contentionem protrahatur in medium. *Quid* enim, obsecro, *hoc ad plebem : num ab impiis manducetur Christi corpus?* Neque verò me latet, veteres sic interdum solere loqui. Sed quo sensu ita loquantur, cum ex multis aliis Augustini testimoniis constat, tum verò ubi dicit, sacramentum hoc sumi ad vitam aliis et aliis ad exitium, rem verò non nisi ad vitam iis qui ejus participes fuerint. (Homilia 26. in Jo.[8]) Quò etiam pertinet altera ejus sententia : Judam cum Apostolis edisse quidem panem Domini : illos verò edisse panem Dominum. Verùm, sicut dicere cœperam, quorsum hac disputatione[9] opus, modò constet impiorum malitia nihil sacramenti naturæ et efficaciæ deperire, nisi quòd in eorum usque animas non penetrat, propterea quòd clausus est aditus? Ubi, inquam, de hac re convenit, an convenit ob quæstiones spinosas et intricatas inter nos tumultuari? Ubi pacis studium? Ubi cura ædificationis? cum nulla in re dissentientem ferre possimus[10], quin mox prorumpamus in hostile certamen?

Quando autem videmus *Angelandrum,* ut solent homines indocti, ferocia et intemperie sua abripi, ut susque deque et Domini gloriam et Ecclesiæ ædificationem habeat, obsecro te, optime Snephi, ut eum auctoritate tua coërceas, ne ulteriùs sanctis et eruditis hominibus pergat molestus esse. Sic enim agendum est cum indomitis istis capitibus quæ ratione se regi non patiuntur. Neque mireris asperiùs aliquanto me de ipso loqui. Nimiùm enim diu patientia nostra abusus est, nos simul omnes et nostras ecclesias petulanter impetendo[11]. Quòd hactenus tacuimus, in eo habuimus non tam ipsius quàm Christianæ unitatis rationem.

---

[8] Ce renvoi est noté à la marge, de la main de Farel.

[9] Édition de Brunswick : *dissertatione*. Dans les *Calv. Epp. et Resp.*, disputatione.

[10] Le texte de Bèze porte : *cur... possumus.*

Nunc verò fratrum nostrorum, non *Monsbelgardensium,* sed *Neocomensis ecclesiæ* et hujus nostræ rogatu ac mandato, te per Dominum obtestor, ut frenum illi injicias, antequam ejus stultitia, ne quid dicam gravius, longiùs innotescat, magno ejus dedecore. Quis est enim *Angelander,* ut nunc *Bucero* allatret, nunc istum mordeat, nunc illum laceret, atque ita pro sua libidine quemlibet arripiat ex iis qui utiliter desudant in promovendo Christi regno, ut omnibus simul maledicat? neque id modò, sed universas quoque ecclesias furiosè suæ censuræ subjiciat? Plus satis est, quòd hoc impune illi hactenus licuit.

Tuum verò est, observande frater, tantam hominis audaciam reprimere, ne ulteriùs erumpat. Ego, quia certò sum persuasus, me abs te amari, minimè dubito quin hæc in bonam partem accipias, atque etiam facilè ignoscas, sicubi mihi aliquid nimis durum exciderit. Porrò, ut finem epistolæ faciam, non aliud abs te peto, nisi ut fratres amore tuo dignos in optima causa commendatos habeas: quod nullo negotio me impetraturum confido. Vale, ornatissime Scnephi, amice charissime et colende in Christo frater. Dominus Jesus te spiritu suo gubernet perpetuò, in ecclesiæ suæ salutem [12]. 10 Octobris 1544.

JOANNES CALVINUS tuus.

(Inscriptio:) Ornatissimo viro et eximio Christi ministro D. Eberhardo Scenephio, amico et fratri observando et charissimo. Stucardiæ [13].

1397

JEAN CALVIN à Guillaume Farel, à Neuchâtel.

(De Genève, 10 octobre 1544.)

Autogr. Bibl. Publ. de Genève. Vol. n° 106. Cal. Opp. XI, 755.

S. *Quod nuper consulebas, ut Tigurum me conferrem ad fratres admonendos* [1], *non video quid hoc sit profuturum.* Primùm

---

[11] Nous ne possédons pas de détails sur ces attaques d'*Angelander*. Mais les deux passages cités, à la fin de la note 6, disent suffisamment de quel esprit il était animé.

[12-13] La date et le mot *Stucardiæ* sont de la main de Farel. Dans le texte que Bèze a publié, la date est omise.

[1] Voyez le N° 1395, note 4-5.

nescio quid peccaverint illi, cum nec libros eorum, nec literas unquam legerim quibus inflammatus est *Lutherus*². Jam teneo quid mihi responsuri sint. Jactabunt miram patientiam, qua demulcere hactenus hominem conati fuerint. Nam et *Bullingerus,* ante aliquot menses, cum apud me per literas expostularet de *Lutheri* inhumanitate, suam et suorum lenitatem mirabiliter commendabat³. Deinde ut illuc veniam instructus omnibus quæ ad causam pertinebunt, ut etiam ipsos contineam, ne quid moveant in posterum, — parùm hac ratione profecero. Non enim jam ab ipsis est periculum, sed a *Luthero. Mitigandus ille foret. An hoc extorquebitur a Tigurinis, ut suppliciter Lutherum deprecentur*⁴? Caveri multò antè oportuit ne camarinam moverent⁵. Sed quis nostrûm id potuit prævidere? Ergo Dominum interpellemus, qui unus mederi huic malo potest. Erit certè grave et exitiale incendium : sed expectemus quis futurus sit finis. Leges quæ ad *Scnepfium* scripsi⁶, et ssano scribes, num⁷ mittere literas tuo judicio expediat. Vale, mi frater. Dominus te conservet. Saluta omnes amicos.

          JOANNES CALVINUS tuus.

(*Inscriptio :*) Fideliss. Jesu Christi servo, Guillelmo Farello, fratri mihi chariss. et amico singulari⁸.

 ² Calvin dit quelque part qu'il a parcouru une partie des ouvrages de *Zwingli*, et il ne dédaignait point ceux de *Bullinger*. Quant aux lettres écrites par des Zuricois et qui auraient irrité *Luther*, le récent biographe de celui-ci, M. Félix Kuhn, n'en mentionne aucune, dans son t. III, chap. IV, intitulé : Réveil de la querelle sacramentaire. Mais il qualifie (p. 343) « le terrible écrit » de *Luther* qui parut sous ce titre en septembre 1544 : Brève Confession du docteur Martin Luther touchant le Saint-Sacrement. Cet écrit consomma irrémédiablement la rupture entre les Évangéliques de la Suisse et le réformateur de Wittemberg.

 ³ Cette lettre de *Bullinger* n'existe plus. Mais nous avons reproduit pp. 120, 121, quelques paroles de lui qui doivent bien exprimer ses sentiments. Cf. aussi sa lettre du 22 juin 1544 à Mélanchthon (Bindseil, o. c., pp. 194-199).

 ⁴ Calvin n'eût pas fait cette question, s'il avait connu la lettre de *Luther* à Froschower du 31 août 1543 (p. 121).

 ⁵ Est-ce une façon de dire que les Zuricois n'auraient pas dû publier les Lettres de Zwingli et d'Oecolampade (mars 1536) et les *Zuinglii Opera?*

 ⁶ Voyez la lettre précédente.

 ⁷ Dans l'édition de Brunswick : *quum,* qui est sa forme usuelle de la conjonction *cum.*

 ⁸ Farel a écrit, à la fin de la suscription : « 10 Octob. 1544. »

1398

VALÉRAND POULLAIN à Jean Calvin, à Genève.

De Strasbourg, 13 octobre 1544.

Autogr. Bibl. Publ. de Genève. Vol. n° 112. Cal. Opp. XI, 756.

S. P. Cum puer hic venisset ad nos tua commendatione instructus, nihil nobis fuit antiquius quàm illi in tuam gratiam aliqua ratione prospicere. Itaque impetraveram a Doctore *Velsio*[1] ut illum ad se reciperet. Nam antea illi etiam servulum dederam, quem etsi eram repetiturus, tamen id hujus caussa feci paulò citiùs. Sed nescio quid acciderit. Nam, uti ex ipso cognosces, tam multis obruor negotiis ut non licuerit Doctorem convenire. Heri dimissa concione *puer* ad me venit questum de studiorum jactura. Certè non potui sic cum illo agere, ut omnino literarium otium aliquod ipsi procurarem. At apud Doct[orem] sperabam omnino aliquid illi posse impetrare. Sed victus impatientia non sustinuit. Quid facerem? Certè illius caussa doleo. Nec minùs egrè fero quòd abs te commendatum non aliter juverim. Ipse doctor jam sine servo est.

Literas tuas reddidit 9 Octobris *Hungarus* quidam, vir gravis, quem tamen adhuc non licuit convenire. Cum enim vellem eum ad prandium mecum ducere, recusavit, eo quòd D. *Bucero* condixisset. *Quòd adversùs Quintinistas*[2] *accingeris gaudeo,* et tibi

---

[1] *Justus Velsius* (en flamand *Welsens*) originaire de la Haye, fut reçu docteur en médecine à l'université de Louvain (1542). Suspect de luthéranisme, il dut s'enfuir et se réfugia à *Strasbourg*. Il s'établit plus tard à *Cologne*, pour cause de religion, disait-il, et il y enseigna la philosophie. Sa versatilité en religion se révèle dans l'ouvrage qu'il dédia à l'évêque d'Arras, *Antoine Perrenot*, et qui est intitulé : « Justi Velsii Hagani in Cebetis Thebani Tabulam commentariorum libri sex, totius moralis Philosophiæ Thesaurus. In quibus nonnulla per occasionem tum de studiorum, artium et scientiarum abusu et corruptela : tum contra ea quæ nostra hac ætate in Religione exorta sunt falsa et absurda dogmata ad Catholicæ et orthodoxæ veritatis propugnationem et defensionem passim disseruntur. Lugduni, 1551, » in-4° (Cf. Valère André. Bibl. Belgica, p. 605. — Gesneri Bibl. — Bayle. Dict. hist.)

[2] C'est-à-dire, *les Libertins* (p. 247, n. 6).

plurimas Ecclesiæ nomine gratias ago. *Raymondus* frater meus[3] scripsit horrenda nunc spargi in *inferiori Germania* à quodam *Davide* et *Eligio*[4]. Summam eorum doctrinæ nondum misit, uti erat pollicitus. Ubi miserit ad te transmittam. Videor ex ejus literis aliquem contemptum ipsius olfecisse, fortassis ideo quòd *nostri* hodie sapientiam mundi magis quærunt quàm virtutem evangelii Christi. Sed malo te ex ejus ad me literis ea cognoscere, ut pro tua prudentia medearis, sine tamen illius invidia. Frater noster *Emmanuel*[5] ducit in uxorem *Elisabetham* illam repudiatam M. *Dominici*[6], quibus proxima feria 4 benedicemus in Domino.

Vix credas quas hîc nobis Satan turbas excitarit, partim à *nostris*, quos statim tamen compescui, partim a *Metensibus*[7], ad quos jam scribo. Oro te ut, cum dabitur occasio, respondeas ad proximas meas literas. *Jam enim ita mihi populum hunc seu ecclesiam, quæ est frequens ad 200 et ampliùs, devinxi, ut nihil non ausim sperare. Accedat modò tua prudentia, quæ nos ad aliquam hîc disciplinæ restaurationem adjuvet.*

[3] Ce n'est pas *Raymond Chauvet* (« frater noster *Raymundus*, » p. 180, renv. de n. 15). Ici « *meus* » annonce que *Poullain* parle de son propre frère.

[4] Il s'agit de deux hérésiarques des Pays-Bas.

David Georges (1501-1556) né à Gand, se réfugia en 1544 à Bâle, où il se fit admettre bourgeois de la ville. Il assistait régulièrement aux services religieux, et il garda si parfaitement les apparences, qu'il réussit, pendant douze ans, à cacher toutes ses fourberies et à répandre secrètement ses erreurs. (Cf. J. J. Hottinger, o. c., III, 840-845. — Ottii Annales anabaptistici, pp. 45, 60, 68, 98, 106, 132. — Ruchat, VI, 293-302.)

Eligius désigne *Éloi Pruystinck*, chef de la secte des *Loïstes* d'Anvers. C'était un homme illettré. (Cf. Ott, o. c., fol. *d* 3. — Bulletin de la Soc. d'hist. du Protestantisme français, année 1892, p. 225 et suiv.)

[5] *Emmanuel Tremellius*, natif de Ferrare, juif converti. Il était arrivé à *Strasbourg* en 1542, en même temps que Pierre Martyr, ou peu après. Il y obtint une prébende du Chapitre de St.-Pierre, et l'une des chaires d'hébreu dans la Haute-École. (Cf. l'Encyclopédie de J.-J. Herzog, 2ᵐᵉ éd. XVI, 1. — Immanuel Tremellius. Ein Proselytenleben im Zeitalter der Reformation. Von Wilhelm Becker, Pastor in Breslau, 2ᵗᵉ Aufl. Leipzig, 1890, in-8°.)

[6] *Élisabeth de Grunecieux*, originaire du pays messin et réfugiée à Strasbourg (France prot. 2ᵐᵉ éd. IV, 308). On ne connaît pas le nom de famille de *Dominique*, son premier mari.

[7] Ceux des Évangéliques restés à *Metz*. Ils avaient quelque chose à critiquer dans le régime de l'église française de Strasbourg.

Ecclesia universa te salutat et tuæ precibus se commendat. Nos fratres nostros *S. Andreæ*[8], et si qui sunt quos Dominus visitaverit, pro concione Domino commendavimus. Ipse te suo spiritu regat ac diu nobis servet incolumem. Raptim Argentinæ 3. Id. octob. 1544.

      Tuus observantiss. discipulus et filius in Domino,
           V<small>ALERANDUS</small> P<small>OLLANUS</small>.

Comites[9] agunt tibi gratias quòd illorum memineris, et te plurimùm salvere optant. Ego D. *Davidi, Nicolao* et fratri tuo, ac DD. *S. Andr.[eæ]* et *Maldonade*[10] cum uxoribus et universa ecclesia salutem opto in Domino. Frater noster D. *Baptista*[11] abhinc sex aut septem dies in *Galliam* profectus est. Frater noster *Antonius*[12] cum uxorcula salvere te jubet.

(*Inscriptio:*) Præstantiss. viro D. M. Joanni Calvino, evangelii Christi præconi ac vindici præcipuo, Magistro ac patri in Christo colendiss. Genevæ.

1399

L<small>E</small> C<small>ONSEIL DE</small> B<small>ERNE</small> à la Classe de Lausanne.
De Berne, 16 octobre 1544.
Inédite. Minute originale. Arch. de Berne.

L'A<small>DVOYER ET</small> C<small>ONSEIL DE</small> B<small>ERNE</small> aux honorables, docts, nous chiers et féaulx Doyen et prescheurs de la Classe de Vivey[1], salut.

---

[8] C'était probablement *Jean de St.-André,* natif de Besançon, selon Haag, et selon d'autres, de l'une des provinces des Pays-Bas. Il devint pasteur de l'Église de Genève en avril 1546.

[9] *Poullain* parle ici de ses élèves, *Jean* et *Salentin,* fils d'*Henri,* comte d'Isembourg (p. 246, n. 2). Ils appartenaient à la branche aînée de cette famille, laquelle resta catholique, et les deux jeunes comtes furent, plus tard, hommes d'Église. Leur oncle paternel était archevêque et électeur de Trèves.

[10] *David de Busanton* et *Nicolas le Fer*. Selon Jérôme Bolsec (Vie de Calvin), *Maldonade* (qu'il appelle *Maldonat*) était originaire du Hainaut.

[11] *Baptiste Bacinet* (Voyez la lettre de Poullain du 14 janvier 1545).

[12] Personnage inconnu.

[1] Le chancelier *Giron* avait d'abord écrit : Classe de Lausanne. Elle s'appela, plus tard, Classe de Lausanne et Vevey. Les pasteurs du pays d'Aigle et des Ormonts en faisaient partie.

Ilz nous az *le prédicant d'Ormont-dessus-le-boys*[2] expliqué la rigeur et mesprisance laquelle tenés contre luy, l'excludant des colloques, censures et congrégations : chose qui nous est très déplaisante. A ceste cause, est nostre intention, vouloir et commandement exprès, que vous dépourtés de cella et l'admettés en vous colloques et congrégations, et le laissés assister ès censures comme ung aultre de la Classe, en tant que desirrés d'éviter nostre malegrâce. Datum XVI octobris 1544.

(Suscription :) Aux honorables, docts, nous chiers et féaulx Doyen et prescheurs de la Classe de Vivey.

1400

GUILLAUME FAREL à Jean Calvin, à Genève.

De Neuchâtel, 21 octobre 1544.

Autogr. Bibl. des pasteurs de Neuchâtel. Cal. Opp. XI, 757.

S. Heri tribus verbis ad te per *fratres meos*[1], scripsi, cum verbis coràm quæ oportet sint dicturi. *Huic literas dederam amplissimas ad Senatum, ad pastores et Gironum*[2]. *Sed nihil effectum fuit. Quantùm cupio rectè formari juventutem et gloriam Dei illustrari, et pro affectu quo in Bern.[enses] feror, hunc commendabam ut necessarium et, si abesset, aliunde expetendum, quem ideo præsentem non negligerent.* Mirum est illum qui nullum unquam boni viri specimen edidit tam facilè admissum fuisse[3], et *hunc* ita dimissum[4]. Si id mea fuerit causa factum, nescio :

---

[2] Aujourd'hui, *Ormont-Dessus*. Le pasteur de cette paroisse était *Henri Porcelet* (Cf. la lettre de Berne du 10 janvier 1545). Nous l'avons déjà rencontré dans le Jura bernois (t. II, pp. 273, 274, 277, 278, 307).

[1] *Claude* et *Gauchier Farel*. Ils se rendaient en France, où nous les retrouverons.

[2] A notre connaissance, ces trois lettres n'existent plus. *Farel* y recommandait *François* *** (N° 1401, renv. de n. 1) pour une place de principal dans un collège.

[3] Il s'agit peut-être ici de *Claude de Glant* (ou *de Glantinis*) ex-pasteur de Cudrefin, qui fut, vers ce temps-là, établi recteur du Collège d'Yverdon. (Cf. les Indices des t. III-VI. — Crottet. Hist. et Annales de la ville d'Yverdon. Genève, J.-G. Fick, 1859, p. 305).

[4] Le personnage éconduit par MM. de Berne était probablement ce « Français » qui reçut d'eux, le 18 octobre, un écu au soleil, c'est-à-dire,

tamen non est quòd vel sæpiùs commendans aliquos, vel malè meritus⁵, huic obesse debuerim. Nescio an alium à multis jam annis eò meis literis miserim. Sperabam me non vulgariter mereri de Senatu, quòd viderer idoneum offerre, qui ornamento⁶ esse posset: quamvis spe magis et nonnullis argumentis ita colligerem, quàm certa scientia. Petebat ex me consilium, cui cum inops prorsùs sim, nihil habui, tantùm hoc, si fortè *Lausannæ* agens, illinc posset notior factus majori fructu *Bernam* mitti. Sed hic hyemem causatur, præter tenuitatem. *Galliam* cum petere instituerit, uxori dixit se utcunque prospecturum. *Istic* qui egent quàm commodè fieri poterit indicant: hic in saxis quàm molliter excipietur satis patet. Christus omnibus adsit!

Rumusculi audiuntur quòd non læta satis *icta pax* sit, sed aliquid alat monstri⁷, et hærent suspensi non pauci. Verùm exigua est vitæ emendatio, neque terra quæ fructum justum non dedit, neque pestis quæ nos viciniùs admonet, neque bella possunt nos movere ut seriò ad Dominum convertamur. Dominus meliora det, omnium innovata mente. Vale et omnes salvere jube. Nostri salutem tibi dicunt. Neocomi, 21 octobris 1544.

FARELLUS tuus.

(Inscriptio:) Doctiss. et fideliss. pastori ecclesiæ Genevensis Jo. Calvino, fratri et symmystæ. Genevæ.

environ 4 flor. ⅓ (Cf. t. VIII, p. 83, n. 5). Le secrétaire du Conseil ne dit rien de plus. C'était, chez lui, habitude ou l'effet d'une consigne. Aussi les noms des étrangers qui se recommandèrent dans ce temps-là aux magistrats bernois, sont-ils pour la plupart restés inconnus.

Nous pouvons cependant mentionner, parmi les Français nouveaux-venus en 1544, quelques-uns de ceux dont MM. de Berne eurent à s'occuper. Ce sont : le 26 septembre, *François Roux* de Campagnac ; le 27, *Claude Le Roy ;* le 28 octobre, *Robert Marin* de Dieppe ; le 12 déc., *Robert [Chaperon ?]* de Rouen et *Christophe* de Paris.

Nous devons, en outre, signaler un nom douteux, qui pourrait bien désigner *François Bérauld* (fils de Nicolas) dont l'histoire entre 1539 et 1554 est totalement ignorée (Cf. notre t. I, p. 33 ; III, 196. — La France prot. 2ᵐᵉ éd., II, 300). « Il est permis à *Frantz Béroz* (dit le protocole bernois du 21 juin 1544) de s'établir ici, pourvu qu'il devienne membre d'une abbaye. » (Trad. de l'all.)

⁵ Dans l'édition de Brunswick : vel male *meritos.*

⁶ Même édition : *ornamentum.*

⁷ La paix entre *Genève* et *Berne* (Cf. N° 1401, renv. de n. 11), et non la

1401

GUILLAUME FAREL à Jean Calvin, à Genève.
De Neuchâtel, 24 octobre 1544.

Autogr. Bibl. des pasteurs de Neuchâtel. Cal. Opp. XI, 759.

S. Per *Franciscum,* qui unacum uxore istuc se recipiebat, scribebam id quod contigerat hujus gratia[1]. Et eo die quo hinc solvit, *Gerardus, Michaëlis* filius, cui tu testimonium dederas, rediit *Argentorato,* nulla usquam conditione literaria inventa[2]. Solus medicus volebat eum apud se habere, sed ita ut Gymnasium non intraret, sed semper sequeretur medicum. Attulit is literas quas mitto[3], per nuncium non adeò celerem, sed alius non occurrit: boni id consules.

Ad ecclesias mittemus rationem censuræ quam observamus[4]. Ἀντίδικος[5] quædam congessit se digna[6]. Nos noluimus nisi nudum factum proponere, quod ita habet : « Censendus egredi jubetur: quo egresso, petit *decanus* à vicinis censendi, quid norint in fratre quod palàm offendat ecclesiam, et unde impediatur ædificatio ecclesiæ et pastoris ministerium vilipendatur, tum propter ipsum, tum propter suos? Demum generatim ab aliis petitur, quid putent dignum cujus frater admoneatur? Ubi omnes suffragium tulerint, vocatur frater, et secundùm conclusa per fratres candidè et amicè admonetur ut sanctè officium faciat et ecclesiam ædificet[7]. »

paix de *Crespy,* conclue entre François I et Charles-Quint, le 18 septembre 1544 (Cf. H. Martin, o. c., VIII, 304-308).

[1] Voyez la lettre précédente, notes 2 et 4.

[2] A comparer avec le premier paragraphe du N° 1398.

[3] *Gérard,* le porteur des lettres de Strasbourg, n'allait pas plus loin que Neuchâtel. On pourrait en conclure que ses parents habitaient un lieu voisin de cette ville.

[4] Décision prise dans la congrégation du jeudi 23 octobre. La lettre de la Classe du 28 suivant permet de le supposer.

[5-6] L'adversaire, c'est-à-dire *Jean Chaponneau.* Les *VI Thèses* de ce ministre récalcitrant sont reproduites dans la lettre de Farel à Bullinger écrite vers le 28 octobre.

Non habeo quod סטן[8] conscripsit. Tamen si nuncius occurrerit, ad te mittam. *Vix potuimus impetrare,* tantum potest sua pervicacia, *ut Germanicæ consulerentur ecclesiæ*[9]. *Gallicas tantùm volebat,* et nisi priùs ultro acquievisset, non verebatur sine fronte rejicere. Istuc mittemus et ad alios. Rectè feceris si tuos præmonueris, quamvis res tam sit aperta, ut non existimem quenquam secùs sensurum, imò plura admissurum in usum ecclesiæ. Tamen si qua sit pestis, non dissimilis iis qui Christum crucifigi petierunt et in hoc plebem induxerunt, ut video esse hos larvatos, non malum fuerit bono malum prævertere. Dominus Jesus à malis nos liberet! Is gestit, ut video, quòd facessat negocium, Herostrati morbo laborans. *Christophorum*[10] jam puto te omnium admonuisse, quem et alios, ut expedit, præmonere velis.

Nihil possum intelligere quò *pax*[11] evasura sit, an bene conjungentur corda, — sed quid fieri potest sine Christo? — an incendium majus inde excitabitur. Præter bella quæ non sunt sopita et famem quæ lentè agit, et pestem quæ serpit, bestias immittit Dominus quæ parvulos aliquot devorarunt. *Et quicquid agamus aut loquamur, non possumus impetrare ut ad Dominum convertatur plebs, et verè resipiscat. Quàm vereor non tantùm sit plebis culpa, sed pastorum quoque!* Precemur eum qui solus mederi potest, ut nobis adsit omnibus et benignus succurrat. Vale. Neocomi, 24 Octobris 1544. Saluta *Bernardinum, Davidem, Genestonum* et reliquos omnes, ne præterieris[12] *uxorem.*

FARELLUS tuus.

(*Inscriptio :*) Pastori tum fideliss., tum doctiss. Jo. Calvino, fratri et symmystæ quàm chariss. Genevæ.

---

[7] Ce paragraphe : « Censendus egredi jubetur... ecclesiam ædificet » est emprunté à la circulaire du 28.

[8] Plutôt שטן. Ce sont, en hébreu, les consonnes du mot *satan* (l'adversaire).

[9] Les églises allemandes de la Suisse réformée, et l'église de Strasbourg.

[10] *Christophe Fabri.* Il était prié d'engager les ministres de la Classe de *Thonon* à donner une réponse conforme aux vœux des pasteurs neuchâtelois.

[11] Dans l'original *pix* : c'est évidemment une erreur de plume, au lieu de *pax.* Les nouveaux éditeurs de Calvin ont lu *pie,* qui ne donne pas un sens acceptable. Ce que *Farel* dit ici de l'union des cœurs montre que c'est de la paix avec Berne qu'il parlait dans sa lettre du 21.

[12] Édition de Brunswick : *præteream.* L'original porte *præterieries,* au lieu de *præterieris.*

1402

LA CLASSE DE NEUCHATEL aux Églises évangéliques.
De Neuchâtel, 28 octobre 1544.
Inédite. Minute orig. Bibl. des pasteurs de Neuchâtel.

S. Hactenus, non sine magno fructu, admonitione quadam et correctione fraterna inter se usi fuerant fratres, ut unusquisque pleniùs officium faceret, puriorque doctrina et incorrupti mores in ecclesia nostra locum haberent, et contrariis via occluderetur. *Tandem verò,* præter omnium spem, *quidam insurrexit qui totam actionem damnaret.* Quamvis autem diu expectatum fuerit (quòd soleant cum tempore hominum sententiæ mutari, potissimùm ubi *unus* omnibus reluctatur, et multi sint alii qui illum unum conentur lucrifacere), tamen hac via nihil adhuc profectum est. Quod etsi nobis plurimùm dolet, *hoc tamen non parùm recreat quòd ad sanctas ecclesias delatum sit judicium*[1]. Nos autem æquitate causæ freti, nihil melius esse putavimus quàm piis fratribus simpliciter proponere ejus actionis rationem, quam, ut credimus, neque contra verbum Domini, neque contra charitatem hactenus secuti sumus. In eo quod nobis objectum fuit, ipsi repugnanti liberum fecimus, ut in contrariam partem quod sibi videretur, adduceret. Itaque sua manu quædam conscripsit[2], ex quibus, si ab ecclesiis, ut sperat, fuerint approbata, hunc nostrum corrigendi morem eversum iri sibi persuadet.

Quamobrem, viri patres et fratres, vestrum erit, quantùm studetis gloriæ Domini, *judicium sanctum de hac re facere: ut hæc nostra consuetudo, si sanctam et piam judicatis, conservetur.* Cuperemus ex iis qui nobis negocium facessunt, specimen aliquod videre, et inde meliora discere: non privari iis quibus sine gravi jactura carere non possumus. Valete nosque vestris adjuvate precibus. Neocomi, 28 octob. 1544.

Censura ita peragitur[3] *:* Censendus egredi jubetur. Quo

---

[1] Cf. le N° 1401, renvoi de note 4.
[2] Voyez les *Thèses de Chaponneau* à la fin de la lettre suivante.
[3] La seconde rédaction de ce P.-S. est identique au premier § du N° 1403.

egresso, petit *Decanus* à vicinis censendi, quid norint in fratre quod palàm offendat ecclesiam, unde impediatur ædificatio ecclesiæ et pastoris ministerium vilipendatur, tum propter ipsum, tum propter suos? Demum generatim ab aliis petitur, quid putent dignum cujus frater admoneatur? Ubi omnes suffragium tulerint, vocatur frater, et secundùm conclusa per fratres, candidè et amicè admonetur, ut sanctè officium faciat et ecclesiam ædificet.

1403

GUILLAUME FAREL à Henri Bullinger, à Zurich[1].

De Neuchâtel (vers le 28 octobre 1544).

Manuscrit orig.[2] Arch. de Zurich. Cal. Opp. XI, 760.

Classis Neocomensis:

Admonitio et correctio inter Verbi ministros in hunc modum tractatur: Qui admonendus est egredi jubetur. Quo egresso, quærit Decanus ex vicinis et familiaribus ejus, si quid norint in eo fratre quod palàm offendat ecclesiam, unde impediatur ejus ædificatio et pastoris ministerium vituperari possit, tum propter ipsum, tum propter ipsius familiam? Deinde singulatim ex cæteris quæritur, quid[3] omnino dignum putent, ae quo ille admoneatur? Ubi singuli sententiam dixerint, vocatur frater, et ex omnium consilio atque judicio, candidè et amicè admonetur, ut sanctè officium faciat ecclesiamque ædificet.

Adversarius Classis:

1. Correctio fraterna est actus charitatis sub Dei præcepto cadens, à cujus obligatione neminem eximendum ducimus.

2. Præceptum fraternæ correctionis, cum sit affirmativum, non pro quolibet tempore obligat.

---

[1] Cette pièce accompagnait, sans doute, la circulaire du 28 octobre (N° 1402) envoyée par Farel à Bullinger.

[2] Les titres, les deux derniers paragraphes et l'adresse sont de la main de *Farel*.

[3] Dans l'édition de Brunswick, *quod*.

3. Licebit igitur correctionem, cujus finis est fratris delinquentis emendatio, non solùm differre, sed et nonnunquam prorsùs ab ea abstinere.

4. Juxta Christi præceptum : Si peccaverit in te frater tuus, monitio secreta publicam debet præcedere denunciationem.

5. Quisquis Christiana charitate erga fratrem afficitur, vel notorio peccato laborantem, sanctè fecerit, si eum primò clàm monuerit, deinde non audientem, præsente uno atque altero teste juxta ordinem a Christo præscriptum, iterum admonuerit, ac tandem iteratis monitionibus non cedentem ecclesiæ denunciaverit.

6. Non est quævis ecclesia apud quam facienda est denunciatio, sed ea cujus membrum est qui sic contumax perseverat.

Fratres aiunt, correctionem quam servant sanctam esse et utilem, ut ædificetur ecclesia et doctrina cum moribus ecclesiam non offendant, sed utraque puriora conserventur.

Adversarius ait omnino contrariam esse censuram verbo Domini, sed admonendum quemvis pastorem primò seorsim, demum apud plebem quam docet, et nunquam in fratrum qui docent cœtu. Et mirum quòd quæ vidit non inducant ut aliter sentiat : siquidem duo fuerunt qui malè intrarunt et pejùs egerunt in ecclesia, et neque hortantibus fratribus neque jubenti magistratui parere voluerunt, freti plebe per eos dementata, quæ nunc pestes odit quas priùs volebat perditè amando.

(*Inscriptio :*) Doctissimo et pari pietate insigni Heinricho Bullingero, ecclesiæ Tigurinæ pastori plurimùm observando. Tiguri.

1404

[LA CLASSE DE MORGES] aux Pasteurs de Neuchâtel.

De Bursins, 4 novembre 1544.

Inédite. Mscrit. orig. Bibl. des pasteurs de Neuchâtel.

Grâce, miséricorde et paix de Dieu par Jésu-Christ !

Frères, nous avons entendu le différent qui est entre vous et quelque frère de vostre congrégation, touchant la Discipline et

Correction ecclésiasticque. Et pourtant que *l'ordre et pollice de laquelle vous et nous avons usé et à présant usons, nous semble bonne et chrestienne,* vous prions ou nom [l. au nom] de Nostre Seigneur en icelle persévérer, et le dict frère aussi se soubzmettre à la dicte discipline et correction, — attendants que plus ample déclaration vous en sera faicte et donnée selon la parolle de Dieu, auquel prions vous assister par son sainct esprit. De nostre congrégation tenue à Boursim[1] ce 4ᵉ jour de novembre 1544.

Thomas Augustanus[2], juré,
au nom de la Classe[3].

(Suscription:) Aux frères Ministres de la parolle de Dieu de la Classe et Congrégation de Neuf-Châtel.

1405

Wendelin Rihel à Jean Calvin, à Genève.

De Strasbourg, 5 novembre 1544.

Autogr. Bibl. Publ. de Genève. Vol. n° 109. Cal. Opp. XI, 761.

S. P. D. Si cum familia tua vales, optime Domine Calvine, gaudeo, nam ego cum meis adhuc (gratia Domino) bene valemus. Proximè misisti partem *Institutionis Christianæ*[1] per Dominum *Crispum*[2], unum ex præceptoribus nostræ Scholæ: de

---

[1] *Bursins,* village paroissial, situé à ³/₄ de lieue à l'O. de Rolle, était du ressort de la Classe de Morges.

[2] *Augustanus* est, croyons-nous, la traduction du nom *Augsburger,* que portait une famille bernoise, établie dans le Pays de Vaud. Elle est représentée aujourd'hui par trois pasteurs de l'Église nationale vaudoise. *Jacob Augsburger,* qui prêchait la réforme à *Mulhouse* en 1526 (I, 453, 454. — Röhrich, o. c., II, 236), ne doit pas avoir appartenu à une famille bernoise.

[3] *Pierre Viret* assistait à l'assemblée du 4 novembre, tenue à Bursins (Cf. le N° 1409, renv. de n. 5).

[1] *Wendelin Rihel* avait déjà imprimé en 1539 la deuxième, et en 1543 la troisième édition latine de l'*Institution Chrétienne* de Calvin. Il imprima également la quatrième, qui parut au mois de mars 1545, in-folio.

[2] Ce mot se terminant par un long trait recourbé, on pourrait, au lieu de *Crispum,* lire *Crispinum.* L'Histoire du Gymnase protestant de Stras-

qua re valdè gaudebam, et cum nunc iterum aliquid in eo opere perfeceris³, commodè per hunc nostrum civem mittere poteris. Ego, volente Domino, pergam. Vale semper fölicissimè. Argentorati 5 Novembris 44.

Tuus RIHELIUS.

(*Inscriptio :*) Domino Johanni Calvino Genevæ, Domino et amico suo præcolendo.

1406

LA CLASSE DE GEX [aux Pasteurs de Neuchâtel.]

De Saconnex-le Grand, 6 novembre 1544.

Inédite. Mscrit orig. Bibl. des pasteurs de Neuchâtel.

En l'assemblée de la Classe de Gex, le 6 de Novembre 1544, à Saconcy¹.

Après avoir ouy la lecture des lettres et articles proposez par ung frère de *Neufchastel*², les frères ont advisé que les lettres ne informent point suffisamment des différens esmeuz entre *les frères de Neufchastel* et *celuy qui leur est répugnant,* veu que *les articles d'icelluy, bons et veritables,* ne contrarient point à la correction fraternelle et chrestienne. A raison de quoy, ilz ne pevent (*sic*) rien diffinir quant à l'approbation ou réprobation de l'une ou l'aultre partye, jusques à tant que de tous les poinctz singulièrement ilz soient informés. Par quoy, attendant ce, ilz les prient de vivre en paix et s'entreouyr paisiblement. Que s'il leur vient à gré de spécifier mieux l'affaire, les dictz frères mettront de rechef en consultation la chose, et leur aideront en ce qu'ilz pourront selon Dieu et charité.

bourg par A.-G. Strobel, mentionne, p. 163, le professeur *Crispinus Pythopœus*.

³ Paul Henry (Das Leben Joh. Calvins, Bᵈ III, Beilagen, p. 179) et les nouveaux éditeurs de Calvin (XI, 762) disent que le texte de l'*Institutio Christiana* de 1545 ne diffère pas de celui de 1543.

¹ Le village de *Saconnex-le Grand*, situé dans le territoire bernois, au N.-O. de Genève, formait l'une des paroisses de la Classe de Gex.

² *Eynard Pichon* (Voyez le N° 1409, note 7).

1407

LES PASTEURS DE GENÈVE à la Classe de Neuchâtel.
De Genève, 7 novembre 1544.

Manuscrit orig.[1] Bibl. des pasteurs de Neuchâtel.
Calvini Epistolæ et Resp. 1575, p. 47. Cal. Opp. XI, 762.

Charitas Dei et gratia[2] Christi, et communicatio spiritus sancti vobis semper augeatur, fratres in Domino dilectissimi.

Cum Enardus[3] frater noster scriptum illud vestrum[4] de modo exercendæ in fratres censuræ[5], et simul contrarium fratris cujusdam scriptum[6] attulisset, nemo fuit qui non judicaret, responderi in promptu ad utrumque posse. Sed quia non omnes aderant, in hodiernum conventum[7] distulimus. Re iterum proposita, hoc omnes uno consensu respondendum censuimus.

Primùm cum ministri certa quadam inter se disciplina opus habeant, non hoc quærendum est qualiter sine legibus vivamus, sed ineunda potiùs œconomiæ et ordinis ratio, quæ apta sit ad nos in officio retinendos, et ædificationi[8] serviat. Nunquam autem sic comparatæ erunt res hominum, ut aliquid perfectum reperiatur. Ad hunc tamen scopum tendere semper debemus, ut conjunctis studiis, et communi, quantùm fieri potest, consilio

---

[1] La bibliothèque de la ville de Zurich en possède une copie, qui est de la main d'Oswald Myconius, et qui porte cette note : « Descripsi nobis [l. vobis?], nam sic voluerunt fratres *Neocomenses*. Autographon dimisi *Argentoratum.*   Os. Myconius vester. »

[2] Dans le texte publié en 1575 par Théodore de Bèze, on lit *pax*, au lieu de *gratia.*

[3] *Eynard Pichon*, pasteur à Cortaillod (p. 12, renv. de n. 8). La Classe de Neuchâtel l'avait déjà employé en 1541, alors qu'il s'agissait de consulter les églises (VII, 332, renv. de n. 3-4).

[4] Le mot *scriptum* désigne la circulaire du 28 octobre. Plus bas, après *cujusdam*, il est supprimé dans le texte de 1575.

[5] Texte de Bèze : exercendæ *disciplinæ* in fratres.

[6] C'est-à-dire, les Thèses de *J. Chaponneau.*

[7] La congrégation du vendredi 7 novembre.

[8] Texte de Bèze : et *ad ædificationem.*

serviamus Ecclesiæ. Jam verò *in hac nostra infirmitate* fieri nequit, quin aliqua in nobis desiderentur, de quibus admoneri nos convenit, et utile est. In aliis corrigenda sunt certa vitia : alii sunt antevertendi, cum videmus periculum imminere, ne imprudentia labantur : alii ad majorem zelum incitandi : alii objurgandi, in alios inquirendum, si quis de illis sinister rumor, et tamen dubius, emersit.

Nunc quæritur, an omnino necesse sit, singulos à singulis privatim admoneri, an verò interdum expediat, habita inter fratres deliberatione, *hoc fieri à toto cœtu?* Atqui sæpe contingit, ut à multis admoneri nos oportet, de quo nemo unus nos admonere potest. Exempli gratia : erit, sicuti nuper dictum est, exortus rumor aut quærimonia de fratre quopiam : id vicini scient : non potest occurri meliori remedio, quàm si fratres, re inter se communicata, ipsum de quo agitur admoneant. Si falsa est criminatio, sic providebunt ne latiùs spargatur : sin vera, non ab uno tantùm admoneri debuit ille, sed à fratrum cœtu corrigi. Sit aliud exemplum : Erit aliquid in fratre quod displicebit aliquibus vel ex plebe, vel ex collegis. Hic vertitur quæstio, num illud quod desideratur, pro vitio habendum sit et corrigendum ? Ergo collatis capitibus opus est[9]. Multa quotidie incidunt ejus generis. Atque huc spectabant ex parte Provinciales Synodi, quæ bis olim quotannis habebantur. Nam ubi[10] tractatum erat de doctrina, tum quærimoniæ de cujusque vitiis audiebantur, et censura exercebatur in singulos.

Vestrum ergo institutum, quale describitis, sanctum et legitimum esse judicamus. Et sanè[11] nimiæ esset impudentiæ, id ipsum improbare in vobis, quo nos tanquam bono et salutari utimur. Adhibeatur modò æquitas primùm et candor, deinde prudentia et moderatio. Candorem cum requirimus et æquitatem, hoc intelligimus, ne quis maligno animo fratrem sugillare studeat. Prudentiam et moderationem sic accipimus, ne quis vitium arcanum deferat, quo nota fratri inuratur : neve quis immodica austeritate exaggeret quæ alioqui levicula sunt. Quare si quando contingat, vel à morosis et importunis fratribus in medium proferri quæ tacenda potiùs erant, vel accusatorio animo proferri

---

[9] Ibidem : opus est *judicare*. — [10] Ibidem : Nam *cum*.
[11] Ibid. Et *certè*. — [12] Ibid. ergo *initiis*. — [13] Ibid. *et* si.

arcana vitia, non modò nequaquam audiendi sunt indices aut delatores, sed etiam severè reprimendi. Quin etiam ut obviàm eatur his periculis, cum agendæ sunt censuræ, utile est diligenter præfari, cavendum esse ab his omnibus quæ salubrem censuræ medicinam vertunt in venenum. Nos certè statim ab initio præmonemus, ut si quæ sint obscuræ simultates, aperiantur : si frater offensus à fratre fuerit, expostulet, antequam agantur censuræ, ne hæc simul permisceantur. His ergo vitiis[12], quoad licet, præcludenda est via, ne obrepant : quòd[13] si fortè obrepserint, rescindenda sunt. Censuræ verò disciplina, quam non modò sanctam, sed etiam necessariam experimur, non est propterea negligenda aut omittenda. *Fratrem* verò *illum qui hactenus à vobis dissensit, obsecramus in Domino, ne ulteriùs pertinacia contendat ad repugnandum.* Meminerit inter alia quæ Paulus in Pastore requirit, hoc esse non postremum, ne sit αὐθάδης, hoc est, proprio judicio addictus. Et certè hæc una est ex præcipuis virtutibus boni Pastoris, sic exhorrere toto pectore contentiones, ut nunquam à fratribus, nisi ob causas maximè necessarias, dissideat. Caveat etiam, ne qui hoc audiunt suspicentur ipsum aut litigandi studio, aut odio disciplinæ impedire, quominus de nostris moribus fiat censura : non quia velimus hac eum invidia gravare, aut ulla prorsùs macula ipsum aspergere : sed ideo simpliciter hæc judicamus, quia cupimus ejus honori bene consultum. Quantùm ad ejus scriptum attinet, quo impugnare morem vestrum conatus est, quod bona ejus venia dictum sit, cum fraternam correctionem « actum charitatis » vocat[14], à quo nemo sit eximendus, — non videtur nobis animadvertisse quod erat imprimis cognitu necessarium, plures esse species fraternæ correctionis. Ut alias omittamus, hæc de qua disputatur, distinctam et propriam rationem habet. Est enim pars Ecclesiasticæ politiæ. Ergo cum illa generali correctione confundi non debet, quæ omnibus indifferenter mandatur. Proinde non concedimus illi, esse simplicem et nudum charitatis actum : siquidem judicium est ordinis et disciplinæ causa institutum, quod communem[15] ædificationem pro fine propositam habet. Neque etiam concedimus, neminem ab ejus obliga-

---

[14] Voyez les Thèses de Chaponneau (N° 1403).
[15] Texte de Bèze : quod *tamen unam.*

tione eximi. Tametsi ambigua est locutio hæc, quia tam passivè quàm activè accipi potest. Sed utroque modo negamus omnes hac lege obstringi, quæ specialiter ministris est destinata. Sicut enim quæ ad ordinem habendi Senatus spectant leges, plebem non ligant, ita disciplinam inter nos observare convenit, cui subjecti sint soli ministri. Quod in eadem propositione habetur, « sub præcepto Dei cadere fraternam correctionem, » si intelligit author formam[16] cujusvis correctionis expressè Verbo Dei contineri, hoc verò nequaquam illi confitemur. Substantiam Ecclesiasticæ disciplinæ exprimit disertis verbis Scriptura : forma autem ejus exercendæ, quoniam a Domino præscripta non est, à ministris constitui debet pro ædificatione. Qua ratione etiam negamus, solam delinquentis emendationem intuendam hîc esse : respectus enim ordinis publici et communis ædificationis habetur. Cujus rei sumere exemplum ex Scripturis licet. Cum Paulus Hierosolymam venisset, admonetur ab Jacobo et Senioribus, quàm malè audiat inter Judæos, simul etiam qualiter purgare[17] se illis debeat : non dubium quin præcesserit deliberatio inter fratres, et habita[18] fuerit Paulo absente. Cur hoc? quia scilicet communis ædificationis intererat. Similiter cum Petrum reprehendunt fratres, quòd ad Gentes divertisset, non legimus quicquam illi antè[19] in aurem clàm fuisse ab uno dictum : quia scilicet offensio manarat ad plures, æquum fuit communiter ipsum à fratribus admoneri. Tametsi autem immeritò hac de causa arguebatur, non tamen peccasse legimus fratres in modo agendi, sed in ipsa causa : modum enim tenebant usitatum et ordinarium.

Christi præceptum, quod Matthæi 18. habetur, accipimus de occultis vitiis, quemadmodum etiam verba sonant. Ergo si quid frater, te conscio, deliquerit, nec alios habeat testes, jubet Christus te ipsum privatim convenire : quanquam non vetat, quin idem facias, etiam si qui alii tecum conscii sint. Fieri enim potest, ut tu hoc ignores, vel expedire non putes coram pluribus eum reprehendi. Quod postea subjungit : « Si nihil hac via pro-

---

[16] Bèze a supprimé *formam*.
[17] Éd. de 1575 : qualiter se illis *approbare* debeat.
[18] Ibidem, le mot *habita* est supprimé.
[19] Ibid., *ante* est omis.

feceris, ut tecum duos aut tres testes adhibeas : » hoc nostro judicio intelligendum est non de testibus delicti, sed admonitionis, quò scilicet plus momenti habeat : porrò hoc nihil ad impediendam censuræ rationem, de qua nunc controversia est. Neque enim hoc agitur, ut occulta delicta in medium proferantur, ad irrogandam fratribus infamiam, sed tantùm quæ ejusmodi sunt, ut aliquid offendiculi genuerint, aut non procul absint à gignendo. Hujus speciei exemplum habemus in Petri reprehensione : neque enim testes abegit Paulus, ut clam omnibus ipsum admoneret, sed hoc fecit coram Ecclesia. Nec tamen res omnibus nota erat : sed quia imminebat periculum, antevertere voluit.

Quintam propositionem recipere sine exceptione non possumus : pronunciat enim, nos scitè facturos, si fratrem etiam peccato notorio laborantem admoneamus privatim. Atqui Paulus, ubi prohibuit (I. Tim. 5) recipi adversùs presbyteros accusationem, nisi sub idoneis testibus, ex adverso presbyteros peccantes coram omnibus argui vult, ut cæteri timorem habeant. Si interdum convenit publicè argui peccantes, etiam presbyteros, quibus habenda est major reverentia, idque pertinet ad exemplum, non scitè nec prudenter faceret si quis abstinere vellet à tali reprehensione. Quid ergo ? Certè quantùm judicamus, ex re præsenti et tempore capiendum est consilium. Semper autem hæc duo [sunt] prospicienda, ne à tristitia absorbeatur qui peccavit, et ne videamur ad peccata connivere.

Sextam propositionem cur addiderit frater miramur : satis enim convenit, Ecclesiæ nomine, in Christi verbis, eam propriè designari cujus membrum est ille cujus contumacia denunciatur. Cæterùm duo hîc sunt observanda : sic publicandam esse contumaciam peccatoris obstinati coram una ecclesia, ut si ea per contemptum relicta, aliò migret, illic quoque denuncietur. Atque hoc sibi volunt antiqui Canones cum extraneum ad communionem recipi prohibent, nisi testimonium attulerit. Ubi enim Ecclesiæ communio, si ab una damnatus, ab altera recipitur ? Ubi disciplina, si qui unam ecclesiam contempsit, in aliam migrando, impune talem fert superbiam ? Alterum quoque observandum est, ut unius Ecclesiæ ministros esse sentiamus, qui in unum collegium adunati, unum corpus efficiunt. Quorsum enim Decanus ? quorsum alia omnia ? nisi tanquam unius corporis membra inter nos coalescamus? Hæc ab authore propositionum in bonam partem acceptum iri, sicut sincero animo à nobis scripta sunt, confidimus. Nostræ sanè omnium partes sunt, non tantùm cedere veritati, sed ultro eam et obviis, quod aiunt, protensisque manibus excipere [20].

Valete, fratres in Domino dilectissimi. Dominus spiritum sapientiæ et prudentiæ in dies vobis adaugeat in ecclesiæ suæ ædificationem, et ministerium vestrum quàm fructuosissimum reddat! Genevæ, ex conventu nostro. 7. Id. Novembr. 1544.

JOANNES CALVINUS fratrum omnium nomine [21].

(*Inscriptio:*) Fidelibus Domini nostri Jesu Christi servis, Decano et reliquis ministris Neocomensis ecclesiæ in urbe et in agro fratribus chariss.

1408

SIMON SULTZER à Jean Calvin, à Genève.

De Berne, 7 novembre 1544.

Calvini Epistolæ et Resp. 1575, p. 51. Calv. Opp. XI, 767.

Salve, mi amantissime frater. *Res nostræ in ancipiti statu sunt,* nec quid sperem magnopere, nec etiam quid desperem, habeo. *In spem tamen magis propendeo, si quidem Synodo controversia* [1] (*ut par est*) *examinanda dijudicandaque committatur:* eamque ut impetremus, studio acerrimo incumbemus: quanquam reluctaturum pro virili *antagonistam* [2] esse conjiciam, *qui ad cætera, omnem Ecclesiæ auctoritatem atque œconomiam ad tribunal tantùm forense revocat* [3], coramque iis indubie hanc cupit potissimùm decidi causam, quorum animos jam antè blandiloquentia præoccupavit, aut præoccupasse videtur potiùs, actor

---

[20] Ibid., quod aiunt, manibus *protrusisque accipere.*
[21] La signature et les mots suivants sont de la main de Calvin.
[1] La question relative à la sainte Cène.
[2] Le pasteur *Érasme Ritter,* chef du parti zwinglien (VIII, 73, n. 2; 96).
[3] *Ritter* prétendait que le magistrat civil était compétent pour trancher les questions de doctrine (VIII, 209, renv. de note 1-2; 211, dernier §). Voir là-dessus l'avis de Calvin (VIII, 110, 111, 122, 123).

futurus idcirco non ingratus, quòd pro ipsorum placitis, ceu pro aris ac focis depugnet, *pro Disputationis habitæ*[4] *auctoritate,* tanquam Dianæ illius magnæ Ephesiorum, clamoribus indesinentibus vociferetur[5]. Nos quanquam bonorum voluntates à nobis non alienas esse cognoscimus, tamen Domini beneficio nullus adeò applausus humanus sic nobis oculos perstrinxit, ut non potiùs causæ bonitatem quàm suffragia potentum respiciamus. Neque ullorum mortalium reformidamus judicium : donet modò nobis Christus, uti qua par est æquanimitate, prudentia constantiaque stare pro veritate atque pugnare possimus.

Statum controversiæ hunc nos urgebimus. Primùm, ut quæ sit Scripturæ Canonicæ, præ omnibus omnium mortalium scriptis, auctoritas intelligatur[6] : deinde ut prophetiam religionisque dogmata non ullis hominum pronuntiatis, sed Canonis solius lydio[7] examinari conveniat : postremò, quàm non fuerimus nos hactenus, neque nunc simus ullius non necessariæ novationis auctores[8]. Qua in re licet abundè nobis et Scripturæ et veterum

[4] La *Dispute de religion* qui eut lieu à Berne en 1528 (II, 50-60). Selon le parti zwinglien, *les dix Thèses* admises dans cette Dispute, avaient la valeur d'un document symbolique.

[5] Si l'on s'en rapporte à *Éberard de Rumlang,* zuricois et ardent zwinglien (V, 79-81), les deux partis étaient également excités. Il écrivait de Berne à Bullinger, le 28 octobre 1544 : « Nosti satis cujus modi controversiæ inter nos existant : quas eò scias erupisse vesana intemperie, ut incendia dissidiorum apud nos sæviant et grassentur perniciosissima. Nolo tibi referre primatum quorundam contentiones in tribunitiis compotationibus et comessationibus tantùm non ad pugnas exarsisse. Est Tigurinus quidam apud nos tonsor, jam civis noster, bellus scilicet homo, qui usus est pugnis, et gladio depugnasset pro *Buceranis,* nisi intervenissent alii... Contentio erat de *Disputatione nostra,* quam Tigurinus impugnabat. Et *ecclesiastæ nostri* ab utraque parte, instructa acie, aperto Marte et hostili animo congressuri consistunt, ubi primùm Senatus classicum canet : inter quos acerbissimis, apertis quoque morsibus et incessationibus diu velitatum est pro suggestu. *Senatus* novit dissidentia studia, itaque rei tractationem reveritus, prorogavit negotium usque dum jam ad extrema ventum sit et tumultum vereatur. » (Autogr. Bibl. de la ville de Zurich. Copie communiquée par M. le Dr Hermann Escher.)

[6] Voyez la Confession de foi de *Pierre Kuntz* du 2 août 1542 (VIII, 97).

[7] Sous-entendu *lapide.*

[8] Le 16 août 1542, *P. Kuntz, Simon Sultzer, Béat Gering* et *Conrad Schmid* s'étaient engagés à n'introduire aucune innovation dans les cérémonies (VIII, 99-103).

auctoritas exemplaque suffragentur, tamen negotii erit non exigui eam veritatem etiam probabilem auditori efficere, præposteramque et nimiam placitorum humanorum admirationem, et affectationem constantiæ animis eximere, maximè quando eam φιλαυτίαν *noster ille* mirabili lenocinio incendit et auget.

Quocirca te rogo, mi amantissime frater, *uti tuo nos consilio velis instruere, idque copiosè et prolixè, quibusque hæc potissimùm rationibus agi à nobis placeat, docere*[9]: eo enim officio nec gratius, neque magis necessarium præstare nobis potes. Scribas autem rogo quamprimum, ne intempestiva actione obruamur, prius quàm tuo aliorumque consiliis præparemur. De Eucharistia deque ministerii sacri auctoritate et usu, œconomia item Ecclesiæ, quatenus agendum disserendumque sit, in ipsa (arbitror) arena discemus : sed de his satis.

De *Philippi* et *Lutheri* reconciliatione[10], deque nova apud *Brabantos* hæresi[11], mitto quæ ad me ex *Witteberga Ambrosius*

---

[9] *Sultzer* reçut-il de *Calvin* le mémoire développé qu'il requérait de lui? Nous l'ignorons. *E. de Rumlang,* de son côté, avait sollicité l'intervention du gouvernement et du clergé de *Zurich.* « Qui fieri posset (écrivait-il à Bullinger, le 28 octobre) ut *Senatus vester* id se facturum negaret, cum alioqui in secularibus se ipsos totos nobis debeant? Qui non in Christi negotio promovendo apud nos operam vestram et sedulitatem impenderetis, qui alioqui in *Cæsaris...* negotiis promovendis satis industrii estis? cum religionis nostræ sit apertus hostis. Omnes *Cæsariani* apud nos sunt *Buceràni :* partem reliquorum hinc sat nosti... Gaudemus tamen bellum hoc pacatum, et Deo propter id gratias agimus, non quòd Cæsaris conatibus, quos instituerat, ab omni parte non successit. »

[10] *Mélanchthon* et *Luther* n'étant pas brouillés, n'eurent pas lieu de se réconcilier ; mais il est vrai que, chez l'un et chez l'autre, un sentiment pénible avait refroidi leurs relations. *Luther* doutait de l'orthodoxie de son disciple sur la doctrine de la sainte Cène, et *Mélanchthon,* se voyant suspecté, s'attendait à être banni. *Gaspard Cruciger* écrivait de Wittemberg, le 7 septembre 1544, à Vitus Theodorus : « In hac schola... status nunc est satis tranquillus... Unus noster *Philippus,* præter labores et alias curas quibus nunc conficitur, nunc etiam exilia meditatur... Ac noster [scil. *Lutherus*]... nunc, ut audio, parat formulam, cui vult nos omnes subscribere... Certè hoc ex eo auditum est dicente, se, si quis nostrûm aliter quàm ipse sentiat, hic non duraturum esse. » (Bretschneider. Melanthonis Opp. V, 476, 477. Cf. aussi les pp. 464, 473-477, 497, 498, 502. — Bindseil, o. c. p. 202-204, 206, 207, 208. — F. Kuhn, o. c. III, 341, 342.)

[11] Voyez la lettre de *Viret* du 5 septembre, p. 329.

noster Blaurerus scripsit[12], quòd sciam ea non ingrata fore tibi. Dominum laudo eos motus salubriter consopitos, nec dubito sanitatem aliquam Ecclesiæ allaturos esse, adeò novit is etiam mala nostra ad sui nominis gloriam electorumque salutem convertere. De pace inter *Cæsarem* et *Gallum*[13] varia narrantur. Sunt qui dissiliisse rursum putent, quanquam id vix verisimile mihi fit. *Helvetios non reverti miramur,* adeoque nec nuntiis nec literis significari ubi sint et quid agant[14]. Fama tristis, licet non publica, fert ab *Anglorum Rege* cæsos esse memorabili gravissimaque strage[15], eamque nonnihil probabilem facit repentinus et improvisus *legati Regii à Salodoro* discessus. Sed jam vale, et nos precibus consiliisque tuis juvare perge. Salutat te amanter et reverenter *Beatus* charus et venerandus Collega. Symmystas tuos utriusque nomine salvere jube. Bernæ, vii. Novembr. Anno M. D. XLIIII.

T.[uus] SULTZERUS.

[12] *Ambroise Blaarer*, pasteur à Constance (VII, 332), lui avait communiqué des nouvelles reçues de *Wittemberg*. Sa biographie, par M. Théodore Pressel (Stuttgard, 1861), ne mentionne point le voyage qu'il aurait fait en 1544 à *Wittemberg*. Y serait-il allé dans un temps où ses amis de la Suisse réformée étaient honnis par *Luther*? On peut juger des sentiments de *Blaarer* par ce qu'il écrivait à Wolfgang Musculus, à Augsbourg, le 28 août 1544 : « *Tigurinorum* candor, humanitas et erudita modestia, supra modum mihi jamdiu allubescit... Quàm verò non sint irritabili stomacho, argumento non obscuro est dentatissima illa et à theologica gravitate multùm aliena L.[utheri] Epistola quam ad *Froschoverum* Tigurinum typographum scripsit... Et hanc tamen, quando publicè non est edita, constanter illi dissimulant... Quid P. M. [scil. *Melanchthon*] de Tigurinorum ecclesia, quin etiam nostris, sentiat, ex *Josepho Macario*, illo sanctissimo ac verè erudito adulescente, discere potuisti... » (Jo. Fechtius. Historiæ ecclesiasticæ seculi XVI Supplementum. Durlaci, 1684, p. 813.)

[13] Sur la paix conclue entre *François I* et *Charles-Quint*, à *Crespy*, près de Laon, le 18 septembre 1544, voyez les Mémoires de Martin du Bellay, éd. Lambert, 1753, t. VI, p. 37-45. — Sleidan, II, 354. — Du Mont. Corps diplomatique, t. IV, 2de P. p. 279.

[14-15] Après la paix de Crespy, la guerre continua contre les Anglais, qui avaient pris *Boulogne*, le 14 septembre. Le Dauphin fut envoyé dans la Picardie maritime, où il dirigea une campagne, à laquelle prirent part dix mille Suisses et six mille Grisons. Il s'empara, de nuit, de la basse ville de Boulogne ; mais pendant que les assaillants se livraient au pillage, les Anglais fondirent sur eux et les mirent en pleine déroute. Le Dauphin

1409

PIERRE VIRET à Jean Calvin, à Genève.
De Lausanne, 9 novembre 1544.

Autogr. Bibl. Publ. de Genève. Vol. n° 111a. Cal. Opp. XI, 769.

S. Quem mihi commendasti fratrem libens juvissem, si qua potuissem ratione. *Quod scribis de Ferraria*[1] *audiveram aliqua ex parte, scilicet Franciscum esse in vinculis*[2]*:* præterea, nihil. Dominus suo spiritu *piam principem* ita dirigat, ut non ei accidat quod aliis plerisque Evangelium professis, à quo se penitùs alienarunt[3]. *Isthinc rediens, cum Nicolao diu sum collocutus*[4]. *Spero fore ut ei accedat aliquid ex tua vicinia.* Dabis operam, quoad ejus fieri poterit, ut hominem in officio contineas, et ut intelligat te sentire de religione et ejus sacramentis quod verum Ecclesiæ pastorem decet.

---

dut se contenter de renforcer la garnison de Montreuil, et il licencia les Suisses et Grisons. « Ceux que les combats avaient épargnés reprirent le chemin de la patrie, à travers des provinces ravagées par la guerre. Ils n'avaient pas reçu de paye : la faim les détruisit. L'on en vit un petit nombre revenir dans leurs foyers... » (J. de Muller. Hist. de la Confédération suisse, trad. de l'allemand et continuée par... Charles Monnard et Louis Vulliemin, t. XI, p. 226.)

[1] Allusion à une lettre de Calvin qui est perdue. Elle avait été écrite après le lundi 3 novembre, jour où *Viret* était reparti de Genève.

[2-3] *François Richardot* (VII, 308 et suiv.), aumônier de *Renée*, duchesse de Ferrare, fut arrêté au mois d'août 1544 et emprisonné dans la forteresse de Rubiera. On l'accusait d'avoir rapporté ce mot imprudent de M*me* de Pons : « Le Duc semble plus gai lorsque la Duchesse est malade, et plus triste quand elle revient à la santé » (VII, 508). *Hercule II* fit citer en justice Antoine de Pons; mais il s'enfuit à Venise avec sa femme.

La Duchesse, alors reléguée au château de Consandolo, ne voulut pas se mêler de cette affaire. En ce qui la concernait, disait-elle, « il lui suffisait de se savoir innocente. » Le ressentiment de son mari ne la détourna point de l'Évangile. Ce fut, au contraire, vers ce temps-là qu'elle cessa d'assister à *la messe*. (Cf. le t. VIII, p. 180. — Jules Bonnet. Disgrâce de M. et de M*me* de Pons. Bulletin cité, année 1880, p. 3-17. — E. Rodocanachi. Une protectrice de la Réforme en Italie et en France. Renée de France, duchesse de Ferrare. Paris, 1896, pp. 153-175, 232, 243, 248.)

Postero die interfui conventui Morgiensium[5], à quo abfuerunt plurimi ejus Classis, decanus et alii non pauci qui primas ferè tenere videntur. Ex juratis duo tantùm aderant. Aberat *Morandus*[6] uxoris causa, quæ dicebatur animam agere. Quid obtinuerit *Enardus*, ab eo te arbitror intellexisse[7]. Quod ad *negocium Carmelitæ*[8] attinet, placuit sententia quam mihi tuis literis significabas[9]. Eam primùm proposui quasi meam, priusquam tui interjecta esset mentio. Cum autem quidam ex iis quos tibi putabam minùs favere, audirem tuam quoque requirere[10], tum palàm indicavi eandem esse cum ea quam à me audierant.

---

[4] *Nicolas Zurkinden* (N° 696, t. IV, p. 406) précédemment secrétaire d'État adjoint au chancelier de Berne, fut élu bailli de *Nyon*, le 3 août 1544. Il annonçait son élection à *C. S. Curione*, dans les termes suivants : « Ego verò non absque providentia factum reor, quòd Comitiis proximis *Noviodunensis præfectura* in Sebusianis mihi suffragiis cessit. Nam quò tibi, *Vireto, Comiti* et reliquo vestri ordinis doctorum cœtui ero vicinior, eò magis magisque potero vestra opera, extimulatione et exemplo, gradum aliquem me dignum, ad meliora facere. Vale. Raptim, inter undas negotiorum. Bernæ, 6. Septembris. » (C. S. Curionis Epp. Basileæ, 1553, p. 45.) Il était en fonctions dans son bailliage le 29 octobre (Manuel de Berne).

Calvin, ami et correspondant de Nicolas Zurkinden (IV, 406) trouvait tout naturel de choisir la demeure du *bailli de Nyon*, pour une conférence avec *Viret*. Il écrivait à celui-ci, le 26 octobre 1545 : « Quàm cuperem nobis duas aut tres horas ad colloquendum dari. Si posses *Neodunum* usque, ego protinus illuc advolarem. Domus *præfecti* nobis esset optimus prætextus. »

[5] En partant de Nyon, le matin du 4 novembre, Viret n'avait qu'une lieue et demie de chemin à faire pour assister, à *Bursins*, à l'assemblée de la Classe de Morges.

[6] *Jean Morand*, pasteur à Nyon.

[7] Dans l'édition de Brunswick, il y a une virgule après *ab eo*, mais à tort : Viret voulant parler de la réponse qu'*Eynard Pichon* obtint, le 4, de la Classe de Morges (N° 1404), et dont il put bientôt informer *Calvin*. *Eynard* se rendit, en effet, de Bursins à Genève.

[8] C'était *le carme de Lyon*, qui avait sollicité une place de pasteur à *Genève*, au mois de mai 1542 (VIII, 12-14, 19-27). Voyez la lettre de Farel du 1ᵉʳ décembre 1544, et les lettres de Calvin du 13 décembre 1544 et du 7 novembre 1545. Son nom, resté inconnu jusqu'ici, est indiqué dans le N° 1411.

[9] Le conseil donné par *Calvin* à Viret sur *l'affaire du Carme*, est exposé dans sa lettre à Farel du 13 décembre.

[10] Éd. de Brunswick : *reiicere*. Cette variante est en contradiction avec la phrase précédente : « *Placuit sententia quam mihi tuis literis significabas.* »

In via Marcurtium[11] *salutavi,* à quo cupiebam audire quod se mecum velle communicare isthuc venienti dixerat. At aliud erat quàm quod expectabam. Narravit se *meos dialogos*[12] legisse, quos valdè probabat, enumerans virtutes quas in eo scripti genere sibi placuisse dicebat. Pauca esse in quibus aliquid desideraret, in quinto duntaxat dialogo, ubi de animarum felicitate ago et angelorum, quòd viderer angelis mœrorem tribuere super malis nostris, sicut et Scriptura testatur nostra conversione gaudere. Paucis huic objectioni satisfeci. Alterum erat *de infantium et obstetricum baptismo,* quem tantopere improbarem, in qua te quoque sententia es, repugnante iis quæ in *lib.*[*ro*] *cerem.*[*oniarum*] *Witteberg.*[*ensium*[13]] hac de re scripta sunt. Hanc nostram sententiam ait valdè pugnare cum sententia Augustini et totius veteris Ecclesiæ. Proinde dicebat se collegisse quædam adversùs mea argumenta, quæ ad me missurus esset, non repugnandi sed exercitandi gratia, et ejus generis quæ solvi non possent. Egi gratias, id ut perficeret vehementer oravi. Expecto scriptum, cui spero nos faciliùs responsuros quàm opinetur. Hæc sunt quæ in præsentia te scire volui. Saluta amicos. Nostri te et tuos omnes salvere jubent. Vale. Lausannæ. 9. Novembr. 1544.

Tuus P. Viretus.

(*Inscriptio :*) Fideli Christi servo D. Joanni Calvino, Verbi Ministro Genevæ.

1410

Pierre Toussain à Sig. Stier et à Matth. Erb, à Riquewir.
De Montbéliard, 13 novembre 1544.
Inédite. Autographe. Arch. de l'église de Bâle.

S. Gratissimum mihi fecistis, ornatissimi et piissimi viri, quòd ad fidelissimum Christi servum *Pantaleonem Blasium,* Illustrissimi Principis nostri concionatorem, scribere volueritis : nam

---

[11] *Antoine Marcourt,* pasteur à *Versoix,* village situé à 1 ½ lieue au N. de Genève, et qui appartenait aux Bernois.

[12] *Disputations chrestiennes* (p. 267, n. 27).

[13] Viret aurait dû écrire *Wirtembergensium* (Nos 1348, 1352).

vir est ut pietate summa præditus, ita et bonorum omnium favore dignissimus. Nec major, puto, unquam inter Davidem et Jonatham amicitia intercessit, quàm inter illum et me[1]. Sed ut ipse gloriæ Dei, pacis et conservationis hujus Ecclesiæ studiosissimus est, ita Satanam habemus modis omnibus adversarium[2]: adeò ut optimo et clementissimo *Principi nostro,* per malum quendam genium, quantùm potest, persuadere conetur, ut pium illum et doctum virum non solùm non audiat, sed etiam ignominiosè rejiciat et ableget, non aliam ob causam quàm quòd veritatis, nostrî et Ecclesiæ hujus patrocinium suscipiat. Et quanquam *Princeps* jam jusserit ut abeat, nisi quod ma[n]dat faciat, tamen nondum adduci possum ut credam hominem dimissum iri, cum ipsius *Principis* rogatu à parente[3] Ecclesiæque Wirtembergensis superintendentibus huc missus sit. Nec posset quicquam calamitosius accidere huic Ecclesiæ, quàm pii istius viri rejectio, ut quam multa alia incommoda brevi sequerentur, sed quæ non curat *Angelander,* qui, cum piis et doctis omnibus atque adeò ipsis *Wirtembergensibus* sua improbari consilia, seque omni destitutum esse divino præsidio videat, — extrema conatur, nullamque sive gloriæ Dei sive hujus Ecclesiæ, sive nostrî rationem habens, cuperet nos omnes, præsertim autem illum et me, non solùm ejectos, sed etiam perditos esse. Sed malos tandem malè perdet Dominus Deus.

Optimè valete, fratres et Domini in Christo Jesu observandissimi, quibus hæc in commune scribere volui, ne occupatissimus ad utrumque literas dare necesse haberem. Nos magno desyderio Illustris Principis nostri D. *Comitis Georgii* adventum expectamus[4], cujus clementiæ nos et ecclesiam nostram semper quibus possumus modis commendamus. Montbelgardi, 13 Novembris. 44.

Vester ex animo P. Tossanus.

Antequam huc venisset *Pantaleon, Angelander* palàm jactabat hîc *Principem* in Ducatum scripsisse, ut huc docti aliquot

---

[1] Toussain dut renoncer plus tard à cette illusion.

[2] *Joannes Angelander* (Engelmann).

[3] Le duc Ulric de Wurtemberg.

[4] Toussain espérait que le comte *Georges de Wurtemberg,* qui partageait les idées des théologiens suisses, pourrait exercer une bonne influence sur son neveu, le duc *Christophe.*

mitterentur, qui nos vel scriptis vel publica disputatione in ordinem redigerent. Quod cum videt non succedere, alia tentat.

(*Inscriptio:*) Ornatiss. viris D. Sigismundo Stier, Cancellario, et D. M[atthiæ] Erbio, Ecclesiastæ Richenvillæ, Dominis meis observandis. Richenvillæ.

1411

LE CONSEIL DE BERNE à la Classe de Morges[1].

De Berne, 15 novembre 1544.

Inédite. Minute originale. Archives bernoises.

L'ADVOYER ET CONSEIL DE BERNE, etc.[2] Nous avons receu voz lettres contenantes vostre responce, laquelle vous avons demandée, sur *les articles de Paul Christoffle de la Rivière, feuz prédicant d'Argier*[3], aussy vostre advis et délibération[4]. Sur quoy (puis que nous remectés le toutaige[5]), vous respondons, que nous ne trouvons bon, ne à l'avancement de la gloyre de Dieu convenable, que au dict *Christoffle* donnons sauff-conduict pour

---

[1-2] La minute porte, en tête : « Cappittel Morges, » et, au commencement de la lettre : « L'Advoyer, etc. »

[3] En comparant ce passage avec les lettres auxquelles nous avons renvoyé (N° 1409, n. 8), on s'assure que *Paul Christophe* et *le carme de Lyon* sont une seule et même personne. Après avoir échoué à Genève, comment avait-il pu être admis dans le clergé du Pays de Vaud ? Il lui suffisait, pour cela, de capter la faveur de quelques Bernois influents. (*Pierre Kuntz* vivait encore.) Établi pasteur (1543) dans le village d'*Arzier*, à 2 ½ l. N.-O. de Nyon, il ne tarda guère à faire parler de lui. Et le bailli de Nyon, Hans Steiger, reçut de Berne, un beau matin, cet ordre catégorique, daté du 23 février 1544 : « Faites arrêter le prédicant d'Arzier et envoyez-le ici à ses frais. » Le 27 il était déposé. *Jean Gaudellaire*, diacre et maître d'école à Nyon, fut élu à sa place, le 23 juin. (Manuel de Berne).

Christophe était retourné à *Lyon*, d'où il envoya à la Classe de Morges des *articles* (ou thèses) exaltant *la messe*, et il demanda à Berne un sauf-conduit pour venir les défendre.

[4] La Classe, après délibération, avait approuvé l'opinion de Viret et de Calvin (N° 1409, renv. de n. 9). Mais elle remit à MM. de Berne la décision définitive.

[5] On disait aussi *le totage* (le tout).

venir en noz pays, ne aussy de vous transpourter à *Lyon*⁶, pour disputer avec luy, ou de composer aulcung libvre, veu que les choses sont cy évidentes, et les cavillations du dict *Cristoffle* sy frivolles et vaines⁷, et, pour aultant, indignes de responce.

A ceste cause, est nostre voulloir que, de vostre part, soyez à repos, et vous déportés de suivre le dict affaire plus oultre, ne par composition de libvre, que pourroit servir à irritation, ne aultrement, ains tousjours vous arrester à la verité évangélique et saine doctrine. Datum xv° novembris. 1544.

1412

GUILLAUME FAREL à Jean Calvin, à Genève.

De Neuchâtel, 23 novembre 1544.

Autogr. Biblioth. des pasteurs de Neuchâtel. Cal. Opp. XI, 770.

S. *Utinam tam possem vitare et emendare ea quorum me admones, et de quibus corripis*¹, *quàm exopto et mihi gratum esse(?) fecisti. Novi hoc mihi et amicis obesse plurimùm, dum non intelligor, cum existimem me omnia apertissimè indicasse*² *:* jam sapere deberem, impingens semper in eundem lapidem. Festinantiùs cum abierit *Einardus*³, possem aliquid prætexere, nam *Faïonum*

---

⁶ Ce détail achève l'identification de *Paul Christophe* avec *le carme de Lyon.*

⁷ Le procès-verbal du jour qualifie les *articles* par ces deux mots : « inutile *verbiage.* »

¹ Ces exhortations et ces critiques se trouvaient dans une lettre de Calvin qui n'existe plus.

² Farel reconnaît ici qu'il ne sait pas s'exprimer clairement. Et, dans sa lettre du 27 août 1550, il dira : « Tamdiu *Farellus* fui, ut sperari nihil minùs à me possit, quàm ut alius sim in scribendo. Figuras meas profligare non possum, barbarismum et solecismum ; et lucem nullam admittit meus sermo, neque rebus neque personis convenit. » Mais si l'on veut juger équitablement son style, il faut distinguer de ses lettres familières celles qu'il a écrites avec soin. Quand il raconte, il est en général très clair.

³ *Eynard Pichon*, le député neuchâtelois envoyé vers les églises pour recueillir leur avis (VII, 332).

peste laborantem procul invisebam, et *Thomam* ægrotum⁴. Gaudeo quod à nobis peccatum fuit, per te pleniùs emendatum tuis tam appositis literis⁵, quæ supramodum fratres omnes confirmarunt, cum doctrina non vulgari gaudio multo perfundentes. *Solus torquebatur*⁶, *qui graviter in Bul[l]ingerum invehi volebat,* quòd tam malè ὑπόςασιν apud Chrysostomum *convictionem* dicat esse ac legat, cum secùs habeat, pace tanti viri, interpres⁷, nimirum *conjunctionem*. Sed quo supercilio hæc! Hîc nihil dicam, ne⁸ videar affectibus indulgere, et res ipsa loquatur de judicio et aliis dotibus tanti viri. *Mox petiit literarum exemplar et sese responsurum affirmavit*⁹. Habui orationem de pace et chari[ta]te, de non insultando fratri, neque perdendo aliquo, de omnium ædificatione. *Cum minimè mihi placeam, et nulli minùs quàm mihi satisfaciam, tamen hîc non tantùm aliorum judicio, verùm etiam meo expertus sum ex Domino prodiisse orationem, quæ saxa debebat permovere.* Sed neque tuæ literæ, quibus nisi juratissimus Christi hostis non potest non assentiri, et eas non excipere ut ex Domino, neque oratio habita eum vel tantillum moverunt. Dominus Jesus ecclesiam suam intueatur detque, ut qui docent et vera ac pura doceant et vita inculpata plebem Christi sanguine emptam forment, lucrifaciendis et non perdendis omnibus incumbant. Sed hæc levia sunt, si aliis componantur de quibus scribis, quæ iratum Deum planè indicant : cum tam immaniter utrinque affectis leges charitatis, quibus omnes de hostibus bene mereri tenentur, hîc violentur et inter fratres, qua possit ratione effici, ut æqui bonique pars aliqua

---

⁴ *Jean Fathon*, pasteur à Colombier, et *Thomas Barbarin*, pasteur à Boudri. *Thomas Petitpierre*, à Buttes et S. Sulpice, et *Thomas de la Planche*, à ***, étaient leurs collègues.

⁵ Lettre de l'église de Genève du 7 novembre.

⁶ Sous-entendu *Capunculus*.

⁷ Nous ne saurions dire si le passage mal traduit par *Bullinger* se trouve dans l'une de ses lettres, ou dans ses Commentaires sur quelques livres du Nouveau-Testament. Il avait publié en 1534 un ouvrage intitulé : « Utriusque in Christo naturæ tam diuinæ quam humanæ, contra uarias hæreses, pro confessione Christi catholica, assertio orthodoxa. Tiguri, » in-8°.

⁸ Dans l'édition de Brunswick : *ut* videar.

⁹ La lettre dont *Chaponneau* demanda une copie était celle des pasteurs genevois datée du 7 novembre, et qu'on venait de lire devant lui (Cf. sa réponse à Calvin, N° 1417).

impetretur, non video. Hoc tantùm superest ut precibus agamus.

De Metensibus te quæso propter Christum, ut si qua possit illis via succurri, totis viribus contendas, et aliis sis hortator, ut strennuè omnes incumbant[10]. *Dici non posset quàm angar super illa ecclesia: semper mihi ob oculos versatur, et cogor scribere quædam, quæ tuo judicio mittam aut retinebo*[11]. *Bertrangius heros*[12], *cui sua apud Lucemburgum restituta fuerunt, scribit illos bona esse spe quòd in his comitiis sint aliquid obtenturi*[13]. Utinam spe non frustrentur. Ego juxta hominem omnia video deplorata. Unus mihi tantùm posse aliquid Deus videtur, quem confido insigni miraculo illic acturum: quod ut petas et ista ecclesia tecum, flagito ex te. Audio *Germanos* petituros *synodum*[14]. Nescio an impetraris a *Gallis*[15]. *Quantùm intelligo, ego is sum quem omnes aversantur. Utinam ita essem omnibus ut portentum, quòd solus esset omnia Christus, et ecclesiæ bene haberent!* Quàm esset fœlix hæc dejectio, et *meum nihil* cum tanta exaltatione et tam illustri esse[16]!

[10] Voyez, p. 182, ce que *Toussain* disait de l'église de *Metz*, le 10 mars (1544?). L'Hist. ecclés. de Bèze, après avoir mentionné l'édit impérial du 13 oct. 1543, qui interdisait les assemblées des Évangéliques messins, ajoute seulement (III, 436) : « Ainsi demeurèrent ces pauvres brebis sans conducteur, se consolant le mieux qu'elles pouvoient. »

[11] Ouvrage dédié à l'église de *Metz*, et qui parut au mois de mars 1545. Il est intitulé : « Forme d'oraison pour demander à Dieu la saincte prédication de l'Euangile, & le vray & droit vsage des sacremens : auec confession des pechez, qui sont cause de la ruine de l'Église & de toute la Chrestienté. Ensemble vne Épistre adressée à ceux qui sont en tel desir. Par Guillaume Farel. A Genève, par Iehan Girard, 1545, » in-8°.

[12] *Bertrange* est le nom d'une commune située à 1 l. ³/₄ de Thionville (Mosel!). Farel a confondu Bertrange avec *Blétange*, hameau qui dépend de la commune de Bousse (à 2 l. de Thionville), et dont *Jean de Heu* était le seigneur (Cf. p. 41, n. 5).

[13] Les Évangéliques messins espéraient de la future diète de Worms ce ce qu'ils avaient attendu en vain de celle de Spire.

[14] Farel veut parler des Allemands de la Suisse réformée. Nous avons vu (p. 245, n. 19) que les pasteurs de la ville de Berne avaient demandé la convocation d'un *Synode*. A notre avis, il n'est pas question ici du *Concile* (Cf. la lettre de Sultzer du 13 janvier 1545, et celle de Viret du 7 février suivant).

[15] Les pasteurs de cette partie du Pays romand qui était sujette des Bernois.

Vale et *perge nugari tam seriò, ut facis in tam pia tractatione Nicomeditarum* [l. *Nicodemitarum*[17]], *quam tu nugas vocas.* Habeo tibi gratiam quòd me participem feceris. Saluta omnes, *conjugem, Bernardinum, Davidem, Genestonum* cum aliis piis. Neocomi 23. novembris 1544.

FARELLUS tuus totus.

(Inscriptio:) Dotiss. gregis Christi pastori, Joanni Calvino, fratri et symmystæ in D. observando. Genevæ.

1413

JEAN CALVIN à Henri Bullinger, à Zurich.

De Genève (25 novembre 1544).

Copie contempor.[1] Bibl. publ. de Genève. Vol. n° 106. Calvini Epp. et Resp. 1575, p. 382. Calv. Opp. XI, 772.

Ab hoc fratre[2] qui meas tibi literas reddidit, coronatum et duos capitatos argenteos accipies. Hæc enim summa, nisi memoria me fallit, restabat[3]. Peto ut me excusatum habeas, quòd non citiùs miserim. Cæterùm *qua de causa mittatur istuc frater hic a Neocomensibus, ipse coràm referet. Nihil aut parum, meo judicio, difficultatis est in causa. Sed unius hominis pervicacia et importunitas eos cogit vobis et nobis molestos esse*[4]. Habent in suo cœtu unum ex eo Doctorum grege ex quo nemo hactenus

---

[16] Vœu à comparer avec celui que Farel exprimait en 1543 (t. VIII, p. 433, lig. 1-5).

[17] *L'Excuse de Jean Calvin à MM. les Nicodémites* avait donc paru tout récemment, et nous avons commis un anachronisme en citant (p. 310, n. 3) cet opuscule, à propos d'une lettre du 4 août (1544?).

[1] Faite par Théodore de Bèze, comme l'écriture semble l'indiquer.

[2 et 8] *Eynard Pichon.* Après avoir assisté, le 4 novembre, à *Bursins*, à l'assemblée de la Classe de Morges, il se rendit à *Genève* et pria *Calvin* de lui donner une lettre de recommandation adressée à Bullinger (renv. de n. 8. — N°" 1404, 1407, 1409, renv. de n. 7). On est donc un peu surpris de voir qu'elle ne fut remise à Pichon que le 25 novembre. Bèze a peut-être lu par erreur, dans le manuscrit original, 25 au lieu de 15.

[3] Solde de la pension, à Zurich, d'un écolier genevois (pp. 271, 305, 320, 322, 330, 331).

[4] Il s'agit de l'opposition de *Chaponneau.*

vir bonus prodiit[5], qui non cessat aliquid subinde illis negotii exhibere. Sunt autem duæ causæ quæ ipsum impellunt. Nam et natura factus est ad contradicendum, et quia non tanti æstimatur ab aliis quanti seipsum facit, hoc se modo ulciscitur. *Si esset in hac ecclesia, facilè cohiberetur.* Ratio enim ejus domandi nobis esset ad manum. *Illic verò habet Principis Legatum*[6] *à quo sustinetur.* Sic enim malorum[7] se præsidiis munire solent ejusmodi fuci, ut impune noceant. Quod vos omnes sponte facturos scio, peto tamen à vobis ut in causa tam sancta fratribus porrigatis manum. Hoc est, vestra auctoritate adjuvetis eos et instruatis, quò Ismaëlem illum compescant. Hoc, non quia putamus esse necessarium, sed ut *fratri*[8] morem gererem, scripsi.

Est aliud præterea, quod te summopere oratum velim. *Sunt in Provincia fratres, pro quibus scis nos semper laborasse.* Neque id immeritò. Sunt enim ea pietate innocentiaque præditi, ut bonis omnibus commendata ipsorum salus esse debeat. Ante triennium jam eousque progressi fuerunt [l. fuerant], ut *Curiæ Aquensi* Confessionem ediderint puram ac simplicem[9]: qualis inter nos ederetur. Ac ne subito fervore qui statim evanuerit, factum id putes: quoties fuerunt interpellati, constanter in ea perstiterunt[10]. Interea crudeliter fuerunt vexati. *Cum sævam hostium tyrannidem pertulissent, impetrarunt a Rege ut judices daret qui de tota causa veriùs cognoscerent. Rex duobus inquirendi partes mandavit: cognoscere ipse ac pronuntiare voluit.* Hoc continent *literæ*[11]: ut de eorum doctrina et moribus publicè et clàm diligenter sciscitentur qui mittendi sunt. Hoc fratres non reformidant. Nam ita se gesserunt apud omnes, ut singulare

---

[5] *Chaponneau*, ancien moine de l'abbaye de St. Ambroise, à *Bourges* (Cf. Bèze. Hist. eccl. I, 10), était-il docteur en théologie de l'université de *Louvain* (Cf. notre t. VIII, p. 380, renv. de n. 8)?

[6] *Georges de Rive*, seigneur de Prangins et gouverneur du comté de Neuchâtel.

[7] Dans le texte imprimé de Bèze, *hominum.*

[9] Le 6 avril 1541, les *Vaudois de Mérindol*, en Provence, avaient présenté au parlement d'Aix leur Confession de foi (VII, 80-81. — Crespin. Hist. des Martyrs, éd. de Toulouse, I, 396-400).

[10] Voyez les Tablettes chronologiques du t. VII, à la p. 517.

[11] Cf. les extraits des lettres patentes de François I du 14 juin et du 18 juillet 1544 (pp. 276, 328).

probitatis testimonium habeant, etiam ab adversariis. *Quod ad doctrinam spectat, confessionem Regi edituri sunt, sicuti postulavit, claram et synceram : quæ distinctè plus complectitur quàm dici in eos possit*[12]. *Nunc totis viribus renituntur et Episcopi et Præfecti et Curia ipsa, ne Regio diplomati sit locus*[13]. *Si non admittitur, expositi erunt leonibus et lupis, ut efferatam rabiem in eos exerant.* Hoc enim captant illi, ut sibi impune adversùs miseros grassari liceat. Si admittitur, ne sic quidem evaserint periculum. Nam et in oppidulis tribus et in compluribus pagis puram Evangelii doctrinam profitentur. Et in oppidulo uno templum inquinamentis omnibus repurgarunt : Cœnamque illic et Baptismum nostro more celebrant. Quò præsentius illis utrinque periculum imminet, eò majore studio adjuvandi sunt à nobis : præsertim in hac admirabili constantia, cui nos deesse, summo flagitio non careret. *Adde quòd hîc eorum causa non agitur : sed aut patefacta per eorum cladem erit via crudelitati impiorum in toto regno : aut Evangelium hoc modo perrumpet.* Quid ergo superest, nisi ut nervos omnes intendamus, ne cessantibus nobis, pii fratres opprimantur, et occludatur Christo janua in longum tempus ? Hujus rei volui te præmonitum, ut si quando ad vos confugerint, paratos habeas vestrorum animos ad opem illis ferendam. Alterum autem ex his duobus agendum erit. Vel enim petendum erit a *Rege,* ut concesso semel beneficio frui eos sinat : vel mitigandus ejus furor[14], si adversùs eos excanduerit.

Audio Lutherum tandem cum atroci invectiva non tam in vos, quàm in nos omnes prorupisse[15]. Cum per se id sit luctuosum,

---

[12] Il ne semble pas que *les Vaudois* aient reçu l'autorisation de présenter au Roi une Confession plus explicite que celle du 6 avril 1541 (Cf. t. VIII, p. 4, n. 6).

[13] Les ennemis des Vaudois réussirent, en effet, à empêcher l'exécution des lettres royales (p. 329, fin des n. 3-4).

[14] Dans l'imprimé, Bèze a remplacé *furor* par *animus*.

[15] *Joseph Macarius* (p. 361), étudiant hongrois, qui était revenu de *Zurich* à *Wittemberg* en visitant quelques églises réformées, écrivait à Bullinger, le 31 août 1544 : « *Lutherum* aliquid contra vos scribere audio. Aliquot concionibus multis argumentis refutavit vestram sententiam, adhortans oratoriè simplici verbo Dei adhærendum esse, nec interpretationes temerè admittendas. Ah! quid dicam aut conquerar? Fateor me quoque plurimùm ipsius oratione motum esse, et dubitare jam de vestra interpre-

nos qui pauci sumus numero, et undique hostibus obsessi, intestinis inter nos bellis confligere : hoc quoque magis alieno tempore accidere non potuit. Proinde non aliud habeo quod dicam, nisi Dominum Sathanæ frena laxasse. *Lutherus* quidem ipse, præter immodicam illam ingenii violentiam et proterviam, habet à consiliis *Amsdorphium*, hominem prorsùs insanum et nullius cerebri, à quo se regi vel potiùs abripi sinit[16]. Sed utile nobis est agnoscere nos hoc flagello a Domino castigari[17], quò moderatiùs feramus quod alioqui acerbissimum foret. An fuerit aliquo vestro scripto lacessitus, nescio : ut levi de causa tale ingenium non irritabile modò sed etiam acerbum impellitur. Certè nulla illi ita insaniendi, vel saltem tumultuandi, satis justa ratio esse potuit.

tatione, quòd multis argumentis evidentissimis confirmat suam sententiam. »
(Autogr. Bibl. de Zurich. Copie dans la Coll. Simler.)

Enfin parut, au mois de septembre, le terrible livre intitulé : *Brève Confession du D* *Martin Luther touchant le saint sacrement* (Kurtz bekentnis D. Mart. Luthers, vom heiligen Sacrament... Wittenberg, H. Lufft, 1544, in-4°. — Lutheri Opera, ed. Walch, t. XX, p. 2195.) Cf. Rod. Hospinianus, o. c., P. II, Tiguri, 1602, fol. 183 v.- 196 v. — Seckendorf, III, 515, 516. — Ruchat, V, 233-35. — Heinrich Bullinger. Leben und ausgewählte Schriften ...... von Carl Pestalozzi. Elberfeld, 1858, p. 224-28. — La lettre de Bucer à Luther du 9 sept. 1544. Lutheri Opp. ed. cit. XVII, 2630. — C. Varrentrapp, o. c. I, 229-231.

Ce qui suit *prorupisse*, jusqu'à *ratio esse potuit*, est supprimé dans le texte de 1575.

[16] *Nicolas d'Amsdorf* (3 décembre 1483-14 mai 1565) est qualifié ici trop durement. Ami et confident de *Luther*, il avait énergiquement prêché et introduit la Réforme à Magdebourg, à Goslar, ailleurs encore ; et l'électeur de Saxe, Jean-Frédéric, l'avait nommé évêque de Naumbourg (janvier 1542), parce qu'il était « célibataire, bien doué, savant et de la noblesse. » Mais *Calvin* n'ignorait pas que l'esprit étroit d'*Amsdorf*, son caractère absolu et cassant lui avaient aliéné, depuis quelques années, l'amitié de Mélanchthon (Cf. Seckendorf, *passim*. — Herzog. Encyklopädie, 1ʳᵉ éd. I, 289-92).

On lit dans la lettre de *Mélanchthon* à Bucer du 28 août 1544 : « Scripsi tibi per *Milichium* de nostro *Pericle*, qui rursus tonare cœpit vehementissimè περὶ δείπνου κυριακοῦ, et scripsit atrocem libellum, qui nondum editus est, in quo ego et tu sugillamur. Fuit his diebus hanc ipsam ob causam apud *Amsdorfium*, quem unum ad hujus consilii societatem adhibet, habetque unum laudatorum [l. laudatorem] hujus impetus » (Mel. Opp. V, 474).

[17] Dans l'édition de Brunswick : *instigari*.

Nunc vix audeo à vobis petere, ut taceatis : quia neque æquum est, sic vexari immerentes et illis negari sui purgandi locum : et statuere difficile est, num id expediat. *Sed hæc cupio vobis in mentem venire : primùm quantus sit vir Lutherus,* et quantis dotibus excellat, quanta animi fortitudine et constantia, quanta dexteritate, quanta doctrinæ efficacia hactenus ad profligandum Antichristi regnum, et simul propagandam salutis doctrinam incubuerit. *Sæpe dicere solitus sum : etiam si me diabolum vocaret, me tamen hoc illi honoris habiturum, ut insignem Dei servum agnoscam*[18] *:* qui tamen ut pollet eximiis virtutibus, ita magnis vitiis laboret. Hanc intemperiem, qua ubique ebullit, utinam magis frenare studuisset. Vehementiam autem quæ illi est ingenita, utinam in hostes veritatis semper contulisset, non etiam vibrasset in servos Domini. Utinam recognoscendis suis vitiis plus operæ dedisset. Plurimùm illi obfuerunt adulatores, cum ipse quoque natura ad sibi indulgendum nimis propensus esset. Nostrum tamen est sic reprehendere quod in eo est malorum, ut præclaris illis donis aliquid concedamus. *Hoc igitur primùm reputes, obsecro, cum tuis collegis, cum primario Christi servo, cui multùm debemus omnes, vobis esse negocium.* Deinde nihil vos, hostiliter in eum confligendo, profecturos, quàm ut lusum impiis præbeatis, ut non tam de nobis quàm de Evangelio triumphent. Si mutuò nos proscindimus, plus satis habebunt[19] nobis fidei. Cum autem uno consensu et ore uno prædicamus Christum, eo abutuntur ad fidem nobis

---

[18] *Luther,* de son côté, avait reconnu le mérite de *Calvin* (VI, 130, 131, 165). — « Quand le livre de l'*Institution chrétienne* lui tomba sous les yeux, il le lut avec admiration et s'écria : « L'auteur de ce livre est un homme droit et pieux. Si au commencement *Oecolampade* et *Zwingle* se fussent exprimés de cette manière, jamais cette querelle n'aurait éclaté. » (Félix Kuhn, o. c. III, 346. L'auteur renvoie, par erreur, au *Corpus Reformatorum,* V, 728. Nous supposons que le passage qu'il a cité est emprunté aux *Luthers Tischreden,* XXVII, § 163.)

En revanche, on lit dans les *Colloquia* de Luther (I, 145) : « Deux villes de France ont été brûlées à cause de l'Évangile; on n'a pas même épargné les enfants. *Calvin* s'est alors réfugié (?) en Helvétie, exhortant les Suisses à ne pas consentir à la tyrannie et à rompre plutôt leur alliance. — *Calvin est un homme docte, mais suspect de l'erreur des sacramentaires.* Ah Dieu! maintiens-nous dans ta Parole. » (Voyez Félix Kuhn, o. c. III, 285.)

[19] Ce mot étant écrit avec abréviation, on peut lire *habent* ou *habebunt.*

derogandam, in quo plus quàm par sit, nobis credunt. Hæc potiùs intueri et cogitare te velim, quàm quid sua intemperie promeritus sit *Lutherus.* Ne ergo nobis eveniat quod denuntiat Paulus, ut invicem mordendo nos et lacerando, consumamur. Etiam si ille nos[20] provocaverit, abstinendum potiùs à certamine, quàm ut communi Ecclesiæ jactura vulnus augeamus.

Causam[21] *non attingo de qua tum tecum tractare vehementer cuperem : quia vereor ne quid in mea docendi ratione desideretis*[22]. Ego quod sentio simpliciter et absque fuco profiteor : nihil in hominum gratiam involvo aut dissimulo. *Sentire* autem *mihi videor quod verbo Dei nobis traditur. Quanquam si colloqui dimidium tantùm diem liceret, facilè conveniret, spero, inter nos, non de re modò, sed etiam de loquendi forma.* Interea non impediat hic scrupulus quo minùs fraternam amicitiam colamus in Domino : quod et faciam ipse, et vos certè facturos confido.

Vale, frater mihi in Domino plurimùm honorande et amice charissime. Saluta reverenter symmystas omnes meo nomine. Dominus vos conservet et sua in vobis dona magis ac magis augeat. Genevæ. (25 Novemb. 1544[23].) Collegæ mei vos plurimùm salutant.

JOANNES CALVINUS tuus[24].

1414

PIERRE TOUSSAIN à Sigismond Stier, à Riquewir.

De Montbéliard, 26 novembre 1544.

Inédite. Autogr. Arch. de l'église de Bâle.

S. Literis explicare non possem, colendissime frater et Domine, quanto sim mœrore adfectus, cum intellexi te cum *Principe*

---

[20] La lettre *n* du mot *nos*, dans le manuscrit, est en partie couverte par un *V*.

[21] Ce paragraphe, jusqu'à *facturos confido*, est supprimé dans l'édition de 1575.

[22] *Calvin* aurait pu se rassurer à cet égard, s'il avait connu la préface du *Catéchisme latin de Léon Jude*, pasteur à Zurich (Cf. notre t. VI, p. 81, note 10).

[23] La date n'existe pas dans la copie manuscrite, mais dans les *Epp. et Resp.*

[24] Au-dessous, Bèze a écrit : *Bullingero.*

nostro Georgio non venisse, cum hîc nunc, si unquam aliàs, præsentia tua et opera opus haberemus. Nam quanquam *Pantaleon noster* adhuc apud nos hæreat[1], quòd tempus ad iter faciendum commodum non sit, jam tamen a *Duce nostro Christophoro* dimissus est et concionandi munere abdicatus, non aliam certè ob causam, quàm quòd se adversariis nostris ad nos turbandos adjungere noluerit, sed christiano et constanti animo, veritatis, nostri et Ecclesiæ hujus patrocinium susceperit. Id quod illi ferre non possunt. Et *est sanè Angelander*[2] *per Bucerum, Schnepffium et Brentium*[3] *diligenter admonitus officii: nec ignorat Princeps ipse quid optimi quique viri de universa causa nostra judicent. Sed quò magis admonentur, eò magis duri sunt et pervicaces*, et mallent, puto, Ecclesiam hanc perditam, præsertim autem *Angelander,* quàm vel latum unguem ab instituto discedere. Et *est his* breviter *pro omni ratione voluntas.* Scripserant antehac in Ducatum, ut huc mitterentur docti aliquot, qui nos vel scriptis vel publica disputatione convincerent et in ordinem redigerent : quosque ad civium animos à nobis doctrinaque nostra alienandos, ante *Pantaleonis* adventum, passim hîc venturos jactabat *Angelander*. Nunc autem quoniam vident se mirabili Dei consilio expectatione frustratos esse, tantùm non insaniunt, piumque illum et doctum virum utpote ipsorum factis contrarium rejiciunt, nec nos aut quenquam alium recta monentem audire volunt : ut mihi certè faciendum esse non putem, ut hîc in tanta iniquitate consistam, præsertim cum sciam istos nihil aliud quærere quàm occasionem adversùs me, et jam falsis delationibus a *Duce seniore* mandatum impetrarint, non solùm nos ejiciendi, sed etiam gladio puniendi. Et quanquam omnes amici nostri, alii coràm, alii per literas, causam nostram approbant, non est tamen ex his qui authoritate valent, qui ejus patrocinium apud *Ducem juniorem* suscipere velit. *Schnepffius* Principis invidiam timet. *Præfectus* et *Silbornerus*[4] illum offendere nolunt. *Comes Georgius* amicum reti-

---

[1-2] Cf. la p. 336 et la lettre de Toussain du 13 novembre.

[3] Voyez, sur *Jean Brentz*, le t. VII, p. 115, note 4. — John Viénot. De pristinis Montbelgardensis evangelicæ Ecclesiæ Liturgiis Dissertatio historica. Audincourt, 1895, p. 21.

[4] Probablement le *bailli* ou le *lieutenant* du Prince. Nous ne savons quel était l'office de *Silberborner*.

nere cupit⁵, et summa rerum interea est penes *Angelandrum, Michaëlem* et *Aulæ præfectum*⁶, qui nos omnes perditos esse vellent : *ut, si unquam aliàs, cupiam nunc dissolvi et esse cum Christo:* per quem te simul et observandum mihi in Domino fratrem *Erbium* oro atque obtestor, ut nos precibus et consilio adjuvetis. Nam non video quomodo, rejecto et absente *Pantaleone, animæ meæ dimidio,* regnantibus et omnia pro sua libidine facientibus et turbantibus adversariis, consistere hîc diutius possim. Vale in Domino, et mihi eundem *Erbium nostrum* diligentissimè saluta, item optimam tuam conjugem. Montbelgardi, 26 Novembris. 1544.

Tuus P. Tossanus.

(Inscriptio :) Literis et pietate clarissimo viro D. Sigismundo Stier, Illustrissimi Comitis Georgii Cancellario, Domino suo observando.

1415

Valérand Poullain à Jean Calvin, à Genève.

De Strasbourg, 28 novembre 1544.

Autogr. Bibl. Publ. de Genève. Vol. n° 112. Cal. Opp. XI, 776.

S. P. Immortaleis ago tibi gratias, ac dum vivam, agam, pro tantis erga me tuis officiis : quibus cum respondere nunquam possim, id postulabo abs te gratiæ, ut dum memoria istæc tua beneficia teneam, ac consiliis optimis parere studeam, tu me satisfecisse putes. Certè quod ad postremas tuas literas attinet, peropportunè illæ mihi redditæ fuerunt. Quæ non solùm ob discordias illas populares, quæ subinde emergere solent, ambiguum animum confirmarent, verùm etiam ob alia propè jacentem erigerent. Illud tum¹ valdè me pupugit, quòd disertiss.[imè] ac graviss.[imè] *admones id quod ipsa experientia etiam me docet : in frequentia maxima vix dimidiam partem dignè commu-*

---

⁵ Plus tard, le comte *Georges* soutint ouvertement la cause de Toussain (Cf. la lettre de celui-ci du 9 déc. 1545).

⁶ Ces deux derniers personnages nous sont inconnus.

¹ Édition de Brunswick : *quum.*

nicare. In quo quantùm ego vos fælices judico, qui hanc rationem monendi ac rejiciendi obtineatis, tantò nos miseriores puto, qui in tantis Ecclesiæ malis vix tandem assurgimus ad ineundam rationem aliquam his morbis curandis utilem. *Tandem tamen opera D. Buceri impetravi à senioribus ecclesiæ nostræ, ut quotquot antea fidem*[2] *professi essent aut deinceps profitebuntur, nomina dent, quò possimus distributis decuriis et inspectionem ac correctionem meliorem instituere :* et pastori deinceps labor ita minuatur et invidia; ut idque cum[3] summo ecclesiæ commodo fiat. Ita sensim in re admodum gravi proceditur : vestræ prudentiæ fuerit nostros conatus non solùm precibus, verùm etiam consilio juvare.

Excusatio illa ad Nicodemistas piis omnibus supra modum placuit[4]*:* mihi verò peroportunè accidit, cum jam aliquid tale instituissem. *Aliquot* enim *ex Gallia viri scripserant ad nos, ut Luth.[erum], Philippum, Bucerum consuleremus*[5] *num quid de tua illa severitate* (sic enim vocant) *remitti posset.* Quasi verò aut tu sis qui illos damnes, ac non potiùs sua ipsorum conscientia, aut illi excusare, judicante ac damnante Domino, possint. Verùm, ut ingenuè verum fatear, tametsi is non sum cui hoc judicium deferri debeat, dicam tamen quod sentio. *Libellus ille* per omnia placuit. Et quamvis humaniùs, ac propè dixerim indulgentiùs, quædam dicta videbantur in gratiam infirmiorum, ego tamen facilè pro antiqua illa ac consueta mea humanitate aut lenitate, vinci me à prudentioribus patior. *Jussi* itaque *statim exemplaria mihi duo describi*[6], *quorum alterum Metensibus nostris, alterum meis civibus misi*[7]. Archetypon quod mihi miseras, *Gallis illis mellitulis*[8]*,* opportunum fortè nuncium nactus, misi. Ita nihil apud me nisi quantum memoriæ commendavi, remansit : Judicabam enim illum utiliorem illis fore quàm nobis,

---

[2] Dans la même édition, *idem*, qui doit être une faute d'impression.

[3] Ibid., ut idque summo.

[4] A comparer avec la lettre de *Poullain* du 9 mars (pp. 179-180, renv. de n. 9).

[5] Édition de Brunswick : *consulerem*.

[6] Voyez la p. 178, note 4.

[7] C'est-à-dire, aux Évangéliques qui se réunissaient secrètement à *Metz* et dans quelques villes de *la Flandre* (pp. 178, n. 1; 369, n. 10).

[8] Ces Français qu'il a mentionnés plus haut (renv. de n. 5).

qui jam consiliis optimis paruimus, utinam omnes ac omnino dicere possim.

De Petro[9] cognosces ex his literis quas ad te mitto. *Incredibilem certè dolorem ex illo nuncio cepi, non solùm illius caussa,* in quo habemus quod illi gratulemur, — qui cum in fossa illa esset nec posset ob fractum crus aufugere, nunquam auditus est nisi laudans Dominum : adeò ut etiam peccatum suum confiteretur de instituta fuga, et gratias Domino ageret, quòd ita retineretur[10] : nec imparem in ejus uxore constantiam sum expertus, — *verùm etiam illius ecclesiæ*[11] *nomine, cui semper veritus sum ne hoc nostro*[12] *incepto periculum ita crearetur.* Atque etiam ecclesiæ nostræ, cui non video quem idoneum pastorem præficiamus. Utinam ita rationes tuæ postularent, ut ad nos venires. Certè multa video in quibus tua præsentia utilis ac necessaria admodum foret. *Nuper*[13] *Metenses invisi, apud quos reviviscere Evangelium sum expertus.* Nihil tamen consilii adhuc Dominus dedit, qui possit illis succurri. Non dubium tamen est, si aliquis idoneus adesset, quin illi alio quàm antea spiritu tam sanctum negotium prosequerentur.

[9-10] *Pierre Brulli* (pp. 60-62, 178, et les Indices des t. VI-VIII. — Merle d'Aubigné, VII, 695). Bucer l'avait envoyé à l'église secrète de *Tournay*, évangélisée précédemment par Taffin, Daniel Itero, Antoine ***, et qui l'était encore par maitre Vérard. *Brulli* partit de Strasbourg au mois de septembre 1544, « en compagnie tant des députés de l'église tournésienne... que de deux émissaires de la cour de Navarre : l'écuyer *Claude de Perceval* et l'aumônier *Antoine Pocquet.* »

Arrivé à sa destination, *Brulli* organisa l'église naissante, et il prêcha plusieurs fois, de nuit, chez des particuliers. Il visita ensuite *Valenciennes, Douai, Arras* et *Lille.* Au lieu de continuer son voyage jusqu'à *Anvers*, d'où il serait revenu à Strasbourg, il eut la malheureuse idée de rentrer à *Tournay*, à la fin d'octobre. L'éveil était donné; traqué par la police, il essaya de sortir de la ville, et il réussit à se dévaler du haut des remparts dans le fossé; mais une pierre détachée de la muraille lui brisa la jambe, et il fut bientôt pris (4 nov. ou peu après). Selon Crespin, *Brulli*, entrant dans la prison, se serait écrié : O Dieu, tu es juste. Tu m'as arrêté, fuyant l'affliction de ton povre troupeau! (Cf. Sleidan, II, 368-71. — Crespin, éd. cit. I, 427-28. — Charles Paillard. Le procès de Pierre Brully. Paris, 1878, p. 13-17, 49).

[11] L'église secrète de Tournay.

[12] Édition de Brunswick : ne *ex* hoc nostro.

[13] Ibidem : *Ecce* nuper Metenses.

Mox ubi nuncium hoc accepissem de Petro, per D. Bucerum literas ab Senatu impetravi, quas illi perhumaniter et graviter ad D. d'Oignyes arcis præfectum scripserunt[14], obtestantes ut si fortè vel in potestate *Imp.[eratoris]* is jam sit, velit ipse summo[15] studio intercedere ut liber remittatur. Quò verò res magis seriò geri videatur, certum nuncium dederunt, qui et verbis apud ipsum et magistratum instet pro sui civis liberatione. Crastino die spero illum *Tornaci* futurum : nam hodie octavus est dies, ex quo discessit[16].

D. Reverendissimo Colon[iensi][17] *tragœdiam excitarant*[18] adversarii. Sed posteaquam id ingratum esse *Cæs.[ari]* intellexerunt[19], jam sua postulata interpretantur : Ad exemplum scilicet aliarum civitatum Lutheranarum ipsis potestatem fieri alium Episcopum eligendi[20], qui apud ipsos spiritualia (ut vocant) administret, isti interim relicto temporalium usu. Sed neque id impetrabunt. Aiunt *Grosperi* ac *Heyldii*[21] opera defecisse ab ipso duas urbes. Ita nobis retulit noster *Dionysius*[22], qui jam

---

[14] Ce fut le 20 novembre que les magistrats de Strasbourg écrivirent, en faveur de *Brulli* à M. *d'Oignyes*, gouverneur de la ville et du château de Tournay (Rœhrich, o. c. II, 70). Ils ne reçurent aucune réponse.

[15] Dans l'édition de Brunswick : *omni* studio.

[16] Le messager strasbourgeois fut emprisonné, à son arrivée à Tournay, et il ne fut relâché que le 3 janvier 1545, sur l'ordre de la reine Marie de Hongrie, gouvernante des Pays-Bas.

[17] *Hermann de Wied*, archevêque et électeur de Cologne (Cf. Sleidan, II, 364-67. — C. Varrentrapp, o. c. I, 232-40).

[18] Éd. de Brunswick : *excitarunt*. — [19] Ibid. *intellexerant*.

[20] Les adversaires de l'archevêque de Cologne s'autorisaient peut-être de ce qui s'était passé à *Naumbourg*. L'électeur de Saxe y avait institué évêque *Nicolas Amsdorf* (12 janvier 1542), et refusé de reconnaître *Jules Pflug*, élu par le Chapitre. L'Électeur, qui exerçait sur la ville de Naumbourg un ancien droit de patronat, y avait envoyé depuis longtemps des prédicateurs évangéliques, et même un surintendant. Quelques membres de la noblesse et le clergé catholique protestèrent contre l'élection d'*Amsdorf*; mais la grande majorité du peuple l'approuva hautement. (Cf. Sleidan II, 248. — Seckendorf, III, 387-95. — Félix Kuhn, o. c. III, 310. — Le mémoire de l'Électeur, dans les *Lutheri Opp.* éd. Walch, XVII, 161-212.)

[21] Le docteur *Jean Gropper*, chanoine de Cologne, le plus actif des adversaires de l'archevêque (VII, 89, 105, 419. — Varrentrapp, o. c. I, *passim*, II, 43-52).

Nous doutons que *Heyldius* fût *Matthias Held*, vice-chancelier impérial, destitué en 1540 (Sleidan, II, 161).

apud nos[23] est : Altera est *Reis*[24], alterius nomen non tenet ipse. Nos et pro illo et pro nostro pastore, ac ecclesiarum omnium pace et ecclesiastarum concordia non desistimus publicè et privatim Dominum orare. Vos idem facere et facturos confido.

Si aliquando vacabit, non inutile erit nobilem illam Heroida du Mollin[25] *per literas abs te confirmari.* Ego quantùm possum me illi impendo, et Dei verbo est obsequentissima. His diebus cum multa à filiis sit passa, tandem etiam sævis verbis revocare ab hoc Evangelio (ut blasphemi ausi sunt dicere) canino conati sunt. Sed frustra. Illa, ut matrem Christianam decuit, graviter eos admonuit, deinde sic obfirmatum sibi animum esse[26] declaravit, ut nunquam à fide discedat. Et quamvis illis odiosa sit vulgarium hominum consuetudo, sibi tamen gratam esse omnium illorum familiaritatem, à quibus Christum pleniùs possit discere. Brevi filius natu minor uxorem ducturus est. Illa negat se adfuturam *missæ*. Hinc illæ lachrymæ. In cæteris tamen jubet illos omnia de se sperare quæ ad matrem pertineant.

Hæc cum audissem statim ad ipsam scripsi, ac quantùm Dominus dedit, illam sum consolatus atque ad constantiam hortatus. *Non desino etiam ad ipsam ecclesiam Metensem scribere*[27]: *aliquando ad universos, aliquando ad viduas, subinde ad alios.* Sed ego solus et spiritu et doctrina destitutus, quid faciam? Ergo vos decet, qui spiritum Dei plenè hausistis, aliquando illius ecclesiæ reminisci.

De *Imp.*[*eratore*] nil comperi certi, nisi diebus superioribus expectatum *Coloniæ*. Sed quantùm audio, jam consilio mutato

---

[23-23] Si le personnage appelé « *noster Dionysius* » est *Dionysius Roveris* (renv. de n. 31), la variante « apud *vos* » ne peut pas être admise.

[24] *Keis* ou *Reis?* Les nouveaux éditeurs de Calvin supposent que c'est *Rheins* ou *Rhens*, ville située sur la rive gauche du Rhin, à 2 l. environ au S.-E. de Coblence.

[25] Éd. de Brunswick : *De Millin*. On ne trouve en France aucune localité de ce nom. Madame *des Molins* (ou *du Moulin*) était veuve et, croyons-nous, parente de *François Baudoche*, seigneur de *Moulin-lez-Metz* (p. 80, n. 4), zélé catholique et maître-échevin en 1544.

[26] Éd. de Brunswick : *hic* obfirmatum sibi animum declaravit.

[27] On voit que *Poullain* s'efforçait de continuer à *Metz* l'œuvre que *Farel* et *Calvin* y avaient commencée (Cf. les renv. de n. 13, 25).

rediit *Antwerpiam,* non venturus ad nos ante februarii Cal.[endas]²⁸.

Sed quid pergo tibi meis ineptiis obstrepere, cum præsertim aliò vocent negotia. Jam enim jube[n]te ita²⁹ D. *Comite,* rem familiarem procurabimus. Cum enim judicassent D. *Bucerus* et *Sturmius* iniquam summam 558 aureorum persolvi nostro *Antonio,* atque ille minoris se posse nos alere negaret, ita visum est D. *Comiti.* Ergo potes ipse conjicere quantùm nunc sit mihi turbarum cum in comparanda supellectile, tum ob tam sancti viri dissociationem. D. illi det conditionem etiam ista lautiorem. *Pueri*³⁰ *aliquantulùm (ut scis esse istis hominibus solenne non admodum literas curare) proficiunt. In moribus et pietate sic satis :* nam omnino faciles hîc experior. Alter totus linguæ gallicæ incumbit. Alter cum gallicis etiam latina studia conjungit. *Ego illis ostendi tuas literas. Ipsi plurimùm te jubent salvere. Dionysius* etiam *Roveris*³¹, qui hîc est, tibi salutem optat. *Uxorem,* D. *Davidem,* fratrem, *Nicolaum, S. Andre*³², *Maldonade* cum conjugibus plurimùm salvere jubeo. Dominus totam ecclesiam servet. *Nostra te salutat ac pro te etiamnum publicè diebus dominicis orat.* Jesus Christus te sospitet ac spiritu suo auctum diu suæ servet incolumem ecclesiæ. Raptim. Argentinæ, 4° Cal. Decemb. 1544.

Tibi in Christo devotiss. filius et discipulus
VALERANDUS POLLANUS.

(Inscriptio :) Ornatiss. viro ac evangelii Christi vindici primario D. M. Joanni Calvino Magistro ac patri in Christo colendiss. Ecclesiastæ, Genevæ.

---

²⁸ A la fin de novembre, l'Empereur était à Bruxelles, le 3 décembre à Gand, où un accès de goutte le retint jusqu'au milieu de janvier 1545.

²⁹ Éd. de Brunswick : jubente *viro* D. Comite. (Cf. p. 246, n. 2).

³⁰ Ses élèves *Jean* et *Salentin,* comtes d'Isembourg (N° 1398, n. 9).

³¹ *Dionysius Roveris* (ou *Roverus ?*) était peut-être de la même famille que ce vieux prêtre de Louvain, nommé *Paul de Roveere,* qui fut condamné à terminer ses jours en prison. (Cf. Merle d'Aubigné, o. c. VII, 698, 706, 709, 712.)

³² Voyez la note 8 du N° 1398.

1416

PIERRE TOUSSAIN à Guillaume Farel, à Neuchâtel.
De Montbéliard, 29 novembre 1544.

Inédite. Autogr. Bibliothèque des pasteurs de Neuchâtel.

S. Qui tibi hanc epistolam reddidit vir est pietate summa præditus, in cujus ædibus diu hîc vixi, quemque ob singularem probitatem semper plurimùm amavi, præsertim quòd exules et peregrinos quos putavit Evangelii studiosos, quibus potuit beneficiis hactenus apud nos juverit : ut plurimum certè beneficiorum contulit in *Claudium Fatinum*[1]. Quare oro te ut hominem commendatum habeas, per quem scire poteris quo in loco sint res nostræ. *Adversarii* scripserant in Ducatum ut huc mitterentur docti aliquot, qui nos vel scriptis, vel publica disputatione convincerent et in ordinem redigerent. Nunc autem quoniam vident se mirabili Dei consilio frustratos esse, et *eum quem Dux Ulrichus, Ecclesiæque Wirtembergensis superintendentes huc miserunt*[2], *totum à nobis stare,* tantùm non insaniunt, nec hominem ferre volunt, sed jam apud Principem effecerunt ut illum jusserit abire, non aliam ob causam quàm quòd nostri, veritatis et Ecclesiæ hujus, adversùs illorum impios conatus, patrocinium suscipiat. Nam missus erat non solùm ad res nostras cognoscendas, sed ut Principi quoque esset à concionibus, homo singulari pietate ac eruditione præditus, quo digna non est Aula.

Ludovicus Spina[3] *hinc abiit in Galliam,* sed ante abitum, eum ad quem de rebus suis scripserat innocentem declaravit. Vale in Domino, frater colendissime, ad quem ego sanè venissem cum hoc nuntio, nisi *Comitis Georgii præsentia* impediret : nam expe-

---

[1] De ce passage nous inférons que *Claude Fatin* était un réfugié pour cause de religion.

[2] Toussain veut parler de *Pantaléon Blæsi* (Lettre du 13 novembre).

[3] Nous ignorons si *Louis de l'Espine* était resté à Montbéliard depuis le 24 août (p. 321, N° 1387).

riri statuimus an Dominus Deus per illum huic Ecclesiæ succurrere velit, quando adversarii neminem alium hactenus æqua monentem audire voluerunt. Iterum vale, et nos piorum omnium precibus diligenter commenda. Mombelgardi, 29 Novembris 44.

Tuus P. Tossanus.

Fratribus symmystis omnibus tuisque germanis salutem plurimam dices meo nomine, et per literas observando fratri nostro *Calvino, quem simul et te spero me visurum brevi.*

(*Inscriptio :*) A M° Guillaume Farel, mon très cher frère et amy.

1417

Jean Chaponneau à Jean Calvin, à Genève.

De Neuchâtel (vers la fin de novembre 1544).

Autogr. Bibl. des pasteurs de Neuchâtel. Cal. Opp. XII, 1.

Jo. Calvino, Genevensis ecclesiæ pastori vigilantissimo,
Jo. Capunculus gratiam et pacem in Christo!

Aliquot propositiones tibi e Berna redeunti[1], *et apud nostros Neocomenses* pro sedentaria fatigatione levanda *diversanti, obtuleram*[2], vir erudite, *de quibus pendulus satisfactionem hactenus expectavi. Redditaque tandem mihi est, sed non qualis à me sperabatur*[3]. Verùm qua tandem id ratione factum sit non assequor, nisi quòd *Capunculum* pro homine nihili ducis[4]. Quare

---

[1-3] En revenant de Berne, *Calvin* s'était arrêté à *Neuchâtel*, vers le 17 septembre (p. 331-32, n. 1-3). Le pasteur *Chaponneau* lui remit alors certains passages qu'il avait extraits de l'Institution chrétienne, et dont il requérait l'explication.

[3-4] Calvin écrivait, le 21 janvier 1545, aux ministres de Neuchâtel : « Scripsit ad me nuper *Capunculus*, mirari se quòd, cum observationes aliquot ex Institutione mea excerptas mihi dedisset, ego *tribus verbis* respondere maluerim, quàm longa oratione de unoquoque articulo disputare. Addit sibi videri, contemptu hoc sui fuisse factum. »

Il nous semble plus naturel d'entendre, par ces « *observationes aliquot... excerptas,* » les extraits mentionnés au début de la présente lettre (renv. de n. 1-2), que la longue épître de Chaponneau (N° 1419) envoyée à Calvin dans le premier tiers du mois de décembre.

non egreferes si eas cum tuis assertionibus, quas his per lusum intexuisti, nisus⁵ fuero eludere : zelus quippe domus Dei ad hoc nos impellit, quo acti, si Dominus donaverit, dabimus operam ut illos tuos Theologiæ candidatos (quibus *tua* scribitur *Institutio*) antevertamus, ne ad hos impingant scopulos, neve Ecclesia tuæ Institutionis assidua lectione periclitetur inescata.

Scripsisti præterea *quid ecclesiæ Genevensi, vel tibi potiùs*⁶, *de his rebus pro quibus controversamur*⁷ (servata unitate spiritus in vinculo pacis⁸) *videbatur*. Ubi mihi duo fecisse videris : Primum, modum exercendæ censuræ miro verborum artificio (quo vales) nitteris [l. niteris] asserere, et mihi (cum venia loquor) fecisse videris quod Hieronimus in Vigilantium⁹, qui, cum non haberet firma Scripturæ testimonia quibus hominis sententiam convelleret, miro cepit ludere artificio omnemque dicendi vim exerere. Verùm ego his non moveor. Aliud sanè solidius à te, cum apud nos esses et mecum pro ea ipsa re confligeres¹⁰, exigebatur testimonium. Alterum quod attexis, est de oblatis propositionibus¹¹, quas dissimulato ex industria authoris nomine¹² nitteris convellere. *De utroque* autem *quid sentiam brevi intelliges*¹³. Vale. Dominus te ecclesiæ suæ servet incolumem¹⁴ !

⁵ Édition de Brunswick : *visus* fuero.

⁶ Chaponneau articule ici son deuxième grief, provoqué par la lettre du 7 novembre (N° 1407). Il accuse *Calvin* d'y avoir introduit ses propres idées, plutôt que celles des pasteurs genevois : accusation que ceux-ci repoussèrent, dans leur lettre du 19 décembre.

⁷ C'est-à-dire, la façon de pratiquer la censure fraternelle.

⁸ Ces paroles de Chaponneau sont reproduites dans la lettre genevoise du 19 décembre : « Non dubitamus [y est-il dit] quin *iste* multum vobis facessat negocii, nec ei fidem adhibemus, cum scribit : « *servata unitate in vinculo pacis* » (sunt enim ejus verba) vos controversari. »

⁹ Ce passage est visé dans la lettre précitée du 19 décembre : « Comparationes *Hieronymi* in *Vigilantium* adducit [*Capunculus*] ac si contendere potiùs, quàm fidele consilium præbere voluissemus. »

¹⁰ Il semble donc que ces deux théologiens avaient discuté ensemble, à Neuchâtel, sur le dogme de la Trinité et sur la censure fraternelle.

¹¹ C'est-à-dire, les VI Thèses de Chaponneau. (Cf. N° 1403 et la p. 357).

¹² Le nom de *Capunculus* ne figure pas dans la lettre genevoise du 7 novembre. On avait voulu ménager ce vieux pasteur (Cf. p. 355, lig. 21-24 ; p. 358, lig. 1-5).

¹³ Déclaration de guerre qui fut bientôt suivie d'une vive attaque (Voyez le N° 1419).

(*Inscriptio :*) Joanni Calvino. ecclesiæ Genevensis ministro. Genevæ.

C'est vers la fin de novembre 1544 que furent écrites, de la prison de Tournay. *deux lettres de Pierre Brulli :* la première, adressée à sa femme, qui était restée à Strasbourg ; la deuxième : « A tous les fidèles qui souffrent persécution pour avoir ouï la prédication de l'Évangile, ou icelle soustenue en leurs maisons, qui sont ès quartiers de *Tournay, Vallencienne, l'Isle, Arras, Douay,* etc. »

Elles ont été publiées par Crespin (Hist. des Martyrs. éd. de Toulouse. I, 429-436).

1418

GUILLAUME FAREL à Jean Calvin, à Genève.

De Neuchâtel, 1ᵉʳ décembre 1544.

Autographe. Bibl. des pasteurs de Neuchâtel. Cal. Opp. XI, 779.

S. Scripsit huc aliquis ad amicum, *diem Bernæ dictam esse ad diem Jovis, quartam hujus mensis, in qua agetur de causa eucharistiæ*[1]. Quis exitus sit expectandus non video : nisi Dominus sui verbi rationem habeat, ne malè audiat, et pro vindicta quam meremur omnes, misericordiam et opem ferat, planè cum ecclesia miserè agetur[2]. Nam syncerum pietatis studium non video in multis, sed affectus plenè humanos. Res est pessimi exempli et mirè avocat a Verbo, facitque ut quàm plurimi hæreant et nutent super doctrina quæ proponitur. Si dissidium pastorum in una ecclesia tantum potest, quid incendium illud

---

[14] La date est déterminée par les notes 6, 8, 9, et la présente lettre doit se placer entre le milieu de novembre et la deuxième semaine de décembre (Cf. le N° 1420). Les nouveaux éditeurs des *Calvini Opera* l'ont placée, par conjecture, dans la 1ʳᵉ moitié de janvier 1545.

[1-2] Voyez, sur la situation des affaires ecclésiastiques à *Berne*, le N° 1408, note 5. — Hundeshagen, o. c., pp. 187 et suivantes. — Les protocoles du Conseil bernois, séances des 24 oct., 22 nov., 4, 5 et 8 déc. 1544, fournissent, sur le même objet, des détails intéressants, mais qui prendraient ici trop de place.

quod flagrat³? Existimo Satanam ab irato Deo hoc permissionis habere, ut passim scindat eos qui omnium conjunctissimi esse deberent, et contrà Pilatos et Herodes reddat amicos ut Christum perdant.

Cuperem ex te rescire quid consilii captum fuerit super iis quæ perditus nebulo ad Morgiensem Classem scripsit de missa et aliis⁴, ubi tui meminit et te in certamen vocat cum aliis, ut fucum faciat miseris seductis : quod non videtur esse negligendum : quamvis tam scelestus nebulo indignus sit colloquio. Sed aliorum ædificatio nobis cordi esse debet. Si palàm posset agi cum illo de iis quæ se scripsit tuiturum, non parùm faceret ad ædificationem multorum⁵. Dispicies, si jam non feceris.

De fratribus meis nonnihil angor, cum nihil prorsùs audiam, et jam multo tempore⁶ jam absint. Si quid audieris, fac resciam, et precibus eos adjuva. Ego alterum eorum tantùm volebam omnia expedire, sed impetrare non potui. Is cui literas ad *Myconium* dedisti accepit tuas ad *Bucerum*⁷; nam diutius apud *Einardum* reservari non visum fuit expedire. Hodie ad *Sultzerum* alteras misi⁸. Vale et omnes salvere jube : *uxorem, Davidem, Genestonum,* non præterito⁹ *Bernardino.* Neocomi, 1 decembris 1544.

FARELLUS tuus.

(Inscriptio :) Doctissimo et vigilantiss. pastori ecclesiæ Genevensis, Joanni Calvino fratri et symmystæ quàm charissimo. Genevæ.

---

³ Allusion au renouvellement de la querelle sacramentaire.

⁴ Cf. le N° 1409, note 8, et le N° 1411.

⁵ Calvin était d'un autre avis. Cf. sa lettre du 13 décembre.

⁶ *Claude* et *Gauchier Farel* étaient partis de Neuchâtel pour la France, le 20 octobre (N° 1400, n. 1).

⁷ Ces deux lettres sont perdues.

⁸ Cette lettre renfermait peut-être les conseils que *Sultzer* avait demandés à Calvin, le 7 novembre (N° 1408, renv. de n. 9).

⁹ Édition de Brunswick : *præsente.*

1419

JEAN CHAPONNEAU à Jean Calvin, à Genève.

De Neuchâtel (1ers jours de décembre 1544).

Autographe[1]. Bibl. des pasteurs de Neuchâtel. Cal. Opp. XI, 782.

Joanni Calvino Genevensis Ecclesiæ ministro JOANNES CAPUNCULUS, Neocomensis Ecclesiæ minister, gratiam et pacem in Christo.

Ante menses aliquot, vir de Christiana religione optimè merens, *nostris in comiciis perlecta est epistola quam vix à te*[2] *meditatam mihi persuasissem, ni ea quæ sub finem appendebatur, ursisset subscriptio.* Admodum enim mihi dentata visa est, et plus fellis habere, quàm deceret epistolam a Christi ministro, vel mille conviciis lacessito, emissam. *Si quid a Cortesio in te, aut in hominem*[3] *cujus causam, non sine forsan tui nominis jactura, tuendam suscepisti, admissum fuerat, pro tuæ functionis ratione debueras delirantem*[4] *Cortesium* (sic enim cum, ni fallor, vocas) *blandè ac leniter bonæ menti restituere lapsumque erigere, non absentem sævis dictis proculcare.* Haud egregiam laudem referes, si sic deserta (quod aiunt) causa velle vincere

---

[1] Les nouveaux éditeurs de Calvin ne mentionnent pas l'original, mais seulement deux copies contemporaines. Ils désignent par la lettre α le manuscrit qui est, selon nous, la copie, et, par la lettre β, celui que nous affirmons être l'original autographe. L'écriture de ce deuxième manuscrit est, en effet, identique à celle des deux autres épîtres de *Chaponneau* (N° 1201, t. VIII, p. 259; N° 1417), et il porte les incisions et les vestiges du sceau qui prouvent que c'est réellement l'exemplaire envoyé à *Calvin* par l'auteur.

[2] Édition de Brunswick : vix *ante.* La lettre visée est celle de Calvin à la Classe de Neuchâtel du 28 mai 1544 (N° 1360, p. 251).

[3] L'édition de Brunswick porte, en note : « *Farellum.* » C'est une erreur. Calvin, dans la lettre précitée (n. 2), n'avait nullement pris la défense de Farel, mais celle de *Champereau* (Cf. la n. 5, et la p. 253, fin du troisième §).

[4] Éd. de Brunswick : *declarantem.* On lit *delirantem* dans l'original et dans la copie.

perrexeris. Istic erat atque, te arbitro, cum *Campello*[5] ratio ponebatur, subque tua omnia transigebantur præsentia. Protulit imprimis *Campellus* suarum rationum codicellos, quos habeo domi reconditos, fraudis (nescio an deb[u]eram dicere) plenos: sed tantum apud te cæterosque arbitros, quorum judicio nolim meis verbis aliquid detractum, imperiosa valuit loquacitate ut vestram vicerit æquitatem.

Hoc satis modestè, ut audio, non tulit *Cortesius,* neque bona conscientia erat laturus, quandoquidem à me destinabatur quò fideliter de legatis ab *Anneto* transigeret[6]. Pro qua re jam dudum vel frequentissimè non sine magno impendio miseram, non literariæ suppellectilis congerendæ gratia (gratia enim Dei, codicum inopia non laboramus), sed exercendæ pietatis studio: quanquam aliam de me, quantùm ex literis tuis subodoravi, videris induisse opinionem. Nam *posteaquam Cortesium satis reum egisti, tuæ eloquentiæ flumen in me retorquens, latenter capti testamenti, ni fallor, incusas monesque ut ad legata fideliter dispensanda advigilem.* Quæ etiamnum eo animo accepi quo quæ hîc à me ad te scribuntur excipi cupio.

Inter autem cætera quibus animum tuum exulceravit Cortesius, atque ad scribendum impulit, illud unum esse putarunt fratres, quòd jactarit se a Campello sex cubis ac aliis fortuiti ludi armamentis exceptum[7]. Hoc *Genevam* mox egressurus, ne hominem perditum (sic enim teste conscientia loquebatur) alea perderet, tibi misericorditer indicavit, sperans ab effrenata ludendi libidine fraterno tuo hortatu revocandum. Cui rei investigandæ tuam testaris non defuisse operam, nihilque compertum quale a *Cortesio* imponebatur. Hoc sanè tuum testimonium, illa quam jamdudum de te concepimus opinio irritare non patitur.

Ego verò illa quam tibi irrogatam putas contumelia[8], si contumelia dicenda est, *te percitum nequaquam putavi. Alio quippe*

---

[5] Ce personnage, appelé *Campinellus,* p. 132, signait lui-même: *Edmundus Champerellus.* Son différend avec *Cortesius,* gendre de Chaponneau, est raconté par Calvin dans sa lettre du 28 mai 1544.

[6-7] Voyez la note 6 de la p. 252, et le § 3 de la p. 253.

[8] Dans sa lettre du 28 mai, Calvin ne se plaignait que de l'affront infligé à l'église de Genève, c'est-à-dire à ses pasteurs (p. 252, lig. 1-4; p. 253, lig. 6-8, en remontant).

œstro agebaris, sed huic libuit scribendi prætexere excusationem, ne propriæ videreris vindex injuriæ : quam utique a Cortesio tibi irrogatam putasti geminis paradoxis, quæ quibusdam conclusionibus (quas fratribus intempestivè satis obtruserat, nihil de te cogitans) inseruit[9]. De quibus si tecum literis amicè, ut sum pollicitus, conflixero, non spero me tibi fore molestum. Non enim, ut conjecto, tantum de tua tibi persuasisti eruditione, ut me ex ea quasi ex divinis oraculis pendere putes. Tametsi intelligam plerosque ita tibi addictos, ut vel à cujusvis eruditissimi potiùs sententia se ferant abduci, quàm ab unius Calvini deflectant censura. Horum qui volet laudet affectum : ego usquequaque non sum probaturus. Nec hoc à me dictum putes quò nomini tuo ac gloriæ detraham, aut homini invideam quem Deus egregiis dotibus ampliter cumulavit. Ad hoc me solus veritatis amor impellit, pro qua dum vivam totus stabo in acie propugnator. Quæ si vixerit, ego pariter vixero, etiam si vixeris[10]. Qui volet, pro laureis corollis ac myrteis certet, ego pro ea sola, non solùm cum mei nominis, sed et capitis periculo, si res exegerit, vel mordicus decertabo. Dabo autem interim operam ne quid tumultus, me authore, in ecclesia suboriatur, feramque vel æquanimiter te tuo interim frui judicio. Odi siquidem tumultus, qui nihil fructus ecclesiæ afferre possunt, incommodare autem plurimùm. Tu quoque vicissim curato, ut quod scis me tecum agere, nescias.

Itaque *alteram propositionum qua te percitum*[11] *ut sic scri-*

---

[9] Le 28 mai 1543, Calvin écrivait à la Classe de Neuchâtel, au sujet des *articles* et des *conclusions* de *Cortesius*, qu'il venait de recevoir (t. VIII, p. 379, lig. 5-6, et p. 381, lig. 3-4). Ces *articles* se réduisaient peut-être à deux. Malgré les caractères serrés de l'original, on lit plutôt ici *geminis paradoxis* que *genuinis*.

[10] L'écrivain, qui avait employé correctement le verbe *vinco*, à la fin du 1ᵉʳ paragraphe de sa lettre, voulait dire ici : Quæ si *vicerit*, ego pariter *vicero*, etiam si *viceris*. Le solécisme qu'il a commis ne prouve pas absolument ce que disait Calvin (VIII, 379) : que *Chaponneau* n'avait jamais bien appris les éléments de la grammaire. Mais on doit reconnaître qu'il les oubliait parfois et qu'il se permettait d'étranges libertés d'orthographe. Exemples : *ambianda* suffragia ; *forsam*, pour *forsan* ; *ginitur*, au lieu de *gignitur* ; *nempe* (nempe) ; *nutro* modo ; *pandere* (pendere) ; *panduli* (penduli) ; *reiesserit* (reiecerit) ; ut quod *sensio* te non *cellem*, etc. Nous avons négligé ces formes fantaisistes et suivi l'orthographe usitée de son temps.

[11] Il manque ici un mot : *ais* ou *dicis*. Cf. t. VIII, p. 381, lig. 5-8.

beres, hanc esse putavi : « *Christus, in quantùm Deus* (sic enim loquor), *est à se ipso.* » A qua tantùm abest ut velis discedere, ut pergas eam novis rationibus dietim stabilire, ac ascitis undequaque veterum sententiis, quæ tibi objecta sunt argumenta eludere. *Unde verò tam pervicacem animum hauseris nescio, nisi quòd omnes eo sumus penè præditi genio, ut semel admissi nos rarò vel nunquam pœniteat.* Turpe enim ducimus funem reducere, idque tum maximè quum literariis monumentis semel nostræ eruditionis, nedum popello, sed et viris emunctæ naris fidem fecimus, simulque eorum ora demeruimus. *Illud autem imprimis satis mirari non potui quod, in vestibulo epistolæ Cortesio ad nos datæ*[12], *de propositionum reduplicativarum expositione scribebas, eoque diligentiùs expenso (si res pro qua controversamur seria non fuisset) te nobiscum ludere voluisse putassem.* Pudebat siquidem, quum in comiciis legeretur epistola, ferre hominis impensè docti, in re tam levi, hallucinationem : in qua puer totos sex menses in dialecticis versatus, haudquaquam hallucinaretur. *Si hæc tua epistola in nostrorum Gallorum manus pervenerit, eam quam de te induerunt, facilè exuent opinionem.* Et quibus rixandi studium adlubescit, quod hactenus horruerunt, posthac nobiscum de religione non detrectabunt inire certamen. Miratusque sum quòd hanc : « Christus, in quantùm Deus, est à se ipso, » pro verè reduplicativa duxeris, quandoquidem nonnihil tropicæ locutionis habet, quo fit ut ab ea argumentum ducere non liceat, sicut nec ab hac : « Christus in quantùm homo, est creatura. » Cum verò eam pro verè reduplicativa exceperis, fatearis oportet ex hac rectè inferri : Christum à se ipso esse. Nemo enim tam stupidus, qui à verè reduplicativa affirmativa ad exponentes acervatim coactas, atque ad earum quamlibet seorsum sumptas, bonam esse illationem non intelligat. Quis, obsecro, ex æquivalente æquivalentem colligi posse negaverit ? At exponentes propositionis reduplicativæ exponi-

---

[12] C'est l'épitre de Calvin aux pasteurs neuchâtelois que nous avons placée dans la seconde moitié de septembre 1543 (N° 1287, pp. 44-47). *Cortesius*, qui partait de Genève pour retourner à Neuchâtel, en fut le porteur.

Les nouveaux éditeurs de Calvin supposent (dans leur note 8, p. 784) que la lettre visée ici par Chaponneau est perdue. Mais ils ont oublié qu'elle existe dans leur tome XI, p. 652.

bili æquipollent: alioqui verè exponentes nemo dixerit. Proinde, si quis sic intulerit : Christus, in quantùm Deus, est à se ipso, ergo Christus est à se ipso, et Christus est Deus, et Deus est à se ipso, et si aliquid est Deus, ipsum est à se ipso, — ex tua hypothesi rectè intulerit. Sic enim de reduplicativarum expositione qui dialectice norunt vel ab uno sentiunt.

Quorum sententia, quando assertioni tuæ præjudicabat, tantùm abest ut tibi arriserit, ut mox ad novas artes, quò tibi pateret effugium, deflexeris inquiens[13]: « Quum mihi vulgarem illam regulam quam dialectici in scholis tradunt de reduplicativis propositionibus objiceret[14], respondi id quod est : secundam, quam vocant exponentem, debere non simpliciter, sed secundùm quid intelligi : alioqui fallaciam accidentis fore. » Quis hîc, vel agelastus, risum contineat? Profer, quæso, vel unum qui sic desipiat, ut ab hac colligendi lege aliquando abhorruerit? si à verè reduplicativa (qualem hanc vis esse) fuerit ratiocinatus, atque ab ea argumentum duxerit? Sic enim ex admisso, artificiosè colliget dialecticus : Christus, in quantùm Deus, est à se ipso. Ergo Christus est à se ipso. Hæc enim exponentium prima est. Deinde : Christus, in quantùm Deus, est à se ipso. Ergo Christus est Deus. Hæc exponentium (si me receptissima dialecticorum regula non fefellit) secunda est, quam nescio quo afflatus spiritu asseris non simpliciter. sed secundùm quid debere intelligi. Profer, obsecro, intellectum illum secundùm quid, et eris nobis magnus Apollo : summopere enim illum ex te penduli desideramus audire. Articulus fidei est : Christus est Deus, quem nobis bœoticis ænigmatibus hoc novo commento pergis reddere obscuriorem : quem apertissimum esse conveniebat. Uti enim scientiarum prima principia obscuritatis nihil circumferant oportet, alioqui prima principia esse non possunt, sic et fidei articulos ab omni amphibologia oportet esse alienos.

Verùm forsan hîc in exponentium ordine falsus sum. Nam quam secundam voco, tu primam vis esse in ordine. Feram quem voles ordinem, modò me juxta dialecticorum præscripta patiaris colligere, id est, ex reduplicativa affirmativa exponentes coacervare, et exponentium quemlibet inferre. Quod si tuleris,

---

[13] Citation d'un passage de la susdite épître de Calvin (N° 1287, p. 44).
[14] Sous-entendu : *Cortesius*.

sequitur : Christus, in quantùm Deus, est à se ipso, ergo Christus est à se ipso. Consequens est falsum, falsum igitur erit et antecedens, quod hactenus verum esse defendisti. De consequentis falsitate neminem puto hæsitaturum præter te, qui, dum rimas quibus elabereris quæreres, verum esse secundùm quid, non autem simpliciter videris asseruisse : quod rursum tui oblitus, simpliciter ipsum verum esse fateri non dissimulas. Cyrilli siquidem (cujus mentem meo judicio oscitanter satis advertisti, ut paulò post à me audies), auctoritate prolata, sic attexuisti[15] : « Argumentatur ab absurdo, ut Christum à se ipso esse extorqueat, » locumque Cyrilli apertum ais. Unde hoc facilè collectum jactas ? Hîc tibi unum, quò ad id quod jam cœperam mox revertar, dicam : Si ex eo Cyrilli quod protulisti testimonio, Christum à se ipso esse intuleris, ego longè rectiùs ex hac : Christus, in quantùm Deus, est à se ipso, Christum à se ipso esse intulero. Nihil enim habet habitudinis cum hoc pronunciato Cyrilli auctoritas.

Verùm extra oleas (quod aiunt) currens, hîc fallaciam accidentis citra rationem inesse pronuncias. Tolerabilius forsan fuerat dicere : à dicto secundùm quid ad simpliciter rationem fuisse concinnatam, tametsi neutram hîc inesse sum admissurus, quòd propositionem pro qua controversamur pro verè reduplicativa receperis. Tandem verò, quò hunc ratiocinandi modum probè à te prorsùs elusum persuaderes, adjecisti[16] : « Protuli multa exempla quæ tollendæ controversiæ sufficerent. Cujus generis sunt hæc : Deus, quatenus in Christo nos justificat, non exercet judicium adversùs impios, etc. » O novam consequentias eludendi rationem ! De affirmativa controversamur, et interim nobis negativas aliquot obtrudis. Putasne nos tam infœliciter in dialecticis versatos, ut à te tam facilè nobis sinamus imponi ?

Nedum in proferendis exemplis hallucinaris, sed et exponendorum exemplorum æquas leges non assequeris. Nec enim ea lege qua eam pro qua controversamur[17], prolatas à te rectè ex-

---

[15] Dans la susdite épître (n. 12), plusieurs passages de Cyrille sont cités par Calvin, p. 45.

[16-18-19-20] Nouvelles citations de la lettre de Calvin écrite en septembre 1543 (N° 1287).

[17] Il manque ici un mot (*quæstionem* ou *propositionem*).

posueris. Deinde cogita, hujusmodi perplexas propositiones nonnunquam gratia causalitatis, nonnunquam gratia concomitantiæ
exponi : de quarum expositione, si liceret repuerascere, multa à
me tibi scribenda forent, non quò hominem melioribus studiis
occupatum remorarer, sed ut veritatem plerumque sine hujusmodi levium rerum cognitione, periclitari intelligeres. Itaque
post prolata exempla, quibus tibi victoriam polliceris, adjecisti[18] :
« In his etsi nuda veritas, in exponentibus erit controversia, si
quis rixari velit : verùm semper solutio plana est. » Si cum homine, cum quo nihil mihi unquam fuisset commercii, negocium
esset ac concertatio, excandescerem ac hominem tam intempestivè respondentem in Anticyras relegarem. Qui fiet, obsecro,
vir erudite, ut in exemplis plana sit veritas et in exponentibus
perplexitas? Pergemus, ut video, te authore, aperta tenebris in-
volvere et lucem nubibus obducere, atque ignotum per ignotius
exponere. Addisque tandem : « Sufficit eas aliquo modo vel
secundùm aliquem intellectum veras esse[19]. » Indigna quidem
te hujusmodi responsio, qua dum mihi uti licebit, vel Gordium
(quod aiunt) nodum quasi Tenedia bipenni sum discissurus.
Audivi olim *Sorbonistas* (ut vocant) in *Sorbona* rixantes : verùm
eorum nemo tam intempestivam attulit responsionem, qui ab
arena protinus non discesserit ex[s]ibilatus. Da utram voles con-
tradictionis partem, facilè illam, si me hoc responsionis genere
uti tuleris, pergam defendere.

Sed quid hîc à te sim auditurus, satis intelligo. Nempe rixo-
sus hic garrit sophista, nihil præter puerilia afferens. Non est
tibi apud me præfata venia, etiamsi me mille probris aut scom-
matibus insimulaveris, modò integrum christianæ charitatis
vinculum perseveret, quod spero. Interim autem, quò illud tuum
paradoxum assereres, ad antiquorum præsidia, præter meam
expectationem, confugisti. Nam aut fidei articulus est, aut articulis hærens. Quòd si pro articulo duxeris, imprimis divinarum
scripturarum ambienda erant suffragia, quandoquidem, juxta
Dionysii sententiam, non est audendum dicere de substantiali
divinitate præter ea quæ divinitus nobis ex sacris eloquiis expressa sunt. Si verò nec articulum nec hærens articulis, cur tam
anxiè in hujus assertione sudaris nescio. Quòd verò rem sic
fueris aggressus, gaudeo. Nam ea lege qua istud tuum para-

doxum licuit defendere, mihi quoque invadere, aut à te emissa jacula excipere exceptaque in te retorquere licebit. Sic igitur rem syllogismo aggrediar : Nihil quod ex alterius substantia est, à se ipso verè esse dicetur. Nam esse à se, et ex alterius substantia esse, apertissimè pugnant. At Christus, in quantùm Deus, ex alterius substantia est. Christus igitur, in quantùm Deus, à se ipso non erit. Vides hîc, ut conjecto, epicherema quod ne quidem Chrysippus ipse eluserit. Sed minoris forsan à me probationem eris exacturus. Addam ex Athanasii symbolo, qui de Christo loquens inquit : Deus est ex substantia patris ante sæcula genitus, et homo ex substantia matris in sæculo natus. Quid ad hæc fœlicis ingenii tui perspicacitas dictura sit, ne suspicari quidem possum. Quisquis enim rectè dialecticari novit, syllogismum hunc à vicio prorsùs assertum intelliget. Proinde qua tibi pateat effugium non video, nisi quòd portentosum mihi nescio quid cornicans inquis[20]: « Tum ad illum nodum ventum est, quòd non putabat [posse] nos loqui de Christi essentia, præterita personæ mentione. » Quibus in verbis duo admodum mihi perplexa exquirenda visa sunt. Prius, quid per essentiam Christi, quem suppositum in duabus naturis nemo non agnoscit, cupias intelligi. Aut enim per essentiam, divinam naturam ac substantiam (quæ summa essentia est), vel aliquid ex divina et humana natura confusè conflatum intelligis. Posterius à te dicendum nequaquam putaverim : sed quid hinc præsidii tibi allatum putes nescio. Cum enim à posse ad esse nulla formalis sit illatio, quo modo colliges : de Christi divini-[ta]te loqui possumus, præterita personæ mentione, ergo Christus est à se ipso ? Si sic tibi licuerit colligere, mihi quoque citra pudorem quodlibet ex quolibet inferre licebit.

Cæterùm loquere de illa ineffabili essentia, eamque summa cogitatione versa dum voles, ac quantùm voles, hujusmodi locutio aut versatio in gratiam tuæ assertionis nihil est effectura. Probanda à te hæc erat : Christus, quatenus Deus est, est à se ipso. Cujus apertè contradictoriam intulimus, eandemque rursum expositorio syllogismo, juxta æquas ratiocinandi leges, sic inferemus : Filius Dei est à patre, Christus in quantùm Deus, est filius Dei. Ergo Christus, in quantùm Deus, est à patre. Subsumam : Christus, in quantùm Deus, est à patre, ergo non est à se ipso. Quo modo ex his se fraudulenta laqueis ereptura sit[21] vulpecula, non intelligo, imò ne quidem ipsa intelligit, nisi forsan confessionis olim emissæ[22] non oblita inquiat : « Illud autem est divinitatis elogium, quod non minùs patrem et spiritum quàm filium complectitur[23]. » Dubio procul eadem patris, filii ac spiritus sancti substantia, divinitas et essentia, quæ et de qualibet persona verè enuntiari potest. Pater enim essentia divina est, est et filius, itidem et spiritus sanctus. Ipsa enim essentia eadem personis est ac relationibus personas constituentibus, rursumque relationes id ipsum quod essentia secundùm rem. Differunt tamen secundùm intelligentiæ rationem, quandoquidem relatione respectus ad suum oppositum importatur, essentiæ verò nomine nihil hujus generis significatur. At propter illam realem identitatem id de persona dici, quod de essentia verè affirmatur, nequaquam feremus. Neque enim sequitur : Divinitas est à se ipsa, ergo filius est à se ipso. Nam filium, cum nulla res se ipsam gignat, ab alio genitum esse oportuit, tametsi in tua *Christiana Institutione* pro absurdo non duxeris filium à se ipso esse, quò istud tuum paradoxum astutè assereres. Locus sic habet[24] : « Nunc enim patrem filii principium esse tradunt, nunc filium esse à se ipso, et divinitatem et essentiam habere asseverant. » Ex quo rursum loco, si quis concinnè fuerit ratiocinatus, citra laborem te in redargutionis nassam facilè ostendet prolapsum. Sequitur enim : Pater est filii principium, filius igitur à se ipso non est. Deinde : Filius à se ipso vitam et essentiam habet, ergo filius à se ipso est. Quid, obsecro, est à se ipso esse, quàm vitam et essentiam à se ipso habere ? tum maximè in Deo, in quo idem sunt esse et essentia ?

---

[21] Chaponneau a .it écrit *eripiat*. Une main étrangère a biffé ce mot et l'a remplacé par *ereptura sit*.

[22-23] Il s'agit ici de la Confession de foi présentée par Farel, Calvin et Viret au synode de Berne, le 22 septembre 1537, et dont voici le titre : « Quòd asserimus Christum esse Iehova. » (Copie contemp. Bibl. des pasteurs de Neuchâtel. — Defensio Nic. Gallasii, 1545, pp. 53, 54, 60. — Calv. Opp. éd. cit. IX, 708. — Cf. notre t. IV, pp. 300, 301, 463.) On lit, en effet, dans cette Confession : « Nomen autem Iehova est divinitatis elogium, quòd non minùs Patrem, Spiritum, quàm Filium complectitur. »

[24] *Institutio Christiana*, édition de 1543, p. 127, lig. 11-12. — Calv. Opp. Brunsv. I, 491.

Juxta quod Hilarius septimo de Trinitate ait : Esse non est accidens in Deo, sed subsistens veritas. Vide, frater, in quæ te conjicias discrimina. Nullibi periculosiùs erratur, nec quicquam fructuosiùs investigatur.

Sed, ne Celtica (quod aiunt) audacia id quod mordicus tenes, tueri pergas, addam adhuc unum atque alterum syllogismum. Prior hic erit : Omnis divina persona vel est generans, vel genita, vel spirata. At Christus, in quantùm Deus, divina persona est. Christus igitur, in quantùm Deus, persona est vel generans, vel genita, aut spirata. Eludat hoc genus illationis, si potest, *Calvinus*. Non est autem generans nec spirata, erit igitur persona genita : quòd si genita, eat *Calvinus* ac vociferetur, Christum, in quantùm Deus, à se ipso esse. Quod si fecerit, videat quo sit dolo summam ignominiam evasurus.

Præterea : Nullus habens vitam et essentiam ab alio communicatam ac datam, à se ipso esse dicetur. Christus, in quantùm Deus, vitam ac essentiam ab alio communicatam ac datam habet : à se ipso igitur non erit. Hoc argumentum, quale est, ex tua posteriore epistola[25], a *Cortesio* tibi aliquando fuisse obtrusum intelligo, ipsumque, sed frustra, nisus es eludere. Admissa quippe majore (quam nemo citra hæreseos notam rejecerit), minori auctoritate Joannis firmatæ, qua ait : Sicut pater habet vitam in semet ipso, sic dedit filio vitam habere in semet ipso [Ev. v, 26], respondes : Primum « neque in divinam neque in humanam Christi naturam simpliciter competere, sed in totam personam. » Bella quidem, sed non usquequaque tuta, neque admodum apposita responsio. Hîc enim ingenuè tibi fatebor, patrem, qui vitam à semet ipso habet, qui non participatione vivit, sed incommutabiliter vivit et omnino vita est, dedisse filio vitam habere in semet ipso : sicut habet, sic et dedit. Quid interest, nisi quod dedit pater, filius accepit ? Quomodo enim dedit ut esset, sic dedit ut vita esset in semet ipso. Cum autem dicitur : dedit filio vitam in semet ipso habere, tale est ac si diceretur : genuit

---

[25] A propos de ces mots : *ex tua posteriore epistola*, les nouveaux éditeurs de Calvin disent, en note : « *quanam ?* » — C'est encore la lettre que nous avons indiquée dans la note 12. Le passage qui en est cité plus bas, après *respondes*, est identique aux deux dernières lignes de la p. 45 et aux cinq premiers mots de la p. 46 de ce volume.

ab æterno filium : generando enim dedit, dumque gi[g]nitur filius, accipit. Hinc Augustinus : Pater vitam habet in semet ipso, quam nemo ei dedit. Filius autem vitam in semet ipso habet quam pater dedit. Itaque cum verbum à patre genitum hæsitet nemo, fatearis oportet, seclusa humana natura ipsum Dei filium ab æterno vitam à patre naturaliter accepisse. Huic nostræ sententiæ subscribit Hilarius, octavo de Trini[ta]te inquiens : Donantis auctoritate pater major est, sed minor non est filius cui unum esse donatur.

Afferam et hîc Cyrilli, qui, ut video, tibi minùs est suspectus, sententiam ex libro Thesauri quarto : Filius, inquit, dante patre, qui ipsum esse dat, vitam habet in semet ipso. Libro quoque decimo ait : Dum filius à patre nascitur, omnia naturaliter. ipsum etiam esse, à patre habet et ideo dicitur à patre accipere. Non igitur quoniam non habet, accipere aliquid à patre scribitur. Habet enim omnia naturaliter, cum verbum et splendor lucis paternæ sit, uno solo excepto, quòd pater non est : accipere autem à patre se dicit, ut futuras hæreticorum opiniones radicitus everteret. Nam quis omnia in filio prospiciens, propter incommutabilem similitudinem atque identitatem, eundem putet patrem et filium esse (quod Sabellio accidit), necessariò à patre accipere quæ ab eo naturaliter habet, ut cum alter det, alter accipiat. Adde quod Augustinus libro quarto de Trinitate ait : Pater est principium tocius deitatis. Id autem esse oportet aut generando aut spirando. Nemo sanè, præter generationem et spirationem, alium in patre notionalem actum constituet. Quicquid igitur ad intra pater ut principium operatur, vel gignendo vel spirando agit : at divinam naturam pater neque generat neque spirat, se ipsum quippe generaret. Nulla autem res (ut idem Augustinus libro primo de Trinitate ait) se ipsam generat. Pater igitur filio æterna generatione, spiritui verò spiratione, vitam communicat. His astipulatur Ambrosius in secundum caput ad Ephesios. « Voluptas enim, inquit, carnis est [in] visibilibus oblectari, ut elementa quæ Deus gubernacula [mundi] instituit, deos appellet, cum hoc nomen uni Deo debeatur, ex quo sunt omnia, ut sicut nullum participem habet ex his in virtute, ita nullum habeat consortem in nomine. Christo autem idcirco hoc nomen non negatur, quia sicut eis communis natura est, ita erit et nomen. Hoc tamen inter patrem et filium interest, quia pater à nullo accepit, filius autem per generationem omnia patris accepit, ut in virtute et substantia et nomine nihil distet filius à patre. » Ad hæc rursum quæ in primum caput idem scripserat Ambrosius facere videntur. Claritatis tamen, inquit, patrem vocat et Christi deum, cum verus Christi pater sit Deus et deus creaturæ. Deinde paulo post : « Tocius ergo claritatis pater est, quia ab ipso est omnis claritas et potestas et dignitas, » non generando aut spirando sed totam communicando naturam. Nemo enim propriè naturam divinam genitam aut spiratam dixerit. Ex his, ni fallor, syllogismi minor adeò aperta est, ut neminem posthac sine summa ignominiæ nota putem refragaturum.

Sed ut rem magis illustrem, à te mihi in tuam responsionem examinandam mox descensuro, unum responsum optarim. Quum inquis : Christus, in quantùm Deus, à se ipso est, aut Deus pro ipsa essentia absolutè considerata, sive non suppositata, aut pro verbi persona, accipi intelligis. Utrum voles elige. Si pro natura non suppositata, vide quæ hinc sequentur inconvenientia atque quid hinc inferri possit. At si Deum pro verbi persona (quemadmodum et veritas urget) accipi tuleris, Christum, quatenus Deus est, non esse à se ipso fatearis oportet. Quòd verò Deus pro persona verbi (quum dicitur : Christus in quantùm Deus à se ipso est) accipiatur, nemo non videt, nisi qui nimis in theologia versatus est infœliciter. Hoc quippe concretum Deus ex suo significandi modo (ut theologi aiunt) ut pro persona supponat habet, sicut et hoc nomen homo[26]. Unde verè in symbolo dicitur : Deum de Deo, lumen de lumine. Tametsi nonnunquam

---

[26] Éd. de Brunswick : sicut et hoc *nomine habetur :* variante qui ne paraît guère admissible, parce que l'original et la copie (p. 9, lig. 3) ne portent pas *noīe,* mais *nomē hō*.

Ce détail en amène un autre. Les pp. 1-8 et 14-18 de la susdite copie sont d'une écriture jaunie et qui n'a rien de caractéristique. Au haut de la page 9, on trouve une nouvelle écriture : la gothique nette et cursive de *Robert le Louvat,* pasteur à Dombresson, dans le Val-de-Ruz. Il a écrit cinq pages avec la belle encre noire de Chaponneau. Celui-ci, un jour de congrégation, l'aura invité à dîner dans son presbytère, et prié de transcrire une partie de son Épître. On voudrait pouvoir ajouter avec certitude : Chaponneau avait au moins un ami dans le clergé neuchâtelois.

pro essentia accipi videamus, ut cum dicitur : Deus creat. quod subjecto competit ratione formæ significatæ, quæ est deitas.

Sed redeo ad illam tuam insignem responsionem, qua asseris, Joannis auctoritatem neque in divinam neque in humanam Christi naturam simpliciter competere, sed in totam personam. Ut jam sum tibi præfatus : Pater filio vitam dedit, nam ab æterno filium ex sua substantia genuit. Hoc enim est filio vitam dare, quod ab æterno generare. Non autem divinæ naturæ vitam dedit. Nemo quippe concessurus est : Sicut pater vitam habet in semet ipso, ita dedit naturæ divinæ vitam habere in semet ipsa. An verò hæc in humanam competant naturam, accipe, idque imprimis ex Cyrillo, qui in illud Joannis : Sicut pater habet vitam in semet ipso, etc., sic scribit : Nolite mirari si, cum me hominem esse videatis, suscitaturum tamen mortuos me pollicear, et in judicium deducturum miniter : dedit enim vivificandi virtutem pater, dedit judicandi potestatem. Sed ut lubricam Judeorum mentem his retinere studuit, sic aliorum quoque curam non parvam habuit. Quapropter causam, quare hæc sibi data à patre dixerit, illico subjecit, dicens : quia filius hominis est, ut intelligamus omnia sibi data fuisse ut homini, qui cum creatura sit, nihil habet à se ipso. Quam sententiam in libello quem [edidisti] adversùs eos qui animas corpore exutas dormire contendunt, expressisti, inquiens[27] : Cum autem dicimus Christum, quatenus homo est, vitam habere in semet ipso, non ipsum sibi causam esse vitæ dicimus, sed hoc tantùm, omnem vitæ plenitudinem a Deo patre effusam in Christum hominem[28], qui utique homo creatura est. Adverte, obsecro, ne in re tam seria ludamus aut ludamur, perpenditoque quid Cyrillus, cujus te video sequacissimum, velit, cum inquit Christo omnia data fuisse, ut homini, qui creatura est. Nomine quippe hominis qui creatura est, alteram à verbo assumptam oportet intelligas naturam. Qui enim fiet ut hominis nomine, qui creatura est, personam in duabus naturis quis rectè intelligat, cum nemo fassurus sit Christum creaturam esse ? Pater igitur in hominem,

---

[27] La citation qui suit est tirée de la *Psychopannychia* (Éd. de 1542, f. 14. — Calvini Opusc. Genevæ, apud Joannem Gerardum, M.D.LII, in-fol., p. 11).

[28] Dans l'ouvrage cité, la phrase de Calvin finit ainsi : « omnem vitæ plenitudinem a Deo Patre effusam esse in Christum hominem. »

qui creatura est, vitam effudit. Nec pater hoc solus, sed verbum cum spiritu fecit. Quippe quum eorum una sit natura, citra impietatem divisas nemo dicet operationes. Sed quod ab una persona factum dicitur, id tocius trinitatis opus, quisquis rectè sentit, sine ullius personæ injuria fatebitur. Quum enim consubstantialitate unum sit trinitas, una dubio procul est virtus ejus atque potentia. Omnia enim ex patre per filium in spiritu sunt. Hinc et Christus ait : Quæcunque enim pater facit, hæc eadem filius similiter. Communicant igitur pater, filius ac spiritus sanctus homini, qui est creatura, vitam quam à se non habet.

Possem tibi hîc multa ex Augustino atque Hilario congerere, sed prestiterit ex Cyrillo, cujus meo judicio receptior tibi futura est sentencia, id ipsum moliri. Agedum, locum proferamus. Scribit Cyrillus libro decimo Thesauri : Habet semper omnia pater quæ filio dedit, et filius similiter semper habet quæ semper accipere ut hominem ait, ut ipse dicit : Pater diligit filium et potestatem dedit ei judicium facere, quia filius hominis est. Si ergo judicandi potestatem datam sibi ait, non alia quadam de causa, sed quia factus est homo, perspicuum est, quia non ut verbum Dei, et Deus ipse accipit, sed ut homo. Ex quibus ac cæteris præfatis, si bœotica sue stupidior non sum, mihi duo adversùm te colligere licebit. Prius : verbum ipsum divinum ab æterno genitum, vitam datam à patre accepit. Alterum : Christus secundùm hominem (quum autem hominem dico, naturam non personam, ne quis tetradam in divinis nos putet constituere, velim intelligi) nedum judicandi, sed et vivificandi[29], donante patre, filio ac spiritu sancto, accipit. Quæ ubi stabiliero, artificiosa mox illa tua fatiscet solutio. Id autem facilè ac citra laborem sum effecturus. Sequitur enim : Semper omnia habet pater quæ filio dedit : dedit igitur vitam. De antecedente non es hæsitaturus, si Cyrillo refragari non perrexeris, imò, ut veriùs dicam, Scripturæ. Si verò hoc illationis genus, quò te ex hoc laqueo eripias, rejiciendum duxeris, habeo pedicas quibus molientem fugam mox remorer. Ex opposito siquidem consequentis id quod cum antecedente pugnat colligere haudquaquam fuerit operosum, ac breve hoc enthymema in syllogismum necessariò

---

[29] Après *vivificandi*, suppléez *potestatem* ou *virtutem*.

concludentem reducere. Contradictorium quippe illati est : Pater non dedit filio vitam, ad quod id quod cum antecedente stare nullo modo potest sequitur. Nempe omnia quæ semper habet pater non dedit filio : at vita aliquid eorum est quæ semper habet pater, vitam igitur dedit filio.

Forsan hîc rursum, quod à me satis elusum putavi, es objecturus, filium scilicet hîc pro persona in duabus naturis accipi. Ego his tuis prolatis citra rationem aut auctoritatem facilè non assentior. Profer, obsecro, vel unum, si potes, qui huic tuæ responsioni patrocinetur. Dicatque Joannis auctoritatem (de antiquis loquor) : Sicut pater habet vitam in semet ipso, etc., in totam convenire personam, quæ geminas in se naturas complectitur? Mox ego huic Catholicæ veritatis propugnatorum numerosam opponam phalangem, meam adversùm te sententiam defensurus : Hilarium scilicet, Augustinum, Ambrosium, ut interim de te ac Cyrillo taceam. Sic enim Hilarius libro nono de Trinitate scribit : Quòd enim pater dedit potestatem, in hoc filium genuit, quod filius accepit. De verbo loquitur, nativitatem consummat. Dedit enim ei pater potestatem omnis carnis, et ad id dedisse[30] ut det eis vitam æternam. Habet in dante quod pater est, et in accipiente quod Deus est, cum et in eo significetur pater esse quod dederit, et in eo filius deus maneat, quòd vitæ æternæ dandæ sumpserit potestatem. Moxque sententiam collecturus infert : Naturalis igitur filio Dei et congenita omnis potestas est, quæ cum data sit, non alienata est per id ab autore quia data est, quum quod est authoris hoc datum sit, dare scilicet vitam æternam. Tum paucis interpositis adjungit : Dedit itaque pater omnia, et accepit filius omnia. Nec multò dissimilia apud eundem passim lector sedulus offendet, ac tum maximè in eo quem de Synodis scripsit libello. Augustinus verò hujusmodi sententiis totus scatet : quas nulli, præterquam summè desidi, colligere fuerit operosum. Et ut fidem tibi faciam, unam atque alteram ex ejus tractatibus proferam sententiam. In tractatu enim 22 in Joannem sic scribit : Dedit illi ergo vitam habere in semet ipso, dedit ei, tanquam verbo suo, tanquam ei qui in principio erat verbum. Alibi quoque idem apertissimè insinuans ait : Hoc inter patrem solùm interest et filium, quia

---

[30] Il manque ici un mot, *dicitur* ou *scribitur*.

pater vitam habet in semet ipso, quam nemo ei dedit, filius autem vitam in semet ipso habet quam pa er dedit. Præterea in illud : Pater quod dedit mihi majus omnibus est. Filius de Deo Deus, de æterno æternus. Pater autem non de filio Deus, ideo pater filio gignendo dedit ut Deus esset, gignendo dedit ut sibi coæternus esset. Glaucoma, qui hæc non videt, patitur, aut objectos veritatis radios excipere subterfugit.

Verùm ne tam apertæ veritati probatio desit, Ambrosii addam suffragium. Post crucem, inquit, manifestatur quid à patre cum genera[re]tur accepit. Non enim tunc accepit, cum à creatura cœpit sciri illius divinitas, illius majestas. Homini non est datum nomen Dei quod est supra omne nomen, non sola appellatione sed et natura, sed ei qui æqualis, qui se exinanivit, cujus omnia à patre sunt. Nec hanc sententiam adversatur Cyrillus, versans illud : Sicut pater habet vitam in semet ipso, etc. Examinate porrò, inquit, singula Evangelii verba, diligenterque ponderate, quoniam magnus latet in ipsis sensus. Scribitur enim quòd pater vitam in semet ipso habet. Hoc autem : in semet ipso, nihil aliud significat quàm essentialiter. Sed filius quoque dante patre, qui esse ipsum dat. Rursum libro Thesauri 10. capite primo, verbis apertioribus idem insinuans inquit : Cum ex substantia patris prodeat filius, omnia æternaliter patris habet, æternaliter etiam hac ratione ex eo accipit omnia quæ ipsius patris sunt. Alio quoque loco scribit : A patre eum necessariò accipere quæ ab eo naturaliter habet, ut cum alter det, alter accipiat. De verbo ab æterno genito, non de assumpto homine loquitur. Is enim vitam naturaliter non habet, sed per gratiam.

Quod et tu, divino tibi suggerente spiritu, in libello tuo quem supra citavimus, non tacuisti. Sic enim ais : « Cum Christus sit Dei filius et hominis, quod est natura ut Deus, id est gratia ut homo[31]. » Nemo igitur, nisi mentis oculis orbatus, non videt verbum ineffabili modo à patre genitum, vitam habere communicatam, Christumque secundùm hominem vitam accepisse à patre, verbo ac spiritu sancto donatam. Cum verò hominem dico, naturam assumptam intelligo, non personam. Nemo quippe verbum (ut jam sum præfatus) personam assumpsisse, sine reli-

---

[31] *Psychopannychia*, édition précitée, p. 10.

gionis injuria asseveraverit. Tametsi hanc sententiam *tua Institutio* alicubi prorsùs non adversetur. De qua re, dum per ocium licebit, à me nonnihil audies. Non est tamen hîc cur mireris aut obstupescas. Nihil enim à tua et Cyrilli sententia alienum dicitur. Verùm quo donationis genere vitam verbo communicatam, quo deinde assumpto homini, velim hîc inprimis intelligas. Verbo quidem naturali donatione vita ab æterno donata est, homini verò assumpto ex tempore gratuita. Varium hoc donationis genus si, ut conveniebat, attendisses, *Calvine,* non tam turpiter desipuisses, neque Joannis auctoritatem, quæ te pressiùs urgebat, tam miserè torsisses, nec tam longa mihi pro hac re tecum opus fuisset concertatione.

Ne verò quod à me tibi hîc occinitur, ex theologorum (quos nonnunquam *tua Institutio* auritos asellos vocat) lacunis haustum putes, aut à me ex industria confictum, ex ipso Cyrillo istud ipsum aperire tentabo, sperans me rem tibi facturum multò gratissimam. Sic enim Cyrillus, libro Thesauri 4°, fidem tibi facturus loquitur, adversùs eos qui filium patre posteriorem (quòd ex ipso multa recepisset) impudentissimè asserebant. Non enim filius priùs non existens nihil ex patre habuit, deinde ex eo aliquid accepit, sed naturaliter natus ex patre, omnia nascendo quæ patri naturalia sunt naturaliter consequitur. Quemadmodum si quis lucem quæ prodit ex sole accipere aliquid ab eo ideo diceret, quoniam omnia quæ sunt in luce, et ipsa lux, ex sole sunt. Deinde post pauca adversùs eos qui ita argutabantur : Si ergo pater essentialiter vita est, et filio vitam dedit, non habet ergo aliquando filius vitam : quomodo ergo similis erit patri qui ab eo recipiat quod ipse non habeat? Respondet : Hoc autem, in se ipso vitam habere, nihil aliud significat quàm essentialiter. Hoc de homine assumpto nemo rectè intellexerit. Scribitur autem : dedit, ut naturaliter ac essentialiter ex patre filius esse significaretur. Non enim pater aliquid dedit filio, quasi à se ipso auferens secundùm locales ac divisibiles corporis incisiones, sed quemadmodum planta fructui, qui ex ipsa est, naturaliter suam qualitatem dat, sic et filio pater omnia sua dat. Deinde paulò pòst : Solus, inquit, ea pater habere dicitur, in quantùm à nullo habet, sed omnia quæ sibi naturaliter insunt, filius suus, ex eo prodiens, consequitur naturaliter. Possem in hujus sententiæ suffragium infinitos penè locos producere, verùm hæc mihi sufficere videntur.

Homini verò assumpto qui creatura est, unde et vitam naturaliter habere non potuit, gratuita donatione vitam datam accipere scribit Cyrillus. In quintum Joannis de Christo loquens ait, omnia data fuisse ut homini, qui quum creatura sit, nihil habet à se ipso : unigenitus verò Dei filius non vitæ particeps, sed vita naturaliter ut pater est. Idem in illud Joannis : Caro non prodest quicquam. Natura, inquit, carnis ipsa per se vivificare non potest : quid enim majus natura divinitatis haberet? Nec sola in Christo esse intelligitur, sed habet filium Dei sibi conjunctum, qui consubstantialiter vita est. Quando igitur vivificam Christus ipsam appellat, non ita illi ut sibi sive proprio spiritui vim vivificandi tribuit. Ad hæc accedent quæ in decimum septimum Joannis caput ab eodem scribuntur, ubi de Christo loquens multò apertissimæ distinctioni nostræ patrocinatur. Quæ ut Deus, inquit, naturaliter habet semper, ut homo in novissimis accepit temporibus. Tum paucis interjectis inquit : Quod filio adesse dicimus naturaliter quidem ut ex patre est, datum autem ut homo est : homo enim natura deus non est, Christus autem natura Deus est, licet etiam homo esse intelligatur propter id quod à nobis assumpsit. Denique, ut tam prolixæ tuæ responsionis impugnationi addam colophonem, attende quod libro Thesauri 4°, idem scribit : Quia vita secundùm naturam filius est, accipere à patre dicitur, non in quantùm verbum, aut imago patris, sic enim quoque ipse naturaliter vita est, sed in quantùm homo factus est. Ita enim pater et tota trinitas vitam filio ut homini præstat. Ecce hîc Cyrillus vitam assumpto homini à tota trinitate præstitam fatetur ingenuè, idque gratuita donatione intelligit, quod nemo inficiabitur. Dum verò verbum à patre vitam accipere negat, non de naturali sed gratuita donatione intelligit : alioqui apertissimè secum pugnantia scriberet, atque sententiam Hilarii, Augustini ac Ambrosii (quam ubi de divinis disserendum est, nemo non prætulerit) everteret.

Hæc animum tuum adactura ad sententiam mutandam satis esse putarem, si eam gladiatorio (quod aiunt) animo tueri non pergis. Porrò, ut nihil eorum quæ à te, in novissima tua epistola[32], producta sunt inconcussa relinquamus, adverte quemadmodum tui oblitus adversùm te pugnes. Fateris Joannis auctoritatem, qua dicitur : Sicut pater habet vitam in semet ipso, sic dedit filio vitam habere in semet ipso, in humanam nequaquam competere naturam, quod nedum alieno, verùm et tuo probavimus falsum esse testimonio. Deinde rimam reperturus, affirmas in totam competere personam. Quid, obsecro, est persona illa de qua loqueris, nisi unus Christus? Nempe post incarnationem unus est et unus manet, absque divisione ulla, præterquam quòd Dei patris verbum et templum à virgine sumptum, idem natura non sunt. Non enim est ejusdem substantiæ verbo Dei homo assumptus, unus tamen est cum illo conjunctione ineffabili. Ratio tamen personæ (sic enim loqui cogor) Christo, ratione verbi naturam assumentis, non naturæ assumptæ, competit. Proinde hanc : Christus secundùm quod Deus, persona est, nemo non admiserit, tametsi hanc : Christus secundùm quod homo persona est, Catholicus citra impietatem non sit admissurus. Qui igitur fit ut Joannis auctoritatem, in verbum competere, ad quod spectat carnis assumptio, fateri detrectes, non satis assequor, cum id apud veteres videas esse testatum.

Videor hîc meo judicio abundè satis adversùm tuam responsionem evertendam sudasse. Ad reliqua tui paradoxi eludenda præsidia redeundum est, quò tandem nihil supersit quod hinc in posterum te hærere permoveat. Protulisti autem inter cætera Cyrilli sententiam qua ait : Quòd à se ipso vitam non habet, quo modo corruptibile non erit[33]? Tum ais : « Argumentatur ab absurdo, ut Christum à se ipso esse extorqueat[34]. » Deinde, quasi jam hîc fossam et vallum comperisses, adjecisti : Locus est clarus. *Me miseret tui, Calvine, qui, ob ignoratam colligendi rationem, Cyrillum, qui tibi prora et puppis est, hæreseos nota impudenter pergis insimulare. Quid, obsecro, est Christum à se ipso esse extorquere, quàm certa colligendi lege, Christum à se ipso esse, tanquam verum inferre? At quis pronunciatum hoc : Christus est à se ipso, nisi summè impius, pro vero duxerit? Quid est,*

[32-33] Ce sont encore des allusions à l'épître de Calvin écrite en septembre 1543. Aux pp. 45, 46 du présent volume, on trouve les passages où il cite le témoignage de S. Jean et celui de Cyrille.

[34] Cf. lᵃ p. 45, lig. 10-11, en remontant.

rogo, *Christum à se ipso esse asserere, quàm Christi æternam à patre generationem negare?* Et, ut tandem quod sentio te non celem, accipe: *Quisquis Christum à se ipso esse fatetur, Christum filium Dei non esse fateatur oportet.* Quî igitur fiet ut Cyrillus, qui istud ipsum (te authore) extorquet, ab hæreseos nota asseratur? Videris sanè mihi in hominem, cujus passim uteris suffragio, haud parùm injurius, dum quod ei nunquam venit in mentem citra rationem a[d]scribis. Quod tandem te intellecturum existimo, si ejus sensum penitùs mecum cœperis explorare, quidque velit toto illo capite decimo octavo libri quarti in Joannem, in quo nihil aliud extorquere contendit (tuo verbo utor) quàm filium secundùm naturam vitam esse, contra eos qui alienæ vitæ dicebant participem. Cujus rei ut tibi fidem faciam, attende verba quæ id quod intempestivè protulisti præcedunt ac sequuntur. Tandem enim post longam satis concertationem attexuit : Si vitam secundùm naturam patrem esse conceditis, probè id quidem, sed vita etiam secundùm naturam filius est. Id enim ex verbis etiam vestris sequitur. Quid enim in filio, quum in ipso sit, pater operabitur? An suam vitam, tanquam indigenti, nec à se habenti, ei donabit? Et quomodo non erit absque vita filius? Et sequitur : Quod autem à se ipso vitam non habet, quomodo corruptibile non erit? Sed non largitur vitam filio pater : vitam enim genuit, atque ideo ipse filius per se ipsum vita est, hoc est, naturaliter. Deinde sub finem capitis colligens : Qui ergo, inquit, immaculata ecclesiæ sequitur dogmata, fugiat ab istis, et ad simplicem veritatis pulchritudinem vias dirigat suas, et sicut patrem vitam esse naturaliter credit, sic quoque filium vitam esse substantialiter non dubitet. Ut enim lumen de lumine est, sic et vita de vita. Et quemadmodum quæ luce indigent per filium pater illuminat, et sapientes per eum facit, sic quæ vita egent per filium, ut per vitam suam quæ ex ipso emanat, vivificat.

Hîc vides, *Calvine,* si lemosus[35] non es prorsùs, mentemque cimmeriis tenebris non habes circumfusam, quàm turpiter colligendo erraveris, atque quàm turpi calumnia Cyrillum conspurcaveris. Non ero tamen condonando hoc lapsu admodum diffi-

---

[35] *Lemosus,* mot de la basse latinité, est l'équivalent de *lippus,* et non de *limosus,* qui s'est glissé ici dans les *Calv. Opp.*

cilis. Scio namque à te maturiùs quàm res exigeret fuisse responsum, nec attendisse quid toto illo capite venaretur Cyrillus. Nec me parùm offendit, quod deinde extra chorum (quod aiunt) saltans ex dialogo de Trinitate tercio attexis, inquiens : Quòd vitam et immortalitatem possidet, et à se ipso hoc non habet, omnino mortale erit. Quibus rursum errori tuo nescio an debeam dicere patrocinaturus : Christum à se ipso esse extorquere contendis, verùm frustra, quandoquidem hoc nunquam sis effecturus. Quis, obsecro, falsum (quid dico falsum?) imò impium, ex vero colliget? At Christum à se ipso esse falsum est : ex vero igitur colligi nequit. Verum autem est quod ex Cyrillo protulisti. Nempe quòd vitam et immortalitatem possidet, et à se ipso hoc non habet, omnino mortale erit. De verbo quidem loquitur Cyrillus, quod vitam naturaliter habet, non per participationem, ut garriebant hæretici, adversùm quos passim bellum adornat. Nec tamen hinc colliges : Filius per se ipsum vita est, id est, naturaliter ac substantialiter, ergo Christus est à se ipso, vita quidem naturaliter filius, sed vita de vita, uti passim Cyrillus inculcat. Htc, *Calvine,* tuum excepturus telum, com[m]entor nihil, quod facilè deprehendes, si ea quæ verbis à te obtrusis in tuæ sententiæ defensionem, attexuntur, adverteris diligentiùs. Addit quippe post pauca : Quum igitur in medium prodeat et clamet (de filio loquitur) : Ego sum resurrectio et vita, conjectandumne vitam esse ab immortalitate destitutam, vel quo modo? Ad quæ respondet interlocutor Hermias : Non destitutam, absit. Etenim vita est secundùm naturam immortalitas. Deinde colligens : Itaque cum unus Deus pater habeat immortalitatem (sic enim alicubi divinum habet eloquium), quo pacto haberet etiam filius? Sed opinor omnino quòd vocabulum unitatis facilè in utroque ostendat substantialem vitam et insitam immortalitatem, non adventicium bonum.

Tandem verò, quò te adversantem Cyrilli auctoritatibus obrueres, ex decimo Thesauri libro protulisti testimonium : Accipit à patre atque etiam à se ipso quæcunque habet naturaliter ut Deus. Accepit quidem gratuita donatione à patre ut homo, atque à se ipso ut Deus, nomen quod est super omne nomen. Sanè hoc inficiabitur nemo. Verùm hæc quid ad tuam assertionem? Huic sanè sunt præjudicatura, tantùm abest ut quicquam subsidii afferant. Proinde tuam non potui non mirari oscitantiam, qua mox penè diversum adjecisti, inquiens : « Dixerat autem statim ab initio libri : Nam si nihil habet filius à se ipso, neque etiam habebit pater à se ipso. » Cum hîc tam tibi argutus videaris tuæ assertionis defensor, miror cur ea quæ mox attexuntur non adverteris, quò intelligeres quo sensu hæc protulerit. Sequitur enim Cyrillus et ait : Patris enim sunt omnia quæ filii sunt. Quòd si omnia naturaliter habet pater, ea ipsa filius quoque naturaliter habet. Quare necesse erit consequenter, hunc ipsum defectum quem filio imponere conantur, scilicet quòd vitam naturaliter non habeat, patri quoque imponere, ne quid eorum quæ filii sunt non esse in patre videatur. Id si impium est, ut certè est, necesse erit confiteri omnia patris in filio naturaliter esse, et omnia filii similiter in patre. Nec tamen sequitur : Ergo Christus est à se ipso. Verùm hinc sequitur : Pater habet vitam naturaliter, habet igitur et filius naturaliter, qui tametsi naturaliter habeat, à patre tamen accipit. Pater enim, qui naturaliter vita est, filium vitam naturaliter habentem ab æterno genuit.

Hæc mea non sunt, sed Cyrilli, qui eodem in loco scribit : Nam dum filius à patre nascitur, omnia naturaliter, ipsum etiam esse, à patre habet, et ideo dicitur à patre accipere. Non igitur quoniam non habet accipere à patre scribitur : habet enim omnia naturaliter, quum verbum et splendor lucis paternæ sit, uno solo excepto quòd pater non est. Accipere autem se à patre dixit, ut futuras hæreticorum opiniones radicitus everteret. Deinde hæc apertiùs insinuans, post pauca subnectit[36] : Nam quum ex substantia patris prodeat, omnia patris æternaliter habet, æternaliter etiam hac ratione ex eo accipit omnia quæ ipsius patris sunt. Vitam igitur accipit. Hîc vides, si prorsùs cœcus non es, vel lemosus totus, quid velit Cyrillus quum inquit : Si nihil habet filius à se ipso, neque etiam habebit pater à se ipso. Si hæc tibi non sunt satis, lege quæ mox appenduntur : tum agnosces quàm oscitanter Cyrillum inspexeris, quem tuæ sententiæ falsò fingis assertorem. Longè quippe discedens à te, diversum sentit quàm putes : quod quisquis, nisi qui levibus argutiis ducitur, facilè intelliget.

[36] Dans l'édition de Brunswick : *subvertit*.

Videor igitur *abundè satis strophis tuis ex Cyrilli auctoritatibus temerè detortis, respondisse*. Proinde hîc finem eram facturus : verùm aliquot argumenta tuæ priori epistolæ[37] inserta non siverunt. Quibus fratres nostros sic inescasti, ut à tua sententia divelli non possint. Quos crebrò oravi, ut integra mihi redderetur, sed non exoravi. Hactenus hanc me celarunt. Quod qua ratione factum sit ne quidem intelligo. Tandem verò à fratre nostro Mullotio fragmentum nescio quod precibus extorsi. Sic autem habebat : « Cum Pauli expressa sint verba quòd in Christo habitet omnis plenitudo divinitatis, aliundene an [à] se ipsa sit illa divinitatis plenitudo, nemo est qui neget. » Si tibi cum fungis esset negotium, *Calvine,* forsan hujusmodi argutiarum strophis ludere licuisset. At quando cum his qui aliquando in scholis manum ferulæ subduxerunt, præceptorumque opera usi sunt, licet tibi eruditione sint impares, negotium sit, miratus sum cur tam parùm apposité ratiocinatus fueris. Deinde cur hanc Pauli sententiam quæ tuo nihil inservit proposito, induxeris, nisi quòd intellexi, te undequaque furtim pro semel asserta opinione venari suffragia. Et mihi videris facere quod rabulæ forenses, qui, dum iniquam causam defendendam susceperunt, ne ab ea excidant, solent leges invertere, easque in susceptæ causæ defensionem, vel reclamante conscientia, sæpe torquere. Non displicet quod citas. Imò citatum veneranter excipimus, tantùm abest ut displiceat. Fatemur quippe in Christo omnem divinitatis plenitudinem manere. Nam omnia semper potest, ut nihil exceptum sit quod non per eum præstari queat, ut faceret ac reformaret, et lapsa erigeret, et mortua vivificaret. Unde ait : Sicut pater habet vitam in semet ipso, sic dedit filio vitam habere in semet ipso. Sicut enim pater suscitat mortuos et vivificat, sic et filius quos vult vivificat. Neque enim pater judicat quemquam, sed omne judicium dedit filio. Quid tam justum nisi ut horum quæ fecit per illum ipsi daret judicium, ut omnis divinitatis plenitudo habitet in ipso. Per id autem quod diximus, omnem illam potestatem et divinitatis plenitu-

---

[37] La lettre de Calvin aux ministres neuchâtelois du 28 mai 1543, lettre dont *Michel Mulot*, pasteur à St.-Blaise, fut le porteur (VIII, 379, renv. de n. 6). C'est là, pp. 381, 382, qu'on trouve les passages visés par le contradicteur de Calvin.

dinem in se habere, hoc est, Deum esse perfectum (qui enim hæc omnia non habet, non est Deus), num continuò Christum, in quantùm Deus, à se ipso esse fatebimur? Minimè. Qui hoc admittant, aliò quærendi sunt. Ut verò quod defendendum suscepisti stabilias, ex producta auctoritate ansam nactus, interrogas : « Aliundene an à se ipsa sit illa divinitatis plenitudo? » Tum ad interrogationem, cui una reddenda non erat responsio, respondes : « Nemo est qui neget. » Qua utique responsione te ipsum prodis, atque quàm parùm sis in disserendo argutus manifestas. Alterum siquidem interrogatum de divinitatis plenitudine asserendum, alterum verò negandum fuerat. Tu verò, quasi oleum nunquam vidisses, adjecisti : Nemo est qui neget.

Deinde, quò aurem eorum qui tuam adversantur sententiam pervelleres, ad[di]disti : « Est tamen in quo aliqui[38] falluntur, quia non considerant nomen filii dici de persona, ideoque in prædicamento relationis contineri. » Nemo, meo judicio, nisi Sabellii errore fascinatus, filium de secunda persona in divinis, id est, de verbo, dici negaverit, aut personæ non fuerit assequutus rationem. Cujus generis sunt non pauci, quorum nomina hîc tibi prudens dissimulo. Filius quippe Dei persona est, et persona est filius Dei. Verùm quid hæc ad susceptam causam faciant non video. Non enim sequitur : Filius de persona enuntiatur, Christus igitur, quatenus Deus est, à se ipso erit. Quin potiùs sic licebit colligere : Filius Dei de persona genita, ad quam spectat carnis assumptio, dicitur. Ergo Christus, quatenus Deus est, non est à se ipso. Nam Christus, quatenus Deus, secunda in divinis persona est, id est verbum, ratione cujus Christo in duabus naturis personæ nomen convenit, non ratione susceptæ naturæ. Subinde infers : ideoque in prædicamento relationis filium Dei contineri. O insignem dialecticum, qui nobis patrem, filium, spiritum sanctum, Deumque ipsum, tandem totum in categoriarum aristotelicarum coordinationibus, id est, in genere, concludet, quod nemo mentis compos concesserit. Genus quippe prius est secundùm intellectum eo quod in genere continetur, at Deo nihil est prius, nec secundùm rem nec secun-

---

[38] *Michel Mulot*, en copiant pour Chaponneau un fragment de la lettre précitée (n. 37) avait remplacé *asini isti* (VIII, 381) par *aliqui*.

dùm intellectum : manifestum est igitur Deum in nullo genere contineri. Adde quòd quicquid in genere continetur, aut simpliciter et propriè, quemadmodum species et quæ sub eis continentur, aut per reductionem, uti principia, sicut punctus et unitas, quæ ad genus quantitatis ut principia reducuntur, cæcitas autem omnisque privatio ad genus sui habitus. At neutro modo Deum patrem, filium ac spiritum sanctum in categoriarum cancellos citra impietatem theologus concluserit. Quòd verò per reductionem Deus pater etc. in genere non contineatur, patet, ex eo quòd principium quod in aliquod genus reducitur, extra genus illud nequaquam extenditur. Sicut punctus nisi solius quantitatis continuæ principium esse potest, unitas verò discretæ, Deus autem totius esse principium est. Quare per reductionem in genere non erit. Cæterùm si plurium deorum possibilitatem nolis admittere, simpliciter ac propriè Deum in genere non es conclusurus.

Fatebor quidem duo in divinis prædicamenta, scilicet substantiam et ad aliquid, id est, aliqua ad se dici, alia verò respectivè : Deum verò, qui absolutè dicitur, aut patrem aut filium qui relativè, in neutro concluserim. Interim autem dum sic ludis, vel ut veriùs dicam luderis, Augustinum citas, quem tuæ sententiæ fingis assertorem, qui in Psalmum 68 scribens interrogat, idemne sit pater quod filius? Ad quam interrogationem, Augustini verba paulò diversiùs quàm habeant profers. Sic enim habent : Secundùm substantiam tibi dixi hoc esse filium quod pater, non secundùm id quod dicitur ad aliud, id est, secundùm quod relativè dicitur. Hoc enim modo Augustini responsum accipiendum duxerim. Tu verò longè diversam attexuisti responsionem, scilicet, secundùm substantiam idem esse, non secundùm quod aliud ad aliud. Cum filius ad patrem dicitur, non aliud ad aliud dicitur. Aliud quippe patrem à filio, nec filium aliud à patre dixerit nemo, quandoquidem pater et filius unum sunt, nullamque inter eos nisi hæreticus essentialem (quam tamen aliud denotat) protulerit assignari distinctionem. Non gravaberis, dum per ocium licebit, quid per aliud ad aliud, dum filium ad patrem refers, intellexeris. Hujusmodi locutio admodum mihi aliena visa est, dicendumque alius ad alium putavi. Nempe alius pater, alius filius : non aliud, qui nolit in Arianismum incidere, dicere conveniet. Tum quasi Iopæam[39] canens adjungis : « Ista distinctione adhibita, quid ambigui ampliùs manet? »

Hoc sanè superest, quòd respondendo nihil respondisti, et probando nihil probatum est, vilique (ut dicitur) lenticulæ unguentum immiscuisti. Postremò, quæ ex trigesimo nono tractatu Augustini in Joannem citas, quibus patrem et filium unum esse principium asseverat, neque tuæ neque meæ inserviunt causæ neque incommodant. Nihil sanè habitudinis cum paradoxo pro quo controversamur habent.

Cætera autem quæ tuæ priori epistolæ inserebantur, ubi semel reddita fuerint, diluenda (si Dominus donaverit) curabimus diligentiùs. Interim autem hæc accipe, atque omnia boni consule, condonaque quicquid in te dictum est amarulentiùs quàm deceat. Hoc enim feci liberiùs, tuo provocatus exemplo. Percurrens quippe tuæ Institutionis locos aliquot, multa tuæ incivilitatis argumenta offendi, quæ ad hoc me moverunt. Vale. Hæc ad te scripsi ut docear.

(*Inscriptio :*) Joanni Calvino, viro cum eruditione tum pietate insigni. Genevæ.

1420

JEAN CALVIN à Guillaume Farel, à Neuchâtel.
De Genève, 13 décembre (1544).

Calvini Epistolæ et Resp. 1575, p. 91. Cal. Opp. XI, 802.

De Carmelita[1] cum ego consultus essem a Vireto, statim quid sentirem respondi : ne ampliùs fratribus molestus esset. Alia omnia frustra mihi tentari videbantur. *Nam ut accerseretur fide publica, neque expedire censebam, nec unquam Bernatibus fuisset persuasum*[2]. An tu illis consuleres, ut tam projectæ impudentiæ cani darent maledicendi impunitatem? Nam si addita

---

[39] Les nouveaux éditeurs de Calvin font cette juste remarque : Lisez *Io pæan.*

[1-2] Le carme de Lyon, *Paul Christophe de la Rivière* (N° 1411), auquel Berne avait refusé le sauf-conduit qu'il demandait. Calvin répond à la lettre où Farel s'informait de ce carme défroqué (p. 387, renvois de n. 4-5).

aliqua exceptione vellent restringere ejus licentiam, negaret sibi esse tutum. Quinetiam non petit quia venire cupiat. Verùm *si posset obtinere, circunferret huc et illuc, et se jactaret apud imperitos, qui inde conjecturam facerent eum esse aliquem.* Si nosses ejus impudentiam[3], statueres etiam procul dubio, magis hinc arcendum esse, quàm fide publica evocandum, ut impune cum magno supercilio Christum blasphemaret. Nam centies victus, sine fronte tamen triumphum canet. Insistere, ut fide publica tutum illi accessum cures, nimis est ridiculum. Quo enim loco talem nebulonem esse putas? Hæc in meis ad *Viretum* literis[4] et similia longiùs sum prosequutus. Facile autem fuit in meam sententiam eum adducere, cum jam sponte huc propenderet. Fratres etiam omnes libenter assensi sunt.

Cæterùm, *quid Carmelitam moramur, cum nihilo mitiùs se gerat Capunculus vester? Cum hostes tam procul quæris, videris nullos habere domi.* Atqui potiùs hoc contenderem, ut iste insanus aliò abigeretur. Tales si sint hostes professi, non adeò nocent. Nunc verò cum bellum intus gerant, hac laboramus difficultate, quòd illis resistere non possumus, quin concutiatur Ecclesia. *Scripsit ad me nuper epistolam*[5], *cujus exemplar brevi, ut spero, ad vos mittetur, unà cum fratrum nostrorum expostulatione*[6]: *unde intelliges nihilo mitiùs me ab eo provocari quàm a Carmelita. Verùm ea epistola nihil ad libellum*[7] *quem tandem è manibus emisit, ut me ulcisceretur, quòd non ex ejus sententia vobis consilium dedissem*[8]. Non exponam tibi fusiùs quale sit argumentum et quanta dexteritate tractetur. Tantùm propone tibi *Capunculum* illic loqui: nam tibi jam notus esse debet. Ego certè nunquam credidissem tam insulsum hominem esse, nisi ipse testimonium, et quidem reipsa, de se reddidisset. Si è claustro suo veteri[9] sic ineptiret, ego suaviter riderem quòd

[3] Encore un indice que c'est bien le personnage dont Calvin avait tracé le portrait, le 10 mai 1542 (VIII, 12).

[4] Lettre perdue.

[5] Lettre de *Chaponneau* écrite vers la fin de novembre.

[6] Voyez, au 19 décembre, les plaintes des pasteurs genevois.

[7] L'épître précédente, justement appelée *libellus*, à cause de sa longueur.

[8] Lettre du 7 novembre, composée par *Calvin*, et qui approuvait la censure fraternelle usitée à Neuchâtel.

[9] *Chaponneau* était sorti de l'abbaye de St.-Ambroise, à Bourges.

professi Christi hostes suam stoliditatem pueris quoque ipsis ita proderent. Nunc verò cum cogito, ejusmodi monstra incubare ecclesiæ Dei, et quasi in sinu nostro dormire, temperare stomacho meo non possum, quin ebulliat. Quanquam, priusquam aliquid aggrediar, tuum consilium super ea re audire optarim : num expediat querimoniam deferre ad fratres? Certè ejusmodi probra in eo scripto continentur[10], de quibus si jure egero, nemo tam iniquus erit judex, qui non vindicandam publica ignominia talem petulantiam censeat. Utinam daretur colloquendi facultas. Sed quia hoc non est, rescribas mihi quamprimùm velim, num censeas expedire, ut ego fratrum literis meas privatim adjungam. Jam communes illæ scriptæ sunt[11]. In conventu decrevimus mittendas esse. Ego meas incœpi. Quanquam ego acriter pungo, fratres tamen nihilo sunt blandiores[12]. Sic tractandus est ille asinus. Nisi enim bene pungatur, qua est stupiditate, non sentiet. Si tibi non contigerit fidus nuntius, nos tamen prima occasione mittemus. Tuum postea erit consilium, num illo præsente recitari debeant.

Libellus meus de Cœna in Latinam linguam versus est a *Collega nostro Parisino*[13]. *Joannes Girardus eum excudere statuit.* Ego tamen nondum annui. Amabo te, significes, num utile censeas hoc tempore publicari[14]. Scis ut prudens nominatus ita

[10] Nouvelle allusion à la courte lettre de *Chaponneau* (p. 385, renv. de n. 6-9) ?

[11-12] Cette lettre des pasteurs genevois fut composée par *Calvin* et envoyée à Neuchâtel le 19 décembre. On ne possède pas sa protestation personnelle.

[13-14] Ce collègue était *Nicolas des Gallars* (p. 281, n. 10-11). Sa traduction latine du *Petit traicté de la saincte Cène de nostre Seigneur*, parut quelques semaines plus tard, avec une préface datée « Cal. Ianuar. MDXLV, » et dont voici le commencement :

N. *Lasius* [l. *Nicolaus Gullasius*] piis lectoribus S.

Libellum hunc pietatis et doctrinæ plenum *ante annos quinque Calvinus scripsit vulgari sermone...* (Cf. Cal. Opp. Brunsv. V, Proleg., p. LI.)

Il est possible que l'auteur ait mis la dernière main à cet ouvrage vers la fin de l'année 1539, époque où il était très préoccupé de maintenir la *Concorde* entre les églises de la Suisse et les églises de l'Allemagne (Cf. t. VI, p. 132-137). Mais il nous apprend lui-même qu'il l'avait composé en 1536. On lit, en effet, dans sa lettre à Vitus Theodorus, à Nuremberg, du 17 mars 1546 : « *Libellum... meum de cœna* tibi non displicuisse, vehementer gaudeo. *Scriptus gallicè fuerat ante annos decem.* Cum me inscio à duobus jam in latinam linguam versus foret, permisi tandem ut

incedam, ne graviter impingam in hanc aut illam partem. Fieri poterit, ut neutris satisfaciat. At causa non erit cur asperiùs quisquam accipiat quæ scribo.

Omnes nostri reverenter te salutant, *Collegæ, familia nostra et Nicolai*[15], quæ aucta est nuper *fratris mei* filiola. *Bernardinus* quoque. *David noster* scire cupit, num *vetus sodalis* redierit, et quid de conjugio speretur[16]. Vale, frater mihi amicissime. Saluta meo nomine fratres et amicos omnes cum tota familia. Genevæ, XIII Decembris. (1544.)

JOANNES CALVINUS tuus.

1421

JEAN CALVIN à Pierre Viret, à Lausanne.

De Genève, 15 décembre 1544.

Autogr. Bibl. Publ. de Genève. Vol. n° 106. Cal. Opp. XI, 804.

S. Non scripsi tibi per *Merlinum*, quòd verebar ne te domi in reditu inveniret[1]. Deinde nihil habebam quod tibi scribi,

ederetur, veritus scilicet ne deterior aliqua versio locum occuparet. » (B. F. Hummel. Epistolarum historico-ecclesiasticarum seculo XVI... scriptarum semicenturia altera. Halæ, 1780, in-8°, p. 39.)

On ne connaît, il est vrai, aucun exemplaire d'une édition française de cet ouvrage antérieure à l'année 1541. L'édition princeps de la traduction latine porte le titre suivant : « Libellvs | de Cœna Domini, | a Ioanne Calvino | pridem Gallica lingua scriptus. | Nunc vero in Latinum ser- | monem conuersus. | Genevae | per Io. Girardvm. 1545. » Petit in-8° de 71 pp. La dernière est en blanc.

[15] *Nicolas de Fer* ou *le Fert*, beau-père d'Antoine Calvin.

[16] Cf. la lettre de Farel à Calvin du 31 mars 1544, p. 195, lig. 1-4, et le N° 1359, lig. 1-3.

[1] *Jean-Reymond Merlin*, surnommé *Monroy*, était natif du bourg de Moirans, situé à 3 l. N.-O. de Grenoble. Nous avons lieu de croire qu'il avait écrit à *Guillaume Farel*, entre 1535 et 1538(?), pour lui demander s'il pourrait être employé à *Genève*, en qualité d'avocat, ou d'évangéliste ou de professeur. Il ne semble pas qu'il ait obtenu une réponse encourageante, même après que MM. de Berne l'eurent recommandé aux Genevois, le 10 avril 1540 (Manuel du dit jour). Il fut, de 1543 à 1544, pensionné pendant six mois par LL. EE., et employé, dès 1545, comme prédicateur temporaire pour les villages voisins de Lausanne.

meo quidem judicio, magnopere interesset. Consilio non indigebas. *Bernam*[2] nihil volebam. Quid inter vicinos nostros, hoc est in *Classe Gaiensi,* actum esset[3], putabam ab aliis tibi indicatum. Cæterùm si priores literas, quarum facis mentionem, recepissem, omnino scripturus eram. Sed vide cui eas commiseris : nam mihi non fuerunt redditæ. Interea *Capunculus libellum tandem illum quem ante biennium minitabatur, tanquam fulmen aliquod in me vibravit.* Nihil unquam insulsius vidisti, nec puerilius. Unum tantùm habet virile, quod me atrociter proscindit[4]. Statui, ipso præterito, ad fratres scribere, et de tanta petulantia apud eos graviter expostulare[5]. Talem enim bestiam responso qui dignarer ?

Quidnam Bernæ impetraveritis[6], et quo in statu sit ecclesia, *scire expecto.* Ex *Germania* nihil hoc toto mense ad me perlatum est. Hic frater, qui meas tibi reddidit, jam ante biennium hîc fuerat. Quoniam verò tunc satis inconsideratè se gessit, nunc culpam deprecatur, cupitque hoc totum ita sibi ignosci, ne quid in posterum recordatio sibi noceat. Habet in matrimonio sororem *Franciscæ, puellarum magistræ,* quam scis honestissimam esse mulierem, adeoque ex selectioribus[7]. Ejus quoque soror, quæ huic nupsit, mulier est, quantùm intelligo, sorore non indigna. *Cum hîc nuper esset Jendronius*[8], optabat Lausannæ esse idoneam aliquam matronam quæ ludum aperiret. Hac de causa, et simul ut videat num qua *istic* ratione possit vivere, hic ad vos proficiscitur. Colloquetur tecum : admonebis ut videbitur.

[2 et 6] Si Calvin était exactement renseigné sur les projets de son correspondant, il faudrait en conclure que deux ou trois lettres de *Viret* sont perdues. Celui-ci paraît s'être rendu à *Berne* en décembre et dans le premier tiers de janvier 1545 (Cf. sa lettre du 7 févr. suivant).

[3] La lettre de Viret du 7 février 1545 nous apprend qu'il y eut, dans la Classe de *Gex* [déc. 1544], une élection, selon lui, malheureuse : celle de [*Stephanus ?*] *Fontanus.* Cf. la lettre de Calvin du 23 septembre, p. 332.

[4] Dans la longue lettre de *Chaponneau*, il y a (p. 391 et suiv.) des critiques et des railleries amères, mais non des injures. Ce fut l'accusation d'hérésie qui exaspéra *Calvin.*

[5] On ne connaît que la lettre officielle des pasteurs genevois du 19 décembre.

[7] Le nom de famille de cette maîtresse d'école nous est inconnu.

[8] L'ex-prêtre de Lausanne *François Gindron* (IV, 233, 234 ; VI, 342). C'est par erreur que nous l'avons dit ancien chanoine (VIII, 70).

Cum à me commendationem flagitaret *Antonius, Franciscæ maritus,* ego de ejus levitate et illis actionibus parùm decoris quas memoria teneɔ, conquestus sum. Ad extremum scripturum me recepi in hunc tantùm finem, ut se tibi reconciliaret. Dixi quod res erat, *te implacabilem non esse :* si recto pede incedat, te illi fore adjutorem, quoad poteris. Vale, mi frater et amice integerrime. Nostri omnes te diligenter salutant, cum familia : quam meo etiam nomine salutabis. Genevæ. 15. Decemb. 1544.

JOANNES CALVINUS tuus.

(Inscriptio :) Fideli Domini nostri Jesu Christi ministro, Petro Vireto, Lausanensis ecclesiæ pastori, fratri et amico chariss.

1422

LE CONSEIL DE BERNE au Conseil de Lausanne.

De Berne, 16 décembre 1544.

Minute orig. Arch. de Berne. Ern. Chavannes. Extraits des Manuaux de Lausanne (1536-1564) p. 101.

Nobles, etc. Nous avons entenduz vostre lectre, datée ix de ce présent moys, faisante mention *des empôs que prétendés mettre sus les estrangiers qui sont venuz habiter en la ville de Lausanne,* etc., et par ces moyens recepvoir en bourgeoys, et les laisser jouyr et user de toutes utilités communes, etc. Sur quoy vous respondons et par mode d'ordonance advisons et establissons : Que des estrangiers qui doresenavant viendront pour habiter et faire résidence rière *Lausanne,* et user, jouir et gaudir des pasquiers, utilités et émoluments comuns, que un chescung d'eulx, s'ilz est par avant nostre soubgect, doye payer pour l'entraige x florin, et celluy qu'est soubgect des Ligues[1] xx florin, et ung estrangier xxx florin, — toutteffoys, avant estre receuz, monstrer bones et lectres et seaulx dignes de foy de leur nais[s]ance, s'ilz est procréé de légitime mariage ou bastard, et s'ilz est de libère et non servile ou talliable condition : lesquels

---

[1] C'est-à-dire, des cantons de la Confédération suisse.

talliables ou de servile condition ne debvés accepter pour habiter rière vous[2]. Item, que ung chescung ayt et monstre testimoniales comme et pour quelles raisons ilz est départy de son pays, et de sa renommée et conversation[3], etc. *En ce, voulons estre réservés : les prédicants, les maistres d'escoles, les professeurs, les escolliers, nous commissaires et tous aultres nous officiers.* Datum XVI Decembris 1544.

L'Advoyer et Conseil de Berne.

1423

Béat.Comte à Rodolphe Gualther, à Zurich.

De Lausanne, 18 décembre 1544.

Inédite. Autogr. Coll. Hottinger. Bibl. de la ville de Zurich.

Quæso te, Gualtere suavissime, ut statim ad nos advolare jubeas patrem *Jacobi Kriech,* qui mihi tantum dedit dolorem quantum nunquam pertuli mortibus meorum liberorum, siquidem quantò impensiùs illum amabam ac reddere doctum conabar, tantò tuli acerbiùs sublatum illum esse mihi. Verùm hac de re aliàs tecum agam pluribus, quando ita sum in præsentia perturbatus, ut neque quid agam neque quid aut quo modo scribam attendere possim. Vale, et huc primo quoque die parentem ipsius aut alium aliquem mitte. Hoc mihi solatio est : quòd Christiani estis, et scitis, imò docetis omnia geri à summo Deo circa nos mira quadam ac perpetuò adoranda providentia. Vale. Laus.[annæ] 15 calend. Januar. 1544.

Tuus ex animo
Beatus Comes Donzarensis.

D. *Bullingerum* salvere jubeo, ad quem scribam per eum quem ad me mittes, si Dominus dederit Deus.

(*Inscriptio :*) Doctissimo viro et mihi in paucis charo D. Rod. Galthero, Ecclesiæ Tigurinæ pastori vigilantissimo.

[2] Les habitants des « bonnes villes » du Pays de Vaud n'étaient pas soumis à la taille. En parlant de cette ancienne province des ducs de Savoie, un historien estimé a dit : « Aucune contrée de la domination de ces Princes

1424

LES PASTEURS DE GENÈVE à la Classe de Neuchâtel.
De Genève, 19 décembre 1544.

Mscrit orig. Bibl. des pasteurs de Neuchâtel. Cal. Opp. XI, 805.

Charitas Dei et gratia Christi et communicatio spiritus sancti vobis semper augeatur, fratres in Christo dilectissimi.

Quod à fidelibus ecclesiæ Dei ministris fieri oportuit, nos in vestra causa nuper à vobis rogati præstitimus : non aliter quàm in nostra fieri cuperemus. Deliberavimus enim non semel : et quamvis in promptu responderi posse judicaremus, tamen maluimus in conventus nostri diem id differre, ut omnium, si fieri posset, sententia rogaretur. Re iterum proposita, et ultro citroque disceptata ac versata in omnes partes, *nemo fuit omnino qui eam censuræ formam quam ad vos scripsimus*[1], *ut sanctissimam, non vehementer approbaret*. Hactenus enim ita usi sumus non sine magno fructu : eamque adeò necessariam putamus, ut sine ea diu non possit status Ecclesiæ consistere. *Ac vobis idem videri et scripta nostra probari non dubitamus : præterquam ab uno à quo intelligimus totam hanc tragœdiam commotam esse.* Legimus enim literas quas nuper ad *Calvinum* fratrem nostrum dedit[2] : quibus proterviæ ac temeritatis suæ insigne documentum præbet. Nam *non solùm consilia nostra fastuosè rejicit atque improbat : sed nos etiam aut pro pueris habet, aut Calvinum accu-*

ne renfermoit, dans un aussi petit espace, autant de bonnes villes, autant de gens libres et aussi peu de *serfs*. » (Nic.-Fréd. de Mulinen. Recherches hist. sur les anciennes assemblées des États du Pays de Vaud. Berne, Décembre 1797, p. 43.)

[3] A comparer avec la décision prise, le 25 septembre 1541, par les nobles et bourgeois de la ville de Cossonay, au sujet des « avenaires » (t. VII, p. 288, n. 5).

[1] Voyez la lettre du 7 novembre, qui peut servir à expliquer celle-ci. Les manuscrits originaux de ces deux lettres sont de la belle écriture latine de *Nicolas des Gallars*.

[2] Allusion à la courte lettre de *Chaponneau* (N° 1417, p. 384).

*sat falsi*³. Eum porrò tam stupido esse ingenio non existimamus, ut putet *Calvinum* suo arbitrio, non omnium nostrûm consensu et voluntate, scripsisse⁴. Ut enim *Farellus* vestro omnium nomine scripsit⁵, sic *Calvinus* nostro et consensu et mandato respondit. Stolidissimi esset hominis, id cujus manifestissimum apud se exemplum videt, in aliis non agnoscere. Quo fit ut perspiciamus nos omnes sub *Calvini* nomine peti et accusari. *Qua verò impudentia etiamnum bonus ille vir hiscere audet, nec potiùs culpam suam agnoscit? Cum ecclesiarum judicio sese summiserit*⁶, *audetne adversùs eas sic insurgere?* Improbitatis fortè suæ à nobis approbationem et confirmationem requirebat. An non intelligebat nos tales esse qui hominum protervæ et insolentiæ suffragari nec possimus nec debeamus : sed potiùs repurgandam talium errorum veneno Ecclesiam judicemus? An putabat nos assentatores, non Dei ministros esse, ut unius hominis vanitatem sancto Ecclesiæ instituto præferremus?

At clariora Scripturæ testimonia desiderat. Quid verò clarius quàm quod de reprehensione Petri et Pauli protulimus, de presbytero coram omnibus arguendo? Nonne hæc sunt Scripturæ exempla? Si Ecclesiæ veteris usum et approbationem requirit, videat quid in synodis provincialibus agebatur. Sed homini obstinato et contumaci nihil omnino satisfacere potest. Imbutum errore ingenium omnia posthabere solet. Ejus pertinacia nunquam eum rectè judicare sinet, aut intelligere quæ necessaria sint in Ecclesia gubernanda. Nonne turpissimum est pastori jam ætate provecto, qui se inter primos haberi vult, non animadvertere quantùm fraterna correctio, quæ omnibus sine discrimine mandatur, ab ea differat quæ pars est ecclesiasticæ politiæ? Minimè quidem arbitramur ipsum ita ignorantem esse, ut hæc non intelligat : sed apertè maliciam hominis reprehensionem ferre nolentis intuemur. *Arrogantiam ejus ac superbiam perspicimus : dum existimat aliquid de sua existimatione deperire, si à fratribus admoneatur.* Quanta verò stultitia

---

³⁻⁴ Cf. p. 385, renvois de note 6-8, l'accusation qui motivait ce grief des ministres de Genève. *Calvin* le fit valoir avec d'autant plus de vivacité, qu'il avait reçu carte blanche de ses collègues.

⁵ *Farel* avait envoyé à l'église de Genève la circulaire du 28 octobre.

⁶ Cf. le N° 1401, p. 347, renvoi de note 9.

aut potiùs insania est nolle à fratribus et collegis placidè hortantibus audire, quod postea à vulgo cum summo dedecore et ignominia, nec sine insigni ecclesiæ detrimento, audire cogamur.

Videmus hunc ex eorum esse numero qui blandè moniti fiunt deteriores : et in eos qui ipsis bene cupiunt, totis viribus, quasi furore perciti, nituntur irruere. Cum enim ipsum amicè ac fideliter monuissemus ut resipisceret, atque essemus conati lenibus eum verbis in viam reducere : non tantùm arroganter nos rejicit, et se obstinatiorem præbet : sed etiam nos petulanter lacessit, verborumque artificio[7] ludere ait, quòd firma Scripturæ testimonia non habeamus. *Comparationes Hieronymi in Vigilantium adducit*[8] : *ac si contendere potiùs quàm fidele consilium præbere voluissemus. Qualis verò est hæc hominis importunitas ? An cœtum nostrum rhetorum*[9] *aut sophistarum scholam, non ecclesiam Dei putat ?* An levis est hæc injuria adversùs pastores ecclesiæ Dei, ut malam causam verborum lenociniis tueri et defendere nitantur, potiùs quàm quod verum est docere? Non certè ita edocti sumus. Non ita spiritus ille veritatis quo nos regi confidimus nos aberrare sinit. Verùm causa ipsa æquissima satis seipsam tuebatur : nec verborum ornatum aut orationis leporem requirebat. Satis ipsi perspicitis *Calvinum nostrum* non in eo studuisse, ut scriptum illud verbis ornaret. Nec enim simpliciùs aut nudiùs scribi potuit, sed ut quàm apertissimè fieri posset, rem omnem patefaceret, distingueret, explicaret. Quod etiam ut faceret, majorem in modum ab eo petieramus. Sed *vester ille bonus vir,* æquissimus fortè eloquentiæ aut facundiæ judex, vult nos aut prorsùs barbaros esse, aut turgidis illis verborum ampullis et vocabulis sesquipedalibus uti, quibus scripta sua consarcinare solet.

Queritur etiam *quòd ipsius nomen subticuerimus, nosque ex industria dissimulasse ait.* Quasi verò tanta sit fama ipsius ut nobis omnibus possit notus esse : aut non potiùs cum nonnulli è fratribus illum nossent, parcere tamen ipsius nomini et famæ maluerimus, quàm cum dedecore et ignominia nominare. An ulli unquam sano homini jucundum fuit nominari, cum de

---

[7-8-9] Allusion à certains passages de la lettre de *Chaponneau*, p. 385. Il avait écrit le mot *Rhetor*, à l'avant-dernière ligne (après *nitteris convellere*), puis il l'avait biffé légèrement, de manière à le laisser très lisible.

errore aut scelere reprehenditur? Nisi fortè hic eorum sit similis, qui cum præclaris facinoribus famam sibi conciliare non possunt, rebus perperam gestis aut flagitiis nomen quærunt. Leniùs profectò et humaniùs quàm indocilem hominem decebat, ipsum tractavimus. Severiore et acerbiore objurgatione ei opus fuit. Sed ea à vobis proficisci debet. Veremur enim ne nimiùm ei ob senium indulseritis[10]: eoque sit insolentior factus. Satis perspectum vobis arbitramur, quò magis tales homines sibi indulgeri vident, eò majores spiritus ducere, et ita animo efferri, ut tandem sint intolerabiles. Nulla perniciosior in Ecclesia pestis est, quàm superborum ejusmodi hominum qui ita se amant, tantùm sibi indulgent, ut præ se nihili faciant omnes. Volunt eminere, estimari, in præcio haberi. Interim errorum suorum venena spargunt, nova moliuntur, ecclesiam Dei conturbant. Utinam, ut optat Paulus, tales abscindantur.

Non dubitamus quin iste multum vobis facessat negocii. Nec ei fidem adhibemus, cum scribit, servata unitate in vinculo pacis (sunt enim ejus verba[11]) *vos controversari.* Potestne is pacem servare qui adeò contentiosus est, ut neminem audire velit: solamque opinionem suam omnium et Scripturarum et ecclesiarum authoritati anteponat? Num animadvertit quid Paulus cum in omnibus Dei servis, tum maximè in pastoribus requirit, ne sint litigiosi? Non sic fortasse illum docuit superba illa et arrogans doctorum schola[12], quæ omnia dissentionibus implet, cœlum et terram commovet. Contumaces et fastidiosos illorum mores quibus et suapte natura et disciplina imbutus est non facilè deponit. Quod cum ita sit, non possumus aliter de tali homine, quàm arroganti et protervo et de ecclesiæ perturbatore pernicioso judicare. Quamobrem hæc ad vos scripsimus ut ejus pervicaciam et proterviam retundatis: atque ita reprimatis ut seipsum agnoscere et in viam redire cogatur. Desinat ecclesias lacessere, et intelligat eas plus ipsi sapere quàm ipsum sibi. Ne feces suas ampliùs commoveat: alioqui futurum ut ipse sibi perniciem exitiumque paret. Ne nos ampliùs, quod minatur,

---

[10] A comparer avec la p. 287.
[11] Ces paroles se lisent à la p. 385, renvoi de n. 8.
[12] S'agit-il ici de l'université de *Louvain*, ou de *la Sorbonne* (Cf. la p. 394, lig. 20)?

scriptis suis fatiget. Satis enim ipsum novimus, neque opus est ut abundantiùs virus suum effundat. Ne *Calvinum nostrum,* majoribus negociis, ut scitis, occupatum sua importunitate avocet aut impediat. Nunc seriò cum hostibus Dei pugnandum, et fortiter obsistendum esse perspicitis. Videte ne intestinis dissidiis avocemur. Quòd si apud nos talis esset, aut certè mores mutaret aut minimè eum toleraremus. Valete, fratres in Domino charissimi. Deus vos gratia sua perpetuò tueatur et protegat, donisque suis cumulet : ut vestro ministerio ipsius ecclesia conservetur et in dies augeatur. Genevæ 14. Cal. Januar. 1544.

P. Nynault.
Edmundus Megret.
Sorellus[13].
Lodoicus Cogneus[14].
Regalis[15].
Jacobus Bernardus.
Joannes Calvinus.

Nicolaus Gallasius.
Edmundus Champerellus.
Henricus a Mara.
Philippus ab Ecclesia.
Abel Pouppin.
Petrus Scluzanus[16].
Matheus Genestonus.
J. Ferron.
N. Petit[17].

(*Inscriptio :*) Fidelibus Domini nostri Jesu Christi servis qui in comitatu Neocomensi Christum annunciant, fratribus et symmistis charissimis.

---

[13] Voyez, sur *Pierre Nynault,* la p. 299, note 5. — *Edmond* ou *Aimé Mégret,* natif d'Auxerre, exerçait le saint ministère à *Moëns,* possession genevoise, enclavée dans le Pays de Gex. — Contrairement à ce que nous avons dit, p. 162, cette signature ne semble pas être celle de *Jacques Sorel.* L'initiale qui précède le nom de famille est plutôt un *G* qu'un *I.*

[14] *Louis Cougnie,* pasteur à Russin.

[15] *Jean Rey* ou *Régis,* pasteur à Draillans, au S.-O. de Thonon (Cf., dans les *Epp. et Resp.,* p. 367, la lettre de Calvin du 2 juin 1545).

[16] *Pierre de l'Escluse,* de Paris, pasteur à Neidens, territoire genevois enclavé dans le bailliage de Ternier et Gaillard.

[17] *Nicolas Petit.* Nous ignorons la date de son admission dans le clergé. Il fut d'abord pasteur à Genève, en 1544, puis, la même année, pasteur à Chancy (Cf. Archinard. Genève ecclésiastique, 1861). Pour les autres signataires, cf. l'Index des noms.

1425

GUILLAUME FAREL à Henri Bullinger, à Zurich.
De Neuchâtel, 20 décembre 1544.

Autographe. Bibl. de la ville de Zurich. Cal. Opp. XI, 809.

S. *Nuper ad Megandrum scribebam*[1], *ut pro conservanda hîc inter fratres disciplina nobis adesset istius ecclesiæ suffragio,* cujus autoritas non parva nobis est, et quod bene erexit multo labore non pateretur ruere[2]. Scio enim quàm difficile fuerit statuere aliquem ordinem, ut confusio et turbatus conventus non esset pro sancto conventu, fierentque omnia debitè. Displicuit nonnullis, qui tantùm proprio ferri volebant arbitrio, aliquid statui quo in ordinem cogerentur, et multò magis usus eorum quæ statuta fuerant, ut *Megander* coràm vidit, sed, ut par erat, noluit ob reclamantes impediri quod bonum erat. Cuniculis tentatum est ut abrogarentur quæ faciebant ad ædificationem ecclesiæ[3]. *Introducti fuerunt aliqui in ministerium indebitè, et aliquamdiu per malos adjuti hæserunt, non sine damno ecclesiarum. Sed tandem* propitio Christo *turpiùs ejecti fuerunt quàm intraverint*[4]. Ambitione conati sunt alii occupare ecclesias. Vix crederet aliquis tanta potuisse excogitari et ten-

---

[1] Allusion à une lettre perdue.
[2] On manque de renseignements précis sur les services que *Gaspard Megander,* jadis pasteur à Berne, avait rendus à l'Église neuchâteloise. Mais l'on ne risque pas de se tromper en disant qu'ils devinrent très opportuns pendant les années 1534 à 1538, où *Farel,* occupé à *Genève,* ne put que rarement visiter *Neuchâtel.* Nous avons vu que *Megander* contribua par sa présence au synode général des églises romandes, le 29 mai 1534, à faire voter des ordonnances ecclésiastiques qui complétaient celles que Neuchâtel avait acceptées en 1533 (Cf. le t. III, p. 187, 218, 288. — Ruchat, éd. Vulliemin, II, 520).
[3] Lorsque *Farel,* banni de Genève, reprit ses fonctions à *Neuchâtel,* il trouva l'église de cette ville dans un état très affligeant. Aussi écrivait-il à Calvin, au mois d'août 1538 : « Hic omnia sunt erigenda : nihil prorsùs est non dissipatum » (V, 82).
[4] Voici les noms de ces pasteurs expulsés : *Claude d'Aliod, Claude de Glantinis, Alexandre le Bel* (Cf. les Indices des t. V, VI).

tari ut pateret ostium ecclesiæ suæ malis. Sed hîc quoque Christus nobis adfuit. Demum alia et alia conantibus id visum est facilius si, correctione sublata et admonitione sopita, qui continentur in officio et veluti unum pergunt corpus, moribus ac vita, imò doctrina etiam dissidentes, dissiparentur. Quare *unus è nostro cœtu contradicere cœpit*[5]: *utinam tam vehemens et tanto studio ferretur in vitia damnanda et eradicanda, quàm est in bona re nobis, si possit, auferenda : quam omnes servant classes gallicæ, ut fratres omnes corripiantur, si quid peccarint in tam sacra functione,* si quid egerint in ruinam ecclesiæ et detrimentum Verbi. Hic *noster adversarius,* nullo facto inter eum qui personam gerit publicam et privatum discrimine, inter secretum et apertum peccatum, inter unius et multorum ruinam, non sine multorum damno nobis reluctatur, et dum malè Scripturam torquet, non tantùm nobis, verùm etiam Apostolis, imò ipsi quoque Christo est injurius, dum nullam patitur correctionem piam esse nisi secretam. Nulla officii, nulla ætatis, nulla potestatis, nulla ruinæ aut ædificationis hîc habebitur ratio, sed tantùm personæ, quasi in admonendo ministro non potiùs ecclesiæ quàm ministri ratio habeatur, et non magis ecclesiæ ædificatio quàm unius curetur. Sed ita oportet ejusmodi ingenia ferri, quæ non ecclesiis, sed personis, volunt prospicere. Siquidem hoc videtur tantùm : vivet ille istic commodè, amicus est, fiat ergo.

Existimo Megandrum, qui novit eos intus et in cute viros, qui gravatè jugum pontificium tulerunt et jam videbantur supra leges omnes esse assecuti, *cum nomine cellas illas charitatis*[6] *tibi et collegis indicasse, si redditæ isti fuerint literæ. Quod si non factum fuerit, dispicite, quæso, cum symmystis quid secundùm Christum judicaveritis agendum.* Et cum multa isti debeamus ecclesiæ, quo tamen officio non adjuti sumus à vobis? Hoc addetis propter Christum, qui, ut causa fuit initii omnium officiorum et perdurare fecit nos hactenus, ita efficiet ut nos memores grati vobis exoptemus ac precemur semper optima. Et

---

[5] *Jean Chaponneau.*

[6] Farel n'use guère de l'ironie, si ce n'est en parlant des mauvais pasteurs. On ignore qui étaient ceux qu'il qualifie ici de sanctuaires, de « chapelles de l'amour chrétien. »

quamvis in referendo pares nunquam esse possimus, tamen, ut Christus novit, de tanta ecclesia bene mereri cupimus, cum tam bene, imò quàm optimè de nobis semper merita sit. Hoc composito, pacem speramus nos habituros, in qua nos servet is qui pax nostra est, et inter nos et cum omnibus, in omnium ædificationem et Evangelii progressum.

Vale, mi *Bullingere* doctissime, et tecum omnes qui ministrant in Verbo et qui literis præsunt. Neocomi, 20 Decembris 1544.

FARELLUS tuus totus.

1426

CLAUDE VÉRON[1] au Conseil de Berne.
De Compesières, 24 décembre (1544).

Inédite en partie[2]. Autographe. Arch. du canton de Vaud.

Magnifiques, puissans et très redoubtez Seigneurs,

Nous avons esté informez de certain pourchas faict par Messieurs du *Parlement de Chambéry*, à l'instance de Mons*r*. le Procureur général, contre *Pierre Faure*, natif d'*Erben*[3] au duché de *Savoye*, à ce et pour ceste fin que par Voz Magnificences soit permys ès commissayres du dict Parlement de transporter hors vostre seignourie et juridiction le dict *Faure*, détenu en voz prisons pour cas civil, à l'instance du dict Procureur général. Parquoy ayans entendu que le dict captif n'est poinct atteinct ny convaincu d'aulcun villain cas méritant supplice extresme, — d'aultre part consydérans que si, par vostre permission, il est rendu ès prisons du dict Parlement, la peyne de mort pour-

---

[1] *Claude Véron* était déjà pasteur en 1542 dans la Suisse romande. Il servit d'abord l'église de Genève ; mais ayant été congédié en 1544 par les magistrats de cette ville, il entra au service de MM. de Berne (Cf. la p. 19, n. 19, le t. VIII, p. 207, et la lettre de Calvin du 25 avril 1545).

[2] Quelques passages de cette lettre sont cités dans l'ouvrage de Théodore Claparède intitulé : Hist. de la Réformation en Savoie. Genève, A. Cherbuliez, 1893, p. 164.

[3] Probablement *Arbin*, village situé au N.-E. de la ville de Montmélian.

royt ensuivyr, en tant qu'il s'est retyré soubz vostre chrestienne réformation, et en icelle a espouzé femme : à rayson de quoy sera atteinct par les dictz juges du crime qu'ilz appellent *hérésie*[4], joinct que, comme nous sommes informez de nostre frère *Françoys Gaillet*, prédicant de *Cholex*[5] au Mandement de Gaillard, le dict vostre captif a esté poursuivy, long temps a[6], pour la cause de religion et singulièrement l'an passé pour la mesme cause fut détenu prisonnyer en son Archevesché de *Lyon*[7] : qui luy pourroyt tomber en grand préjudice, — Vous supplyons très humblement qu'il ne soit aliéné de vostre juridiction : ains que si les dictz instans ont juste droict d'action à l'encontre de luy, la cause soyt vuydée en voz terres, et que par Voz Seignouries peyne luy soit adjugée selon le démérite du cas, et ce à celle fin, que ne soyez estimez consentans à la peyne qu'il pourroyt souffrir à cause de la Religion Chrestienne, s'il tomboyt ès mains des dictz poursuyvans.

A tant, Seigneurs très chrestiens, nous submettans tousjours à vostre obeyssance, prions le Prince Souverain qu'il vous maintienne et accroisse en bonne prospérité. De Compezières[8], ce 24 de Décembre (1544[9]).

Voz humbles subjectz prédicans
ès Mandemens de Ternyer et Gaillard.
C. Véron, ministre de Compezières,
au nom que dessus.

(Suscription :) A noz Magnifiques, puissans et très redoubtez Seigneurs Advoyer et Conseil de Berne. A Berne.

---

[4] Voyez Théod. Claparède, o. c., p. 154-161.

[5] *François Gaillet*, pasteur à *Cholex* (aujourd'hui *Choulex*) village du Chablais, avait, quelques années auparavant, prêché l'Évangile à *Crassier*, dans le Pays de Vaud.

[6] C'est-à-dire, il y a longtemps. On lit dans l'ouvrage de Th. Claparède : « a esté *poursuivy longtemps*, » ce qui amène un sens différent.

[7] Ce détail et la qualification de *messire* donnée au prisonnier (n. 9), permettent de croire que celui-ci, avant sa fuite de France, était homme d'Église.

[8] Hameau de la commune de Bardonnex, situé à 1 ½ l. au sud de Genève.

[9] Le millésime est déterminé par la lettre des Bernois « aux seigneurs tenants la Cour de parlement de Savoye » datée : « le pénultième jour de

1427

OSWALD MYCONIUS à Guillaume Farel, à Neuchâtel.
De Bâle, 23 et 26 décembre 1544.

Inédite en partie[1]. Autogr. Bibl. des pasteurs de Neuchâtel.
Cal. Opp. XI, 811[2].

S. *Satis foret responsum a Calvino et Argentinensibus*[3] *ad controversiam quæ movetur à fratre quodam apud vos, quàm par est inquietiore, nisi tu tantopere urgeres ut, præter responsum aliàs datum*[4], *adhuc responderemus clariùs.* Liceat verum dicere. Commovit hoc verbi, quod probat turbatori non satisfactum, nonnihil fratres meos : imò in tantum movit, ut jusserint me nihil aliud scribere quàm : Si nequeat esse contentus bona consuetudine quam usurpemus in ecclesia nostra, acceptam a D. *Oecolampadio*, viro doctissimo atque piissimo, valeat ! Non enim competere ut cujusvis duriciei, præsertim in negociis pietatis, occurratur pro voto. Nam scriptum esse : Si contuderis stultum in pila, quasi ptisanam feriente desuper pilo, non au-

---

Décembre, l'an prins à la nativité nostre Seigneur, 1545, » — ce qui veut dire : le 30 décembre 1544, d'après notre manière de compter.

MM. de Berne, dans cette lettre, offrent de punir « selon ses démérites... ung nommé *messire Pierre Faure*, détenuz en noz prisons de Ternier. » Mais ils refusent, en vertu de leurs us et coutumes, de le livrer à la susdite Cour. Nouvelle lettre des Bernois, à ce sujet, datée du 19 janvier 1545 (Minutes orig. Arch. de Berne).

[1] Voyez la note 30.

[2] Il y a deux rédactions autographes de la présente lettre. La première, datée du 21 décembre, se trouve dans la collection Hottinger à la bibliothèque de Zurich. C'est le texte que les nouveaux éditeurs de Calvin ont reproduit, parce qu'ils le croyaient identique à celui de l'exemplaire de Neuchâtel. Nous relèverons les principales variantes de la première rédaction, sans indiquer les changements que *Myconius* a fait subir, dans la seconde, à l'ordre des mots.

[3] *Myconius* ayant reçu une copie de la lettre de Calvin du 7 novembre, l'avait envoyée à *Strasbourg* (N° 1407, n. 1), et il croyait, avec raison, que les pasteurs strasbourgeois répondraient aux questions posées par l'Église de Neuchâtel.

[4 et 5] Lettre perdue.

feretur ab eo stulticia ejus⁵. Adjecerunt : Si absque motu graviore fieri possit, excommunicandum esse, ut qui resistendo palàm doceat, non se aptum esse promulgando Evangelio. *Hæc est sententia fratrum. Quæ sequuntur mea sunt*⁶: *quæ causa est cur ad te, non ad fratres, scribam*⁷.

Morem nostrum in prosynodis et synodis explicatum satis, epistola nuper missa⁸, planè puto : quamvis in prosynodis feramur liberiùs, eo quòd in synodis Deputati laici de Senatu, Præfecti quoque rurales adsunt : coram quibus non omnia fratrum vitia sunt exponenda, nisi pertinacia privatim monitorum cogeret. Liberè dico : Displicuit ante aliquot annos prosynodorum mos mihi propter hanc causam, quòd videbatur minùs fraternus, ut cui locus non erat per totum annum, nisi mox ante synodum. Interim autem vel doctrinæ scandalon, vel peccatum, aut saltem rumor peccati promanare ad ecclesiam totam et ad vicinas ecclesias poterat, non absque gravi jactura Evangelii. Sic igitur agendum mihi videbatur, ut cum primùm sinistri aliquid rumoris de fratre, quisquis ille tandem, ex[s]urgeret, frater qui istud audisset, in aurem protinus monendo insusurraret ei de quo rumor esset : non quidem ob aliud, nisi ut idem mox in exortu periret, nec deveniret ad laicos. Admonitioni si reus daret locum, efficiens ut evanesceret quicquid fuisset ex[s]uscitatum, sive verum, sive falsum, bene quidem. Si non daret locum, ut tum coram fratribus accusaretur et emendaretur. Quòd si ad hunc modum tractatus inveniretur contemptor, tunc tandem sisteretur toti Synodo et corriperetur, minis additis, si nihil acta forent profutura, excommunicandum esse. Hîc quia cavere tentabam ne evangelica doctrina malè ob presides ejus audiret, existimabam non aberrare me. Veruntamen ubi fratribus consuetudo vetus accepta ab *Oecolampadio* magis placebat, equidem facilè cedebam, ut cujus non est aliquid tentare contra collegas⁹. Atque ita manet adhuc institutum fraternæ censuræ vetustius.

*Ad fratres redeo*¹⁰. Intra synodos autem, dum [ali]quid accidit

---

⁵ Proverbes de Salomon, XXVII, 22.

⁶ Dans l'exemplaire de Zurich : Quæ sequuntur *ergo*, mea sunt.

⁷ Ces dix derniers mots ne sont pas dans l'exemplaire de Zurich.

⁹ La première rédaction ajoute : nisi compellar a Domino.

¹⁰ Ces trois mots n'existent que dans l'exemplaire de Neuchâtel.

censura properiori dignum, sic agere solemus. Convenimus parochi, præsertim si ex parochis est qui aliquid designavit, aut contra morem, aut contra honestatem : et deliberatione habita[11], proponit unus aliquis è nobis quod ad aures nostras pervenit, rogatque res ita se habeat, annon? Si respondet non ita habere, atque id rationabiliter persuadet, monemus ut speciem caveat mali, unde suspicio et rumor sint exorta. Sin compertum ex ore fuerit accusati, non sine causa rumorem ex[s]uscitatum, corripimus amicè et obsecramus desistat in posterum, ne nomen Dei malè propter ipsum audiat. Si gerat morem, inquimus, pro fratre simus agnituri. Si non gerat, pro nebulone, membro putrido et à corpore Domini amputando. Ut agamus ad hunc modum, Paulinum illud in causa est : « Omnia ad ædificationem fiant. » Et paulò post : « Omnia decenter et secundùm ordinem fiant. » Nam hæc si fuerint diligenter observata, potestatem habent episcopi traditiones in Ecclesia faciendi, quæ pertinent ad bonos mores et pietati non sunt contrariæ.

Atqui rogabit forsitan ille vester adversarius : Curnam hîc non potiùs utamur instituto Domini quod est Matth. 18? Breviter respondeo : Quod Christus tradidit generale est, ad Ecclesiam totam pertinens. Quo nos utimur speciale est, ad ministros solos spectans, quorum conversatio talis esse debet, ut vel specie careat mali. Quamobrem in tempore dum est occurrendum ad rumores peccatorum, ne dicam ad peccata, non est tamdiu connivendum, ut ad flagitia reliquorum : et id quidem, ne doctrina contaminetur aliquo modo. In ratione Domini præterea censores adhibentur laici. Quantò igitur melius sit ut fratres inter se invicem corrigant, illis non adhibitis, quis nescit? Et veluti prævenimus speciali hac correctione, aut saltem prævenire studemus[12], formam Domini præscriptam, ne quis publicè sit denunciandus qui aliquando præfuit[13] evangelio Christi, — Pauli exemplum rectè *Calvinus* adaptat in reprehensione Petri : qui quidem, dum esset reprehensibilis, coram omnibus reprehendebatur, statim ut Petrus id fuerat commeritus. Quod Paulus igitur[14], annon licebit etiam in ecclesia nobis, si idem cum eo

[11] Exemplaire de Zurich : deliberatione *aliqua*.
[12] Ibidem : prævenire *studium est*.
[13] Ibidem : ne *quando* publicè sit denunciandus qui præfuit Evangelio.

finis fuerit propositus: cavendi scilicet periculum? Hîc autem munit nos Paulus, ne quis dicat: Num Christo velimus esse prudentiores? postquam corripiendo Petrum, adeò magnum apostolum, de Christi mandato ne cogitat quidem. Puto nihil hîc habere *vestrum illum* quod possit objicere, præter pertinaciam, qua tamen, si voluerit uti pertinaciter[15], coram Domino loquimur[16] non esse dignum qui frater adpelletur.

Ad *objectiones*[17] postquam *Calvinus* respondit satis, nescimus[18] si opus sit ut aliquid adjiciamus[19]. Quanquam interim est quod tam exactè non rimamur[20] ut fecit *Calvinus,* vir naris emunctissimæ. *Articulus* enim *primus,* ubi dicit: Correctionem fraternam actum esse charitatis, si positus est ut generalis, non est ut contradicamus[21]. Ut enim fratrem, id est Christianum, dehortemur à malo et adhortemur ad bonum, nihil est quod verè nos ex[s]timulet, si charitatem exceperis. Atque ita, quæ sequuntur etiam, negare non possumus: correctionem illam esse præceptum Dei, atque melius esse corrigere fratrem, quàm vel cibare, vel vestire. Quod si præceptum est, constat quòd neminem non obligat.

Articulus secundus præteritur a *Calvino,* sicut etiam à nobis præteriri posset: nam ingenuè fatemur ignorare nos ejus Dialecticen. Contrarium dicere possemus[22]: Adfirmativum est, igitur pro omni tempore obligat: id est, quotiescunque frater opus habuerit correctione[23].

Articulum tertium ex proximo infert: quo negato, et illatio-

---

[14] Ibid.: Quod Paulus igitur *fecit.*

[15] Ce *pertinaciter* ne figure que dans la seconde rédaction.

[16] Ex. de Zurich: coram Domino *dico.*

[17] Ibidem: *objectionem ejus.* [18] Ibid. *nescio.* [19] Ibid. *adjiciam.*

[20] Ibid.: quod non tam exacte *rimor* ut fecit Calvinus.

[21] Ibid.: non *habeo quod contradicam.* — La substitution de la 1re personne du pluriel à la 1re du singulier, dans cette partie de la lettre, ne pourrait-elle pas s'expliquer de la manière suivante? Les pasteurs de Bâle, après avoir lu la lettre de *Myconius* du 21 déc., lui auraient dit: Elle rend bien notre pensée. Faites-en donc une copie et envoyez-la à Farel, *en notre nom. Myconius* se serait vu ainsi autorisé à écrire, au-dessous de sa signature: « *fratrum Basiliensium nomine,* » indication qui n'existe pas dans la lettre du 21 décembre.

[22] Exemplaire de Zurich: Contrarium *ego dicerem.*

[23] Ibid. La phrase finit sans le mot *correctione.*

nem[24] falsam esse palàm est. Errat autem in fine correctionis fraternæ statuendo, sicut *Calvinus* adserit. Nam non solùm fratris emendatio, sed etiam ecclesiæ quæritur utilitas, nempe ne scandalum à fratre, cujus peccatum adhuc latet, ponatur. Vel si palàm est peccatum, ut eadem gaudeat de correcto et emendato, et inde magis etiam sibi caveat in posterum.

De *articulo quarto* satis *Calvinus,* et nos paulò antè sententiam nostram exposuimus[25].

Articulus quintus de peccato fratris notorio, videtur planè positus inconsyderatiùs, ne quid dicam aliud. Quis enim de correctione sic audivit unquam, ut videlicet quis admoneatur ob peccatum jam cognitum? Annon Paulus scribit : Si quis, cum frater adpelletur, fuerit scortator aut avarus etc., cum ejusmodi ne cibum quidem capiatis? Quamobrem in hac sententia semper fuimus[26]: Peccata notoria excommunicanda esse. Et nisi Magistratus sua pœna vel mulcta nos interdum preveniret, jus Ecclesiæ prosequeremur. Verùm pœna irrogata non vult, ut duabus, quod dicitur, virgis aliquis cædatur. Quamvis interim multatus, si voluerit ad Cœnam admitti, cogatur cum Ecclesia reconciliari.

In *ultimo articulo* vir ille, oblitus ejus quod nemo Christianus nescit, non scribit prudenter. Videtur enim ignorare velle, unum corpus, unam sanctam ecclesiam esse catholicam. Quòd si verò particulares ecclesiæ multæ sunt, communio tamen est sanctorum. Hinc frater denunciatus in una ecclesia particulari, denunciatus est in tota universali. Quid igitur velit, non satis compertum est.

Hæc sunt quæ, quanta potuimus brevitate, ad petita respondemus[27]. Aliorum scripta, ut sunt copiosiora, ita et doctiora[28] et efficaciora, et nimirum utilitatis majoris. Nos damus quæ possumus : tu boni consulas. Vale cum fratribus piis omnibus[29]. Basileæ. 23. Decembr. anno 1544.

Os : MYCONIUS
fratrum Basiliensium nomine[30].

---

[24] Ibid. : *illatam* falsam esse.

[25] Ibid. : *sententiam meam exposui.* C'est encore une allusion à la lettre de Myconius qui est perdue (renv. de n. 4, 8).

[26] Dans la première rédaction : Quamobrem *ego cum fratribus* in hac sententia semper fuimus.

IDEM. *Dum hæc scribo, significat Sultzerus, tragœdiam Bernensem esse pacatam* ita ut omnia meliùs quàm pro opinione ceciderint[31]. *Tragœdia nova quæ est exorta inter Lutherum et Tigurinos,* eripiet aliquando nobis Evangelium, nisi magno miraculo Dominus præpediat. Maneamus in statione commissa, et Dominus erit nobiscum. Si scandalum non esset, equidem propter contentionem manum non verterem : novi enim cui crediderim : is me servet rogo in finem. Vale iterum, et Dominum pro me mutuiter orato.

Priùs quàm clauserim has, *venit à te epistolium quartum*[32], propter quod addenda hæc. De *Concilio Tridentino,* ne verbum quidem audio[33]. Putat *Bucerus* in Comitiis[34] de religione nihil actum iri. Nostri nihil postulabunt : adversarii manibus et pedibus obsistunt ne quid agatur. Divinato quid hæc sibi velint. *De vestra causa,* ex *Argentina* nihil ad me scribitur. A *Tigurinis* nihil spero quod ad me mittatur : odio prosequuntur enim, quòd persuasi sunt me favere *Bucero* atque adeò *Luthero,* quàm ipsis magis[35]. Interim tamen ego quæ commisistis ad illos dimisi, et literas *Calvini* egomet descripsi, unà cum articulis adversarii vestri[36]. Audio *Lutherum* a *Cæsare* vocatum ad Comitia[37] : contrà id quod modò scripsi de *Buc.[ero],* puto fabulam esse[38]. Dominus vos juvet. Vale tertiò. Ipsa die Stephani[39].

(Inscriptio :) D. Gulielmo Farello, pio et docto ministro Ecclesiæ Neocomensis, fratri in Domino venerando suo.

[27] Ibid. : quæ quanta *potui* brevitate ad petita *rescribo.*

[28] Ibidem : *elegantiora.*

[29] Ces deux derniers mots sont absents de la première rédaction, qui est datée : « Basileæ Thomæ a. 1544. » Les nouveaux éditeurs de Calvin disent en note (p. 814) : « 21. Dec., non 23 ut legitur apud Kirchhoferum, Farel, II, 76. » — Kirchhofer (Farel's Leben) ayant suivi le manuscrit de Neuchâtel, a été très exact en adoptant la date du 23 décembre.

[30] Ces trois derniers mots, la signature et l'adresse manquent dans l'exemplaire de Zurich. Le texte des *Calv. Opp.* se termine par la date 1544. La page qui suit, dans le manuscrit de Neuchâtel, est donc inédite.

[31] Cf. la lettre de Sultzer du 7 novembre, p. 358, et celle de Viret du 7 février 1545.

[32] Nous ne connaissons aucun de ces quatre billets de *Farel.*

[33] Le 19 novembre précédent, le pape Paul III avait publié une bulle qui convoquait le Concile à *Trente* pour le 15 mars 1545.

[34] La prochaine diète de Worms.

1428

JEAN CALVIN à Pierre Viret, à Lausanne.

(De Genève) 25 décembre (1544).

Autogr. Bibl. Publ. de Genève. Vol. n° 106. Cal. Opp. XI, 814.

Promiserat quidem *Christophorus,* hic se die lunæ proximè elapso futurum[1]. Nescio quid obstiterit quominus veniret. Adhuc cum expecto. Ubi venerit, audiam ex eo quæ mihi ab eo narrari maluisti, quàm ipse scribere. Ubi audiero, si operæprecium videbitur, ad te scribam. Quanquam alioqui omnino scripturus sum, vel hac una causa, ut fratrum nomine vobis de *Stephano*[2] respondeam. Simul mittam *libellum Capunculi*[3] unà cum literis[4], ut *Neocomum* vel ipse in reditu[5] perferas, vel per alium mittendas cures. Verùm audito *Christophoro,* si quid erit cujus te admonendum censuerimus, faciam in tempore. Vale, mi frater et amice integerrime. *De nuptiis Comitis* rumor huc manavit, nescio an falsus, certè mihi bonisque parùm jucundus[6]. Cupio

---

[35] A comparer avec la p. 245, note 16.

[36] Myconius avait copié et envoyé à Strasbourg la lettre de Calvin du 7 nov. et les six articles ou thèses de Chaponneau (p. 349-350).

[37] Il est à peine nécessaire de dire que c'était une fausse rumeur.

[38] On ignore l'objet de cette allusion.

[39] La fête de saint Étienne martyr se célèbre le 26 décembre. Myconius, ayant achevé sa lettre le 23, dut probablement attendre jusqu'au 26 pour trouver un messager sûr.

[1] *Christophe Fabri* avait promis à Calvin d'être présent à Genève le lundi 22 décembre.

[2] Il s'agit sans doute ici du *Stephanus* mentionné par Calvin dans sa lettre du 23 septembre (p. 332, note 4).

[3-4-5] La longue dissertation de Chaponneau, sa lettre de la fin de novembre, et celle des pasteurs de Genève du 19 décembre (N°s 1419, 1417, 1424). Viret était prié de remettre ces trois manuscrits à ses collègues de Neuchâtel, en revenant de Berne.

[6] La première femme de *Béat Comte* était morte dans la nuit du 3 au 4 août 1544. Il se remaria le 15 février 1545. Ces détails fixent le millésime de la présente lettre.

equidem var'im esse. Saluta fratres diligenter, et tuam familiam. 25. Decemb. (1544).

JOANNES CALVINUS tuus.

(Inscriptio :) Petro Vireto, Lausanensis ecclesiæ fido pastori, fratri et amico integerrimo.

1429

LES PASTEURS DE STRASBOURG aux Pasteurs de Neuchâtel.

De Strasbourg, 29 décembre 1544.

Mscrit orig. Bibl. des pasteurs de Neuchâtel. Cal. Opp. XI, 815.

Gratiam et pacem a Domino, observandissimi et charissimi fratres. *Quanquam nostro vos responso opus non habeatis, tamen cum debeamus vobis omnia, hoc rogati detrectare officiolum indignum nostra mutua charitate existimavimus. Morem instaurandi et confirmandi cum studium collegarum in sacro munere, tum etiam existimationem eorum apud ecclesias, de quo inter vos disputatis, vidimus observari,* etiam apud alia quàm ministrorum ecclesiæ collegia, *Tiguri, Bernæ et aliquot aliis in ecclesiis in synodis.* Fatemur sanè ea, quibus is frater qui morem hunc non probat, moveri videtur, facilè incidere posse, si non syncera obtineat regatque omnia charitas. Facilè enim vel excludentur à fraterna admonitione erga ministros qui ex plebe ad eam rem idonei sunt, et cleri ordo à laica communione nimiùm alienabitur, vel imperitiores ex ministris ad contumeliam, vel etiam calumniam, abutentur hac judicandi reprehendendique licentia, et quod institutum est ad sacri ministerii instaurationem valebit ad ejus destructionem. Atque ideo Satanæ, ne vel alterutra vel utraque via irrepat, diligenter providendum est. Attamen *dum omnia coram Domino, quanta possumus diligentia, omni personarum respectu secluso, consyderamus et expendimus, non possumus non probare morem illum, fratres sacro ministerio deputatos ita subinde probandi preficiendique*[1].

---

[1] Dans l'édition de Brunswick : *perficiendique*. Nous y avons noté quelques variantes.

Verbum Domini quod huc nos deducit, est id quod requirit religiosè probare qui administrandis ecclesiis debent præfici, esseque ipsos inculpatos et bonis testimoniis ab omnibus commendatos, esse in omni pietate exempla gregis, atque in his ita proficere quotidie, ut progressus eorum manifestus fiat omnibus. Attende, inquit apostolus, lectioni, exhortationi, doctrinæ : ne negligas donum quod datum tibi est per prophetias cum impositione manuum presbyterii. Hæc cura, in his esto, ut progressus tuus manifestus fiat omnibus. Jam certum est, studium hoc admonitione fratrum et collegarum in sacra functione excitari multùm posse, et fratres singulos hoc sibi officium charitatis invicem debere, quod Paulus præstitit discipulis et collegis suis, Timotheo, Tito et aliis, de quibus sollicitus fuit, ut proficerent, in quos inquisivit, quos etiam exploravit. Ad Corinthios misit Timotheum et Titum, ut cognoscerent et emendarent si quid vitii obrepsisset, et urgerent pietatis officia in quibus illos deprehendissent cessare. Ipse de suo adventu Corinthiis scribens, Veniam, inquit, citò, si Dominus velit, et cognoscam non sermonem eorum qui inflati sunt, sed virtutem. Unde verò id[2] cogniturus erat ? Indubie eo quo[d] animadversurus erat in tales virtute spiritus sancti aliquanto severiùs, at non nisi in convictos inflationis suæ. De his verò cum delationem à familia Chloës absens admisisset, quis dubitet etiam præsentem postea in eos inquisivisse ? Precabatur idem apostolus a Domino ut videret faciem Thessalonicensium, quò suppleret ὑστερήματα πίστεως αὐτῶν, quæ deerant fidei illorum : orabat ipsis augescentem et redundantem charitatem, ut et ipsi sua invicem et omnium corda confirmarent, quò essent irreprehensibiles in sanctitate coram Deo. Eadem de causa miserat ad eos Timotheum, hocque officii illis coràm ipse antè ita præstiterat, ut tanquam pater filios suos adhortatus fuerit et consolatus, et obtestatus quò versarentur dignè coram Domino.

Hæc quidem, quia officia charitatis sunt, omnium Christianorum sunt : at quia à ministris Dominus requirit ut cunctis se in omnibus quæ pietatis sunt, exempla præbeant populo, id etiam in hoc genere officii studere debent, ut piam scilicet gerant sollicitudinem omnium quidem, hoc autem magis sui ordinis, minis-

---

[2] Ibidem, le mot *id* est supprimé.

trorum et collegarum, quò illos præire magis et prælucere cæteris in omni genere virtutum et officiorum necesse est, eamque sollicitudinem, ut studiosè etiam inquirant, si quis infirmetur, si quis aliquid peccarit, aut in periculo peccati versetur, si in officio suo cesset. Quis enim pater non ita inquirat de filiis, quæ nutrix non de alumnis suis? Atqui nullus pater, nulla mater, nulla de natis et infantibus suis, nulla nutrix de alumnis suis ita potest sollicitè inquirere ut res illorum habeant, quid valeant, quid periculi impendeat, ut id fratres, ut membra in Christo decet, etiam quælibet, nedum primaria, uti sunt ecclesiarum pastores. Et quoniam nemo non cerebri, non cordis, non oculorum majorem gerat sollicitudinem quàm musculorum vel digitorum, quibus læsis tamen non ita magno corpus incommodo afficitur, ita quis rectæ fidei non agnoscat ministros ecclesiæ talem sollicitudinem et de se ipsis invicem inquisitionem cumprimis debere, ut quibus santibus tantùm in sua functione, nedum contra eam peccantibus totum corpus ecclesiæ, corpus Christi, lædi graviter oporteat?

Nec certè verendum ut hæc mutua inquisitio et cura aliquid incommodet, ubi ea inter veros Christi ministros exercetur. Quis enim vivens in charitate et vera membrorum Christi communicatione tam præclarum germanæ charitatis officium non gratissimo animo exciperet? Quis enim sibi uni sufficiat? quis in suis delictis et morbis non cæcutit? quis non perpetuis monitoribus et excitatoribus indiget? Si morbo aliquo vel calamitate adfligimur et fratres nos solatio inspectionis et admonitionis de remediis, si quid possint, destituant, certè excusationem illam non recipimus : Nesciebam te laborare, ignorabam te ita premi. Eam scilicet, inquimus, curam mei geris, sic me amas, tam sollicitè de me et rebus meis inquiris! At quis morbus, quæ infirmitas, quæ calamitas gravior et perniciosior, quàm detineri peccato, quàm cessare in officio nostro, quàm facere contra officium?

Sed secretò et privatim moneri fratres Dominus jubet. Rectè, si quid illi secretò et privatim in te scilicet peccarint. Quid autem si frater nondum quidem peccavit, sed impendeat ei periculum peccati, id quod aliis notum sit, tibi notum non sit, aut non æquè notum? Quid etiam si peccatum jam non tantùm in te, ut tu unus ejus conscius sis, sed in multos commissum sit, hoc est, etiam aliis consciis, et forsan aliis magis consciis? Atqui vim singularem habet reprehensio quæ fit coram fratribus omnibus et ab omnibus. Nostis exemplum Pauli reprehendentis Petrum, et præceptum jubentis incestum Corinthium increpari ab omnibus. Item præceptum ejus ad Timotheum, reprehendendi eos qui peccarunt, coram omnibus. Latissimè sanè[3] patet cura illa pastoralis descripta ab Ezechiele, quærere quod periit, reducere quod aberravit, obligare quod fregit aliquid, confirmare quod infirmum est, pascere quod sanum est. Sed, ut nulla sit causa corrigendi et instaurandi fratres et ad proficiendum eos incitandi, ob quas causas talis in fratres facienda sit inquisitio (quæ tamen causæ in nullo quamlibet sancto collegio unquam defuerint), tamen causæ abundè satis fuerit, cur omitti talis inquisitio non possit, comprobatio sacri ministerii, et progressus cujusquam manifestatio mutuæque charitatis ex hoc officio charitatis corroboratio, quæ omnino ista mutua inquisitione et admonitione perficitur, ubicunque verorum ministrorum Christi cœtus coit. Ethnici tamen agnoverunt ejusmodi in amicos inquisitionem et mutuam admonitionem esse germanæ amicitiæ proprium ac præcipuum officium.

Quàm indignum igitur sit illud negligi ab iis qui soli veram amicitiam norunt et colunt, a Christianis, indignissimum autem à ducibus et magistris Christianorum! Et ut hi singulariter sese invicem agnoscant, suaque inter se concilia propria habeant, nemo non dubitabit esse in officio hujus ordinis, qui considerarit hoc et prophetas, qui suos peculiares choros habebant, et apostolos atque presbyteros apostolicos tam studiosè observasse, tum maximè Dominum ipsum primum hujus singularis et arctioris[4] societatis in Levitis exemplum et præceptum dedisse. Cavendum modis omnibus est ut cleri et laicorum ea discretio fiat, ut laicis aliquid subtrahatur doni Christi, cujus queant capaces esse, ut ulla ab actione et judicio ecclesiæ, ad quam præstare aliquid possunt, submoveantur, ut fecerunt Antichristi: rursus autem ea etiam caveatur cleri cum plebe confusio, ut per plebis imperitiam affectusque crassiores, exactiora impediantur in clero spiritus sancti consilia et necessariæ de rebus

---

[3] Éd. de Brunswick : *sanè* est omis. [4] Ibid. *auctioris* societatis.

Domini deliberationes et judicationes. In Actis videmus ut graviores causas apostoli cum senioribus primùm excutiebant antequam ad reliquam ecclesiam eas referrent, et habebant tamen longè instructiorem spiritu plebem quàm nunc habeamus[5].

Summa nostræ fidei de hac quæstione est : Quicunque fratris vel ipsum peccatum vel periculum etiam peccati occultum cognoverit, is fratrem secretò admoneat et instauret. Interim tamen, quia non satis observare nos ipsos invicem possumus, et nostrum ministerium tam multa requirit, habeantur tempestivi conventus, inquiratur exactè in singulos, indicent[6] etiam singuli quicquid existiment in fratribus emendandum, adhibeatur correctio ab omnibus, vindicetur etiam innocentium fratrum existimatio, comprobetur ministerium omnium. Quod certè mutua hæc inquisitio et admonitio fratrum egregiè præstabit, siquidem ex charitate vera omnia fiant, quæ arcebit omnem et contumeliam et calumniam, etiam omnem intempestivam fratrum contristationem. Et si quid etiam, ut multa est omnium infirmitas, in his non fiat satis candidè aut non satis prudenter ad ædificationem institutum, hoc emendent fratres cordatiores : opus verò hoc tam sanctum et salutare ecclesiis propterea ne intermittant neve fastidiant. Institutum hoc pervetus est, imò dum ecclesiæ ritè administrabantur perpetuum, in omnibus synodis et visitationibus ecclesiarum religiosè observatum : quare à spiritu sancto profectum dubitare irreligiosum sit, præsertim cum tam clarè pateat quantùm ad ædificationem pietatis conferat.

Dici profectò non potest quàm salutare sit fratres in Domino sæpe convenire et agere id quod agere semper debemus, ut instaurent se in pietate, in vita Dei, quod certè sine acri excussione conscientiarum et vitæ cujuslibet fieri non potest. Cogitemus quæ sit et quid valeat communicatio membrorum Christi, quàm etiam simpliciter in conspectu Domini in talibus cœtibus præsidentis agere oporteat, quàm nuda et retecta esse omnia nostra conveniat. Dominus det vobis, optatissimi fratres, et in hac et in rebus omnibus Christi, idem et sentire et loqui, et sentire atque loqui quæ sunt[7] certæ ædificationis et synceræ charitatis, quæ ita complectitur commembra Christi omnia, ut

---

[5] Ibidem : *habemus.* [6] *iudicent.* [7] *sint.*

cuique tamen suum actum tribuat et conservet. Conjuncta enim esse debent, confusa esse non debent. Orate pro nobis et nostro ministerio. Optamus vos optimè valere. Datum 29 Decembris anno 1544.

D. CASPAR HEDIO.
D. MARTYR Florentinus, professor theologiæ.
THEOBALDUS NIGRI, parochus S. Petri sen.
PAULUS FAGIUS, pastor S. Petri junioris.
JOANNES LENGLINUS, pastor S. Wilhelmi.
VALERANDUS POLLANUS, minister Eccl. gallic.
M. BUCERUS.

(Inscriptio :) Venerandis et optimis fratribus Christum Neocomi docentibus.

[POST-SCRIPTUM[8]:]

G. et P. Quo die priores ad vos, colendi fratres, dedimus, recitata sunt nobis hæc proposita. Nunc ergo et ad illa accipite sententiam nostram[9].

USUS ECCLESIÆ.

Censura ita peragitur. Censendus egredi jubetur : quo egresso petit decanus à vicinis censendi quid norint in fratre quod palàm offendat ecclesiam, unde impediatur ædificatio ecclesiæ, et pastoris ministerium vilipendatur, tum propter ipsum tum propter suos[10].

Hoc non dubitamus esse proprium officium veræ charitatis et communionis præstantiorum membrorum in corpore Christi, administrantium scilicet religionem Christi et rectè zelantium pro ecclesia, ut ministretur ei ad ædificationem.

Demum generatim ab aliis petitur quid putent dignum cujus frater admoneatur. Ubi omnes suffragium tulerint, evocatur

---

[8] Ce *Post-Scriptum* est une pièce séparée, écrite après l'envoi de la lettre précédente (Cf. le renv. de note 9), et il reproduit *les Thèses de Chaponneau*. Chacune de celles-ci est suivie des observations des pasteurs strasbourgeois, qui sont, dans l'original, complétées çà et là par la main de *Bucer*.

Farel a numéroté les susdites Thèses, en copiant le *Post-Scriptum* sur la dernière page de la lettre strasbourgeoise du 29 décembre.

[9] Ces trois lignes, écrites par *Bucer*, sont omises dans l'édition de Brunswick.

[10] Ce sont les termes mêmes de la circulaire de Farel du 28 octobre.

frater, et juxta conclusa per fratres candidè et amicè admonetur ut sanctè officium faciat et ecclesiam ædificet.

Christus Dominus est in medio eorum qui suo nomine conveniunt, quare non dubitamus istam admonitionem nomine omnium, imò Christi, factam magnopere efficacem esse.

Adducta per contradicentem. *1. Correctio fraterna est actus charitatis, sub Dei præcepto cadens, à cujus obligatione neminem eximendum ducimus.*

Verum : sed duces populi Dei debent in præstando hoc officio charitatis cum erga omnes, tum maximè erga se invicem, quos omnium inculpatissimos esse oportet, aliis præire.

2. Præceptum fraternæ correctionis, cum sit affirmativum, non pro quolibet tempore obligat.

Verum : tamen adeò diligenter adhibendum est hoc charitatis officium, ut plærique sint et importunè et opportunè objurgandi.

3. Licebit igitur correctionem, cujus finis est fratris delinquentis emendatio, non solùm differre, sed et nonnunquam prorsùs ab ea abstinere.

Hæc consequentia quomodo valeat : non est necesse fratrem quolibet tempore monere, ergo licebit nullo ? Dum frater est et peccat, certè[11] monendus est, et quàm primùm id cum spe aliqua emendandi facere licet. Quæ spes etiam magis in Dei jussu, quàm fratris commoditate ponenda est. Quærere quod periit et servare, opus est, quod differre vera charitas non patitur. Finis quoque hujus admonitionis non sola fratris emendatio est, verùm etiam disciplinæ communis conservatio.

4. Juxta Christi præceptum : Si peccaverit in te frater tuus, etc., monitio secreta publicam debet præcedere denunciationem.

Verum in occultis. Talis tamen sancti et arctioris cœtus, cujus esse debet una anima, nedum unum cor, admonitio à verè pio fratre non potest aliter quàm ab ipso Christo profecta excipi, gratior tantò qualibet privata.

5. Quisquis christiana charitate afficitur erga fratrem, vel notorio peccato laborantem, sanctè fecerit, si eum primò clàm monuerit. Deinde non audientem, præsente uno atque altero teste juxta ordinem a Christo præscriptum, iterum admonuerit, ac tandem iteratis monitionibus non cedentem ecclesiæ denunciaverit.

---

[11] Édition de Brunswick : *recte* monendus est.

Hîc cogitetur quid dicat spiritus sanctus : peccantes coram omnibus reprehende. Tamen charitas et privatim conabitur fratrum manifesta vulnera sanare. Talem tamen et tam propriam primariis membris in Christi corpore admonitionem, quæ per cleri cœtum fieri debet, nisi planè correctum sit quod peccatum fuit, ac ecclesiæ quoque[12] de eo satisfactum, nemo verè diligens Christum, ecclesiam, fratrem, non pia sua delatione adhibendam curabit.

6. Non est quævis ecclesia apud quam facienda est denunciatio, sed ea cujus membrum est qui sic contumax perseverat.

At cujus ecclesiæ veræ[13] Christianus membrum non est? Collegium ministrorum ecclesiæ utique ecclesia est. Partes ecclesiæ homogeneæ sunt. Collega collegii[14] membrum est. Et quis neget ad eos commodissimè delationem fieri qui præ aliis judicare valent?

Fratri qui has propositiones posuit optamus rerum intellectum pleniorem et zelum ardentem communionis spiritus sancti et membrorum in corpore Christi : deinde dignam existimationem sacri ministerii et rectum studium, ut illud irreprehensibile et fructuosum ecclesiis præstetur : postremò agnoscere quàm necessarium et salutare sit, in nos fratres quovis modo inquirere et animadvertere, nos corrigere, instruere, quibus remediis iis ferè semper maximè opus est qui ea minùs expetunt. Dominus ipse vos doceat et apud vos conservet religionem communionis suæ et mutuæ ædificationis. Amen.

M. Bucerus, nomine fratrum Argent. in prioribus subscriptorum[15].

---

[12] Ibid. Les deux mots suivants sont omis.
[13] Ibid. *vere* Christianus.
[14] Ibid. : *collegis.* [15] Ibid. : *subscripsit.*

1430

CAPNIUS [ANTOINE FUMÉE] à Jean Calvin, à Genève.

(De Paris, vers la fin de 1544.)

Manuscrit orig. Bibl. Publ. de Genève. Vol. n° 110.
Cal. Opp. XI, 826.

(INCOMPLÈTE[1].)

. . . .
cogaturque hominum inventis factisque pudendis nonnunquam majoris spe boni subservire. In his ego nomen proffitebor meum. Plerisque enim, in rebus seriis magnumque pondus habentibus, nomen Jesu Christi ejusque synceram doctrinam notam ac testatam facere datum est, et quod nos munusque nostrum tangit palàm facimus. *Liberè sentimus, nullum insontem in juditio opprimi sinimus*[2]: *quin accusatos de Religione absolvimus, quantùmque possumus et quantùm inter homines planè religioni veræ adversantes licet, justificamus: nostros nostrique ordinis homines, facto, exemplo, doctrina, nonnunquam monemus. Convictus noster ab impiis segregatus: familiæ nostræ in verbo Domini tandem edoctæ sunt et educatæ. Tandiu ab impiis ac nephariis illo-*

---

[1] Le manuscrit se composait primitivement de quatre feuillets. Le premier et le quatrième (lequel portait l'adresse) ont disparu.

On a lieu de supposer que, dans la première partie de son épître, *Antoine Fumée* décrivait la situation déplorable des Évangéliques de France, et cherchait à démontrer que les membres de *l'église secrète de Paris* ne méritaient pas les reproches formulés dans l'*Excuse de Jehan Calvin à Messieurs les Nicodémites* (Cf. les pp. 126, 127, 370, n. 17).

[2] Dans l'original, *sinibus*: c'est un indice que la lettre a été écrite sous dictée.

Capnius, conseiller au parlement de Paris (VIII, 229), pouvait se croire atteint dans ces passages du livre prémentionné (n. 1) : « Desjà il (Nicodème) commença de se hazarder pour Jésus Christ, quand en l'assemblée des meschans, il soustint contre tous, qu'on ne le devoit condamner sans congnoissance de cause... Maintenant il y aura en une assemblée *trois ou quatre de ces Nicodémites*, qui souffriront sans sonner mot, qu'un povre Chrestien soit cruellement condamné à mort. Et Dieu vueille que nul d'eux n'y consente. » (Cal. Opp. VI, 609.)

rum ritibus abstinemus quamdiu latere possumus, nec illis nisi profectò perrarò visimur, ac tum demum, quum ampliùs effugere insanorum hominum furorem non possumus, et tandem illuc compulsi, vultu gestuque, id nobis minimè placere protestamur, *et fortè, nisi revocaret vocatio sacerque politicus ordo, nonnunquam id quantùm displiceret*[3] *ostenderemus.* Videmur quoque in hac rep[ublica] nonnichil profecisse, ac magis magisque in dies posthac bene agendi et consulendi spes major injecta[4] est.

Cæterùm Dominus novit si non hodie facultates omnes, amicos, parentes, sodales, patriam ipsam et reliqua quecunque dicuntur hominum bona, propter illum relinquere parati sumus, atque eò ire expediti et alacres quò ille vocaverit, si modò per te aliosque fideles quos nosti, nempe M. Lutherum, Melanchtonem et Bucerum, verbi Dei ministros, id nobis indixerit Dominus quod quondam fideli Abrahæ, nempe id : Egredere tu de terra tua et de cognatione tua, — si modò manifestè citraque omnem ambiguitatem perstrinxeritis[5]. Id certè toto animo atque pectore tanquam verbum Domini amplectemur ac perficiemus, et si, illis quæ modò dixi neglectis rejectisque tanquam indignis, nos aufugere hinc suadetis, profectò facilè dicto audientes erimus : modò etiam hæc, non ad nos privatim, sed ad *ecclesias omnes quotquot hîc sunt* spectantia, sedulò ac diligenter consideretis. Quod ut non gravatè faciatis vos orant obtestanturque iterum fideles ecclesiæ per nomen Domini Jesu.

Præterea *hîc vos monitos velim, ut quàm longè manet et ad quàm plurimos spectet hæc discessio consideretis.* Primùm quidem publicas personas gerunt ex his aliquot, nec quasvis publicas personas, sed summos magistratus gerunt, quorum nulla neque dicta neque facta in obscuro esse possunt : qui tali discessione multos certè commovebunt, conturbabunt ac torquebunt. *Rex ipse, proceres illi sui assertores, nostri necessarii summi viri,* hanc rem graviter decernent; denique ipse etiam miserrimus popellus[6], quo (*sic*) nos in ore quotidie versamur, indignè factum

---

[3] Éd. de Brunswick : *displiceat.* [4] Ibid. *invecta est.*

[5] A comparer avec la nouvelle que Valérand Poullain annonçait à Calvin, le 28 novembre (p. 378, renv. de n. 4-5).

[6] Dans l'original, *popullus.*

clamitabit, perstrepet ac obturbabit, et tandem turbam tantam propter nos miserè fieri pudet miseretque. Deinde si quis horum, ut est aliquis, patrem aut matrem adhuc sustinet, illi hac inopinata discessione attoniti, luctu mœroreque contabescent; cognati, amici, vicini aliique necessarii permulti hoc incœpto (quorum aliquot conversatione nostra viam Evangelii ingredi incipiebant) obstupescent ac pedem fortè retrahent, nosque tantùm pro contracta diuturna amicitia perpetuò lugebunt; denique omnia tumultu, mœrore luctuque, seditionibus fortè, miscebimus.

Sunt præterea *et viri probi multi qui latent tanquam in latebris, qui cum multa pace magnaque cum gratia, nomen Domini quotidie provehunt, vigiliis, lectionibus, admonitionibus instantes, gregemque Domini verbo uberrimo pascentes, qui denique nullum orandi finem faciunt, quò in diem lux Domini major nobis affulgeat, quò purè et syncerè verbum Domini prædicetur et crescat in universum. Illi tamen ignoranter ritibus illis sese contaminant, inter quos plerique qui, quòd in conspectu patrum liberos instituunt, effugere si velint non possunt. Qui si semel inaudierint illud non licere,* atque ab illis adeò abhorre[re] debere, ut propter ea patria cedere et loco, *statim illi quoque relicta vocatione relictoque grege vos sequentur,* nullius cujusquam rei habita ratione, præter verbi Domini quo solo nituntur, vivunt ac sperant.

Non detinet nos, michi crede, vel magnitudo, vel difficultas, nec hæc eò dicimus (omnia enim possumus in eo qui nos sustentat), sed ecclesiarum quæ nobis videtur posthac magna futura conturbatio, multarumque conscientiarum metus, horror, consternatio. Neque hoc ipse tanti facio aut pluribus vobis explico, quò vos à vero synceroque, nobisque consultissimo juditio absterream. Quin *hoc omnibus animi viribus expetimus, ut per vos Dominus divinam suam mentem, hactenus non intellectam, aperiat,* nobisque cum nephandis tot hominibus ac ritibus viventibus, certam tutamque legem aliquam ac formam vivendi (nam id demum est quod votis omnibus à vobis exposcimus) prescribat. Aut si id tutò, citra animæ discrimen, non licet, aliò nos revocet, ac planè aperteque hinc emigrandum pronunciet. Quod ut meliùs obtineri possit, *hoc unum te maximè rogo, et ecclesiarum nostrarum nomine te obtestor, ut quàmprimùm, fidelem aliquem et hoc munere maximè dignum, ad Martinum* (cujus sententiam plerique imprimis literis de ea re[7] consignatam videre cupiunt), *Melanchtonem et Bucerum* (quibus etiam meritò omnes multa tribuunt), *cum his tuisque litteris deleges,* quos summopere horteris, ut vitæ salutique nostræ, multarum nostrarum ecclesiarum, quàm fidelissimè ac attentissimè consulant, sciantque nos non de parte fortunarum, honoribus ac facultatibus ambigere, sed de toto vitæ salutisque nostræ ac liberorum et familiarum sollicitos esse, illosque nos tanti facere, ut eorum certo responso non minùs quàm prophetarum oraculis teneri non dubitent. Sed *hoc maximè ab illis querimus, apertum, firmum et omnibus commune responsum : Num liceat Missæ interesse, et utrum potiùs patria carendum quàm illi aliquoties interesse?* An etiam illa mensa spernenda ac contemnenda sit, in qua nec verbum Dei apertè pronunciatur, sublataque Christi institutione alteram tantùm speciem habere liceat, et an illi assidere liceat, aut quoad in nobis erit, vitanda sit? *Utrum parocho confiteri, vespertinis eorum orationibus interesse liceat? Utrum pueros nostros ritibus illius Baptismi tingi rectè patiemur, et mortuos nostros ut hîc moris est humari? Et quia hæc nisi morte effugere non possumus, utrum potiùs, quàm in horum alterutrum incidamus, patria carendum sit?*

Non ignoramus, quod illi viri sancti sacrique de his omnibus scripserint, et ubique cum illis sentimus; sed nobis hic scrupulus restat, quem adhuc tu ipse magis auxisse videris quàm imminuisse aut dissolvisse : et *præterea, hoc nos maximè movet quod audivimus de hac re non satis adhuc inter vos omnes convenire.* Et nichil est quod magis audire ac videre velim quàm perpetuum in Ecclesia Catholica[8] consensum, maximè autem in hac re et questione tanti ponderis, tantique momenti, quæ in hoc consistit : *An ecclesiam alienorum, quam tamen esse aliquam in libris vestris omne[s] fatemini, ita fugere debeamus, ut eorum sacris, maximè Missæ, interesse non possimus, nisi nos mera et manifesta polluamus idolatria,* quod nec pro vita faciendum sit, sed potiùs tunc fugiendum et emigrandum, licet

---

[7] Ces trois derniers mots sont omis dans l'édition de Brunswick.

[8] Ibidem, *Catholica* est omis.

hîc nati, hîc nutriti, hîc vocati simus, licet etiam interim calamitatem nostram et captivitatem deploremus, coramque Domino lugeamus, ac quavis alia bona voluntate præditi simus.

Interrogatio ista nimis⁹ fortè precisa tibi videbitur, sed talis ut, nisi planè et simpliciter respondeatur, certaque forma præscribatur¹⁰, si hîc manendum sit, multorum conscientiæ tranquillæ reddi non possint¹¹. Vide itaque ut illos summos viros, Theologosque sacrosanctos reverenter ecclesiarum nostrarum nomine salutes, hocque quod summopere desideramus responsum quàm primùm poteris implores, et instanter roges. Et hoc credo ab illis, quæ est eorum in omnes ecclesias propensa benignitas, facilè impetrabis : quod quàm sit necessarium ipsi cogitare possunt. Ut id accuratè ac summo studio fiat, velim illis spatium dari ad cogitandum, et ne illos nimis urgeat aut interpellet nuncius. Non parces¹² sumptibus, et id omne quod impenderis resarciam, et reddam quantùm jusseris, atque ita me abundè facturum meam fidem do.

Vale igitur, amantissime michi in Domino, et hoc non minùs, ut te facturum non dubito, pro veteri nostra consuetudine diligenter cura, et *quod illi viri boni,* ad quos velim protinus his litteris acceptis mittas, *responderint, fac ut obsignatum ab illis quàm primùm michi per hominem idoneum reddatur.* Cupimus enim semper, quoad ejus fieri poterit, facta nostra quàm plurimis comprobare. *Etsi enim de hac quæstione non planè pronuncias, video tamen satis quam in partem in libello tuo vergat*¹³ *ac inclinet oratio tua ac sententia.* Nichilominus reliquos à quibus responsum expectamus, non aliter excitabis litteris tuis nisi ut diligenter rem consyderent, ac in Dei et suo spiritu, liberè quid sentiant pronuncient : quod tamen te facturum non dubito. Hoc te præterea summopere oratum velim, ut hec secreta apud te contineantur¹⁴, neque *huic* (quem hujusce negotii nullo modo feci participem) aut alteri cuipiam *istic* commiseris. Sed hec quàm maximè fieri potest fideliter expedita per idoneum ac probatum virum remitte. Vale iterum. Εὖ ἔστω καὶ ἀεὶ ἔστω.

Tuus Capnius¹⁵.

⁹ Ibid. *minus* forte præcisa.
¹⁰ Ibid. *respondeatis... præscribatis.* ¹¹ *possunt.* ¹² *parcas.*
¹³ La première forme, qui a été biffée, portait : *potius vergas.*
¹⁴ Dans l'édition de Brunswick, *contineas.*

1431

JEAN CHAUTEMPS[1] au Conseil de Genève.
Genève (1544 ou 1545).

Inédite. Mscrit orig. Communiquée par M. le Dr Coindet.

La demande que j'ay, JEHAN CHAUTEMPS, à remonstrer à mes très honnorez Seigneurs, pour les charges que j'ay long temps supportez, pour l'advancement de la parolle de Dieu en *Genève*, Et que le tout est revenu au proffict du comun *et* *sans* récompence aucune, supplyant bien humblement y vouloir avoir esgard.

Demande en premier lieu : Par tous ceux qui de présent sont en vye et qui ont veu du temps que la vanité de la messe régnoit en ceste ville, Il s'aparoistra que j'ay nourry, soubs-

---

[15] La présente lettre de *Capnius* a dû être écrite vers la fin de décembre 1544. Il demandait à Calvin de consulter, sur une question importante, les principaux théologiens protestants de l'Allemagne, et de lui faire connaître leur avis. Or, le 21 janvier 1545, le Réformateur écrivait à *Mélanchthon*, à Wittemberg : Je vous envoie un jeune noble pieux [Claude de Senarclens] qui est chargé de consulter le Dr *Luther* et vous. (Cf. Calv. Epp. et Resp. 1575, p. 52.) Calvin, écrivant vers le même jour à *Luther*, lui parle des Évangéliques français qui ne se résigneraient qu'avec peine à s'exiler, et il ajoute : « Cæterùm, quia suspensi quodammodo hæsitant, tuum judicium audire desiderant : quod ut meritò reverentur, ita illis magnæ confirmationis loco erit. »

[1] *Jean Chautemps*, surnommé *Pytiod*, né à Genève en 1490, était marchand « fustier. » Il exerça pendant plusieurs années les fonctions de maître des halles et de procureur de l'Hôpital. Élu membre du Petit Conseil en 1541, il fut créé syndic en 1556, et il mourut en 1562. Dès la première venue de Farel à Genève, Chautemps se montra zélé et courageux partisan de l'Évangile. Le 31 décembre 1532, accompagné de Claude Bernard, de Claude Salomon et d'Amy Perrin, il exhortait le vicaire de l'église de la Madeleine à tenir sa promesse de réfuter les prédications d'Antoine Froment, et, le lendemain, il procurait un refuge à celui-ci, qui venait d'exciter la colère du clergé et des magistrats en prêchant sur la place du Molard. (Cf. notre t. II, p. 461 ; IV, 464 ; VIII, 83, 503. — Chronique de Froment, édition Revilliod, 1854, p. 12, 13, 43, et, à la fin, dans les Extraits des Registres, les pp. VII-X. — Galiffe. Notices, II, 2e éd. 112).

tenu et alymenté par long temps maistre *Guillaume Farel*[2], Maistre *Claude Bigottery*[3], Mᵉ *Guérin*[4], Mᵉ *Anthoine Froment*[5], Mʳ *Alexandre*[6] et plusieurs passans du dit temps secrètement, qui ne se osoyent ny montrer ny donner à nully à congnoistre, fors à ma seulle maison et famille : le tout pour la craincte de la rage des prestres. Et n'ay pas faict cela sans grans despens et ne se constera que aulcune récompense m'en soit esté faicte : touteffoys qu'il m'estoit promys que je seroys récompensé avec le temps pour plusieurs bons personnages. Car en ce temps il ne failloit pas demander quelque chose en la maison de la ville. Car tous estoient contrayres et me vouloyent fayre dommage, pource que je faysoys telle chose. Parquoy je ne doibs supporter telle charge tout seul, et que mesmes m'a faillu respondre, tant en Conseil qui alors régnoit comme devant *monsʳ le viquayre*[7] et son procureur général, jusques à me vouloyr battre estant en son auditoyre[8].

Item plus, demande quand Dieu permist que sa parolle se commença à prescher par les maisons, encores en secret, chez *Baudichon*[9], chez *Claude Bernard*, chez *Dada*, chez *Claude Paste*[10], chez *moy*[11], en *l'éveschée*[12] et en plusieurs aultres lieux,

[2] *Guillaume Farel* était arrivé à Genève vers la fin de septembre 1532. Il en fut expulsé le 4 octobre, après avoir logé pendant quelques jours à l'hôtellerie de la Tour-Perce (II, 460). Chautemps a donc en vue ici le second séjour de ce réformateur à Genève (n. 13).

[3] *Claude Bigothier* ou *Bigottéry*, natif de la Bresse, recteur des écoles à Genève de 1531-1532 (II, 298, 425, n. 2, 440, 489).

[4] *Guérin Muète*, bonnetier de profession, présidait les assemblées des Évangéliques genevois (II, 459 ; III, 50, 51).

[5] Auteur de la chronique intitulée : « Les Actes et Gestes merveilleux de la cité de Genève. » Voyez, sur son activité missionnaire, les passages indiqués dans l'Index du t. III.

[6] *Canus*, appelé aussi *Alexandre de la Croix*, ou *du Moulin*, (III, 33, 100, 121, 122, 162, 176).

[7] *Amé de Gingins*, abbé de Bonmont, vicaire général du diocèse de Genève.

[8] On ignore pourquoi et à quelle date Chautemps fut cité devant le Vicaire.

[9] *Jean Baudichon de la Maisonneuve* (Cf. l'Index du t. III). Sa maison était située dans la rue basse du Marché.

[10] *Étienne Dada* et *Claude Salomon*, surnommé *Paste* (III, 47, 51).

[11] *Chautemps* logeait dans la maison des héritiers de M. de Brandis, à l'angle sud-est de la place du Molard. Cette grande et belle maison, qui était très solide encore, a été démolie, il y a peu d'années.

— chacun sait la poyne et les travaux que j'ay prinse pour trouver le moyen de norry M° *Guillaume Farel* et M° *Pierre Vyret* de leurs vivres, quant ilz entrèrent en ceste Cité avec *Messieurs de Berne*[13]: tellement que, de ce temps, ne se trouvera que la Seigneurye en aye rien poyé, jusques au temps que *Amy Perrin* fust faict thrésorier[14]. Et n'y avoit nully qui s'osassent mesler de les administrer, pour craincte de la rage et secrette menéez des contrayres à l'Évangille. Dont j'en suis esté mainteffois non-seullement en grand charge, mais en dangier de ma vye et de mes membres. Mais Dieu auquel je rendz grâces m'a préservé. Item plus, demande quantité de journées que j'ay employé à cause des biens de *Jehan Bé*[15] et sa femme, tant envers *le Sieur de Montfort*[16] que à *Sainct-Sierguo* et à *Volleriens*[17], et pour les biens du gentil de *Jussy*[18] et aultres que je ne sauroye à présent réciter, dont ne fuz jamais récom-

[12] Il ne s'agit pas ici de la maison du prince-évêque, mais de l'une des maisons qui en étaient voisines, dans la rue que l'on appelle encore aujourd'hui *rue de l'Évêché*.

[13] A la demande des Bernois, *Farel* rentra à Genève, le 20 décembre 1533, et *Viret*, le 4 janvier 1534, avec les ambassadeurs de Berne. Ceux-ci allaient demander une réparation, à cause des injures du prêcheur dominicain *Guy Furbiti* (III, 123-129). Sauf de courtes absences, les deux réformateurs restèrent longtemps à *Genève*: *Farel* jusqu'au 23 avril 1538, *Viret* jusque dans l'automne de 1535.

[14] *Amy Perrin* fut élu trésorier en 1537.

[15] *Bel*, qu'on prononçait souvent *Bé*, était un nom de famille assez fréquent en Savoie. On reçut à Genève plusieurs individus de ce nom, à la fin du quinzième siècle. Un *Jean Bel* (ou *Jean de Longua* dit *Bel*) mentionné dans le Reg. du Conseil en 1544, possédait des biens à *St.-Cergues*, village du Faucigny. Il est donc vraisemblable que, si *Chautemps* se rendit tant de fois à St.-Cergues, ce fut pour recueillir les biens légués à l'Hôpital de Genève par *Jean Bel* et sa femme. (Communication obligeante de M. l'archiviste Louis Dufour-Vernes.)

[16-17] *François de Montfort*, seigneur de Colombier et de *Vullierens*, au N.-O. de Morges, devait des « censes » aux amodiateurs de Plainpalais à Genève. Elles lui furent « quittées, » le 27 août 1544, moyennant 540 florins (Reg. du Conseil).

[18] Quatre gentilshommes frères, fils de feu noble *Loys de Jussy*, vivaient en 1544. L'un d'eux, *Guillaume*, mourut à l'Hôpital de Genève, et il légua à cet établissement tous ses biens, qui consistaient en petits fiefs situés dans plusieurs villages autour de *Jussy-l'Évêque* (Reg. du Conseil du 11 août 1544. — Communication obligeante de M. Louis Dufour-Vernes).

pensé. Et ose bien dire que sans mes pourchas, jamais n'en fusse venu ung seul denier au dict hospital.

Sy je n'estoys comme contrainct, je me vouldroys taire[19]: *mais nécessité me contrainct de vous remonstrer quantes pertes j'ay souffert d'avoir esté fugitifz, ma femme en prison*[20], le tout pour la dicte administration[21] et plusieurs aultres fâcheryes, où nully ne m'a jamais avancé d'ung seul denier, tant du dit temps que au débat de *Verle*[22], et comme mieux le savent ceux qui sont du dit temps, qui ont veu et entendu les affayres.

Nully n'a à ignorer combien de temps perdu j'ay employé estant conprocureur du grand général hospital avecques *Coquet, du Fourt* et *Varroux*[23], laissant mes propres affayres et besongnes et mes pouvres petitz enfans[24] ausquelz je suys tenu, et m'est revenu à grand dommage.

[19] Pendant les années de disette 1543-1545, les gens qui n'étaient pas riches se trouvèrent dans une grande gêne. (Voyez la p. 257, n. 12). *Chautemps* s'était endetté. On lit dans le Reg. du Conseil du 11 septembre 1544 : « Le seigneur *Johan Chaultemps*... est débiteur à la ville pour cause de loyal prest : A cent escus, d'ung costé, et deux cens escus, de l'aultre, pour employe[r] en blé. Desqueulx deux cens escus en a poyé 75 ▽, priant la reste luy laysse[r] à cense pour ung an. Ordonné que, pour la fortification de la ville, il doybge deslyvré les cent escus premier [c.-à-d. avant tout], et la reste des deux cens luy soyt layssé pour achevé son terme d'ung an. »

[20] Bien que Chautemps fût innocent de la mort du chanoine *Pierre Werly*, tué dans l'émeute du 4 mai 1533 (Cf. notre t. III, p. 49, n. 20, 21), il jugea prudent de s'éloigner : il quitta son domicile dans la nuit même du 4-5 mai, et fut, selon Froment (o. c., p. 62), « fugitif par grand temps. » Le 11 mai, le Conseil prit la décision suivante : « Omnes qui reperientur de domo in qua *mortuus* repertus est, vocentur et examinentur. » *Georgette* (Georgia) femme de Jean Chautemps, avait déjà été interrogée, le 5 mai. Elle fut emprisonnée au commencement de juillet et ne recouvra la liberté que le 6 août. Tandis que huit de ceux qui étaient accusés pour la même affaire, occupaient le rez-de-chaussée de la prison, et que Mr *de Thorens* logeait « in sala superiori, » l'honnête femme était enfermée « *in crota*, » dans le cachot (Reg. du Conseil du 12 juillet).

[21] C'est-à-dire, pour avoir pourvu à l'entretien des premiers prédicateurs de l'Évangile.

[22] Le chanoine *Pierre Werly*. Les Bernois l'appelaient *Wernly*.

[23] Nous supposons que c'étaient Jean Coquet, Louis Dufour et le pharmacien Michel Varod.

[24] Chautemps avait trois fils. S'il est vrai qu'il leur donna pour magister *Pierre-Robert Olivétan* (Chronique de Froment, p. 49), ce dut être en

Pour toutes lesquelles choses je demande, s'il plaist à vous, mes très honnorez Seigneurs, aurez advys que l'ouvrier est digne de son salayre, et que si j'ay attendu en patience et espérance, que je n'en doibs pas estre frustré : Et dessus tout, que *Dieu et Genève me sont tesmoings* que je y suis allé et verssé en tous telz affaires en bonne conscience, sans fraude, — Ne vous desplaira si je demande ce quil m'appartient, qui est raysonnable. Les choses sus-escriptes advertissant que j'ay délivré beaucoup d'argent que j'ay oblyé de mettre en conte[25].

1536 ou 1537, époque où ce réformateur, qui était rentré à *Genève*, composa et publia chez Jean Gérard l'opuscule intitulé : L'INSTRVCTION | dés enfans, | *contenant la maniere de prononcer* | *et escrire en francoys.* | *Lés dix commandemens.* | *Lés articles de la Foy.* | *L'oraison de Iesus Christ.* | *La salutation angelique.* | .... M.D.XXXVII. (Voyez Théophile Dufour. Notice bibliographique... Genève, 1878, p. 144-145.)

[25] En citant quelques passages de cette pièce, dans le t. II, p. 424, nous avons dit, par conjecture, qu'elle fut écrite vers 1558. Mais, après un nouvel examen, le millésime de 1544 ou de 1545 nous paraît plus vraisemblable (Cf. les notes 15-19).

APPENDICE

DES TOMES III, IV, V, VIII, IX.

530a

CLAUDE BLANCHOD et PIERRE GIROD aux officiers de Gex[1].

De St.-Claude[2], 9 octobre 1535.

Inédite. Manuscrit orig. Arch. du canton de Vaud.

Messieurs de Gex, nous nous recommandons à vous de bien bon cueur. Les présentes seront pour vous advertir comme, à ceste heure, *nous venons de chassez les meschans Luthériens*[3] dehors ceste tère. Et les avons poursuyr [l. poursuivis] avec six vingtz paisans jusques en la Joux de *Sainct-Seurgue*[4] bien oultre.

---

[1] *Gex*, petite ville située au pied du Jura, à 4 l. N.-O. de Genève, appartenait au duc de Savoie. Le 22 août 1534, *Pierre de la Baume*, prince-évêque de Genève, avait excommunié tous les Genevois. Il avait ensuite ordonné à son grand-vicaire d'aller s'établir à *Gex*, avec l'official, la chancellerie et tous les employés épiscopaux (Cf. le t. III, p. 213-15. — Fragmens hist. sur Genève, I, 194-97. — Froment, o. c. Extr. des Registres, p. cvi).

[2] *St.-Claude*, ville située à l'O. du Jura, à 6 l. N.-O. de Genève, était la résidence ordinaire de *Pierre de la Baume;* mais il est probable qu'au mois d'octobre 1535, il habitait son prieuré d'*Arbois* (9 l. S.-O. de Besançon) ou le château de la Tour-du-May, près Lons-le-Saunier (Voyez, sur ce prélat, le t. III, p. 69, n. 1, et les pp. 86-88).

[3] C'étaient *les Neuchâtelois* qui allaient secourir la ville de *Genève*. Leur bande se composait de gens enrôlés dans le Jura bernois, à Bienne, à la Neuveville, à Neuchâtel et à Valangin (Cf. la Chronique de Michaël Stettler. Bern, 1626-1627, Theil II, p. 70-72). Voyez, sur leur expédition, J.-H. Merle d'Aubigné. Hist. de la Réformation au temps de Calvin, t. V, p. 412-458.

[4] *St.-Cergue*, village du Pays de Vaud, à 2 ½ l. au N.-O. de la ville de Nyon. Il est situé sur la route qui traverse la chaîne du Jura. Les Neuchâtelois prémentionnés y passèrent la nuit du 9 au 10 octobre 1535.

Mais se ne sont que manans⁵. Car il sont foulez et de petite extime et fuyent comme regnars⁶. *Ilz ont délibéré passer de jour ou de nuyt à Genève.* A ceste cause, vous en escripvons voulentier pour y avoir advis. Pour vous advertir du nombre, *ilz ne sont synon cinq cens quarante-sept piétons et six hommes à cheval*⁷, que sont po[u]r tout en nombre vᶜlIII, sans plus : dont ilz sont environ lxx acquebutiers : la reste picques et espées à deux mains, que sont fort folez. Aultre chose⁸ pour le présens, synons que nous prions le Créateur vous joint couraige les mectre à fin⁹, et que tous les services que l'on vous pourra fère par deçà, l'on les fera de bon cueur. A Sainct-Claude ce ıxᵉ d'octobre, anno xvᶜxxxv.

Par voz bon amys et serviteurs
CLAUDE BLANCHOD et PIERRE GIROD.

(*Suscription :*) A Messieurs de Gex, noz bons seigneurs et amys, à Gex.

---

⁵ L'original porte *manars*, qui ne signifie rien. C'est sans doute une erreur de plume, au lieu de *manans*.

⁶ Il n'était pas surprenant que ces braves gens fussent *foulés* (harassés) après deux journées et demie de marche dans les contrées en partie très accidentées, en partie désertes du Jura, où ils avaient parfois de la neige jusqu'aux genoux. Pendant deux jours ils furent privés de nourriture. Enfin, le 9 octobre, étant sortis de la Vallée du lac de Joux, et arrivés près du lac des Rousses, ils tournèrent à gauche pour gagner le défilé de St.-Cergue.

⁷ Les six hommes à cheval étaient sans doute les quatre chefs de l'expédition : *Jacques Wildermuth* de Bienne, son neveu *Erhard* de Nidau, *André Mazellier* de Neuchâtel et le banneret *Jacques Baillod*, — puis les deux Genevois *Claude Savoie* et *Estienne Dadaz* (Cf. Froment, o. c., p. 191-96. — Petit Mémorial du notaire Messiez. Mém. et Doc. de la Soc. d'Hist. de Genève, t. IX, p. 25).

L'aumônier de la bande de Wildermuth était le ministre *Denis Lambert* (III, 346).

⁸ L'écrivain a oublié d'écrire *Non*, avant *aultre chose*.

⁹ Ce vœu ne fut point exaucé. Le lendemain matin, 10 octobre, les Neuchâtelois, attirés en trahison vers le village de *Gingins* (à 1 ¼ l. N.-O. de Nyon), livrèrent deux batailles aux trois mille Savoyards commandés par M. de Lugrin, capitaine de Gex, et ils les mirent en complète déroute (Cf. Merle d'Aubigné, o. c., V, 428-34).

¹⁰ La note écrite sur l'original : « St.-Claude. 1536 » est inexacte.

599a

J. OROBASILIUS[1] [J. RAYMOND MERLIN] à Guillaume Farel.
(De . . . 1536 ou 1537 ?)
Inédite. Autographe. Bibl. des pasteurs de Neuchâtel.

S. P. Vir ornatissime, ac sacrarum Literarum professor eruditissime. Etsi non ignorem, quàm insolens sit ultro eum interpellare, quicum ne collocutus sum quidem, vel coràm, vel literis[2], tamen *religio vestra*[3], *ab omni Christianorum cœtu apprimè commendata,* facit, ut omissis legibus illis arctissimis et illiberalibus, ab rethoribus prescriptis, et ad angustos fines nos revocantibus, liberè nostram mentem causamque scribendi aperiam.

Scis quàm periculosè liceat hîc piè vivere[4], *nec te latet quibus*

---

[1] Ce nom, composé de deux mots grecs (*oros*, mont, et *basiléios*, de roi), est la traduction libre de *Monroy*, surnom de *Jean-Raymond Merlin*. Il naquit vers 1510, non pas à Moirans (comme nous l'avons dit, p. 416), mais à *Romans*, ville du Dauphiné, située sur l'Isère, à 4 l. N.-E. de Valence. La famille Raymond était ancienne à Romans. Dans l'une de ses branches, il y avait en 1523 deux frères enrichis par le travail : *Jean*, docteur en droit, et *Jacques*, conseiller de la ville.

Notre *Jean*, fils de *Jacques* (Reg. de Genève du 25 déc. 1559), fit ses études classiques à l'université de Valence. Son récent biographe dit qu'il embrassa de bonne heure et avec ardeur les nouvelles doctrines religieuses, à l'imitation de la plupart de ses professeurs (Cf. l'opuscule intitulé : Le ministre Raymond Merlin et sa famille, par le Dr Ulysse Chevalier. Valence, 1876, p. 7).

[2] Dans le cas où Farel n'aurait pas entendu parler de *Merlin,* le porteur de cette lettre pouvait lui révéler le véritable nom d'*Orobasilius.*

[3] Cette expression cause quelque surprise; mais il ne faut pas oublier que c'est un *néophyte* qui parle.

[4] Cette intéressante lettre n'acquerra toute sa valeur que si l'on découvre de nouveaux renseignements sur J.-R. Merlin. On regrette que, préoccupé des dangers qu'il a courus (Cf. le renv. de n. 6), il n'indique ni le lieu d'où il écrit, ni la date de sa lettre : de sorte qu'on ne peut constater si plusieurs des détails qu'elle contient se rapportent à *Valence,* à *Grenoble* ou bien à *Romans.*

cruciatibus hactenus sancti fuerunt mactati[5] *: ejus rei periculum fecimus, parumque abfuit, quin de nostra vita certaremus multi*[6]. Sed alii advolarunt ad vos in tempore : alii, relictis uxoribus et liberis, alii aliò, non sine magna animi perturbatione, et suarum facultatum dispendio non mediocri. Furor iste remisit se aliquàntulùm, sed verendum ne recrudescat, cum non desint qui quò magis fingunt se diligenter versari in sacris Literis, eò sunt imprudentiores, ne'dicam insaniores, nec unquam possunt abesse à scandallo, tranquilloque animo vivere.

His quid imprecer, nisi meliorem mentem nescio, quò prudentiùs discant versari cum impiis, aut colloquia nihil ad edificationem facientia fugiant. Hujusmodi homines timemus. Quare *ad vos mittimus hunc nuncium, qui de reliquis nostris molestiis vos certiores faciat, quò impensiùs studeatis nostre libertati*, pro pietate vestra. Id quod feceritis, si conditiones aliquas honestas proponendas curabitis, aut certos facietis, *num Cives vestri uti opera nostra velint*, sitque locus ullus iis qui docent verbum Dei, qui causas agunt, et qui profitentur rethoricam[7], quorum

---

[5] *Mactati* doit avoir ici le sens primitif du verbe *mactare* : gratifier de (en bonne et en mauvaise part). Il y a là, probablement, une allusion aux cruels traitements infligés aux Évangéliques emprisonnés à *Grenoble*. On peut en juger par l'affreuse captivité de *Charles de Ste.-Marthe*, décrite par lui-même (Voyez le t. V, p. 206, 207, et, en général, sur les Évangéliques prisonniers à Grenoble, le t. IV, p. 293; VII, 126, 127, 213; VIII, 488).

[6] Cette persécution, à notre connaissance, n'est pas mentionnée dans l'histoire du Dauphiné.

[7] Cette question de *Merlin* nous a suggéré la date approximative : 1536 ou 1537.

Farel enseigne les Saintes-Écritures dans une ville assez populeuse, puisque Merlin demande si des prédicateurs de l'Évangile, des avocats et des professeurs de rhétorique ne pourraient pas y trouver de l'emploi? Cette ville est *Genève*, où Farel résida pendant les années 1534-1538. *Merlin* savait, sans doute, que *les citoyens* de Genève avaient unanimement juré [21 mai 1536] de vivre selon la doctrine évangélique, et décidé la fondation d'un Collège, qui eut bientôt pour directeur *Antoine Saunier*, natif de Moirans en Dauphiné (Cf. le t. IV, p. 60, 78, 79, 93). Il put aussi apprendre, dans l'automne de 1537, que ce Collège allait recevoir une organisation plus complète. (Voyez, dans le t. IV, p. 455, le Programme du Collège de Genève. Il porte, p. 458 : « Speramus etiam futurum... ut in *Rhetoricis* et *Dialecticis* doceamus. »)

alii utrumque, ut si quid preter opinionem acciderit, habeamus quo nostro dolori medeamur. Interim orabimus ut ipse omnipotens per Christum filium unicum redemptorem nostrum, augeat suam ergo vos gratiam. *De rebus nostris diffusè scripsimus Domino Alexandro de Secz*[8]. Reliqua nunciabit qui has ad vos fert schedulas. Bene vale, vir integerrime, cum omnibus Christianis.

Tuus J. OROBASILIUS.

(Inscriptio:) Ornatiss. viro ac professori eximio Domino *Pharet*[9] Domino suo.

---

[8] Qui était ce personnage? Peut-être un ancien ami d'études de J.-R. Merlin.

Une branche de la famille savoisienne *de Saix*, ou *du Saix* (en latin *de Saxo*) s'était établie à *Genève* au 14ᵐᵉ siècle. Elle lui donna trois syndics, dont l'un (en 1432) signait : *Amé dou Sex*. Un notaire, *Pierre Porral* de Germagny, conseiller de Genève en 1491, épousa *Andréa*, fille de feu *Aymon du Saix*. Il en eut quatre fils, dont le second, *Ami Porral*, zélé partisan de l'Évangile, fut syndic en 1532 et 1536 (Cf. l'Index du t. III. — Grenus. Docum. relat. à l'Histoire du Pays de Vaud, *passim*. — Galiffe. Notices, I, 172-176, 553). Galiffe se trompe en disant, p. 172, que la famille de Saix s'éteignit, à Genève, avant la Réformation. Elle y était encore représentée en 1543 par *Bégoz du Saix* et ses deux fils Henri et Pierre. — M. l'archiviste Louis Dufour, qui a constaté cette erreur, a eu la bonté de faire pour nous de longues recherches, au sujet d'*Alexandre de Saix*. Après avoir consulté tous les Registres du Conseil de Genève de 1530 à 1540, il nous apprend que ce gentilhomme n'y est mentionné nulle part.

Mais si le susdit *Alexandre* ne résidait pas à *Genève*, il était connu de *Farel* (c'est évident) et il habitait un lieu voisin de cette cité. Sans cela, *Merlin* n'aurait pu écrire au Réformateur : *De rebus nostris*, etc., — phrase qui signifie en réalité : Si, malgré la présence du messager, vous désirez plus de détails, adressez-vous à M. *Alexandre de Saix*, à qui nous avons écrit longuement de nos affaires.

Au 14ᵐᵉ siècle, il y avait des nobles de Saix à *Bonne;* au 15ᵐᵉ, à *Bonneville;* au 16ᵐᵉ, à *St.-Jeoire*, trois localités du Faucigny, situées à 3 l. et à 5 l. environ au S.-E. de Genève. (Cf. l'Armorial et le Nobiliaire de l'ancien duché de Savoie, par le comte Amédée de Foras. Grenoble, 1863, 1878, in-folio, t. II, *passim*.)

[9] Après *Domino*, Merlin avait commencé le mot *Fare* (Farello). Il l'a biffé et il a écrit *Pharet*. Il a également biffé *am* (commencement d'*amico*) et l'a remplacé par *Domino*.

Les caractères de cette lettre sont gothiques, penchés en arrière, et plus gros que ceux des lettres que Merlin écrivit plus tard. Le papier en est excessivement jauni.

745bis

LE CONSEIL DE BERNE au comte Guill. de Furstemberg.

De Berne, 19 septembre 1538.

Inédite. Minute orig. Archives bernoises.

TRADUIT DE L'ALLEMAND.

Tout d'abord, notre amical et empressé service, avec tout l'amour et le bien qui sont en notre puissance.

Noble, particulièrement favorable seigneur,

Gauthier Farel, notre sujet[1], nous a dépeint *la tyrannie qui pèse sur les bonnes gens des deux vallées de Luserne et de Saint-Martin*[2], et il nous a dit qu'il a été député auprès de vous, à cette occasion[3], parce que maintenant, grâce à une évidente dispensation de Dieu, et non sans cause, ces mêmes gens vous ont été donnés par la Royale Majesté de France[4].

---

[1] C'est à la fin de 1536 que les frères de Farel étaient entrés au service de Messieurs de Berne, et en 1539 ils étaient devenus leurs vassaux en affermant la commanderie de la Chaux (IV, 103 ; V, 369).

[2] La vallée de *Luserne* et celle de *Saint-Martin* sont les plus considérables des vallées vaudoises du Piémont. (Cf. Ant. Monastier. Hist. de l'Église vaudoise et des Vaudois du Piémont. Lausanne, 1847, t. II, 223-225).

[3] Dans leur lettre du même jour au Conseil de Bâle, Messieurs de Berne s'expriment en ces termes : « Notre amical et empressé service, etc. *Gauthier Farel* nous a rappelé que les frères qu'on appelle *Waldenser* (Vaudois) lui ont écrit qu'ils sont opprimés. C'est à cause de cela qu'ils l'ont député auprès de Mʳ le comte Guillaume de Furstemberg pour l'avertir pareillement de pourvoir à cet état de choses. Et ils lui ont recommandé *Gauthier Farel.* Pour la même cause nous lui donnons une lettre de recommandation adressée au dit Comte, vous priant là-dessus de lui en remettre une de même teneur que la nôtre. Elle aura sans doute pour ces bonnes gens un heureux résultat, parce que le susdit comte vous porte une considération particulière.

Donné le 19 septembre, l'an, etc., 38.

L'AVOYER ET CONSEIL DE BERNE. »

[4] Nous avons vu que *le comte Guillaume* s'était particulièrement distingué, à la tête des lansquenets, en forçant le pas de Suze, qui ouvrait au roi le Piémont (VI, 123, 124). C'est probablement à cette occasion que *Fran-*

Nous voulons vous prier instamment d'avoir la bonté de prendre soin d'eux, d'écouter bénignement leurs plaintes, et de faire en sorte (chose qui vous sera facile) *qu'ils restent vos fidèles sujets, comme ils le sont de bon gré, et qu'ils puissent conserver leur religion.* Par là vous rendrez à Dieu un service qui lui sera agréable et dont il vous récompensera. Nous le prions de vous préserver de tout mal, et nous nous offrons à mériter de vous les sentiments très amicaux que nous vous gardons. Donné le 19 septembre, l'an, etc., 38.

L'Avoyer et Conseil de Berne.

(Suscription :) Au noble seigneur, le seigneur Guillaume, comte de Furstemberg, notre favorable, cher seigneur.

944a

JACQUES DRYANDER à Georges Cassander, à Bruges [1].

D'Anvers, 20 février (1541.)

Epistolæ a Belgis vel ad Belgas scriptæ. Lugd. Bat. 1617, p. 55.

Cogitanti mihi sæpenumero, Cassander prudentissime, et memoria vetera illa tempora repetenti, cum te *Lovanii* familiariter uti solebam, tantùm non conficior plurimis et variis cogitatio-

---

çois *I*, pour le récompenser, lui avait confié le gouvernement et abandonné les revenus des Vallées vaudoises (t. VI, p. 347).

Il est à peine nécessaire d'ajouter que la tyrannie dont se plaignaient les Vaudois n'était autre chose que les actes de violence exercés sur eux par le général *Montejean*, parent du connétable de Montmorency. (Lettre de Calvin à Farel du 20 novembre 1539, t. VI, p. 116, 123).

[1] Voyez, sur *Cassander*, le t. VIII, p. 59, note 1.

Jayme de Enzinas, né à Burgos vers 1521 ou 1522, avait adopté pour son nom la forme grecque *Dryander* (*enzinas* en espagnol signifiant *chênevert*). Il appartenait à une famille noble et riche, dont une branche s'était établie aux Pays-Bas. Il étudiait les belles-lettres à l'université de *Louvain,* lorsque ses parents, vers le milieu de l'année 1539, lui ordonnèrent de se rendre à *Paris.* Il obéit, non sans regrets, mais avec l'espoir d'agrandir

nibus. Fuit enim tempus illud mihi tam gratum quàm quod gratissimum, cum tantus otii fructus datus esset, ut eas artes quibus insudabamus, celebraremus, inter nosque (absit arrogantia verbo) recoleremus. Cæterùm, nescio quo malo fato fortuna tantam fælicitatem mihi inviderit. Cum enim non usque adeò infæliciter in studio literarum progrederemur : ecce literas à parentibus accepimus, quibus jubebamur omnibus omissis lutulentam illam *Lutetiam* proficisci. Ego verò, etsi à parentibus conscriptæ essent literæ, quibus non morem gerere nefas esse ducebam, tamen tanto animi dolore eas perlegi, ut facilè plurimi judicarint, quàm difficile mihi fuerit à tam lepidis et doctis congerronibus avelli. Sed tamen, præ cæteris, tu unus sic animo semper meo insidebas, hactenus et insedisti, ut omnibus horis, ita me Deus bene amet, tui meminerim, te animo meo voluerim [l. volverim?], te unum cogitarim, tuam maximam doctrinam suspexerim, te denique (etiamsi absentem) tanquam præsentem indies alloquerer.

At dicis, credo, *si tanto nos prosequebare amore, si nusquam nostri obliviscebare, quid, quæso, causæ est, quòd nullum indicium istius tantæ amicitiæ huc usque præbueris? Cum per sesquiannum abfueris*[2], *cur ne unicam quidem literulam à te accepimus?* Plurimis sanè rationibus eisque non levibus, in hunc diem omissum id à me esse scias. Sæpe enim, mihi crede, calamum in manus sumpseram, ut meum veterem in te animum tibi indicarem ; verùm cum aliquot lineas malè compositas depinxissem, statim stylum vertebam, et admirabundus, quòd balbus ipse et rudis auderem gravissima tua studia interpellare, et meis insulsissimis verbis aures tuas purgatissimas offendere,

---

ses connaissances. Cet espoir fut trompé, et le fanatisme de ses professeurs et de la populace parisienne l'indigna profondément. Aussi retourna-t-il aux Pays-Bas à la fin de l'année 1540. Après avoir séjourné un mois à Louvain, il partit, au milieu de janvier 1541, pour *Anvers* (Voyez, sur les dates précédentes, les notes 4, 5. — La *Bibliotheca Wiffeniana*. Spanish reformers of two centuries, from 1520. Strasburg and London, 1874, t. I, pp. 131-184, qui contiennent la biographie intitulée : *Franzisco and Jaime de Enzinas*, par M. le prof. Edouard Bœhmer. Elle a été traduite par M. Picheral-Dardier : cf. le *Bulletin*, XXVI, 385-400. — Moïse Droin. Hist. de la Réf. en Espagne. Lausanne, Paris, 1880, t. II, p. 122-28).

[2] C'est-à-dire, depuis le milieu de l'an 1539.

infans denique ac edentulus virum gravissimum, et in omni disciplinarum genere fælicissimè versatum aggredi, me ipsum mec pede metiens, mox ab incæpto desistebam, et meam temeritatem tacitè increpabam. *Jam verò ais : Igitur infantiam istam reliquisti apud doctissimos illos Parisienses, ex quorum assiduo consortio, te factum esse virum existimo,* quando jam cominus me tuis literis audaciorique animo provocas? Nequaquam, o bone, immò, proh dolor! dum familiariter *illis Sorbonicis magistris nostris* utor, sentio, me et longè infantiorem et longè balbutiorem esse redditum, quàm unquam fuerim. Sed de his inferiùs plura, in præsentiarum namque æquum esse censeo, meam maximam (ingenuè fateor) temeritatem et impudentem audaciam expurgare. Necessitas, quæ (ut nosti) durum est telum, me coëgit ut tantum opus aggrederer. *Frater* enim *meus Dryander*[3]*, cum Leucoream abire constituisset*[4]*, quoniam*

---

[3] Il s'agit certainement ici de *Francisco de Enzinas*, né vers 1515 (selon Paquot. Hist. litt. des Pays-Bas, éd. folio, III, 270), vers 1520, selon M. Bœhmer. La date de sa naissance est fixée au 1er novembre 1518 par une note du pasteur contemporain Christophorus Piperinus. Après un premier séjour dans les Pays-Bas, *F. Enzinas* fut rappelé par sa famille en 1537; mais en 1539, il prit ses inscriptions à l'université de *Louvain*, le 4 juin.

Bèze (Les vrais pourtraits, p. 238), Bayle (article Dryander) et Paquot, III, 271, ont confondu *Jayme* avec un troisième *Enzinas* auquel ils donnent le prénom de *Jean*. Ce *Jean* a peut-être existé. *Franciscus Dryander*, dans sa lettre à Calvin datée de Bâle le 26 octobre 1547, mentionne, en effet, un sien frère qui vient de lui écrire d'Espagne; mais il ne parle jamais d'un frère nommé *Jean* qui aurait séjourné aux Pays-Bas ou en Allemagne; et l'on sait que *Jayme de Enzinas* fut martyr à Rome en 1546.

Merle d'Aubigné est plus affirmatif, car il dit (o. c. VIII, 61) : « *Juan Enzinas*, le plus jeune des trois frères,... avait pris la carrière médicale; il s'établit en Allemagne, devint professeur à l'université de *Marbourg*, etc. » C'est une erreur, causée par une similitude de noms grécisés. Il suffira d'en appeler à *Conrad Gesner* (Bibl. Univ. 1545, f. 412-413) : « *Joannes Dryander*, natione *Germanus*, medicinæ doctor,.... publicus hodie *Marpurgi* professor, vir mihi amicissimus et olim in *Gallia* familiaris... » Il cite de lui plusieurs ouvrages écrits en allemand et une préface où *Jean Dryander* dit que *son frère*, qui l'aidait dans ses travaux d'astronomie, *ne savait pas le latin*. (Voyez aussi Albert von Haller. Biblioth. anatomica. Tiguri, 1774, in-4°, t. I, p. 174 : « Jo. Dryander, vero nomine *Eichmann*, in Gallia medicinam docuit... » — Neudecker. Philipp der Grossmüth., t. III, dans les notes sur les professeurs de Marbourg.)

temporis inopia destituebatur, ut propriis literis hoc tibi nunciat[5], *meis humeris hoc onus imposuit, ut te meis scriptis de toto ipsius animo certiorem redderem,* et cum frater multùm apud me valeat autoritate[6], non potui illius voluntati non parere. Accedit præterea illud quod jam præter omnem spem, mihi contigisse video. Vir doctus, et in literis sacris satis fæliciter versatus, amicus præterea meus singularis, *Christophorus*[7] monachus Carmelita, plurimis precibus ͣ me petiit, ut nonnullos libros, quos ad illum jam mitto, quò tutiùs et rectiùs recipere posset, tibi dirigendos curarem[8].....

Postremò ingratitudinis notæ meritò sim incusandus, si *meæ vitæ rationem omnem* tibi non exposuerim, ut intelligas quid mecum actum sit *ab eo tempore, quo te ultimo in itinere Bruxellensi, salutavi. Tunc enim,* ut satis te intellexisse arbitror, *rectà Lutetiam proficiscebar, plurima ac penè incredibilia mihi ipsi de tanta Academia pollicens.* Sed me miserum! posteaquam eò perveni, et illorum ferme omnium inscitiam, superbiam arrogantiamque maximam propriùs [l. propiùs?] cognovi, meum infortunium miserrimè deplorabam, cum vidissem me omni spe sic delusum et frustratum, ut nihil fuerit minus *illa Babylonia* (sic enim potiùs est vocanda, quàm Academia) quàm quod ipse credideram. *Præceptorculorum, magistellorumque passim miram videbam copiam, qui optimos quosque authores impudentissimè*

---

[4] *Leucorea* est la traduction grecque du nom de *Wittemberg*. Celui de *Franciscus de Enzinas* figure, au 27 octobre *1541*, dans le Registre des immatriculations de l'université de Wittemberg (Cf. Fœrstemann. Album academiæ Vitebergensis, 1841, p. 192. E. Bœhmer, o. c. p. 135). Ce détail fixe nécessairement le millésime de la présente lettre.

[5] Le mot *nunciat* semble indiquer que la résolution de *Francisco de Enzinas* de se rendre à Wittemberg était récente; mais il est vrai qu'il la réalisa seulement au mois de septembre (n. 4). Le 10 mai 1541, il se trouvait encore à *Louvain*, d'où il écrivait à *Joannes a Lasco* qu'il irait jusqu'au bout du monde pour jouir des leçons de Mélanchthon (Gerdesius. Origines ecclesiarum in Belgio reformatarum, p. 81-86). De Louvain il se rendit à *Paris*, où il arriva juste à temps pour consoler les derniers jours de son parent, le vieux docteur Pierre de Lerma, et lui rendre les honneurs funèbres (août 1541).

[6] C'est un indice que *Francisco* était l'aîné.

[7] Personnage inconnu.

[8] Nous supprimons ici cinq ou six lignes inutiles.

explicandos suscipiunt, et suis ineptis annotatiunculis, et miserum scholasticorum popellum fallunt, et doctissimos illos veteres ab ipsis non intellectos (quæ illorum est impudentia), jam corrigunt, jam vellicant, jam denique in horas omnes, pro sua inscitia, vertunt. Si in aliquem obscuriorem locum incidunt, cujus sensum genuinum non possunt assequi, id quod sæpe equidem fit, ibi arguturi videri volunt, et suam interpretationem, merum somnium, omnibus persuadere cupiunt. *Scholasticorum infinitus est numerus, sed talis, ut ex omnibus fæcibus totius mundi conflatus videatur, ab omni voluntate et ingenuis moribus libero homine dignis alienissimus.* Nec hîc libet commemorare quantæ caritatis et expensæ sit illud oppidum : pluris enim conducendum est ibi unicum sordidum et arctum cubiculum, quàm *Lovanii* pro omnibus expensis, quantumvis lautè cupias tractari. Omitto illorum versipellium hominum perfidam subdolamque mentem qui huic uni rei tantùm student, ut exteros omnes, quavis arte, quovis dolo, possint defraudare : ista enim omnia aliquis fortasse πάρεργα esse dicet, et potiùs esse quærendum doctum aliquem et pium præceptorem, qui animum in omni disciplinarum genere christianè institueret : aliquod præterea sodalitium studiosorum et proborum juvenum investigandum esse censebit. Sed dum id sodalitium eosque præceptores anxius quæro, arenæ semina mando, et (ut inquit ille) non profecturis littora bobus aro. Nam *neque Rhetores, nec Philosophi, nec ipsi denique Theologi* (si tamen digni sunt tantis nominibus) *publicam utilitatem prospiciunt, sed privatam, et veluti rapidi leones semper prædæ et quæstui inhiant, omnia tam sacra quàm prophana corrumpentes.* In his quidem utcunque ferendus erat illorum error, si sic dici queat : in illis autem velle quicquam aut minuere aut addere, aut ad suum sensum et proprium affectum detorquere, summa, ita me Christus amet, impietas est, nec ferenda ullis bonis Christianis, etiam cum vitæ discrimine.

Narrarem tibi copiosiùs *illorum tyrannidem et sævitiam, inauditamque crudelitatem, quam, me præsente, exercuerunt in quendam juvenem innocentissimum,* nisi tum temporis brevitate impedirer, tum maximè quòd sciam te jam cognosse omnia ex nostro *Christophoro.* Sed ne fortè quicquam ex me desiderari dicas, etiamsi supervacaneum sit, tamen rem ipsam paucis describam, et capita tantùm historiæ attingam : reliqua quæ à me omissa fuerint cognosces ex nostro *Christophoro.*

Juvenis Parisiensis quidam aurifaber, postquam Genevæ, apud illos Christianissimos viros, *habitarat*[9], *post triennium reversus est Parisios,* ubi, ut quidam dicebant, propter invidiam, ut quidam verò aiebant, propterea quòd reposceret pecuniam quandam sibi debitam, *delatus est ad judices tanquam Hæreticus. Tractus est miser in carcerem crudeliter, et immanissimè quinquies fuit tortus, ut alios etiam detegeret :* cæterùm tam constanti animo omnia pertulit, ut jam non tanti faciam constantiam illius Scævolæ, qui quidem, ut historiographi scribunt, tanta cum audacia et constanti animo restitit Syllæ, ut nec milites, quibus tota curia erat circundata, nec ipsa denique mors illum deterruerit. Quid jam opus est commemorare exemplum Metelli, Phocionis, Socratis et plurimorum aliorum, qui omnes digni sunt habiti à scriptoribus, ut constantiæ nomine laudarentur ? *Hic* enim *juvenis, dum torquetur, dum lingua ejus ter abscinditur, dum denique crematur vivus, ne vultum quidem mutavit. Mirabatur vulgus hominum illius pertinaciam* (sic enim vocabant), *at docti et Christiani viri multò magis mirabantur illorum cæcorum tenebras,* qui dum cupiunt et dici et videri Inquisitores fidei, maximam crudelitatem exercent, ut potiùs sint dicendi Inquinatores fidei et Judaismi strenui propugnatores, hæreticæque pravitatis assertores, quàm fidei propugnatores, quum nihil minùs sint.

Sed miraris fortasse, mi Georgi, meam παρρησίαν. Cæterùm quoties istæc cogito (cogito autem frequentissimè) disrumpor dolore, atque sine intermissione oro Dominum, ut ex tantis tenebris nos dignetur liberare : eò enim impietatis dementiæque omnia *magistrorum nostrorum* studia devenere, ut traditi in reprobum sensum, ut Paulus ait, existiment, se maximum obsequium Deo præstare, cum persequuntur dilectos Dei. Dominus misereatur nostri, et liberet nos ab unguibus istorum cacodæmonum ! Amen.

[9] On a vu, en 1541, t. VII, p. 253, trois orfèvres parisiens partant pour *Genève.* Cette ville avait déjà du renom, au quinzième siècle, pour les ouvrages d'orfèvrerie ; mais l'on est autorisé à croire que sa réputation de cité évangélique attirait aussi les trois personnages susdits.

Ut aliquando tamen ad me revertar, ego cum tantam impietatem, tantam tamque inauditam crudelitatem ab illis magistris morum scilicet exerceri viderem, nullo modo ampliùs illos ferre potui, nec æquum mihi esse videbatur, inter tales impios diutius commorari : itaque compositis meis libris revertor ad meum exoptatum *Lovanium,* ibique habito apud D. Doctorem *Paulum Roelsium,* qui usque adeò delectatus est meo adventu, ut nihil supra. *Cum igitur per mensem integrum illic habitassem, ecce frequentissimis literis sollicitor ab Antverpensibus bibliopolis, ut mitterem Catechismum* (quem penes me habebam) *prælo tradendum*[10]. Ego verò, cum plurimi gravissimi viri, non contemnendæ eruditionis, asseverarent, *hunc libellum,* Dei auxilio, *futurum utilissimum nostræ integræ nationi,* decrevi non mihi ipse [l. ipsi?] inservire tantùm, sed etiam proximis, cum sciam charitatem veram non quærere quæ sua sint, sed quæ Jesu Christi : itaque ante quinque hebdomadas hîc *Antverpiæ* habitavi, in quibus ne respirare mihi quidem licuit, nec jam multò minùs licet, quoniam auctus est labor, ut absolvatur hisce duobus diebus : ego enim optarem pridie quadragesimæ[11] abire *Lovanium,* sed priùs constitui hos libros ad te mittere, et noster *Christophorus,* ut existimo, tibi daturus est duos florenos, quos ego consumpsi illius nomine. Tu, quæso, ad me scribito, quàm citissimè possis, et indicato mihi tuam valetudinem. Bene igitur valebis, mi Cassander, et boni consule meam incultam et rudem literulam, et mei fac semper memineris. Antverpiæ, xx. Februarii (1541[12]).

Tuus ex animo Jacobus Dryander.

(Inscriptio:) Tum doctrina, tum pietate insigni viro M. Georgio Cassandro, Professori publico Brugensi dignissimo et amico suo charissimo.

---

[10] Il est invraisemblable que ce *catéchisme* ait été *composé* par un jeune néophyte, et nous pensons qu'il l'avait simplement *traduit* pour sa nation. Le *Catecismo* espagnol (petit in-8°) édité sans nom de lieu en 1550, et qui traduit fidèlement le catéchisme de *Calvin,* ne fut peut-être qu'une réimpression de celui que *Jacques de Enzinas* publia dans la ville d'Anvers.

[11] Pâques étant le 17 avril en 1541, le carême commença le 8 mars.

[12] Malgré ce que nous avons dit dans le t. VIII, p. 503, lig. 15, cette lettre doit conserver le millésime de 1541, et cela pour les raisons suivantes : On ignore le nom de l'orfèvre martyr mentionné à la p. 465, et la date de

1220ter

GUILLAUME VIROT[1] à Guillaume Farel, à Strasbourg.
(De Metz) 16 avril 1543.

Inédite. Autogr. Coll. Lutteroth. Bibl. de la Soc. de l'Hist. du
Protestantisme français.

S. Quanta tui et fratrum gratia fideles patiantur, non est in me enarrare. 15 Aprilis, hesterna luce, dederam literas ad te *Gaspari de beu* [l. *de Heu*] *Argentoratum,* ut audiveram, proficiscenti[2]: quibus quid hîc ageretur significabam[3]. Hodie verò præter meam consuetudinem, *exulum*[4] *conjuges* visebam, eas ut solarer, quòd tandiu maritis suis carerent. Illæ omnes, Deo gratia, bene habent, nisi quòd sunt sollicitæ quid agant viri. Verentur enim ne literis decipiantur. Potissimùm *Doleti*[5] conjux, quæ inter cæteras hodie, me dum conveniret, flebat: quam non solùm admonui ut patienter ferret, etiam si vera essent

---

sa mort ne peut devenir un élément essentiel de la question. Celle-ci est décidée par un fait irrécusable: l'immatriculation de *Francisco Enzinas* à Wittemberg, le 27 octobre 1541 (n. 4). Supposerait-on que *Jayme Enzinas* ait annoncé, en février 1540, la résolution de son frère d'aller étudier sous Mélanchthon? Ce fait ne serait plus d'accord avec ce que l'on sait de la vie de ces deux frères.

[1] Il y avait alors des *Virot* à Aigle, et une famille noble de ce nom existait à Montbéliard. Un *David Virot* était pasteur dans la Classe de Morges en 1625. (Cf. L. de Charrière. Chronique de Cossonay, 1847, p. 429-33). Mais *Guillaume Virot* semble être venu de France. Il enseignait, croyons-nous, dans l'École de Neuchâtel, lorsque les pasteurs neuchâtelois l'envoyèrent à *Gorze* (janvier ou février 1543) auprès de *Guillaume Farel*. Il partagea tous ses dangers, le 25 mars et jours suivants, et il l'accompagna dans sa fuite jusqu'au moment où Farel lui ordonna de se rendre à *Metz*, afin d'y relever l'école de l'église évangélique (Cf. la lettre de Guillaume Virot du 31 mai 1543, N° 1240 bis).

[2] A comparer avec la lettre de Gaspard de Heu à Farel du 10 avril 1543, t. VIII, p. 315.

[3] Cette lettre de Virot est perdue.

[4] Il s'agit de ceux des habitants de *Metz* qui furent bannis au mois de janvier 1543 (VIII, 152, 153).

[5] Il n'est pas question ici d'*Estienne Dolet*, l'humaniste-imprimeur, mais de *Thiébaud Dollée* ou *Dolleci*.

quæ audiebat, nimirum maritum ægrotare, sed etiam paulò audaciùs increpavi, quòd in veritate[6] tam in adversis insolens videretur. Illa verba mea lubens audiebat ac paulò meliùs invaluit. Quantùm autem ex quorundam colloquio subodoratus sum, omnino marito est privata[7]: quod et illa suspicata est, dum apud me fleret. Cæteras verò sum adhortatus quantùm in me erat, ut in officio manerent, prospicerent quid Evangelium suis sectatoribus polliceretur. Viderent parumper quid Christus earum causa perpessus sit : hoc nihil esse quod sunt passæ, nondum ad sanguinem ventum esse : ea et multò majora esse ferenda iis qui Christum sequi desyderarent. Multæ sunt constantissimæ, præcipuæ *Karquiani*[8] *uxor,* quæ licet multa passa, viro et liberis in præsentia privata, in officio tamen manet. *Gulielmi*[9] *uxor* bene habet, cæteræ omnes : *Symonis Goziani, Coussoti*[10]*,* quæ maritum non dolet : sed una ejus filiarum est mecum frequens, ut verbum Domini audiat, ac multas secum adducit ut me audiant. *Reginaldi*[11] *uxor* optimè valet. Heri in contione unus liberorum ejus cum tribus aliis psalm.[um] cecinit, et cum non mediocri fidelium admiratione[12]. *Martini* quoque, *Petri Fabri*[13] *uxorem* non conveni, quòd ut audio nondum redierit. *Thomassini*[14] *uxor* bene habet. *Gamaut*[15] *uxor* quoque sana est. *Pretor in carcere manet*[16]. *Milites Galli*[17] ejectos aut

---

[6] Malgré sa connaissance de la vérité.

[7] Voyez la lettre de Virot du 30 avril, renvoi de note 13.

[8] Appelé aussi *Carchien, Carquien* ou *Carquin.* Cf. l'Index du t. VIII.

[9] Probablement, *Guillaume* le maignier (chaudronnier). Cf. le t. VIII, p. 153.

[10] *Simonin de Gorze* et *Didier Le Couxat.*

[11] *Regnault Daube* ou d'*Aulbe.*

[12] Encore une preuve du goût très vif des protestants de Metz pour le chant des psaumes.

[13] *Jean-Pierre Martin,* marchand (VIII, 34, 153, 316). *Pierre Fabri* ou *Faure* est un personnage inconnu.

[14] *Thomassin* de Chevillon, drapier.

[15] *Gaspard Gamaut,* l'hôte de Farel à Metz.

[16] Il s'agit sans doute ici de *Robert de Heu,* sénéchal héréditaire de l'évêché de Metz (p. 41, n. 6). Il avait probablement été emprisonné à cause des rapports calomnieux du médecin espagnol *Lacuna* et de *Jacques Remich* (Cf. la p. 80, n. 5).

[17] Les soldats du duc de Guise, qui s'étaient emparés de la ville de *Gorze,* le 25 mars 1543 (Cf. les N°° 1216, 1217, 1222 du t. VIII).

alio modo obvios fideles semper persequuntur. *Senatus* semper insanit. *Rasorum caterva* semper furit[18]. Tantus est in urbe tumultus, tanta est plebis et civium turba quanta unquam visa vel audita est. Nisi Dominus me servaret, quid agerem? nescio. Ejicerer millies. Itaque *hoc die, quamquam me celarent, intellexi te in itinere ægrotasse : quod quàm grave fuit, Dominus scit. Et, ut vulgò fertur, etiam nunc morbo detineris*[19]*:* quod si unquam, nunc non solùm mihi, sed omnibus gravissimum est. Dominus, si ita est, te incolumem in suam gloriam servet! Attamen, non sicut nos, sed ut vult fiat. Multa hîc dicuntur quibus fidem non adhibeo, juxta illud : Fama malum volat, viresque adquirit eundo[20]. Dominus in messem operarios inmittat, quæ amplissima est. *Conjuges exulum super his quæ de te falsò fortasse audiunt, discrutiantur,* ac cæteri fideles. Omnes te salutant ac cæteros fratres. Salutabis, si non est molestum, omnes qui isthic sunt fideles nostro omnium nomine, quos tecum nobis Dominus reddat. Amen. Vidua *des Molins*[21] cum *uxore Dominicani*[22] te salutat cum cæteris, *Watrinus*[23] quoque. Faxit Dominus ut unà omnes redeatis. Amen. Dominus vobiscum sit. Amen. 16 april. 1543.

Tuus, si suus est, GULIEL. VIROTUS.

(*Inscriptio:*) [Doct.]iss. viro Guliel. Farello, verbi Dei præconi fideliss. ac pastori diligentiss. Argentorati[24].

---

[18] *Rasi*, les tonsurés, les prêtres.

[19] Selon les Annales de Boyve, II, 434, *Guillaume Farel* aurait été dangereusement blessé à *Gorze*. C'est une erreur. Les violentes émotions par lesquelles il avait passé, du 25 au 29 mars 1543 (VIII, 324-29), suffisent à expliquer sa maladie.

[20] Citation partielle de deux passages de l'Énéide, III, 121 ; IV, 174.

[21] A comparer avec la lettre de Valérand Poullain du 28 novembre 1544, p. 381 de ce volume, renvoi de note 25.

[22] Personnage inconnu. Il ne semble pas qu'on puisse l'identifier avec le *Dominicus* mentionné par V. Poullain, le 13 oct. 1544 (p. 342, lig. 10).

[23] Le pasteur *Valentin* ou *Watrin du Bois*.

[24] Paul Ferry a noté en tête, à la marge : « 16 avril 1543. »

1226ᵃ

GUILLAUME VIROT à Guillaume Farel, à Strasbourg.

De Metz, 30 avril 1543.

Inédite. Autogr. Coll. Lutteroth. Bibl. de la Soc. de l'Hist. du Protestantisme français.

S. Credo ego te mirari quid sit quòd tam crebras ad te dem literas. Sed si causam statumque nostrum planè intelligeres, non esset quod mira[re]ris, atque adeò verum est quod jamdudum audio, optimam esse consuetudinem in principio alicujus negocii, opem et gratiam Dei implorare : verùm non solùm in principio negocii implorandum auxilium, sed si quis fructum percipere voluerit, prudenter facit, dum persistens in oratione, menteque semper suspensa non abscedit. Nam si unquam, præcibus nunc opus habemus, exemploque Moseos dum Israël in Amalechitas præliaretur, agendum, neque humanis viribus fidendum quantumvis magnis, neque consiliis hominum : opus enim Dei est.

Hæc non dico, mi pater, ut te doceam, qui te doctore opus habeo, sed ut intelligas *quàm videatur arduus ac difficilis negocii hujus exitus. Nam haud existimo Pharaonem in tantum induruisse atque hujus civitatis senatores, verbique Dei hostes antichristos : inter quos tantus est consensus, ut non illi, sed hi civitatem regere planè videantur :* unde quanta patiantur cives non est in me enarrare. Et ne putes quicquam ex illorum voluntate, literis non ita dudum receptis[1], immutatum, tantò severiùs agunt quantò diligentiores vos in hac re judicant. Puto autem et revera credo satanam suos habere, quibus hîc Christum undique oppugnet. Nam *inter cæteros furit prorsùs Talange*[2], *qui aliorum ministrum agit ac rasorum* atque adeò satanæ. *Singulis*

---

[1] Allusion aux deux lettres que le Conseil de Strasbourg avait adressées à celui de Metz, le 6 et le 15 avril (Cf. t. VIII, p. 335, note 4).

[2] *Thiébaud de Gournay,* sieur de Tallange (VIII, 335).

diebus dispicit quo modo quaque ratione efficere poterit ut fideles agitet, torqueat, vexet. Dominum verò nullo modo agnoscit. Quid multa? deploratæ est spei. *Fideles omnes mirum quanto desyderio psalmis Dominum collaudare gestiant*[3]. *Hic prohibet, spirans minarum ac cædis in eos : jubet tacere concionatorem pro animi sententia*[4]. Minatur iis quos frequentes in concionibus audit : mirandum quàm crudeliter et satanicè, ut ita loquar, agat.

Me verò, mi pater, *fideles premebant licet volentem, ut se docerem, præsertim mulieres, psalmos et legere et cantare :* id pro mea imbecillitate præstabam. Congregabantur verò non[n]unquam aliquot mulieres, partim fideles partim infirmæ, ut me audirent. *Eas et qui aderant viros, quantùm suppeditabat Dominus, informabam. Aliorum libellos, ut Psalmorum, Epistolarum, Testamentorum, consuebam*[5], *cum etiam nihil inde prorsùs precii sumerem :* nam omnino recusabam et semper recusavi, ut erunt mihi locupletissimi testes multi fidelium. *Ægrotos etiam peste laborantes, tuo unius exemplo, visebam ac solabar*[6]. Id tandem rescitum est à quibusdam Senatus, quendam hic esse *Farelli discipulum* (quamquam sum Christi) qui concionaretur quottidie. Quærunt me ut ejiciant, vel aliquo alio modo persequantur. *Viri* autem *boni è Senatu fidelibus retulerunt, deliberatum esse in Senatu de me in carcerem mittendo : idcirco tacerem in aliquot dies, eos nunc insanire*[7]. Illi verò in singulas horas quomodo me apprehendant circumspiciunt. *Hunc satanæ impetum per te ridere didisci* [l. *didici*]. Hoc tamen in primis ut *dominus in Messem operarios immittat, utpote copiosam,* oro : *quod etiam ut faciat Waltrinus moneo :* hunc esse verorum mi-

---

[3-4] Voyez dans le t. VIII, p. 334-36, le résumé de la lettre de *G. Virot* du 27 avril 1543 aux réfugiés messins à Strasbourg.

[5] De ce détail on peut inférer qu'un assez grand nombre de Psautiers, de Nouveaux Testaments et d'Épîtres étaient récemment parvenus, en feuilles, aux Évangéliques de Metz, et que *Guillaume Virot*, relieur bénévole, en faisait des volumes aisés à manier. Les 500 ou 600 exemplaires du Psautier de [Pierre Brulli] retenus aux portes de Metz en mars 1542 (VIII, 492-494) avaient peut-être été restitués à leurs destinataires.

[6] A comparer avec le t. VII, p. 357, note 3, et avec le t. VIII, p. 150, lig. 1-5.

[7] Cela nous apprend qu'il y avait, dans le Conseil de Metz, une minorité modérée et tolérante.

nistrorum Christi morem, ut veros operarios à domino præcibus impetrent. Necnon semper insistendum ut satan ejiciatur, atque antichristi regnum destruatur, ut pleniùs Christus regnet. Cæterùm, mi pater, multi multa jactant, Dominus verò judex est omnium. Sed meo judicio quàm arduum sit et quàm impervium ut hi satanæ ministri vincantur, non dificile est judicare, licet omnia Deo facil[l]ima sint : apud quem multum potest ecclesiæ oratio, quæ necesse habet ut continuatur (sic). Nam extendente manus Mose, vincebat Israël, remittente verò, vincebatur. Verumtamen *nisi Dominus manum porrexerit, exercitus quantumvis copiosus, edicta quamvis gravia*[8] *parùm proderunt, ut induruerunt isti. Alii quantumvis polliceantur et literis et nunciis vobis ex hac civitate, hoc mihi crede, rem esse maximè arduam et difficilem et non ita perviam ut jactamus*[9]. Dominus ejecto antichristo regnet ac veros operarios in hanc messem immit[t]at. Amen.

Hæc non dico cuiquam, sed contrà tantam spem ut concipiant fideles hortor, ac si rem pro foribus esse certò scirent. « Majorem « longè fuisse *Genevæ* satanæ impetum : Dominum per te uni- « cum cum *Vireto* magis furibundos antichristos ejecisse[10]. Do- « minum hoc tibi inter ceteros concessisse, ut à facie tua fugiant « inimici, etiam omnibus nesciis, quod factum est *Neocomi*[11]. « Intra 15 dies sperent certò se Verbum à te audituros[12]. » Sic illis adsum, et ut præcibus rem juvent commoneo : quod aliquando, ubi multa sum locutus, facio unà cum illis. Sed hoc tibi scriptum volui, ut meam de ea re sententiam audires.

---

[8] Il y a lieu de supposer que c'est une allusion à la convention faite, le 16 mars 1543, entre la ville de Metz et le comte Guillaume de Furstemberg (VIII, 305, n. 2).

[9] Cette critique est probablement dirigée contre les Strasbourgeois, qui se seraient exagéré les chances de réussite des protestants de Metz.

[10-11] Guillaume Virot ne connaissait qu'imparfaitement les obstacles que *Farel* avait eu à surmonter à *Genève* (1532, 1534, 1535), à *Neuchâtel* (1529, 1530), et l'aide providentielle qu'il avait rencontrée dans ces deux cités (Cf. t. II, p. 212, et p. 460, renv. de n. 4).

[12] Virot annonçait hardiment *le retour de Farel à Metz,* pour le milieu de mai, parce qu'il espérait que la conférence qui devait se réunir à Strasbourg, à la date susdite, élirait *Guillaume Farel* comme pasteur des Évangéliques de Metz (Cf. t. VIII, p. 405-407).

Doleti quondam conjux[13] continuis lachrimis maritum deflet, cujus discessus ab humanis multis gravis est. Licet ipse admoneam Davidis exemplo ejus mortem non esse deflendam, utpote viam ad vitam eternam. *Carolus*[14] *audaciùs multò in Christianos invehitur quàm unquam*. Jactat se antichristi turbam defensurum ad necem, modò illi bono animo sint. *Senatores* sunt illi et *abbati*[15] convivæ frequentes, aliquando verò auditores, quòd illis aduletur inter concionandum, adpelletque eos invictos Christi milites, quòd veritati repugnent, quam adpellat hæresim. *Majori impetu quàm unquam feruntur senatores, impellentibus rasis, in eos qui in re vel minima illis deficere ab officio videntur*. Si quis matrimonio conjunctorum, parte altera hinc discedente, rasos non conducat ut canant, vel ejicitur si vir est, vel pecunia grandi plectitur si mulier. Si eorum item quis defuncti vestem vel preciosiorem valetudinarii rasis sponte non obtulerit, ejicitur : quod me præsente factum est in eum cui vix, uxore defuncta vita, restabat quod ederet. Ad hujusmodi negocia rasi invigilant. Si quis domum conducat nesciis senatoribus, plectitur. Ut ad pauca redeam, summa est hîc tyrannis. Dominus gregi suo prospiciat!

Ego verò, si latendum est, malo vel ejici vel in carcerem mitti, quàm diu in hoc misero statu tacere et famelicis non adesse. Nam movet me hujus qui talentum unicum acceptum humi foderat, exemplum. Preterea est alibi quod agam, et nisi vererer vel te, vel fratres qui hîc et alibi sunt offendere meo discessu, jamdudum discessissem. Et *hactenus hoc me malè habuit* (sed cessare incipit) *quòd me non satis nosses, mihique hoc vicio dares, quòd ad octavam Gosam non redierim*[16]. Debuit consul *de Heu* respondere[17], discessissem. Dominus hujus rei

---

[13] Voir la note 5 du N° précédent.

[14] *Pierre Caroli*, redevenu prédicateur catholique à *Metz*. Cf. la lettre de Farel du 20 avril 1543 (VIII, 329, renvois de note 53-55).

[15] L'abbé du monastère de St.-Vincent, à Metz.

[16-17] Virot fait allusion à des circonstances que nous ne connaissons pas. Nous supposons que *Farel* l'avait envoyé de *Gorze* à *Metz*, pour remplir une mission auprès du maître-échevin *Gaspard de Heu*, et qu'il lui avait prescrit de revenir à *Gorze* dans le terme de huit jours (*ad octavam*). Virot ne revint pas au jour fixé, parce qu'il n'avait pas la réponse du maître-échevin. — « Il aurait dû répondre (dit Virot) et je serais reparti. »

testis ac judex noster sit. Meæ i[g]noscentiæ non timeo. Quòd si peccavissem, erant tuæ partes qui bonam senectutem attigisti, juventuti meæ condonare et huic ætati non tribuere, vel si tribueres, dissimulare quousque aliquid vicii à me commissi audires. Quòd si penderem ab hominibus, mihi grave et molestum sanè foret, sed habeo unde pendeam. Dominus judicet et palàm faciat quo animo huc venerim, relictis multis conditionibus[18]. *Cum tu me satis in odium fidelium adduxeris*[19], *hoc semper in ore geram, te esse verum Dei organum et verè patrem meum.* Aliud quod dicam non habeo. Oro te, mi pater, rem consideres : me non esse hujus rei[20] causam. Neque hoc dico quò me gratiorem apud te reddam : nam fortasse nunquam te videbo, nec tu me, neque pendeo ab hominibus, ut auram popularem vener. Sed juxta id quod rectum et æquum judico, maio indicare quàm celare. *Grave est multis quòd ita taceat Waltrinus, qui metu tantùm rasorum certis diebus concionatur*[21], *idque quòd nunc liberiùs et apertiùs doceat quàm unquam.*

Nisi arbitrarer conjuges fidelium qui apud te sunt, maritos suos de statu suo literis certiores facere, diligentior essem in scribendis literis, nisi quòd *uxor Symonis Goziani*[22] frequentior est in auditorio *Caroli* quàm *Waltrini,* cujus judicio ille quàm hic meliùs loquitur. Si placet tamen maritum admonebis, sed literas non indicabis, ne id ægrè sit illi : nihil enim intererit si nemo 'las nostras literas viderit, nam liberiùs ad te scribo, quòd sciam te non iniquum rerum æstimatorem[23]. Breviter, hîc vel alibi si te offenderim, condonabis pro tua benignitate. Dominus te nobis reddat et huic civitati. Amen. Salutabis, si placet, omnes qui isthic sunt fideles, *fratrem* in primis. Qui hîc sunt te omnesque alios salutant ac summo desyderio te deside-

---

[18] Nous n'avons aucun renseignement sur les nombreuses places qu'on aurait proposées à *Virot,* au commencement de l'année 1543.

[19] Cf. la lettre suivante, renvois de note 23-25.

[20] Si nous avons bien compris *Virot,* il veut dire : Ce n'est pas ma faute, si je n'ai pu être ici maître d'école, et si je suis devenu évangéliste, à la demande des fidèles.

[21] A comparer avec la lettre de *Virot* du 27 avril 1543 (VIII, 334-36).

[22] Voyez la lettre précédente, note 10.

[23] Dans la lettre du 31 mai suivant, Virot adresse le même compliment à Jean Chaponneau.

rant. Dominus illorum desiderio adsit. Amen. Metis, pridie kalend[24]. maii 1543.

Tuus, si suus est, G. VIROTUS.

(*Inscriptio :*) Doctiss. viro Guliel. Farello, verbi Dei adnunciatori fideliss. Argentorati[25].

1240bis

G. VIROT à J. Chaponneau et à J. Courtois, à Neuchâtel.

De Metz, 31 mai 1543.

Inédite. Autogr. Coll. Lutteroth. Bibl. de la Soc. de l'Hist. du Protestantisme français.

Doctiss. viro Joanni Capunculo, patri meo et ecclesiæ Neocomensis[1] pastori fidelissimo, ac Joanni Cortesio, ejus quidem zelanti[2] sed mihi amiciss. Gratiam, salutem et pacem in Christo Jesu Domino nostro.

Cum frequenter circumspectassem quibus modis literas de me meoque statu (id enim ut sæpe facerem injunxeras) ad te darem, quando non erant in manu tabellarii, deinde viderem mihi ingratitudinis notam, neque immeritò, tantis officiis à te clementer adfecto, inuri, quanta cura fuerim adfectus magnitudini tuorum in me officiorum[3] respondendi, — tibi alioqui cæteris in rebus

---

[24] L'original porte *Pridie kalund.*

[25] En tête, note marginale de Paul Ferry : 30 avril 1543. »

[1] Les mots *Joanni Capunculo* et *Neocomensis*, en tête de la lettre et sur l'adresse extérieure, ont été recouverts d'une épaisse couche d'encre. Les noms *Cortesio* et *Capuncule* ont subi le même sort en d'autres passages. Mais ce procédé d'effacement n'a réussi que pour un temps : l'encre ayant jauni par vétusté, plusieurs caractères sont devenus lisibles et ils ont fourni le moyen de rétablir les caractères voisins.

[2] Ce mot est aussi biffé. On ne peut lire *Zoilo* ou *Zelotæ*, à cause de la barre horizontale qui représente une *n* et précède immédiatement le *t* final. L'écrivain veut dire que *Jean Courtois* était jaloux des succès de *Chaponneau*, son beau-père, chez qui il vivait à Neuchâtel en attendant une place (Cf. les lettres de Calvin du 28 mai (1543) et de la fin de septembre, même année: VIII, 379, n. 5 ; IX, 46, renv. de note 9-10).

[3] Nous présumons que *Chaponneau* s'était constitué le protecteur de *Virot* à l'arrivée de celui-ci à Neuchâtel, et qu'il l'avait recommandé à Mathurin Cordier pour la place de sous-maître dans son école.

æquo æstimatori judicandum relinquo. Tantùm hoc addam, me majori studio et acriori fuisse solicitum quòd literas ad vos dare non possem, quàm vos quòd non reciperetis. Sed his excusationibus omissis, currat oratio. Circiter soteriarum⁴ ferias, literas de me, opinor, vobis reddidit quidam luscus nomine *Remigius*⁵: nam et ad te et ad *Corderium* et ad congregationem de iis quæ hîc agerentur amplissimè describebam⁶, nec non orabam vos ut me certiorem de receptis literis vestroque statu primo quoque tabellario faceretis. Sed vobis ignosco : tantùm hoc opto vobis redditas esse literas. Nunc quæ ab illis receptis acta fuerint *ludis Gosianensibus*⁷ et *Metensibus* accipite.

Constituto *Metis* (per legatos *Protestantium*) pastore, qui verbum Domini purè proponeret (de sacramentis autem nihil⁸), ac rejecto *Farello*⁹ — nam de illo audire tum nullo modo volebant *Senatores* cum *rasis* conjuncti — ceptum est de extorribus intromittendis¹⁰ disputare. Ea res delata est ad *Protestantes* in mensem. Abeunt legati, discedit *Comes Gulielmus*¹¹. Manemus *Gosæ* extorres cum *Farello*, expectantes quid Dominus per nos faceret. Adest dies resurrectionis Domini¹². Conveniunt *Metenses* non pauci *Gosam*, cœnam¹³ Domini celebraturi. Celebra-

⁴ Chez les classiques latins, *soteria, orum*, désigne les présents offerts aux personnes qui venaient d'échapper à de grands périls, ou bien les sacrifices et les vœux faits en leur faveur. C'est abusivement que *Virot* a fabriqué le mot *soteriæ, arum*, et s'en est servi pour nommer la fête de Pâques.

⁵⁻⁶ Si l'on doit identifier le borgne *Remigius* avec *Jacques Remich* (p. 80, n. 5), il est presque certain que les trois lettres de *Virot* adressées à Neuchâtel [après le 16 mars] et confiées à cet espion, furent livrées au gouverneur général du Luxembourg ou bien au gouvernement de Bruxelles.

⁷ Allusion aux tragédies qui avaient eu lieu à *Gorze* du 25 au 29 mars 1543.

⁸ A comparer avec le t. VIII, pp. 305-306.

⁹ *Farel* avait dû se retirer de Metz à Montigny (octob. 1542). Il était rentré à Metz vers le 15 novembre (p. 42, renv. de n. 14), nous ne savons pour combien de temps, et il résidait à *Gorze* depuis plus de deux mois, lorsque fut faite la convention du 16 mars 1543. On voit que des partisans du Réformateur essayèrent encore, mais inutilement, de le faire élire pasteur à Metz par les députés de cette ville et par ceux des princes protestants.

¹⁰ Il s'agissait de ceux des bourgeois de Metz qui avaient été bannis, au mois de janvier 1543, pour cause de religion.

¹¹ Le comte *Guillaume de Furstemberg*.

¹² Pâques fut le 25 mars en 1543.

mus. Ecce autem de improviso Dominus *de Guyse*[14] cum quingentis aut sex[c]entis equitibus nos inter prandendum invadit, ipso resurrectionis die, mirè ad salutem propensos ac de nulla alia re quàm de salute solicitos. Quid multa? Occidunt ex *Metensibus* aliquot, ex militibus complures, arcem petunt. Mulieres quarum maritos invenire non poterant secum deducunt, pecunia redimendas eaque grandi. *Hoc bello triduo aut quatriduo deducto,* sed mirando tumultu et crudelitate in pios et Christum potissimùm profitentes, *De Guyse arcem cum Farello petit ac Metenses. Id pernegatur, arx quidem conceditur. Sed Farellum ac Metenses secum morituros respondent milites Comitis. De Guyse id cum exorare nequiret, arcem recipit, sed Farellum interfecturo ducentos coronatos numerat*[15].

Dominus noster Jesus nos ab ore leonis liberavit ac his rebus eripuit. *Farellus* multa cum ob moram tantam passus, tum ob hoc bellum tam repentinum (neque immeritò), curru con[s]censo, *Argentoratum* petit cum exercitu *Comitis* ac exulibus *Metensibus.* Inter eundum excepti urbe (*Nomini*[16]) ejicimur, consilio et impulsu rasorum illic præsidentium, cum tantùm dormire vellemus[17]. Revera dixisses te in Actis legere Pauli exclusiones. *Hîc flevit Farellus. Ego verò quanta ob ejus lachrimas, quas nunquam præterquam hîc videram, perpessus et adfectus fuerim, Dominus novit. Sentiebam ejus dolorem : et quàm voluissem ejus nomine ejici !* Hac nocte pago excepti proximo[18], Christo gratias agimus. Experrecti (sic). *Remittit me Farellus Metim, visurum an scholis præfici possem*[19].

¹³ Dans l'original *cenam*. Il y aurait plusieurs autres négligences à relever, par exemple, dans ce qui suit : *inter prendendum, respendent,* au lieu de *respondent*. L'écrivain adopte partout la forme *jandudum,* au lieu de *jamdudum*.

¹⁴ *François de Guise,* comte d'Aumale (VIII, 306, n. 7).

¹⁵ *Farel* est moins affirmatif dans son récit du 20 avril (VIII, 328, lig. 9-11).

¹⁶ La ville de *Nomény.* Voyez le t. VIII, p. 328, n. 47.

¹⁷ Du 25 au 29 mars, *Farel* et tous ses compagnons ayant été continuellement entre la vie et la mort, n'avaient pu prendre aucun repos.

¹⁸ Le village de *Domèvre,* à 4 ou 5 l. à l'E. de Nomény (VIII, 328, n. 48) ?

¹⁹ Le pluriel *scholis,* au lieu de *scholæ,* nous semble inexact. La grande école de la ville de Metz avait pour régent, en 1541, un zélé impérialiste, nommé *Edmond de Boulay.* On n'aurait pu songer, en 1543, à le remplacer par un disciple de Farel. Et il est fort douteux que les Évangéliques

Hæsi *Metis* hactenus sine ulla scholasticæ conditionis ope. Gestiebat animus ad vos redire[20], sed milites qui *Metim* exeuntes interficiebant passim, domi me continebant. Aut ad vos, aut in *Galliam* iter parabam, ac jam pedum visa erat via, at Dominus fortasse hoc argumento me retinuit. Fratres pii metu Senatorum me excipere non audebant, nam id edicto prohibitum erat, ne quis quem domo exciperet citra magistratus cognitionem. Vicit tamen charitas tam impium edictum : sed clàm me alebant vicissim, ægrelaturi si discessissem. Nec meam tam impedierunt abitionem milites quàm fratres ipsi. Orant me passim mulieres ut se doceam et legere et canere *psalmos*. Sino me exorare : ægrotos, quantùm in me est, viso.

Id ubi rescivit *Farellus* frater mœstissimus, quid is fecit ? Literas conscripsit[21]. Iras colligavit, minas misit, quibus meam docendi rationem improbat. Quomodo, dices, rescivit ? Per me measque literas[22], ut mihi conscius eram. Nam nemo qui meam docendi rationem intellexisset, erat unquam improbaturus. Non contentus tamen ad me de his scribere et minis me terrere, scripsit ad eum qui pastor erat institutus[23] (quocum familiarissimus eram), me vini potorem, arrogantem, mei admiratorem, aliorum contemptorem esse : ideo admoneret fratres pios ut me non reciperent : quòd cum eo fuissem *Gosæ,* se me tantùm in gratiam eorum qui me miserant[24], aluisse : meos mores sibi nunquam placuisse. Quòd si spem tamen vitæ immutandæ facere

---

messins eussent établi plus d'une école. On a vu (VIII, 153) que l'instituteur *Jean Petitjean*, étranger, avait été banni de Metz en janvier 1543.

[20] Cette parole permet de croire que *Virot* avait eu le temps de s'attacher aux pasteurs neuchâtelois.

[21] On ne possède pas cette lettre de Farel.

[22] Voyez les lettres de *Virot* du 16 et du 30 avril 1543. Dans la seconde, il répond aux reproches de Farel.

[23] *Watrin du Bois* (VIII, 506).

[24] C'est-à-dire, *les pasteurs de Neuchâtel*. On lit, en effet, dans la lettre de Jean Fathon à Christophe Fabri du 28 novembre 1542 : « Nous envoyons ceste sepmaine présente ung frère devers M⁰ *Guillaume,* pour luy faire compaignie, ce pendent que le sire *Claude* viendra faire ung tour par deçà... » (VIII, 200-201.) Le voyage de *Guillaume Virot à Gorze,* a peut-être eu lieu plus tard ; mais nous ne doutons pas qu'il ne l'ait accompli en vertu d'une décision de la Classe de Neuchâtel. Les paroles mêmes de Farel nous y autorisent.

vellem, et si hanc arrogantiam ponere, humilem verò me præstare vellem, me non esse omnino rejiciendum ad instituendam juventutem : ita tamen haberem ut aliquis observaret quid agerem : *me non pervenisse eò ut ex arbitrio ferrer*[25]. Habes, Domine Capuncule, *Farelli de me judicium et encomium*. Fratres qui me *Metis* multos dies aluerant, ferè quindecim, literas ad *Farellum* de me conscribunt, me meamque vivendi rationem non improbandam, sed merè evangelicam signis suis confirmant[26]. Nihil audivi a *Farello* ab illo tempore. Confirmavit verò fratrum opinionem pastor ad quem scripserat *Farellus* de me, qui quàm longè ab his essem quorum insimulabar significavit, me nihil *Metis* admisisse homine verè christiano indignum.

Hæc fiunt sex aut septem hebdomadibus dum expectatur alia tranquilitas et exulum revocatio. *Farellus Argentorati*, ego *Metis* expecto. Veniunt tandem Legati a *Protestantibus* et principibus Imperii, feriis Pentecostes[27], *Argentoratum*. Senatus pars *Metensis* cum illis convenit, disceptaturi de exulibus et Verbo purè proponendo. Dices : quid interim inter ferias resurrectionis *Metis* agebatur et pentecostes? Pastor quidem proponebat Verbum, sed jejunè satis et timidè. Durabat persecutio, Civitas in tanto tumultu agitabatur, ut bellum potiùs civile quàm civitatem appellasses. Pii vix audebant aliquid. *Mittunt legatos rasi in Brabantiam, in Galliam aliasque regiones auxilium petituros, suum ordinem pessum ire, susque deque ferri nisi succurratur*[28]. Sparguntur munera. Senatorum alia pars *Cardinalem Lothoringum*[29] ac regem *Franciscum* adit : quid sentiant de tanto conflictu? Tandem octo diebus consilium deductum est *Argen-*

---

[25] Voilà le grand reproche de Farel : *Guillaume Virot*, jeune homme sans expérience et placé dans une position difficile, agissait à sa tête. Candidat au saint ministère (Cf. le P.-S.), il avait rempli, sans appel régulier, des fonctions ecclésiastiques, et s'était dispensé de requérir les conseils de ses chefs spirituels.

[26] Cette lettre des Évangéliques de Metz est perdue.

[27] Le 14 mai 1543.

[28] Jean Fathon écrivait déjà, le 26 janvier 1543 (VIII, 253) : « Ceulx desquelx bien congnoissés la practique,... ne sçaivent plus où ilz en sont, et sy ont desjà employer de leurs larrecins tant et plus pour trouver faveur devers les gros princes et princesses, pour estre despeschés à tout le moings de M⁰ *Guillaume* [*Farel*]. »

[29] Le cardinal *Jean de Lorraine* (VIII, 323, n. 26).

torati. Exulum bona pars intromittitur ut ejecta ob Verbum tantùm[30]. Alii aliorum criminum insimulantur[31]. Itaque hac dieta exulum negocium tantùm peractum est. Indicta alia fuit dieta in quindecim dies[32]: in ea disceptabitur de ecclesia ordinanda, de ministris eligendis ac cæteris in ea necessariis[33]. Habes quæ hactenus acta fuerunt *ludis Gosianensibus*, hoc est *Gosæ* actis, ac *Metensibus*, hoc est *Metis* actis.

Cælibum Carolus cœnobium S. Vincentii Metis obtinuit à præfecto cœnobii[34]: *diebus festis concionatur*, sed quanta cum blasphemia, horreo totusque tremo postquam narro. Nam tran[s]substantiationem tuetur ac papam, ut breviter dicam, tanta vi et violentia ut non vereatur appellare Verbi præcones Hereticos, schismatum ac divisionum authores: cum primis *Farellum, Viretum* ac *Calvinum*, quos nominatim arguit[35]. Nunquam audivi *Lutetiæ* franciscanum aut alium tam adversarium et importunum in evangelistas, quàm hic est. *Provocat Forellum ad certamen literis*[36]. *Farellus nihil aliud desyderat, sed non intromittitur*. Speramus tamen lætiora. Faxit Dominus ne spe excidamus. Multum impedimenti adfert veritati, sed Dominus conculcabit eum, cujus inimicum agit.

De cætero *Cæsar* exercitum habet in *ducatu Luxemburgensi*[37]. *Galli milites* excurrunt totam illam regionem quam illis excursionibus devastant ac depopulantur. *Marangarii*[38], illis inimici,

---

[30] Voyez, t. VIII, p. 153, les noms des bannis autorisés à rentrer à *Metz*.

[31] Le P. Meurisse, op. cit., p. 58-60, donne les noms des Évangéliques messins qui avaient, selon lui, un compte à régler avec la Justice.

[32-33] Il ne devait pas y avoir, entre les députés de la ville de Metz et ceux des princes protestants, une conférence convoquée pour le 5 juin; mais chaque partie devait déclarer à l'autre, le 1ᵉʳ juin, si elle acceptait ou non les décisions prises par la conférence tenue à Strasbourg du 14-21 mai (Cf. le t. VIII, p. 311, 312, et, p. 403, 404, la lettre de Metz du 1ᵉʳ juin 1543 au Conseil de Strasbourg).

[34] Le nom de l'abbé de St.-Vincent nous est inconnu.

[35] Cf. le t. VIII, p. 313, 405.

[36] Voyez la lettre de *Caroli* à Farel du 14 mai 1543.

[37] Nos sources ordinaires ne fournissent pas de détails sur l'armée impériale qui était alors cantonnée dans le Luxembourg.

[38] Les *Marangiens* ou *Marengeois* tiraient leur nom du village de *Maranges*, qui appartenait au Luxembourg. « La situation de ce village, qui en faisait une sorte de poste avancé au milieu d'un pays souvent ennemi,

quotquot offendunt aut interficiunt aut ad minus depredantur. Breviter totum hîc bellum est, nihil non belli auditur. Vix audent egredi Cives urbem, potissimùm evangelistæ, nam undique odio habentur. Ab altera parte adsunt *Burgundi* : hîc præstò sunt *Galli* : ab illa stant *Germani* : ab hac insidiantur *Marangarii*. Quid hîc agendum ? Tyrannos agunt magistratus ac sæviunt in pios. Quid superest ? Non audent persequi (dices) ob Evangelium ? Non, sed juxta proverbium : qui veult mal à son chien, etc.[39].

Ego, si Dominus permitteret, lubens peterem *Lutetiam*. Nam non possum juventutis instituendæ provinciam, nisi ecclesia constituta, impetrare[40]. Tu vellem ad me scriberes, tuæ me solarentur literæ : necnon de *Cortesio* scriberes. Si huc veniret, impetrata venia à fratribus[41], non pessimè faceret. Utinam veniret : non pessimè secum actum postea diceret. Salutate mihi vestram familiam ac fratres omnes, potissimùm *vitrearium magistrum Andream*[42]. Si posset impetrare à fratribus veniam[43], veniret cum *Cortesio*, bene faceret. Quòd nolo eos venire nisi impetrata venia, hoc in causa est quod impediretur, etc. Salutate etiam *Stephanum*[44] (utinam hîc esset) cum uxore non satis

---

avait rendu ses habitants expérimentés aux choses de la guerre » (Journal de Jean Bauchez (Metz, 1868), p. 338, note de MM. Abel et de Bouteiller). Les Français ayant détruit par le feu, à *Maranges*, une centaine de fermes, *les Marangeois*, pour se venger de leurs pertes, attaquaient tous les Français isolés (Cf. Rahlenbeck, o. c., p. 50).

[39] On connaît la suite du proverbe : « dit qu'il est enragé. »

[40] Ces deux questions étaient étroitement unies, et on voit, par la lettre du Conseil de Metz du 1er juin 1543, qu'il n'était nullement disposé à les résoudre au gré des Évangéliques.

[41] Des deux significations de *venia* (permission, pardon), nous adoptons la seconde, parce que *Farel*, dans sa lettre du 23 février 1544 (p. 172-173, renvois de n. 8, 9), accuse *Courtois* de s'être efforcé à Metz, à Neuchâtel, à Genève et ailleurs encore, de bouleverser l'œuvre de ses prédécesseurs.

[42-43] Nous ignorons à quel titre Maître *André le verrier* avait séjourné à *Metz*, et en quoi il avait offensé ou scandalisé les Évangéliques de cette ville. Aucun pasteur neuchâtelois contemporain, que nous sachions, ne portait le prénom d'*André*.

[44] S'agit-il ici d'*Étienne le Vert*, pasteur à Môtier, dans le Vully ? C'est peu probable. On pourrait supposer que l'écrivain a en vue *Étienne Jacot des Combes*, qui fut pasteur au Locle dès le 26 mars 1536.

proba, qua discrutiatur ille. Saluta, tu Domine Capuncule, publicè in congregatione vestra, omnes pastores meo nomine[45]: id tibi injunctum volo, quanta est tua in me beneficentia. Longè ampliùs descripsissem omnia, nisi crederem *Farellum* scripsisse jamdudum[46], nam commodiùs multò potuit. Si quid est quod desyderetis, literis significate, et dabo operam ut nihil ignorare possitis. Sed interim valete et plaudite. Metis ultima Maii 1543.

      Vester, si suus est, Gul. Virotus.

Quid cunctaris, si quid est de me scriptum[47]? Cur non literis significas? Non oportet solùm eum qui ad episcopi dignitatem adproperat, esse sine crimine, sed etiam sine ulla criminis suspitione. *Si quid mihi falsò imponitur, volo reparari. Nam non reliqui summum pontificem, hoc est papam, ut alterius jugum subirem*[48]. *Si sumus morosi et dificiles, et putamus nos esse secundos Paulos, quid curo?* Sum Christi, cujus libertatem expertus, jugum semel excussum non subeo. Vale iterum.

Je vous prie, escripvez-moy, c'est à dire envoyez-moy des lettres, si vous le voulez sçavoir[49].

(Inscriptio:) Domino Joanni Capunculo, Ecclesiæ Neocomensis pastori fideliss. ac diligentiss. Neocomi[50].

[45] *Virot* connaissait donc tous les pasteurs de la Classe de Neuchâtel et tenait à rester en bons termes avec eux. Il était candidat au saint ministère.

[46] On ne possède pas de lettres de Farel écrites à cette époque à ses collègues neuchâtelois.

[47] Si vous avez reçu de nouvelles plaintes contre moi, pourquoi tardez-vous à m'en informer?

[48] Allusion directe à *Guillaume Farel*, qui avait censuré les défauts de *Virot* et désapprouvé sa méthode d'évangélisation à Metz. Celui-ci, dans la phrase suivante, s'exprime très injustement à l'égard du Réformateur, auquel il écrivait un mois auparavant : « Hoc semper in ore geram, *te esse verum Dei organum et verè patrem meum* » (p. 474, renv. de n. 19).

[49] Ce deuxième P.-S. est écrit à la droite du premier.

Vers la fin d'août 1543, *Virot*, accompagné de *Cortesius*, reparut à Neuchâtel (Cf. le N° 1277, p. 16). A partir de cette date, nous ignorons absolument la suite de son histoire.

[50] Au dos, note d'Olivier Perrot : « Virotus. Touchant Metz. » — En tête, note marginale de Paul Ferry : « 31 may 1543. »

1395bis

LE CONSEIL DE BERNE au Bailli de Lausanne.

De Berne, 3 octobre 1544.

Inédite. Copie. Arch. du Canton de Vaud[1].

TRADUIT DE L'ALLEMAND.

L'AVOYER ET CONSEIL DE BERNE, notre salut à toi, cher Bailli.

Nos ambassadeurs qui étaient à *Lausanne,* ces jours derniers, nous ont présenté et soumis le règlement qu'ils ont fait sur *la nourriture des douze écoliers qui sont en pension chez Celio*[2]. Ce règlement nous plaît : nous l'avons approuvé et nous voulons qu'il soit observé tel qu'il est. En conséquence, nous avons décidé que, pendant cette année prochaine, pour chacun des écoliers, on paiera [à *Celio*] outre les 12 couronnes assignées précédemment, 3 couronnes de bonification[3], — et que chaque jour il sera donné à chacun d'eux une livre de viande, deux livres de pain, et à tous pour le déjeûner une mesure de vin[4], et pour le souper une mesure; aussi, le matin et le soir, leur soupe. Quand on ne leur donnera pas de la viande, on la remplacera par du poisson ou un autre mets qui soit de la même valeur.

Afin que le prénommé *Celius* observe ce règlement, tu dois prendre les deux prédicants avec toi et, en présence des douze

---

[1] Communiquée obligeamment par M. le ministre Ernest Chavannes.

[2] C'est ainsi qu'on appelait couramment *Celio Secondo Curione,* précepteur des écoliers instruits aux frais de MM. de Berne.

[3] La couronne (*Krone*) était, à Berne, une monnaie de compte, valant 25 batz. Comme un batz, dans la première moitié du seizième siècle, contenait 36 centimes d'alliage d'argent, la couronne avait une valeur réelle de 9 fr., et elle était l'équivalent d'une couronne de France (Sonnenkrone).

Dans notre t. II, p. 359-360, note 1, nous avons estimé trop bas cette monnaie bernoise, en disant qu'elle valait 3 fr. 75 centimes. — Cf. l'opuscule de M. le prof. H. Vuilleumier, intitulé : Les douze escholiers de Messieurs. Lausanne, 1886, p. 7, 8.

[4] Cette *mesure* était le pot de Berne, égal à 1 1/2 litre. Chacun des douze écoliers recevait donc, deux fois par jour, un verre de vin.

pensionnaires, leur communiquer la chose et dire à ceux-ci que, dans le cas où *Celius* ne leur délivrerait pas le manger et le boire tels que porte le susdit règlement, ils doivent te le déclarer, mais en toute vérité et sans faire tort à *Celio;* autrement, nous les punirions.

C'est aussi notre volonté que toi et les prédicants vous veilliez à ce que le dit règlement soit observé, et de telle sorte que *Celio* ne retranche rien du manger et du boire qu'il doit aux écoliers.

Datum iii octobris Anno 1544.

ADDITIONS ET CORRECTIONS

Page 4, à la fin de la note 1, ajoutez : L'un des compagnons de voyage du seigneur d'*Alleins* était genevois, à ce qu'il semble, et se nommait *Jean Ballon* dit *Hugonier* (Cf. la p. 150, n. 1-2).

P. 6, à la fin de la note 8, ajoutez : Théodore de Bèze (Hist. ecclés. 1580, I, 38) mentionne *le sieur d'Allenc,* sans indiquer son prénom. C'est pourquoi Jacques-Auguste de Thou l'appelle *N. Alenius* (Cf. la p. 3, n. 1). Cette *N.*, qui remplace les prénoms manquants, a été transformée en *Nicolas* dans la traduction française (Basle, 1742, I, 536), et ce prénom inexact a reparu dans la belle édition de l'Histoire ecclésiastique publiée par G. Baum et Ed. Cunitz (Paris, 1883, I, 55, note 2).

P. 16, à la fin de la note 1, ajoutez : De cette citation il résulte, que celle du même passage, dans le t. VIII, p. 133, n. 10, était hors de propos, — le Registre du Consistoire ne mentionnant point *Ypolite Rebit et ses frères,* mais seulement Ypolite Rebit, orfèvre.

P. 17, lig. 9. Cf., sur la Confession mentionnée, les notes 22-23 de la p. 396.

P. 17, la deuxième partie de la note 6 est à rectifier, au moyen du paragraphe 3 de la p. 253.

P. 23, l'Instruction à Antoine Maillet est précédée (o. c., p. 23) de cette lettre de créance :

Mon Cousin, s'en allant devers vous ce secrétaire mien, *Antoine Maillet*, présent pourteur, je luy ai donné charge vous faire entendre aucunes choses de ma part. Si vous prierai, mon Cousin, adjouster foi à ses paroles et le croire de ce qu'il vous dira de par moi, comme feriez moi-mesme, qui pour fin me vois [l. vais] recommander à votre bonne grâce d'aussi bon cueur que je supplie à notre Seigneur, mon Cousin, qu'il vous doint ce que plus desirez. Écrit à Reims ce vIII. jour de Septembre.

Votre bon Cousin CHARLES.

(*Suscription :*) A mon Cousin Monsieur le Landgraff de Hessen. (Le cachet en cire vermeille est écartelé aux armes de France et Milan.)

L'Instruction est intitulée : « Instruction de ce que notre Secrétaire et Varlet de Chambre, Antoine Maillet, aura à dire et déclarer à Messieurs les Duc de Saxe, Landgraff de Hessen, et autres Seigneurs Protestans qui se doivent présentement assembler à Francfort. »

P. 25, ligne 2, après *avec eux,* ajoutez : « Lesquels ne s'arrêteront aucunement à l'opinion qu'ils pourroient avoir, que ne leur peussions monstrer soubdainement par notre puissance la bonne affection que nous avons en cest affaire ; car nous espérons, au plaisir de Dieu, avec le temps la leur monstrer par effect, et dès maintenant leur offrons toute notre puissance et celle du dit seigneur Roy notre père, laquelle il nous a remise pour en user en tout ce qui nous semblera bon pour eulx en aider en tout ce qui concerne leur bien, utilité et liberté, ainsi que nous les requérons nous aider et secourir de leur puissance en cas semblable, et que nous avons en aussi grande recommandation leur liberté comme nos affaires propres.

Il entendra la réponse que sur ce nous vouldront faire, pour nous en rapporter nouvelles le plus diligemment qu'il pourra. Faict à Reims le vIII jour de Septembre 1543. » (Coppies collationnées aux Originaulx par moy F. Marchant.)

A la p. 24, o. c., Le Vassor fait la remarque suivante : « Il y a de l'apparence que l'Original fut trouvé dans les papiers du Landgrave de Hesse, lorsque Charles-Quint l'arrêta prisonnier. Peut-être aussi que l'envoié du Duc d'Orléans fut pris en Allemagne, et les papiers mis entre les mains de l'Empereur. »

Sleidan et Seckendorf ne mentionnent point cette démarche du Duc d'Orléans ; mais il est certain qu'elle fut connue du public, puisque Viret écrivait vers le 4 novembre 1543 (p. 97, lig. 2-4) : « *Dux Aurelianus* ambit fœdus cum *Protestantibus,* et se Evangelium promoturum pollicetur. »

P. 40, note 3, au lieu de *Claude Fathon,* lisez *Jean Fathon.*

P. 96, à la fin de la note 17, ajoutez : (Mscrit orig. Arch. de Donaueschingen. Communication obligeante de M. le Dr Baumann, archiviste et bibliothécaire à Donaueschingen.)

P. 137, note 5, au lieu du 16 décembre, lisez : le dimanche 23 décembre.

Pages 161-162, notes 8-9. En examinant de nouveau la question, nous nous sommes convaincu que, dans les passages compris entre les renvois de note 8 et 11, il s'agit réellement de *Guillaume Farel* et non de *Jacques Sorel.* La présence du Réformateur à *Thonon,* le 4 janvier 1544, peut s'expliquer par le fait qu'il était invité à la noce de son ami *Alexandre* ***. (Cf. la lettre de Farel datée de Neuchâtel le 15 décembre 1543, p. 133, renv. de n. 17, 18). Des trois *Alexandre* que nous avons mentionnés, *Alexandre Sedeille,* professeur à l'École de Thonon, est celui qui est indiqué par toutes les vraisemblances. *Farel,* se trouvant si près de *Genève,* le 4 janvier, céda à la tentation d'y retourner, afin d'exhorter vivement, du haut de la chaire, ses anciens paroissiens à voter le traité de paix avec les Bernois. Cette prédication imprudente et les désagréments qu'elle lui attira étaient restés inconnus jusqu'ici.

P. 170, note 11, à la fin, ajoutez : MM. de Berne, n'ayant pas oublié que *Michel Dobt,* en 1535, avait reçu des blessures, à leur service (III, 421-423), lui permirent (janvier 1544) de résider à Lausanne, en attendant qu'une place de pasteur fût vacante. Quelques mois plus tard, ils l'envoyèrent dans le pays d'Aigle (Manuel de Berne).

P. 171, note 20, lisez : Les députés bernois arrivèrent à Genève le 24 février (le 25, selon A. Roget, o. c., II, 111). Le traité de paix y avait été accepté le 19 par le Conseil général.

P. 177, au commencement du dernier paragraphe, nous aurions dû renvoyer à cette note : Le président du parlement de *Grenoble* était, sans doute, *Bonaventure Thomassin,* élu au mois de novembre 1533 (Cf. le Bulletin de la Soc. de l'Hist. du Protestantisme français, t. XXXIII, 1884, p. 112 et suiv.).

P. 199, note 4, ajoutez : On lit dans le Manuel de Berne du 29 octobre 1544 : « Écrire au bailli de Lausanne : Mes Seigneurs ont donné son congé au *régent de Lutry,* comme les prédicants [l'avaient déjà fait]. Il leur dira, qu'à l'avenir ils ne congédient plus, mais qu'ils doivent d'abord aviser mes Seigneurs ou l'un de leurs officiers. » — Le 10 décembre suivant, le Conseil de Berne informait le bailli de Lausanne que, sur son rapport et sur celui du Doyen [de la Classe], *Jacques Tornamire* était élu régent de Lutry, et qu'il recevrait la même pension que son prédécesseur (Ibid. Trad. de l'allemand).

P. 201, note 3, ajoutez : Selon M. N. Weiss (La Chambre ardente, p. xxx), *Clément Marot* serait mort à Turin, le 15 septembre 1544.

P. 207, ligne 7 en remontant, placez, après *eo loco,* [l. eò loci].

P. 230, note 9, à la fin, ajoutez : Il faut pourtant en excepter le passage (fol. 12 verso) où les paroles suivantes sont mises dans la bouche du Christ, annonçant le salut éternel et la rémission des péchés : « In tantorum beneficiorum perpetuum testimonium, et indubitatum symbolum, *ipsissimum meum et verissimum sanguinem vobis hic bibendum propino.* »

P. 259, note 3, ajoutez : Dans son *Catéchisme général de la Réformation* (Genève, 1656, p. 93), Paul Ferry reproduit en ces termes l'article « accordé » à Ratisbonne (1541) sur la justification par la foi : « C'est une ferme et saine doctrine, asçavoir que le pécheur est justifié par une foi vive et efficacieuse..... La Foi vive est celle qui embrasse la miséricorde en Jésus-Christ, et croit que la justice qui est en Christ, lui est imputée gratuitement : tellement que la Foi justifiante est bien, à la vérité, celle qui est opérante par Charité ; mais cependant ceci est vrai, que par ceste Foi nous sommes justifiez, c'est-à-dire, que nous sommes acceptez et réconciliez à Dieu, en tant qu'elle appréhende [l. saisit] la miséricorde et la justice qui nous est imputée pour l'amour de Christ, et non pour la dignité ou la perfection de la justice qui nous est communiquée en Christ : de sorte qu'encor que celui qui est justifié reçoive une justice et l'ait par Christ inhérente en soi, néanmoins l'âme fidèle ne s'y appuye point, mais sur la SEULE JUSTICE DE CHRIST, sans laquelle il n'y a ni ne peut [y] avoir aucune justice. Et ainsi, par la Foi en Christ, nous sommes justifiez ou réputez justes, c'est-à-dire, acceptez et receus par les mérites d'icelui, non à cause de notre dignité ou de nos œuvres. »

Paul Ferry ajoute (p. 96, 105) que cet article, qui avait été appelé par les théologiens catholiques qui conféraient avec les Protestants, à *Ratisbonne,* « le plus grand Article de tous, et le sommaire de la doctrine Chrétienne, et ce qui fait véritablement le Chrétien, » fut adopté par les députés de seize Villes Impériales qui n'avaient pas encore reçu la Réformation : entre lesquelles fut *Metz*, qui par son député (*Jean Bruno*) y consentit des premières ; et que « les Articles accordés » furent prêchés hautement à *Metz*, sur la fin de la même année par plusieurs moines, entre autres par le Prieur des Jacobins et par leur Lecteur en Théologie, sans que de la part du Magistrat il y fût apporté aucun empêchement.

P. 302, note 10. A la fin de l'avant-dernière phrase, ajoutez : Nous devons cependant reconnaître que *François Érault* avait fait partie de la commission envoyée par le roi, au mois d'août 1534, pour réprimer les premières manifestations de la Réforme dans le duché d'Alençon. Cette commission était présidée par *Bonaventure Thomassin* dit *de Saint-Barthélemy*. Les nouveaux juges se montrèrent expéditifs. Ils ne siégèrent qu'une quinzaine de jours à *Alençon* et prononcèrent neuf sentences capitales. Quarante personnes avaient été accusées. (Cf. le Bulletin cité, XXXIII, 112 et suiv.)

P. 303, notes 11-12, ajoutez : Nous devons, à la louange de ce prélat, relever un fait que nous empruntons à l'ouvrage précité de Paul Ferry, p. 97 :

« Ensuite du résultat [de la diète] de Ratisbonne, *Jean, cardinal de Lorraine*, Légat, perpétuel administrateur de l'Église de Metz, et *Nicolas de Lorraine*, évesque de Metz, faisoyent travailler à la correction et réformation des Messels, Bréviaires, Agendes ou Manuels, Diurnaux et autres Rituels du service divin par un chanoine de ceste ville ; et y firent imprimer l'Agende au mois de Juillet 1543, — avec injonction à tous les Curez et autres du Clergé de l'avoir et en user dans un certain temps, et à l'Official et autres leurs Officiers de les y contraindre, à peine de censures. »

P. 316, note 22, à la fin du premier paragraphe, ajoutez : « *Claude de Senarclins*, escuyer, sieur de Perroy, etc., » est mentionné pour la première fois, le 12 août 1553 dans les procès-verbaux du Conseil d'État de Neuchâtel.

P. 360, note 10, ligne 5, au lieu de *s'attendait à être banni*, lisez : songeait à un exil volontaire.

P. 386, note 1-2, à la fin, ajoutez : Les pasteurs du Chapitre de Nidau s'étaient plaints à Berne, le 24 octobre, de ce que « le pasteur de *Gléresse* avait clairement prêché, que le corps et le sang [de Notre Seigneur] sont présents dans le sacrement [de la sainte Cène]. » Ce pasteur avait succédé au théologien parisien élu en juin (p. 284, n. 9) et qui n'existait plus au mois d'août.

Le 8 décembre MM. de Berne faisaient écrire à Zurich : « Nos prédicants se sont mis d'accord amicalement. » (Manuel du dit jour. Trad. de l'all.)

P. 416, note 1, lig. 1, lisez : *Merlin* était natif de *Romans*, ville du Dauphiné, située sur l'Isère, à 4 l. N.-E. de Valence.

P. 428, après la signature, placez un renvoi à la note suivante : *Claude Véron* et ses collègues des mandements de Ternier et de Gaillard croyaient avoir bien agi, en signalant à leurs supérieurs la position critique de

Pierre Faure. Mais ils apprirent, à cette occasion, qu'il était dangereux de donner, même indirectement, des conseils à MM. de Berne. « Écrire au bailli de Ternier (lit-on dans le Manuel du 30 décembre 1544). Il doit dire aux prédicants, qu'ils prêchent la parole de Dieu, et qu'ils laissent à mes Seigneurs le soin de gouverner. Leur demande a été mal accueillie. » (Trad. de l'all.)

P. 450, à la fin de la dernière ligne du texte, ajoutez un renvoi à la note suivante :

En indiquant les maisons où les Évangéliques célébraient leur culte, Chautemps a oublié celle de *Philibert de Compois*, seigneur de *Thorens*. Ce gentilhomme savoyard, ayant embrassé la Réforme, fut dépouillé de tous ses biens par le comte de Genevois, Philippe de Savoie, et réduit à la pauvreté. Il essaya de tirer parti des droits hérités de ses ancêtres sur un quartier de la ville d'Aigle, et de les vendre aux Bernois. Mais ceux-ci refusèrent, et ils lui persuadèrent d'échanger ses droits contre la qualité de bourgeois de Berne. Ainsi fut fait, le 26 décembre 1533 (Cf. notre t. III, p. 70, 71. — Jeanne de Jussie. Le levain du Calvinisme, éd. Jullien, Genève, 1865, p. 71, 72. — Stettler, o. c., II, 63a. — Le Chroniqueur de Louis Vulliemin, 1835, p. 8).

Le 27 décembre, le secrétaire d'État bernois instrumentait un acte que nous reproduisons ci-après, en vertu duquel M^r. *de Thorens* devenait propriétaire de la maison de feu l'abbé *Jean Tacon**, située à *Genève*, dans la rue des Allemands**.

Le prix de cette maison [7200 fr.] en facilitait l'acquisition, qui fut sans doute conseillée à Mr de Thorens par LL. EE. Nous y voyons un trait de prévoyance de la politique bernoise qui n'avait pas encore été signalé. MM. de Berne, avant d'envoyer à *Genève* une importante ambassade (Cf. la p. 451, n. 13), voulaient préparer l'un de ses succès, en procurant aux Évangéliques genevois un local convenable pour la célébration de leur culte. Il fallait, à cet effet, une maison appartenant à un citoyen bernois, auquel les syndics de la ville n'oseraient contester le droit de recevoir chez lui ses coreligionnaires (Cf. notre t. III, p. 148, 149, 150).

M^r. *de Thorens* fut l'homme de la circonstance. Le passage suivant du Manuel de Berne qui nous est obligeamment communiqué par M. l'archiviste Türler, montre que le nouveau Bernois allait remplir avec zèle le rôle qui lui était assigné : « 5 Janvier 1534. M^r. *de Thorens* exprime à mes Seigneurs ses plus vifs remerciements de ce qu'il leur a plu, par grâce spéciale, l'admettre en qualité de sujet et de bourgeois. Il s'offre à remplir tous les devoirs qui incombent à un fidèle sujet. Il est aussi de bon vouloir de leur livrer la quittance [l. la renonciation à ses droits] qui lui a été demandée à cause de la seigneurie d'*Aigle*. » (Trad. de l'all.)

---

* Ainsi nommé parce qu'il avait été capitaine général de la ville. Il fut tué en 1527 par les Savoyards (Cf. Galiffe. Notices, I, 30 ; II, 2me éd. p. 289).

** « Auprès de la mayson de Beaudichon » (Froment. Actes et gestes, p. 82).

*Acte de vente de la maison de feu Jean dit l'abbé Tacon
à Philibert de Compois, seigneur de Thorens.*

[Berne] 27 décembre 1533.

Inédit. Minute originale. Arch. de Berne.

Noble, pieux, puissant, prudent et sage *Sébastien de Diesbach*, ancien Avoyer, conseiller, en sa qualité d'exécuteur testamentaire de feu noble *Hans de Diesbach*, et *Pierre Tittlinger*, ancien banneret, *Erhard Kindler*, tous deux bourgeois de la ville de Berne, tuteurs élus des enfants de feu noble *Christophe de Diesbach*, héritiers de feu susdit *Hans de Diesbach*, — ont vendu à noble *Philibert de Compeys*, seigneur de *Thorain*, *Estrambière*, etc., une maison*** de feu *Jehan* dit l'abbé *Tacon*, assise en la cyté de *Genesve* en la rue des Allemans, jouxte la maison de honorables *Jaques* et *Mathieu Malit*, devers le soleil levant, la maison de noble *Estiène Chapell Rouge*, devers le couchant, la rivière du Rosne, devers la bise, et la rue publique devers le vent, cum apendentiis, etc., jure franco, réservé le loz et droit du seigneur duquel icelle maison soy moult [l. meut] etc. — Laquelle maison est écheute par Justice et sentence obtenue par les dicts exéquuteur et tuteurs au nom quel dessus, à cause d'ung fiancement que jadis feu *Christoffle de Diesbaci*, ensemble aultres, avoint faict pour feu *Jehan Tacon*, nommé abbé, en er *Cunrad Clauser*, bourgeoys et apoticaire de *Lucerne*, pour la somme de mille florin d'or de R[h]in. Et est faicte iceste vendition pour le prix de mille florin d'or de Rin, lesquels, ensemble la chense achesant [l. la cense échéant] ung chescung an sur le jour de l'Épiphanie, le dict achepteur prent à luy et respond pour les dicts vendeurs. Dont iceulx vendeur ont quitté le dict achepteur de la dicte somme de mille florin d'or de Rin, dévestissant, etc., investissant, promettant de maintenir, renunceant, etc. Tesmoing les séels des dicts vendeurs. Datum Sambedi xxvii Decembris, Anno a nativitate Domini 1534 [1533, nouv. style].

Soit faicte une aultre lectre comme le dict achepteur promet de extraire [l. libérer] les dicts vendeurs au nom quel dessus du dict fiancement, dedans quatres ans prochains commenceant sur le jour de l'Épiphanie prochainement venant. Datum ut supra.

P. 452, note 22, ajoutez : Le nom du chanoine *Pierre Werly* devra reparaître en 1546 dans la Correspondance. Mais c'est ici qu'il convient de compléter les renseignements que nous avons donnés (III, 47-50) sur l'émeute où périt ce fougueux champion de la foi catholique.

Les extraits suivants sont empruntés à l'enquête faite par le procureur fiscal, au sujet de sa mort (Procès criminels. Arch. de Genève). Les deux premières des dépositions et la dernière nous ont été obligeamment communiquées par M. Louis Dufour-Vernes.

*** Ce qui précède, dans l'acte, est écrit en allemand.

ADDITIONS ET CORRECTIONS. 491

Fuit inquisitum cum honorabili *Georgia*, uxore *Johannis Chautemps*, teste jurata super sanctis Dei evangeliis. Que interrogata... deponit quòd die herina [4ᵃ Maii 1533] inter diem et noctem cadentem, teste existente in domo sui viri, cum *Sermeta*, ejus ancilla, et *Andrea*, relicta magistri *Hugonis Ginodi*, carpentatoris, et ejus liberis, ac quodam egrotante quem dicit non cognoscere et jacente in cubili, fuit vocata per *Michiam*, uxorem *Anthoni Charvet*, ut vellet sibi aperire januam vireti domus predicte[1]. Que testis accessit ad eandem januam et reperit in pede ipsius vireti dominum *Petrum Werly* jacentem et in extremis laborantem. Que rediit ad domum suam et accepta candela rediit ad eundem dominum *Petrum Werly*, ad cujus os apposuit certos pulveres fines[2]. Tandem rediit et apperuit portam anteriorem domus predicte, per quam ipsa *Michia* intravit, et illi recitavit quemadmodum dictum dominum *Petrum* repererat prope dictam januam. Tandem prescripta *Andrea* vidua accepit certum acetum in una scutella stanni et illud portavit ad eundem dominum *Petrum*, ad cujus os apposuit, prout recitavit sibi.

Interrogata ubi sit ejus vir et à quo tempore citrà illum non vidit, Respondet quòd à die herina, hora septima post meridiem : qui, postquam cenasset cum eadem teste et ejus familia solùm, exiit domum predictam et ex post illum non vidit[3].....

Item fuit inquisitum cum *Andrea*, relicta *Hugonis Ginodi*, teste ut supra jurata, que deponit quòd die herina inter diem et noctem, eadem teste existente in domo sue habitacionis, audivit dominum *Petrum Werly*, qui intraverat viretum domus habitacionis *Johannis Chautemps* et *Anthoni Charvet*, et dicebat : « *Je suis mort* » duabus vicibus alta voce exclamando : ad cujus clamorem exiit ipsa testis ejus domum et tentavit aperire januam vireti predicti[4], quam tamen non potuit aperire, et tunc fecit sibi

---

[1] *La maison de Brandis* se composait primitivement de deux édifices d'inégale grandeur, séparés par une cour et reliés par des galeries. Le plus petit, celui du nord, était bien diminué en 1533 et ne contenait peut-être que des dépendances. Celui du midi formait le bâtiment principal. Au milieu de sa façade occidentale, sur la place du Molard, il était flanqué d'une tour carrée, au nord de laquelle s'ouvrait la grande porte de la maison. Après avoir passé sous une arcade ogivale, on avait la cour devant soi, puis immédiatement à droite et dans l'angle sud-ouest de la cour, la tourelle de l'escalier tournant qu'on appelait alors un *viret*, et qui conduisait aux deux étages occupés par *Jean Chautemps* et *Antoine Charvet*. (Voyez la description et le plan que M. le professeur Jaques Mayor a donnés de « la maison du Molard, » dans le Bulletin de la Soc. d'hist. et d'archéol. de Genève, t. I, livraison I, 1892, p. 65-76.)

[2] Des poudres fines, des sels.

[3] Note marginale : « Mendax, ut constat depositione relicte *Genodi*, in ejus repeticione » (Cf. p. 495).

[4] La veuve *Andréa Ginod* demeurait, rue de la Poissonnerie (Croix d'òr) dans la maison contiguë à celle de Brandis. Entre ces deux maisons, il

aperire januam porte domus anterioris[5], quam domum intravit, et in ea reperit *Georgiam* dicti *Joannis Chautemps* uxorem, ejus ancillam et quosdam parvos infantes. Que *Georgia* sibi testi recitavit hec verba : « Hélas ! com[m]ère, illya ung homme mort là-bas, » et tradidit sibi testi candelam accensam cum quodam aceto in una scutella stanni, cum quibus accessit ad portam dicti vireti, in qua reperit cadaver dicti domini *Petri Werly* jacens in pede ipsius vireti : ad cujus os apposuit modicum de ipso aceto. Et nescit quis illum vulneraverit, nec etiam vidit aliquos qui gladios evaginatos tenerent. Et aliud dicit se nescire deponere.

(Déposition de *Jean Vuychard* :) Supervenit... Dominus *P. Werly*, qui descendit per carreriam Perroni cum ejus alabarda, *solus*, qui de directo eodem passu accessit ad locum in quo erant supranominati [Perrini, Gulaz, etc.] simul congregati. Et astatim ceperunt dicere : « C'est ung prestre, c'est ung prestre ! à luy, à luy ! » Illumque hec dicendo ibidem aggressi fuerunt cum eorum gladiis evaginatis.

Ancilla furni. Item fuit inquisitum cum *Claudia*, filia quondam *Petri Ardy*, conreatoris[6], parochie Beate Marie Magdalenes, ancilla Furni tinc-

existait une ruelle qui allait, dans la direction du nord, jusqu'au lac. Nous avons constaté, en 1869, que cette ruelle communiquait, par une porte basse, avec la cour de Brandis. C'est par la ruelle et la porte basse que le malheureux *Werly* avait cherché un refuge au fond de la susdite cour, et que, bientôt après, *Andréa* s'était dirigée vers l'escalier tournant, dont elle ne put ouvrir la porte.

[5] Ces mots « la maison antérieure » désignent le devant de la maison, c'est-à-dire, la façade regardant le Molard. *La porte* dont il s'agit ici n'était pas la grande porte d'entrée, qui donnait accès dans la cour, mais une porte « percée (au sud de la tour) dans la muraille occidentale de la maison et servant au passage de ses habitants » (Cf. le Bulletin cité, p. 73). La veuve *Ginod*, n'étant pas entrée par l'escalier tournant, était censée ignorer le trépas de *Werly*, et c'est pourquoi *Georgia* dit à cette voisine : « Hélas ! commère, il y a un homme mort *là-bas*. »

Notre explication est confirmée par le témoignage de *Michia Charvet*. Elle dépose que, rentrant à la maison de Brandis, le 4 mai, entre jour et nuit, « vidit tumultum qui fiebat in plathea Molaris.... Quare perterrita, tentavit intrare portam vireti domus predicte, quam clausam reperit. Tandem vocavit *Georgiam*... ut vellet januam predictam sibi aperire. Que *Georgia* descendit ad dictam januam, et sibi testi respondit quòd yret per *portam anteriorem*, quia erat cadaver jacens mortuum prope dictam portam, propter quod non poterat aperiri. Et sic intravit per januam anteriorem et accessit sola cum candela ad januam vireti predicti, in qua reperit, videlicet in pede ipsius vireti, cadaver predictum... » (Communication de M. L. Dufour-Vernes.)

Antoine Charvet était absent de Genève. Il était parti, le vendredi matin 2 mai, pour *Chambéri*.

[6] Ou *correatoris*, corroyeur.

turerie... Deponit, quòd die lune proximè preterita, circa horam terciam de mane, dum ipsa testis cum lucerna et candela accederet ad domum illorum *Guilliardi*, et transire vellet per alorium[7] appellatum *subtus les allyouz*[8] *de Monsieur de Brandis*, apparuit quedam persona, quam dicit non cognovisse, que sibi testi tribus vicibus dixit hec verba : « Passe de las ! » furibundè loquendo, prout et facit. Et accessit per platheam Molaris ad domum predicti *Guilliardi*, et vocavit ancillam domus, ut iret ad fur-[n]um. Et illo die, manè, circa horam sextam, vidit cadaver R. Domini *Petri Werly* in pede vireti *Johannis Chautemps* prostratum et vulneratum : quod quidem viretum est situatum secùs allorium predictum. Et aliud dicit se nescirè deponere.

Jacobus Chauveti. Item fuit inquisitum cum hon. juvene *Jacobo Chauveti*, cive gebennensi *etatis duodecim annorum*[9], teste jurato super sanctis Dei euvangeliis et bene advisato. Qui deponit se tantùm scire et verum esse quòd, die dominica proximè lapsa, quarta hujus Maii, ea hora qua solet pulsari symballum octo horarum in ecclesia Sti Petri Gebennensis, eodem teste existenti in domo habitacionis *Claudii Chauvet*, ipsius testis patris, cum ceteris suis fratribus mynoribus natu, vidit per fenestras anteriores dicte domus certum debattum quod fiebat in plathea Molaris, que est contigua dicte domui. Et in eodem debacto vidit plures et diversas personas, inter quas bene cognovit *Amedeum Perrini, Johannem Gule* et *Petrum Hospitis* aliàs *Comberet*[10], qui habebant eorum gladios evaginatos. Et ceperunt currere contra domum *Aymonis Bonnaz*, que est sita in summitate dicte plathee Molaris. Ipse autem testis tunc accessit ad alias fenestras posterioris partis dicte domus[11], que respicit allorium domus heredum Domini *de Brandis*, quod tendit à magna carreria ad lacum : in quo quidem allorio est situatum viretum[12] domus habitacionis *Johannis Chautemps* et *Anthonii Charvet*. Et prope ipsum viretum et murum, subtus uno alio allorio[13] quod tendit à plathea Molaris ad dictum aliud allorium,

[7] Le Dictionnaire de l'ancienne langue française du IXme au Xme siècle, par Godefroy (Paris, 1880) indique les formes suivantes : *aleor, aleoir, aleur, alour, alieur, alouer*, subst. m., allée, chemin, passage, galerie crénelée. La basse latinité en a fait *alorium*.

[8] C'est-à-dire, en passant sous *les galeries* construites au-dessus de la ruelle de Brandis.

[9] Un autre garçon de douze ans, *François*, fils de *Claude Quibit*, vint rapporter un propos qu'il avait entendu au milieu de la foule.

[10] Voyez le t. III, p. 49, note 21.

[11] De ce qui suit nous inférons, que la maison de *Claude Chauvet* était située au nord de la petite maison de Brandis (Cf. note 1), et que celle-ci devait être bien peu élevée. Autrement, le jeune *Jacques Chauvet* n'aurait pu, des fenêtres de son père, apercevoir ce qui se passait au fond de la cour opposée.

[12] Ces mots : *in quo allorio est situatum viretum* sont inexacts. Le *viret* n'était pas dans la ruelle, mais dans la cour située à côté de celle-ci.

vidit *Johannem Gule* et *Petrum Comberet* aliàs *Hospitis,* quos dicit bene cognoscere et cognovisse, qui ibidem cum eorum gladiis evaginatis stabant. Et astatim venit per dictum allorium quod tendit à magna carreria Pessonerie ad ripam lacus, quidam homo qui defferebat unum colletum choreyelbi [l. corii albi], unas mambreas de malies [14], unum bonetum ferri, et nullum gladium defferebat. Et veniebat à parte antheriori dicti allorii, videlicet à carreria Pessonerie. Quem quidam homo, quem dicit non cognovisse, sequebatur. Et cum ipse qui defferebat bonetum ferri et colletum choreyalbi applicuisset ad dictum viretum et ad dictos *Goulaz* et *Comberet,* dictus *Comberet* eundem hominem dictum colletum cum boneto ferri defferentem, ibidem uno yctu destoc cum suo gladio evaginato percussit. Qui homo tunc apposuit manum ad quoddam vulnus quod jam habebat à tergo, prout testis ipse vidit ex caligis ipsius hominis, quas habebat multùm sanguinolentas : deinde eandem manum sanguinolentam apposuit ad murum dicti viret, in quo quidem muro remanserunt vestigia digitorum ipsius hominis sanguine tincta. Et clamavit ipse homo tunc per hec verba : « Je suis mor[t]. » Et intravit januam vireti predicti, que astatim fuit clausa. Dicti autem *Gula* et *Comberet,* postquam janua predicta clausa fuisset [15], recesserunt econtra platheam Molaris, in qua illos vidit inde paulopost ex fenestris partis anterioris ipsius domus. Et quem hominem per dictum *Petrum Comberet* ut supra percussum vidit ipse testis in crastinum, in pede supermencionati vireti, quem dicit bene cognovisse, et quòd erat illemet quem ipse *Petrus Comberet* percusserat. Depoitque quòd postquam premissa gesta fuissent et rediisset ad fenestras anteriores dicte domus, audivit pulsare grossum symballum Sti Petri, quod per anthea non audiverat. Et tunc fuerunt nonnulli in eadem plathea Molaris et ante domum predictam qui dixerunt per hec verba : « Messeurs, nous aurons une [a]larme aleurs, aleurs. » Et ceperunt tunc cum eorum gladiis evaginatis omnes currere per eandem platheam. Et aliud dicit se nescire deponere.

Joannes Vandelli. Idem fuit inquisitum cum hon. *Johanne,* filio quondam *Petri Vandelli,* cive gebennensi, teste jurato. Qui deponit quòd, die dominica de qua suprà, post horam cene, circa horam septimam post meridiem, ipse testis applicuit platheam Molaris, causa solacii. Et dum ibidem modico tempore stetisset, supervenerunt *Aymo Ballet,* Nobiles *Percevallus* et *Joh. de Pesmes* [16], *Jacobus de Malodumo* [17], *Jacobus Mugnerii* et plures alii quos

---

[13] Le témoin veut parler d'une ruelle transversale qui, partant du Molard, passait sous les fenêtres de *Claude Chauvet* et aboutissait à la ruelle conduisant de la Poissonnerie jusqu'au lac.

[14] Des gantelets de mailles.

[15] Le manuscrit porte, par erreur, *clausa non fuisset.*

[16] Ces deux frères appartenaient à une ancienne famille genevoise. *Perceval* était écuyer de l'évêque Pierre de la Baume. *Jean* fut membre du Conseil des L en 1535. (Cf. Galiffe. Notices, III, 397.)

[17] *Jacques de Malbuisson* était du parti épiscopal (Cf. notre t. III, p. 124. — Galiffe, o. c., I, 361, 383).

dicit nescire nominare, qui simul in eadem plathea in pace deambulantes steterunt. Tandem supervenerunt per rippam lacus equites *Johannes Fabri, Bizanczonus Dadaz* et *Amedeus Perrini,* qui descenderunt equos predictos, deinde paulopost venerunt ad dictam platheam Molaris cum *Johanne Gula, Collognier* juniore et certis aliis quos [dicit] se nescire nominare. Deinde supervenit D^{nus} *de Thorens, Petrus Vandelli, Franciscus,* filius *Ludovici Chabodi* et *Theronimus de Patronis*... Et postquam ipse D^{nus} *de Thorens* et ceteri superiùs nominati dictam platheam applicuissent simul deambulantes, vidit ipse testis *Johannem,* filium *Petri Rozetaz* appellatum laygueardentie[r] [18], qui deambulando secùs prenominatum Nobilem *Percevallum de Pesmes,* percussit spatula eundem nobilem *Percevallum.* Qui nobilis *Percevallus* tunc eidem *Johanni* dixit per hec verba : « Porquoy me pousse-tu ? » Qui *Johannes* respondit : « Je me puys aussi bien promene[r] por la plasse que toy, car je ilz est autan que toy. » Qui Nobilis *Percevallus* dixit : « Illya assés plasse por tous nous sans me frappe[r]. [19] » Et post hec et plura alia verba inter eos ibidem habita, et dum premissa fierent inter eos, supervenerunt *Amedeus Perrini, Joh. Fabri, Joh. Gule, Joh. Surdi,* qui omnes evaginaverunt gladios suos cum pluribus aliis eorum consociis. Nec non etiam dictus Nobilis *Percevallus de Pesmes* cum etiam suis consociis, licet dicat se nescire dicere illum qui primò evaginavit. Sed nullus fuit qui percutteret, tractatu hon. *Fran. Regis, Claudii Bernardi* et *Fran. Fabri.* Quod videns ipse testis recessit ad domum habitacionis sui magistri, ut haberet gladium, quem tamen habere non potuit. Sed rediit ad dictam platheam Molaris, ubi vidit plures gladios evaginatos cum pluribus aliis et diversis personis que inter se ibidem cum eorum gladiis evaginatis plures ictus trahebant : non tamen quòd viderit aliquem vulneratum : Et inde rediit ad domum dicti sui magistri.....

Relicta Genod repetita. Item fuit inquisitum cum *Andrea,* relicta magistri *Hugonis Ginodi,* teste jam supranominata jurata... Que reavisata deponit, ultra supra per eam deposita [20], se scire et verum esse quòd ipsa testis in domo *Johannis Chautems,* in pede vireti cujus domus fuit compertum cadaver quondam Reverendi Dⁿⁱ *Petri Werly,* postquam audivisset exclamationem de qua in sua precedenti deposicione fit mencio, que est hec videlicet : « Je suys mort, » — vidit ipsa testis in eadem domo prenominatum *Johannem Chautemps,* qui dicebat quòd propter tumultum qui fiebat in plathea Molaris, nolebat pernoctare in eadem domo. Quem ipsa testis sollicitavit ut iret ad ipsius testis domum habitacionis... contiguam per supra tectum. Qui *Johannes* adscendit usque ad domum habitacionis [21]

---

[18] Fabricant de liqueurs fortes.

[19] Selon un autre témoin, Pierre Gerbel, les paroles échangées entre *de Pesmes* et *Rozettaz* furent celles-ci : « Porquoy me frape-tu ? — Je ne vous ballie. — Si fest bien. — L'on ne vous ozerat pas toche[r]. »

[20] Voyez la page 491.

[21] C'est pour dire que *Chautemps* monta au second étage, chez *Antoine Charvet.*

Anthonii Charvet tonsoris, et inde rediit ex eo quòd non habuit scalam ad ascendendum super tectum : et quò inde yverit nescit, excepto quòd paulopost supervenit ad eandem domum *Colynus Chautemps,* patruus ipsius *Johannis,* à quo, si bene recordetur, intellexit quòd ipse *Johannes Chautemps* se retraxerat in ipsius *Colyni Chautemps* domo habitacionis; in qua, ut pariter intellexit, pernoctavit ipse *Johannes,* et quem *Joannem* inde nunquam vidit ipse [l. ipsa]. Verò *Colinus Chautemps,* associatus eadem teste, cum candela accessit ad locum in quo jacebat cadaver dicti quondam Reverendi Dⁿⁱ *Petri Werly,* et, viso eodem cadavere, junxit manus et dixit : « *Hé! le gro malur de cestuy homme de bien. J'ay esté à la guerre avesque son père et six de ses enfans. Je prie à Dieu que Dieu luy perdonne.* Faictes por le myeux que vous porrés, car je m'en vés, » — *Georgia...* interrogante eundem *Colinum* quid esset actura. Et premissis gestis, exiit solus ipse *Colinus* domum predictam, et inde illum non vidit.

(A la demande de *Georgia,* la veuve *Ginod* va consulter *Claude Bernard.* Celui-ci, grièvement blessé dans l'émeute, fait dire à *Georgia* de s'adresser à *François Comte.*) Que *Georgia* descendit et vocavit uxorem... *Francisci Comitis,* que respondit quòd erant in cubili : sic quòd redierunt ad domum... *Johannis Chautemps,* in qua pernoctaverunt.

Et ulteriùs deponit quòd, post exclamationem predictam, ferè per spacium temporis quarti unius hore, dum ipsa testis exiret domum sue habitacionis, reperit ante januam vireti predicti *Petrum Comberet* aliàs *Hospitis* et duos alios, quos dicit non cognovisse, nec sciret dicere si defferebant aliquos gladios. Qui pulsaverunt ad januam dicti vireti, et dixit dictus *P. Comberet :* « Par le sang Dieu, y ci a du sang. Ilz doit estre céans. Ilz fault ronpre la porte. » Quibus fuit responsum primò per uxorem *Colleti Bocardi,* deinde per ipsam testem, quòd exiverat foras et recesserat per allorium. Qui tunc omnes recesserunt...

Uxor Bocardi. Item fuit inquisitum cum hon. muliere *Michia,* uxore *Colleti Bocardi,* teste jurata... Que deponit quòd, die dominica de qua suprà, circa horam octavam cum dymidia post meridiem, dum ipsa testis.... applicuisset ante domum habitacionis sui viri, et vidisset certos gladios evaginatos in... plathea Molaris, inducta timore, quia pregnans, intravit cum *Colleto* ejus viro domum sue... habitacionis, et apposuerunt se ambo ad fenestras ejusdem domus que respiciunt super allorium domus heredum quondam Dⁿⁱ *de Brandis*[22]. Et postquam ibidem stetissent ferè per spacium

---

[22] Le Genevois *Pierre de Pesmes* étant devenu (par son mariage, vers 1478) co-propriétaire de la maison de Jacques de Rolle, située au Molard, celle-ci fut appelée *maison de Brandis,* lorsque le susdit *Pierre* eut acheté, en 1482, la seigneurie de Brandis, dans le canton de Berne. Son fils, *Jacques de Pesmes,* conseiller à Genève en 1523, était habituellement nommé Mr *de Brandis.* Il eut pour héritiers : sa fille, *Jeanne de Pesmes, François de Montmayeur,* mari de Jeanne, et leur fils *Jacques.* (Cf. Galiffe, o. c., III, 399, 400.)

En 1533, François de Montmayeur, seigneur du Crest et de Brandis,

temporis octave partis unius hore, vidit quendam hominem quem dixit tunc non cognovisse nec cognoscere, qui currendo veniebat per ipsum allorium tendendo à carreria Pessonerie contra aquam Rodagni. Et cum fuit prope viretum domus in qua inhabitant *Anthonius Charvet* et *Johannes Chautemps,* site prope ipsius allorium, stetit tremebundus et ibidem cecidit et dixit : « Hélas ! je suis mort. » Et inde se relevavit et intravit dictum viretum, cujus janua astatim clausa fuit. Et paulopost supervenerunt ad eandem januam diverse persone... circa numerum duodecim cum gladiis evaginatis, quorum aliqui dicebant per hec verba : « Oùt est-ilz le traytre ? oùt est-ilz allé ? » Alter verò ipsorum dixit : « Il-let por yci. » Quibus ipsa testis respondit et dixit : « Ilz n'y est pas, vous ne le trouverés pas, car ilz soy en est allez par l'aliouz amont. » Quibus auditis, ipsi socii omnes recesserunt dicentes : « Nous le trouverons bien. » Nec vidit inde eodem die aliquem qui dictum viretum intraverit post dictum hominem... nesciretque dicere que vestimenta defferret, que sibi testi apparuerunt esse alba, nec quòd defferret aliquem gladium : et astatim vidit lumen in eodem vireto... In crastinum autem de mane vidit januam dicti vireti apertam et cadaver cujusdam hominis, quod publicè fertur fuisse quondam R. domini *Petri Werly* canonici, quod erat prostratum in pede ipsius vireti. Et aliud dicit se nescire deponere.

eut des difficultés avec les magistrats genevois, au sujet de la chapelle construite dans la tour carrée de sa maison du Molard. Cette chapelle n'étant plus employée pour le service divin, le gouvernement y avait établi un dépôt de poudre. (Voyez le Reg. du Conseil, 14 novembre 1533, 30 mars et 18 nov. 1534.)

TABLETTES CHRONOLOGIQUES

1543, fin d'août. L'Empereur invite l'archevêque de Cologne à congédier Bucer, Mélanchthon et Hédion.

1543, 28 août. François I remercie les Bâlois de leurs bons offices envers Jacques Reynaud, seigneur d'Alleins, prisonnier à Brisach.

1543, 7 septembre. Guillaume, duc de Clèves, implore le pardon de l'Empereur et renonce à l'alliance française.

1543, 8 septembre. Charles, duc d'Orléans, informe les Princes protestants que, s'ils consentent à s'allier avec lui, il fera prêcher l'Évangile dans le duché de Luxembourg.

1543, 13 septembre. La ville de Luxembourg est prise par les Français.

1543, 23 septembre. Mort de Jeanne de Hochberg, comtesse de Neuchâtel. Son petit-fils, François d'Orléans, lui succède.

1543, septembre. Réponse de Calvin à la lettre écrite aux Genevois par le curé de Cernex.

1543, 13 octobre. Édit impérial publié à Metz contre la nouvelle doctrine.

1543, 14 octobre. Première lettre de Calvin à Jacques de Bourgogne, seigneur de Falais.

1543, 15 octobre. Calvin demande au Conseil de Genève une gratification pour Clément Marot. Celui-ci est prié de prendre patience.

1543, 25 octobre. Bucer demande à Calvin d'adresser à l'Empereur un livre qui prouve la nécessité de la Réformation.

1543, 30 octobre. Viret, Zébédée et Sultzer assistent au Colloque de Neuchâtel, qui doit donner son avis sur les cérémonies imposées à l'Église du Montbéliard.

1543, 8 décembre. Viret et Zébédée, cités à Berne, se justifient d'avoir assisté au Colloque de Neuchâtel.

1543, 23 décembre. Viret est insulté, au sortir de l'église, par les chefs de « l'abbaye » de Lausanne.

1543, décembre. Calvin publie à Genève son livre intitulé *Supplex exhortatio ad Cæsarem*. (Cf. p. 86.)

1543. Petit Traicté monstrant que c'est que doit faire un homme fidèle... Composé par M. I. Caluin. (Cf. p. 20.)

1543. Traicté des Reliques..... « *Par M. Iehan Caluin,* » (Cf. p. 127.)

1544, 1re moitié de janvier. Farel excite la colère des Genevois, pour les avoir exhortés à faire la paix avec Berne.

1544, 16 janvier. Calvin rapporte au Conseil, que Sébastien Châteillon a certaines opinions qui empêchent qu'il soit admis au saint ministère.

1544, 11 février. Les pasteurs de Genève délivrent à Châteillon un certificat honorable, expliquant pourquoi il n'a pas été admis comme pasteur.

1544, 11 février. Mort de Pierre Kuntz, pasteur à Berne.

1544, 20 février-10 juin. Diète de Spire.

1544, fin de février. Berne et Genève terminent à l'amiable leur ancien procès.

1544, février-mars. Genève et Berne intercèdent en vain pour Pierre du Mas, prisonnier à Grenoble.

1544, 26 mars. Mort de l'Électeur palatin Louis V, le Pacifique. Frédéric II, le Sage, lui succède.

1544, 5 avril. Par l'ordre de Berne, « l'Abbaye des Enfants de Lausanne » est dissoute et ses chefs sont punis.

1544, 14 avril. Victoire des Français à Cérisolles.

1544, 21 avril. Calvin prie Mélanchthon de saluer respectueusement Luther et de l'apaiser envers les Zuricois.

1544, 25 avril. Le duc Christophe de Wurtemberg fait sommer tous les ministres du Montbéliard d'accepter les cérémonies luthériennes.

1544, 2de moitié d'avril. Berne prête Viret à l'Église de Genève, sous réserve du consentement des Lausannois.

1544, mai. Des députés flamands viennent demander aux réformateurs de la Suisse romande de réfuter les erreurs de la secte des Libertins. (Cf. pp. 329, 341.)

1544, 3-8 mai. Viret, Farel et Calvin adressent à la Classe de Montbéliard des conseils et des encouragements.

1544, 30 mai. Luxembourg est repris par les Impériaux.

1544, 30 mai. Violent discours de Châteillon contre les ministres de Genève.

1544, mai-septembre. Marguerite de Navarre séjourne à la cour de François I.

1544, 1ᵉʳ juin. Calvin dédie aux pasteurs de Neuchâtel son livre contre les Anabaptistes.

1544, 11 juin. Gauchier Farel va solliciter l'intervention de Bâle et de Strasbourg en faveur des Vaudois de la Provence.

1544, 12 juin. Châteillon est déposé du ministère par décision du magistrat.

1544, 14 juin et 18 juillet. Lettres-patentes de François I, très favorables aux Vaudois provençaux.

1544, juin. Viret publie ses *Disputations chrétiennes*. (Cf. p. 307.)

1544, 10 juillet. Viret annonce aux magistrats genevois, que la Classe de Lausanne et les ministres de Berne s'opposent à ce qu'il aille servir l'Église de Genève.

1544, 18 août. Le Conseil de Genève permet à Jean Chautemps de faire imprimer *La consolation de frère Olivier Maillard* et *L'Enfer de Clément Marot*.

1544, vers le 11 septembre. Calvin et des députés genevois sont envoyés à Berne, pour traiter du régime des nouvelles paroisses de Genève. (Cf. p. 331.)

1544, 15 septembre. Clément Marot meurt à Turin.

1544, 18 septembre. François I fait la paix, à Crespy, avec Charles-Quint.

1544, septembre. Luther publie sa *Brève Confession touchant le saint sacrement*.

1544, vers le mois de septembre. Renée, duchesse de Ferrare, cesse d'assister à la messe. (Cf. p. 362.)

1544, 28 octobre. L'Église de Neuchâtel soumet au jugement des églises réformées son mode de procéder à la censure des pasteurs.

1544, octobre-novembre. Nouvelle crise ecclésiastique à Berne.

1544, octobre ou novembre. Calvin publie à Genève son *Excuse à Messieurs les Nicodémites*. (Cf. pp. 126, 370, 378.)

1544, 1ᵉʳˢ jours de novembre. Arrestation de Pierre Brulli à Tournay.

1544, 15 novembre. Berne refuse un sauf-conduit à l'ancien carme de Lyon, Paul Christophe de la Rivière, qui voulait soutenir, devant la Classe de Morges, des articles exaltant la messe.

1544, 19 novembre. Le pape convoque le Concile à Trente pour le 15 mars 1545.

1544, 25 novembre. Calvin recommande à Bullinger la cause des Vaudois provençaux, et il exhorte les Zuricois à tenir compte des grandes qualités de Luther, s'ils répondent à ses invectives.

1544, 1re moitié de décembre. Chaponneau critique, dans une longue lettre, quelques assertions théologiques de Calvin.

1544, 6 décembre. Confession de foi (en 32 articles) des théologiens de Louvain.

1544. *Articuli a Facultate sacræ Theologiæ Parisiensi determinati super materiis fidei nostræ hodie controversis. Cum antidoto.* (Ouvrage anonyme de Calvin. Cf. p. 184, 325. — Cal. Opp. Brunsv. VII, Proleg., p. xiv, xvi.)

LISTE CHRONOLOGIQUE

DES PIÈCES CONTENUES DANS LE NEUVIÈME VOLUME

Les lettres *inédites* sont distinguées par un astérisque placé avant le Numéro.

NUMÉROS	ANNÉE	PAGES
	1543	
*1272. Jacques Reynaud d'Alleins au Conseil de Bâle, 18 août.		3
1273. Matthias Zell aux Pasteurs de Bâle, 20 août		7
*1274. Jacques Reynaud au Conseil de Bâle, 20 août . . .		8
*1275. Eynard Pichon à Rodolphe Gualther, 3 septembre . .		10
1276. Guillaume Farel à Bullinger et à Bibliander, 5 septemb.		13
1277. Guillaume Farel à Jean Calvin. 8 septembre. . . .		16
1278. Le duc d'Orléans aux Princes Protestants, 8 septembre.		23
*1279. Robert Le Louvat au Conseil de Bienne, 9 septembre .		25
1280. Les Conseils de Berne au Bailli de Vevey, 13 septemb.		26
1281. Pierre Viret à Jean Calvin, 14 septembre.		27
*1281 bis. Pierre Toussain à Guillaume Farel, 14 septembre .		29
1282. Le Colloque de Lausanne aux Pasteurs de Genève, 16 septembre		31
1283. Jean Calvin à Pierre Viret, entre le 16 et le 20 septemb.		32
*1284. Jacques Reynaud d'Alleins à Bonif. Amerbach, 19 septembre		36
1285. Pierre Viret à Jean Calvin, 20 septembre		38
*1286. Pierre Toussain à Guillaume Farel, 27 septembre . .		40
1287. Jean Calvin aux Pasteurs du comté de Neuchâtel (2de moitié de septembre)		44
1288. Jean Calvin au Curé de Cernex (septembre). . . .		47
1289. Les Pasteurs de Genève aux Pasteurs de Lausanne, 1er octobre		56
1290. Valérand Poullain à Guillaume Farel, 6 octobre. . .		59
1291. Jean Calvin à la Classe de Montbéliard, 7 octobre . .		63
*1292. Pierre Toussain à Guillaume Farel, 13 octobre . . .		67
*1293. François I au Conseil de Bâle, 14 octobre		68

LISTE CHRONOLOGIQUE DES PIÈCES DU VOLUME. 503

NUMÉROS		PAGES
1294.	Henri Bullinger à Jean Calvin, 14 octobre	70
1295.	Jean Calvin à Monsieur de Falais, 14 octobre . . .	72
1296.	Jean Calvin à Madame de Falais, 14 octobre. . . .	76
1297.	Jean Calvin à Pierre Viret, seconde moitié d'octobre .	78
*1298.	Un Strasbourgeois à [Henri Bullinger?] vers le 20 octob.	79
*1299.	Jacques Valier à Jean Bonivoye, 22 octobre	84
1300.	Martin Bucer à Jean Calvin, 25 octobre	85
*1301.	Le Conseil de Berne au Conseil de Neuchâtel, 2 novemb.	90
*1302.	Pierre Toussain à Guillaume Farel, 3 novembre . .	92
1303.	Pierre Viret à Jean Calvin, 3 ou 4 novembre . . .	96
1304.	Guillaume Farel à Jean Calvin, 6 novembre. . . .	101
1305.	Jean Calvin à Pierre Viret (vers le 9 novembre) . .	103
1306.	Jean Calvin à Guillaume Farel, 10 novembre . . .	105
1307.	Pierre Viret à Jean Calvin, 11 novembre.	107
*1308.	Barthélemy des Prés à Henri Bullinger, 11 novembre.	110
1309.	Un inconnu à Guillaume Farel, 14 novembre . . .	112
1310.	Pierre Viret à Jean Calvin, 15 novembre.	113
1311.	Jean Calvin à Pierre Viret (entre le 15 et le 22 nov.) .	114
*1312.	H. Bullinger à [un pasteur du Pays romand?], 22 nov.	116
1313.	Oswald Myconius à Jean Calvin, 23 novembre . . .	122
1314.	Jean Sturm à Jean Calvin, 25 novembre	124
*1315.	Le Conseil de Berne à P. Viret et à André Zébédée, 30 novembre	125
1316.	Antoine Fumée à Jean Calvin (novembre ou décembre).	126
1317.	Jean Sinapius à Jean Calvin, 6 décembre.	128
*1318.	Pierre Toussain à Guillaume Farel, 10 décembre . .	130
1319.	Guillaume Farel à Jean Calvin, 15 décembre . . .	131
1320.	Jean Calvin à Guillaume Farel, 23 décembre . . .	134
1321.	Pierre Viret à Jean Calvin, 25 décembre.	135
*1322.	Le Conseil de Berne aux pasteurs du Pays romand, 29 décembre	142
1323.	Jean Calvin à Monsieur de Falais (vers la fin de 1543).	143
1324.	Antoine Franchet à Jean Calvin (vers la fin de 1543) .	146

1544

1325.	Pierre Toussain aux Pasteurs de la Suisse romande, 15 janvier	148
1326.	Oswald Myconius à Jean Calvin, 16 janvier. . . .	149

NUMÉROS		PAGES
1327.	Simon Sultzer à Jean Calvin, 17 janvier	152
1328.	Jean Calvin à Pierre Viret, 11 février.	156
*1329.	Pierre Viret à Jean Calvin, 16 février.	160
1330.	Jean Calvin à Henri Bullinger, 17 février	166
1331.	Christophe Fabri à Jean Calvin, 22 février	168
1332.	Guillaume Farel à Jean Calvin, 23 février	172
*1333.	Guillaume Farel à Jean-Jacques de Watteville, 29 fév.	175
1334.	Valérand Poullain à Jean Calvin, 9 mars.	178
*1335.	Nicolas [de la Garenne] et P. Toussain à Farel, 10 mars.	181
1336.	Jean Calvin à Pierre Viret (première moitié de mars)	182
1337.	Jean Calvin à Guillaume Farel, 25 mars	187
1338.	Jean Calvin à Pierre Viret, 26 mars	189
1339.	Guillaume Farel à Nicolas de Watteville, 28 mars	191
*1340.	Le Conseil de Berne au Cons. de la Neuveville, 28 mars.	193
1341.	Guillaume Farel à Jean Calvin, 31 mars	193
1342.	Jean Calvin à Pierre Viret, 1er avril	196
*1343.	Le Conseil de Berne au Conseil de Lausanne, 5 avril	197
1344.	Pierre Viret à Jean Calvin, 13 avril	198
1345.	Jean Calvin à Pierre Viret (seconde moitié d'avril).	199
1346.	Jean Calvin à Philippe Mélanchthon, 21 avril	200
1347.	Guillaume Farel à Jean Calvin, 21 avril	202
1348.	Pierre Viret aux Pasteurs de Montbéliard, 3 mai	205
*1349.	Guillaume Farel à la Classe de Montbéliard, 6 mai.	209
*1350.	Béat Comte à Henri Bullinger, 7 mai	220
*1351.	Béat Comte à Rodolphe Gualther, 7 mai	222
1352.	Jean Calvin aux Pasteurs de Montbéliard, 8 mai	223
1353.	Jean Calvin à Pierre Viret, 10 mai	227
*1354.	Pierre Toussain à Matthias Erb, 11 mai	228
*1355.	Jean Fathon à Christophe Fabri, 16 mai	233
1356.	Henri Bullinger à Jean Calvin, 16 mai	241
1357.	Simon Sultzer à Jean Calvin, 19 mai	242
1358.	Valérand Poullain à Jean Calvin, 26 mai.	246
1359.	Guillaume Farel à Jean Calvin, 27 mai	249
1360.	Jean Calvin à la Classe de Neuchâtel, 28 mai	251
*1361.	Josué Wittenbach à Rodolphe Gualther, 29 mai.	254
1362.	Guillaume Farel à Jean Calvin, 30 mai	259
1363.	Jean Calvin à Guillaume Farel, 31 mai	262
1364.	Jean Calvin aux Pasteurs du comté de Neuchâtel, 1er juin.	269

LISTE CHRONOLOGIQUE DES PIÈCES DU VOLUME.   505

NUMÉROS   PAGES

 1365. Henri Bullinger à Jean Calvin, 8 juin. 270
*1366. Hilaire de Guiméné à Guillaume Farel, 10 juin. . . 272
 1367. Oswald Myconius à Jean Calvin, 10 juin 275
*1368. Guillaume Farel à Oswald Myconius, 11 juin . . . 277
*1369. Jean-Ami Curtet au Conseil de Genève, 18 juin. . . 279
 1370. Les Pasteurs de Genève à P. Viret (vers le 21 juin) 282
 1371. Pierre Viret à Jean Calvin, 23 juin 283
 1372. Jean Calvin à Guillaume Farel (vers le 24 juin). . . 285
 1373. Jean Calvin à Monsieur de Falais, 24 juin 288
 1374. Jean Calvin à Madame de Falais, 24 juin. 293
 1375. Jean Calvin à Oswald Myconius, 24 juin 294
 1376. Jean Calvin à Jean Sturm (vers le 24 juin) 296
*1377. Le Conseil de Berne au Conseil de Genève, 4 juillet . 297
*1378. Pierre Viret au Conseil de Genève, 10 juillet . . . 298
 1379. Jean Sturm à Philippe Mélanchthon, 11 juillet . . . 299
*1380. Pierre Toussain à Guillaume Farel, mi-juillet . . . 303
 1381. Henri Bullinger à Jean Calvin, 20 juillet. 305
*1382. Pierre Viret à Rodolphe Gualther, 29 juillet. . . . 306
 1383. Pierre Viret à Jean Calvin, 4 août. 307
 1384. Un étudiant à Jean Calvin, 4 août. 309
 1385. Pierre Viret à Jean Calvin, 9 août. 317
 1386. Henri Bullinger à Jean Calvin, 23 (août). 319
*1387. P. Toussain à Guill. Farel et à Cordier, 24 août . . 321
 1388. Jean Calvin à Pierre Viret, 26 août 321
 1389. Jean Calvin à Henri Bullinger, 26 août 322
 1390. Conrad Gesner à Jean Calvin, 28 août 323
*1391. Josué Wittenbach à Rodolphe Gualther, 4 septembre . 325
 1392. Pierre Viret à Rodolphe Gualther, 5 septembre . . . 327
 1393. Henri Bullinger à Jean Calvin, 12 septembre . . . 330
 1394. Jean Calvin à Pierre Viret, 23 septembre. 331
 1395. Guillaume Farel à Jean Calvin, 2 octobre 334
 1396. Jean Calvin à Erhard Schnepf, 10 octobre 335
 1397. Jean Calvin à Guillaume Farel, 10 octobre 339
 1398. Valérand Poullain à Jean Calvin, 13 octobre. . . . 341
*1399. Le Conseil de Berne à la Classe de Lausanne, 16 octob. 343
 1400. Guillaume Farel à Jean Calvin, 21 octobre 344
 1401. Guillaume Farel à Jean Calvin, 24 octobre 346
*1402. La Classe de Neuchâtel aux Églises évangéliques, 28 oct. 348

NUMÉROS		PAGES
1403.	Guillaume Farel à Henri Bullinger (vers le 28 octobre).	349
*1404.	La Classe de Morges aux Pasteurs de Neuchâtel, 4 nov.	350
1405.	Wendelin Rihel à Jean Calvin, 5 novembre	351
*1406.	La Classe de Gex aux Pasteurs de Neuchâtel, 6 novemb.	352
1407.	Les Pasteurs de Genève à la Classe de Neuchâtel, 7 nov.	353
1408.	Simon Sultzer à Jean Calvin, 7 novembre	358
1409.	Pierre Viret à Jean Calvin, 9 novembre	362
*1410.	P. Toussain à Sig. Stier et à Matth. Erb, 13 novembre.	364
*1411.	Le Conseil de Berne à la Classe de Morges, 15 novemb.	366
1412.	Guillaume Farel à Jean Calvin, 23 novembre	367
1413.	Jean Calvin à Henri Bullinger, 25 novembre	370
*1414.	Pierre Toussain à Sigismond Stier, 26 novembre	375
1415.	Valérand Poullain à Jean Calvin, 28 novembre	377
*1416.	Pierre Toussain à Guillaume Farel, 29 novembre	383
1417.	Jean Chaponneau à Jean Calvin (vers la fin de novemb.)	384
1418.	Guillaume Farel à Jean Calvin, 1er décembre	386
1419.	Jean Chaponneau à J. Calvin (1ers jours de décembre).	388
1420.	Jean Calvin à Guillaume Farel, 13 décembre	413
1421.	Jean Calvin à Pierre Viret, 15 décembre.	416
1422.	Le Conseil de Berne au Conseil de Lausanne, 16 déc.	418
*1423.	Béat Comte à Rodolphe Gualther, 18 décembre.	419
1424.	Les Pasteurs de Genève à la Classe de Neuchâtel, 19 déc.	420
1425.	Guillaume Farel à Henri Bullinger, 20 décembre	425
1426.	Claude Véron au Conseil de Berne, 24 décembre	427
1427.	Oswald Myconius à Guillaume Farel, 23 et 26 décemb.	429
1428.	Jean Calvin à Pierre Viret, 25 décembre.	435
1429.	Les Pasteurs de Strasbourg aux Pasteurs de Neuchâtel, 29 décembre	436
1430.	Antoine Fumée à Jean Calvin (vers la fin de 1544).	444
*1431.	Jean Chautemps au Conseil de Genève (1544 ou 1545).	449

APPENDICE DES TOMES III, IV, V, VII, VIII, IX.

1535

*530 a. Claude Blanchod et Pierre Girod aux officiers de Gex, 9 octobre 454

NUMÉROS		PAGES

1536 ou 1537

*599 a. J. Orobasilius [Jⁿ Raymond Merlin] à Guillaume Farel. 456

1538

*745 bis. Le Conseil de Berne au comte Guillaume de Furstemberg, 19 septembre 459

1541

944 a. Jacques Dryander à Georges Cassander, 20 février . 460

1543

*1220 ter. Guillaume Virot à Guillaume Farel, 16 avril. . . 467
*1226 a. Guillaume Virot à Guillaume Farel, 30 avril . . . 470
*1240 bis. Guillaume Virot à Jean Chaponneau et à Jean Courtois, 31 mai. 475

1544

*1395 bis. Le Conseil de Berne au Bailli de Lausanne, 3 octob. 483

LISTE ALPHABÉTIQUE

DES CORRESPONDANTS

(Les chiffres *arabes ordinaires* indiquent les Nos des lettres écrites par les correspondants, et les chiffres *en italique,* celles qui leur ont été adressées.)

Alleins (Mr d'). Voy. Reynaud.
Amerbach (Boniface). *1284.*
Bâle (Le Conseil de). *1272, 1274, 1293.*
Bâle (Les pasteurs de). *1273.*
Berne (Le Conseil de). 1280, 1301, 1315, 1322, 1340, 1343, 1377, 1399, 1411, 1422, 745 bis, 1395 bis. — *1426.*
Bibliander (Théodore). *1276.*
Bienne (Le Conseil de). *1279.*
Blanchod (Claude). 530 a.
Bonivoye (Jean). *1299.*
Bucer (Martin). 1300.
Bullinger (Henri). 1294, 1312, 1356, 1365, 1381, 1386, 1393. — *1276, 1298, 1308, 1330, 1350, 1389, 1403, 1413, 1425.*
Calvin (Jean). 1283, 1287, 1288, 1291, 1295, 1296, 1297, 1305, 1306, 1311, 1320, 1323, 1328, 1330, 1336, 1337, 1338, 1342, 1345, 1346, 1352, 1353, 1360, 1363, 1364, 1372, 1373, 1374, 1375, 1376, 1388, 1389, 1394, 1396, 1397, 1413, 1420, 1421; 1428. — *1277, 1281, 1285, 1294, 1300, 1303, 1304, 1307, 1310, 1313, 1314, 1316, 1317, 1319, 1321, 1324, 1326, 1327, 1329, 1331, 1332, 1334, 1341, 1344, 1347, 1356, 1357, 1358, 1359, 1362, 1365, 1367, 1371, 1381, 1383, 1384, 1385, 1386, 1390, 1393, 1395, 1398, 1400, 1401, 1405, 1408, 1409, 1412, 1415, 1417, 1418, 1419, 1430.*
Capnius. Voy. Fumée.
Cassander (Georges). *944* a.
Cernex (Le Curé de). *1288.*

LISTE ALPHABÉTIQUE DES CORRESPONDANTS.

Chaponneau (Jean). 1417, 1419. — *1240* bis.
Chautemps (Jean). 1431.
Comte (Béat). 1350, 1351, 1423.
Cordier (Mathurin). *1387.*
Courtois (Jean). *1240* bis.
Curtet (Jean-Ami). 1369.
Dryander (Jacques). 944 a.
Églises évangéliques (Les). *1402.*
Erb (Matthias). *1354, 1410.*
Étudiant (Un). 1384.
Fabri (Christophe). 1331. — *1355.*
Falais (Madame de). *1296, 1374.*
Falais (Monsieur de). *1295, 1323, 1373.*
Farel (Guillaume). 1276, 1277, 1304, 1319, 1332, 1333, 1339, 1341, 1347, 1349, 1359, 1362, 1368, 1395, 1400, 1401, 1403, 1412, 1418, 1425. — *1281* bis, *1286, 1290, 1292, 1302, 1306, 1309, 1318, 1320, 1335, 1337, 1363, 1366, 1372, 1380, 1387, 1397, 1416, 1420, 1427,* 599 a, *1220* ter, *1226* a.
Fathon (Jean). 1355.
Franchet (Antoine). 1324.
François I. 1293.
Fumée (Antoine). 1316, 1430.
Furstemberg (Le comte Guillaume de). 745 bis.
Garenne (Nicolas de la). 1335.
Genève (Le Conseil de). *1369, 1377, 1378, 1431.*
Genève (Les Pasteurs de). 1289, 1370, 1407, 1424. — *1282.*
Gesner (Conrad). 1390.
Gex (La Classe de). 1406.
Gex (Les Officiers de). 530 a.
Girod (Pierre). 530 a.
Gualther (Rodolphe). *1275, 1351, 1361, 1382, 1391, 1392, 1423.*
Guiméné (Hilaire de). 1366.
Inconnu (Un). 1309.
Lausanne (Le Bailli de). *1395* bis.
Lausanne (La Classe de). *1399.*
Lausanne (Le Colloque de). 1282.
Lausanne (Le Conseil de). 1343, 1422.
Lausanne (Les Pasteurs de). *1289.*

Louvat (Robert Le). 1279.

Mélanchthon (Philippe). *1346, 1379.*

Merlin (Jean-Raymond). 599 a.

Montbéliard (La Classe de). *1291, 1349.*

Montbéliard (Les Pasteurs de). *1348, 1352.*

Morges (La Classe de). 1404. — *1411.*

Myconius (Oswald). 1313, 1326, 1367, 1427. — *1368, 1375.*

Neuchâtel (La Classe de). 1402. — *1360, 1407, 1424.*

Neuchâtel (Le Conseil de). *1301.*

Neuchâtel (Les Pasteurs du Comté de). *1287, 1364.*

Neuchâtel (Les Pasteurs de la ville de). *1404, 1406, 1429.*

Neuveville (Le Conseil de la). *1340.*

Orléans (Le Duc d'). 1278.

Orobasilius (Jo.). Voy. Merlin (Jean-Raymond).

Pasteur du pays romand (Un). *1312.*

Pasteurs du pays romand (Les). *1322, 1325.*

Pichon (Eynard). 1275.

Poullain (Valérand). 1290, 1334, 1358, 1398, 1415.

Prés (Barthélemy des). 1308.

Princes protestants (Les). *1278.*

Reynaud (Jacques). 1272, 1274, 1284.

Rihel (Wendelin). 1405.

Schnepf (Erhard). *1396.*

Sinapius (Jean). 1317.

Stier (Sigismond). *1410, 1414.*

Strasbourg (Les Pasteurs de). 1429.

Strasbourgeois (Un). 1298.

Sturm (Jean). 1314, 1379. — *1376.*

Sultzer (Simon). 1327, 1357, 1408.

Toussain (Pierre). 1281 bis., 1286, 1292, 1302, 1318, 1325, 1335, 1354, 1380, 1387, 1410, 1414, 1416.

Valier (Jacques). 1299.

Véron (Claude). 1426.

Vevey (Le Bailli de). *1280.*

Viret (Pierre). 1281, 1285, 1303, 1307, 1310, 1321, 1329, 1344, 1348, 1371, 1378, 1382, 1383, 1385, 1392, 1409. — *1283, 1297, 1305, 1311, 1315, 1328, 1336, 1338, 1342, 1345, 1353, 1370, 1388, 1394, 1421, 1428.*

Virot (Guillaume). 1220 ter, 1226 a, 1240 bis.

Watteville (Jean-Jacques de). *1233.*
Watteville (Nicolas de). *1339.*
Wittenbach (Josué). 1361, 1391.
Zébédée (André). *1315.*
Zell (Matthias). 1273.

INDEX ALPHABÉTIQUE

DES

NOMS DE PERSONNES

QUI SE TROUVENT DANS LE NEUVIÈME VOLUME

Les noms imprimés en petites capitales désignent les *auteurs des Lettres*, et ils sont suivis des Numéros d'ordre de celles-ci. Lorsque dans un article le chiffre de la page est seul indiqué, la personne à laquelle il se rapporte figure *seulement dans le texte*; s'il est suivi de la lettre *n.*, la personne n'est mentionnée que *dans les notes*. L'abréviation *et n.*, après le chiffre d'une page, signifie que le nom propre se rencontre à la fois *dans le texte et dans les notes*.

Les noms des lieux ne sont reproduits que lorsqu'ils servent à désigner un individu ou des collections de personnes, et l'on a omis tous les noms des personnages qui n'appartiennent pas au seizième siècle. On s'est aussi abstenu de noter les passages qui n'apprennent rien de nouveau sur des personnes déjà mentionnées.

Cet Index a été en partie rédigé par notre cher fils. Nous sommes heureux de le remercier publiquement du service qu'il nous a rendu.

A

Achard (Bartholomie et Jean), 16 n.
Agen (L'évêque d'), 300 n.
Agen (Le suffragant de l'évêque d'), voyez Valéri.
Agnetus, voy. Bussier (Agnet).
Agnon ou Anion (François d'), voy. Bourgoin (François).
Aguesse ou Auguesse (Le parlement d'), voy. Ensisheim (La régence d').
Aix (Le parlement d'), voy. Provence (Le parlement de).
Alcuin, anagramme de Calvin, 131 n.
Alençon (Les Évangéliques d'), 488.
Alenc ou Allenc (d'), voy. Reynaud.

Alenius, voy. Reynaud.
Alexandre ***, 133 et n., 486.
Alexandre VI (Le pape), 151 n.
Aligno (de), voy. Reynaud.
Aliod (Claude d'), 425 n.
Alleins (Le seigneur d'), voy. Reynaud (Jacques).
Allemagne (Les églises réformées de l'), 130 et n., 231, 232, 415 n.
Allemagne (Les Princes protestants d'), voy. Protestants.
Allemand (Le bon), voy. Clébergue (Jean).
Alsiensis, voy. Alyse (Claude d').
Alyse (Claude d'), 170 n.
Amerbach, imprimeur (Jean), 36 n.
Amerbach (Boniface), 36 et n., 37 n., 150 n., 151 et n.

INDEX ALPHABÉTIQUE DES NOMS.

Amsdorf (Nicolas d'), 373 et n., 380 n.
Anabaptistes (Les), 173 n., 174, 175, 187 n., 193, 194 et n., 202, 267 n., 269, 270 n., 302, 311 n., 329, 341.
André ***, beau-frère de Fabri (Christophe), 236 et n., 237 et n.
André le verrier, voy. Verrier.
Angelander (Jo.), voy. Engelmann.
Anghessey (Le parlement d'), voy. Ensisheim.
Angleterre (Mr d'), voy. Pole.
Angleterre (Le roi d'), voy. Henri VIII.
Annebaut (L'amiral Claude d'), 280 n.
Annetus, voy. Bussier (Annet).
Annonius, 332, 333 n.
Antoine, duc de Lorraine, voy. Lorraine.
Antoine ***, évangéliste à Tournay, 379 n.
Antoine ***, 343, 382, 418.
Anvers (Les Évangéliques d'), 122 et n.
Anvers (Les libraires d'), 466.
Archa (Le secrétaire de), 33 n.
Archer (Jean L'), 287 n.
Arcuarius, voy. Archer (L').
Ardy (Claudia et Petrus), 492.
Arles (L'archevêque d'), 247 n.
Armey ou d'Armex (Jeanne d'), 109 et n., 115, 141 et n., 157.
Arras (Les Évangéliques d'), 386.
Articulants (Les), voy. Genève (Les trois députés de).
Asper (Hans), 326 n.
Asperus, 326.
Aubéry (Jacques), 69 n., 278 n., 326 n., 329 n.
Aubonne (Jacques d'), voy. Valier.
Augsburger (La famille vaudoise), 351 n.
Augsburger (Jacob), 351 n.
Augsburger (Le trésorier Michel), 79 n., 171 n., 285 n.
Augsburger (Thomas), 351 et n.
Augustanus (Thomas), voy. Augsburger (Thomas).
Aulbe (Regnault d'), 468 et n.
Aumale (François de Guise, comte d'), 477 n.
Aurelianus (Dux), voy. Orléans (Charles, duc d').
Ausserre (Nicolas d'), 318 n.
Avignon (Le Légat d'), 69.
Avignon (Le Vice-Légat d'), 69 n.

B

Bacinet (Baptiste), 102 et n., 180 et n., 195, 249, 343.
Bade (Ernest, margrave de), 260 n.

Badius, imprimeur (Conrad), 175 n.
Baduel (Claude), 6 n.
Baillod (Le banneret Jacques), 455 n.
Bâle (Le Conseil de), 3, 8, 21 n., 37 n., 38, 68, 70, 117 n., 150 n., 167 n., 277 n., 278, 459 n.
Bâle (Les pasteurs de), 7, 429, 430, 432 n., 433.
Ballet (Aymon), 494.
Ballon (Jean), 150 n.
Bâlois (Les arbitres), 33 et n., 34 n., 39, 167 et n.
Balthasar, surnom, voy. Sept.
Bandières (Ami), 268 et n.
Barbarin (Thomas), 11 n., 15 et n., 132 et n., 177 et n., 238, 239, 368 n.
Barberousse (L'amiral), 261 n.
Barisey (Michel de), 83 et n.
Barrelet (Le curé Pierre), 92 n.
Baudoche, seigneur de Moulins (François), 80 et n., 381 n.
Baume (Jean de la), 310 n.
Baume, évêque de Genève (Pierre de la), 71 et n., 451 n., 454 n., 494 n.
Baumgartner, femme de F. Bonivard (Catherine), 157 n.
Bayard, 70.
Bé (Jehan), voy. Bel (Jean).
Beaucaire (Les « hérétiques » de), 247 n.
Beaucaire (Les six Évangéliques prisonniers à), 247 n.
Beaudichon (Jean), 489 n.
Beaulieu (Eustorg ou Hector de), 12 et n., 248 n.
Beaumont (Mr de), 100 et n.
Beauvais (Françoise de), 239 et n., 274 et n.
Beauvais (Louise de), 239 et n., 274 et n.
Bedbourg (Le seigneur de), voy. Neuenar.
Bel (Alexandre le), 133 et n., 425 n.
Bel (Jean), 451 et n.
Bellay (Le cardinal Jean du), 276 n., 279 n., 280 et n., 302, 314 n.
Bellegarde (Claude de), 25 et n.
Benoît (Andréane de), 309 n., 316 n.
Benoît (L'abbé Rodolphe de), 309 n.
Bérauld (François), 345 n. Voy. Béroz (Frantz).
Bérauld (Nicolas), 345 n.
Bernard (Claude), 449 n., 450, 495, 496.
Bernard (Jacques), 17 n., 262 n., 266 n., 424.
Berne (L'avoyer de), 98, 299.
BERNE (Le Conseil de), Nos 1280, 1301, 1315, 1322, 1340, 1343, 1377, 1399, 1411, 1422, 745 bis, 1395 bis. — 4, 33

et n., 34 et n., 39, 56, 71 et n., 79 n., 90, 99, 100 n., 113 n., 117 n., 125 et n., 134 et n., 139 n., 142 et n., 148 n., 151, 161, 162 et n., 163 n., 166, 167 et n., 168, 169 et n., 170 n., 171 n., 172 n., 175 n., 176 et n., 177 n., 184 et n., 189 et n., 193, 194 et n., 197, 198, 200, 227 n., 243 n., 245 n., 248 n., 250 n., 251 n., 255 n., 256 n., 257, 266 n., 267 n., 282 n., 284 et n., 297 et n., 298 et n., 307, 309 n., 310 n., 321 n., 343, 344, 345 n., 359 n., 366 et n., 386 n., 413 et n., 416 n., 418, 427, 428 et n., 429 n., 451 et n., 459 et n., 483 n., 486, 487, 488, 489.

Berne (Le Conseil des Deux-Cents ou des Bourgeois de), 154 n., 155.

Berne (Le Consistoire de), 284.

Berne (Les députés de), 82, 171 et n., 183, 184, 186 n., 188, 199 et n., 242 n., 266 et n., 267, 451 n., 483, 487.

Berne (Les XII écoliers de Messieurs de), 100 n., 142 et n., 481, 483.

Berne (L'Église de), 386, 434 et n., 436.

Berne (Messieurs de), voy. Berne (Le Conseil de).

Berne (Les pasteurs de la ville de), 192, 245 n., 298, 359 n.

Bernois (Les), voy. Berne (Le Conseil de).

Bernois (Le peuple), 71 et n.

Bernois (Les juges d'appel), 113 et n.

Béroz (Frantz), 345 n.

Bertrangius, 41 n., 369 et n.

Besencenet (Le curé Étienne), 106 n.

Bèze (Théodore de), 51 n., 55 n., 86 n., 163 n., 266 n., 287 n., 301 n., 338 n., 339 n., 353 n., 355 n., 356 n., 370 n., 371 n., 372 n., 375 n.

Bibliander, (Théodore), 13, 16, 72, 167, 337 n.

Bienne (Le Conseil de), 25 et n.

Bigot (Guillaume), 58 n.

Bigothier (Claude), 450 et n.

Bigottéry, voy. Bigothier.

Blaarer (Ambroise), 361 et n.

BLANCHOD (Claude), N° 530 a. — 454, 455.

Bläsi (Pantaléon), 336 et n., 364, 365 et n., 376, 377, 383.

Blétange (Le seigneur de), voy. Heu (Jean de).

Bocard (Collet), 496.

Bocard (Michia), 496, 497.

Bois, imprimeur (Guillaume du), 183 n.

Bois, libraire (Simon du), 180 n.

Bois (Valentin ou Watrin du), 30, 67 et n., 79 et n., 81 et n., 82 et n., 83 n., 123, 274 n., 275 et n., 469 et n., 471 et n., 474, 478.

Bois (Le père de Watrin du), 82 et n.

Boisot (Le commissaire impérial Charles), 21 n., 30 n., 67 n., 82 et n., 83 n., 87, 88, 95, 122, 130 n.

Boisrigault (M^r de), 310 n.

Bonivard (François), 28 n., 33 n.

Bonivoye (Jean), 84 et n., 85, 318 n.

Bonmont (L'abbé de), voy. Gingins (Amé de).

Bonnaz (Aymon), 493.

Bonneville (Le Conseil de la), voy. Neuveville.

Bonpain, martyr (Pierre), 261 n.

Bordeaux (Le parlement de), 300 n., 301 n.

Botheiller, surnom de Curtet (J.-A.).

Boulay (Edmond de), 477 n.

Bourbon (Le connétable Charles de), 23 n.

Bourgogne (Baudoin de), 72 n., 73 n.

Bourgogne (Charles de), 73 n.

Bourgogne (Jacques de), voy. Falais.

Bourgoin (François), 333 n.

Boussiron (Françoise), 128 n., 129 n.

Brandebourg (Albert de), 274 n.

Brandebourg (Joachim II, électeur de), 131, 259 et n., 260 n.

Brandebourg (Marguerite de), 41 n.

Brandebourg-Anspach (Anne-Marie de), 95 n.

Brandebourg-Anspach (Le margrave Georges de), 95 n.

Brandis (M^r de), 450 n., 493, 496 et n.

Bréderode (Yolande de), voy. Falais (Mme de).

Brentz (Jean), 376 et n.

Brilly (Jean de), voy. Bonivoye.

Brisach (Les magistrats de), 6, 7, 8, 37, 38.

Brulli, martyr (Pierre), 60 et n., 61 et n., 62, 175 n., 180 et n., 249, 274, 379 et n., 380 et n., 386. 471 n.

Brulli (La femme de Pierre), 379, 386.

Brunon (Le docteur Jean), voy. Niedbrucker.

Brunswick (Henri, duc de), 67 et n., 260 et n.

BUCER (Martin), N° 1300. — 14 et n., 63 n., 85, 86 n., 96 n., 101 n., 103 et n., 105, 106, 107, 132, 151 et n., 160, 161 n., 178 n., 180 et n., 181, 187, 193, 201, 208, 245 et n., 247, 260, 273 et n., 289, 316 n., 339, 341, 373 n., 376, 378, 379 n., 380, 387, 434, 441 et n., 443, 445, 447.

INDEX ALPHABÉTIQUE DES NOMS.

Bucer (Les partisans de), 360 n.
Bucerani, voy. Bucer (Les partisans de).
Büchlin (Paul), voy. Fagius.
Budé (Matthieu), 315 n.
BULLINGER (Henri), Nos 1294, 1312, 1356, 1365, 1381, 1386, 1393. — 12, 13, 16, 70, 79, 116 n., 117 n., 120 n., 122 n., 154 et n., 166, 201, 207 n., 220, 221 et n., 223, 241, 270 et n., 305, 319, 322, 329, 330, 337 n., 340 et n., 349, 359 n., 360 n., 368 et n., 370 et n., 372 n., 419, 425.
Bure (Idelette de), 133 et n., 171 n.
Buren (Maximilien d'Egmond, comte de), 21 et n.
Busanton (David de), 17 n., 20 et n., 75 n., 187, 194 et n., 195, 248, 249 et n., 250, 285, 288 et n., 289. 294, 343, 416.
Bussier (Agnet ou Annet), 17 et n., 132 et n., 252 et n., 253, 254 n., 389.
Butlerus (Joannes), 150 n.
Bygel (Le secrétaire Werner), 241, 271, 305, 320, 323.

C

Cæsar, voy. Charles-Quint.
Calvin (Antoine), 133 et n., 181 n., 285, 416,
Calvin (Idelette, femme de Jean), voy. Bure (Idelette de).
CALVIN (Jean), Nos 1283, 1287, 1288, 1291, 1295, 1296, 1297, 1305, 1306, 1311, 1320, 1323, 1328, 1330, 1336, 1337, 1338, 1342, 1345, 1346, 1352, 1353, 1360, 1363, 1364, 1372, 1373, 1374, 1375, 1376, 1388, 1389, 1394, 1396, 1397, 1413, 1420, 1421, 1428. — 4 n., 7, 9, 11 n., 16 et n., 17 et n., 18 n., 20 n., 21 n., 22 n., 27, 28 et n., 38, 44, 47, 56, 58, 59 n., 60 et n., 61 n., 62, 63, 64 n., 70, 71 n., 72, 73 n., 75 n., 76 n., 78, 79 n., 85, 86 n., 100 n., 101 n., 102, 105 n., 114 n., 117 et n., 120 n., 124 n., 125 n., 126 n., 129 n., 134 n., 146 n., 150 n., 153 n., 155 n., 156 n., 162 n., 163 n., 164, 166, 168 et n., 170 n., 171 n., 172 n., 174 n., 175 n., 178 et n., 179 et n., 180 n., 182, 184 n., 185 n., 187 et n., 189 et n., 193, 196 et n., 198, 199 et n., 200, 201 n., 202, 203 n., 206, 220, 223 et n., 227, 229 n., 241 et n., 242, 244 n., 246 et n., 247 n., 250 et n., 251, 252 n., 253, 254 n., 262 et n., 264 et n., 265 et n., 266 n., 267 n., 269 n., 275 et n., 278, 280 et n., 281, 282 n., 283 et n., 285 et n., 286 n., 287 n., 288 et n., 289 n., 291 n., 293, 294, 296 et n., 304 et n., 309 n., 310 et n., 311 et n., 313 n., 316 et n., 319, 321, 322 et n., 323, 325 n., 329, 330, 331 et n., 332 n., 333 et n., 334 et n., 337 n., 339, 340 et n., 341, 343, 344, 346, 351 et n., 358 et n., 360 et n., 362, 363 et n., 366 n., 367, 370 et n., 374 et n., 375 et n., 378, 381 et n., 382, 384 et n., 385 et n., 386, 387 et n., 388 et n., 389 n., 390 et n., 391 et n., 392 et n., 393 n., 396 et n., 397 n., 400 n., 404, 406 et n., 410 et n., 413 et n., 415 et n., 416 et n., 417 n., 420, 421 et n., 424, 429 et n., 432, 433, 435 et n., 444 et n., 449 n., 466 n., 480.
Calvin (Les admirateurs de), 390, 410 et n.
Calvin (Les collègues de), 186, 189, 227, 254, 262 et n., 263, 264, 265.
Cabrières (Les consuls ou syndics de), 69 n.
Cabrières (Les habitants de), 69 et n., 70 n.
Campellus,
Camperellus et } voy. Champereau.
Campinellus,
Canus (Alexandre), voy. Croix (Alexandre de la).
Capiton (W.-F.), 272 n.
Capnius, voy. Fumée.
Caprariens (Les), voy. Cabrières.
Capunculus (Jo.), voy. Chaponneau.
Carmel (Gaspard), 92 et n., 107 n., 236 n.
Carnesecca (Petrus), 151 n.
Caroli (Pierre), 81 et n., 102 et n., 319 n., 473 et n., 474, 480.
Carolus, voy. Caroli.
Carquien, voy. Carquin.
Carquin (Jean), 19 et n., 29 et n., 30 n., 42 n., 43 et n., 468 et n.
Caspar ***, 236 et n.
Cassander (Georges), 460 et n.
Cassanæus, voy. Chasseneux.
Castalion (Sébastien), voy. Châteillon.
Cavaillon (L'évêque de), 69 n.
Cellarius (Diethelmus), 320 n.
Cernex (Le curé de), 47.
Chabie ou Chaby (François de), 197 et n.
Chablais (Les confréries du), 169 n.
Chablais (Les pasteurs du), 169.
Chablais (Les pauvres du), 168, 169.
Chabod (François et Louis), 495.
Challant (Le comte René de), 25 n., 26 n., 162 n.
Chambéry (Le parlement de), 427, 428 et n., 429 n.

Chambéry (Le procureur général du parlement de), 427.
Chamois (François), 109 n.
Chamois (Philiberte), 109 n., 110 n.
Champereau (Amé ou Edmond), 132 et n., 252 et n., 253, 254 n., 262 n., 264 n., 266 n., 388 n., 389 et n., 424.
Champs (Le Dr Claude des), 142 n., 195 et n., 204, 227 n., 244 et n., 284 et n.
Chandelier, voy. Ravier.
Chapeaurouge (Ami de), 170 n., 183 et n.
Chapeaurouge (Étienne de), 490.
Chaperon ? (Robert), 345 r..
CHAPONNEAU (Jean), Nos 1417, 1419. — 17 n., 18. 19 et n., 58 n., 97, 98, 104, 107 n., 118 n., 131, 132, 173 et n., 203, 250, 252, 253, 267, 286 n., 287 et n., 303 n., 346 et n., 348 et n., 350, 352, 353 et n., 355 et n., 368 et n., 370 et n., 371 et n., 384 et n., 385 n., 388 et n., 389, 390 et n., 391 n., 392 n., 414 et n., 415 et n., 417 et n., 420 et n., 421, 422 et n., 423, 426, 431, 433, 435 et n., 436, 441 n., 442, 443, 474 n., 475 et n.
Chapperon (Jean), 263 n., 264 n., 335 et n.
Chareroux (Durand), 262 n.
Charles (Alexandre), 133 n.
Charles III, duc de Savoie, 71 et n., 172 n., 310 n.
Charles-Quint (L'empereur), 4, 5, 8, 9 et n., 14 et n., 21 et n., 24 et n., 30 et n., 41 n., 43 et n., 44 et n., 59 n., 67 et n., 71 et n., 73 n., 79, 80 et n., 81 et n., 82 et n., 83 et n., 85 et n., 86 et n., 87, 88, 89, 95 et n., 101 n., 102 n., 122, 129 n., 151, 171, 187 n., 188 n., 190, 200, 201, 241 et n., 244 et n., 245, 248 et n., 257 n., 259 et n., 260 et n., 268 et n., 274 n., 275 et n., 276 et n., 286 n., 288 n., 295 et n., 296, 301 n., 326, 360 n., 361 et n., 380, 381, 382 n., 434, 486.
Charmet (Caspard), voy. Carmel.
Charvet (Antoine), 491 n., 492 n., 493, 496, 497.
Charvet (Michia), 491, 492 n.
Chasseneux (Le président Barthélemy de), 3 n.
Chat (Frère Jean le), 328 n., 329 n.
Châteillon (Sébastien ou Bastian), 115 n., 163 et n., 164 et n., 165, 185 n., 186 et n., 189, 190, 262 n., 264 et n., 265 et n., 266 n., 308 et n., 317 et n.
CHAUTEMPS (Jean), No 1431. — 162 n., 308 n., 449 et n., 450 n., 451 n., 452 n., 491, 492, 493, 495, 496.

Chautemps (Georgia ou Georgette, femme de Jean), 452 n., 491 et n., 492 et n., 496.
Chautemps (Les fils de Jean), 452 et n.
Chautemps (Colin), 496.
Chauvet (Claude), 493 et n., 494 n.
Chauvet (Jacques), 493 et n.
Chauvet (Raymond), 180 et n., 247 et n., 273 et n., 285 et n., 286 et n., 289 n., 290 n.
Chauvirey (Rose de), 25 n., 26 n.
Chelius (Huldricus), voy. Geiger.
Chicand (Antoine), 16 n., 263 n.
Chillon (Le capitaine de), voy. Vevey (Le bailli de).
Christophe ***, 345 n.
Christophe (Le duc), voy. Wurtemberg (Christophe, duc de).
Claude ***, belle-sœur de Christophe Fabri, 236, 237 et n.
Clauser, (Conrad), 490.
Clébergue (Jean), 100 n.
Clefz (François de la), 281 et n.
Clerc (Claude), 107 n.
Clèves (Guillaume, duc de), 24 n., 43, 67, 85 n., 260 n.
Cochlæus (Joannes), 221 et n., 222 n.
Coignet (Matthieu), 281 et n.
Colladon (Nicolas), 268 n.
Cologne (L'archevêque de), voy. Wied (Hermann de).
Colognier, junior, 495.
Colombier (Le seigneur de), voy. Watteville (J.-J. de).
Colombier (Mr de), voy. Watteville (L'avoyer J.-J. de).
Colombier (Philibert de), 284 n.
Colonna (Vittoria), 151 n.
Comberet (Pierre), voy. Hospitis.
Combes (Étienne Jacot des), 481 n.
Comes (Beatus), voy. Comte (Béat).
Compeys ou Compois (Philibert de), voy. Thorens.
COMTE (Béat), Nos 1350, 1351, 1423. — 4 n., 9 et n., 118 n., 163 et n., 165, 170 et n., 196 et n., 220, 221, 222, 223 n., 330 et n., 363 n., 419, 435 et n.
Comte (La femme de Béat), 284, 307, 308 n., 435 n.
Comte (François), 496.
Coq (Jacques le), 181 et n.
Coquet (Jean), 242 n., 263 n., 267 n., 452.
Corauld (Élie), 332 et n.
Cordier (Mathurin), 13 n., 15 et n., 62, 63, 107 n., 191 n., 192, 235, 240 et n., 278 et n., 321, 475 n.

INDEX ALPHABÉTIQUE DES NOMS.

Cordier (Le bachelier de Mathurin), 235.
Cornaz (Janaz), voy. Armey (Jeanne d').
Corne (Amblard), 109 et n., 115, 141 n., 280.
Corne (Pierre), 109 n.
Cornier (Érasme), 230 et n., 232 et n., 304 et n.
Cortesius, voy. Courtois.
Cougnie (Louis), 424 et n.
Courtois (Jean), 16 et n., 17 n., 18 et n., 22 et n., 27, 28 n., 39 et n., 44, 46 et n., 58 n., 68 et n., 92, 93, 98 et n., 101, 104 et n., 172, 243 n., 252 et n., 253, 254 n., 388, 389 et n., 390 et n., 391 n., 392 n., 475 et n., 481 et n., 482 n.
Coussot, voy. Couxat.
Couxat (Didier Le), 468 et n.
Crespin (Jean), 196 n., 315 n.
Crispus ou Crispinus, voy. Pythopæus.
Christophorus, monachus, 463, 464, 466.
Croix (Alexandre de la), 450 et n.
Croix (Matthieu de la), 199.
Cruciger (Gaspard), 202 et n., 360 n.
Cugnier (Loys), 262 n.
Cunier (Guillaume), 107 n.
Curione (Celio Secundo), 36 et n., 100 n., 109, 129 et n., 141, 157, 163, 196, 197 n., 221, 255 et n., 256 n., 270 n., 330, 363 n.
Curione (Les enfants de), 129 n.
CURTET (Jean-Ami), N° 1369. — 114 n., 274 n., 279 et n., 294 n.
Cyprianus, 60, 62, 275.

D

Dada (Besançon), 495.
Dada (Étienne), 450 et n., 455 n.
Daniel ***, 285.
Dauphin (Henri Le), 23 et n., 361 n.
Dæle ou Delius (Michaël), 272 et n.
Delius (Les pensionnaires de), 272 n.
Desforses (Pernet), 115 n.
Diaz (Juan), 309 n., 314 n., 315 n., 316 n.
Diaz (Alphonse), 314 n., 316 n.
Dieherr (Gottfried ou Geoffroy), 188 n.
Diesbach (Christophe de), 490.
Diesbach (Hans de), 490.
Diesbach (Jean-Rod. de), 266 n.
Diesbach (Nicolas de), 168 et n.
Diesbach (Sébastien de), 490.
Diesbachius, 189.
Dietrich (Veit), voy. Theodorus (Vitus).
Dionysius ***, 380 n.
Divonne (Jacques de), voy. Hugues (Jacques).

Dobt (Michel), 93 et n., 94, 101, 170 et n., 486.
Dolet (Étienne), 332 et n., 467 n.
Dolleci ou Dollée (Thiébaud), 467 n., 473.
Dombresson (Le curé de), 25 n.
Dombresson (L'église de), 25 et n.
Dombresson (Les paroissiens de), 25 n.
Dombresson (Le pasteur de), voy. Louvat (Robert Le).
Dominicain, 469 et n.
Dominique ***, 342 et n., 469 n.
Douay (Les Évangéliques de), 386.
DRYANDER (Jacques), N° 944 a. — 460 et n., 462 n., 466 n., 467 n.
Dubitatus (Michaël), voy. Dobt.
Dufour (Louis), 114 n., 452.
Dumolinus, voy. Baudoche (François).
Dupraz ou Du Praz (Jean), 84 et n.

E

Ecclesia (Philippus de), 35 et n., 58, 262 n., 424.
Écluse (Pierre de l'), 262 n., 424 et n.
Eichmann (Johann), 462 n.
Éléonore, fille du roi Ferdinand, 260 n.
Empire (Les États de l'), 88, 89.
Empire (Les princes de l'), 86.
Engelmann (Johann), 149 et n., 172 n., 224, 229 et n., 230, 232, 336 et n., 338, 339 et n., 365, 376, 377.
Engesheim, voy. Ensisheim.
Enghien (Le comte d'), 201 n.
Ensisheim (Les officiers ou la régence d'), 21 et n.
Enzinas (Francisco de), 316 n., 462 et n., 463 n., 467 n.
Enzinas (Jayme de), voy. Dryander.
Enzinas (Juan de), 462 n.
Episcopus, voy. Lévesque.
Érasme de Rotterdam, 37 n., 73 n.
Érault de Chemans, garde des sceaux (François), 279 et n., 280 n., 302 n.
Erb (Matthias), 228.
Erlach (L'aîné des d'), 266 et n.
Erlach (Diebold d'), 266 n.
Espeville (Charles d'), 76, 78. Voy. Calvin.
Estienne (Robert), 315 n., 316 n.
Étampes (La duchesse d'), 302 n., 303 et n.
Eynardus, voy. Pichon.

F.

FABRI (Christophe), N° 1331. — 47 n., 131 et n., 140, 162, 168 et n., 194, 233 et n., 236 n., 240, 287 n., 347 et n., 435 et n.

Fabri (Daniel), 171 n., 233 et n.
Fabri (Hugonette), 237 n., 238 et n., 240.
Fabri (La belle-mère de Christophe), 236, 237, 238, 240.
Fabri (La mère de Christophe), 233 et n.
Fabri (Le beau-père de Christophe), 236 et n., 237, 238 et n., 240.
Fabri (François), 495.
Fabri (Jean), 495.
Fabri ou Faure (Messire Pierre), 468.
Fabricius (Érasme), 230 n., 305.
Fabricius (Le fils d'Érasme), 305.
Fagius (Paulus), 272 n., 441.
Falais (Mr de), 72 et n., 73 n., 75 n., 76 n., 143, 145 n., 194 n., 285 n., 286 n., 288 et n., 291 n., 292 n.
Falais (Mme de), 73 n., 76 n., 194 n., 288 n., 293 et n.
Farel (Catherine), 106 n., 107 n.
Farel (Claude), 20 n., 176 n., 177, 188 et n., 195 et n., 239 et n., 251 et n., 274 et n., 277 n., 286 et n., 344 et n., 337 et n.
Farel (Daniel), 285 n.
Farel (Gauchier), 20 n., 96, 97 n., 100, 102 n., 105, 107 n., 177 n., 187, 195 et n., 239 n., 274 et n., 276, 277 et n., 344 et n., 387 et n., 459 et n.
Farel (Les frères), 106 n., 176 et n., 177.
Farel (La famille), 97 n., 188 n.
FAREL (Guillaume), Nos 1276, 1277, 1304, 1319, 1332, 1333, 1339, 1341, 1347, 1349, 1359, 1362, 1368, 1395, 1400, 1401, 1403, 1412, 1418, 1425. — 4 n., 7 et n., 9, 11 n., 12, 13 et n., 16, 17 n., 18 n., 20 et n., 22 n., 28 et n., 29 et n., 31 et n., 39, 40, 42 et n., 43 n., 59, 60 n., 61 n., 63 n., 65 n., 67, 68 n., 90 et n., 91 et n., 92 n., 93 n., 94 n., 96 et n., 97 et n., 98, 99, 101 n., 103 n., 107 n., 108, 114 et n., 115 et n., 116, 117 n., 134 n., 135 n., 151 n., 153 n., 161 et n., 162 et n., 170, 171, 172, 175, 181, 182 n., 187, 189, 190 n., 191, 193, 194 n., 198, 202, 203 n., 204 n., 209, 219, 229 n., 231 n., 239, 240, 249, 250 n., 257 et n., 259 et n., 268 n., 272 et n., 273 n., 277, 278 et n., 285, 286 et n., 287 n., 303, 304 n., 308, 319, 321, 331, 332 n., 334 et n., 335 n., 337 n., 338 n., 339 n., 340 n., 344, 346, 347 n., 349 et n., 367 et n., 368, 369 et n., 381 n., 383, 384, 386, 387, 388 n., 396 n., 416 n., 421 et n., 425 et n., 426 n., 429, 432 n., 434 et n., 441 n., 450 et n., 451 et n., 456 et n., 457 n., 458 et n., 467 et n., 469 et n.,

470, 472 et n., 473 et n., 474, 476 et n., 477 et n., 478 et n., 479 et n., 480, 481 n., 482 et n., 486.
Farnèse (Le cardinal Alexandre), 188 et n., 190, 201.
FATHON (Jean), No 1355. — 40 n., 107 n., 132 et n., 191 et n., 217 n., 233 et n., 240, 367, 486.
Fatin (Claude), 106 et n., 170, 273 et n., 383 et n.
Faure (Pierre), 427, 428 et n., 429 n.
Favre (Claude, François, Françoise), 184 n.
Fer (Nicolas de), 133 n., 181 et n., 183 n., 188 et n., 248, 250, 343, 416 et n.
Ferdinand (Le roi), 21 n., 88, 95.
Ferron (Jean), 108 et n., 170 et n., 262 n., 424.
Fèvre d'Étaples (Jacques le), 23 n.
Flaminius (Antonius), 151 n.
Flandre (Les Évangéliques de la), 178 et n., 179, 313 n., 378 et n.
Flemugren (Jean de), 79 et n.
Fontanus, 332 n.
Fontanus (Stephanus?), 417 n.
Foret (Pierre), 94 et n.
Fouz (Loys du), 263 n., 264 et n.
Franc (Jacques Le), 76. Voy. Falais (Mr de).
Franc (Katerine Le), 78. Voy. Falais (Mme de).
France (Les églises de la Dispersion en), 170 n.
France (Les Évangéliques de la), 378, 444 n., 448, 449 n.
France (Les Libertins en), 329.
Franchesius, voy. Franchet.
FRANCHET (Antoine), No 1324. — 31 et n., 32 n., 35 et n., 39, 56 et n., 57 et n., 58, 99 et n., 104, 142 n., 146 et n., 147 n., 148 n., 166 et n.
Francisca, maîtresse d'une école de filles, 417.
Franciscus ***, 274 et n., 344, 346.
FRANÇOIS I, No 1293. — 4 et n., 8, 9 n., 21 n., 23 et n., 24 et n., 25 n., 67, 68 et n., 69 n., 70 et n., 71 et n., 80 n., 97 et n., 102, 139 et n., 171, 176 n., 177, 178 n., 184 n., 188 et n., 190, 194 n., 201, 239, 241, 244 et n., 251, 261 et n., 268 n., 276 et n., 277 n., 279 et n., 280 et n., 286 n., 294, 295 et n., 296 et n., 299, 300 et n., 301 n., 302 et n., 303 et n., 326 et n., 328 et n., 329 n., 361 et n., 371 et n., 372 et n., 445, 459 et n., 486, 488.
Frédéric II, Électeur palatin, 259 et n., 260 n.

INDEX ALPHABÉTIQUE DES NOMS.

Frelinus, voy. Freslon.
Freslon, libraire, 102 et n., 105.
Fribourg-en-Brisgau (Le Conseil de), 85 n.
Fricker (Jérôme), 270 et n.
Fricker (Thüring), 270 n.
Fridericus ***, 274 et n.
Froment (Ant.), 333 n., 449 n., 450 et n.
Froschover, imprimeur (Christophe), 110 n., 112 n., 120 n., 121 n., 122 n., 201 n., 305, 306, 320 et n., 323, 324 n., 327 n., 330, 340 n.
FUMÉE (Antoine), Nos 1316, 1430. — 126 n., 127 n., 179 n., 310 n., 313 n., 444 et n., 448, 449 n.
Furbiti (Le prêcheur Guy), 451 n.
Furstemberg (Le comte Guillaume de), 81 n., 95, 96 n., 97 n., 102 et n., 248, 274 n., 275 et n., 459 n., 472 n., 476.
Furstemberg (Les soldats de Guill. de), 477.

G

Gaillet (François), 428 et n.
Gallars (Nicolas des), 128 n., 281 et n., 415 et n., 420 n., 424.
Gallasius, voy. Gallars.
Gallus, voy. François I.
Gamaut (Gaspard), 42 et n., 468 et n.
GARENNE (Nicolas DE LA), No 1335. — 181, 182 et n.
Garini (Jacobus), 37 n.
Gaspard ***, libraire, 238 et n.
Gaspard ***, relieur, 238, 239.
Gaudellaire, Godellaire ou Goudellaire (Jean), 78 et n., 79 n., 99, 104 et n., 366 n.
Geiger (Ulric), 260, 261 n., 275 et n.
Gendron (François), 417 et n.
Geneston (Matthieu de), 57, 58, 133 et n., 188, 196, 250, 262 n., 267 n., 424.
Genève (Les bannis de), 33 et n.
Genève (Le Conseil de), 33 n., 34 et n., 100 n., 114 n., 150 n., 161 et n., 162, 165, 167, 170 n., 171 n., 172 n., 185 n., 187 et n., 257, 263, 271 n., 283, 286 n., 294 n., 297, 298 et n., 331 n., 449, 452 n., 497 n.
Genève (Le Conseil des Deux-Cents de), 185 n.
Genève (Le Conseil général de), 168 n., 487.
Genève (Le Consistoire de), 146 n., 147 n.
Genève, condamnés à mort (Les trois députés de), 33 n., 167 n., 170 n.
Genève (L'Église de), 72, 96, 252, 267 n., 324.

Genève (Les Évangéliques de), 450 n.
Genève (Les députés de), 168 n., 172, 267 et n., 297, 331 n.
GENÈVE (Les pasteurs de), Nos 1289, 1370, 1407, 1424. — 31, 36, 56, 59 n., 66, 72, 138 n., 156 n., 157, 162 n., 264 et n., 265 n., 266 n., 282 et n., 285 n., 308 n., 353, 385 et n., 389, 415 et n., 420.
Genève (Le peuple de). 34 n., 47, 48.
Genevois (Les), 71, 161, 162.
Genevois fugitifs (Les), 183 n.
Genistonius, voy. Geneston.
Georges (David), 342 et n.
Gérard ou Girard, imprimeur (Jean), 86 n., 184 et n., 190, 267 n., 269 n., 369 n., 415, 416 n., 453 n.
Gérard ***, 86 n.
Gérard ***, 346 et n.
Gering ou Gerung (Beatus ou Batt). 140 n., 154 et n., 166 n., 171, 245, 332, 359 n., 361.
GESNER (Conrad), No 1390. — 12 et n., 59 n., 223 et n., 256 n., 323, 324 et n., 325 n.
Gex (Le bailli de), 250 n.
GEX (La Classe de), No 1406. — 322, 352, 417 et n.
Gex (Les officiers de), 454, 455.
Gex (Les pasteurs de la Classe de), 243 n.
Ghinucci (Pierre), voy. Cavaillon (L'évêque de).
Gingins (Amé de), 450 et n.
Gingins (Amédée de), 184 n.
Ginod (Andrea), 491 et n., 492 n., 495, 496.
Ginod (Hugo), 491.
GIROD (Pierre), No 530 a. — 454, 455.
Giron (Le secrétaire d'État Pierre), 171, 184 et n., 189 n., 198., 343 n.
Glant ou de Glantinis (Claude de), 344 et n., 425 n.
Gléresse (Le pasteur de), 488.
Gonin (Martin), 177 n.
Goulaz (Jean), voy. Gule.
Gournay (Michel de), 80 n.
Gournay (Thiébaud de), 470 et n., 471.
Graffenried, 140 n.
Gramont, archevêque de Bordeaux (Charles de), 301 n.
Granvelle (Le chancelier), 86 n.
Grenoble (Les Évangéliques prisonniers à), 457 n.
Grenoble (Le lieutenant du gouverneur de), 251.

Grenoble (L'official de), 176, 177.
Grenoble (Le Parlement de), 176, 188 n., 239 n., 251 n.
Grignan (Le gouverneur Aymar de), 69 n., 276 n., 326 n., 329 n.
Grivelet (Sermette), 491.
Gropper (Le Dr Jean), 380 n.
Gruanus, voy. Grus.
Grunecieux (Élisabeth de), 342 et n.
Grus (Jean le), 284 et n., 298 n.
Gualther (Rodolphe), 10 et n., 11 n., 13 et n., 15, 72, 117 n., 118 n., 167, 173 n., 221 n., 222 et n., 223 et n., 254, 255 n., 258 n., 306 et n., 325, 327, 330, 419.
Guarinus, voy. Muète (Guérin).
Guast (Le marquis du), 201 n.
Guat, 332 n.
Guillaume le mainier, 468 et n.
GUIMÉNÉ (Hilaire DE), N° 1366. — 272, 274 et n.
Guise (Claude, duc de), 90 n., 468 et n.
Gule ou Goulaz (Jean), 33 n., 492, 493, 494, 495.

H

Hangest (Joachim et Yves de), 21 n.
Hangest (Louis de), 21 n.
Hab (Jacob), 257 et n.
Haab (Johann), 257 n.
Hardenberg (Albert), 285 n.
Hédion (Gaspard), 14 n., 441.
Heilly (Anne d'), voy. Étampes.
Held (Matthias), 380 n.
Henri VIII (Le roi), 43 et n., 361.
Hercule II, duc de Ferrare, 362 n.
Hesse (Le landgrave de), 24, 257 et n., 260 et n., 485, 486.
Heu (La famille de), 41 et n., 42 n., 44 n.
Heu (Gaspard de), 41 n., 42 et n., 43 et n., 44 n., 83 et n., 467 et n., 473 et n.
Heu (Jean de), 41 n., 67 n., 369 n.
Heu (Martin de), 41 n., 83 et n.
Heu (Nicolas de), 41 n.
Heu (Robert de), 41 n., 80 n., 83 et n., 468 et n.
Heyldius, 380 n.
Hildesheim (Les bourgeois de), 71 et n.
Hochberg (Jeanne de), voy. Neuchâtel (La comtesse de).
Hospitis ou de l'Hoste (Pierre), 492, 493, 494, 496.
Huber (Hans), 171 n.
Hubmaier (Balthasar), 173 n., 269 n.
Hugoneri (Dom Jean), 28 n., 29 n.
Hugonier, voy. Ballon (Jean).
Hugueneaulx (Les), 290 n.
Hugues (Jacques), 321 et n.
Husson, martyr (Guillaume), 261 n.

I

Imbert, voy. Paccolet.
Isembourg (Le comte Henri d'), 246 et n.
Isembourg (Jean et Salentin, fils du comte Henri d'), 246 n., 343 et n., 382 n.
Itero (Daniel), 379 n.

J

Jacobus ***, 181.
Jacot des Combes (Étienne), 481 n.
Jean ***, 256 n.
Jesse (Le geôlier P. Jo.), 33 n.
Johannis (Pierre), 69 n.
Jonvilliers (Charles de), 51 n., 53 n., 54 n., 55 n.
Jude (Léon), 375 n.
Judith, belle-fille (?) de Calvin, 133 et n., 171, 268 et n.
Jussy (Guillaume et Loys de), 451 et n.

K

Kairchien, voy. Carquin.
Kindler (Erhard), 490.
Knecht (Matthieu), 140 et n.
Kriech (Jacob), 221 n., 419.
Kuntz (Pierre), 163 et n., 165 et n., 245 n., 359 n., 366 n.

L

Lacuna (Le médecin), 80 et n., 468 n.
Lambert (Denis), 455 n.
Lambert (Jean), 183 et n.
Landeron (Les Catholiques du), 91 et n.
Landeron (Le Conseil du), 90 et n., 91.
Landeron (Les femmes et les filles du), 91 n., 92 n.
Landoz (Le commissaire Jean), 171 n.
Lasco (Joannes à), 78 n., 463 n.
Latomus, voy. Masson.
Lausanne (L'abbaye des Enfants de la ville de), 165, 197 et n., 198, 243 et n., 250 n.
Lausanne (Les chefs de l'abbaye de), 298 n.
Lausanne (L'ambassadeur de), 297 n., 299.
Lausanne (Le bailli de), 79 n., 140 n., 284, 483, 487.
Lausanne (Le bourguemestre de), 136, 139, 140.
Lausanne (La Classe de), 103 n., 267 et n., 283, 298.

LAUSANNE (Le Colloque de), N° 1282. — 31, 98 et n., 99 et n.
Lausanne (Le Conseil de), 136, 138, 139, 197, 243 n., 297 et n., 298 n., 319 n., 418.
Lausanne (Le Conseil général de), 197 n.
Lausanne (Les magistrats de), 98 n., 327.
Lausanne (Le Consistoire de), 136, 137, 138 et n.
Lausanne (Les députés de), 283 et n.
Lausanne (Le diacre de), 28 et n., 283.
Lausanne (Les étrangers domiciliés à), 418.
Lausanne (Ex-moines français étudiant à), 256.
Lausanne (Les personnes exemptées de l'impôt à), 419.
Lausanne (Les professeurs et ministres de), 143, 148 n., 166 n., 333 n.
Lausanne (Les pasteurs de), 35 et n., 56, 58, 63 n., 101 n., 209, 483, 484.
Lausanne (Les pasteurs de la Classe de), 243 n., 343 et n.
Leclerc (Antoine), 261 n.
Lenglinus (Jo.), 441.
Lerma (Pierre de), 463 n.
Levant (Gilles de), 67 n.
Lévesque, 190 n.
Levita (Elias), 272 n.
Libertet (Christophe), voy. Fabri (Christophe).
Libertins (Les), 247 n., 329, 335 et n., 341.
Liège (Les Libertins à), 329.
Lignières (Les habitants de), 91.
Lille (Les Évangéliques de), 386.
Limbourg (Érasme de), 300 et n.
Loïstes d'Anvers (Les), 3 2 n.
Lonæus medicus, voy. Volat (Jean).
Longus (Jean de), voy. Bel (Jean).
Longueville (La duchesse de), voy. Neuchâtel (La comtesse de).
Longueville (Claude, duc de), 90 n.
Longueville (Louis, duc de), 90 n.
Lorraine (Antoine, duc de), 29 n., 41 n., 63 n., 81 n.
Lorraine (Le cardinal Charles de), 90 n.
Lorraine (Le cardinal Jean de), 303 et n., 479, 488.
Lorraine (L'évêque Nicolas de), 488.
Lorraine (Marie de), 90 n.
Louis V, Électeur palatin, 259 n.
LOUVAT (Robert Le), N° 1279. — 25 et n., 26 et n., 399 n.
Loys (Ferrand ou Fernand), 197 et n., 298 n.
Loys (Sébastien), 197.
Lucerne (Les magistrats de), 222 n.
Lugrin (M' de), 455 n.

Lullin (Jean), 170 n., 183 n.
Lunebourg (Les députés de), 260 n.
Luternau (Madeleine de), 255 n.
Luther (Martin), 120 et n., 201 et n., 202, 224, 334 n., 340 et n., 360 et n., 361 n., 372 et n., 373 et n., 374 et n., 375, 378, 434, 445, 447, 449 n.
Lutry (Le régent de), 199, 487.
Luxembourg (Le receveur général du duché de), 80 n.
Lyon (Le carme de), voy. Rivière.

M

Macarius (Josephus), 361 n., 372 n.
Maillet (Antoine), 23, 485.
Maisonneuve (de la), voy. Beaudichon.
Malbuisson (Jacques de), 494 et n.
Maldonade, 343 et n., 382.
Malingre (Thomas), 19 et n.
Malit (Jacques et Matthieu), 490.
Mandallaz (Le curé François de), 47 n.
Manillier (Le pasteur), 318 et n.
Manillier, prêtre (Guillaume), 318 n.
Marangeois (Les), 480 et n., 481 et n.
Marc ***, 84 et n.
Marcourt (Antoine de), 99 n., 118 n., 198 et n., 203 et n., 204, 249, 250 n., 267, 364 et n.
Mare (Étienne de la), 183, 184 n.
Mare (Pierre de la), 184 n.
Mare (Henri de la), 262 n., 266 n., 424.
Marguerite de Navarre (La reine), 23 n., 99 et n., 280 n., 300 n., 301 n., 302 et n., 328 n.
Mariano (Jérôme), 270 et n.
Marie de Hongrie (La reine), 380 n.
Marin (Robert), 345 n.
Marot (Clément), 29 n., 120 n., 201 n., 248 et n., 487.
Marron (Eustache), 69 n.
Martin (Jean-Pierre), 468 et n.
Martoret du Rivier (François), 163 et n.
Martyr (Pierre), 342 n., 441.
Mas, martyr (Pierre du), 175 n., 176 et n., 177, 187, 194, 251 et n., 286 et n.
Masson (Barthélemy), 180 n.
Masuyer? (Guillaume), 84 n.
Masuyer (Pierre), 84 n.
Matthés (Thivent), 28 n.
Maximilien (L'empereur), 72 n.
Mayence (L'Électeur de), 151.
Mazellier (André), 455 n.
Megander (Gaspard), 15, 72, 167, 330, 425 et n., 426.

Mégret (Edme), 262 n., 264 n., 424 et n.
Meichsnerinn (Anna), 272 n.
Mélanchthon (André), 300 et n., 301 n., 302 n.
Mélanchthon (Georges), 300 n.
Mélanchthon (Philippe), 14 n., 25 n., 200, 201 n., 245 et n., 299, 300 et n., 301 n., 302 n., 360 et n., 361 n., 373 n., 378, 445, 447, 449 n., 463 n.
Mélanchthon (Sigismond), 300 n.
Mélanchthon (Les trois sœurs de Georges et de Philippe), 300 n.
Melchior, 184.
Mélitte (Frère Antoine), 247 n.
Ménard (Jean), 142 n.
Mérindol (Les Vaudois de), 3 n., 329 n., 371 n.
Merlin (Jacques), 456 n.
Merlin (Jean), 456 n.
MERLIN (Jean-Raymond), N° 599 a. — 416 et n., 456 et n., 457 n., 458 n., 488.
Metz (Les bannis de), 467 et n., 476 et n., 479, 480 et n.
Metz (Les femmes des bannis de), 467, 468, 469, 474.
Metz (Les Catholiques de), 21 et n., 275 et n.
Metz (Les prêtres de), 80 et n., 81 n., 89, 275, 469, 470, 473, 476, 479 et n.
Metz (MM. de la Justice de), 82 n., 89.
Metz (Les habitants de), 81, 85 n., 102 n., 172, 248.
Metz (Le Conseil de), 14 n., 30, 41 n., 42, 80 et n., 81, 82, 83, 85 n., 87, 88, 89, 102 n., 469, 470 et n., 471 et n., 476, 478, 479.
Metz (Les députés de la ville de), 476 n., 480 n.
Metz (Les Dominicains de), 61 n.
Metz (Les Évangéliques de), 13, 17 n., 20 n., 29, 40 et n., 42, 60, 61 et n., 62, 80, 82 n., 95, 123, 130 et n., 342 n., 369 et n., 378, 381 et n., 468 n., 471, 472 et n., 474, 476, 477, 479.
Metz (Les chefs des Évangéliques de), 42, 43, 80 n., 83 n., 130 n., 180.
Metz (Jean de), voy. Niedbrucker.
Michaël ***, 377.
Michel *** (L'anabaptiste), 174 n.
Michel ***, 346.
Milichius (Jacobus), 373 n.
Moines (Les mauvais), 165, 166 n.
Molard (Huldriod du), 263 n.
Molins ou du Moulin (Mme des), 381 n., 469.
Mollin (Mme du), voy. Molins (des).

Monathon (Jean-Gabriel), 170 n., 183 n.
Monet (Rodolphe), 32 et n., 33 n.
Monroy, voy. Merlin.
Montaigne (Jean), 37 n.
Montbéliard (Les IX et les XVIII bourgeois de), 231 et n.
Montbéliard (Le chancelier de), 231.
Montbéliard (La Classe de), 63 et n., 93, 94, 97 et n., 125 n., 209.
Montbéliard (L'Église du), 64 n., 93, 94 et n., 206 n., 232, 365, 383.
Montbéliard (Les députés de la Classe de), 67, 103 et n.
Montbéliard (Les pasteurs du), 66, 68 n., 125, 205, 223, 229 et n., 232 n., 304 n., 333, 336 et n., 337 n., 339.
Montbéliard (Les habitants du), 228 n., 229 n.
Montejean (Le général), 460 n.
Montfaucon, évêque de Lausanne (Sébastien de), 71 et n.
Montfort (François de), 451 et n.
Monthelon, garde des sceaux (François de), 279 n., 302 n.
Monthey (Le curé de), 109 et n.
Montluc (Jean de), 112 n.
Montmayeur (François de), 496 n.
Montmorency (Le connétable Anne de), 460 n.
Morand (Jean), 104 et n., 118 n., 363 et n.
Morelet (L'ambassadeur), 21 n., 310 n.
MORGES (La Classe de), N° 1404. — 170 n., 284, 322, 350, 363 et n., 366 et n., 387.
Moulin (Alexandre du), voy. Croix (Alex. de la).
Muète (Guérin), 92 et n., 450 et n.
Muguier (Jacques), 494.
Mulot (Michel), 239 et n., 410 et n., 411 n.
Munster (L'évêque de), voy. Waldeck.
Munster (Sébastien), 244 n.
MYCONIUS (Oswald), N°s 1313, 1326, 1367, 1427. — 8, 22 n., 107 et n., 244 n., 245 et n., 275, 277 et n., 294, 353 n., 387, 429 et n., 432 n., 433, 434, 435 n.

N

Nægueli (L'avoyer Jean-Frantz), 139, 140, 166, 171, 244 n., 266 et n.
Namur (L'évêque de), 59 n.
Naples (Le vice-roi de), 248.
Navarre (La reine de), voy. Marguerite de Navarre.
Nemours (Charlotte de), 279 n.

Neuchâtel (Les Pasteurs de), 10 n., 15, 476, 478 n., 482 et n.
NEUCHATEL (La Classe de), N° 1402. — 92, 93, 251, 346 n., 348, 349, 350, 353 et n., 388 et n., 420, 436, 441.
Neuchâtel (Les bourgeois de), 13 n.
Neuchâtel (Le Gouverneur de), 90, 92 n., 204 et n., 371 et n.
Neuchâtel (Les « Luthériens » de), 454 et n., 455 et n.
Neuchâtel (le synode de), 92 et n.
Neuchâtel (La comtesse de), 90 et n., 96 et n.
Neuchâtel (Les IV pensionnaires de), 15 et n., 272 et n., 273 et n.
Neuchâtel (La communauté de), 117 n.
Neuchâtel (Le Conseil de la ville de), 15 n., 90 n., 117 n., 272 et n., 287.
Neuchâtel (L'Église du comté de), 15, 303 n., 339, 425 et n., 429 n.
Neuchâtel (Les lépreux de), 98 et n.
Neuchâtel (Les IV Ministraux de), 90 n.
Neuchâtel (Les Pasteurs du Comté de), 44, 63, 68 n., 101 n., 175, 204 n., 206 et n., 218, 219 n., 220, 269, 287, 350, 352, 370, 410 et n.
Neuenar (Le comte Guillaume de), 288 n., 293 et n.
Neufville (de), 326 n., 329 n.
Neuveville (Le Conseil de la), 90 n., 193.
Neyrod (Gaspard), 279 et n.
Nicodémites (Les), 310 n., 313 n., 370 et n., 378, 444 n.
Nicol (Frère), 247 n.
Nicolas ***, 318 n.
Nidau (Les pasteurs du Chapitre de), 488.
Niedbrucker (Jean), 83 n., 488.
Nigri (Théobald), 441.
Novesianus, voy. Novesius.
Novesius (Petrus), 273 et n.

O

Ochino (Bernardino), 20, 133 et n., 196, 250, 267 n., 415.
Oecolampade (Jean), 117 et n., 173 n., 340 n., 374 n., 429, 430.
Oignyes (M' d'), 380 n.
Olivétan (Pierre Robert), 452 n.
Olivier (Le chancelier), 302 n.
Oporin, imprimeur (Jean), 309 n., 317 et n.
Orbe (Les Catholiques d'), 35 n.
Orbe (L'église d'), 35.
Orbe (Les Évangéliques d'), 317, 334 et n.

ORLÉANS (Charles, duc d'), N° 1278. — 23 et n., 24 n., 25 n., 67 et n., 97, 485, 486.
Orléans (Henri, duc d'), voy. Dauphin (Le).
Orléans (François, duc d'), 23 n.
Ormont-dessus (Le prédicant d'), voy. Porcelet.
OROBASILIUS (Joannes), voy. Merlin.
Ory (L'inquisiteur Matthieu), 312 n.
Ostheimerus (Heinricus), 151 et n.
Ostein ou Ostheym (Henricus ab), 151 n.
Ougspourguer, voy. Augsburger (Michel).

P

Paccolet (Imbert), 36 et n., 163, 256 n., 284 et n., 322 et n.
Pagninus (Sanctes), 316 n.
Paguet, voy. Paquet.
Palatin (L'Électeur), 151.
Paleario (Aonio), 129 n.
Palier dit Marchant, imprimeur (Jean), 82 n.
Palingenius (Marcellus), 129 n.
Paquet (François), 281 et n.
Paris (Les Évangéliques de), 310 n., 311, 312, 313 et n., 314, 444, 447.
Paris (La Faculté de théologie de), 311 n.
Paris (Le parlement de), 261 n., 444 n.
Paris (Le théologien de), 284 n.
Parisien, martyr (Un orfèvre), 465, 466 n.
Passellius, 128. Voy. Calvin.
Paste (Claude), voy. Salomon.
Patronis (Jérôme de), 495.
Paul III (Le pape), 14, 24, 69 n., 151 et n., 188 n., 190, 201, 434 n.
Pays romand (Les Classes du), 143 n.
Pays romand (Les pasteurs du), 192 n., 369 et n.
Pelé (Brunet), 170 et n., 172 n.
Pellican (Conrad), 15, 72, 167, 270 n., 271 et n.
Pellisson (Le président Reymond), 70 n.
Pelot ou le Peloux (L'anabaptiste Pierre), 198 et n.
Perceval (Claude), 379 n.
Perrenot, évêque d'Arras (Antoine), 341 n.
Perrin (Ami), 184 et n., 279 n., 280 n., 281, 449 n., 451, 492, 493, 495.
Perrot (Jacques), 284 et n., 322 et n.
Pertemps (Claude), 115 n., 184 n., 283 n.
Perthuy, 80 n.
Pesmes (Jacques de), 496 n.
Pesmes (Jean de), 494 et n.
Pesmes (Jeanne de), 496 n.

Pesmes (Perceval de), 494 et n., 495 et n.
Pesmes (Pierre de), 496 n.
Petit (Nicolas), 262 n., 424 et n.
Petitjean (Jean), 478 n.
Petitpierre (Thomas), 368 n.
Peypus, imprimeur (F.), 173 n.
Pflug, évêque de Naumbourg (Jules), 380 n.
Philibert ***, 4 n., 38 n., 108 et n., 115.
Pichon (Eynard), 1275. — 10 et n., 12, 108 et n., 109, 134 n., 135, 352 et n., 353 et n., 363 et n., 367 et n., 370 et n., 387.
Pierre ***, 256 n.
Pignet (Antoine), 180 n.
Picot (Nicolas), 188 n., 196 et n.
Piperinus (Christophorus), 462 n.
Planche (Thomas de la), 368 n.
Plastre (Louis du), 235 n.
Pocquet (Antoine), 379 n.
Pole (Réginald), 151 et n.
Pommier (Guillaume), 184 n.
Ponce ou Pons (Jean), 281.
Pons (M. et Mme de), 362 n.
Pontareuse (Le chanoine Benoît de), 319 n.
Porcelet (Henri), 344 et n.
Porral (Pierre et Ami), 458 n.
Poullain (Valérand), N°s 1290, 1334, 1358, 1398, 1415. — 59 et n., 178, 246 et n., 285 n., 289 n., 341, 377, 380, 381 et n., 441, 445.
Poullain (Jacques), 59 n.
Poullain (Raymond), 342 et n.
Poupin (Abel), 58, 133 et n., 262 n., 424.
Poyet (Le chancelier Guillaume), 302 n.
Prangins (M. de), voy. Neuchâtel (Le Gouverneur de).
Praroman (Jacques de), 165, 197 et n., 137 et n.
Prat (Le chancelier Antoine du), 302 n.
Prato (Joannes de), 84 et n.
Pré (M. du), 328 n., 329 n.
Prés (Barthélemy des), N° 1308. — 110, 112 n.
Prilly (Jean de), 318 n.
Protestants d'Allemagne (Les princes), 23 et n., 25 n., 42, 67 n., 71 n., 80 et n., 81 et n., 82, 83, 85 n., 97, 102 n., 123, 129 et n., 259 et n., 260 et n., 268 n., 276 n., 280 n., 286 n., 295 et n., 476 et n., 479, 480 n., 485, 486.
Provence (Les conseillers du parlement de), 276 n., 278 et n., 328 n.
Provence (Le parlement de), 3 n., 326 n., 329, 371 et n., 372.
Provence (Les officiers des évêques de la), 277 n.
Provence (Les Vaudois de la), 276 et n., 277, 286 et n., 326 et n., 328 et n., 329 n., 371, 372.
Pruynstinck (Éloi), 342 et n.
Pythopæus (Crispinus), 351 et n., 352 n.
Pytiod, voy. Chautemps (Jean).

Q

Quibit (Claude et François), 493 n.
Quintin, 247 n.
Quintinistes, 247 n. Voy. Libertins.

R

Raigecourt (Richard de), 21 et n.
Rappolstein (Guillaume de), 21 n.
Ravier (Pierre), 198 n.
Rebaptiseurs (Les), 193.
Rebit (Hippolyte), 16 n., 485.
Regalis ou Regis (Joannes), 424 et n.
Regis (François), 495.
Rellinger (Les frères), 317 n.
Remich (Jacques), 80 n., 468 n., 476 et n.
Remigius, voy. Remich.
Renée, duchesse de Ferrare, 362 et n.
Resch (Conrad), 37 et n.
Rey (Claude), 243 n.
Reymond (Pierre), 165 et n., 286 n.
Reynaud, seigneur d'Alleins (Jacques), N°s 1272, 1274, 1284. — 3 n., 4 n., 5 n., 6 n., 7 et n., 8, 10, 21 et n., 22 n., 36, 37 n., 108 n., 150 n., 485.
Ribit (Jean), 36 et n., 157, 163, 183, 184, 185, 189, 196, 256 n., 330.
Richardot (François), 362 et n.
Rihel (Wendelin), N° 1405. — 180 n., 351 et n.
Ripaille (Le receveur ou intendant de), 169.
Ritter (Érasme), 171, 258 et n., 360.
Rive (Girardin de la), 263 n.
Rivière (Paul Christophe de la), 363 et n., 366 et n., 367 et n., 387, 413 et n., 414 et n.
Robert, secrétaire de Metz, 30 et n.
Rochis (Jean), 109 n.
Roelsius (Paulus), 466.
Roma (L'inquisiteur Jean de), 312 n.
Romain (Marc), 84 n.
Romans (Les habitants de), 165 et n.
Roset (Claude), 242 n., 267 n.
Rothelin (François, marquis de), 90 n.
Rouen (Le parlement de), 261 n.
Roussel (L'évêque Gérard), 301 n.
Roux (François), 345 n.

INDEX ALPHABÉTIQUE DES NOMS.

Roveere (Paul de), 382 n.
Poveris (Dionysius), 381 n.
Roy (Claude Le), 345 n.
Rozétaz (Jean, fils de Pierre), 495 et n.
Ruffy (Le secrétaire Pierre), 183 n.
Rumlang (Éberard de), 337 n., 359 n., 360 n.

S

Saint-André (Jean de), 343 et n., 382.
Saint-Barthélemy (de), voy. Thomassin (Bonaventure).
Sainte-Marthe (Charles de), 457 n.
Saint-Victor (Mr de), voy. Bonivard.
Saint-Vincent de Metz (L'abbé de), 473, 480.
Saix (Alexandre de ou du), 458 et n.
Saix (Andréa de), 458 n.
Saix (Bégoz, Henri et Pierre du), 458 n.
Saliretus, voy. Gallars (Nic. des).
Salomon (Claude), 449 n., 450 et n.
Saules (Mr de), voy. Gallars (des).
Saunier ou Sonier (Antoine), 102, 321, 332 n., 457 n.
Savoie (Le duc de), voy. Charles III.
Savoie (Claude), 455 n.
Savoie (Philippe de), 489.
Saxe (Le duc de), 24, 257, 301 n., 485.
Saxe (L'électeur de), 85 n., 260 et n., 373 n., 380 n.
Saxe (Maurice, duc de), 260 n., 274 n.
Saxo (de), voy. Saix (de ou du), 260 n., 274 n.
Scala (J. C. della), voy. Scaliger.
Scaliger (Jules-César), 300 n., 301 n.
Scaliger (Joseph), 301 n.
Scherr (Pierre), 21 et n., 22 n.
Schertlinus (Sebastianus), 274 n.
Schnepf (Erhard), 224 et n., 228 et n., 229 et n., 335 et n., 336 n., 337, 339, 376.
Schroteisen? (Lucas), 231 n.
Schwarzerd (La famille alsacienne), 302 n.
Scluzanus, voy. Écluse (de l').
Secz (Alexandre de), 458.
Sedeille (Alexandre), 133 n., 486.
Senarclens (Claude de), 309 n., 310 n., 311 n., 316 n., 449 n., 488.
Senarclens (François de), 309 n., 310 n.
Senarclens (Louis de), 309 n., 310 n.
Sept (Michel), 113 n.
Sept (Pétronille, Perronelle ou Péronette), 113 n. et n.
Sermeta, voy. Grivelet (Sermette).

Serræus (Joannes), voy. Serre (Jean).
Serre, libraire (Jean), 281 et n.
Serre, martyr (Pierre de la), 261 n.
Sienne (Léon de), 142 n.
Silberbornerus, 376.
Silvius (Simon), voy. Bois (Simon du).
SINAPIUS (Joannes), N° 1317. — 128 n., 129 n.
Sleidan (Jean), 276 n., 314 n.
Soleure (Le Conseil de), 90 et n., 91.
Sorbonne (Les théologiens de la), 184 et n., 190, 325 n., 394, 423 n., 465, 466.
Sorel (Jacques), 161 n., 162 n., 274 et n., 486.
Sourd (Jean), 495.
Spina (Ludovicus), 321 et n., 383 et n.
Spire (Les Catholiques à la diète de), 259 et n., 260 n.
Spire (La Chambre impériale de), 71 n.
Steiger (Le bailli Hans), 366 n.
Stephanus ***, 332 et n., 333 n., 435 et n., 481.
Stier (Sigismond), 231 n., 364, 375, 377.
Strasbourg (Le Conseil de), 4, 9 n., 21 et n., 22 n., 277 n., 296 n., 380 et n., 470 n., 472 n.
Strasbourg (L'Église de), 61 et n., 347 n.
Strasbourg (L'église française de), 60 n., 62, 180, 342, 343, 378, 379, 382.
Strasbourg (L'évêque de), voy. Limbourg (Érasme de).
STRASBOURG (Les pasteurs de), N° 1429. — 61, 178 n., 429 et n., 436, 441, 443.
Strasbourg (Les réfugiés messins à), 467, 469, 471 n.
STRASBOURGEOIS (Un), N° 1298. — 79.
Stumpf (Jean), 326 n., 827 et n.
STURM (Jean), Nos 1314, 1379. — 124 n., 195, 204, 249, 260, 272 n., 273 n., 275 et n., 296 et n., 299, 302 n., 303 n., 382.
Sturm de Sturmeck (Jean), 260.
Suisses (Les députés des cantons), 68 n.
Suisses au service de la France (Les), 258 et n., 294 n., 361 n., 362 n.
Suisse allemande (Les églises réformées de la), 347 et n.
Suisse allemande réformée (Les pasteurs de la), 369 et n.
Suisse romande (Les églises de la), 93 et n.
SULTZER (Simon), Nos 1827, 1357, 1408. — 97 et n., 98, 99, 107, 108, 113, 115, 125 n., 126 n., 133 r., 139 et n., 141, 152 n., 153 n., 154, 160 et n., 163, 170, 195 et n., 227 et n., 242, 244 n., 245

INDEX ALPHABÉTIQUE DES NOMS.

et n., 246 n., 332, 358, 359 n., 387 et n., 434 et n.
Sylvius (Valtrinus), voy. Bois (Watrin du).

T

Tacon (L'abbé Jean), 489, 490.
Taffin (Jean ?), 379 n.
Tallange (Le sieur de), voy. Gournay (Thiébaud de).
Taverney, 141 et n.
Termègne (Jean de), 79 n.
Ternier (Les pasteurs de la Classe de), 243 n.
Ternier et Gaillard (Les pasteurs des mandements de), 428, 488.
Teutleben (L'évêque Valentin de), 71 n.
Textor (Benoît), 267, 268 et n.
Theodora, fille de Jean Sinapius, 128.
Theodoricus ***, 274 et n.
Theodorus (Vitus), 360 n., 415 n.
Thionville (Le gouverneur de), 80 n.
Thomassin (Antoine), 193 n.
Thomassin (Le président Bonaventure), 177, 488.
Thomassin de Chevillon, 468.
Thonon (L'abbaye de la Jeunesse de), 169 n.
Thonon (Le bailli de), voy. Diesbach (Nic. de) et Wingarten (Georges de).
Thorens (Mr de), 452 n., 489, 490, 495.
Tillier, 140 n.
Tillier (Antoine), 284.
Tissot (Pierre), 280 n.
Tittlinger (Pierre), 490.
Tolède (Pierre de), 295 n.
Tolosan, 39.
Tondeur (Bastian, Françoise, Louis Le), 34 et n.
Tornamire (Jacques), 487.
Tossantius, 37 n.
Toulon (Les habitants de), 261 n.
Tournay (Jean de), 163 et n.
Tournay (L'église de), 379 n.
Tournay (Les Évangéliques de), 180, 386.
Tournay (Les Libertins à), 329.
Tournon (Claude de), 142 n.
TOUSSAIN (Pierre), Nos 1281 bis, 1286, 1292, 1302, 1318, 1325, 1335, 1354, 1380, 1387, 1410, 1414, 1416. — 29 et n., 31, 40, 42 n., 43 n., 63, 64 n., 67, 68 n., 88 n., 92, 93 n., 95 n., 101, 102, 103, 161 et n., 172, 181, 228, 229 n., 303, 304, 319 n., 321, 336 n., 337 n., 340, 364, 365 et n., 369 n., 375, 383.
Tremellius (Emmanuel), 342 et n.

Trémond ou Trimond (Oséas), 107 n.
Treppereau (Louis), 57 n., 58, 262 n., 263 n., 264.
Trèves (L'Électeur de), 151, 343 n.
Turtaz, femme de P. Viret (Élisabeth), 333.
Turtaz (Hugues), 171.
Turterus, voy. Turtaz (Hugues).

V

Vadian (Joachim), 327 n.
Valangin (La justice légataire de), 25 n.
Valenciennes (Les Évangéliques de), 180, 247 et n., 386.
Valenciennes (Les Libertins à), 329.
Valéri (Jean), 300 n.
VALIER (Jacques). No 1299. — 84 et n., 321 et n.
Vandelli (Jean), 494.
Vandelli (Pierre), 494, 495.
Vanzius, Vanzier ou Vanzy, voy. Mare (Étienne de la).
Varroz (Michel), 239 et n., 452.
Vatable (François), 315 n., 316 n.
Vaudois des Vallées de Luserne et de St.-Martin (Les), 459 et n., 460 et n.
Velsius (Justus), 341 et n., 346.
Vérard (Maître), 379 n.
Vergy, dame de Valangin (Guillemette de), 162 n.
Verna (Pierre), 184 n.
VÉRON (Claude), No 1426. — 242 et n., 243, 427 et n., 488.
Verrier (André le), 481 et n.
Vert (Étienne le), 481 n.
Vevey (Le bailli de), 26, 284 n., 285.
Vevey (La Classe de), 227, 284 n.
Vevey (Richard de), 99 et n.
VIRET (Pierre), Nos 1281, 1285, 1303, 1307, 1310, 1321, 1329, 1344, 1348, 1371, 1378, 1382, 1383, 1385, 1392, 1409. — 4 n., 9, 16 n., 18 et n., 27 et n., 28 et n., 32, 35 n., 56 et n., 59 n., 61 n., 63 n., 78, 79 n., 96 et n., 97 n., 98 n., 99 n., 100 n., 101 n., 103 n., 105 et n., 109 n., 113 n., 117 n., 125 et n., 133 et n., 138 n., 139 n., 140 n., 141 n., 152 et n., 153 n., 155 n., 161 n., 163 n., 165 n., 166 n., 170, 178 n., 182, 184 n., 185 n., 186 n., 195, 196, 198 et n., 199 et n., 203 n., 205, 219 n., 220, 221, 227, 229 n., 243 et n., 257 et n., 267 et n., 282 et n., 283 et n., 284 n., 285 n., 286 et n., 297 et n., 298 et n., 299 et n., 304, 306, 307 et n., 317 et n.,

318 n., 319 n., 321 et n., 327, 331, 332 n., 333 n., 337 n., 351 n., 362 et n., 363 et n., 364 et n., 396 n., 413, 414, 416, 417 n., 418, 435 et n., 451 et n., 472, 480.
Viret (Les collègues de), 282 n., 283.
Viret (La tante de), 186, 189 et n.
Virot (Guillaume), Nos 1220 ter, 1226 a, 1240 bis. — 16 et n., 467 et n., 470, 471 et n., 472 n., 473 n., 474 n., 475 et n., 476 n., 478 et n., 479 n., 482 n.
Vitrearius (Magister Andreas), voy. Verrier.
Viviacensis (Franciscus), voy. Martoret (François).
Volat (Jean), 163 et n.
Voulté (Jean), 332 n.
Vulteius (Jo.), voy. Voulté.
Vuychard (Jean), 492.

W

Waldeck, évêque de Munster (Frantz de), 14 et n., 260 n.
Waldenses, voy. Vaudois (Les).
Watteville (L'avoyer J.-J. de), 25 n., 97 n., 98, 139 et n., 140, 166 n., 175, 176 n., 177 et n., 191 n., 244 et n., 321 n.
Watteville (Nicolas de), 176 n., 191 et n., 240 et n.
Watteville (Petermann ou Pierre de), 191 et n., 240 et n.
Watteville (Reinhard ou René de), 240 et n.
Werchin (Marguerite de), 73.
Werly (Le chanoine Pierre), 452 et n., 490, 491 et n., 492 et n., 493, 495, 496, 497.
Wied (Hermann de), 14 et n., 81 et n., 82, 123, 151, 260 n., 288 n., 380.
Wildermuth (Jacques), 455 n.
Wildermuth (Erhard, neveu de), 455 n.
Wingarten (Georges de), 168 n., 171.
Winter, imprimeur (Robert), 217 n.
Wittemberg (L'Église de), 223, 224.
Wittenbach (Josué), Nos 1361, 1391. —
254 et n., 255 n., 257 n., 258 n., 307, 325.
Wittenbach (Nicolas), 254 n., 257 n., 307 n.
Wittenbach (Thomas), 307 n.
Wolfhard (Boniface), 272 n.
Wurtemberg (Christophe, duc de), 64 n., 65, 66, 92, 93, 94, 95 et n., 103, 131, 149, 208, 226, 228 et n., 229 et n., 230, 231, 232 et n., 304 et n., 337 n., 364, 365 et n., 376, 383.
Wurtemberg (Les conseillers du duc Christophe de), 229, 232, 319 n., 376, 377 et n., 383.
Wurtemberg (Georges, comte de), 230 n., 231 n., 365 et n.
Wurtemberg (Ulric, duc de), 95, 131, 149, 208 et n., 228, 229 et n., 232 n., 336, 365 et n., 376, 383.
Wurtemberg (Les députés du), 260 n.
Wurtemberg (Les surintendants de l'Église du), 365, 383.

Z

Zébédée (André), 28 et n., 35 et n., 39 et n., 97, 98 et n., 107, 108 et n., 113, 115, 118 n., 125 et n., 133 n., 140 n., 152 n., 155, 219 n., 317, 334.
Zehender, bailli de Vevey (Hans Ulric), 284 n., 285.
Zell (Matthias), No 1273. — 7, 8.
Zurich (Le Conseil de), 360 n.
Zurich (L'Église de), 202, 324, 425, 426, 427, 436.
Zurich (Les Pasteurs de), 13 n., 201, 204 et n., 221, 334, 339, 340 et n., 360 n., 361 n., 374, 434.
Zurich (Les théologiens de), 245.
Zurkinden (Nicolas), 171, 362, 363 n.
Zuynglius, voy. Zwingli (Ulric).
Zwingli (Régula), 13 n.
Zwingli (Ulric), 117 n., 122, 173 et n., 222, 306 n., 328 n., 340 n., 374 n.

ERRATA

P. 178, ligne 7 du texte, le renvoi de note 2 doit être remplacé par un 3.
P. 333, supprimez le renvoi de note 15, après la signature.
P. 476, notes 5-6, ligne 3, au lieu de gouverneur, lisez *receveur*.

FIN DU TOME NEUVIÈME

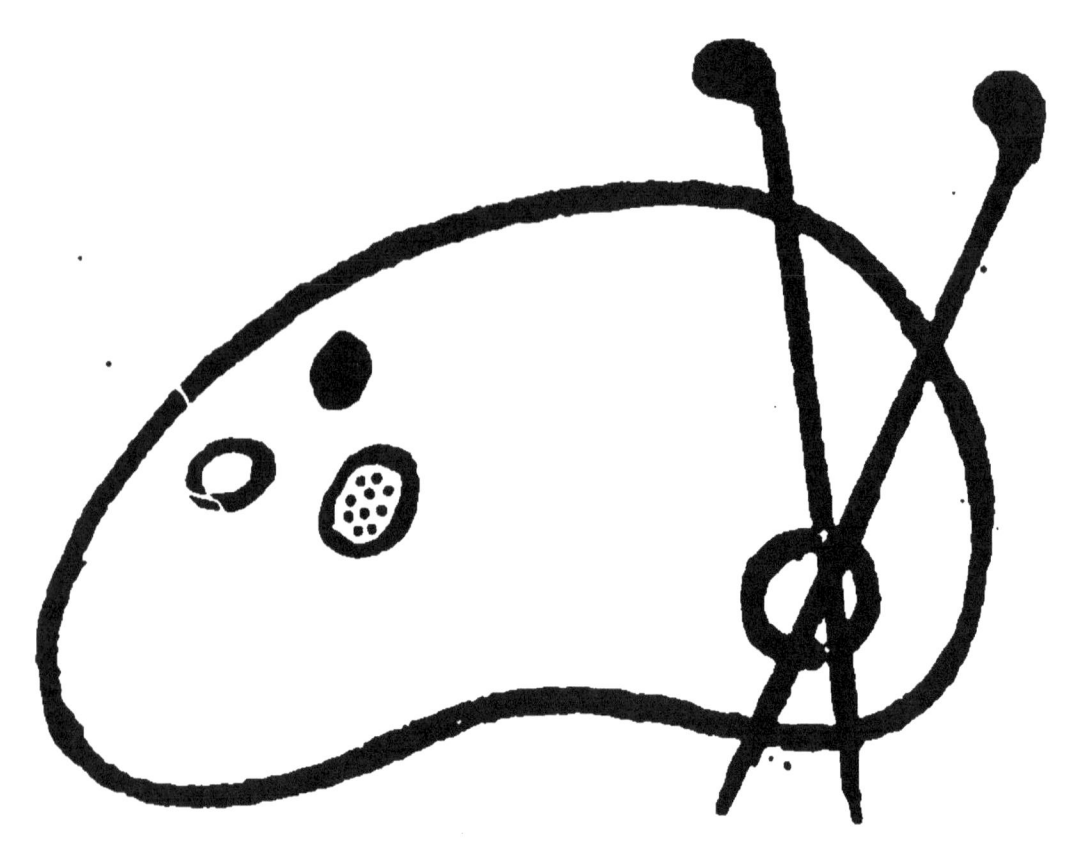

Original en couleur

NF Z 43-120-8

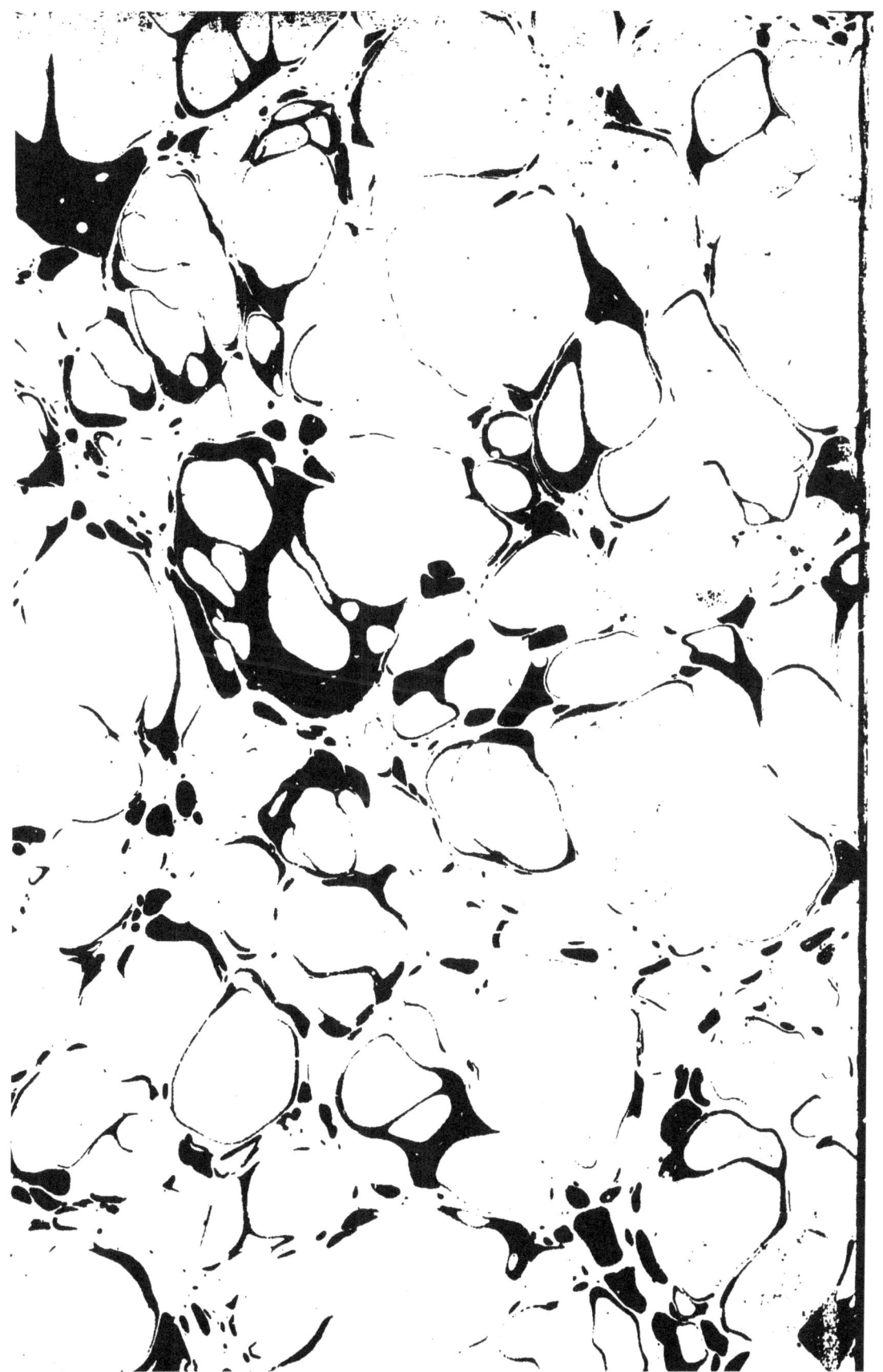

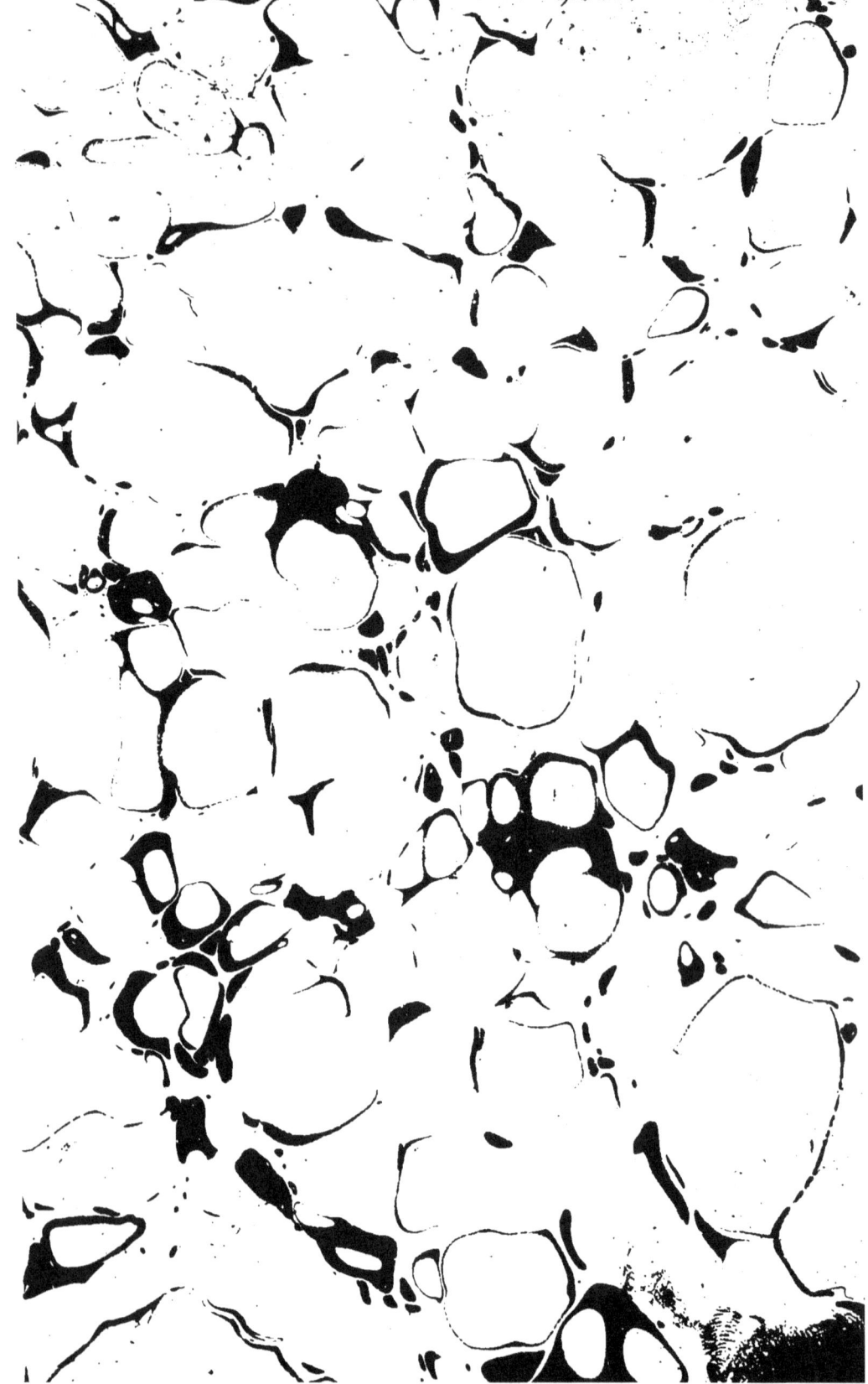

BIBLIOTHÈQUE NATIONALE

CHÂTEAU
de
SABLÉ
1990

www.ingramcontent.com/pod-product-compliance
Lightning Source LLC
Chambersburg PA
CBHW071403230426
43669CB00010B/1429